경영학 교수가 정리해 본
성경의 핵심

– 구약 편 –

나의 아내 하빛안 **김영옥**에게!

경영학 교수가 정리해 본 성경의 핵심 – 구약 편

초판 1쇄 발행 2019년 10월 17일

지은이 홍부길
펴낸이 장길수
펴낸곳 지식과감성#
출판등록 제2012-000081호

디자인 윤혜성, 박예은
편집 이현, 박예은
교정 박솔빈
마케팅 고은빛

주소 서울시 금천구 벚꽃로298 대륭포스트타워6차 1212호
전화 070-4651-3730~4
팩스 070-4325-7006
이메일 ksbookup@naver.com
홈페이지 www.knsbookup.com

ISBN 979-11-6275-832-8(03230)
값 25,000원

이 도서의 국립중앙도서관 출판예정도서목록(CIP)은 서지정보유통지원시스템
홈페이지(http://seoji.nl.go.kr)와 국가자료공동목록시스템(http://www.nl.go.kr/kolisnet)에서
이용하실 수 있습니다. (CIP제어번호 : CIP2019039260)

홈페이지 바로가기

구약 편

성경을 쉽게 접근하기 위한 지침서

경영학 교수가 정리해 본 성경의 핵심

지은이 | 이화여대 명예교수 **홍부길**

지식과감성#

목차

I. 모세오경

II. 역사서

III. 시가서

IV. 선지서

신약 편

들어가며

2007년 경영학 교수 생활 40여 년을 마치고 나서
인생의 마지막 자취를 남겼으면 좋겠다는 생각을 했고
무엇이 좋을까 고민을 했다.

모태 신앙인이지만 평소 성경을 읽으면
항상 너무 어렵다는 느낌이었고
나만이 그런 것은 아니라고 생각했다.

성경을 좀 더 쉽게 접근할 수 있는
지침서를 만들었으면 좋겠다는 생각이 들었고
곧 실행에 들어갔다.

《경영학 교수가 정리해 본 성경의 핵심》
'구약 편' 그리고 '신약 편' 두 권으로 편집했다.

30여 년 동안 여의도 침례교회
이태웅 목사 부부성경반에서의 경험이 크게 도움이 되었다.
함께 공부했던 분들에게 감사한다.

책으로 출판되는 과정에서 애써 준 '지식과 감성#'
박솔빈 Copy Editor와 박예은 Designer에게
감사의 마음을 전한다.

2019년 6월 12일
지은이 홍부길

I. 모세오경

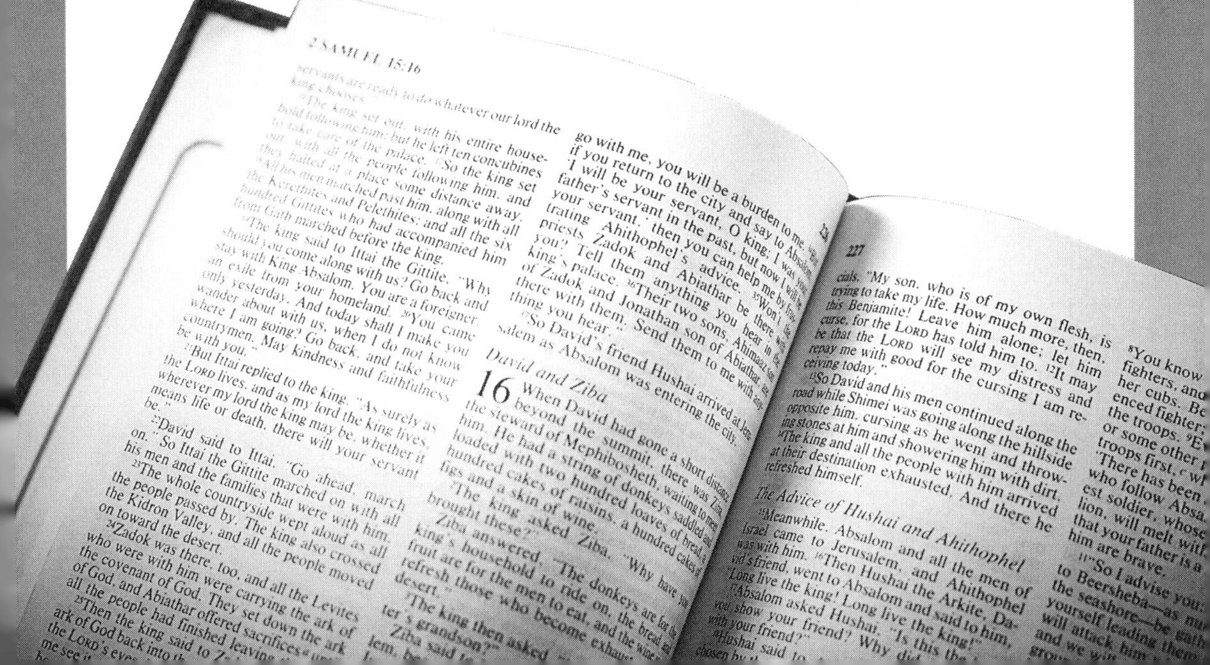

2 SAMUEL 15:16
David and Ziba
227
The Advice of Hushai and Ahithophel

창세기 핵심정리

창세기의 의의

- 창세기는 성경의 문을 열고 우주의 기원을 알려 주는 중요한 책이다. 창세기 1장 1절은 성경의 전부라 해도 과언이 아니다. 태초에 하나님이 천지를 창조하셨다는 말씀이 믿어진다면 성경의 모든 말씀이 진리가 되기 때문이다. 성경은 태초로부터 종말(그 날)까지의 이야기이다.
- 50장으로 구성된 창세기의 78%(12–50장)가 이스라엘 선조들의 이야기라는 점을 주목해야 한다. 하나님의 주된 관심은 하나님의 백성들에 맞추어져 있다는 점이다.
- 창세기는 모든 것의 시작을 알려 준다: 하늘과 땅(1:1), 사람(1:26, 27), 안식일(2:2, 3), 결혼(2:21–24), 죄(3:1–7), 제물(3:21; 4:1–7), 나라(10:32) 등
- 구약은 창조의 은혜를, 신약은 구원의 은혜를 핵심으로 한다.
- 하나님은 모든 인간을 하나님의 형상대로 창조하셨다. 하나님의 백성으로 아브라함을 선택하시기 전에 세상 사람들은 이미 창조의 은혜를 통해 찬란한 고대 문명을 만들어 냈다는 사실을 유념해야 한다. 하나님은 인간에게 선악과를 따 먹을 수 있을 정도의 전적인 자유의지를 주었음을 명심해야 한다. 모든 책임은 인간 자신에게 있다.

기록연대와 배경

- BC 1446–1406년 출애굽 후 광야 생활을 하던 중 기록했을 것으로 추정한다.
- 창세기는 모세오경의 첫 번째 책으로 모세가 저자이다.
- 창세기의 첫 배경은 혼돈과 공허와 흑암이었다. 다음 배경은 하나님이 주신 창조의 은혜로 세상 문명을 이뤄 낸 고대 세계였다. 이러한 세계에서 하나님 나라가 출발하였다.

아브라함 이전 역사

천지 창조와 인간 창조 그리고 창조의 은혜

1장

無에서의 천지 창조와 인류의 기원 그리고 누구나 공짜로 받은 창조의 은혜: 하나님은 태초에 천지를 창조하셨고 6일 동안에 만물을 창조하셨다.

🔔 하나님의 창조 사역이 시작되던 순간의 땅은 아직 생명을 지탱할 수 없는 '혼돈과 공허한' 곳이었다. 하나님께서는 6일 동안의 창조 사역을 통해 이 불모지를 생기와 생명으로 가득 채우셨다. 첫째 날에서 셋째 날까지 진행된 창조 사역은 혼돈의 문제를 해결했고 넷째 날부터 여섯째 날의 사역은 공허의 문제를 해결하였다.

- **無에서 有에로의 창조**: 태초의 천지 창조. '태초에 하나님이 천지를 창조하시니라 땅이 혼돈하고 공허하며 흑암이 깊음 위에 있고 하나님의 영은 수면 위에 운행하시니라.'**(1–2)**
- **첫째 날**: 빛의 창조. 본 절의 '빛'은 4일째 창조된 태양과는 구별되는 에너지원을 가리킨다. 어거스틴은 여기 빛을 신적 은사와 능력을 상징하는 영적인 빛으로 보았다. 하나님은 빛과 어두움으로 나누셨다. 후일 바울은 이 빛과 어두움의 분리를 믿는 자와 믿지 않는 자, 의와 불법의 분리에 적용시킴으로써 도덕적, 종교적 성결의 원리로 확대해석했다(고후 6:14). 그러므로 첫째 날 하나님이 존재(있으라)하도록 한 빛은 '빛이신 예수님'일 것이라고 조심스럽게 생각해 본다.**(3–5)**
- **둘째 날**: 궁창의 창조**(6–8)**
- **셋째 날**: 바다, 육지, 식물의 창조**(9–13)**
- **넷째 날**: 해, 달, 별의 창조**(14–19)**

- **다섯째 날**: 조류와 어류의 창조(20-23)
- **여섯째 날**: 짐승과 인간의 창조. '하나님이 지으신 그 모든 것을 보시니 보시기에 심히 좋았더라. 저녁이 되고 아침이 되니 이는 여섯째 날이니라.'(24-31)
- **창조의 은혜**: 창조주이신 하나님의 형상대로 인간을 창조하심으로 모든 인간은 무한한 창조 능력을 공짜로 부여받았다. '창조의 은혜'이다. '하나님이 이르시되 우리의 형상을 따라 우리의 모양대로 우리가 사람을 만들고 그들로 바다의 물고기와 하늘의 새와 가축과 온 땅과 땅에 기는 모든 것을 다스리게 하자 하시고 하나님이 자기 형상 곧 하나님의 형상대로 사람을 창조하시되 남자와 여자를 창조하시고 하나님이 그들에게 복을 주시며 하나님이 그들에게 이르시되 생육하고 번성하여 땅에 충만하라, 땅을 정복하라, 바다의 물고기와 하늘의 새와 땅에 움직이는 모든 생물을 다스리라 하시니라.'(26-28)
- **채식(菜食)만 허용됨**: 채소와 열매를 사람들의 먹을거리로 주시고 풀을 동물들의 먹을거리로 주셨다.(29-31)

2장 안식일, 에덴동산의 선악과, 부부의 탄생

- **천지와 만물의 창조**: '천지와 만물이 다 이루어지니라.'(1)
- **일곱째 날을 안식일로 제정함**: '하나님이 그가 하시던 일을 일곱째 날에 마치시니 그가 하시던 모든 일을 그치고 일곱째 날에 안식하시니라. 하나님이 그 일곱째 날을 복되게 하사 거룩하게 하셨으니 이는 하나님이 그 창조하시며 만드시던 모든 일을 마치시고 그 날에 안식하셨음이니라.'(2-3)
- **천지 창조의 개략과 흙으로 남자를 창조함**: '여호와 하나님이 땅의 흙으로 사람을 지으시고 생기를 그 코에 불어넣으시니 사람이 생령이 되니라.'(4-7)
- **에덴동산의 창설**: 에덴동산은 페르시아만 근처로 추정되나 그곳을 흐르던 강들은

노아 홍수 후 변형되었을 것으로 생각된다. 1) 동산 가운데 생명나무와 선악을 알게 하는 나무를 둠 2) 비손, 기혼, 힛데겔, 유브라데의 네 개의 강이 흐름. '여호와 하나님이 동방의 에덴에 동산을 창설하시고 그 지으신 사람을 거기 두시니라 여호와 하나님이 그 땅에서 보기에 아름답고 먹기에 좋은 나무가 나게 하시니 동산 가운데에는 생명나무와 선악을 알게 하는 나무도 있더라.'(8–15)

- **선악을 알게 하는 나무의 열매**: 하나님은 선악을 알게 하는 나무의 열매만은 먹지 말 것을 명함. '선악을 알게 하는 나무의 열매는 먹지 말라 네가 먹는 날에는 반드시 죽으리라 하시니라.'(16–17)
- **돕는 배필**: 하나님은 아담 혼자 사는 것이 좋지 않다고 생각하여 돕는 배필이 필요하다고 생각하셨다.(18)
- **아담이 각종 생물들의 이름을 부여함**: '여호와 하나님이 흙으로 각종 들짐승과 공중의 각종 새를 지으시고 아담이 무엇이라고 부르나 보시려고 그것들을 그에게로 이끌어 가시니 아담이 각 생물을 부르는 것이 곧 그 이름이 되었더라.'(19–20)
- **여자의 기원**: 아담의 갈빗대 하나를 취하여 여자를 만듦. '여호와 하나님이 아담에게서 취하신 그 갈빗대로 여자를 만드시고 그를 아담에게로 이끌어 오시니 아담이 이르되 이는 내 뼈 중의 뼈요 살 중의 살이라 이것을 남자에게서 취하였은즉 여자라 부르리라 하니라.'(21–23)
- **부부의 탄생**: '남자가 부모를 떠나 그의 아내와 합하여 둘이 한 몸을 이룰 지로다. 아담과 그의 아내 두 사람이 벌거벗었으나 부끄러워하지 아니하니라.'(24–25)

아브라함 이전 역사

인간 범죄의 시작 그리고 세상 나라와 하나님 나라의 시작

3장 불순종의 죄를 범한 인간에 대한 형벌과 구속주로 오실 예수님을 예표 하는 가죽옷

- **뱀 곧 사탄의 유혹**: 뱀이 하와에게 동산 중앙에 있는 나무의 열매를 먹어도 결코 죽지 않는다고 유혹하였다.**(1–4)**
- **인간 최초의 범죄**: 그것을 먹으면 눈이 밝아져 하나님 같이 될 것이라는 뱀의 유혹 → 여자가 보니 먹음직도 하고, 보암직도 하고, 지혜롭게 할 만큼 탐스럽기도 하다고 생각함 → 여자가 그 열매를 따 먹고 자기와 함께 있는 남편에게도 주어 먹게 함 → 눈이 밝아져 벗은 줄 알고 무화과나무 잎으로 치마를 만들어 입음 → 먹지 말라고 한 열매를 먹었느냐는 하나님의 질문 → 책임을 전가하는 아담과 하와 → 최초의 인간이 하나님에 대한 불순종의 죄를 지음**(5–13)**
- **죄인들에 대한 형벌 선고**: '뱀은 저주를 받아 배로 다니고 살아 있는 동안 흙을 먹을 것이다. 내가 너로 여자와 원수가 되게 하고 여자의 후손은 네 머리를 상하게 할 것이며 너는 그의 발꿈치를 상하게 할 것이다. 여자는 임신하는 고통을 크게 더하여 수고하고 자식을 낳을 것이며 너는 남편을 원하고 남편은 너를 다스릴 것이다. 아담은 아내의 말을 듣고 먹지 말라 한 나무의 열매를 먹었으므로 평생에 수고하여야 그 소산을 먹을 것이다.'**(14–19)**
- **가죽옷(짐승의 희생)을 통해 구속주로 오실 예수님을 예표 함 – 죄인을 향한 하나님의 은총**: 1) 인간 죄를 속하기 위한 첫 번째 희생이자 구약 속죄 제사의 원형(레 4:13–21). 2) 장차 인류의 죄를 대신 담당하실 예수 그리스도의 희생적 죽음을 예표 하는 원시적 사건(롬 3:25).**(20–21)**
- **실낙원 – 에덴동산을 잃은 인간**: '여호와 하나님이 이르시되 보라 이 사람이 선악을 아는 일에 우리 중 하나 같이 되었으니 그가 그의 손을 들어 생명나무 열매도 따먹고 영생할까 하노라 하시고 여호와 하나님이 에덴동산에서 그를 내보내어 그의 근원이 된 땅을 갈게 하시니라 이같이 하나님이 그 사람을 쫓아내시고 에덴동산 동쪽에 그룹들과 두루 도는 불 칼을 두어 생명나무의 길을 지키게 하시니라.'**(22–24)**

4장

인류 최초의 살인을 소개하면서 세상 나라의 확산과 하나님 나라의 출발점을 제시해 준다.

- **가인(농업에 종사)과 아벨(목축업에 종사)의 출생과 하나님께 드린 제물**: 하나님이 아벨의 제물(양의 첫 새끼와 그 기름)은 받으시고 가인의 제물(땅의 소산)은 받지 않으셨다. 가인이 몹시 분하여 안색이 변했다.**(1–6)**
- **인류 최초로 살인죄를 범한 가인**: 가인이 아벨을 들에서 쳐 죽였다.**(7–10)**
- **범죄자 가인에 대한 하나님의 저주**: '땅이 그 입을 벌려 네 손에서부터 네 아우의 피를 받았은즉 네가 땅에서 저주를 받으리니 네가 밭을 갈아도 땅이 다시는 그 효력을 네게 주지 아니할 것이요 너는 땅에서 피하며 유리하는 자가 되리라.'**(11–12)**
- **가인의 신변 안전을 보장하는 하나님의 긍휼**: '가인을 죽이는 자는 벌을 칠 배나 받으리라 하시고 가인에게 표를 주사 그를 만나는 모든 사람에게서 죽임을 면하게 하시니라'**(13–15)**

난해구절 4:14 '(…) 내가 땅에서 피하며 유리하는 자가 될지라. 무릇 나를 만나는 자마다 나를 죽이겠나이다.' – 구속사에 필요한 인물만 기록하는 성경의 특성상 여기서 '나를 만나는 자마다'라 함은 이미 아담과 하와 사이에서 태어나 도처에 살고 있는 자손들을 의미하는 것으로 해석된다.

- **세상 나라 문명의 확산 – 에녹**: 하나님을 떠난 가인으로부터 세상 나라 문명의 확산이 시작된다. 이들은 번영을 추구하며 성읍, 목축, 음악과 무기, 구리와 쇠 기구 등을 만들며 BC 3000년 전후의 세상 나라, 곧 고대 4대 문명이 이루어진 그 출발점을 알 수 있게 해 준다. 가인의 아들 '에녹'은 '시작'이라는 뜻이다. 그로부터 하나님을 경외치 않는 인간 계보가 시작되고 있음을 시사해 준다.**(16–24)**
- **셋과 에노스**: 아브라함을 시작으로 할 하나님 나라의 출발점도 이곳에서 발견된다. 곧 '셋'에서 '에노스'로 이어지는 족보이다. 에노스 때에 이르러 '비로소 사람들이 여호와의 이름을 불렀더라.'**(25–26)**

하나님 나라 선조들의 계보

5장

아담으로부터 노아까지의 하나님 나라 선조들의 계보

- **아담으로부터 노아(자손)까지의 하나님 나라 선조들의 계보:** 아담(930세)–셋(912세)–에노스(905세)–게난(910세)–마할랄렐(895세)–야렛(962세)–에녹(300년간 하나님과 동행함, 365세에 하나님이 데려가심)–므두셀라(최고령자 969세, 므두셀라가 죽는 해에 노아 홍수가 시작됨)–라멕(777세)–노아–셈, 함, 야벳. '라멕은 백팔십이 세에 아들을 낳고 이름을 노아라 하여 이르되 여호와께서 땅을 저주하시므로 수고롭게 일하는 우리를 이 아들이 안위하리라 하였더라 (…) 노아는 오백 세 된 후에 셈과 함과 야벳을 낳았더라.'**(1–32)**

하나님의 홍수 심판

6장

당대의 의인 노아 가족과 종족 보존에 필요한 생물들을 제외하고 모든 생물을 회개하지 않을 경우 120년 후 심판하시기로 하심

- **인류의 타락과 작정 된 홍수 심판:** 하나님이 타락한 인간들을 보고 땅 위에 사람 지으셨음을 한탄하시며 회개하지 않을 경우 120년 후 홍수로 심판하실 것을 말씀하셨다. '하나님의 아들들이 사람의 딸들의 아름다움을 보고 자기들이 좋아하는 모든

여자를 아내로 삼는지라 여호와께서 이르시되 나의 영이 영원히 사람과 함께 하지 아니하리니 이는 그들이 육신이 됨이라 그러나 그들의 날은 백이십 년이 되리라 하시니라 (…) 이르시되 내가 창조한 사람을 내가 지면에서 쓸어버리되 사람으로부터 가축과 기는 것과 공중의 새까지 그리하리니 이는 내가 그것들을 지었음을 한탄함이니라 하시니라.'**(1–7)**

- **당대의 의인 노아와 방주**: 당대의 의인 노아와 그 가족에게 방주를 만들기 위해 구체적 설계 도면(배수량 43,300톤, 길이 300규빗, 너비 50규빗, 높이 30규빗)을 알려 주신다. '내가 홍수를 땅에 일으켜 무릇 생명의 기운이 있는 모든 육체를 천하에서 멸절하리니 땅에 있는 것들이 다 죽으리라 그러나 너와는 내가 내 언약을 세우리니 너는 네 아들들과 네 아내와 네 며느리들과 함께 그 방주로 들어가고 혈육 있는 모든 생물을 너는 각기 암수 한 쌍씩 방주로 이끌어 들여 너와 함께 생명을 보존하게 하되 새가 그 종류대로, 가축이 그 종류대로, 땅에 기는 모든 것이 그 종류대로 각기 둘씩 네게로 나아오리니 그 생명을 보존하게 하라.'**(8–22)**

7장 노아가 600세 때 홍수가 나 40일 동안 비가 쏟아졌고 150일 동안 물이 땅에 넘침

- **홍수의 시작과 방주 속의 생명들**: 노아가 480세에 방주 만들기를 시작했으며 500세 이후에 아들들을 낳았고 600세에 홍수가 났다. 노아의 가족 8명과 정결한 짐승 암수 일곱씩 부정한 것은 암수 둘씩 방주로 들어갔다. '칠 일 후에 홍수가 땅에 덮이니 노아가 육백 세 되던 해 둘째 달 곧 그 달 열이렛날이라 그 날에 큰 깊음의 샘들이 터지며 하늘의 창문들이 열려 사십 주야를 비가 땅에 쏟아졌더라.'**(1–16)**
- **40일간의 대 홍수**: 40일 동안 비가 쏟아졌고 150일 동안 땅에 물이 넘쳤다. '지면의 모든 생물을 쓸어버리시니 곧 사람과 가축과 기는 것과 공중의 새까지라 이들은 땅에서 쓸어버림을 당하였으되 오직 노아와 그와 함께 방주에 있던 자들만 남았더라. 물이 백오십 일을 땅에 넘쳤더라.'**(17–24)**

8장

홍수가 멈추고 자연계가 정상으로 돌아왔고 다시는 사람으로 말미암아 땅을 저주하지 않을 것을 말씀하심

- **아라랏산에 머문 방주와 까마귀와 비둘기**: 아라랏산에 방주가 머물렀으며 까마귀와 비둘기로 시험한 후 땅에 물이 없어졌음을 확인한 후 방주 밖으로 나왔다. 홍수가 시작된 지 314일이 되는, 즉 노아가 601세가 된 해의 1월 1일이었다. '하나님이 노아에게 말씀하여 이르시되 너는 네 아내와 네 아들들과 네 며느리들과 함께 방주에서 나오고 너와 함께 한 모든 혈육 있는 생물 곧 새와 가축과 땅에 기는 모든 것을 다 이끌어내라 이것들이 땅에서 생육하고 땅에서 번성하리라.'**(1–19)**
- **노아의 제단 그리고 여호와의 언약**: 노아가 제단을 쌓고 번제를 드렸으며 하나님께서는 다시는 사람으로 말미암아 땅을 저주하지 않고 모든 생물을 다시는 멸하지 않을 것을 말씀하셨으며 자연계가 정상을 찾았다.**(20–22)**

아브라함 이전 역사

홍수 후 이야기와 인류의 확산

9장

당대의 의인 노아의 실수와 하나님의 무지개 언약 그리고 가나안에 대한 저주

- **노아 가족에 대한 축복과 피의 금령**: 아담을 창조한 후 '생육하고 번성하라'고 축복하셨던 말씀을 노아와 그 아들들에게도 9:1과 9:7에서 똑같이 말씀하셨고, 채소 이외에 동물의 고기를 식량으로 허락하셨다. 아울러 고기를 피 째 먹지 말 것을 경고하며 살인하지 말 것을 말씀하신다.**(1–7)**
- **무지개 언약**: 다시는 생물을 홍수로 멸하지 아니할 것이라는 무지개 언약을 주셨

다. '내가 너희와 언약을 세우리니 다시는 모든 생물을 홍수로 멸하지 아니할 것이라 땅을 멸할 홍수가 다시 있지 아니하리라 (…) 내가 내 무지개를 구름 속에 두었나니 이것이 나와 세상 사이의 언약의 증거니라.'**(8–17)**

- **노아의 세 아들**: 노아의 세 아들 셈, 함, 야벳으로부터 온 세상에 사람이 퍼지게 된다. 주목할 것은 '함은 가나안의 아버지'라고 언급한 점이다.**(18–19)**
- **노아의 실수**: 당대의 의인이라 했고 그것도 홍수에서 특별히 구원받은 직후 시점에서 노아가 포도주를 마시고 취해 하체를 드러내 놓는 실수를 범한다. 인간은 연약한 존재임을 시사해 준다.**(20–23)**
- **노아의 저주와 축복**: 노아가 가나안을 저주하고 셈과 야벳을 축복하였다. '노아가 술이 깨어 그의 작은 아들이 자기에게 행한 일을 알고 이에 이르되 가나안은 저주를 받아 그의 형제의 종들의 종이 되기를 원하노라 하고 또 이르되 셈의 하나님 여호와를 찬송하리로다 가나안은 셈의 종이 되고 하나님이 야벳을 창대하게 하사 셈의 장막에 거하게 하시고 가나안은 그의 종이 되게 하시기를 원하노라 하였더라.'**(24–27)**

난해구절 9:25 술이 깬 노아가 '이에 이르되 가나안은 저주를 받아 그의 형제의 종들의 종이 되기를 원하노라 하고' – 함이 실수했는데 가나안이 왜 저주를 받았는가? 19절에서 특별히 '함은 가나안의 아버지'라고 부언한 것처럼 본문에서 가나안의 죄에 대해 구체적으로 언급하고 있지는 않지만 가나안이 범한 죄가 있을 것이라 생각한다. 모세는 이 이야기를 통해 이스라엘이 정복해야 할 가나안 땅의 조상이 이미 오래전에 저주받았다는 점을 상기시킴으로써 가나안 정복에 나서는 이스라엘 군대에게 용기를 북돋아 주려는 듯하다.'

- **노아의 죽음**: 노아가 홍수 후 350년을 더 살고 950세에 죽었다.**(28–29)**

10장 노아 후손을 통해 형성된 민족의 기원 – 인류의 확산

- **노아의 아들 셈과 함과 야벳의 족보 이야기**: '노아의 아들 셈과 함과 야벳의 족보는 이러하니라. 홍수 후에 그들이 아들들을 낳았으니 (…).'**(1)**
- **야벳의 계보(2–5)**
- **함의 계보(6–20)**
- **셈의 계보**: '셈은 에벨 온 자손의 조상이요 야벳의 형이라 그에게도 자녀가 출생하였으니 (…).' 셈의 족보를 이야기하면서 먼저 에벨을 언급한 것은 히브리 민족의 계보를 염두에 두고 있었음을 증거 한다. '에벨'은 '건너편', '건너온 자'란 뜻으로 유프라테스강 건너편에서 가나안 땅으로 건너온 아브라함을 연상시킨다.**(21–31)**

아브라함 이전 역사

바벨탑 사건과 인류의 분산 그리고 셈의 후예 아브람

11장 바벨탑 사건과 아브람의 족보

🔔 10장의 노아 아들들의 계보는 11장의 바벨탑 사건 후 갈라진 민족들의 계보이기 때문에 순서가 뒤바뀐 느낌이다. 그러나 12장 이후 전개될 아브라함 이후 역사를 고려하여 11장 후반부에서 특별히 아브람의 아버지 데라까지와 그 이후 아브람의 가족 관계를 부각시키기 위한 의도에서 그렇게 편집한 것이 아닌가 생각한다.

- **세계의 언어와 족속이 하나였다**: 세계의 언어가 하나이고 족속이 하나였던 시대.

'여호와께서 이르시되 이 무리가 한 족속이요 언어도 하나이므로 이같이 시작하였으니 이 후로는 그 하고자 하는 일을 막을 수 없으리로다.'**(1, 6)**

- **바벨탑을 쌓고자 한다**: 동방으로 가다 시날 평지에서 언어와 족속이 하나였던 인간들이 하늘에 닿을 탑과 성읍을 쌓고자 한다. '성읍과 탑을 건설하여 그 탑 꼭대기를 하늘에 닿게 하여 우리 이름을 내고 온 지면에 흩어짐을 면하자 하였더니.'**(2–4)**
- **언어의 혼잡**: 여호와께서는 언어를 혼잡(바벨)게 하여 인류를 분산시키셨다. '그러므로 그 이름을 바벨이라 하니 이는 여호와께서 거기서 온 땅의 언어를 혼잡하게 하셨음이니라 여호와께서 거기서 그들을 온 지면에 흩으셨더라.'**(5–9)**
- **셈에서 아브람까지의 족보**: 셈–아르박삿–셀라–에벨–벨렉–르우–스룩–나홀–데라–아브람. '(…) 데라는 칠십 세에 아브람과 나홀과 하란을 낳았더라.'**(10–26)**
- **데라의 족보**: 데라는 70세에 아브람(BC 2166)과 나홀과 하란을 낳았다. 롯은 하란의 아들로 아브람의 조카이다. 하란은 갈대아 우르에서 아버지 데라보다 먼저 죽었다.**(27–28)**
- **아브람과 사래**: 아브람(고귀한 아버지)이 사래(나의 공주)와 결혼했고 후에 아브라함(많은 무리의 아버지)과 사라(여주인)로 이름이 바뀌게 된다. 그러나 '사래는 임신하지 못하므로 자식이 없었더라.'**(29–30)**
- **하란으로의 이주와 데라의 죽음**: '데라가 그 아들 아브람과 하란의 아들인 그의 손자 롯과 그의 며느리 아브람의 아내 사래를 데리고 갈대아인의 우르를 떠나 가나안 땅으로 가고자 하더니 하란에 이르러 거기 거류하였으며 데라는 나이가 이백오 세가 되어 하란에서 죽었더라.'**(31–32)**

아브라함 이후 역사

아브라함 이야기

12장

여호와께서는 하나님 나라 건설을 위해 세상 나라에서 아브람을 선택한 후 가나안 땅으로 가라고 하신다. 기근으로 잠시 애굽으로 피신했던 아브람은 아내를 누이라 했던 사래 사건을 경험한다.

🔔 아브라함 이후 역사는 세상 나라가 하나님께서 인간에게 주신 창조의 은혜를 활용하여 메소포타미아문명을 꽃피운 시점과 그곳 갈대아 우르에서 하나님 나라의 조상으로 아브람을 선택하신 일로부터 시작한다.

- **아브람의 소명:** 아브람이 75세인 BC 2091년 고향 친척 아비 집을 떠나 네게 준 땅으로 가라는 소명을 받는다. 큰 민족을 주시겠다는 약속을 받았다. '여호와께서 아브람에게 이르시되 너는 너의 고향과 친척과 아버지의 집을 떠나 내가 네게 보여 줄 땅으로 가라. 내가 너로 큰 민족을 이루고 네게 복을 주어 네 이름을 창대하게 하리니 너는 복이 될지라. 너를 축복하는 자에게는 내가 복을 내리고 너를 저주하는 자에게는 내가 저주하리니 땅의 모든 족속이 너로 말미암아 복을 얻을 것이라 하신지라.'**(1-3)**
- **가나안에 도착한 아브람:** 아브람은 아내 사래와 조카 롯과 함께 가나안 땅에 도착, 세겜과 벧엘에서 제단을 쌓으며 남진하였다.**(4-9)**
- **아브람의 아내 사래 사건:** 아브람은 기근으로 애굽으로 내려가기로 결심한다. 아리따운 사래를 누이라 속였고 바로가 사래를 궁으로 끌어들인 후 아브람에게 후대하였다. 그러나 하나님이 바로에게 재앙을 내림으로 바로는 아브람에게 모든 소유와 사래를 돌려보내는 사건이 있었다.**(10-20)**

13장 아브람과 롯이 분가한다.

- **가나안 벧엘로의 귀환**: 아브람은 애굽을 떠나 네게브를 거쳐 다시 제단을 쌓았던 벧엘로 돌아온다.**(1–4)**
- **가나안과 롯의 분가**: 땅이 동거하기에 부족하여 아브람은 롯과 분가한다. 롯은 요단 동편 소돔이 있는 곳을 택하고 아브람은 가나안 땅에 거주한다.**(5–9)**
- **롯이 택한 소돔 땅과 아브람에 대한 하나님의 뜻**: 소돔 땅은 죄가 만연한 곳이었다. 아브람은 '보이는 땅을 너와 네 자손에게 주겠고 네 자손이 땅의 티끌 같게 하리라'는 하나님의 말씀을 듣는다. '이에 아브람이 장막을 옮겨 헤브론에 있는 마므레 상수리 수풀에 이르러 거주하며 거기서 여호와를 위하여 제단을 쌓았더라.'**(10–18)**

14장 북쪽 연합군에 포로가 된 롯을 구출한 아브람이 살렘 왕 멜기세덱과 소돔 왕의 영접을 받는다. 왕들이 제시한 영적 축복과 물적 축복 중 아브람은 영적 축복만 받아들인다.

- **최초의 가나안 전쟁과 롯의 사로잡힘**: 롯이 살게 된 소돔을 비롯한 남쪽 지역의 다섯 왕들이 12년 동안 북쪽 지역 엘람 왕 그들라오멜을 섬기다가 배반한 사건을 계기로 북쪽 연합군과 남쪽 연합군과의 전쟁이 있게 되고 남쪽이 패하고 롯도 재물과 함께 사로잡혀 간다.**(1–12)**
- **아브람이 롯을 구하다**: 아브람은 훈련된 자 318명을 이끌고 북으로 가 쳐부수고 빼앗겼던 재물과 롯을 비롯한 모든 포로를 찾아온다.**(13–16)**
- **살렘 왕 멜기세덱과 소돔 왕**: 승전하고 돌아오는 아브람을 소돔 왕과 살렘 왕 멜기세덱이 영접한다. 1) 살렘 왕 멜기세덱은 제사장이었고 떡과 포도주를 가지고 나와 영적 축복을 주었고 2) 소돔왕은 아브람에게 모든 전리품을 아브람에게 주겠다고, 곧 물적 축복을 주겠다고 했으나 아브람은 거절한다. 아브람은 하나님을 예표 하는 멜기세덱에게 자발적으로 십일조를 드렸다.**(17–24)**

15장 아브람에게서 태어날 상속자 예언, 이스라엘에게 주어질 땅에 대한 언약, 애굽에서의 400년간의 노예생활 예언

- **후사에 대한 약속**: 하나님은 나이 들고 자식이 없는 아브람에게 환상 중에 그의 몸에서 날 상속자를 약속하시고 자손이 하늘의 별처럼 많을 것을 약속하신다.(1–5)
- **언약 체결을 위한 준비**: 아브람이 가나안 땅을 주신다는 말씀에 대한 언약 체결을 위해 3년 된 암소, 암염소 등을 준비한다.(6–11)
- **400년 애굽 노예 생활 예언**: 하나님께서는 이스라엘이 애굽에서 400년 동안 노예 생활할 것을 예언하셨다.(12–16)
- **이스라엘에 주어질 가나안 영토**: 땅에 대한 언약이 체결되고 이스라엘에 주어질 가나안 영토를 말씀하셨다. '그 날에 여호와께서 아브람과 더불어 언약을 세워 이르시되 내가 이 땅을 애굽 강에서부터 그 큰 강 유브라데까지 네 자손에게 주노니 곧 겐 족속과 그니스 족속과 갓몬 족속과 헷 족속과 브리스 족속과 르바 족속과 아모리 족속과 가나안 족속과 기르가스 족속과 여부스 족속의 땅이니라 하셨더라.'(17–21)

16장 여종 하갈에게서 이스마엘이 태어나는 이야기

- **아브람의 첩이 된 하갈**: 아브람이 85세일 때 출산이 불가능하다고 판단한 사래가 여종인 애굽인 하갈을 아브람의 첩으로 삼았고 아브람도 동의한다. 사래와 아브람은 하나님의 약속을 믿지 않는 죄를 범했다.(1–3)
- **하갈이 도망한다**: 하갈이 임신하자 사래를 멸시했고 사래는 하갈을 학대하여 하갈이 도망한다.(4–6)
- **방황하는 하갈과 여호와의 사자**: 하갈은 광야 샘물 곁에서 여호와의 사자를 만나 사래에게 돌아가 복종할 것이고, 네 씨가 크게 번성할 것이며, 모든 형제와 대항하

며 살 것이고, 낳을 아이의 이름은 이스마엘('하나님께서 들으신다')이라 하라는 말을 들었다. 하갈은 여호와 사자를 만났던 샘의 이름을 '브엘라해로'라 했으니 '살아 계셔서 나를 지켜보신 자의 우물'이라는 의미이다.**(7–14)**

- **이스마엘의 출생**: 아브람이 86세 때 이스마엘을 출생한다. 아브람과 사래가 하나님의 약속을 믿지 않은 결과 이스마엘이 태어났고 훗날 이스마엘은 이스라엘을 가장 괴롭히는 아랍 사람들의 조상이 된다. 그의 후손들에게 큰 짐을 지워 주게 된 것이다. 이것은 하나님의 뜻이다. 아브람에게서 아내의 죄에 별다른 저항 없이 동조했던 아담의 모습을 본다. 일부 주석가들은 아랍 사람들과 이스마엘 사람들을 구분하여 이스마엘이 아랍 사람들의 조상이 아니라 이스마엘 사람들의 조상일 뿐이라고 하지만 세월이 지나면서 이스마엘은 자연스럽게 아랍 사람들에게 흡수되어 아랍 사람들의 주류가 되었다. 그래서 오늘날 그들이 자신들을 이스마엘의 후손들이라고 말하고 있다.**(15–16)**

17장 아브라함과 사라로의 개명, 이삭의 탄생 예언, 이스마엘에 대한 예언, 할례 이행

- **여러 나라의 아버지 아브라함**: 여호와께서 아브람이 99세 때 아브람(고귀한 아버지)이 여러 민족의 아버지가 될 것이라 말씀하시며 아브람을 아브라함(많은 무리의 아버지)으로 바꿀 것을 명하셨다.**(1–8)**
- **할례 명령**: 모든 남자는 8세가 될 때 할례받을 것을 명하신다.**(9–14)**
- **사래에서 사라로 개명**: 사래(나의 공주)를 사라(여주인)로 개명할 것을 명하셨다.**(15–16)**
- **이삭 탄생 예언**: 99세가 된 아브람에게 이삭이 태어날 것을 예언하시고 이스마엘은 12두령을 갖는 큰 나라가 될 것이라 하셨다.**(17–22)**
- **모든 남자에게 할례를 행하였다**: 아브람 99세, 이스마엘 13세 때**(23–27)**

18장

아브라함이 헤브론 근교에서 하나님과 천사들을 만나 영접하고 사라가 이삭을 낳을 것이라는 말씀을 들었고 의인 10명만 있더라도 소돔과 고모라를 심판하지 말 것을 요청함

- **천사를 영접한 아브라함**: 헤브론 근교 마므레 상수리나무 있는 곳에서 아브라함은 하나님을 포함한 사람(천사) 셋을 만나 음식을 장만하고 영접하였다.(1–8)
- **이삭 탄생에 대한 거듭된 예언**: 하나님이 사라에게 내년에 아들을 낳을 것을 거듭 말씀하셨고 사라가 웃었다. '여호와께서 아브라함에게 이르시되 사라가 왜 웃으며 이르기를 내가 늙었거늘 어떻게 아들을 낳으리요 하느냐 여호와께 능하지 못한 일이 있겠느냐 기한이 이를 때에 내가 네게로 돌아오리니 사라에게 아들이 있으리라 사라가 두려워서 부인하여 이르되 내가 웃지 아니하였나이다 이르시되 아니라 네가 웃었느니라.'(9–15)
- **소돔과 고모라 심판 예언**: 소돔과 고모라에 대한 심판을 말씀하시고 천사 둘은 소돔으로 간다.(16–22)
- **아브라함의 간절한 중보 기도**: 아브라함이 하나님께 의인 50–45–40–30–20–10명이 있다면 멸하지 말 것을 간구한다. '아브라함이 가까이 나아가 이르되 주께서 의인을 악인과 함께 멸하려 하시나이까.'(23–33)

19장

롯이 천사들을 영접했고, 소돔 사람들은 천사들과 상관하겠다는 등 소돔의 죄악상을 보여 준다.
롯의 아내는 뒤돌아보아 소금 기둥이 되고 롯과 두 딸은 소알로 피난. 두 딸이 롯과 근친상간하여 두 아들을 낳아 모압과 암몬 족속이 탄생한다.

- **천사를 영접한 롯**: 소돔 성문에서 롯이 천사 두 명을 만나 집으로 모셔 영접하였다.(1–3)
- **소돔 백성들의 패역함**: 소돔 백성들이 롯의 집을 에워싸고 성적 관계를 하겠다며 소동을 피우고, 롯은 자기 두 딸을 대신하라고 말하고, 천사들이 사람들의 눈이 보

이지 않게 하는 등의 소란이 있었다.(4–11)

- **소돔 심판 예고**: 천사들의 소돔 심판에 대한 말을 들은 롯은 농담으로 생각하는 사위 둘을 제외하고 두 딸과 아내와 소돔 탈출을 시도한다.(12–15)
- **소알 성으로 피하는 롯의 가족**: 천사들은 지체하고 있는 롯의 가족들에게 돌아보거나 들에 머물지 말고 산으로 도망할 것을 재촉했으나 롯은 힘에 부쳐 가까운 소알 성으로 피하겠다고 한다.(16–22)
- **소돔과 고모라의 멸망**: 롯은 소알로 피했고 소돔과 고모라는 유황불로 멸망했다. 롯의 아내는 뒤돌아보아 소금 기둥이 되었다. 롯의 가족은 홍수 심판 때의 노아 가족을 연상시킨다.(23–29)
- **모압과 암몬의 기원**: 롯은 두 딸과 소알에서 나와 산속 굴에서 생활하였다. 두 딸이 후손을 이을 생각에 롯을 취하게 한 후 동침하여 첫 딸은 모압을 둘째 딸은 벤암미라는 아들을 낳았는데 그 후 이들이 '모압'과 '암몬'의 조상이 되었다.(30–38)

20장

아브라함이 애굽에서와 같이 다시 한 번 그랄 왕에게 사라를 누이라 속여 자신을 보호하려는 행동을 함.
믿음의 조상인 아브라함도 연약한 인간임을 보여 준다.

- **아브라함의 비신앙적 행동**: 아브라함이 그랄에 거류하며 다시 한 번 사라를 누이라 하여 그랄 왕 아비멜렉이 사라를 탐했다가 하나님으로부터 엄한 문책을 받고 돌려보낸다.(1–7)
- **아비멜렉의 책망과 아브라함의 변명**: 아비멕렉이 아브라함에게 이유를 물었고 아브라함은 하나님을 모르는 이곳 사람들이 나를 죽일지도 모른다는 생각을 했으며 실제로 사라는 이복누이라고 변명했다.(8–13)
- **아비멜렉의 손해배상**: 아비멜렉이 사라를 돌려보냄은 물론 양과 소와 종 그리고 땅과 은 천 개를 주어 손해배상을 하였다.(14–16)
- **아브라함의 기도**: 아브라함이 기도하여 사라의 일로 태가 닫혔던 아비멜렉의 집 아내와 여종들이 출산이 가능하게 치료되었다.(17–18)

이삭 이야기

21장 아브라함이 100세에 이삭을 낳았고 이스마엘과 하갈을 내보냄

- **아브라함 100세에 이삭의 출생**: 아브라함이 100세에 이삭을 낳았고 8세에 할례를 행했다. '아브라함이 그에게 태어난 아들 곧 사라가 자기에게 낳은 아들을 이름하여 이삭이라 하였고 그 아들 이삭이 난 지 팔 일 만에 그가 하나님이 명령하신 대로 할례를 행하였더라. 아브라함이 그의 아들 이삭이 그에게 태어날 때에 백 세라.'**(1–7)**
- **이삭과 이스마엘의 갈등**: 이삭이 젖 떼는 날 잔치 때 이스마엘이 이삭을 놀렸다. 하나님이 아브라함에게 하갈과 이스마엘을 내보내라고 하시면서 이스마엘로도 한 민족을 이룰 것이라 하셨다.**(8–13)**
- **쫓겨난 하갈과 이스마엘의 방황**: 쫓겨난 하갈과 이스마엘이 브엘세바 광야에서 방황한다.**(14–16)**
- **하갈과 이스마엘에 대한 하나님의 관심**: 하나님이 하갈과 이스마엘에 관심을 가지셨고 이스마엘이 큰 민족을 이룰 것을 다시 말씀하셨다.**(17–19)**
- **장성한 이스마엘**: 이스마엘이 장성하여 활 쏘는 자가 되었고 애굽인 아내와 결혼한다.**(20–21)**
- **아브라함과 아비멜렉 간의 화친**: 하나님의 축복 속에 살고 있는 아브라함임을 아는 그랄 왕 아비멜렉은 아브라함과 하나님의 복을 공유할 수 있는 화평의 계약을 체결한다. 브엘세바(맹세의 우물, 일곱의 우물)라는 이름 속에 의미가 담겨 있다.**(22–34)**

22장 하나님이 아브라함에게 이삭을 번제로 드리라는 순종 시험을 행함

- **아브라함에 대한 순종 시험과 여호와 이레**: 하나님이 아브라함에게 이삭을 모리아 산에서 번제로 드리라는 순종 시험을 하셨고 아브라함은 순종했다. 여호와 이레의 하나님은 산에 숫양을 준비해 두셨다. 불순종했던 아담과 하와와 대비된다. 브엘세바에서 모리아산까지는 약 50마일로 사흘 길이다. '사자가 이르시되 그 아이에게 네 손을 대지 말라 그에게 아무 일도 하지 말라 네가 네 아들 네 독자까지도 내게 아끼지 아니하였으니 내가 이제야 네가 하나님을 경외하는 줄을 아노라 아브라함이 눈을 들어 살펴본즉 한 숫양이 뒤에 있는데 뿔이 수풀에 걸려 있는지라 아브라함이 가서 그 숫양을 가져다가 아들을 대신하여 번제로 드렸더라. 아브라함이 그 땅 이름을 여호와 이레라 하였으므로 오늘날까지 사람들이 이르기를 여호와의 산에서 준비되리라 하더라.'**(1–15)**
- **거듭된 아브라함에 대한 하나님의 축복**: 여호와께서는 아브라함에게 하늘의 별과 같이 바다의 모래같이 자손이 번성하여 그로 말미암아 만민이 복을 받으리라는 축복을 거듭 주셨다.**(16–19)**
- **나홀의 계보**: 이삭의 아내가 될 리브가가 나홀 집안의 사람임을 보여 주기 위해 나홀의 계보를 소개한다.**(20–23)**

23장 사라의 죽음과 헷 족속의 막벨라 굴 매입

- **사라의 죽음**: 사라가 127세를 살고 헤브론 곧 기럇아르바에서 죽었다.**(1–2)**
- **장지로 준비된 막벨라 굴**: 아브라함이 헷 족속에게서 막벨라 굴을 은 400세겔을 주고 구입하였다. 사라 이후에 아브라함, 이삭과 리브가, 야곱과 레아가 막벨라 굴에 매장되었다.**(3–20)**

24장 고향 땅에서 리브가를 아내로 선택하여 장가드는 이삭

- **이삭을 위한 결혼 준비:** 아브라함이 이삭을 장가들이려고 그의 종 엘리에셀을 고향 메소포타미아로 보내기로 하였다. '내가 너에게 하늘의 하나님, 땅의 하나님이신 여호와를 가리켜 맹세하게 하노니 너는 내가 거주하는 이 지방 가나안 족속의 딸 중에서 내 아들을 위하여 아내를 택하지 말고 내 고향 내 족속에게로 가서 내 아들 이삭을 위하여 아내를 택하라.'**(1–9)**
- **엘리에셀과 리브가의 만남과 라반의 접대:** 엘리에셀이 메소포타미아 나홀의 성에 이르러 우물곁에서 리브가를 만나 리브가가 '당신의 낙타에게도 마시게 하라'라는 말을 듣고 나홀의 아내 밀가의 아들 브두엘의 소생인 리브가가 이삭의 아내 될 여자로 확인하였다. 오라버니 라반의 집으로 인도되어 접대를 받는다.**(10–34)**
- **청혼과 청혼 수락:** 엘리에셀은 이삭을 위해 청혼하고 리브가의 청혼 수락을 얻어 내었다.**(35–60)**
- **리브가를 맞아들인 이삭:** 이삭이 리브가를 아내로 맞아들인다. '종이 그 행한 일을 다 이삭에게 아뢰매 이삭이 리브가를 인도하여 그의 어머니 사라의 장막으로 들이고 그를 맞이하여 아내로 삼고 사랑하였으니 이삭이 그의 어머니를 장례한 후에 위로를 얻었더라.'**(61–67)**

25장 아브라함의 죽음, 쌍둥이 에서와 야곱의 출생 그리고 팥죽 한 그릇에 장자를 판 에서

- **아브라함의 후처 그두라와 6명의 자식:** 아브라함이 그두라를 후처로 맞았고 그녀에게서 시므란, 욕산, 드단, 미디안, 이스박, 수아 6명의 자식을 낳았다.**(1–4)**
- **재산 분배:** 아브라함은 모든 소유를 이삭에게 주었고 서자들에게도 재산을 주어 동

쪽 땅에서 살게 하였다.(5–6)

- **아브라함의 죽음**: 175세에 아브라함이 죽고 헷 족속에게서 매입한 막벨라 굴에 장사 되었다. 이삭은 브엘라해로이 근처에 살았다. '아브라함이 죽은 후에 하나님이 그의 아들 이삭에게 복을 주셨고 이삭은 브엘라해로이 근처에 거주하였더라.'(7–11)
- **이스마엘의 족보**: 이스마엘의 족보를 소개한다. 137세에 이스마엘이 죽었다.(12–18)
- **쌍둥이 에서와 야곱의 출생**: 이삭이 60세일 때 리브가가 에서와 야곱 쌍둥이를 출산한다. 쌍둥이는 태중에서부터 싸웠다.(19–26)
- **팥죽 한 그릇에 장자의 명분을 판 에서**: 에서는 사냥꾼, 야곱은 조용한 사람이었다. 이삭은 에서를 리브가는 야곱을 사랑하였다. 에서는 장자 명분을 팥죽 한 그릇에 야곱에게 팔아 버렸다.(27–34)

26장

흉년으로 인해 그랄로 이주한 이삭과 이삭이 아내 리브가를 누이라고 속인 사건

- **그랄로 이주한 이삭**: 흉년이 들어 이삭은 그랄로 이주하고 블레셋 왕 아비멜렉을 만난다. 하나님으로부터 아브라함 때와 마찬가지로 하늘의 별처럼 자손이 번성할 것에 대한 약속을 받았다.(1–5)
- **아내를 누이라고 속인 이삭**: 이삭이 그랄에 거주하면서 아브라함 때와 마찬가지로 아내 리브가를 누이라고 속인 사건이 있었다. '아비멜렉이 이르되 네가 어찌 우리에게 이렇게 행하였느냐 백성 중 하나가 네 아내와 동침할 뻔하였도다. 네가 죄를 우리에게 입혔으리라. 아비멜렉이 이에 모든 백성에게 명하여 이르되 이 사람이나 그의 아내를 범하는 자는 죽이리라 하였더라.'(6–11)
- **우물로 인한 분쟁과 화친**: 이삭은 그곳에서 농사하여 부자가 되었으며 블레셋 사람들과 우물로 인한 여러 차례의 분쟁이 있었으나 결국에는 블레셋 사람들과 조약을 맺어 화평하게 되었다.(12–33)

- **에서의 결혼**: 에서가 40세에 유딧과 바스맛을 아내로 맞았다. '에서가 사십 세에 헷 족속 브에리의 딸 유딧과 헷 족속 엘론의 딸 바스맛을 아내로 맞이하였더니 그들이 이삭과 리브가의 마음에 근심이 되었더라.'**(34–35)**

아브라함 이후 역사

이삭 이야기

27장

리브가가 야곱을 변장시켜 이삭에게서 유언 축복을 받아 내고 하란 오라버니 라반의 집으로 야곱을 피신시킨다.

- **리브가의 계교로 야곱에게 내린 이삭의 축복**: 나이가 들어 눈도 어두워진 이삭이 에서에게 축복 유언하려는 낌새를 알아차린 리브가가, 별미 준비를 위해 에서가 사냥하러 나간 사이 야곱을 에서로 변장시켜 에서에게서 축복 유언을 받아 낸다. '그의 손이 형 에서의 손과 같이 털이 있으므로 분별하지 못하고 축복하였더라.'**(1–29)**
- **에서의 통곡과 그에 대한 예언**: 사냥하고 돌아온 에서가 이 사실을 알고 통곡한다. '이삭이 이르되 네 아우가 와서 속여 네 복을 빼앗았도다 (…) 너는 칼을 믿고 생활하겠고 네 아우를 섬길 것이며 네가 매임을 벗을 때에는 그 멍에를 네 목에서 떨쳐버리리라 하였더라.'**(30–40)**
- **야곱에 대한 에서의 분노와 야곱의 피신**: 에서가 야곱을 죽이려 하자 리브가는 야곱을 하란의 오라버니 라반에게 피신시킨다. 남편에게는 에서의 두 아내가 헷 사람인 것을 이야기하며 고향에서 야곱의 아내를 구하고자 한다고 둘러댄다.**(41–46)**

28장

야곱이 하란으로 가다가 한 곳에서 돌베개를 베고 자던 중 사닥다리를 오르내리는 천사의 꿈을 꾸어 하나님의 축복을 받고 그 곳을 벧엘이라 명명함

- **밧단아람 리브가의 오라버니 라반에게로 도피하는 야곱**: 이삭이 직접 야곱에게 가나안 여자를 아내로 맞지 말고 밧단아람으로 가서 라반의 딸들 중에서 아내를 맞으라고 당부한다. '이에 이삭이 야곱을 보내매 그가 밧단아람으로 가서 라반에게 이르렀으니 라반은 아람 사람 브두엘의 아들이요 야곱과 에서의 어머니 리브가의 오라비더라.'(1–5)
- **이스마엘의 딸을 아내로 취하는 에서**: 에서가 가나안 여자를 이삭이 기뻐하지 않음을 알고 이스마엘의 딸을 세 번째 아내로 맞는다.(6–9)
- **야곱이 본 사닥다리의 환상**: 야곱이 하란으로 가다 한 곳에 이르러 돌베개를 베고 자던 중 꿈에서 사닥다리를 오르내리는 천사들을 보게 되고 하나님이 아브라함과 이삭에게 주셨던 축복의 말씀을 받는다. '내가 너와 함께 있어 네가 어디로 가든지 너를 지키며 너를 이끌어 이 땅으로 돌아오게 할지라 내가 네게 허락한 것을 다 이루기까지 너를 떠나지 아니하리라 하신지라.'(10–15)
- **벧엘**: 야곱은 베개로 삼았던 돌을 기둥으로 세우고 루스였던 그곳 이름을 벧엘(하나님의 집)이라 하였다.(16–19)
- **하나님께 기도하고 십일조를 약속하는 야곱**: 평안히 아버지 집으로 돌아갈 수 있도록 하나님께 기도하고 십일조를 약속한다. 아브라함이 멜기세덱에게 자진하여 십일조를 드린 이후 처음 언급된 십일조이다.(20–22)

29장

외삼촌 라반을 만난 야곱은 두 번의 7년 봉사를 통해 레아와 라헬을 아내로 맞고, 레아는 르우벤, 시므온, 레위, 유다의 4명의 아들을 출산한다.

- **하란에 도착하여 라헬을 만난 야곱**: 야곱이 하란에 도착하여 우물가에서 라반의 둘

째 딸 라헬을 만나 라반의 집에 도착하여 영접을 받는다.(1–14)

- **라반의 속임수로 레아를 아내로 맞은 야곱**: 라헬을 위해 라반과 약속한 7년을 봉사하나 야곱은 라반의 속임수로 라헬의 언니 레아를 아내로 맞는다.(15–25)
- **라헬을 아내로 얻기 위한 7년간의 재봉사**: 야곱은 다시 라헬을 아내로 얻기 위해 7년을 다시 봉사한다.(26–30)
- **레아의 출산**: 레아가 르우벤, 시므온, 레위, 유다 4명의 아들을 출산한다.(31–35)

30장

빌하, 실바, 레아, 라헬에 의해 7명의 아들과 1명의 딸을 출산. 야곱은 라반에게 고향으로 돌아갈 것을 재안했고 라반은 좀 더 머물 것을 제안하며 품삯에 대한 협상을 한다.

- **라헬의 투기와 라헬의 여종 빌하의 출산**: 라헬이 언니 레아를 시기하여 여종 빌하를 통해 단과 납달리를 출산한다.(1–8)
- **레아의 여종 실바의 출산**: 레아는 자신의 여종 실바를 통해 갓과 아셀을 출산한다.(9–13)
- **레아의 재출산**: 레아가 르우벤의 합환채 사건 이후 잇사갈과 스블론 두 아들을 출산하고 다나라는 딸을 출산한다.(14–21)
- **라헬의 요셉 출산**: 드디어 라헬이 11번째 아들인 요셉을 출산하였다.(22–24)
- **야곱과 라반의 품삯 계약과 야곱의 번영**: 요셉의 출산 시점에서 야곱이 라반에게 고향으로 돌아갈 것을 말하고 라반은 조건을 내걸며 좀 더 있어 줄 것을 제안한다. 하나님의 전적인 도우심으로 야곱이 택한 아롱지고, 점이 있는 양과 염소가 더 많아 야곱은 많은 부를 축적할 수 있게 된다.(25–43)

31장

야곱은 가족들을 데리고 하란을 출발. 3일 안에 이 사실을 안 라반이 추격하여 길르앗에서 만나 미스바 계약을 체결한다.

- **야곱은 가족들과 의논 후 하란을 출발한다**: 야곱은 라반의 아들들이 하는 말을 듣고 사태가 심상치 않음을 느껴 가족들과 의논한 후 라반에게 말하지 않고 하란을 출발한다. 이때 라헬이 라반의 드라빔을 훔쳐 떠난다. 라헬이 드라빔을 훔친 이유는 1) 라반의 사후 남편 야곱에게 상속권이 있음을 보증하기 위함과 2) 후대 사회에서의 지도권 획득을 위한 포석으로써의 의미 3) 위험한 여행에서의 안전을 기원키 위한 주술적인 목적 때문이었던 것 같다. 드라빔은 가정 수호신이다.**(1-20)**
- **라반의 추격과 드라빔 소동**: 3일 만에 이 사실을 안 라반이 7일 동안 길을 추격하여 길르앗산에서 만난다. 라반은 네 아버지 집으로 가는 것은 옳지만 왜 드라빔을 훔쳤는가를 따진다. 라헬이 드라빔을 낙타 안장에 감추어 찾지 못한다. '라헬이 그의 아버지에게 이르되 마침 생리가 있어 일어나서 영접할 수 없사오니 내 주는 노하지 마소서 하니라 라반이 그 드라빔을 두루 찾다가 찾아내지 못한지라.'**(21-35)**
- **야곱의 항의**: 야곱은 라반에게 두 딸을 위해 14년, 외삼촌의 양 떼를 위해 6년을 외삼촌을 위해 봉사했으나 품삯을 10번이나 바꾼 사실을 항의한다.**(36-43)**
- **미스바 언약**: 라반이 앞장서서 야곱과의 사이에 경계선을 만들기 위해 계약 체결을 제안한다. 야곱이 큰 돌을 세우고 그 주위에 돌무더기를 쌓았다. 아람어로 '여갈사하두다', 히브리어로 '길르엣', 히브리어로 '미스바'로 증거의 무더기를 의미한다. 이 계약의 규정은 야곱이 라반의 딸들을 박대하지 않고 야곱과 라반이 서로 경계선을 넘지 않고 갈라선다는 내용이다. '라반은 그것을 여갈사하두다라 불렀고 야곱은 그것을 갈르엣이라 불렀으니 라반의 말에 오늘 이 무더기가 너와 나 사이에 증거가 된다 하였으므로 그 이름을 갈르엣이라 불렀으며 또 미스바라 하였으니 이는 그의 말에 우리가 서로 떠나 있을 때에 여호와께서 나와 너 사이를 살피시옵소서 함이라.'**(44-55)**

32장

야곱이 형 에서와 화친하려고 노력하며 야곱이 브니엘이라 명한 곳에서 하나님과 밤새 씨름하여 승리한 후 야곱이라는 이름을 이스라엘이라 부르게 되고 하나님의 축복을 받음

- **형 에서를 위한 야곱의 화친 전략**: 야곱이 형 에서가 두려운 가운데 화친을 원하여 미리 사자들을 보내니 에서가 400명을 거느리고 야곱을 만나러 온다는 소식을 듣고 모든 것을 두 떼로 나누고, 형 에서를 위해 예물을 준비하기도 하는 등의 전략을 세운다.(1–20)
- **천사와의 얍복강 씨름**: 모두를 얍복강을 건너가게 한 후 야곱은 홀로 남아 밤이 새도록 하나님과 씨름을 하여 허벅지 관절이 어긋났는데도 놓아주지 않아 하나님으로부터 이제는 야곱이라 하지 말고 이스라엘(하나님과 겨루어 이겼다)이라 하는 명예를 얻고 하나님의 축복을 받았고 야곱이 그곳 이름을 브니엘(내가 하나님과 대면하여 보았으나 내 생명이 보전되었다)이라 하였다.(21–32)

33장

야곱은 에서와 재회하여 인사하고 예물을 전한다.
야곱 가족은 숙곳을 거쳐 세겜에 정착한다.

- **야곱과 에서의 재회**: 야곱은 만일의 사태에 대비하여 가족들을 분산 배치하고 두려운 마음을 가지고 450명을 거느린 형 에서와 재회하고 가족들이 에서에게 절한다.(1–7)
- **야곱이 에서에게 예물을 드림**: 야곱은 사양하는 에서에게 강권하여 예물을 드린다.(8–11)
- **형제의 이별과 야곱의 세겜 정착**: 형제는 헤어져 에서는 세일로 가고 야곱은 숙곳에 머문다. 세겜 성읍으로 가서 장막 칠 밭을 하몰의 아들들에게서 100크시타에 샀고 제단을 쌓고 그 이름을 엘엘로헤이스라엘(이스라엘의 하나님)이라 불렀다.(12–20)

34장

디나가 세겜에게 강간당하고 청혼을 받았으나 시므온과 레위가 세겜 남자들 모두가 할례를 받도록 유인한 후 그들을 모두 죽인다.

- **세겜의 디나 강간 사건과 하몰의 청혼**: 야곱의 유일한 딸 디나가 동네 구경을 나섰다가 하몰의 아들 세겜에 강간당하는 사건이 발생한다. 세겜은 디나와 결혼하기를 원하여 아버지 하몰에게 조르고 하몰은 좋은 조건을 내놓으며 결혼시킬 것을 제안한다.(1–12)
- **결혼 조건으로 할례를 권함**: 야곱의 아들들이 꾀를 내어 할례받지 않은 사람에게는 누이를 줄 수 없으니 세겜의 모든 남자가 할례를 받는다면 서로 통혼하며 한 민족처럼 살 수 있다고 하였다.(13–17)
- **세겜 남자들의 할례 시행과 야곱 아들들의 복수**: 세겜의 모든 남자들이 할례를 받는다. 디나의 친오빠 시므온과 레위가 세겜 남자들이 아직 회복되지 않은 할례받은 지 3일 되던 날 성읍을 기습하여 모든 남자를 죽이고 세겜도 죽이고 재물을 노략한다.(18–29)
- **야곱의 책망**: 야곱은 보복이 두려워 시므온과 레위를 책망하나 창녀처럼 누이를 대우한 그들을 그렇게 한 것은 당연한 것이라 말한다.(30–31)

35장

벧엘로 가라는 하나님의 명을 받고 가족들이 모든 이방 우상들을 버리고 벧엘에서 제단을 쌓음.
야곱은 다시 이스라엘의 축복을 받았고 이삭이 180세에 죽음.

- **신앙 개혁 작업 – 벧엘에 제단을 쌓음**: 벧엘로 가라는 하나님의 명을 받고 가족들과 함께한 모든 사람들이 이방 신상들과 귀고리 등을 야곱에게 주어 상수리나무 아래 묻어 버리고 신앙 개혁 작업을 행한다. 벧엘에 이르러 제단을 쌓고 그곳을 엘벧엘(벧엘의 전능하신 하나님)이라 불렀고 리브가의 유모 드보라가 죽었다.(1–8)
- **야곱에 대한 재 언약**: 하나님이 다시 한 번 이제는 야곱이 아니라 이스라엘이라는 말씀을 하셨고 생육하고 번성하라 왕들이 네 허리에서 나올 것이라는 축복을 받는다. 야곱은 하나님이 자기와 말씀하시던 자리를 벧엘 곧 하나님의 집이라 불렀다.(9–15)

- **베냐민의 출생과 라헬의 죽음**: 벧엘에서 에브랏으로 가던 중 라헬이 12번째 아들 베냐민(오른손의 아들)을 낳았고 라헬은 죽어 에브랏 곧 베들레헴 길에 장사 되고 라헬의 묘비가 세워진다. 라헬은 죽기 전 베냐민을 베노니(나의 슬픔의 아들)라 불렀으나 그의 아버지는 그를 베냐민(오른손의 아들)이라 불렀다.**(16–20)**
- **르우벤의 서모 빌하 간통**: 르우벤이 아버지의 첩, 곧 서모 빌하를 간통하는 사건이 있었다.**(21–22)**
- **모계 별 야곱의 열두 아들**: 모계 별 야곱의 아들 이름을 다시 열거한다. '야곱의 아들은 열둘이라. 레아의 아들들은 야곱의 장자 르우벤과 그 다음 시므온과 레위와 유다와 잇사갈과 스불론이요 라헬의 아들들은 요셉과 베냐민이며 라헬의 여종 빌하의 아들들은 단과 납달리요 레아의 여종 실바의 아들들은 갓과 아셀이니 이들은 야곱의 아들들이요 밧단아람에서 그에게 낳은 자더라.'**(23–26)**
- **이삭의 죽음**: 이삭이 180세에 헤브론에서 죽어 장사 되었다. '야곱이 기럇아르바의 마므레로 가서 그의 아버지 이삭에게 이르렀으니 기럇아르바는 곧 아브라함과 이삭이 거류하던 헤브론이더라. 이삭의 나이가 백팔십 세라. 이삭이 나이가 많고 늙어 기운이 다하매 죽어 자기 열조에게로 돌아가니 그의 아들 에서와 야곱이 그를 장사하였더라.'**(27–29)**

36장

에서 곧 에돔 후손들의 분야별 계보와 에서가 야곱과 헤어져 세일산에 이주하게 되었던 이야기. 그리고 세일 땅의 원주민 호리 족속의 자손들과 에돔 땅의 왕들과 족장 등을 상세하게 열거함

- 에서의 자손들**(1–5)**
- 세일산으로 이주하는 에서**(6–8)**
- 에서의 계보**(9–14)**
- 에서 가문의 족장들**(15–19)**
- 세일 땅의 원주민 호리 족속**(20–30)**

- **에돔 땅의 왕들(31–39)**
- **에돔 종족과 그 족장들(40–43)**

아브라함 이후 역사

요셉 이야기1

37장

야곱의 특별한 사랑을 받는 요셉, 꿈을 꾸는 요셉을 형들이 미디안 상인에게 팔고, 애굽 바로의 친위대장 보디발에게 팔려 간다.

- **요셉에 대한 야곱의 편애**: 헤브론에 거주하며 야곱이 17세의 요셉을 특별히 사랑하고 채색옷을 입혔다.**(1–4)**
- **요셉의 꿈**: 1) 당신들의 곡식단들이 내 곡식단에게 절했다는 꿈 2) 해와 달과 열한 개의 별이 내게 절했다는 꿈 등 요셉이 꿈 이야기를 많이 하여 형들이 요셉을 미워했다.**(5–11)**
- **심부름 길을 떠난 요셉**: 아버지의 심부름으로 요셉은 헤브론에서 약 100km 되는 세겜을 거쳐 다시 북쪽으로 약 30km 떨어진 도단까지 양을 치고 있는 형들을 만나러 간다.**(12–17)**
- **형들의 모략**: 형들이 멀리서 오는 요셉을 보고 요셉을 죽이려 하나 르우벤이 죽이지는 말자 하고 채색옷을 벗겨 구덩이에 던져 넣는다.**(18–24)**
- **애굽으로 팔려 간 요셉**: 지나가는 이스마엘 사람들, 미디안 상인 등이 있어서 유다의 제안에 따라 은 20에 요셉을 미디안 상인에게 팔았고 요셉은 상인들과 함께 애굽으로 간다.**(25–28)**
- **야곱의 애통**: 요셉의 옷에 염소 피를 묻혀 아버지에게 보여 주고 야곱은 애통해한다.**(29–35)**

- **요셉이 친위대장 보디발에게 팔림**: 미디안 사람들은 요셉을 애굽의 바로 친위대장 보디발에게 팔아 버렸다.**(36)**

아브라함 이후 역사

유다와 다말 이야기

– 가나안 피와 근친상간 죄가 섞인 예수님 계보 –

38장 **유다와 가나안 며느리 다말의 근친상간을 통해 예수님의 선조인 베레스가 출생한다.**

- **가나안 여인과 결혼한 유다**: 유다가 형제들과 떨어져 아둘람(헤브론 북서 24km)에 살면서 가나안 사람 수아의 딸과 결혼하여 엘, 오난, 셀라 세 아들을 낳았다.**(1–5)**
- **며느리 다말과 죽임당한 유다의 두 아들**: 엘에게 다말(종려나무라는 의미의 가나안 이름)을 아내로 데려왔으나 죽었고, 형을 이어 계대 혼인을 한 오난마저 죽자 다말을 친정으로 보낸다. '유다가 그의 며느리 다말에게 이르되 수절하고 네 아버지 집에 있어 내 아들 셀라가 장성하기를 기다리라 하니 셀라도 그 형들 같이 죽을까 염려함이라 다말이 가서 그의 아버지 집에 있으니라.'**(6–11)**
- **며느리 다말의 계교**: 유다의 아내가 죽은 후 아둘람 친구와 양털 깎는 자에게 와 있다는 말을 들은 며느리 다말은 유다에게서 계보를 잇겠다고 생각하고 창녀로 분장하여 시아버지와 동침한다. 며느리가 임신했다는 소식을 들은 유다는 다말을 불사르겠다고 화를 내지만 염소 새끼 화대의 담보물로 맡긴 도장, 끈, 지팡이가 자신의 것임을 알고 자신의 죄를 뉘우친다.**(12–26)**
- **베레스와 세라 쌍둥이 출생**: 다말은 베레스와 세라 쌍둥이를 낳는다. 베레스는 예수님의 조상이 된다.**(27–30)**

요셉 이야기 2

39장 보디발 아내의 유혹을 뿌리친 요셉이 누명을 쓰고 옥에 갇힘

- **보디발의 가정 총무가 된 요셉**: 바로의 신하 친위대장 애굽 사람 보디발이 이스마엘 사람의 손에서 요셉을 사서 요셉을 가정 총무로 삼고 자기의 소유를 모두 그의 손에 위탁하였다. '그가 요셉에게 자기의 집과 그의 모든 소유물을 주관하게 한 때부터 여호와께서 요셉을 위하여 그 애굽 사람의 집에 복을 내리시므로 여호와의 복이 그의 집과 밭에 있는 모든 소유에 미친지라 주인이 그의 소유를 다 요셉의 손에 위탁하고 자기가 먹는 음식 외에는 간섭하지 아니하였더라. 요셉은 용모가 빼어나고 아름다웠더라.'(1–6)
- **보디발 아내의 유혹과 요셉의 투옥**: 보디발의 아내가 요셉을 유혹했으나 반응을 보이지 않음으로, 벗어버리고 간 옷을 증거로 요셉에게 누명을 씌워 옥에 갇히게 만든다. '여호와께서 요셉과 함께 하시고 그에게 인자를 더하사 간수장에게 은혜를 받게 하시매 간수장이 옥중 죄수를 다 요셉의 손에 맡기므로 그 제반 사무를 요셉이 처리하고 간수장은 그의 손에 맡긴 것을 무엇이든지 살펴보지 아니하였으니 이는 여호와께서 요셉과 함께 하심이라 여호와께서 그를 범사에 형통하게 하셨더라.'(7–23)

40장 옥중에서 두 관원장의 꿈을 정확히 풀이하는 요셉

- **두 관원장의 꿈에 대한 요셉의 해석**: 왕의 술 맡은 관원장과 떡 굽는 관원장이 투옥되어 같은 날 모두 꿈을 꾸게 되고 그 꿈을 요셉이 해명하여 술 관원장은 3일 후 석

방되고 떡 관원장은 꿈 해석대로 3일 후 죽는다. '바로의 술 맡은 관원장은 전직을 회복하매 그가 잔을 바로의 손에 받들어 드렸고 떡 굽는 관원장은 매달리니 요셉이 그들에게 해석함과 같이 되었으나 술 맡은 관원장이 요셉을 기억하지 못하고 그를 잊었더라.'**(1–23)**

41장 7년 풍년–7년 흉년에 대한 바로의 꿈을 해몽한 요셉이 총리가 되고 므낫세와 에브라임 두 아들을 낳음

- **바로의 꿈**: 2년이 지난 시점에 바로가 1) 파리한 7마리 소가 살진 7마리 소를 먹는 꿈 2) 마른 7개의 이삭이 충실한 7개의 이삭을 삼키는 꿈을 꾸었으나 해석하는 사람이 없었다.**(1–8)**
- **요셉의 꿈 해몽과 처방**: 요셉을 기억해 낸 술 관원장에 의해 바로 앞에 선 요셉이 두 개가 같은 꿈으로 7년의 풍년과 7년의 극심한 흉년을 의미하니 풍년이 들 때 1/5을 저장해야 한다는 처방까지 내린다.**(9–36)**
- **애굽 총리가 된 요셉**: 30세가 된 요셉을 애굽의 총리로 삼고 요셉의 이름을 사브낫바네(신이 말씀하시며 살아 계신다)라 명하고 제사장 보디베라의 딸 아스낫을 아내로 준다. '바로가 그의 신하들에게 이르되 이와 같이 하나님의 영에 감동된 사람을 우리가 어찌 찾을 수 있으리요 하고 요셉에게 이르되 하나님이 이 모든 것을 네게 보이셨으니 너와 같이 명철하고 지혜 있는 자가 없도다. 너는 내 집을 다스리라 내 백성이 다 네 명령에 복종하리니 내가 너보다 높은 것은 내 왕좌뿐이니라.'**(37–45)**
- **요셉의 득남 – 므낫세와 에브라임 출생**: 7년 풍년 때 곡식들을 비축했고 흉년이 오기 전 므낫세와 에브라임 두 아들을 낳았다.**(46–52)**
- **7년 대 흉년**: 7년 대 흉년이 시작되었다. 인근 모든 나라에서도 곡식을 사기 위해 애굽으로 온다. '온 지면에 기근이 있으매 요셉이 모든 창고를 열고 애굽 백성에게 팔새 애굽 땅에 기근이 심하며 각국 백성도 양식을 사려고 애굽으로 들어와 요셉에

게 이르렀으니 기근이 온 세상에 심함이었더라.'(53–57)

42장

양식을 구하러 애굽으로 간 요셉의 형들을 만난 요셉은 자신의 신분을 감추고 형들을 시험한다.

- **양식을 구하러 온 요셉의 형들**: 가나안에도 흉년이 들어 요셉의 형들도 양식을 구하러 애굽에 왔다. '그때에 야곱이 애굽에 곡식이 있음을 보고 아들들에게 이르되 너희는 어찌하여 서로 바라보고만 있느냐 야곱이 또 이르되 내가 들은즉 저 애굽에 곡식이 있다 하니 너희는 그리로 가서 거기서 우리를 위하여 사오라 그러면 우리가 살고 죽지 아니하리라 하매.'(1–5)
- **형들을 시험하는 요셉**: 요셉이 형들을 시험하기 위해 곡물을 사러 왔다는 형들에게 정탐꾼이 아니냐고 하며 3일 동안 가두어 둔다.(6–17)
- **억류된 시므온**: 요셉은 시므온만을 인질로 한 후 너희들이 말하는 막내아우를 데리고 오면 시므온을 풀어 주겠다고 한다. 곡물 자루에 돈은 도로 넣어서 집으로 보낸다.(18–25)
- **가나안으로 귀향한 요셉의 형들과 야곱의 근심**: 가나안으로 귀향한 형제들은 돌려받은 돈 때문에 두려움을 갖고 야곱은 크게 근심한다.(26–38)

43장

유다가 아버지를 설득하여 베냐민을 대동하고, 다시 요셉을 방문하고 함께 식사함

- **유다의 설득과 야곱의 결단**: 유다가 아버지를 설득하여 베냐민을 데리고 유향, 꿀, 향품 등의 예물을 준비하고 돈을 배로 준비하여 애굽으로 가서 요셉 앞에 선다. '그들이 애굽에서 가져온 곡식을 다 먹으매 그 아버지가 그들에게 이르되 다시 가서 우리를 위하여 양식을 조금 사오라 유다가 아버지에게 말하여 이르되 그 사람이 우리

에게 엄히 경고하여 이르되 너희 아우가 너희와 함께 오지 아니하면 너희가 내 얼굴을 보지 못하리라 하였으니 (…) 유다가 그의 아버지 이스라엘에게 이르되 저 아이를 나와 함께 보내시면 우리가 곧 가리니 그러면 우리와 아버지와 우리 어린 아이들이 다 살고 죽지 아니하리이다. 내가 그를 위하여 담보가 되오리니 아버지께서 내 손에서 그를 찾으소서. 내가 만일 그를 아버지께 데려다가 아버지 앞에 두지 아니하면 내가 영원히 죄를 지리이다 (…) 그 형제들이 예물을 마련하고 갑절의 돈을 자기들의 손에 가지고 베냐민을 데리고 애굽에 내려가서 요셉 앞에 서니라.'**(1–15)**

- **요셉의 집으로 인도되어 식사하는 형제들과 요셉의 만감**: 요셉은 형제들을 집으로 인도했고 벤야민을 보는 요셉은 만감이 교차한다. 형제들을 나이순으로 앉도록 한 후 함께 식사한다. '요셉이 아우를 사랑하는 마음이 복받쳐 급히 울 곳을 찾아 안방으로 들어가서 울고 (…) 그들이 요셉 앞에 앉되 그들의 나이에 따라 앉히게 되니 그들이 서로 이상히 여겼더라.'**(16–34)**

44장

요셉이 은잔을 베냐민의 자루 속에 숨겨 넣은 후 추격하여 그 사실을 밝혀낸 후 베냐민만 종으로 할 것이라 했고 유다가 자신을 대신 종으로 삼아 달라고 호소한다.

- **요셉의 재시험과 수색당하는 형제들 그리고 억류당하는 베냐민**: 요셉이 양식을 갖고 귀향하는 형제들 중 베냐민의 자루에 요셉의 은잔을 숨겨 넣은 후 추격토록 하여 다시 요셉 앞으로 돌아오도록 했고 은잔이 발견된 베냐민만이 요셉의 종이 되고 나머지는 아버지에게 돌아가라고 엄포를 놓는다. '요셉이 이르되 내가 결코 그리하지 아니하리라 잔이 그 손에서 발견된 자만 내 종이 되고 너희는 평안히 너희 아버지께로 도로 올라갈 것이니라.'**(1–17)**
- **유다의 간절한 호소**: 유다가 자기를 대신 종으로 삼고 베냐민은 아버지에게 돌아갈 수 있도록 간절히 호소한다. '이제 주의 종으로 그 아이를 대신하여 머물러 있어 내 주의 종이 되게 하시고 그 아이는 그의 형제들과 함께 올려 보내소서.'**(18–34)**

45장

요셉이 형제들에게 자신을 밝히고 바로도 형제들을 환대했고 이 이야기를 들은 이스라엘도 죽기 전 아들 요셉을 보고 싶어 한다.

- **자신을 밝히는 요셉과 형제들에 대한 용서와 위로**: 요셉이 자신을 밝히고 자신이 애굽으로 오게 된 것은 형제들이 나를 판 것이 아니라 하나님이 나를 먼저 보낸 것이라 말하고 형제들을 용서하고 위로한다. '그런즉 나를 이리로 보낸 이는 당신들이 아니요 하나님이시라 하나님이 나를 바로에게 아버지로 삼으시고 그 온 집의 주로 삼으시며 애굽 온 땅의 통치자로 삼으셨나이다.'(1–8)
- **부친 야곱과 함께 살기를 원하는 요셉**: 요셉은 부친 야곱을 모셔 와 고센 땅에서 함께 살기를 원한다.(9–15)
- **요셉 가족에 대한 바로의 환대**: 바로도 요셉 가족을 환대하고 애굽에서 수레를 갖고 가 아버지를 모셔 오라고 한다.(16–20)
- **형제들의 귀향과 보고**: 형제들이 아버지에게 돌아가 모든 사실을 보고하고 이스라엘은 내가 죽기 전에 가서 요셉을 만나리라 한다.(21–28)

46장

이스라엘이 브엘세바에서 애굽에서 살다가 다시 올라오게 될 것이라는 하나님의 말씀을 들음.
70명의 가족이 고센에 도착하고 요셉과 재회함.

- **야곱에 임한 하나님의 계시**: 이스라엘이 모든 소유를 이끌고 브엘세바에 이르렀을 때 하나님이 야곱을 부르시며 애굽으로 가는 것을 두려워 말라 거기서 너로 하여금 큰 민족을 이룰 것이고 다시 올라오게 될 것이며 요셉의 손으로 네 눈을 감기도록 할 것이라는 말씀을 들었다.(1–4)
- **애굽으로 이주한 70명의 야곱 가족**: 바로가 보낸 수레를 타고 애굽으로 향한 야곱의 가족은 애굽에서 출생한 요셉의 두 아들을 포함 총 70명이었다.(5–27)
- **야곱과 요셉의 재회**: 고센 땅에 이르러 이스라엘이 요셉과 재회한다. '요셉이 그의

형들과 아버지의 가족에게 이르되 내가 올라가서 바로에게 아뢰어 이르기를 가나안 땅에 있던 내 형들과 내 아버지의 가족이 내게로 왔는데 그들은 목자들이라 목축하는 사람들이므로 그들의 양과 소와 모든 소유를 이끌고 왔나이다 하리니 바로가 당신들을 불러서 너희의 직업이 무엇이냐 묻거든 당신들은 이르기를 주의 종들은 어렸을 때부터 지금까지 목축하는 자들이온데 우리와 우리 선조가 다 그러하니이다 하소서 애굽 사람은 다 목축을 가증히 여기나니 당신들이 고센 땅에 살게 되리이다.'(28–34)

47장

이스라엘의 가족들은 고센 땅에서 목축을 하며 살게 되었고 기근이 더 심해져 모든 가축과 모든 토지가 바로의 소유가 되었다. 야곱이 147세가 되어 자신을 조상의 묘에 장사 지내라는 유언을 함.

- **형제들이 바로 앞에 서다**: 형제 중 5명이 바로에게 가서 자기들의 생업이 목축이기에 고센 땅에서 살기 원한다고 고하여 고센에서 살게 되고 바로의 가축도 관리하게 되었다.(1–6)
- **야곱이 바로를 만나고 요셉이 가족을 봉양하다**: 130세의 야곱이 바로를 만났고 애굽의 좋은 땅 라암셋을 소유하게 되고 요셉이 모든 가족을 봉양하였다.(7–12)
- **심화되는 기근과 요셉이 만든 토지법**: 기근이 더욱 심화되어 돈이 떨어진 모든 백성의 가축과 토지를 양식과 바꾸어 주어 모든 토지가 바로의 소유가 된다. 요셉은 백성들로 하여금 토지를 경작하도록 하고 1/5을 바로에게 상납하도록 하는 토지법을 만들었다. '요셉이 애굽 토지법을 세우매 그 오분의 일이 바로에게 상납되나 제사장의 토지는 바로의 소유가 되지 아니하여 오늘날까지 이르니라.'(13–26)
- **요셉에게 남긴 야곱의 유언**: 야곱은 17년을 더 살아 147세가 되었다. 애굽에 자신을 장사하지 말고 조상의 묘지에 장사하라는 유언을 요셉에게 남긴다.(27–31)

48장

야곱은 요셉의 두 아들을 양자로 삼아 요셉의 분깃이 2개의 몫이 된다.

- **요셉의 두 아들 므낫세와 에브라임을 축복하는 야곱**: 야곱은 아우인 에브라임을 오른손으로 축복하여 더 큰 축복을 하고 에브라임과 므낫세를 양자로 삼아 12지파의 족장 서열에 서게 한다.(1-20)
- **요셉의 분깃**: 요셉은 장자권을 갖게 되었고 두 몫의 소유를 갖게 된다.(21-22)

49장

야곱이 12지파별로 예언의 유언을 남기고 죽는다.

- **열두 아들에 대한 야곱의 예언적 유언**: 야곱은 열두 아들을 모아 놓고 지파별로 미래에 일어날 일을 유언으로 남긴다. '르우벤아 너는 내 장자요 내 능력이요 내 기력의 시작이라 위풍이 월등하고 권능이 탁월하다마는 물의 끓음 같았은즉 너는 탁월하지 못하리니 네가 아버지의 침상에 올라 더럽혔음이로다. 그가 내 침상에 올랐었도다. 시므온과 레위는 형제요 그들의 칼은 폭력의 도구로다. 내 혼아 그들의 모의에 상관하지 말지어다. 내 영광아 그들의 집회에 참여하지 말지어다. 그들이 그들의 분노대로 사람을 죽이고 그들의 혈기대로 소의 발목 힘줄을 끊었음이로다. 그 노여움이 혹독하니 저주를 받을 것이요 분기가 맹렬하니 저주를 받을 것이라 내가 그들을 야곱 중에서 나누며 이스라엘 중에서 흩으리로다. 유다야 너는 네 형제의 찬송이 될지라. 네 손이 네 원수의 목을 잡을 것이요 네 아버지의 아들들이 네 앞에 절하리로다. 유다는 사자 새끼로다 내 아들아 너는 움킨 것을 찢고 올라갔도다. 그가 엎드리고 웅크림이 수사자 같고 암사자 같으니 누가 그를 범할 수 있으랴 규가 유다를 떠나지 아니하며 통치자의 지팡이가 그 발 사이에서 떠나지 아니하기를 실로가 오시기까지 이르리니 그에게 모든 백성이 복종하리로다. 그의 나귀를 포도나

무에 매며 그의 암나귀 새끼를 아름다운 포도나무에 맬 것이며 또 그 옷을 포도주에 빨며 그의 복장을 포도즙에 빨리로다. 그의 눈은 포도주로 인하여 붉겠고 그의 이는 우유로 말미암아 희리로다. 스불론은 해변에 거주하리니 그곳은 배 매는 해변이라 그의 경계가 시돈까지리로다. 잇사갈은 양의 우리 사이에 꿇어앉은 건장한 나귀로다. 그는 쉴 곳을 보고 좋게 여기며 토지를 보고 아름답게 여기고 어깨를 내려 짐을 메고 압제 아래에서 섬기리로다. 단은 이스라엘의 한 지파 같이 그의 백성을 심판하리로다 단은 길섶의 뱀이요 샛길의 독사로다 말굽을 물어서 그 탄자를 뒤로 떨어지게 하리로다. 여호와여 나는 주의 구원을 기다리나이다. 갓은 군대의 추격을 받으나 도리어 그 뒤를 추격하리로다. 아셀에게서 나는 먹을 것은 기름진 것이라 그가 왕의 수라상을 차리리로다. 납달리는 놓인 암사슴이라 아름다운 소리를 발하는 도다. 요셉은 무성한 가지 곧 샘 곁의 무성한 가지라 그 가지가 담을 넘었도다. 활 쏘는 자가 그를 학대하며 적개심을 가지고 그를 쏘았으나 요셉의 활은 도리어 굳세며 그의 팔은 힘이 있으니 이는 야곱의 전능자 이스라엘의 반석인 목자의 손을 힘입음이라. 네 아버지의 하나님께로 말미암나니 그가 너를 도우실 것이요 전능자로 말미암나니 그가 네게 복을 주실 것이라 위로 하늘의 복과 아래로 깊은 샘의 복과 젖먹이는 복과 태의 복이리로다. 네 아버지의 축복이 내 선조의 축복보다 나아서 영원한 산이 한없음 같이 이 축복이 요셉의 머리로 돌아오며 그 형제 중 뛰어난 자의 정수리로 돌아오리로다. 베냐민은 물어뜯는 이리라 아침에는 빼앗은 것을 먹고 저녁에는 움킨 것을 나누리로다. 이들은 이스라엘의 열두 지파라 이와 같이 그들의 아버지가 그들에게 말하고 그들에게 축복하였으니 곧 그들 각 사람의 분량대로 축복하였더라.'(1-28)

- **야곱의 죽음**: 야곱이 죽으면서 막벨라 굴에 장사할 것을 당부하였다. '그가 그들에게 명하여 이르되 내가 내 조상들에게로 돌아가리니 나를 헷 사람 에브론의 밭에 있는 굴에 우리 선조와 함께 장사하라. 이 굴은 가나안 땅 마므레 앞 막벨라 밭에 있는 것이라 아브라함이 헷 사람 에브론에게서 밭과 함께 사서 그의 매장지를 삼았으므로 아브라함과 그의 아내 사라가 거기 장사되었고 이삭과 그의 아내 리브가도 거기 장사되었으며 나도 레아를 그 곳에 장사하였노라 이 밭과 거기 있는 굴은 헷

사람에게서 산 것이니라.'(29–33)

50장 야곱의 70일간의 장례를 치르고 요셉도 110세에 죽는다.

- **야곱의 장례**: 야곱을 위해 70일의 애도 기간을 가지며 막벨라 굴에 야곱의 장례를 치른다. '우리 아버지가 나로 맹세하게 하여 이르되 내가 죽거든 가나안 땅에 내가 파 놓은 묘실에 나를 장사하라 하였나니 나로 올라가서 아버지를 장사하게 하소서 내가 다시 오리이다 하라 하였더니 바로가 이르되 그가 네게 시킨 맹세대로 올라가서 네 아버지를 장사하라 (…) 그를 가나안 땅으로 메어다가 마므레 앞 막벨라 밭 굴에 장사하였으니 이는 아브라함이 헷 족속 에브론에게 밭과 함께 사서 매장지를 삼은 곳이더라.'(1–15)
- **형제들에 대한 요셉의 위로**: 요셉은 야곱의 죽음 후 두려워하는 형들을 위로한다. '당신들은 두려워하지 마소서 내가 당신들과 당신들의 자녀를 기르리이다 하고 그들을 간곡한 말로 위로하였더라.'(16–21)
- **요셉의 죽음**: 요셉이 110세에 죽었으며 자신의 해골을 메고 올라갈 것을 당부한다. '요셉이 그의 형제들에게 이르되 나는 죽을 것이나 하나님이 당신들을 돌보시고 당신들을 이 땅에서 인도하여 내사 아브라함과 이삭과 야곱에게 맹세하신 땅에 이르게 하시리라 하고 요셉이 또 이스라엘 자손에게 맹세시켜 이르기를 하나님이 반드시 당신들을 돌보시리니 당신들은 여기서 내 해골을 메고 올라가겠다 하라 하였더라. 요셉이 백십 세에 죽으매 그들이 그의 몸에 향 재료를 넣고 애굽에서 입관하였더라.'(22–26)

출애굽기 핵심정리

출애굽기의 의의

- 애굽에서 400년 동안 종살이하던 이스라엘 백성을 하나님의 약속대로 모세를 지도자로 선택하여 애굽에서 구출한 이야기이다.
- 하나님의 백성이 지켜야 할 율법을 주셨다. 우리는 율법 아래에서 정죄 받을 수 밖에 없는 존재이나 그리스도께서 이 모든 율법을 대신 성취하셨다.
- 모세는 옛 언약의 중보자 역할을 했다. 모세는 새 언약의 중보자이신 예수 그리스도를 예표 한다.
- 출애굽 사건에서 보여 준 10가지 재앙, 홍해 사건 등 수많은 이적들은 하나님이 하나님 되심을 증거 하는 사건들이다. 신약시대에 들어와 예수님께서 보여 주신 많은 이적들과 비견된다.

기록연대와 배경

- BC 1446–1406년 출애굽 후 광야 생활을 하던 중 기록했을 것으로 추정한다.
- 출애굽기는 모세오경의 두 번째 책으로 모세가 저자이다.
- 야곱 일가가 애굽으로 내려간 BC 1876년경부터 출애굽 하여 광야에서 성막을 세운 BC 1445년경까지가 배경이다.
- 당시 애굽에서 억압하던 바로는 투트모세 3세, 출애굽기의 바로는 아멘호텝 2세로 생각된다.

애굽에서 탈출하는 이스라엘 백성

이스라엘 인구 증가와 애굽 왕의 학정

1장 **70명이 이주한 이스라엘 백성의 인구가 크게 늘어나자 요셉을 알지 못하는 왕들이 두려워하며 인구가 늘지 못하도록 이스라엘 백성을 학대하는 정책을 편다.**

- **애굽으로 이주한 이스라엘 자손들의 번성**: 애굽으로 이주한 이스라엘 사람들은 야곱과 그 아들들을 포함하여 70인이었다. 이스라엘 자손이 번성하여 온 땅에 가득하게 되어 국민 만들기 과정이 완성 단계에 이르렀다.(1–7)
- **중노동을 부과하는 애굽의 새 왕**: 당시 애굽은 요셉을 알지 못하는 새 왕이 통치하고 있었다. 애굽의 왕은 이스라엘 백성 수가 많아지는 것을 두려워하여 중노동을 부과하였다.(8–14)
- **남아 살해 명령을 내린 새 왕**: 그러나 학대받을수록 더 창성해지자 바로는 히브리 산파 십보라와 부아에게 말하여 남자아이가 출산될 경우 죽이라는 명을 내리나 명을 어기고 살려 준다. '그러므로 바로가 그의 모든 백성에게 명령하여 이르되 아들이 태어나거든 너희는 그를 나일 강에 던지고 딸이거든 살려두라 하였더라.'(15–22)

애굽에서 탈출하는 이스라엘 백성

출애굽을 위해 모세를 준비하시는 하나님

2장 **모세가 태어나 바로 공주의 아들이 되었고 장성하여 바로를 피해 미디안으로 도피한다. 모세는 십보라와 결혼하여 아들을 낳았으며 바로가 죽자 하나님이 아브라함에게 하셨던 언약을 기억한다.**

- **모세의 출생**: 레위인 이므람과 요게벳이 결혼하여 아들을 낳아 3개월을 숨겼다가 갈대 상자에 담아 하숫가 갈대 사이에 두고 누이가 멀리서 지켜본다.**(1-4)**
- **모세가 애굽 공주 하셉수트의 아들이 되다**: 바로의 딸(하셉수트)이 목욕하러 왔다가 아이를 발견하고 아이의 누이가 아이의 엄마를 유모로 소개하게 된다. 아이가 자라자 바로의 딸에게 데려가 그의 아들이 되고 이름을 모세(물에서 건져 냄)라 하였다.**(5-10)**
- **애굽인을 죽이고 미디안 땅으로 도망하게 된 모세**: 모세가 장성한 후 애굽인이 히브리인을 때리는 장면을 목격하여 애굽인을 죽이게 되고 그 후 히브리인 두 명이 싸우는 것을 말리다 애굽인 죽인 사실이 바로에게 탄로되어 미디안 땅으로 도망하게 된다. '그가 이르되 누가 너를 우리를 다스리는 자와 재판관으로 삼았느냐 네가 애굽 사람을 죽인 것처럼 나도 죽이려느냐 모세가 두려워하여 이르되 일이 탄로되었도다. 바로가 이 일을 듣고 모세를 죽이고자 하여 찾는지라 모세가 바로의 낯을 피하여 미디안 땅에 머물며 하루는 우물곁에 앉았더라.'**(11-15)**
- **모세의 미디안 광야 생활 – 십보라와 결혼하고 아들 게르솜을 출산하다**: 모세는 우물가에서 미디안 제사장 르우엘(이드로)의 딸 십보라를 만나 도와주게 되고 결혼까지 하여 게르솜이라는 아들을 낳는다.**(16-22)**
- **이스라엘 백성에 관심을 보이시는 하나님**: 몇 년 후 애굽 왕 투트모세 3세는 죽고 하나님이 아브라함-이삭-야곱에게 하신 언약을 기억하시고 이스라엘 백성을 관심을 갖고 보시게 된다.**(23-25)**

3장

모세는 양떼를 몰고 호렙산에서 떨기나무 불꽃 속의 하나님을 만나 '스스로 계신 이'가 출애굽 시킬 것이라는 말씀을 듣는다.

- **불꽃 속의 여호와를 만나 가나안 땅 약속을 받은 모세**: 미디안 광야에서 40년이 지난 시점. 모세가 양떼를 몰고 호렙산에 이르렀을 때 떨기나무 불꽃 속의 여호와를

만난다. 하나님께서는 모세에게 거룩한 땅이니 신을 벗으라고 하시며 자신이 아브라함–이삭–야곱의 하나님이심을 말씀하시며 젖과 꿀이 흐르는 가나안 땅에 대한 약속을 하신다.**(1–8)**

- **모세에게 주어진 소명**: 하나님이 이제 내가 너를 바로(아멘호텝 2세)에게 보내어 이스라엘을 인도해 낼 것이라고 말씀하신다.**(9–10)**
- **하나님의 출애굽 계획**: 모세가 하나님에게 누구라고 해야 하는지를 묻자, 네가 백성을 애굽에서 인도해 낸 후에 이 산에서 나를 섬길 것인데 '나는 스스로 있는 자니라'라고 하신다. 하나님은 이어서 여러 가지 이적으로 너희가 애굽인으로부터 많은 물품을 얻어 갖고 출애굽 할 것이라 말씀하셨다.**(11–22)**

4장

모세가 애굽으로 돌아와 아론을 만나고 이스라엘 장로들을 만나 하나님의 뜻을 전한다.

- **하나님이 모세에게 보여 준 이적**: 그들이 하나님이 함께하는 모세를 믿지 않을 경우 어떻게 할 것인가 하는 질문에 1) 지팡이가 뱀이 되는 이적 2) 손을 가슴에 넣을 때 문둥병이 생기는 이적 3) 나일강 물이 피로 변하는 이적을 보이라고 하신다.**(1–9)**
- **모세의 동역자가 될 형 아론**: 하나님은 모세가 말을 잘못한다고 했을 때 형 아론이 동역자가 될 것이라 하셨다.**(10–17)**
- **애굽으로 돌아오는 모세**: 장인 이드로에게 작별 인사를 한 후 아내와 아들들을 대동하고 애굽으로 가던 중 하나님이 만일 바로가 말을 듣지 않으면 네 장자를 죽일 것이라 말하라고 하셨다.**(18–23)**
- **피의 할례**: 모세가 숙소에 있을 때 하나님이 모세를 죽이려 한 사건이 발생했고 십보라가 아들 엘르아살에게 할례를 실시하고 모세를 피 남편이라 부르게 된다.**(24–26)**
- **모세와 아론의 재회**: 모세가 아론을 재회하고 이스라엘의 장로들을 만나 하나님이 이르신 말씀을 전하고 이적을 행하니 모두 믿고 하나님께 경배하였다.**(27–31)**

모세의 요구를 묵살하는 바로

5장

바로는 모세의 요구를 묵살하고 이스라엘 백성들의 노동 강도를 높여 백성의 불평이 쏟아지도록 한다.

- **바로 앞에 선 모세와 아론**: 모세와 아론이 바로에게 하나님의 뜻을 전하며 이스라엘 백성이 광야에서 사흘 길을 가서 하나님께 제사를 지내도록 하라는 요청을 하자 바로가 너희 하나님을 알지 못한다고 하며 가서 노역이나 하라고 한다.(1–5)
- **가중되는 노동의 강도와 백성들의 원망 그리고 모세의 기도**: 바로가 벽돌 만드는 데 필요한 짚도 주지 않으며 노동의 강도를 높이자 백성들은 불평하게 된다. '모세가 여호와께 돌아와서 아뢰되 주여 어찌하여 이 백성이 학대를 당하게 하셨나이까 어찌하여 나를 보내셨나이까. 내가 바로에게 들어가서 주의 이름으로 말한 후로부터 그가 이 백성을 더 학대하며 주께서도 주의 백성을 구원하지 아니하시나이다.'(6–23)

6장

모세와 아론의 족보를 기록하고 귀 기울이지 않는 백성들로 인한 어려움을 토로함

- **하나님의 이스라엘 구원 약속**: 하나님께서는 '나는 여호와라'를 거듭 말씀하셨고 모세는 이를 백성에게 전했으나 백성들은 귀 기울이지 않았다. '그러므로 이스라엘 자손에게 말하기를 나는 여호와라 내가 애굽 사람의 무거운 짐 밑에서 너희를 빼내며 그들의 노역에서 너희를 건지며 편 팔과 여러 큰 심판들로써 너희를 속량하여 너희를 내 백성으로 삼고 나는 너희의 하나님이 되리니 나는 애굽 사람의 무거운 짐 밑에서 너희를 빼낸 너희의 하나님 여호와인 줄 너희가 알지라 내가 아브라함과 이삭

과 야곱에게 주기로 맹세한 땅으로 너희를 인도하고 그 땅을 너희에게 주어 기업을 삼게 하리라 나는 여호와라 하셨다 하라 모세가 이와 같이 이스라엘 자손에게 전하나 그들이 마음의 상함과 가혹한 노역으로 말미암아 모세의 말을 듣지 아니하였더라.'(1–9)

- **모세에게 주어진 재 명령**: 하나님은 모세에게 다시 바로에게 말하라고 명하자 모세는 이스라엘 백성도 내 말을 듣지 않는데 바로가 듣겠느냐고 말한다.(10–13)
- **모세와 아론의 족보**: 모세와 아론의 신분을 밝히기 위해 조상들의 족보를 다시 기록하였다. '이스라엘 자손을 그들의 군대대로 애굽 땅에서 인도하라 하신 여호와의 명령을 받은 자는 이 아론과 모세요 애굽 왕 바로에게 이스라엘 자손을 애굽에서 내보내라 말한 사람도 이 모세와 아론이었더라.'(14–27)
- **모세가 계속 자신은 입이 둔한 자라고 말한다**: '여호와께서 모세에게 말씀하여 이르시되 나는 여호와라 내가 네게 이르는 바를 너는 애굽 왕 바로에게 다 말하라. 모세가 여호와 앞에서 아뢰되 나는 입이 둔한 자이오니 바로가 어찌 나의 말을 들으리이까.'(28–30)

애굽에서 탈출하는 이스라엘 백성

애굽에 내린 10가지 재앙

7장

하나님이 바로의 마음을 더욱 완악하게 하여 더 큰 재앙을 주고 그들이 여호와를 알도록 하실 것이라 말씀하심. 첫 번째 피 재앙

- **모세의 대언자 아론**: 입이 둔하다고 하는 모세에게 아론이 대언자임을 다시 말씀하신다.(1–2)
- **재앙을 통한 출애굽 언급**: 하나님은 바로의 마음을 더 완악하게 하여 더 큰 재앙을

내려 출애굽을 시켜야 애굽 사람들이 나를 여호와인 줄 알 것이라 말씀하셨다.(3-5)

- **당시 모세와 아론의 나이**: 이 명을 받아 이행할 때에 모세는 80세, 아론은 83세였다.(6-7)
- **바로 앞에서 지팡이로 뱀을 만든 이적**: 모세가 바로 앞에서 지팡이로 뱀을 만들었으나 술객들도 만들었고 아론의 지팡이가 그들의 지팡이를 삼켰다. 그러나 여호와 말씀처럼 바로의 마음은 더욱 완악해졌다.(8-13)
- **1. 하수를 피로 변하게 하는 재앙**: 애굽의 요술사들도 그와 같이 행함 – 바로의 마음은 더욱 완악해짐(14-25)

8장 개구리, 이, 파리 재앙

- **2. 개구리 재앙**: 요술사들도 그와 같이 행함 – 바로가 개구리를 떠나게 해 주면 여호와께 제사하도록 하겠다고 약속했으나 그렇게 하자 더욱 강퍅해짐(1-15)
- **3. 이 재앙**: 요술사는 실패했으나 바로의 마음은 완악해짐(16-19)
- **4. 파리 재앙**: 고센 땅은 제외 – 이 땅에서 제사하라는 바로 – 사흘 길 쯤 광야로 가야 한다는 모세 – 바로의 간구로 파리 재앙을 물렸으나 더욱 완강해짐(20-32)

9장 악질, 악성 종기, 우박 재앙

- **5. 악질 재앙**: 가축들이 돌림병이 들어 죽었으나 이스라엘의 가축은 구별하여 죽지 않음 – 그러나 바로의 마음은 완강하여져서 이스라엘 백성을 보내지 않음(1-7)
- **6. 악성 종기 재앙**: 요술사들까지 악성 종기가 생겨 모세 앞에 서지 못함 – 그러나 하나님께서 바로의 마음을 완악하게 만드심(8-12)

- **7. 우박 재앙**: 이스라엘 자손들이 있는 고센은 제외 – 바로가 구원을 호소하여 우박을 그치도록 했으나 다시 마음이 완악해짐(13–35)

10장 메뚜기 재앙과 흑암 재앙

- **내가 여호와인 줄을 알리라**: '여호와께서 모세에게 이르시되 바로에게로 들어가라 내가 그의 마음과 그의 신하들의 마음을 완강하게 함은 나의 표징을 그들 중에 보이기 위함이며 네게 내가 애굽에서 행한 일들 곧 내가 그들 가운데에서 행한 표징을 네 아들과 네 자손의 귀에 전하기 위함이라 너희는 내가 여호와인 줄을 알리라 모세와 아론이 바로에게 들어가서 그에게 이르되 히브리 사람의 하나님 여호와께서 말씀하시기를 네가 어느 때까지 내 앞에 겸비하지 아니하겠느냐 내 백성을 보내라 그들이 나를 섬길 것이라.'(1–3)
- **8. 메뚜기 재앙**: 바로는 여호와를 섬기되 여자들과 자녀는 보내지 말고 장정만 가라는 제안을 함 – 메뚜기 재앙이 임함 – 바로가 죄를 자복하고 용서를 구했으나 재앙이 물러가자 하나님이 바로의 마음을 완악하게 하여 백성을 보내지 않음(4–20)
- **9. 흑암 재앙**: 삼일 동안 흑암의 재앙이 임하자 너희 양과 소는 두고 가라는 바로의 제안 – 모세는 가축도 함께 갈 것이라고 주장함 – 하나님이 바로의 마음을 완악하게 하셔서 바로는 모세에게 다시 네 얼굴을 보는 날에는 죽이겠다고 함 – 모세가 왕의 얼굴을 다시는 보지 않을 것이라고 함(21–29)

11장 10번째 장자 죽음 재앙의 예고

- **장자 죽음 재앙 예고 – 끝내 돌이키지 않는 바로**: 여호와께서 모세에게 마지막 재앙을 내리면 바로가 이스라엘 백성을 내보낼 것이라 말씀하셨다. '내가 이제 한 가

지 재앙을 바로와 애굽에 내린 후에야 그가 너희를 여기서 내보내리라. 그가 너희를 내보낼 때에는 여기서 반드시 다 쫓아내리니 백성에게 말하여 사람들에게 각기 이웃들에게 은금 패물을 구하게 하라 하시더니', '이때 모세가 바로에게 말하였다. 여호와께서 이렇게 말씀하십니다. 한밤중에 내가 이집트 전역을 지나갈 것이니 이집트에서 처음 난 것은 왕위에 앉은 바로의 장남으로부터 맷돌질하는 여종의 장남까지 모조리 죽을 것이며 또 짐승의 처음 난 것도 다 죽을 것이다. 이집트 전역에는 지금까지도 없었고 앞으로도 없을 대성통곡하는 소리가 들릴 것이나 이스라엘 자손들 가운데는 개 한 마리도 사람이나 짐승을 보고 짖지 않을 것이다. 그러면 너희는 나 여호와가 이스라엘 사람을 이집트 사람과 구별하는 것을 알게 될 것이다. 그리고 왕의 신하들도 다 나에게 와서 절하며 제발 내 백성을 데려가 달라고 사정하게 될 것입니다. 그때 내가 이곳을 떠나겠습니다. 그리고서 모세는 대단히 화가 나서 바로 앞에서 나왔다. 그때 여호와께서 모세에게 바로가 계속 너의 말을 듣지 않을 것이다. 그러므로 내가 이집트에 더 많은 기적을 행하겠다 하고 말씀하셨다. 모세와 아론이 이 모든 기적을 바로 앞에 행하였으나 여호와께서 바로를 완고하게 하셨으므로 그가 이스라엘 자손을 그 나라에서 보내지 않았다.'(1–10)

애굽에서 탈출하는 이스라엘 백성

유월절

12장

유월절과 무교절이 제정되고 이스라엘 백성이 430년 만에 라암셋을 떠나 숙곳에 도착

- **유월절에 대한 규례**: 하나님이 새로운 월력을 지시하셔서 이 달이 첫 달이 되게 하라고 명하셨다. 1월 10일에 이스라엘 온 회중은 어린 양이나 염소 중 흠 없고 일 년 된 것을 취하여 '이 달 열나흘 날까지 간직하였다가 해 질 때에 이스라엘 회중이 그

양을 잡고 그 피를 양을 먹을 집 좌우 문설주와 인방에 바르고 그 밤에 그 고기를 불에 구워 무교병과 쓴 나물과 아울러 먹되 날것으로나 물에 삶아서 먹지 말고 머리와 다리와 내장을 다 불에 구워 먹고 아침까지 남겨두지 말며 아침까지 남은 것은 곧 불사르라 너희는 그것을 이렇게 먹을지니 허리에 띠를 띠고 발에 신을 신고 손에 지팡이를 잡고 급히 먹으라 이것이 여호와의 유월절이니라. 내가 그 밤에 애굽 땅에 두루 다니며 사람이나 짐승을 막론하고 애굽 땅에 있는 모든 처음 난 것을 다 치고 애굽의 모든 신을 내가 심판하리라 나는 여호와라 내가 애굽 땅을 칠 때에 그 피가 너희가 사는 집에 있어서 너희를 위하여 표적이 될지라 내가 피를 볼 때에 너희를 넘어가리니 재앙이 너희에게 내려 멸하지 아니하리라.'**(1–14)**

- **무교절에 관한 규례**: 1월 14–21일까지 이레 동안 누룩이 없는 무교병을 먹고 첫날과 마지막 날을 성회로 지키라.**(15–20)**
- **유월절 절기의 의미 교육**: 모세가 이스라엘 모든 장로들을 불러 유월절의 의미를 자녀들에게 계속 교육할 것을 말하였다.**(21–28)**
- **10. 장자 죽음 재앙**: 드디어 바로의 장자로부터 모든 장자가 죽는 재앙이 닥친다.**(29–30)**
- **출애굽 준비**: 바로가 모세를 불러 떠나라고 하고 이스라엘 백성들은 애굽인으로부터 은금 패물과 의복을 취하였다.**(31–36)**
- **출애굽 시작**: 애굽 종살이 430년 만에 장정만 60만 명이 라암셋을 떠나 숙곳에 도착한다.**(37–42)**
- **첫 번째 유월절과 출애굽**: 하나님께서 모세에게 유월절 규례를 말씀하셨고 바로 그날에 이스라엘 자손을 애굽 땅에서 인도해 내셨다. '유월절 고기는 집 안에서만 먹고 조금도 집 밖으로 나가서는 안 되며 뼈도 꺾어서는 안 된다. 모든 이스라엘 백성은 이 명절을 다 함께 지켜야 할 것이다 (…) 그래서 모든 이스라엘 백성들은 여호와께서 모세와 아론에게 명령하신 그대로 하였으며 또 바로 그날 여호와께서는 이스라엘 백성을 각 지파 단위로 이집트에서 인도해 내셨다.'**(43–51)**

초태생 규례와 불기둥, 구름 기둥

13장

구름 기둥과 불기둥으로 인도하신 하나님께서 가나안 땅에 들어가면 초태생 규례와 무교절을 지키라고 명하심.

- **초태생 규례와 무교절 규례를 지키라**: 하나님께서 이스라엘 백성이 약속된 가나안 땅에 들어가면 무교절과 초태생 규례를 지키라고 하셨다. '이스라엘 자손 중에서 사람이나 짐승을 막론하고 태에서 처음 난 모든 것은 다 거룩히 구별하여 내게 돌리라 이는 내 것이니라 하시니라. 모세가 백성에게 이르되 너희는 애굽 곧 종 되었던 집에서 나온 그 날을 기념하여 유교병을 먹지 말라 여호와께서 그 손의 권능으로 너희를 그 곳에서 인도해 내셨음이니라 (…) 이레 동안 무교병을 먹고 일곱째 날에는 여호와께 절기를 지키라 (…) 이것으로 네 손의 기호와 네 미간의 표를 삼고 여호와의 율법이 네 입에 있게 하라 이는 여호와께서 강하신 손으로 너를 애굽에서 인도하여 내셨음이니 해마다 절기가 되면 이 규례를 지킬지니라.'**(1–16)**
- **구름 기둥과 불기둥의 인도**: 요셉의 유골을 갖고 블레셋 사람의 땅이 아닌 홍해의 광야 길로 구름 기둥과 불기둥으로 인도하여 숙곳을 떠나 광야 끝 에담에 장막을 쳤다. '바로가 백성을 보낸 후에 블레셋 사람의 땅의 길은 가까울지라도 하나님이 그들을 그 길로 인도하지 아니하셨으니 이는 하나님이 말씀하시기를 이 백성이 전쟁을 하게 되면 마음을 돌이켜 애굽으로 돌아갈까 하셨음이라 그러므로 하나님이 홍해의 광야 길로 돌려 백성을 인도하시매 이스라엘 자손이 애굽 땅에서 대열을 지어 나올 때에 모세가 요셉의 유골을 가졌으니 이는 요셉이 이스라엘 자손으로 단단히 맹세하게 하여 이르기를 하나님이 반드시 너희를 찾아오시리니 너희는 내 유골을 여기서 가지고 나가라 하였음이더라.'**(17–22)**

홍해를 육지처럼 건너고 애굽 군대는 수장됨

14장

원망하는 백성을 이끌고 홍해를 육지처럼 건넜고 애굽 군대는 수장됨.

- **애굽 군대의 추격**: 애굽의 병거 600대를 동원하여 추격해 오자 백성들이 애굽에 매장지가 없어서 이 광야에서 죽게 하느냐고 모세를 원망하기 시작했다. '모세가 백성에게 이르되 너희는 두려워하지 말고 가만히 서서 여호와께서 오늘 너희를 위하여 행하시는 구원을 보라 너희가 오늘 본 애굽 사람을 영원히 다시 보지 아니하리라 여호와께서 너희를 위하여 싸우시리니 너희는 가만히 있을지니라.'(1–14)
- **여호와의 전진 명령**: '내가 바로와 그의 병거와 마병으로 말미암아 영광을 얻을 때에야 애굽 사람들이 나를 여호와인 줄 알리라' 하시면서 전진 명령을 내리시는 여호와. 여호와께서 모세에게 말씀하셨다. '너는 어찌하여 나에게 부르짖기만 하느냐? 이스라엘 백성에게 전진하라고 명령하여라.'(15–20)
- **홍해 도하와 애굽 군대의 수장**: 모세가 바다 위로 손을 내밀어 홍해 물을 갈라 이스라엘 백성은 홍해를 건너고 애굽 군대는 홍해에 수장된다. 이스라엘이 여호와께서 애굽 사람들에게 행하신 그 큰 능력을 보았으므로 백성이 여호와를 경외하며 여호와와 그의 종 모세를 믿게 되었다.(21–31)

15장

홍해를 무사히 건넌 모세와 백성들 그리고 미리암이 감사 찬송을 부름.
마라의 쓴 물 이적이 있었고 엘림에 도착한다.

- **모세와 이스라엘 백성들의 감사 찬송**: 홍해에서 하나님의 이적을 본 모세와 백성들이 감사 찬송을 부른다. '내가 여호와를 찬송하리니 그는 높고 영화로우심이요 말과

그 탄 자를 바다에 던지셨음이로다 (…) 주께서 주의 큰 위엄으로 주를 거스르는 자를 엎으시나이다. 주께서 진노를 발하시니 그 진노가 그들을 지푸라기 같이 사르니이다 (…) 여러 나라가 듣고 떨며 블레셋 주민이 두려움에 잡히며 (…) 여호와께서 영원무궁 하도록 다스리시도다.'**(1–18)**

- **미리암이 여호와를 찬송하는 화답 노래**: 모세의 누이 미리암이 여호와를 찬송하는 화답의 노래를 불렀다. '아론의 누이 선지자 미리암이 손에 소고를 잡으매 모든 여인도 그를 따라 나오며 소고를 잡고 춤추니 미리암이 그들에게 화답하여 이르되 너희는 여호와를 찬송하라 그는 높고 영화로우심이요 말과 그 탄자를 바다에 던지셨음이로다 하였더라.'**(19–21)**
- **마라의 쓴 물 이적**: 수르 광야로 들어서 사흘 길을 갔으나 물을 얻지 못하고 마라에 이르러 물이 있었으나 써서 마실 수 없었기 때문에 백성들은 불평하기 시작한다. 모세가 여호와께 부르짖자 한 나무를 가리키셔서 그 나무를 물에 던지니 물이 달아졌다. 하나님께서는 하나님이 말씀하시는 법도와 율례에 순종하라고 하신다.**(22–26)**
- **이스라엘 백성이 엘림에 진을 치다**: 백성들이 물 샘 12개, 종려나무 70그루가 있는 엘림에 도착하여 그 물 곁에 장막을 쳤다.**(27)**

애굽에서 탈출하는 이스라엘 백성

시내산으로 향한 여정

16장

신 광야에서 불평하는 백성들에게 만나와 메추라기를 주신 하나님.

- **신 광야 도착**: 이스라엘 백성이 엘림을 떠나 시내산 가는 도중에 있는 신 광야에 2월 15일 도착하였다.**(1)**

- **떡과 고기를 먹고 싶다고 불평하는 백성들**: 백성들이 떡과 고기를 먹고 싶다며 모세와 아론에게 불평하기 시작한다. '우리가 애굽 땅에서 고기 가마 곁에 앉아 있던 때와 떡을 배불리 먹던 때에 여호와의 손에 죽었더라면 좋았을 것을 너희가 이 광야로 우리를 인도해 내어 이 온 회중이 주려 죽게 하는 도다.'**(2–3)**
- **떡과 메추라기에 대한 하나님의 약속과 만나 시험**: 하나님이 모세에게 아침에는 떡을, 저녁에는 메추라기를 약속하시면서 하나님이 주시는 율법을 준행하는가를 시험하실 것이라 말씀하신다. 먹을 만큼만 거두고 6일째 되는 날은 갑절을 거두라고 하셨다. 만나 시험은 선악과 시험을 연상시킨다.**(4–30)**
- **떡을 만나로 이름하고 항아리에 담아 기념하는 백성들**: 백성들은 하나님이 주신 떡을 '만나'라 불렀고 가나안 땅 접경에 이르기까지 40년 광야 생활 내내 만나를 먹었다. 만나 한 오멜을 항아리에 담아 증거판 앞에 두어 기념하기로 하였다.**(31–36)**

17장 르비딤 물 사건과 아말렉 전쟁.

- **르비딤에 도착한 백성들이 마실 물에 대해 불평한다**: 신 광야를 떠나 르비딤에 도착한 백성들이 마실 물이 없어 모세에게 다시 원망하기 시작한다.**(1–3)**
- **므리바 반석 이적**: 여호와께서 모세에게 지팡이로 호렙산에 있는 반석을 치라 하여 치니 물이 나와 마시게 되었고 그곳 이름을 맛사(시험) 또는 므리바(다툼)라 불렀다.**(4–7)**
- **아말렉과의 전쟁 그리고 여호와 닛시**: 르비딤에서 아말렉이 쳐들어와 전쟁이 발발하였다. 산 위에서 모세가 손을 들면 이기고 내리면 지기 때문에 아론과 훌이 옆에서 도와 아말렉을 물리쳤다. 모세가 제단을 쌓고 '여호와 닛시(여호와는 나의 깃발)'라 불렀다. '이르되 여호와께서 맹세하시기를 여호와가 아말렉과 더불어 대대로 싸우리라 하셨다 하였더라.'**(8–16)**

18장

모세의 장인 이드로의 방문과 조직 원리에 관한 조언.

- **모세 장인 이드로의 방문과 재회:** 모세의 장인이며 미디안 제사장인 이드로가 아내 십보라와 두 아들 게르솜과 엘리에셀을 대동하고 시내산 진 친 곳에 방문하였다. 이드로가 모세에게서 출애굽을 한 모든 이야기를 듣고 여호와가 모든 신보다 크신 분이라는 사실을 이제야 알았다고 말한다.(1–12)
- **모세에게 조직 원리를 제시하는 이드로:** 이드로는 모세가 백성을 재판하는 일들을 보고 나서 조직 원리에 관한 조언을 하게 된다. 현대 조직 원리에도 나와 있는 1) span of organization(천 부장, 백부장, 오십 부장, 십 부장을 두라) 2) delegates of authority(그들이 재판하되 어려운 일은 모세에게 가져오고 모든 작은 일은 스스로 재판하라)이다. '모세가 이스라엘 무리 중에서 능력 있는 사람들을 택하여 그들을 백성의 우두머리 곧 천부장과 백부장과 오십부장과 십부장을 삼으매 그들이 때를 따라 백성을 재판하되 어려운 일은 모세에게 가져오고 모든 작은 일은 스스로 재판하더라.'(13–27)

시내산에서 주신 계시와 성막

율법 계시를 위한 준비

19장

여호와께서 시내산에 강림하실 셋째 날을 준비함.

- **시내 광야에 진을 치다:** 이스라엘 자손이 애굽을 떠난 지 3개월 되던 날 시내 광야

에 이르러 장막을 쳤다.(1–2)

- **언약을 지키면 하나님 나라 백성이 될 것이라는 하나님의 말씀**: 산에서 하나님이 모세에게 백성들에게 하나님이 출애굽 시 행한 모든 일들을 정확히 알도록 하고 언약을 지키면 하나님 나라 백성이 될 것이라는 말씀을 백성들에게 전하라고 하셨다.(3–6)
- **여호와의 강림 준비**: 산에서 하나님께 들은 말을 백성들에게 전하고 여호와의 강림을 준비하기 위해 성결하게 하고 옷을 빨고 여인을 가까이하지 말고 여호와가 강림하실 셋째 날을 준비하라고 명한다. '준비하게 하여 셋째 날을 기다리게 하라 이는 셋째 날에 나 여호와가 온 백성의 목전에서 시내산에 강림할 것임이니 너는 백성을 위하여 주위에 경계를 정하고 이르기를 너희는 삼가 산에 오르거나 그 경계를 침범하지 말지니 산을 침범하는 자는 반드시 죽임을 당할 것이라.'(7–15)
- **불 가운데 여호와의 강림**: 셋째 날 아침에 여호와가 불 가운데 강림하시고 모세를 산 위로 불러올리셨다.(16–20)
- **여호와의 금지 조항**: 여호와께서 백성들과 제사장은 경계를 넘어오면 죽을 것이라 하셨고 모세가 산을 내려가 백성들에게 알렸다.(21–25)

시내산에서 주신 계시와 성막

십계명

20장 시내산에 여호와께서 임재하셔서 주신 십계명.

- **시내산에서 주신 십계명**: 1. 너는 나 외에는 다른 신들을 네게 두지 말라 2. 우상을 만들지 말라 3. 너는 네 하나님 여호와의 이름을 망령되게 부르지 말라 4. 안식일을

기억하여 거룩하게 지키라 5. 네 부모를 공경하라 6. 살인하지 말라 7. 간음하지 말라 8. 도둑질하지 말라 9. 네 이웃에 대하여 거짓 증거 하지 말라 10. 남의 것을 탐내지 말라(**1–17**)

- **하나님의 영광과 백성들의 두려움 그리고 우상숭배와 제단에 관한 율례**: 하나님의 영광이 임재하는 모습에 백성들은 두려워했고 모세는 어떤 우상도 용납하지 않겠다는 하나님의 말씀을 다시 받고 제단과 예배에 관한 율례를 받았다. '너희는 나를 비겨서 은으로나 금으로나 너희를 위하여 신상을 만들지 말고 내게 토단을 쌓고 그 위에 네 양과 소로 네 번제와 화목제를 드리라 내가 내 이름을 기념하게 하는 모든 곳에서 네게 임하여 복을 주리라 네가 내게 돌로 제단을 쌓거든 다듬은 돌로 쌓지 말라 네가 정으로 그것을 쪼면 부정하게 함이니라. 너는 층계로 내 제단에 오르지 말라 네 하체가 그 위에서 드러날까 함이니라.'(**18–26**)

시내산에서 주신 계시와 성막

백성 앞에 세울 법규

21장 종, 살인, 폭력, 배상 등에 관한 법규

- **'네가 백성 앞에 세울 법규는 이러하니라.'(1)**
- **남종과 여종에 관한 율례(2–11)**
- **사형에 관한 율례(12–17)**
- **상해에 관한 율례(18–27)**
- **벌을 받아 마땅한 부주의에 관한 율례(28–36)**

22장 절도, 담보, 간음 등에 관한 법규

- 도둑질에 관한 율례(1–4)
- 재산 손실에 관한 율례(5–6)
- 안전 보관에 관한 율례(7–13)
- 임차에 관한 율례(14–15)
- 성적 유혹에 관한 율례(16–17)
- 우상숭배에 관한 율례(18–20)
- 궁핍한 자의 보상금에 관한 율례(21–27)
- 존경에 관한 율례(28–31)

23장 재판, 안식, 절기 등에 관한 법규

- 법적 정의에 관한 율례(1–9)
- 안식에 관한 율례(10–13)
- **연례 절기에 관한 율례**: 무교절, 맥추절, 수장절(**14–19**)
- **가나안 정복에 대한 하나님의 약속**: 가나안 정복을 약속하시고 그들의 신을 섬기지 말 것과 나라의 경계를 알려 주셨다. '내가 네 경계를 홍해에서부터 블레셋 바다까지, 광야에서부터 강까지 정하고 그 땅의 주민을 네 손에 넘기리니 네가 그들을 네 앞에서 쫓아낼지라. 너는 그들과 그들의 신들과 언약하지 말라 그들이 네 땅에 머무르지 못할 것은 그들이 너를 내게 범죄 하게 할까 두려움이라 네가 그 신들을 섬기면 그것이 너의 올무가 되리라.'(**20–33**)

24장

언약 내용을 성문화하고 백성들은 언약 조건들을 준수할 것을 다짐했고 모세는 하나님이 주실 율법이 기록된 돌 판을 받기 위해 산에 40일 있었음.

- **백성들의 언약서 준수 서약**: 하나님께로부터 받은 율례를 모세가 기록하고 언약서를 만들어 백성들에게 그 내용을 전하자 모든 것을 준행하겠다고 약속하였다.(1–8)
- **백성의 대표자들이 하나님을 대면함**: 모세와 아론과 나답과 아비후와 장로 70인이 하나님을 뵙고 먹고 마셨다.(9–11)
- **모세를 시내산 위로 부르시는 여호와**: 여호와께서 모세에게 산으로 올라와 거기 있으라 그러면 내가 율법과 계명을 기록한 돌판을 주겠다고 하셨다. '모세가 산에 오르매 구름이 산을 가리며 여호와의 영광이 시내산 위에 머무르고 구름이 엿새 동안 산을 가리더니 일곱째 날에 여호와께서 구름 가운데서 모세를 부르시니라 산 위의 여호와의 영광이 이스라엘 자손의 눈에 맹렬한 불같이 보였고 모세는 구름 속으로 들어가서 산 위에 올랐으며 모세가 사십 일 사십 야를 산에 있으니라.'(12–18)

시내산에서 성막이 완성되기까지

성막의 청사진

25장

성막을 지을 예물을 백성들로부터 수집하고 하나님께서 언약궤, 속죄소, 진설병 상, 등잔대의 양식과 재료를 설명해 줌.

- **성막 건축을 위한 예물**: 이스라엘 자손들이 기쁜 마음으로 드릴 성소 곧 성막을 지을 예물(금, 은, 놋, 각종 실, 털, 가죽, 조각목 등)을 수집한다. '내가 그들 중에 거할 성소를 그들이 나를 위하여 짓되 무릇 내가 네게 보이는 모양대로 장막을 짓고

기구들도 그 모양을 따라 지을지니라.'(1–9)

- **언약궤와 속죄소의 양식과 재료**: 하나님께서 성막의 핵심인 언약궤와 속죄소(시은좌) 양식과 재료를 알려 주셨다. '거기서 내가 너와 만나고 속죄소 위 곧 증거궤 위에 있는 두 그룹 사이에서 내가 이스라엘 자손을 위하여 네게 명령할 모든 일을 네게 이르리라.'(10–22)
- **진설병 상의 양식과 재료**: 진설병 상의 양식과 재료를 알려 주셨다. '상 위에 진설병을 두어 항상 내 앞에 있게 할지니라.'(23–30)
- **등잔대와 등잔 기구의 양식과 재료**: 등잔대와 등잔 기구의 양식과 재료를 알려 주시며 하나님이 이 산에서 알려 준 양식대로 할 것을 명하셨다.(31–40)

26장 성막의 양식 설명

- 성막의 제1 앙장(성막의 안감) 설명(1–6)
- 성막의 제2 앙장(성막의 겉감) 설명(7–14)
- 성막 본체를 위한 널판과 은 받침 및 띠 설명(15–30)
- 지성소 휘장과 성막 휘장 설명(31–37)

27장 번제단과 성막 뜰 설명

- 번제단의 양식과 재료 설명(1–8)
- 성막 뜰의 양식과 재료 설명(9–19)
- **등불 관리 설명**: '너는 또 이스라엘 자손에게 명령하여 감람으로 짠 순수한 기름을

등불을 위하여 네게로 가져오게 하고 끊이지 않게 등불을 켜되 아론과 그의 아들들로 회막 안 증거궤 앞 휘장 밖에서 저녁부터 아침까지 항상 여호와 앞에 그 등불을 보살피게 하라 이는 이스라엘 자손이 대대로 지킬 규례이니라.'(20–21)

28장 제사장을 위한 의복 곧 흉패, 에봇, 겉옷, 반포 속옷, 관, 띠 등 설명

- **제사장의 거룩한 옷**: '너는 이스라엘 백성 가운데 네 형 아론과 그의 아들들인 나답과 아비후와 엘르아살과 이다말을 불러내어 나를 섬기는 제사장이 되게 하라. 너는 네 형 아론에게 거룩한 예복을 만들어 입혀 품위와 아름다움이 풍기게 하라. 그런 일에 내가 특별한 재능을 준 모든 기능공들을 불러 아론의 옷을 만들게 하고 그를 거룩하게 하여 제사장으로서 나를 섬기게 하라.'(1–5)
- **에봇, 흉패, 에봇 받침, 금패, 반포 속옷, 관 등에 관한 설명**: '그들이 지을 옷은 이러하니 곧 흉패와 에봇과 겉옷과 반포 속옷과 관과 띠라 그들이 네 형 아론과 그 아들들을 위하여 거룩한 옷을 지어 아론이 내게 제사장 직분을 행하게 하라 (…) 이 보석들은 이스라엘 아들들의 이름대로 열둘이라 보석마다 열두 지파의 한 이름씩 도장을 새기는 법으로 새기고 (…) 아론이 성소에 들어갈 때에는 이스라엘 아들들의 이름을 기록한 이 판결 흉패를 가슴에 붙여 여호와 앞에 영원한 기념을 삼을 것이니라. 너는 우림과 둠밈을 판결 흉패 안에 넣어 아론이 여호와 앞에 들어갈 때에 그의 가슴에 붙이게 하라 아론은 여호와 앞에서 이스라엘 자손의 흉패를 항상 그의 가슴에 붙일지니라 (…) 아론이 입고 여호와를 섬기러 성소에 들어갈 때와 성소에서 나올 때에 그 소리가 들릴 것이라 그리하면 그가 죽지 아니하리라 (…) 아론과 그의 아들들이 회막에 들어갈 때에나 제단에 가까이 하여 거룩한 곳에서 섬길 때에 그것들을 입어야 죄를 짊어진 채 죽지 아니하리니 그와 그의 후손이 영원히 지킬 규례니라.'(6–43)

29장 제사장 위임식 설명

- 제사장 위임식을 위한 준비(1-9)
- 제사장 위임식의 속죄제(10-14)
- 제사장 위임식의 번제(15-18)
- 제사장 위임식의 화목제(19-28)
- 제사장직의 전수(29-30)
- 제사장 위임식 제물의 성별(31-34)
- 7일간의 제사장 위임식(35-37)
- 매일 드리는 번제(상번제)(38-46)

30장 성막 예배와 관련된 분향단, 생명의 속전, 물두멍, 관유와 향 제조법

- 분향단의 양식과 재료(1-10)
- 생명의 속전 곧 회막 세금 반 세겔(11-16)
- 놋 물두멍과 정결 규례(17-21)
- 관유 제조법과 그 용도(22-33)
- 향 재료와 제조법(34-38)

31장 성막 예배와 관련된 기능인의 지명과 안식일 준수에 관해 말씀하신 후 모세에게 두 개의 증거판을 주심.

- **회막 기물을 만드는 기능인으로 브살렐과 오홀리압을 지명(1-11)**
- **안식일 준수에 관한 규례(12-17)**
- **모세가 두 개의 증거판을 받음**: 시내산 위에서 모세에게 지시할 모든 말씀을 끝낸 여호와께서 두 개의 증거판(돌판)을 모세에게 주셨는데 이는 하나님이 친히 쓰신 것이다.(18)

시내산에서 성막이 완성되기까지

이스라엘의 불순종과 모세의 사역

32장

모세가 산에 머무는 동안 아론과 백성들은 금송아지 우상을 만든다. 하나님은 분노하셨고 모세도 화가 나서 레위인으로 하여금 3천여 명의 백성을 죽이는 사건이 일어난다.

- **금송아지 형상의 우상**: 모세가 산에서 더디 내려온다고 백성들은 아론을 앞세워 금송아지 형상을 하나님이라 하여 만들고 여호와 절일에 제사를 드리고 먹고 마시며 뛰놀았다. '아론이 그들에게 이르되 너희의 아내와 자녀의 귀에서 금 고리를 빼어 내게로 가져오라 모든 백성이 그 귀에서 금 고리를 빼어 아론에게로 가져가매 아론이 그들의 손에서 금 고리를 받아 부어서 조각칼로 새겨 송아지 형상을 만드니 그들이 말하되 이스라엘아 이는 너희를 애굽 땅에서 인도하여 낸 너희의 신이로다 하는지라.'(1-6)
- **여호와의 진노와 모세의 중보 기도**: 여호와께서 진노하사 모세에게 이들을 진멸하고 모세와 새롭게 계약을 맺겠다고 하신다. 모세는 노를 그치시라고 하나님께 중보했고 여호와께서 뜻을 돌이키셨다.(7-14)
- **깨뜨린 십계명 돌판**: 모세가 산에서 내려와 분노하여 십계명이 새겨진 판을 던져 깨뜨리고 금송아지를 불살라 가루로 만들어 이스라엘 자손들에게 마시게 하였다.(15-20)

- **아론의 변명**: 아론은 금들을 모아 불에 던졌더니 금송아지가 나왔다는 변명을 하였다.(21–24)
- **레위 자손을 통한 하나님의 징벌**: 모세가 진문에 서서 여호와 편에 선 자는 나오라고 하니 레위 자손이 나왔고 레위 자손이 자기들의 친구요 형제인 백성을 3천 명가량 죽였다.(25–29)
- **다시 목숨을 건 모세의 간절한 탄원과 여호와의 말씀**: 그들의 죄를 사하지 않는다면 주님의 책에서 내 이름을 지워 달라고 간청하고 여호와께서는 내가 네게 말한 곳으로 백성을 인도하라 그러나 내가 보응할 날에는 그들의 죄를 보응할 것이라 말씀하셨다.(30–35)

33장

하나님은 계속 분노하셨고 백성들은 양심의 가책을 느낌.
모세는 여호와께 간청하여 백성과 여호와의 관계가 회복됨.

- **가나안 진군 명령**: 여호와께서는 모세에게 계속 가나안 땅으로 백성을 인도하라고 하시나 나는 너희와 함께 올라가지 않을 것이라 하셨다. 내가 길에서 너희를 진멸할까 염려가 된다는 것이다.(1–3)
- **백성들의 양심 가책과 모세**: 백성들은 양심의 가책을 느꼈고 호렙산에서부터 몸치장용 장신구를 모두 떼어 냈으나 하나님과 백성 간에는 긴장 관계가 계속되었다. 그러나 모세는 장막 진 밖에 별도의 회막을 두고 하나님과 절친한 관계를 가진다.(4–11)
- **모세의 기도와 함께하시겠다는 하나님의 약속**: 모세의 간절한 요청으로 하나님이 백성들과 함께하시겠다고 약속하셨다. '모세가 이르되 원하건대 주의 영광을 내게 보이소서 (…) 또 이르시되 네가 내 얼굴을 보지 못하리니 나를 보고 살 자가 없음이니라 여호와께서 또 이르시기를 보라 내 곁에 한 장소가 있으니 너는 그 반석 위에 서라 내 영광이 지나갈 때에 내가 너를 반석 틈에 두고 내가 지나도록 내 손으로 너를 덮었다가 손을 거두리니 네가 내 등을 볼 것이요 얼굴은 보지 못하리라.'(12–23)

34장 두 번째 십계명과 언약의 갱신

- **십계명 돌판을 다시 만들다**: 하나님의 명에 따라 모세는 깨어 버린 두 개의 돌판과 같은 판을 만들어 산에서 하나님을 다시 만난다.**(1–4)**
- **모세에게 드러낸 하나님의 계시와 모세의 간청**: '여호와께서 구름 가운데 내려와 그와 함께 거기 서서 자기 이름이 여호와임을 선포하셨다. 그리고서 여호와께서는 그의 앞으로 지나가시며 이렇게 외치셨다. 나 여호와는 자비롭고 은혜로우며 쉽게 노하지 않고 사랑과 진실이 풍성한 하나님이다. 나는 사랑을 천 대까지 베풀고 죄와 잘못을 용서하지만 그렇다고 범죄한 자를 벌하지 않은 채 그대로 두지는 않을 것이며 그 죄에 대해서는 자손 사 대까지 벌할 것이다 (…) 여호와여, 내가 만일 주께 은총을 입었거든 주께서 우리와 함께 가소서. 이 백성이 말을 잘 듣지 않는 고집 센 백성이긴 하지만 우리의 죄와 잘못을 용서하시고 우리를 주의 백성으로 받아 주소서.'**(5–9)**
- **언약 백성으로서의 의무**: 언약을 갱신하시는 하나님께서 언약 백성으로서의 의무를 말씀하셨다. 1) 가나안 족속들을 쫓아낼 것 2) 가나안 주민들과 언약하지 말 것 3) 그들의 우상을 받아들이지 말 것 4) 그들의 음란한 딸들을 받아들이지 말 것 5) 신상들을 부어 만들지 말 것 6) 무교절을 지킬 것 7) 초태생은 모두 여호와의 것 8) 안식일을 지킬 것 9) 칠칠절, 초실절, 수장절을 지킬 것 10) 모든 남자는 1년에 3번씩 하나님 앞에 모일 것 11) 유월절 규례를 지킬 것 12) 토지 소산의 처음 익은 것을 여호와의 전에 드릴 것 13) 염소 새끼를 그 어미의 젖으로 삶지 말 것(주술적인 것인지 비인도적이라 생각해서인지는 모르나 현재도 유대인들은 유제품과 고기를 섞지 않는 관습이 있다).**(10–26)**
- **다시 40일을 산에 있으면서 완성된 두 돌판**: '모세가 여호와와 함께 사십 일 사십 야를 거기 있으면서 떡도 먹지 아니하였고 물도 마시지 아니하였으며 여호와께서는 언약의 말씀 곧 십계명을 그 판들에 기록하셨더라.'**(27–28)**

- **하나님 영광의 광채가 난 모세의 얼굴**: 두 돌판을 들고 산을 내려올 때 모세의 얼굴에 하나님의 영광의 광채가 났다. 모세는 백성들이 현혹되어 그가 전하는 하나님의 말씀을 소홀히 할 가능성을 배제하기 위해 수건으로 얼굴을 가렸다.**(29–35)**

시내산에서 성막이 완성되기까지

성막 건축 완성

35장

성막 건축에 필요한 재료들의 많은 헌납이 이루어졌고 기술자들도 각자의 특기대로 성막 건축에 기여했다.

- **안식일 준수 규례**: 모세는 이스라엘 회중에게 안식일 준수 규례를 다시 강조하였다. '엿새 동안은 일하고 일곱째 날은 너희를 위한 거룩한 날이니 여호와께 엄숙한 안식일이라 누구든지 이 날에 일하는 자는 죽일지니 안식일에는 너희의 모든 처소에서 불도 피우지 말지니라.'**(1–3)**
- **성막 건축을 위한 예물 헌납 요청**: 모세는 이스라엘 백성들에게 금, 은, 놋, 실, 털 등 성막 건축에 필요한 재료들의 헌납을 요청하였다.**(4–9)**
- **성막의 제반 기구 제작 요청**: 기술이 있는 자들에게는 속죄소, 증거궤, 진설병, 등잔대, 분향단 등 성막의 제반 기구들 제작을 요청하였다.**(10–20)**
- **백성들의 자원 예물**: '마음이 감동된 모든 자와 자원하는 모든 자가 와서 회막을 짓기 위하여 그 속에서 쓸 모든 것을 위하여, 거룩한 옷을 위하여 예물을 가져다가 여호와께 드렸으니 곧 마음에 원하는 남녀가 와서 팔찌와 귀고리와 가락지와 목걸이와 여러 가지 금품을 가져다가 사람마다 여호와께 금 예물을 드렸으며 (…) 마음에 감동을 받아 슬기로운 모든 여인은 염소 털로 실을 뽑았으며 (…) 마음에 자원하는 남녀는 누구나 여호와께서 모세의 손을 빌어 명령하신 모든 것을 만들기 위하여 물품

을 드렸으니 이것이 이스라엘 자손이 여호와께 자원하여 드린 예물이니라.'(21–29)

- **기술자 브살렐과 오홀리압**: 31장에서도 언급된 유다지파의 브살렐과 단 지파의 오홀리압이 회막 기술자로 지명되어 각자의 특기대로 성막 건축에 기여하였다. '지혜로운 마음을 그들에게 충만하게 하사 여러 가지 일을 하게 하시되 조각하는 일과 세공하는 일과 청색 자색 홍색 실과 가는 베 실로 수놓는 일과 짜는 일과 그 외에 여러 가지 일을 하게 하시고 정교한 일을 고안하게 하셨느니라.'(30–35)

36장 성막 건축이 이루어짐.

- **차고 넘치는 자재 헌납**: 브살렐과 오홀리압 등 기술자들이 일을 착수하여 보니 자재 헌납 양이 지나치게 많았다. 모세가 명령하여 더 이상 가져오지 말도록 하였다.(1–7)
- 성막의 제1 앙장(성막의 안감) 제작(8–13)
- 성막의 제2 앙장(성막의 겉감)과 덮개 및 웃 덮개 제작(14–19)
- 성막의 널판과 은 받침 제작(20–30)
- 널판 띠 제작(31–34)
- 성막 휘장과 기둥 제작(35–38)

37장 성막 비품 제작

- 법궤 제작(1–5)
- 속죄소 제작(6–9)

- 진설병 상 제작(10–16)
- 등잔대 제작(17–24)
- 분향단 제작(25–28)
- 관유의 향을 만듦(29)

38장 성막 비품의 제작과 성막 재료 총량

- 번제단과 부삽, 대야, 고기 갈고리 등 제단의 모든 기구 제작(1–7)
- 물두멍 제작(8)
- 성막 뜰 조성(9–20)
- **성막 제작 물품 목록**: 금, 은, 놋 등의 사용량. '성소 건축 비용으로 들인 금은 성소의 세겔로 스물아홉 달란트와 칠백삼십 세겔이며 계수된 회중이 드린 은은 성소의 세겔로 백 달란트와 천칠백칠십오 세겔이니 (…) 드린 놋은 칠십 달란트와 이천사백 세겔이라.'(21–31)

39장 제사장 의복 제작과 성막 준공

- 제사장 예복 제작(1)
- 에봇과 기념 보석(2–7)
- 흉패와 열두 보석(8–21)
- 에봇 받침 긴 옷(22–26)
- 기타 제반 제사장 의복들(27–30)

- **성막 완성과 성막 완공 검사**: '여호와께서 모세에게 명령하신 대로 이스라엘 자손이 모든 역사를 마치매 모세가 그 마친 모든 것을 본즉 여호와께서 명령하신 대로 되었으므로 모세가 그들에게 축복하였더라.'**(31–43)**

40장 성막 봉헌식

- **성막 봉헌식 준비**: '여호와께서 모세에게 말씀하여 이르시되 너는 첫째 달 초하루에 성막 곧 회막을 세우고 또 증거궤를 들여놓고 또 휘장으로 그 궤를 가리고 (…).'**(1–11)**
- **제사장직을 위한 성결식**: '너는 또 아론과 그 아들들을 회막 문으로 데려다가 물로 씻기고 아론에게 거룩한 옷을 입히고 그에게 기름을 부어 거룩하게 하여 그가 내게 제사장의 직분을 행하게 하라 너는 또 그 아들들을 데려다가 그들에게 겉옷을 입히고 (…).'**(12–16)**
- **필역된 성막 건축 사업**: '둘째 해 첫째 달 곧 그 달 초하루에 성막을 세우니라 모세가 성막을 세우되 그 받침들을 놓고 그 널판들을 세우고 그 띠를 띠우고 그 기둥들을 세우고 또 성막 위에 막을 펴고 그 위에 덮개를 덮으니 여호와께서 모세에게 명령하신 대로 되니라 (…) 그는 또 성막과 제단 주위 뜰에 포장을 치고 뜰 문에 휘장을 다니라 모세가 이같이 역사를 마치니.'**(17–33)**
- **주의 영광이 성막을 덮다 – 성막에 임한 여호와의 영광**: '구름이 회막에 덮이고 여호와의 영광이 성막에 충만하매 모세가 회막에 들어갈 수 없었으니 이는 구름이 회막 위에 덮이고 여호와의 영광이 성막에 충만함이었으며 구름이 성막 위에서 떠오를 때에는 이스라엘 자손이 그 모든 행진하는 길에 앞으로 나아갔고 구름이 떠오르지 않을 때에는 떠오르는 날까지 나아가지 아니하였으며 낮에는 여호와의 구름이 성막 위에 있고 밤에는 불이 그 구름 가운데에 있음을 이스라엘의 온 족속이 그 모든 행진하는 길에서 그들의 눈으로 보았더라.'**(34–38)**

레위기 핵심정리

레위기의 의의

- 레위기는 출애굽기의 속편적 성격을 갖는다.
- 레위기에서는 이스라엘 신앙 공동체를 종교적, 사회적으로 통치하는 데 필요한 율법을 제시한다. 즉 하나님 백성의 예배 생활, 사회생활, 공공 생활, 경제생활, 도덕 생활을 법제화한 것이다.
- 하나님 백성이 거룩하게 살아가기 위해 필요한 제사법과 제사 형식 그리고 이와 관련된 제반 규례들과 삶의 지침이 수록되어 있다.
- 레위기는 역사의 이동과 지리적 이동이 전혀 없는 책이다.

기록연대와 배경

- BC 1445년경 기록한 것으로 추정한다.
- 레위기는 모세오경의 세 번째 책으로 모세가 저자이다.
- 출애굽 후 1년이 된 BC 1445년 1월 1일 성막 건축 종료 후부터 시내산을 떠나기 전 BC 1445년 2월 20일까지 약 1개월 20일 동안 주어진 계시의 기록이다.

희생에 의해 하나님께 나아가는 방법 – 주기적 예배 —

5가지 희생 제사 율법

1장 번제, 燔祭, Burnt Offering

번제란 제물을 불에 태워 그 향기로 하나님을 기쁘시게 해 드리는 제사, 즉 성전 마당의 번제단 위에서 희생이 되는 짐승은 그 가죽을 제외한(가죽은 제사장의 몫이었음) 모든 것을 거룩한 불에 완전히 태워 그 향기(연기)로 하나님께 드리는 제사이다. 하나님과의 바른 관계를 회복하고, 또 예배자의 전 인격이 하나님께 바쳐짐을 상징하는 중요한 제사 방법 중 하나이다. 번제물로는 수송아지, 숫양, 숫염소 등 모두 흠이 없는 수컷으로 드려져야 했다. 그러나 가난한 자들에게는 예외적으로 산비둘기와 집비둘기 새끼도 허용되었다.

- **여호와가 모세에게 번제를 포함한 제사를 지시하심**: 성막 완성 후 모세를 부르셔서 번제를 비롯한 제사를 지시하셨다. '여호와께서 회막에서 모세를 부르시고 그에게 말씀하여 이르시되 이스라엘 자손에게 말하여 이르라 너희 중에 누구든지 여호와께 예물을 드리려거든 가축 중에서 소나 양으로 예물을 드릴지니.'(1–2)
- **소의 번제(3–9)**
- **양이나 염소의 번제(10–13)**
- **새의 번제(14–17)**

I 모세오경

2장 소제, 素祭, Grain Offering

🔔 소제는 구약의 5대 제사 가운데 하나로서 곡물 제사이다. 성결한 생애를 하나님께 약속하는 표시로 정한 밀가루와 기름과 유향을 불태우고 떡을 구워 놓고 드리는 제사이다. 또 피 없이 드리는 유일한 제사로서 번제나 속죄제, 속건제 등 항시 다른 피 제사와 함께 드려졌다. 소제물의 남은 것은 아론과 그의 자손들의 몫이다. 소제는 드리는 자가 자기 생활 형편에 따라 자발적으로 드리는 자원제인 데 비해 속죄제와 속건제는 죄사함을 받기 위해 반드시 드려야 하는 의무제이다.

- **고운 가루의 소제, 굽지 않는 형식의 소제(1–3)**
- **굽는 형식의 소제**: 1) 화덕에 구운 것 2) 철판에 부친 것 3) 냄비의 것 4) 첫 이삭을 볶은 것(**4–10, 14–16**)
- **소제물의 주의 사항**: 여호와께 드리는 소제물에는 누룩과 꿀을 넣지 말아야 하고 소금은 반드시 넣어야 한다.(**11–13**)

3장 화목제, 和睦祭, Peace Offering

🔔 화목제는 하나님과 인간 사이의 분쟁을 종식하고 화평과 친교와 연합이 이뤄졌음을 감사하여 드리는 제사이다. 감사제, 서원제, 자원제가 여기에 해당된다. 화목제는 정으로 다듬지 않은 돌로 단을 쌓고 흠 없는 짐승을 머리에 안수하고 회막 문에서 잡았다. 그리고 피는 제사장들이 제단 사면에 뿌리고 내장과 콩팥, 간 등을 제단에서 불살라 드렸다. 화제라 하며 여호와 앞에서 향기로운 냄새라고 하였다. 소, 양, 염소의 암수 모두 허용된다. 비둘기는 양이 적어서 해당되지 않는다. 그리고 제물의 가슴과 뒷다리는 제

사장의 몫으로 돌려 졌다. 나머지 제물은 성막 뜰에서 제물을 드린 자가 제사장과 함께 나누어 먹었다. 그리고 삼 일째까지 남은 것은 불에 태웠다. 화목제는 국가적인 경축 시(삼하 6:17, 왕상 8:63–64). 칠칠절(레 23:19), 제사장의 위임식(레 9:14), 나실인 서원(민 6:13–20) 등에 드려졌다. 신약은 그리스도를 하나님과 인간 사이를 회복시키기 위한 화목제물로 묘사하고 있다.

- **소로 드리는 화목제(1–5)**
- **양과 염소로 드리는 화목제(6–16)**
- **기름과 피를 먹지 말라**: '너희는 기름과 피를 먹지 말라 이는 너희의 모든 처소에서 너희 대대로 지킬 영원한 규례니라.'**(17)**

4장 속죄제, 贖罪祭, Sin Offering

죄를 속하기 위해 하나님께 드린 희생 제사이다. 속죄제는 도덕적 허물뿐만 아니라 해산이나 나병과 같은 의식적(儀式的)인 부정으로부터 정결함을 얻기 위해서도 행해졌다. 또 주요 절기와 제사장들의 위임식에서도 속죄제는 잠재해 있는 죄의 오염을 없애는 의식으로 행해졌다. 때문에 속죄제는 한편으로 죄의 전염성을 제거하고 다른 한편으로 죄를 희생 제물에 전가하는 두 가지 측면을 내포한 의식이다. 죄를 전가할 때는 제물을 드리는 자나 제사장이 희생 제물의 머리 위에 손을 얹는 방식으로 이루어졌다. 또 제사장은 희생 제물의 피를 제단에 뿌려 성별하고 그 핏방울을 제물을 드리는 자의 오른쪽 귀, 엄지손가락, 엄지발가락에 발랐다. 이런 의식을 통해서 이스라엘 백성은 죄를 사함받을 수 있었다. 그중에서도 매년 7월 10일은 대 속죄일로써 온 백성을 위한 속죄제가 드려졌다.

- **무의식 중 범한 죄**: 여호와께서 모세에게 계명 중 어느 하나라도 무의식 중에 범하면 속죄제를 드려야 한다고 하셨다.**(1–2)**

- **제사장을 위한 속죄제(3-12)**
- **이스라엘 온 회중을 위한 속죄제(13-21)**
- **족장을 위한 속죄제(22-26)**
- **회중 중 평민 개인을 위한 속죄제(27-35)**

5장 속죄제와 속건제

속죄제, 贖罪祭, Sin Offering

- **속죄제가 요구되는 범죄**: 1) 저주하는 소리를 듣고도 그가 본 것이나 알고 있는 것을 알리지 않았을 때 2) 부정한 들짐승의 시체나 부정한 가축의 시체나 부정한 곤충의 시체를 만졌을 때 3) 부지중에 어떤 사람의 부정에 닿았을 때 4) 입술로 맹세하여 함부로 말할 때**(1-6)**
- **가난한 자를 위한 속죄제**: 비둘기로 드림**(7-10)**
- **비둘기도 감당 못하는 극빈자를 위한 속죄제**: 소제로 대체**(11-13)**

속건제, 贖愆祭, Guilt Offering

🔔 속건제란 하나님께 바쳐진 제물이나 성물에 대해 율법을 알지 못하여, 혹은 실수로 죄를 범했을 때, 인간관계에서 상대방에게 해를 끼쳤을 때 죄를 속하기 위해 드리는 제사이다. 그 제물은 성소의 세겔에 따라 해당하는 숫양을 드렸는데, 하나님께 바쳐진 물건이나 제물의 경우 5분의 1을 더하여 드렸고, 남의 물건을 보관하거나 전당을 잡았으나 돌려주지 않았을 때, 강도질이나 이웃을 협박하여 물건을 강탈했을 때, 잃은 물건을 줍고도 주인에게 돌려주지 않고 오히려 거짓 맹세했을 때는 그 물건에 5분의 1을 더하여 주인에게 배상한다. 이처럼 배상하고 난 후에 흠 없는 숫양으로 속건제를 드렸다. 곧

속건제는 배상함으로 관계를 개선하는 한편 허물에 대한 속죄의 의미를 갖는 제사이다. 특별한 경우 즉, 배상의 성격은 아니지만, 성적으로 범죄했을 때, 나병 환자의 정결 예식에서도 속건제를 드렸다. 이 경우 속건제 역시 흠 없는 숫양으로 드려졌는데, 제사장이 숫양의 피를 단 사면에 뿌리고 제물의 기름과 두 콩팥, 간에 덮인 꺼풀을 단 위에서 화제로 드렸으며, 제물의 남은 부위는 제사장이 취하여 거룩한 곳에서 먹었다.

- **성물에 대하여 고의가 아니게 지은 범과를 위한 속건제(14–16)**
- **하나님의 금령의 위반을 의심하고 드리는 속건제(17–19)**

6장 속건제

- **재산권 침해에 대한 속건제**: 1) 이웃이 맡긴 물건이나 전당물을 속이거나 도둑질하거나 착취하고도 사실을 부인하는 경우 2) 남의 잃은 물건을 줍고도 사실을 부인하는 경우(1–7)

제사장들을 위한 부가적 제사 규정

- 번제를 위한 제사장의 규례(8–13)
- 소제를 위한 제사장의 규례(14–23)
- 속죄제를 위한 제사장의 규례(24–30)

7장 제사장들을 위한 부가적 제사규정

- 속건제를 위한 제사장의 규례(1–6)

- **제사장들과 관련된 죄 속함과 봉헌의 제물에 관한 요약(7-10)**
- **화목제를 위한 제사장의 규례(11-21)**
- **이스라엘 자손에게 선포된 부가적인 규례**: 1) 기름과 피의 식용 금지 2) 화목제물 중 제사장의 몫(**22-36**)
- **희생 제사에 관한 율법의 결론**: '이것은 번제와 소제와 속죄제와 속건제와 위임제와 화목제에 관한 규정으로 여호와께서 시나이 광야에서 이스라엘 백성에게 제물을 드리라고 명령하신 그 날에 모세에게 말씀하신 것이다.'(**37-38**)

희생에 의해 하나님께 나아가는 방법 – 주기적 예배

제사장들과 제사 제도의 시작

8장 아론과 그 아들들의 제사장 위임식

- **제사장 위임식 준비**: 여호와께서 모세에게 아론과 아들들의 제사장 위임식을 위해 의복과 관유와 속죄제 제물을 준비하고 회중을 회막 문에 모으라 하셨고 회중이 회막 문에 모였다. 여호와께서 모세에게 명령하신 대로 제사장에 임명될 사람들을 물로 씻기고 속옷, 띠, 겉옷, 에봇, 흉패, 우림과 둠밈 등 제사장 옷을 입혔다.(**1-9**)
- **기름 부음의 예식**: 여호와께서 모세에게 명령하신 대로 아론과 성막 안 모든 것에 관유로 기름 부음의 예식을 거행하였다.(**10-12**)
- **제사장 예복을 입힘**: 여호와께서 모세에게 명령하신 대로 아론의 아들들에게 제사장 의복을 입혔다. '또 모세는 여호와께서 명령하신 대로 아론의 아들들을 앞으로 불러내어 그들에게 예복을 입히고 띠를 띠우며 관을 씌워 주었다.'(**13**)
- **위임식 속죄제**: 여호와께서 모세에게 명령하신 대로 수송아지로 위임식 속죄제를

이행하였다.(14–17)

- **위임식 번제**: 여호와께서 모세에게 명령하신 대로 숫양으로 위임식 번제를 드렸다.(18–21)
- **위임식 화목제**: 여호와께서 모세에게 명령하신 대로 또 다른 숫양으로 위임식 화목제를 이행하였다.(22–29)
- **7일간의 위임식 준행**: 위임식을 7일 동안 함으로 여호와께서 명령하신 모든 일을 준행하였다. '위임식은 이레 동안 행하나니 위임식이 끝나는 날까지 이레 동안은 회막 문에 나가지 말라 오늘 행한 것은 여호와께서 너희를 위하여 속죄하게 하시려고 명령하신 것이니 너희는 칠 주야를 회막 문에 머물면서 여호와께서 지키라고 하신 것을 지키라 그리하면 사망을 면하리라 내가 이같이 명령을 받았느니라. 아론과 그의 아들들이 여호와께서 모세를 통하여 명령하신 모든 일을 준행하니라.'(30–36)

9장 제사장 취임식이 있고 나서 첫 번째 드리는 제사에서 하나님의 영광이 나타남

- **아론의 첫 취임식 제사**: 8일째에 모세가 아론에게 일러 아론이 제사장에 취임한 후 첫 번째 속죄제와 번제를 위해 송아지, 수소, 숫양 등의 제물을 준비한다.(1–7)
- **아론의 취임식 속죄제 시행(8–11)**
- **아론의 취임식 번제 시행(12–14)**
- **백성을 위한 제사**: 모세가 명령한 대로 백성을 위한 번제, 소제, 화목제의 제사 시행(15–21)
- **아론의 첫 제사에 나타난 여호와의 영광**: '아론이 백성을 향하여 손을 들어 축복함으로 속죄제와 번제와 화목제를 마치고 내려오니라. 모세와 아론이 회막에 들어갔다가 나와서 백성에게 축복하매 여호와의 영광이 온 백성에게 나타나며 불이 여호와 앞에서 나와 제단 위의 번제물과 기름을 사른지라. 온 백성이 이를 보고 소리 지

르며 엎드렸더라.'(22–24)

10장 제사장 나답과 아비후의 죽음을 통해 불순종에 대한 결과를 교육함

- **제사장 나답과 아비후의 죽음**: 아론의 아들 제사장 나답과 아비후가 각기 향로를 가져다가 여호와께서 명령하시지 않은 다른 불을 담아 여호와 앞에 분향했을 때, 곧 불순종했을 때 그들이 여호와 앞에서 죽었다.(1–3)
- **아론의 가족들에 대한 주의사항**: 모세가 아론의 가족들에게 주의사항을 전달하였다. '모세가 아론의 삼촌 웃시엘의 아들 미사엘과 엘사반을 불러 그들에게 이르되 나아와 너희 형제들을 성소 앞에서 진영 밖으로 메고 나가라 하매 그들이 나와 모세가 말한 대로 그들을 옷 입은 채 진영 밖으로 메어 내니 모세가 아론과 그의 아들 엘르아살과 이다말에게 이르되 너희는 머리를 풀거나 옷을 찢지 말라 그리하여 너희가 죽음을 면하고 여호와의 진노가 온 회중에게 미침을 면하게 하라 오직 너희 형제 이스라엘 온 족속은 여호와께서 치신 불로 말미암아 슬퍼할 것이니라. 여호와의 관유가 너희에게 있은즉 너희는 회막 문에 나가지 말라 그리하면 죽음을 면하리라 그들이 모세의 말대로 하니라.'(4–7)
- **제사 시의 음주 금지**: 여호와께서 아론에게 말씀하셨다. '너와 네 자손들이 회막에 들어갈 때에는 포도주나 독주를 마시지 말라. 그리하여 너희 죽음을 면하라 이는 너희 대대로 지킬 영영한 규례라 그리하여야 너희가 거룩하고 속된 것을 분별하며 부정하고 정한 것을 분별하고 또 나 여호와가 모세를 통하여 모든 규례를 이스라엘 자손에게 가르치리라.'(8–11)
- **제사장이 거룩한 곳에서 먹을 음식**: 모세는 아론과 남은 가족들에게 제사에서 제사장의 몫으로 준 음식들은 누룩을 제하고, 거룩한 곳에서 정결한 곳에서 먹으라는 여호와의 말씀을 전하였다.(12–15)

- **제사장의 속죄 제물 처리**: 아론의 남은 가족들이 속죄 제물을 잘못 처리했다고 생각했던 모세가 아론의 설명을 듣고 오해를 풀었다. '그러나 아론이 모세에게 오늘 그들이 속죄제와 번제를 여호와께 드렸어도 이런 일이 생겼는데 내가 만일 이런 날에 그 속죄 제물을 먹었더라면 어떻게 여호와를 기쁘시게 했겠나? 하자 모세는 그의 말을 듣고 좋게 생각하였다.'(16–20)

희생에 의해 하나님께 나아가는 방법 – 주기적 예배

부정에 관한 율법

11장 식용 및 정한 생물과 부정한 생물에 관한 율법

- **먹을 만한 짐승**: 굽이 갈라져 쪽발이 되고 새김질하는 짐승(1–3)
- **먹지 말아야 할 짐승**: 낙타, 사반, 토끼, 돼지는 먹지 말라.(4–8)
- **물고기의 정, 부정 규례**: 물고기 중 지느러미와 비늘 있는 것은 먹되 그렇지 않은 것은 먹지 말라.(9–12)
- **새 중에 먹지 말아야 하는 것**: 독수리, 솔개, 물수리, 말똥가리, 까마귀, 타조 (…) 올빼미, 가마우지, 부엉이 (…) 오디새와 박쥐 등(13–19)
- **곤충의 정, 부정 규례**: 곤충 중에서도 증오할 것과 메뚜기, 베짱이처럼 먹을 수 있는 것으로 구분하라.(20–23)
- **부정한 동물의 주검**: '이런 종류의 죽은 곤충을 만지는 자는 누구든지 저녁까지 부정할 것이다. 그러므로 그는 즉시 입었던 옷을 벗어 빨고 저녁까지 외부와의 접촉을 금해야 한다. 짐승 가운데 굽이 있어도 완전히 갈라지지 않은 것이나 새김질을 하지 않는 것의 사체에 접촉하는 자는 부정할 것이다 (…).'(24–28)

- **부정 규례**: '땅에 기어 다니는 길짐승 가운데 너희에게 부정한 것은 족제비와 각종 쥐와 도마뱀 종류와 육지 악어와 카멜레온이다. 이것들은 부정하므로 그 사체를 만지는 자는 저녁까지 부정할 것이다 (…) 너희가 먹을 수 있는 짐승이라도 그것이 죽었을 경우에 누구든지 그 사체에 접촉하면 저녁까지 부정할 것이다. 그리고 죽은 짐승을 먹거나 옮기는 자는 입었던 옷을 빨아야 한다. 그러나 그는 여전히 저녁까지 부정할 것이다.'**(29–40)**
- **정결법의 원칙**: '땅에 기어다니는 것은 다 부정하다. 너희는 그런 것을 먹지 말아라 (…) 나는 너희 하나님 여호와이다. 내가 거룩하니 너희도 자신을 정결하게 하여 거룩하게 하라. 너희는 땅에 기어 다니는 이런 부정한 길짐승으로 자신을 더럽혀서는 안 된다. 나는 너희 하나님이 되려고 너희를 이집트에서 인도해 낸 여호와이다. 내가 거룩하니 너희도 거룩하여라 이것은 짐승과 새와 물속의 사는 것과 땅에 기어 다니는 것에 관한 규정으로 깨끗한 것과 부정한 것, 먹을 것과 먹지 못할 것을 구별해 놓은 것이다.'**(41–47)**

12장 산모의 정결례 – 해산에 관한 율법

- **출산 후의 부정 기간**: 남아를 낳으면 7일간 부정, 여아를 낳으면 14일간 부정할 것이다.**(1–5)**
- **출산 후의 정결 제사**: 아들이나 딸이나 산후 정결 기간이 차면 일 년이 된 어린 양이나 비둘기를 제사장에 갖고 가서 번제와 속죄제를 드려야 한다. '그 여인이 어린 양을 바치기에 힘이 미치지 못하면 산비둘기 두 마리나 집비둘기 새끼 두 마리를 가져다가 하나는 번제물로, 하나는 속죄제물로 삼을 것이요 제사장은 그를 위하여 속죄할지니 그가 정결하리라.'**(6–8)**

13장 전염성 피부병인 문둥병에 관한 규례

- **사람의 피부병의 진단과 치료**: '여호와께서 모세와 아론에게 말씀하여 이르시되 만일 사람이 그의 피부에 무엇이 돋거나 뾰루지가 나거나 색 점이 생겨서 그의 피부에 나병 같은 것이 생기거든 그를 곧 제사장 아론에게나 그의 아들 중 한 제사장에게로 데리고 갈 것이요 제사장은 그 피부의 병을 진찰할지니 (…).' 환부에 의한 문둥병 진단, 난육에 의한 문둥병 진단, 종기의 상처에 의한 진단, 화상의 상처에 의한 진단, 옴에 의한 진단, 색 점에 의한 진단 등. '나병 환자는 옷을 찢고 머리를 풀며 윗입술을 가리고 외치기를 부정하다 부정하다 할 것이요 병 있는 날 동안은 늘 부정할 것이라 그가 부정한즉 혼자 살되 진영 밖에서 살지니라.'**(1–46)**
- **의복과 개인의 물건에 생긴 피부병에 관한 진단과 처리**: '만일 의복에 나병 색 점이 발생하여 털옷에나 베옷에나 베나 털의 날에나 씨에나 혹 가죽에나 가죽으로 만든 모든 것에 있으되 그 의복에나 가죽에나 그 날에나 씨에나 가죽으로 만든 모든 것에 병색이 푸르거나 붉으면 이는 나병의 색 점이라 제사장에게 보일 것이요 (…) 그는 그 색 점 있는 의복이나 털이나 베의 날이나 씨나 모든 가죽으로 만든 것을 불사를지니 이는 악성 나병인즉 그것을 불사를지니라 (…) 이는 털옷에나 베옷에나 그 날에나 씨에나 가죽으로 만든 모든 것에 발생한 나병 색 점의 정하고 부정한 것을 진단하는 규례니라.'**(47–59)**

14장 문둥병 환자가 정결하게 되는 날의 규례. 전염성 있는 피부 질환에서 치료된 사람의 의식적 정결에 관한 것이다.

- **문둥병 완치 시의 1차 정결 의례**: '제사장은 그 정결함을 받을 자를 위하여 명령하여 살아 있는 정결한 새 두 마리와 백향목과 홍색 실과 우슬초를 가져오게 하고 제

사장은 또 명령하여 그 새 하나는 흐르는 물 위 질그릇 안에서 잡게 하고 (…) 일곱째 날에 그는 모든 털을 밀되 머리털과 수염과 눈썹을 다 밀고 그의 옷을 빨고 몸을 물에 씻을 것이라 그리하면 정하리라.'(1–9)

- **2차 정결 의례**: 8일 후 성소에서 드리는 속건제와 번제와 소제 등 일련의 제사이다.(10–20)
- **가난한 자의 정결 예물**: '(…) 그는 힘이 미치는 대로 산비둘기 한 마리나 집비둘기 새끼 한 마리를 드리되 곧 그의 힘이 미치는 대로 한 마리는 속죄제로, 한 마리는 소제와 함께 번제로 드릴 것이요 제사장은 정결함을 받을 자를 위하여 여호와 앞에 속죄할지니 나병 환자로서 그 정결예식에 그의 힘이 미치지 못한 자의 규례가 그러하니라.'(21–32)
- **집 안에 있는 곰팡이의 진단, 처리, 정결 의식**: '내가 네게 기업으로 주는 가나안 땅에 너희가 이를 때에 너희 기업의 땅에서 어떤 집에 나병 색 점을 발생하게 하거든 그 집 주인은 제사장에게 가서 말하여 알리기를 무슨 색 점이 집에 생겼다 할 것이요 제사장은 그 색 점을 살펴보러 가기 전에 그 집 안에 있는 모든 것이 부정을 면하게 하기 위하여 그 집을 비우도록 명령한 후에 들어가서 그 집을 볼지니 (…).'(33–53)

15장 유출병에 관한 규례

- **유출병으로 인한 부정**: '여호와께서 모세와 아론에게 말씀하여 이르시되 이스라엘 자손에게 말하여 이르라 누구든지 그의 몸에 유출병이 있으면 그 유출병으로 말미암아 부정한 자라.'(1–2)
- **남자의 만성적 유출에 대한 대처와 치료 후의 제사 의식(3–15)**
- **남자의 일시적 유출 곧 설정에 대한 대처(16–18)**

- **여성의 간헐적 유출 곧 월경으로 인한 부정의 대처(19–24)**
- **여성의 만성적 유출 곧 하혈로 인한 부정의 대처와 치료 후의 제사 의식(25–30)**
- **결론**: '너희는 이와 같이 이스라엘 자손이 그들의 부정에서 떠나게 하여 그들 가운데에 있는 내 성막을 그들이 더럽히고 그들이 부정한 중에서 죽지 않도록 할지니라. 이 규례는 유출병이 있는 자와 설정함으로 부정하게 된 자와 불결기의 앓는 여인과 유출병이 있는 남녀와 그리고 불결한 여인과 동침한 자에 대한 것이니라.'**(31–33)**

희생에 의해 하나님께 나아가는 방법 – 주기적 예배

속죄일에 관한 율법

16장

속죄일에 관한 규례 – 대제사장을 위한 속죄제와 백성의 속죄를 위한 '아사셀' 염소. 1년에 하루 곧 7월 10일을 속죄일로 정하고 그 예식에 관해 규정하고 있다.

- **속죄소 출입 규정**: 나답과 아비후가 죽는 사건 이후에 속죄소 출입 규정을 주셨다. 대제사장 아론이 성소에 들어가려면 드려야 할 속죄 제물과 복장에 관해 규정하고 있다.**(1–5)**
- **아사셀 염소**: 속죄일에 이루어질 두 가지 속죄제 1) 대제사장을 위한 속죄제 2) 백성을 위한 속죄제 곧 '아사셀'에 관해 요약하고 있다. '또 그 두 염소를 가지고 회막 문 여호와 앞에 두고 (…) 아사셀을 위하여 제비 뽑은 염소는 산 채로 여호와 앞에 두었다가 그것으로 속죄하고 아사셀을 위하여 광야로 보낼지니라.'**(6–10)**
- **1) 대제사장을 위한 속죄제**: 아론은 자기 자신을 위해 그리고 자기 집안을 위해 수송아지로 속죄제를 드린다.**(11–14)**
- **2) 백성을 위한 속죄제**: 대제사장은 두 염소를 갖고 백성을 위한 속죄제를 드린다. 이 염소 중 백성의 죄를 지고 광야로 떠나는 염소를 '아사셀' 염소라 한다. '아사셀'

염소의 역할은 이스라엘의 죄와 허물을 짊어지고 황량한 광야로 떠남을 가리킨다. 즉, 대 속죄일 의식을 위해 두 마리의 염소가 선택되고, 그중에 제비를 뽑아 한 마리를 광야로 내보내는데 그것이 바로 '아사셀'. 물론 이것은 성소에서 진행된 피 뿌림의 효과가 부족해서라기보다는 피 뿌림 의식을 통해 죄와 허물이 완전히 정화되었으나, 거기에 더하여 상징적으로 백성의 죄를 전가시킨 산 염소를 광야로 내보냄으로써 더 이상 백성의 죄가 남아 있지 않고 모든 죄악이 제거되었음을 확인시키는 일종의 속죄 의식이다. 그런 측면에서 아사셀의 역할은, 인류의 모든 죄악을 홀로 짊어지시고 예루살렘 밖 갈보리 십자가 제단으로 나아가신 예수 그리스도의 한 표상이요 그림자라 할 수 있다.**(15–22)**

- **속죄제 후 제사장의 정결 의식**: '그런 후에 아론은 성막으로 다시 들어가서 지성소에 들어갈 때 입었던 고운 모시옷을 벗어 거기에 두고 거룩한 곳에서 목욕을 한 다음 자기 옷으로 갈아입고 나와서 자기와 백성을 위해 각각 번제를 드려 자기 죄와 백성의 죄를 속하고 속죄제물로 잡은 짐승의 기름은 단에서 불로 태워야 한다. 그리고 희생의 염소를 끌고 가서 광야로 보낸 자는 옷을 빨고 목욕을 한 후에 야영지로 들어오게 하라. 또 죄를 속하기 위해 속죄제물로 드려진 수송아지와 염소의 피는 지성소에서 죄를 속하는 데 사용되었으므로 그 나머지 부분인 가죽과 고기와 내장을 야영지 밖으로 내어다가 불사를 것이며 그것을 불사른 자도 옷을 빨고 목욕을 한 다음에 야영지 안으로 들어와야 한다.'**(23–28)**
- **속죄일 규례**: 1년에 한 번 있는 7월 10일 속죄일은 안식일 중의 안식일로 영원히 지킬 규례임을 말씀하셨다. '이는 너희가 영원히 지킬 규례라 이스라엘 자손의 모든 죄를 위하여 일 년에 한 번 속죄할 것이니라. 아론이 여호와께서 모세에게 명령하신 대로 행하니라.'**(29–34)**

성별에 의한 하나님 앞에서의 거룩한 삶 – 매일의 삶

짐승을 잡는 규례와 피의 금령

17장

짐승을 잡을 때는 우선 제사장에게 화목제물로 드려야 하며 피는 어떤 경우에도 먹어서는 안 된다.

- **짐승을 잡는 규례**: 소, 양, 염소 등의 식용 짐승을 잡든 번제물로 드리는 것이든 모두 제사장에게 화목제물로 드려 회막에서 잡아야 한다.**(1–9)**
- **피의 금령**: 피는 곧 생명이기 때문에 무슨 피든 먹어서는 안 되며, 먹을 만한 야생동물을 잡더라도 피는 흙으로 덮어야 한다. 스스로 죽은 동물이나 찢겨 죽은 동물의 고기를 먹는 사람은 옷과 몸을 깨끗이 빨아야 한다. '그가 빨지 아니하거나 그의 몸을 물로 씻지 아니하면 그가 죄를 담당하리라.'**(10–16)**

성별에 의한 하나님 앞에서의 거룩한 삶 – 매일의 삶

언약 윤리와 이방 풍속 배격에 대한 율법

18장

성관계를 제한하는 율법

- **애굽과 가나안 풍속 금지**: 과거 살았던 애굽의 풍속과 앞으로 살 가나안 땅의 풍속 및 규례를 따라서는 안 된다. '너희는 내 규례와 법도를 지키라 사람이 이를 행하면 그로 말미암아 살리라 나는 여호와이니라.'**(1–5)**

- **각종 근친상간 금지**: 아마도 아담–하와가 창조되었던 시기에는 근친상간이 정상적이었을 것이다. 그러나 여기에서는 어머니, 누이, 손녀, 고모, 이모, 며느리 등 각종 근친상간을 엄격히 금지하고 있다. '각 사람은 자기의 살붙이를 가까이하여 그의 하체를 범하지 말라 나는 여호와이니라.'(6–18)
- **각종 가증한 행위의 금지**: 월경 중 성행위, 이웃 아내와의 동침, 자녀를 몰렉에게 주어 불로 통과하게 하는 행위, 동성애, 수간 등 각종 가증한 행위를 금한다.(19–23)
- **선민이 지켜야 할 규정의 엄수 반복 강조**: 여호와께서는 이상의 선민이 지켜야 할 규정들의 엄수를 반복 강조하고 있다. '그러므로 너희는 내 명령을 지키고 너희가 들어가기 전에 행하던 가증한 풍속을 하나라도 따름으로 스스로 더럽히지 말라 나는 너희의 하나님 여호와이니라.'(24–30)

19장 선민으로서 거룩한 삶을 요구하는 율법

- **거룩하라**: '여호와께서 모세에게 말씀하여 이르시되 너는 이스라엘 자손의 온 회중에게 말하여 이르라 너희는 거룩하라. 이는 나 여호와 너희 하나님이 거룩함이니라.'(1–2)
- **거룩한 삶을 위한 하나님을 향한 규례**: 1) 부모를 공경하라 2) 안식일을 지키라 3) 신상을 부어 만들지 마라 4) 기쁘게 받으실 수 있도록 화목제물을 드려라(3–8)
- **거룩한 삶을 위한 대인 규례**: 1) 곡식을 다 거두지 말고 이삭을 남겨라 2) 포도원의 열매를 다 따지 말라 3) 도둑질하지 말라 4) 속이지 말라 5) 거짓말하지 말라 6) 하나님의 이름으로 거짓 맹세하지 말라 7) 이웃을 억압하지 말라 8) 착취하지 말라 9) 품꾼의 삯을 지체 말라 10) 귀먹은 자를 저주 말라 11) 맹인 앞에 장애물을 놓지 말라 12) 사람을 비방하지 말라 13) 이웃의 피를 흘려 이익을 도모하지 말라 14) 형제를 마음으로 미워하지 말라 15) 이웃을 반드시 견책하라 16) 원수를 갚지 말라 17)

동포를 원망하지 말라 18) 이웃을 제 자신 같이 사랑하라**(9–18)**

- **거룩한 삶을 위한 기타 각종 사회 규범**: 1) 가축을 다른 종류와 교미시키지 말라 2) 밭에 두 종자를 섞어 뿌리지 말라 3) 두 재료로 직조된 옷을 입지 말라 4) 다른 사람과 정혼한 여종과 동침 말라 5) 과목을 심거든 다섯째 해에는 그 열매를 먹을 수 있다. 6) 무엇이든 피째 먹지 말라 7) 점을 치지 말며 술법을 행하지 말라 8) 머리 가를 둥글게 깎는 것, 수염 끝의 손상을 말라 9) 문신하지 말라 10) 네 딸을 창녀가 되게 말라 11) 신접한 자와 박수를 믿지 말라 12) 노인을 공경하라 13) 재판할 때나 무게나 양을 잴 때 불의를 행하지 말라 14) 공평한 저울과 추를 사용하라 '너희는 내 모든 규례와 내 모든 법도를 지켜 행하라 나는 여호와이니라.'**(19–37)**

20장 사형이 요구되는 율법

- **각종 우상숭배 죄**: 몰렉 등 우상숭배, 접신한 자와 박수무당을 음란하게 따르는 자**(1–8)**
- **각종 성범죄와 박수무당이 되는 죄**: 간음, 근친상간, 동성애, 수간 등의 각종 성범죄와 접신하거나 박수무당이 되는 행위 등을 사형에 해당되는 죄로 거듭 강조하고 있다.**(9–27)**

성별에 의한 하나님 앞에서의 거룩한 삶 – 매일의 삶

제사장과 희생 제사에 관한 율법

21장 제사장들의 시체 접근과 애곡과 결혼에 대한 개인적 제한

- **일반 제사장의 성결 규례**: 1) 부모나 형제, 자녀 등 살붙이를 제외하고는 죽은 자를 만져서는 안 되며 2) 머리털을 깎아 대머리 같게 하지 말며 3) 수염 양쪽을 깎지 말며 4) 살을 베지 말라 5) 하나님께 대하여 거룩하고 하나님의 이름을 욕되게 하지 말며 6) 부정한 창녀나 이혼당한 여인과 결혼해서는 안 된다. 7) 어떤 제사장의 딸이든지 행음하여 자신을 속되게 하면 그의 아버지를 속되게 함이니 그를 불사르라 **(1–9)**
- **대제사장의 애곡과 결혼에 관한 제한**: 1) 극단적인 애통을 나타내는 행위는 금지 2) 부모의 시체라도 만져서는 안 됨 3) 인간적 목적으로 성소에서 나와서는 안 됨 4) 과부나 이혼녀 또는 창녀와 결혼해서는 안 되며 처녀와 결혼해야 함**(10–15)**
- **제사장 될 자의 신체 조건**: 신체에 흠이 있는 자 곧 맹인, 절뚝발이, 코가 불완전한 자, 발이나 손이 부러진 자, 등 굽은 자, 키가 작은 자, 눈에 백막이 있는 자, 습진이나 버짐이 있는 자, 고환이 상한 자는 제사장이 될 수 없다. '제사장 아론의 자손 중에 흠이 있는 자는 나와 여호와께 화제를 드리지 못할지니 그는 흠이 있은즉 나와서 그의 하나님께 음식을 드리지 못하느니라. 그는 그의 하나님의 음식이 지성물이든지 성물이든지 먹을 것이나 휘장 안에 들어가지 못할 것이요 제단에 가까이하지 못할지니 이는 그가 흠이 있음이니라 이와 같이 그가 내 성소를 더럽히지 못할 것은 나는 그들을 거룩하게 하는 여호와임이니라.'**(16–24)**

22장 성물을 위한 희생 제사의 규례

- **제사장의 여호와께 드리는 성물을 먹는 일에 대한 제한**: 1) 몸이 부정한 자는 성물

을 먹어서는 안 됨 2) 나병 환자나 유출 병자는 청결해지기 전에는 성물을 먹지 말라. 3) 시체에 접촉된 자, 설정한 자, 부정한 벌레에 접촉된 자 등은 저녁까지 부정하니 물로 씻지 않으면 성물을 먹지 못하고 해진 후에야 먹을 수 있다.**(1–9)**

- **일반인의 성물을 먹는 일에 대한 제한**: 1) 일반인, 제사장의 객이나 품꾼도 성물을 먹을 수 없다. 2) 제사장이 그의 돈으로 산자나 그의 집에서 출생한 자는 제사장의 음식을 먹을 수 있다. 3) 제사장의 딸이 출가하면 성물을 먹을 수 없으나 이혼이나 과부가 되어 친정으로 돌아왔을 때는 먹을 수 있다. 4) 일반인이 부지 중 성물을 먹으면 그것의 1/5을 더하여 제사장에게 주어야 한다.**(10–16)**
- **희생물에 대한 제한과 규제**: 1) 서원제, 자원제, 번제, 화목제에는 흠 없는 소, 양, 염소를 드려야 함 2) 소나 양의 지체가 더하거나 덜한 것, 즉 병이나 상처로 병신이 된 짐승은 아니나 몸집이 비정상적으로 작거나 사지가 너무 크거나 작은 경우 낙헌제와 같은 자원제에는 가하나 서원제에서는 안 됨 3) 고환이 상한 것은 여호와께 드리지 못한다.**(17–25)**
- **희생 제물에 관한 일반 규례**: 1) 수소나 양이나 염소가 나거든 이레 동안 그것의 어미와 같이 있게 하고 여덟째 날 이후로는 여호와께 화제로 예물을 드릴 수 있다. 2) 암소나 암양을 막론하고 어미와 새끼를 같은 날에 잡지 말라. 3) 너희가 여호와께 감사 제물을 드리려거든 너희가 기쁘게 받으심이 되도록 드리고 그 제물은 그 날에 먹고 이튿날까지 두지 말라.**(26–30)**
- **이스라엘의 하나님 여호와이심을 강조하셨다**: '너희의 하나님이 되려고 너희를 애굽 땅에서 인도하여 낸 자니 나는 여호와이니라.'**(31–33)**

성별에 의한 하나님 앞에서의 거룩한 삶 – 매일의 삶

각종 절기와 가나안에서 지킬 규례들

I 모세오경

23장 여호와께서 지정한 절기에 관한 율법

- **성회로 공표할 여호와의 절기들**: '여호와께서 모세에게 말씀하여 이르시되 이스라엘 자손에게 말하여 이르라 이것이 나의 절기들이니 너희가 성회로 공포할 여호와의 절기들이니라.'**(1–2)**
- **안식일 규례**: 일곱째 날로 성회의 날이다.**(3)**
- **유월절과 무교절 규례**: 1월 14일과 그 후 1주일**(4–8)**
- **초실절 규례**: 보리 수확의 첫 열매를 하나님께 봉헌하는 날**(9–14)**
- **맥추절(칠칠절, 오순절) 규례**: 초실절 이후 50일 되는 날**(15–21)**
- **나팔절 규례**: 7월 1일 신년절, 종교력 7월 1일은 민간력 1월**(22–25)**
- **속죄일 규례**: 7월 10일**(26–32)**
- **초막절(장막절, 수장절) 규례**: 7월 15일부터 7일간**(33–44)**

24장 성물 관리 및 신성 모독자 처형 및 살인과 상해에 대한 보상법

- **성막의 등잔불 규례**: 제사장은 회막에서 매일의 등잔불 관리를 해야 한다.**(1–4)**
- **진설병 규례**: 회막에서 안식일마다 떡을 항상 진설해야 하며 이 떡은 아론과 그의 자손에게 돌리고 그들은 그것을 거룩한 곳에서 먹어야 한다.**(5–9)**
- **여호와를 모독한 슬로밋의 아들**: 여호와께서 모세에게 여호와의 이름을 모독한 슬로밋의 아들을 돌로 쳐 죽이라고 하셨다. '여호와의 이름을 모독하면 그를 반드시 죽일지니 온 회중이 돌로 그를 칠 것이니라. 거류민이든지 본토인이든지 여호와의 이름을 모독하면 그를 죽일지니라.'**(10–16)**

- **살인죄 및 상해죄에 대한 배상법**: 1) 사람을 죽인 자는 죽일 것 2) 짐승을 죽인 자는 짐승으로 갚을 것 3) 이웃에게 상해를 입힌 경우 눈에는 눈으로, 이에는 이로 갚을 것**(17–22)**
- **슬로밋의 아들을 죽임**: 모세가 이스라엘 자손에게 명하니 슬로밋의 아들을 돌로 쳐 죽였다.**(23)**

25장 특별한 해 곧 안식년과 희년에 관한 율법

- **땅의 안식년 제도**: 7년째에는 땅을 쉬어 안식하게 하여 밭에 파종하거나 포도원을 가꾸지 말아야 한다.**(1–7)**
- **희년**: 50년째 해 7월 1일 속죄일을 희년이 시작되는 구체적인 날짜로 지정하였는데 이는 먼저 속죄가 선행되어야만 기쁨과 해방 그리고 자유의 회복이 선포되는 하나님의 은총이 임한다는 사실을 상징한다.**(8–55)**

  1) 희년 준수에 관한 규례(8–22)

  2) 희년에 관계된 재산의 환수(23–38)

  3) 희년과 종 신분의 환원(39–55)

26장 순종과 불순종에 대한 언약적 축복과 저주

- **우상 금지와 안식일 준수**: 순종과 불순종과 관련하여 가장 중요한 1) 우상 금지 2) 안식일 준수와 하나님 성소 경외를 서론적으로 언급하였다. '너희는 자기를 위하여 우상을 만들지 말지니 조각한 것이나 주상을 세우지 말며 너희 땅에 조각한 석상을 세우고 그에게 경배하지 말라 나는 너희의 하나님 여호와임이니라 너희는 내 안식

일을 지키며 내 성소를 경외하라 나는 여호와이니라.'(1-2)

- **계명 순종에 따른 축복**: 순종에 대한 축복으로 1) 비와 풍족한 추수의 선물 2) 땅에 내리는 평화의 선물 3) 하나님 임재의 선물을 언급.(3-13)
- **계약 불순종에 따른 저주의 결과**: 불순종에 대한 저주로 1) 질병과 기근과 패배로 인한 고통 2) 가뭄과 흉년 3) 위험한 짐승으로 인한 두려움 4) 적에 의한 황폐와 뒤이은 질병 5) 참화와 땅에서의 추방을 언급.(14-39)
- **회개에 따르는 회복(포로에서 돌아옴)의 축복(40-46)**

27장 서원, 예물, 십일조에 관한 율법

- **사람에 대한 서원**: 사람의 값을 하나님께 드리기로 서원한 경우 그 값을 정해야 한다. 1) 20-60세 남자는 성서의 세겔로 은 50세겔 여자는 30세겔 2) 5-20세의 남자는 20세겔 여자는 10세겔 3) 1개월-5세 남자 5세겔 여자 3세겔 4) 60세 이상 남자 15세겔 여자 10세겔 5) 가난한 자는 제사장이 서원자의 형편대로 정한다.(1-8)
- **생축에 대한 서원**: 가축으로 드리기로 서원한 경우. 1) 드리기로 서원한 가축을 바꾸지 못한다. 2) 가축을 가축으로 바꾸면 두 마리 다 여호와께 바친 것으로 간주되어 새로 가져온 가축은 하나님께 제물로 드려지고 이미 서원했던 가축은 제사장의 몫이 된다.(9-13)
- **가옥에 대한 서원**: 집을 드리기로 서원한 경우 그 값은 제사장이 정하며 만일 자기 집을 무르려면 1/5을 더한다.(14-15)
- **토지에 대한 서원**: 밭을 드리기로 서원한 경우를 상세하게 기술하고 있다.(16-25)
- **가축의 초태생과 헌물에 관한 규례**: 초태생은 하나님의 것이기 때문에 드리기로 서원할 수 없다.(26)
- **부정한 짐승에 대한 규례**: 부정한 짐승은 정가에 1/5을 더하여 속하든지 그 짐승을

타인에게 팔아 그 금액을 여호와께 드려야 한다.**(27)**

- **온전히 바친 것에 대한 규례**: 자기 소유 중에서 온전히 바친, 즉 아주 바친(히브리어로 '헤렘') 사람, 가축, 밭 등은 팔지도 무르지도 못한다. 여호와의 것이기 때문이다.**(28-29)**
- **십일조 규례**: 1) 농산물 수확의 1/10은 여호와의 성물이다 2) 십일조를 무르려면 그것에 1/5을 더해야 한다. 3) 가축의 경우 목자의 지팡이 아래로 통과하는 것의 열 번째 것마다 여호와의 성물이다. 그 우열을 가려 바꿀 수 없다. '이것은 여호와께서 시내산에서 이스라엘 자손을 위하여 모세에게 명령하신 계명이니라.'**(30-34)**

민수기 핵심정리

민수기의 의의

- 이스라엘 백성이 시내산을 출발하여 모압 평지에 이르는 40여 년, 모세가 느보산에서 죽을 때까지의 역사를 기록하였다. 40여 년간의 광야 생활이 그들의 불순종의 결과임을 보여줌으로써 하나님의 백성에게 성경적 삶이 얼마나 중요한가를 느끼게 해 준다. 즉 가나안을 향해 가야 하는 이스라엘 백성이 가데스에서 하나님께 불순종하여 약 38년 9개월을 광야에서 생활하게 된 것이다.
- 두 번의 인구조사가 있었다.

기록연대와 배경

- BC 1445–1406년경 모세가 기록한 것으로 추정한다.
- 민수기는 모세오경의 네 번째 책으로 모세가 저자이다.
- 민수기는 이스라엘 민족이 출애굽을 한 직후 시내산에서 약 11개월 머물렀던 때로부터 모세가 느보산에서 죽은 때까지의 역사 기록이다.

시내산에서의 여행 준비

1차 인구조사와 이스라엘 지파별 진영 및 행군 대열 편성

1장

1차 인구조사를 실시하여 성막을 책임진 레위인을 제외하고 지파별 군인 수를 계수함.

- **인구조사 명령**: BC 1445, 2, 1일 여호와께서 모세에게 인구조사를 명하였다.**(1–3)**
- **지파별 인구조사의 대표 선발**: 지파별로 한 사람씩을 뽑았다. '각 지파의 각 조상의 가문의 우두머리 한 사람씩을 너희와 함께 하게 하라 너희와 함께 설 사람들의 이름은 이러하니 르우벤 지파에서는 스데울의 아들 엘리술이요 시므온 지파에서는 수리삿대의 아들 슬루미엘이요 (…) 아셀 지파에서는 오그란의 아들 바기엘이요 갓 지파에서는 드우엘의 아들 엘리아삽이요 납달리 지파에서는 에난의 아들 아히라이니라 하시니.'**(4–17)**
- **인구조사 시행 결과 지파별 계수와 총계**: 20세 이상으로 싸움에 나갈 만한 수(군인)를 지파별로 계수하였다. 1) 르우벤 지파(46,500) 2) 시므온 지파(59,300) 3) 갓 지파(45,650) 4) 유다 지파(74,600) 5) 잇사갈 지파(54,400) 6) 스블론 지파(57,400) 7) 에브라임 지파(40,500) 8) 므낫세 지파(32,200) 9) 베냐민 지파(35,400) 10) 단 지파(62,700) 11) 아셀 지파(41,500) 12) 납달리 지파(53,400) 총계 603,550명 **(18–46)**
- **제외된 레위인들의 역할**: 레위인은 군인에 해당되는 이스라엘 자손 계수에는 넣지 않고 레위인에게는 증거의 성막과 그 모든 기구와 그 모든 부속품을 관리하도록 하였다. '레위인은 증거의 성막 사방에 진을 쳐서 이스라엘 자손의 회중에게 진노가 임하지 않게 할 것이라 레위인은 증거의 성막에 대한 책임을 지킬지니라 하셨음이라.'**(47–54)**

2장

성막을 중심으로 한 이스라엘 진영의 편성과 행군 대열에 관한 지침 지시.

여호와의 궤가 선두에 섰는데 이는 하나님이 이스라엘을 친히 인도하신다는 사실을 의미한다. 야곱의 처첩 출신별로 4대로 편성: 1) 1대는 레아의 유다, 잇사갈, 스블론의 후손들 2) 2대는 레아와 여종 실바의 르우벤, 시므온, 갓의 후손들 3) 3대는 라헬의 두 아들 요셉과 베냐민 후손 4) 4대는 실바와 빌하가 낳은 단, 아셀, 납달리의 후손. 광야를 행진할 200여만 명의 행진 순서는 1대–2대–회막과 레위인–3대–4대의 순이다.

- **지파별 배진 명령**: 행진을 멈추고 진을 칠 때에는 회막을 중앙으로 놓고 동서남북으로 4대로 나누어 자기의 군기와 가문의 깃발을 꽂고 진을 치라고 모세와 아론에게 명하심**(1–2)**
- **1대**: 회막 동쪽에 유다 군대 진영의 군기(사자, 녹색기)를 중심으로 유다, 잇사갈, 스블론이 진을 침**(3–9)**
- **2대**: 회막 남쪽에 르우벤 군대 진영의 군기(사람, 홍색기)를 중심으로 르우벤, 시므온, 갓이 진을 침**(10–16)**
- **회막**: 중앙에 레위 진영과 회막**(17)**
- **4대**: 회막 서쪽에 에브라임 군대 진영의 군기(소, 황색기)를 중심으로 에브라임, 므낫세, 벤야민이 진을 침**(18–24)**
- **5대**: 회막 북쪽에 단 군대 진영의 군기(독수리, 백색과 홍색기)를 중심으로 단, 아셀, 납달리가 진을 침**(25–31)**
- **배진의 완료**: 군인 수는 총 603,550명이었고 레위인은 이스라엘 자손과 함께 계수되지 않았으며 이상과 같이 진치고 행진하였다.**(32–34)**

레위인 – 레위 지파

3장

레위 지파의 1개월 이상 된 남자 수를 계수하고 레위 종족별 임무와 성막 주변에 진을 칠 위치를 정함

- **아론의 아들**: 아론의 아들들의 이름은 나답, 아비후, 엘르아살, 이다말이며, 나답과 아비후는 다른 불을 드려 죽었고 엘르아살과 이다말이 제사장 직분을 행하였다.**(1–4)**
- **레위 지파의 임무**: 레위 지파는 회막에서 시무하며 아론 곧 제사장들을 시중하고 회막의 모든 기구를 맡아 관리한다. '너는 레위인을 아론과 그의 아들들에게 맡기라 그들은 이스라엘 자손 중에서 아론에게 온전히 맡겨진 자들이니라.'**(5–10)**
- **구별된 레위인**: 레위인은 이스라엘 자손 초태생을 대신한다. '보라 내가 이스라엘 자손 중에서 레위인을 택하여 이스라엘 자손 중에 태를 열어 태어난 모든 자를 대신하게 하였은즉 레위인은 내 것이라.'**(11–13)**
- **레위 지파의 계수 명령**: 1개월 이상 된 레위인 남자를 계수하라는 명을 받고 모세가 행하였다.**(14–16)**
- **레위의 3 아들**: 1) 게르손 2) 고핫 3) 므라리**(17–20)**
- **게르손 자손과 임무**: 1) 립나 종족 2) 시므이 종족 – 1개월 이상 된 남자 7,500명. 게르손 종족의 임무는 성막, 장막, 덮개, 휘장 문 (…) 등을 담당. 성막 서쪽에 진을 침**(21–26)**
- **고핫 자손과 임무**: 1) 아므람 종족 2) 이스할 종족 3) 헤브론 종족 4) 웃시엘 종족 – 8,600명. 증거궤, 상, 등잔대, 제단 (…) 등을 담당. 성막 남쪽에 진을 침**(27–32)**
- **므라리 자손과 임무**: 1) 말리 종족 2) 무시 종족 – 6,200명. 성막 널판, 띠, 기둥, 받침 (…) 등을 담당. 성막 북쪽에 진을 침**(33–38)**

- **레위 지파의 총계**: 1개월 이상 된 레위 남자 총수는 22,000명이었다.**(39)**
- **이스라엘 장자의 수와 장자의 대속**: 이스라엘 자손 중 1개월 이상 된 남자가 22,273명으로 레위인 보다 273명이 많아 1인당 속전으로 5세겔씩 계산하여 1,365 세겔을 아론과 그 아들들에게 주었다.**(40-50)**

4장

레위 지파의 고핫 – 게르손 – 므라리 자손을 계수하고 회막 이동시의 구체적인 행동지침을 정함

🔔 레위 지파의 자손들은 회막 이동 시 단순히 노동력을 필요로 하는 일을 맡으며 성물에 접근할 때에는 제사장의 명을 따라야 하며 잠시라도 성소에 들어가서 볼 수도 없다.

- **30-50세 고핫 자손**: 증거궤를 비롯한 성물들을 어떻게 포장하고 이동해야 하는가에 대한 구체적 역할을 알려 주고 있다. 계수 결과 2,750명((**1-20, 34-37**)
- **30-50세 게르손 자손**: 성막, 장막 등을 구체적으로 어떻게 이동해야 하는 가를 알려 주고 있다. 계수 결과 2,630명(**21-28, 38-41**))
- **30-50세 므라리 자손**: 널판, 띠 등을 구체적으로 어떻게 이동해야 하는 가를 알려 주고 있다. 계수 결과 3,200명(**29-33, 42-45**)
- **성막 종사자 총계**: 30-50세의 레위인 총수는 8,580명으로 계수 되었다.**(46-49)**

시내산에서의 여행 준비

성결 문제와 나실인(헌신 문제)

5장

하나님 백성이 행진하면서 가지게 될 공동체 생활을 위해 필요한 내용이다. 부정한 자의 격리와 보상법 그리고 의심의 법을 통해 거룩하고 성결 된 삶을 요구하고 있다.

🔔 여호와께서는 이스라엘 백성이 진영을 갖추고 행진 준비를 끝낸 상태에서 공동생활을 위해 필요한 사항들을 모세에게 주신다.

- **부정한 자의 격리**: 나병 환자, 유출병 환자, 시체를 만져 부정하게 된 자 등은 모두 진영 밖으로 내보내라 하셨고 그대로 이행하였다.**(1-4)**
- **손해배상법**: 공동생활을 함께할 동료에게 범하는 죄의 경우 그 죗값의 1/5을 더하여 죄지었던 사람에게 돌려주어야 하며 만일 죗값을 받을 친척도 없는 경우에는 제사장에게 주어야 한다.**(5-10)**
- **의심의 소제와 저주의 물**: 공동체 내에서 남편 된 사람이 아내의 성적 행동에 대해 의심이 있는 경우 의심의 소제나 저주가 되게 하는 물 같은, 조금은 이해가 되지 않거나 마치 주술적 과정과 비슷한 의심의 법을 소개하고 있다.**(11-31)**

🔔 5장의 요지는 하나님 백성의 공동체 생활을 위해서는 성결과 거룩한 생활이 요구된다는 것이다.

6장 공동체 생활을 하면서 헌신할 자들을 위한 나실인에 관한 규례

🔔 나실인: '구분(구별)된 자'란 뜻. 일평생 혹은 특별한 헌신을 위해 한시적으로 세상과 단절하고 스스로를 구별하여 하나님께 자신을 봉헌한 자. 평생 나실인으로는 사사 삼손, 선지자 사무엘, 레갑 자손, 세례 요한 등이 있다. 한시적 나실인의 경우는 하나님께 헌신하기를 원하는 모든 자들에게 적용된다.

- **나실인의 의무**: 나실인은 특별히 세 가지를 금한다. 1) 포도나무에서 나는 소산물은 어떤 것도 먹을 수 없음 2) 시체를 가까이할 수 없음 3) 서원 기간 동안 머리에 삭도를 대지 말아야 함**(1-8)**
- **나실인의 정결 규례**: 만일 나실인이 자신도 모르는 사이에 곁에서 어떤 사람이 죽

었다면, 그는 정결케 하는 날 곧 제 7일에 머리를 깎아 버리고 제 8일에 제사장에게 예물을 드려 시체로 인한 부정을 제해야 한다.**(9–12)**

- **서원 기간 만료 규례**: 번제, 속죄제, 화목제 등을 드린다.**(13–21)**
- **이스라엘 자손에 대한 축복**: 제사장은 이스라엘 자손을 위하여 축복할 의무가 있다. '그들은 이같이 내 이름으로 이스라엘 자손에게 축복할지니 내가 그들에게 복을 주리라.'**(22–27)**

시내산에서의 여행 준비

여행 중 성막 관리를 위한 준비와 레위지파의 성별과 직무 위임

7장 성막 완성 후 여행 중 성막 관리를 위해 필요한 운반 기구와 제단 봉헌에 필요한 헌물에 관한 것

장막(성막)이 완성되고 봉헌되었을 시점에서 여행 중 성막 이동에 필요한 운반 기구의 준비와 제단 봉헌을 위해 필요한 예물들의 준비 등을 다루고 있다.

- **지휘관들이 바친 성막 운반 기구**: 12지파 지휘관들이 헌물 1개의 덮개가 있는 수레 6대와 소 12마리**(1–4)**
- **수레와 소는 레위인에게 주어 직임에 따라 회막 봉사에 사용하도록 분배하였다**: 1) 게르손 자손에게는 수레 2대, 소 4마리 2) 므라리 자손에게는 수레 4대, 소 8마리 3) 고핫 자손은 어깨에 메는 일만 하기 때문에 수레와 소를 주지 않았다.**(5–10)**
- **순서대로 12지파의 지휘관들이 헌물을 바침**: 12지파 지휘관들에게 12일 동안 동일한 제단 봉헌물을 드리도록 하였다. 유다 족장 나손을 시작으로 12일 째 납달리 족

장 아히라까지 헌물을 마쳤다.**(11–83)**

- **헌물의 합계**: 12 족장의 헌물의 합계는 은 쟁반 12, 바리 12, 금 그릇 12, 번제물 수송아지 12, 숫양 12, 1년 된 숫양 12, (…) 등이다.**(84–88)**
- **속죄소에서 들린 여호와의 목소리**: '모세가 회막에 들어가서 여호와께 말하려 할 때에 증거궤 위 속죄소 위의 두 그룹 사이에서 자기에게 말씀하시는 목소리를 들었으니 여호와께서 그에게 말씀하심이었더라.'**(89)**

8장 레위인의 성별

- **등불을 켜는 방식**: 등불을 켜는 일은 제사장의 역할로서 일곱 등잔을 앞으로 비추도록 한다.**(1–4)**
- **레위인은 정결 예식 후 요제로 드린다**: 레위인은 이스라엘 모든 장자를 대신하며 여호와께 봉사하는 역할을 한다. 그들에게 속죄의 물을 뿌리고 전신을 삭도로 밀고 의복을 빨게 하는 등 정결케 한 후 레위인을 요제 곧 흔들어 바치는 제사로 여호와께 바친다.**(5–13)**
- **구별된 자 레위인**: 그렇게 함으로 레위인은 구별된 자가 되어 회막에 들어가 봉사하게 된다. '내가 이스라엘 자손 중에서 레위인을 취하여 그들을 아론과 그의 아들들에게 주어 그들로 회막에서 이스라엘 자손을 대신하여 봉사하게 하며 또 이스라엘 자손을 위하여 속죄하게 하였나니 이는 이스라엘 자손이 성소에 가까이할 때에 그들 중에 재앙이 없게 하려 하였음이니라.'**(14–22)**
- **레위인의 정년 제도**: 레위인은 25세에 회막에 들어가 복무하며 50세까지 일한다.**(23–26)**

여행 중 유월절 준수 명령과 구름 기둥 및 불기둥

9장 유월절 규례와 불기둥 – 구름 기둥의 인도함

- **유월절 준수 명령 – 두 번째 유월절**: 출애굽 다음 해 BC 1445년 1월 14일 유월절 이전, 2월 1일 1차 인구조사 이전에 모세에게 주어진 말씀이다. 이스라엘 자손에게 1월 14일 유월절 준수할 것을 명령하셨다. '그들이 첫째 달 열넷째 날 해 질 때에 시내 광야에서 유월절을 지켰으되 이스라엘 자손이 여호와께서 모세에게 명령하신 것을 다 따라 행하였더라.'(1–5)
- **부정한 자에 대한 유월절 규례**: 시체의 부정으로 또는 장기 여행으로 유월절을 지키지 못한 사람들은 한 달 후인 2월 14일에 지킬 것을 명하셨다.(6–12)
- **정상적 상황에서 유월절을 지키지 않는 경우**: 그러나 정상적인 상황에 있는 사람이 유월절을 지키지 않을 경우 죄를 담당할 것이며 타국인이 유월절을 지키려 한다면 규례에 따라야 한다고 하셨다.(13–14)
- **불기둥과 구름 기둥의 인도**: 성막이 세워진 날 이후 여호와의 불기둥과 구름 기둥이 백성을 인도하였다. '이틀이든지 한 달이든지 일 년이든지 구름이 성막 위에 머물러 있을 동안에는 이스라엘 자손이 진영에 머물고 행진하지 아니하다가 떠오르면 행진하였으니 곧 그들이 여호와의 명령을 따라 진을 치며 여호와의 명령을 따라 행진하고 또 모세를 통하여 이르신 여호와의 명령을 따라 여호와의 직임을 지켰더라.'(15–23)

시내산을 출발하여 가데스 바네아로의 여행

가데스 바네아 도착하기까지의 사건들

10장 시내 광야에서 바란 광야로 3일 길을 이동

- **나팔 신호 규정**: 행군에 앞서 두 개의 은 나팔을 만들어 신호 규정을 정하였다. '나팔 두 개를 불 때에는 온 회중이 회막 문 앞에 모여서 네게로 나아올 것이요 하나만 불 때에는 이스라엘의 천부장 된 지휘관들이 모여서 네게로 나아올 것이며 (…) 또 너희 땅에서 너희가 자기를 압박하는 대적을 치러 나갈 때에는 나팔을 크게 불지니 그리하면 너희 하나님 여호와가 너희를 기억하고 너희를 너희의 대적에게서 구원하시리라 또 너희의 희락의 날과 너희가 정한 절기와 초하루에는 번제물을 드리고 화목제물을 드리며 나팔을 불라 그로 말미암아 너희의 하나님이 너희를 기억하시리라 나는 너희의 하나님 여호와니라.'**(1–10)**
- **바란 광야에로의 이동**: BC 1445년 2월 20일 구름이 증거의 성막에서 떠오르자 시내산 광야에서 출발하였고 바란 광야에서 구름이 머물렀다.**(11–12)**
- **행진 순서는 여호와께서 모세에게 명령하신 순서에 따랐다**: 언약궤 → 유다 진영 → 게르손, 므라리 → 르우벤 진영 → 고핫 → 에브라임 진영 → 단 진영**(13–28)**
- **호밥에게 동행 권고**: 모세가 광야에서 진을 칠 때의 도움을 위해 처남 호밥에게 동행할 것을 권하였다.**(29–32)**
- **언약궤와 모세의 간구**: 시내산에서 바란 광야 기브롯 핫다아(메추라기를 주신 곳)까지는 3일 길로 3일 여정 동안 언약궤가 이스라엘 진영 행진에 앞장서 갔다. '궤가 떠날 때에는 모세가 말하되 여호와여 일어나사 주의 대적들을 흩으시고 주를 미워

하는 자가 주 앞에서 도망하게 하소서 하였고 궤가 쉴 때에는 말하되 여호와여 이스라엘 종족들에게로 돌아오소서 하였더라.'**(33-36)**

11장 만나에 싫증 난 백성이 고기를 달라고 불평함

- **디베라 불사건**: '디베라'는 여호와의 불이 그들 중에 붙었다는 의미로서 여호와께서 백성들이 불평하는 소리를 듣고 진노하셔서 진영의 끝에 불을 붙여서 진영 끝을 사르게 하셨다. 모세가 여호와께 기도하니 불이 꺼졌다.**(1-3)**
- **고기가 먹고 싶다는 백성들의 불평**: 만나에 싫증 난 백성들이 고기가 먹고 싶다고 불평하기 시작했다.**(4-9)**
- **모세가 여호와께 호소한다**: '이 모든 백성을 내가 배었나이까 내가 그들을 낳았나이까 어찌 주께서 내게 양육하는 아버지가 젖 먹는 아이를 품듯 그들을 품에 품고 주께서 그들의 열조에게 맹세하신 땅으로 가라 하시나이까. 이 모든 백성에게 줄 고기를 내가 어디서 얻으리이까 그들이 나를 향하여 울며 이르되 우리에게 고기를 주어 먹게 하라 하온즉 책임이 심히 중하여 나 혼자는 이 모든 백성을 감당할 수 없나이다. 주께서 내게 이같이 행하실진대 구하옵나니 내게 은혜를 베푸사 즉시 나를 죽여 내가 고난당함을 내가 보지 않게 하옵소서.'**(10-15)**
- **메추라기 약속**: 여호와께서 백성들에게 한 달 동안 메추라기를 주시겠다고 약속하셨다.**(16-23)**
- **세움 받은 70인의 장로와 엘닷과 메닷**: 모세의 책임 분담을 위해 70인의 장로를 세우셨다. 장로들은 영이 임해 예언을 했고 심지어 개인 처소에 있던 엘닷과 메닷까지도 예언을 했다.**(24-30)**
- **메추라기와 기브롯 핫디아와 사건**: 바다에서부터 메추라기를 몰아 동서남북 사면에 하룻길(약 32km) 정도에 걸쳐 약 두 규빗(1m) 높이로 날아다녔다. 백성들은 욕심

을 내어 지나칠 정도로 메추라기를 모아 여호와께서 진노하셨고 큰 재앙을 내리셨으므로 그곳 이름을 기브롯 핫다아(분노의 무덤)라 불렀다. 백성이 더 행진하여 하세롯에 이르러 거기에 거하였다.(31–35)

12장 모세에 대한 아론과 미리암의 비방과 문둥병에 걸린 미리암

- **모세를 비방한 아론과 미리암**: 아론과 미리암이 구스 여자와 결혼한 모세를 비방하였다.(1–3)
- **모세를 변호하는 여호와**: 여호와께서 모세는 내가 대면할 정도의 특별한 사람이므로 아론과 미리암이 모세를 비방하지 말라고 말씀하셨다. '여호와께서 갑자기 모세와 아론과 미리암에게 이르시되 너희 세 사람은 회막으로 나아오라 하시니 그 세 사람이 나아가매 (…) 그와는 내가 대면하여 명백히 말하고 은밀한 말로 하지 아니하며 그는 또 여호와의 형상을 보거늘 너희가 어찌하여 내 종 모세 비방하기를 두려워하지 아니하느냐.'(4–8)
- **문둥병에 걸린 미리암**: 하나님의 진노로 미리암이 문둥병에 걸렸고 미리암은 7일 동안 진영 밖에 있다가 진영으로 돌아오게 하고 7일 동안 행진을 중단하였다. 그 후 백성이 하세롯을 출발하여 바란 광야에 진을 쳤다.(9–16)

시내산을 출발하여 가데스 바네아로의 여행

40년 광야 생활을 낳은 가데스 바네아

13장 40일 동안의 가나안 정탐과 상반된 보고

- **가나안 정탐꾼 파송과 하달된 임무**: 모세는 여호와의 명에 따라 12지파에서 대표 1명씩을 선발하여 12명을 가데스의 바란 광야에서 네겝 길(남방 길)을 따라 가나안 땅 정탐을 보낸다. '모세가 가나안 땅을 정탐하러 그들을 보내며 이르되 너희는 네겝 길로 행하여 산지로 올라가서 그 땅이 어떠한지 정탐하라 곧 그 땅 거민이 강한지 약한지 많은지 적은지와 그들이 사는 땅이 좋은지 나쁜지와 사는 성읍이 진영인지 산성인지와 토지가 비옥한지 메마른지 나무가 있는지 없는지를 탐지하라 담대하라 또 그 땅의 실과를 가져오라 하니 그 때는 포도가 처음 익을 즈음이었더라.'**(1–20)**
- **정탐 후의 상반된 보고**: 40일의 정탐을 끝내고 귀환한 후 에브라임 지파의 눈의 아들 호세아(여호수아)와 유다 지파 여분네의 아들 갈렙을 제외한 10명의 대표는 가나안이 젖과 꿀이 흐르는 땅이기는 하나 군사적 요충지로 열국이 탐내는 거주민을 삼키는 땅이고 아낙 자손이 살고 있어서 우리는 메뚜기 같은 존재라 보고하며 상반된 보고를 하였다. '갈렙이 모세 앞에서 백성을 조용하게 하고 이르되 우리가 곧 올라가서 그 땅을 취하자 능히 이기리라 하나 그와 함께 올라갔던 사람들은 이르되 우리는 능히 올라가서 그 백성을 치지 못하리라 그들은 우리보다 강하니라 하고 이스라엘 자손 앞에서 그 정탐한 땅을 악평하여 이르되 우리가 두루 다니며 정탐한 땅은 그 거주민을 삼키는 땅이요 거기서 본 모든 백성은 신장이 장대한 자들이며 거기서 네피림 후손인 아낙 자손의 거인들을 보았나니 우리는 스스로 보기에도 메뚜기 같으니 그들이 보기에도 그와 같았을 것이니라.'**(21–33)**

14장 다시 모세와 아론을 원망하는 백성과 징계

- **백성들의 원망**: 다시 이스라엘 백성들은 애굽에서 인도해 낸 모세와 아론에게 통곡하며 한 지휘관을 세워 애굽으로 다시 돌아가는 것이 낫겠다고 원망한다.**(1–5)**
- **여호수아와 갈렙의 권면**: 여호수아와 갈렙이 나서 그 땅은 아름다운 땅이며 하나님이 없는 그들은 우리의 먹이니 두려워할 것 없다고 설명했으나 백성들이 그들을 돌

로 치려고 덤벼들었다.**(6–10)**

- **여호와의 진노**: 이때 여호와의 영광이 직접 나타나셔서 모세에게 이르시되 '이 백성이 어느 때까지 나를 멸시하겠느냐. 내가 그들 중에 많은 이적을 행하였으나 어느 때까지 나를 믿지 않겠느냐'고 불같이 화를 내시며 내가 전염병으로 전부 멸하고 모세를 새로 택하여 그들보다 더 크고 강한 나라를 만들 것이라 말씀하셨다.**(11–12)**
- **모세의 중보 기도**: 모세가 여호와께 애원하는 중보 기도를 한다. '여호와가 이 백성에게 주기로 맹세한 땅에 인도할 능력이 없었으므로 광야에서 죽였다 하리이다 (…) 구하옵나니 주의 인자의 광대하심을 따라 이 백성의 죄악을 사하시되 애굽에서부터 지금까지 이 백성을 사하신 것 같이 사하시옵소서.'**(13–19)**
- **여호와의 용서와 징벌**: 여호와께서 모세의 말을 듣고 사하기로 하신다. 그러나 그 많은 이적을 보고도 계속 내 말을 듣지 않는 백성이므로 여호수아와 갈렙 이외에 20세 이상으로 계수된 자는 가나안 땅에 들어가지 못할 것이며 정탐일수 40일의 하루를 1년으로 환산하여 40년 동안 광야에서 방황할 것이라 하셨다. 정탐꾼 중 10명은 여호와 앞에서 재앙으로 죽음을 당했다. '그 땅을 정탐하러 갔던 사람들 중에서 오직 눈의 아들 여호수아와 여분네의 아들 갈렙은 생존하니라.'**(20–38)**
- **이스라엘의 패전**: 이스라엘 백성들은 여호와가 너희와 함께하시지 않으니 그러지 말라는 모세의 말을 무시하고 가나안 땅을 차지하겠다고 산꼭대기로 올라갔으나 아말렉 인과 가나안 인들이 내려와 패망을 당한다.**(39–45)**

시내산을 출발하여 가데스 바네아로의 여행

2세대를 위한 율법 재교육

15장

여호와께서 모세를 통해 주신 가나안 땅에 들어가 드려야 할 제사 규례

- **각종 제사에 따르는 소제와 전제**: 번제, 낙헌제 등 각종 제사를 드릴 때에는 소제와 전제를 함께 드려야 한다.(1–10)
- **이스라엘 대대의 율례**: 송아지, 양, 염소 등으로 제사를 드릴 경우 정해진 수효에 맞추어 소제와 전제를 드려라. 본토인이든 타국인이든 모두 법대로 해야 한다.(11–16)
- **첫 소산의 거제**: 가나안 땅에 들어가면 처음 익은 곡식 가루 떡을 거제로 드려라.(17–21)
- **회중과 일개인을 위한 속죄 규례**: 온 회중이든 일개인이든 부지중에 범하는 경우 속죄 규례를 따르라.(22–31)
- **안식일을 범한 자**: 안식일을 범한 자(예, 안식일에 나무하는 자)는 반드시 돌로 쳐서 죽이라.(32–36)
- **옷단 술**: 여호와의 모든 계명을 잊지 않고 기억할 수 있도록 옷단 귀에 술(fringes, tassels)을 달아라. '나는 여호와 너희 하나님이라 나는 너희의 하나님이 되려고 너희를 애굽 땅에서 인도해 내었느니라 나는 여호와 너희의 하나님이니라.'(37–41)

시내산을 출발하여 가데스 바네아로의 여행

하극상 – 하나님의 참뜻을 알아야 한다.

16장 여호와의 참뜻을 알지 못하는 고라 일당과 백성들의 심판

- **고라 일당의 반역**: 레위인이며 고핫의 손자인 고라를 비롯한 다단과 아비람 등 250명의 일당이 모세와 아론의 권위에 도전하여 반역하였다.(1–14)
- **모세의 진노**: 모세가 화가 났다. 고라의 경우 레위인으로 특별히 하나님의 일을 할 직분을 맡겨 주었는데도 제사장직까지 넘보는 일에 화를 내고 과연 하나님의 뜻이

무엇인가를 알아보기 위해 250명이 향로 1개씩 가져와 불을 담고 향을 그 위에 두어 하나님의 심판을 받아 보자고 제안한다.**(15-17)**

- **여호와의 징벌**: 모세와 아론 그리고 250명이 불 위에 향을 올린 향로들을 갖고 회막 문에 섬 – 여호와의 영광이 온 회중에게 나타나심 – 여호와께서 회중들은 고라와 다단과 아비람의 장막에서 떨어지라고 하자 그들이 섰던 땅이 갈라지고 고라 일당과 재산을 삼켜 버렸고 분향하는 250명을 불사름 – 거룩하게 된 향로는 쳐서 제단을 싸는 철판을 만들어 기념물을 만들게 함 – 하나님의 뜻을 알지 못하는 백성들은 오히려 다시 원망하고 여호와께서 진노하셔서 염병으로 14,700명이 죽임을 당함.**(18-50)**

17장 아론의 싹 난 지팡이 – 또 한 번의 이적을 보이시는 여호와

- **아론의 싹 난 지팡이**: 그렇게도 많은 이적을 보여 주었음에도 참 하나님을 알지 못하는 백성들을 깨우치기 위해 12지파 대표들로 하여금 지팡이 한 개씩을 준비하도록 한 후 각자의 이름을 지팡이에 쓰도록 하고 증거 궤 앞에 두도록 함 – 아론의 지팡이에서만 살구 꽃(아몬드)이 피는 이적을 보임 – 백성들이 두려워하며 우리 모두가 망하게 되었다고 말함 – 아직도 하나님의 뜻을 알지 못하고 있는 백성들이다. 하나님은 각자에게 맞는 달란트를 주셨음을 알아야 한다.**(1-13)**

18장 레위인의 직무와 분깃 – 하나님은 인간 각자에게 맞는 역할을 주셨다

- **레위인과 제사장의 직무**: 아론과 그 아들들 곧 제사장은 제사장의 책임(잘못했을 때 죄를 담당해야 하는)이 주어졌고 레위인은 회막에서 일하는 책무가 주어진 것이

다. '여호와께서 아론에게 이르시되 너와 네 아들들과 네 조상의 가문은 성소에 대한 죄를 함께 담당할 것이요 너와 네 아들들은 너희의 제사장 직분에 대한 죄를 함께 담당할 것이니라. 너는 네 형제 레위 지파 곧 네 조상의 지파를 데려다가 너와 함께 있게 하여 너와 네 아들들이 증거의 장막 앞에 있을 때 그들이 너를 돕게 하라 레위인은 네 직무와 장막의 모든 직무를 지키려니와 성소의 기구와 제단에는 가까이 하지 못하리니 두렵건대 그들과 너희가 죽을까 하노라.'**(1–7)**

- **레위인들의 분깃**: 레위인들(제사장 포함)에게는 가나안 땅에 들어갔을 때 지파별로 분배되는 땅 지분이 없는 대신 십일조에 의한 분깃을 주셨다.**(8–32)**

시내산을 출발하여 가데스 바네아로의 여행

하나님이 주신 특별법(결례법)을 통한 죄의 심각성과 십자가 예표

19장

가나안 입성 전에 20세 이상 된 모든 사람들이 죽을 것이라는 예언과 관련하여 죽음으로 인한 부정을 정결케 하는 잿물 제조 방법과 사용법을 준비시키는 하나님. 이 장을 통해 죄의 삯은 사망이며 이 죄의 전파 속도가 얼마나 빠른가를 교훈하며 단 한 번의 십자가로 우리를 정결케 하신 예수님을 예표 하고 있음을 배울 수 있다.

- 정결식을 위한 잿물**(1–10)**
- 시체로 인한 부정**(11–13)**
- 여러 형태의 주검으로 인한 부정**(14–19)**
- 영원한 정결 규례**(20–22)**

1–22절의 내용을 아래에 풀어서 정리하였다.

- 죄의 삯은 사망이라 했다. 가데스 바네아 정탐사건 이후 죄를 범한 20세 이상의 남자 모두(1차 조사 시 603,550명)가 가나안에 들어가지 못하고 죽을 것이라 하였다. - 가나안 입성(BC 1405) 때까지를 약 38년이라 했을 경우 하루에 남자만 약 43명이 죽었다(여자 포함 약 80명 이상이 죽음). 모든 인간은 죄로 인해 죽을 수밖에 없는 존재임을 인식시키려 한다. 그런데 일단 광야에서 죽음의 부정으로부터 벗어날 수 있는 정결법을 가르쳐 주셨다.
- 온전하여 흠이 없고 아직 멍에를 메지 아니한 붉은 암송아지를 준비시킨다. 피의 색깔을 띤 붉은 색 암송아지는 십자가에서 피 흘리심으로써 온 인류의 죄를 말끔히 씻으신 예수 그리스도를 예표 하는 것으로 추측된다.
- 번제물이나 속죄 제물은 하나님께 드리는 데 목적이 있기 때문에 번제단 북편 성막 뜰에서 잡았으나, 이 암송아지는 태워 재를 내는 데 목적이 있을 뿐 아니라 부정한 것으로 취급되었기 때문에 처음부터 진 밖에서 죽였다. 상징적으로 이는 장차 죄인으로 취급되어 예루살렘 성 밖에서 처형당하실 예수의 죽음을 예표 한다.
- 죄는 사망의 원인이며, 또한 생명을 대신하는 것이 피기 때문이다. 피 흘림 없이는 사(赦)함이 없다는 것이 속죄의 대원리이다. 따라서 엘르아살은 부정한 자를 정결케 하는 잿물을 만들기 위해서 죽은 희생 제물(붉은 암송아지)로부터 피를 취하여 그 피를 뿌림으로써 부정한 자의 죗값에 대한 속죄 사역을 이루어야만 했다. 한편 '회막 앞을 향하여' 피를 뿌린 것은 하나님이 임재하사 백성의 죄를 사해 주시는 곳인 속죄소(시은좌)가 그곳에 있기 때문이다. 그곳에는 1년 1차에 한해 대제사장이 희생의 피를 가지고 들어갈 수 있었기 때문에 평상시에는 들어갈 수 없었다. 한편, 피를 '일곱 번' 뿌린 것은 '완전한' 속죄를 의미한다.
- 암송아지를 사르는 불 가운데 백향목, 우슬초, 홍색 실을 던져 넣는다. 여기서 '백향목'은 재질이 좋으며 빛깔이 아름답고 향기로운 나무로 오랫동안 보존이 가능하다. 이는 생명의 영원성과 그 생명의 고결한 가치를 상징한다. 또한 '우슬초'는 담벼락과 돌 등에 붙어 자라는 야생풀로써, 부패와 죽음을 상징하는 죄를 정결케 하기 위해 피를 적셔 뿌리는 데 사용되었다. 즉 우슬초는 죄를 정결케 하는 어떤 능력의 상

징물이다. 그리고 '홍색실'은 속죄를 위한 예수의 붉은 피를 상징한다. 그러므로 이 세 가지를 암송아지가 타고 있는 불에 넣은 것은 인간의 죄를 대속하시기 위해 희생 제물이 되신 예수 그리스도로 말미암아 이루어질 온전한 영적 성결과 영원한 생명의 효능을 예시하는 행동이다.

- 암송아지의 재는 붉은 암송아지에 백향목과 우슬초와 홍색실이 더해져 태워진 것이다. 즉 이 재는 '죽음으로부터 생명을 소생시키는 강한 능력과 구원의 힘을 지닌 모든 것의 정수로서 단 한 번의 십자가 사건으로 우리는 암송아지와 정결 재료로 만들어진 재를 언제나 갖고 살고 있다. 죄를 진정으로 회개하면 된다.'
- 정한 곳으로 지정된 장소에 재를 보관해 두어 시체로 인해 부정케 된 자가 발생할 때마다 그 재를 사용할 수 있게 했다. 이는 결국 1) 인간은 항상 범죄할 수밖에 없다는 사실과 2) 그럼에도 불구하고 하나님은 계속 용서하기를 기뻐하신다는 진리를 내포한다.
- 가장 중요하게 생각할 또 하나의 교훈은 죄가 얼마나 빨리 전파되는 가를 알려 준다. 송아지를 불사른 자, 재를 거둔 자, 시체를 만진 자, 죽은 자가 있는 장막에 들어간 자, 뚜껑을 덮지 않은 모든 그릇, 등.
- 죄를 지으면 곧 부정하게 되면 셋째 날과 일곱째 날에 자신을 정결케 하라고 하신다. 즉 회개하고 구원에까지 이르러야 함을 의미한다.

시내산을 출발하여 가데스 바네아로의 여행

40여 년 광야 생활 후 다시 돌아온 가데스 바네아

20장

가데스 정탐 사건 후 약 38년 만에 다시 가데스 도착, 므리바 물 사건과 미리암의 죽음, 에돔 땅 통과 거부, 아론의 죽음이 기록됨.

- **미리암의 죽음**: 신 광야는 가나안의 남방 경계를 이루는 불모의 땅으로 한쪽 귀퉁이에 가데스 바네아가 위치한다. 가나안 정탐 사건 이후 38여 년만인 출애굽 후 40년 1월(아빕월)에 다시 오게 되었고 미리암이 죽어 장사 되었다.**(1)**
- **지도자들에 대한 백성의 원망과 므리바 물 사건**: 다시 백성들이 물이 없다고 지도자들에게 원망 시작 – 여호와께서 반석에게 명령하여 물을 얻으라 했으나 모세가 반석을 두 번 쳐서 물을 얻음 – 모세의 불순종으로 모세와 아론은 가나안에 들어가지 못하게 됨 – 이스라엘 자손이 여호와와 다투었으므로 '므리바 물'이라 부르게 됨 **(2–13)**
- **에돔 왕의 통행 거부**: 가나안 입성을 위해 에돔 지역을 통과하려 했으나 에돔 왕에게 거절당했다.**(14–21)**
- **아론의 죽음**: 가데스를 떠나 호르산에 이르러 산꼭대기에서 아론이 죽고 30일간 애도하였다. '모세가 아론의 옷을 벗겨 그의 아들 엘르아살에게 입히매 아론이 그 산꼭대기에서 죽으니라 모세와 엘르아살이 산에서 내려오니 온 회중 곧 이스라엘 온 족속이 아론이 죽은 것을 보고 그를 위하여 삼십 일 동안 애곡하였더라.'**(22–29)**

21장

이스라엘 백성은 가나안 입성을 위해 에돔 땅을 우회하며 북진하는 동안 가나안과의 첫 전투에서 아랏 왕을 정복했고, 아모리 왕과 바산 왕 옥을 섬멸. 중간에 백성들의 불평으로 불뱀(놋뱀) 사건이 있었다.

- **아랏 왕 정복**: 에돔 왕의 거부로 왕의 대로가 아닌 광야 길을 따라 북진하다가 가나안 인들과의 첫 전투가 있게 된다. 네겝에 거주하는 가나안 사람 아랏 왕과의 전투로써 그들의 성읍을 '철저히 파멸'(호르마라 부름)시켰다.**(1–3)**
- **놋뱀 사건**: 백성들은 광야 길을 따라 에돔 땅을 우회하자 또다시 특유의 불평 시작(물과 먹을 것에 대한 불평) – 여호와의 불뱀에 의한 징계 – 모세가 하나님께 기도하고 놋뱀을 만들어 장대에 달고 쳐다보면 살도록 함**(4–9)**

- **이스라엘 백성의 행진 계속 – 비스가 산으로의 행진**: 오봇–이예아바림–세렛 골짜기–아르논–브엘–맛다나–나할리엘–바못–비스가산(10–20)
- **아모리 왕 정복과 승리의 노래**: 모압 땅을 점령하고 사는 아모리 왕이 영토 통과를 허용하지 않으므로 전쟁하여 정복하고 승리의 노래를 불렀다.(21–31)
- **바산 왕 옥 정복**: 모세가 또 야셀을 정탐하여 촌락들을 빼앗고 바산 왕 옥을 에드레이에서 싸워 완전 섬멸하였다.(32–35)

가나안 입성 전 모압왕 발락과 이방 술사 발람과 관련된 어처구니없는, 그러나 엄청난 교훈을 주는 이야기

발락과 발람의 교훈

22장

모압 왕 발락이 이스라엘 백성의 등장에 겁먹고 이방인 술사 발람에게 후한 물질적 대우를 약속하며 초청하는 장면

- **모압 평지에 진을 친 이스라엘**: 하나님 나라 백성이 40년 광야 생활 끝 무렵 아모리 왕 시혼과 바산 왕 옥을 정복한 후 여리고 맞은편 모압 평지에서 이제는 40년 광야 생활이 끝났다고 생각할 수 있는 시점에서 주어진 교훈이다.(1)
- **발람을 초청하는 발락**: 에서의 후손인 모압 왕 발락은 이스라엘 백성이 출현하자, 두려움 속에 복을 빌고 저주하는 일에 소문난 발람에게 후한 대접을 약속하고 초청한다. 발람은 유프라데스 강가 부들에 곧 아브라함처럼 고대 문명이 찬란했던 메소포타미아 지역에 살고 있었다. 발람은 하나님의 선지자가 아니다. 그러나 하나님은 불신자인 왕들과 선지자들에게도 나타나시곤 했다. 아브라함 시대 그랄의 아비멜

렉에게(창 20:6-7), 꿈 속 바로에게(창 41:25), 꿈과 이상으로 느부갓네살에게(단 4:1-18) 등**(2-5)**

- **거듭된 발락의 초청에 응한 발람**: 발락이 보낸 사신들이 발람에게 초청했을 때 복채에 탐을 내 단번에 거절하지 않고 여호와께 물어본 후 이스라엘 백성을 저주하지 말라는 말을 듣고 거절 - 발락이 더 높은 고관들을 더 좋은 조건을 제안하며 발람에게 보냄 - 하나님이 그날 밤 일어나 함께 가라 그러나 내가 하라는 말만 하라고 하심 - 아침에 발람이 나귀를 타고 출발했으나 하나님이 발람이 오직 탐욕에만 관심이 있음을 아시고(벧후 2:15) 발람이 가는 길을 여호와의 사자가 가로막고 나귀가 입을 열어 발람을 책망하는 상황 발생 - 하나님의 사자가 본체를 나타내고 발람에게 다시 그 고관들과 가되 하나님이 이르는 말만 하라고 하심**(6-35)**
- **발락이 발람을 환영한다**: 발락은 발람을 환영하고 대접한 다음 날 바알의 산당으로 발람을 인도하였다. '아침에 발락이 발람과 함께 하고 그를 인도하여 바알의 산당에 오르매 발람이 거기서 이스라엘 백성의 진 끝까지 보니라.'**(36-41)**

🔔 발락과 발람의 이야기는 축복에 중점을 두는 현대 교인, 축복만을 강조하는 거짓 교사들에게 주는 교훈이다.

23장

발락이 발람이 원하는 대로 일곱 제단을 준비하고 이스라엘에 대한 저주를 기대했으나 오히려 이스라엘에 대한 축복만을 말하는 발람.

- **첫 번째 제단(신탁)**: 발람이 발락에게 메소포타미아 풍습대로 일곱 제단을 준비시킴 - 하나님이 발람에게 임하심 - 발람은 이스라엘 군대의 1/4만 보이는 지점인데도 이스라엘 백성이 티끌같이 많아질 것이라 하여 저주 대신 축복의 말을 함**(1-12)**
- **두 번째 제단(신탁)**: 발락은 이스라엘 군대의 끝만 보이는 비스가 산꼭대기 지점으로 발람을 데리고 가서 다시 일곱 제단을 준비 - 발람은 이스라엘 백성은 하나님의

백성으로 애굽에서 하나님이 직접 이끌어 낸 백성으로 이스라엘 백성을 해할 점술이나 복술은 없으며, 야곱의 유다는 수사자 같고 암사자 같아서 유다의 후손 중에서 탁월한 권능의 왕이 나타날 것이라고 축복의 말을 함 – 발락은 발람에게 저주도 축복도 하지 말라고 함(13–26)

- **세 번째 제단(신탁)**: 발락이 발람을 광야가 내려다보이는 브올 산에 일곱 제단을 준비하고 저주를 부탁한다. '발락이 발람에게 또 이르되 오라 내가 너를 다른 곳으로 인도하리니 네가 거기서 나를 위하여 그들을 저주하기를 하나님이 혹시 기뻐하시리라 하고 발락이 발람을 인도하여 광야가 내려다보이는 브올 산 꼭대기에 이르니(…).'(27–30)

24장

심지어 이방 술사이면서도 발람은 이사야나 예레미야와 같은 위대한 선지자들에 앞서 하나님 나라 백성의 흥왕과 메시아의 출현 그리고 열방의 심판을 예언했다.

- **발람의 세 번째 예언 노래**: 그러나 발람은 세 번째 예언 노래에서는 앞으로 이스라엘은 더 크게 흥왕할 것이라고 더 큰 축복의 예언을 하였고 저주를 원했던 발락이 화를 냈다.(1–14)
- **네 번째 예언**: 발람은 1) 야곱에게서 한 별이 나올 것을 예언, 즉 메시아 출현을 예언했고 2) 한 별의 출현으로 모압, 에돔, 아말렉, 겐 족속, 앗수르, 페르시아, 로마 등 열방의 심판을 예언하였다.(15–24)
- **발람의 귀향**: '발람이 일어나 자기 곳으로 돌아가고 발락도 자기 길로 갔더라.'(25)

🔔 발람이 일어나 자기 곳으로 돌아갔다는 말은 발람이 400마일(약 640km)이나 되는 먼 자기 고향 메소포타미아로 곧장 되돌아갔다는 뜻은 아닐 것이다. 자기를 발람에게로 인도해 왔던 미디안 장로들과 함께 미디안 땅으로 갔던 것 같다. 그리고 거기서 그는 이스라엘을 범죄하게 하는 사악한 꾀를 발락에게 일러줌으로써 결국 이스라엘이 하나님께 저주(심판)를 받도록 했다(계 2:14). 결국 이 일로 인하여 후에 이스라엘이 미디

안을 정복할 때에 발람은 미디안 다섯 왕들과 함께 그곳에서 죽임을 당하였던 것이다. 발락과 헤어진 발람은 자기의 예언이 이스라엘에게 길(吉)함을 알고 이스라엘 진영으로 찾아가 그 예언의 의미를 풀이해 준 뒤, 발락이 보장해 주었을 부(富)와 명예를 모세에게 요구하다가 거절을 당했다고 추정하는 주장도 있다. 여하튼 발람은 이스라엘에게 보복하기 위해 미디안 족속에게로 가서 사악한 꾀를 베풀어 이스라엘 백성이 범죄하도록 했다가, 결국 비참한 최후를 맞이했을 것으로 생각한다.

가나안 입성 전 모압왕 발락과 이방 술사 발람과 관련된 어처구니없는, 그러나 엄청난 교훈을 주는 이야기

불의의 삯을 사랑한 발람의 꾀를 따라 음행하게 된 이스라엘 백성

25장

40년의 광야 생활 중 하나님의 선민 이스라엘 백성들의 끝없는 불평불만이 드디어 가나안 입성을 앞두고 발람의 꾀에 빠져 그것도 종교 지도자들에 의해 엄청난 음행의 죄가 일어났다. 참 하나님의 마음을, 성경의 참 의미를 알지 못하는 기독교인들에게 주는 경고적 교훈이다.

- 우상숭배자 처단 명령(1–5)
- 비느하스의 의분(6–9)
- 약속된 제사장직(10–13)
- 죽임당한 두 남녀(14–16)
- 미디안 정복 명령(17–18)

1–18절의 내용을 아래에 풀어서 정리하였다.

- 이스라엘 백성들이 모세의 고별 설교가 이루어진 모압 평지 북단 싯딤에 있을 때

발람의 꾀에 빠져 바알브올(브올 지역의 바알) 사건 곧, 모압 여자들과 음행에 빠지는 엄청난 사건이 발생하였다. 이 사건은 발람의 머리에서 나왔다고 한다. (민 31:16 보라 이들이 발람의 꾀를 따라 이스라엘 자손을 브올의 사건에서 여호와 앞에 범죄 하게 하여 여호와의 회중 가운데에 염병이 일어나게 하였느니라. 계 2:14 (…) 발람이 발락을 가르쳐 이스라엘 자손 앞에 걸림돌을 놓아 우상의 제물을 먹게 하였고 또 행음하게 하였느니라. 고전 10:8 그들 중의 어떤 사람들이 음행하다가 하루에 이만 삼천 명이 죽었나니 우리는 그들과 같이 음행하지 말자(1,000의 차이는 하루와 전체의 차이).)

- 진노하신 하나님께서 이스라엘의 수령들을 목매어 달아 죽이고 염병으로 2만 4천 명이 죽임을 당하는 형벌을 내렸다.
- 더욱이 하나님의 형벌을 받은 이스라엘 온 회중이 회막 문에서 통회하고 있는 순간에도 시므온 지파의 한 족장인 시므리가 미디안 여인 고스비와 음행을 자행하는 일이 벌어졌고 아론의 손자 엘르아살의 아들 비느하스가 격분하여 창으로 두 사람을 죽이는 사건이 일어났고 그로 인해 염병이 그친다.
- 여호와께서는 비느하스 후손에게 영원한 제사장 직분의 언약을 하셨다.(엘리 시대의 일시적 단절〈삼상 2:27-38〉을 제외하고는 신약 시대 로마가 이스라엘을 초토화할 때까지 비느하스 가문을 통해 명맥 유지)
- 여호와께서 모세에게 명하여 음행 사건의 주모 자격인 미디안을 대적하여 죽이라고 명하셨고 이때 발람도 죽었다(민 31:7-8 그들이 여호와께서 모세에게 명령하신 대로 미디안을 쳐서 남자를 다 죽였고 그 죽인 자 외에 미디안의 다섯 왕을 죽였으니 미디안의 왕들은 에위와 레겜과 수르와 후르와 레바이며 또 브올의 아들 발람을 칼로 죽였더라).

가나안 입성을 위한 마지막 준비

두 번째 인구조사와 모세의 후계자 여호수아

26장 가나안 입성을 앞두고 모압 평지에서 2차 인구조사를 실시함

- **제2차 인구조사 명령(1-4)**
- **지파별 수효(5-50)**
- **이스라엘의 총수(51)**
- **각 지파의 기업 분배(52-57)**
- **레위인의 인구 계수(58-62)**
- **진멸 당한 출애굽 1세대(63-65)**

1-65절의 내용을 아래에 풀어서 정리하였다.

- 시내산에서의 1차 인구조사에 이어 가나안 입성을 앞두고 모압 평지에서 11지파에 대한 2차 인구조사를 실시하였다.(1차 시 603,550명에서 2차 시 601,730명) - 시므온 자손이 59,300명에서 22,200명으로 가장 많이 줄었다. 바알브올 사건과 관련하여 설명될 수 있을 것이다.
- 지파별 인구수의 변화는 다음과 같다. 1) 르우벤 지파(46,500→43,700) 2) 시므온 지파(59,300→22,200) 3) 갓 지파(45,650→45,500) 4) 유다 지파(74,600→76,500) 5) 잇사갈 지파(54,400→64,300) 6) 스블론 지파(57,400→60,500) 7) 에브라임 지파(40,500→32,500) 8) 므낫세 지파

(32,200→52,700) 9) 베냐민 지파(35,400→45,600) 10) 단 지파(62,700→64,400) 11) 아셀 지파(41,500→53,400) 12) 납달리 지파(53,400→45,400)

- 여호와께서 모세에게 인구수에 따라 제비 뽑아 기업 분배할 것을 명하셨다.
- 레위인의 인구 계수도 실시하였다 – 레위인의 지도적 3가족은 1) 게르손 종족 2) 고핫 종족 3) 므라리 종족이며 1차 때 22,000명에서 23,000명으로 증가하였다.
- 모세, 아론, 미리암은 고핫의 아들 이므람과 요게벳의 자녀이다.
- 2차 인구조사 시 1차 조사 때 20세 이상으로 포함된 사람은 갈렙과 여호수아뿐이다.

27장 슬로브핫 딸들의 요청으로 여자 상속법이 제정되고 여호수아가 새로운 지도자로 임명됨

- **슬로브핫의 딸들의 기업 요구와 새로운 상속법**: 요셉–므낫세의 후손인 슬로브핫의 딸들이 기업을 요구하여 새로운 여자 상속법을 제정하였다. '여호와께서 모세에게 말씀하여 이르시되 슬로브핫 딸들의 말이 옳으니 너는 반드시 그들의 아버지의 형제 중에서 그들에게 기업을 주어 받게 하되 그들의 아버지의 기업을 그들에게 돌릴지니라.'**(1–11)**
- **모세의 최후 간구**: 여호와께서 아비람산에서 모세에게 이스라엘에게 준 가나안 땅을 보여 주시며 므리바 사건으로 모세는 가나안에 들어가지 못할 것을 말씀하셨다. '모세가 여호와께 여짜와 이르되 여호와, 모든 육체의 생명의 하나님이시여 원하건대 한 사람을 이 회중 위에 세워서 그로 그들 앞에 출입하며 그들을 인도하여 출입하게 하사 여호와의 회중이 목자 없는 양과 같이 되지 않게 하옵소서.'**(12–17)**
- **새 지도자 여호수아**: 여호수아를 새 지도자로 임명하였다. '여호와께서 모세에게 이르시되 눈의 아들 여호수아는 그 안에 영이 머무는 자니 너는 데려다가 그에게 안수하고 그를 제사장 엘르아살과 온 회중 앞에 세우고 그들의 목전에서 그에게 위탁하여 네 존귀를 그에게 돌려 이스라엘 자손의 온 회중을 그에게 복종하게 하라.' 그

러나 모세의 절대적 권위와는 달리 여호수아는 엘르아살 대제사장의 권위 아래 놓이게 되었다.(18–23)

가나안 입성을 위한 마지막 준비

제사법과 서원법

28장 **가나안 입성을 앞둔 시점에서 40년 광야 생활 동안 성인이 된 2세대 백성에게 가나안에서 생활하면서 정한 시기에 하나님께 어떻게 제사해야 하는가에 대한 방법을 구체적으로 알려 줌**

🔔 1세대에게는 레위기 23–27장에서 제사와 절기에 대해 언급한 바 있다. 2세대에게는 민수기 28–30장에서 제사, 절기, 서원에 관해 언급하였다.

- **정한 시기에 드릴 제사**: '여호와께서 모세에게 말씀하여 이르시되 이스라엘 자손에게 명령하여 그들에게 이르라 내 헌물, 내 음식인 화제물 내 향기로운 것은 너희가 그 정한 시기에 삼가 내게 바칠지니라.'(1–2)
- 상번제(3–8)
- 안식일의 번제(9–10)
- 월삭의 번제(11–15)
- 유월절 제사(16–25)
- 칠칠절 제사(26–31)

29장 **7월의 절기들 곧 나팔절, 속죄일, 초막절의 규례에 관한 것**

여호와께서 모세에게 명령하신 7월의 절기들인 7월 1일의 나팔절, 7월 14일의 대속죄일, 7월 15일 이후 일주일간의 초막절 등에 관한 규례들을 광야 2세에게 전하였다.

- **나팔절의 규례(1–6)**
- **속죄일의 규례(7–11)**
- **초막절의 규례와 초막절에 드릴 제사(12–38)**
- **모세의 분부 이행**: '너희가 이 절기를 당하거든 여호와께 이같이 드릴지니 이는 너희의 서원제나 낙헌제로 드리는 번제, 소제, 전제, 화목제 외에 드릴 것이니라. 모세가 여호와께서 모세에게 명령하신 모든 일을 이스라엘 자손에게 말하니라.'**(39–40)**

30장 서원법에 관한 내용

- **서원한 것은 반드시 이행할 것을 명한다**: '모세가 이스라엘 자손 지파의 수령들에게 말하여 이르되 여호와의 명령이 이러하니라. 사람이 여호와께 서원하였거나 결심하고 서약하였으면 깨뜨리지 말고 그가 입으로 말한 대로 다 이행할 것이니라.'**(1–2)**
- **처녀의 서원 규례**: 여자가 어려서 아버지와 함께 살 때에의 서약은 아버지의 허락이 있어야 한다. '그의 아버지가 그것을 듣는 날에 허락하지 아니하면 그의 서원과 결심한 서약을 이루지 못할 것이니 그의 아버지가 허락하지 아니하였은즉 여호와께서 사하시리라.'**(3–5)**
- **유부녀의 서원 규례**: 결혼한 유부녀의 경우 남편의 허락이 있어야 한다. 남편은 그렇게 한 서원에 대해 책임이 있다. 과부나 이혼을 당한 여자의 경우 서원은 스스로 책임져야 한다.**(6–16)**

발람의 꾀의 주역이었던 미디안에 대한 하나님의 심판

31장

발람의 꾀의 주역 역할을 했던 미디안 심판을 모세의 마지막 임무로 부여하여 미디안을 완전 섬멸하고 발람도 죽인다.

- **미디안 섬멸 명령**: 여호와께서 40년 광야의 리더로서의 모세에게 마지막 주어진 임무가 미디안에게 원수 갚는 일이었다. 바알브올 사건의 주역이었던 미디안을 섬멸한 후 모세가 죽을 것을 말씀하셨다.(1-2)
- **미디안 정복**: 지파별로 천 명씩 1만 2천 명을 뽑아 미디안과 싸우도록 하여 모든 남자를 다 죽이고 미디안의 다섯 왕과 발람을 죽였다. 부녀들과 아이들은 사로잡고 가축을 비롯하여 재물을 탈취하고 성읍을 모두 불태웠다. '그들이 사로잡은 자와 노략한 것과 탈취한 것을 가지고 여리고 맞은편 요단 강 가 모압 평지의 진영에 이르러 모세와 제사장 엘르아살과 이스라엘 자손의 회중에게로 나아오니라.'(3-12)
- **미디안 재 섬멸 명령**: 모세는 발람의 꾀를 따라 브올의 사건에 가담한 여자들을 살려 둔 지휘관들에게 노하고 남자 아이들과 남자와 동침한 여자도 다 죽이라고 미디안 재 섬멸 명령을 내렸다. '모세가 그들에게 이르되 너희가 여자들을 다 살려두었느냐 보라 이들이 발람의 꾀를 따라 이스라엘 자손을 브올의 사건에서 여호와 앞에 범죄하게 하여 여호와의 회중 가운데에 염병이 일어나게 하였느니라. 그러므로 아이들 중에서 남자는 다 죽이고 남자와 동침하여 사내를 아는 여자도 다 죽이고 남자와 동침하지 아니하여 사내를 알지 못하는 여자들은 다 너희를 위하여 살려둘 것이니라.'(13-18)
- **미디안 섬멸 후의 조치**: 전쟁으로 시체에 노출되었던 군인들의 정결 의식을 시행하고 모든 전리품 분배를 명령하고 전리품을 품목별로 집계하였다. 군대 장관들은 자신들을 위해 탈취해 온 금패물을 자원 예물로 바쳤다. '모세와 제사장 엘르아살이

천부장과 백부장들에게서 금을 취하여 회막에 드려 여호와 앞에서 이스라엘 자손의 기념을 삼았더라.'(19–54)

가나안 입성을 위한 마지막 준비

요단 동편 지파들의 유업

32장 **목축을 주로 하는 르우벤 지파와 갓 지파 그리고 므낫세 반 지파는 요단강을 건너지 않고 요단 동편 땅을 분배받는다.**

- **르우벤과 갓 지파의 요청**: 목축을 주업으로 하는 르우벤 지파와 갓 지파는 요단강을 건너지 않고 요단 동편에 이미 정복한 목축할 만한 장소인 야셀 땅과 길르앗 땅에 정착하여 살기를 원하여 모세와 엘르아살에게 요청하였다.(1–5)
- **모세의 책망**: 모세가 가나안 땅으로 건너가지 않겠다는 그들에게 가데스 바네아 정탐 사건 때의 일로 40년 광야 생활을 했던 기억을 회상하며 엄하게 책망하였다.(6–15)
- **르우벤과 갓 지파의 약속과 모세의 조건부 허락**: 두 지파의 대표들이 모세에게 가족들은 요단 동편에 있도록 하고 우리도 가나안 정복 싸움에 나설 것이며 요단 서편에서는 땅 분배를 받지 않을 것이라 하여 결국 르우벤 지파와 갓 지파에 더하여 므낫세 반 지파는 요단 동편 땅을 분배하는 것으로 결정이 났다.(16–42)

🔔 요단 동편 땅과 요단 서편 땅의 의미: 하나님이 아브라함–이삭–야곱에게 약속한 가나안 땅은 요단강을 건넌 서편 땅이다. 요단 동편 땅이 목축할 만한 땅이라 판단한 것은 인간의 생각이었다. 결국은 민수기 32장에서 이야기하듯이 요단 동편 지파들은 우상을 숭배하게 되고 제일 먼저 포로로 잡혀가 바벨론 포로가 귀환한 이후에도 돌아오지 못하는 운명을 맞게 된다. 마치 성경의 축복의 측면만 좋아하고 행함의 측면은 무시하는 성도들의 모습을 닮았다고 생각해 본다. 대상 5:25–26 그들이 그들의 조상들의 하나

님께 범죄하여 하나님이 그들 앞에서 멸하신 그 땅 백성의 신들을 간음하듯 섬긴지라 그러므로 이스라엘 하나님이 앗수르 왕 불의 마음을 일으키시며 앗수르 왕 디글랏빌레셀의 마음을 일으키시매 곧 르우벤과 갓과 므낫세 반 지파를 사로잡아 할라와 하볼과 하라와 고산 강가에 옮긴지라 그들이 오늘까지 거기에 있으니라.

가나안 입성을 위한 마지막 준비

출애굽 이후 여행 요약

33장 출애굽 이후의 행진 여정을 기록으로 남기고 가나안 땅을 점령, 분배할 것을 명하심

- **여호와의 명령에 따라 출애굽 이후의 행진 여정을 기록으로 남겼다**: '모세와 아론의 인도로 대오를 갖추어 애굽을 떠난 이스라엘 자손들의 노정은 이러하니라.' 라암셋–숙곳–에담–믹돌–마라–엘림–홍해 가–신 광야–돕가–알루스–르비딤–시내 광야–기브롯핫다아와–하세롯–릿마–림몬베레스–립나–릿사–그헬라다–세벨산–하라다–막헬롯–다핫–데라–밋가–하스모나–모세롯–브네야아간–홀하깃갓–욧바다–아브로나에–에시온게벨–가데스–호르산–살모나–부논–오봇–이예아바림–디본갓–알몬디블라다임–아비람 산–벧여시못–아벨싯딤–모압 평지(1–49)
- **가나안족 섬멸 명령**: 여호와께서 모압 평지에서 요단강을 건너 가나안 땅에 들어가면 원주민을 다 몰아내고 모든 석상과 우상과 산당을 다 깨뜨려 버리고 그 땅을 점령하라고 명하셨다.(50–53)
- **가나안 땅 분배**: 가나안 땅을 점령한 후 지파별 인구를 기준으로 제비 뽑아 분배할 것을 명하셨다.(54–56)

가나안 땅의 사방 경계

34장 여호와께서 모세에게 일러 가나안 땅의 사방 경계를 정해 주심

- **가나안 땅의 경계**: '여호와께서 모세에게 말씀하여 이르시되 너는 이스라엘 자손에게 명령하여 그들에게 이르라 너희가 가나안 땅에 들어가는 때에 그 땅은 너희의 기업이 되리니 곧 가나안 사방 지경이라.'(1–2)
- **남쪽 경계**: 동쪽으로 염해 끝에서 시작하여 돌아서 아그랍바 언덕 남쪽에 이르고 신을 지나 가데스바네아 남쪽에 이르고 또 하살아달을 지나 아스몬에 이르고 아스몬에서 돌아서 애굽 시내를 지나 바다까지 이른다.(3–5)
- **서쪽 경계**: 대해 곧 지중해가 경계가 된다.(6)
- **북쪽 경계**: 대해에서 호르산까지 그어라. 호르산에서 그어 하맛 어귀에 이르러 스닷에 이르고 그 경계가 또 샤브론을 지나 하살에난에 이른다.(7–9)
- **동쪽 경계**: 하살에난에서 그어 스밤에 이르고 스밤에서 리블라로 내려가서 아인 동쪽에 이르고 내려가서 긴네렛 동쪽 해변에 이르고 또 요단으로 내려가서 염해에 이른다.(10–12)
- **요단 서편 땅 분배**: 요단 서편 땅을 아홉 지파 반에게 나눌 것을 명하셨다. '모세가 이스라엘 자손에게 명령하여 이르되 이는 너희가 제비 뽑아 받을 땅이라. 여호와께서 이것을 아홉 지파 반쪽에게 주라고 명령하셨나니 이는 르우벤 자손의 지파와 갓 자손의 지파가 함께 그들의 조상의 가문에 따라 그들의 기업을 받을 것이며 므낫세의 반쪽도 기업을 받았음이니라 (…) 너희에게 땅을 기업으로 나눌 자의 이름은 이러하니 제사장 엘르아살과 눈의 아들 여호수아니라 너희는 또 기업의 땅을 나누기 위하여 각 지파에 한 지휘관씩 택하라.'(13–29)

레위인의 성읍과 도피성

35장 도피성 6개 포함 레위인이 거주할 성읍과 초장 48개를 정함

- **레위인의 성읍과 여섯 도피성**: '이스라엘 자손에게 명령하여 그들이 받은 기업에서 레위인에게 거주할 성읍들을 주게 하고 너희는 또 그 성읍들을 두르고 있는 초장을 레위인에게 주어서 성읍은 그들의 거처가 되게 하고 초장은 그들의 재산인 가축과 짐승들을 둘 곳이 되게 할 것이라.' 가나안 땅 분배에서 제외된 레위인들에게는 분배받은 지파별 땅에서 레위인들이 거주할 적정량의 성읍과 초장 48개(이 중 살인자들이 피하게 될 도피성 6개 포함, 3개는 요단 동편에 나머지 3은 가나안 땅에 위치시킴)를 줄 것을 명하셨다.**(1–15)**
- **살인죄 규례와 도피성 규례**: 살인죄에 대한 규례와 도피성에 관한 규례를 정하셨다. 살인자는 반드시 죽일 것이나 악의가 없이 우연히 사람을 죽인 사람들을 위해 도피성 규례를 둔 것이다. '너희는 너희가 거주하는 땅을 더럽히지 말라 피는 땅을 더럽히나니 피 흘림을 받은 땅은 그 피를 흘리게 한 자의 피가 아니면 속함을 받을 수 없느니라. 너희는 너희가 거주하는 땅 곧 내가 거주하는 땅을 더럽히지 말라 나 여호와는 이스라엘 자손 중에 있음이니라.'**(16–34)**

가나안 입성을 위한 마지막 준비

보완된 여성 상속법

36장

27장에서 슬로보핫 딸들의 요구로 제정된 여성 상속법을 보완함

- **보완된 여성 상속법과 기업을 지킨 슬로브핫의 딸들**: 만일 딸들이 다른 지파 사람들과 결혼하는 경우 상속받은 기업이 다른 지파로 넘어가는 문제를 해결하기 위해 자기 조상 지파의 종족에게로만 시집가도록 정했고 슬로브핫의 딸들은 실제로 그렇게 하였다. '슬로브핫의 딸들에게 대한 여호와의 명령이 이러하니라. 이르시되 슬로브핫의 딸들은 마음대로 시집가려니와 오직 그 조상 지파의 종족에게로만 시집갈지니 그리하면 이스라엘 자손의 기업이 이 지파에서 저 지파로 옮기지 않고 이스라엘 자손이 다 각기 조상 지파의 기업을 지킬 것이니라 하셨나니 이스라엘 자손의 지파 중 그 기업을 이은 딸들은 모두 자기 조상 지파의 종족 되는 사람의 아내가 될 것이라 그리하면 이스라엘 자손이 각기 조상의 기업을 보전하게 되어 그 기업이 이 지파에서 저 지파로 옮기게 하지 아니하고 이스라엘 자손 지파가 각각 자기 기업을 지키리라. 슬로브핫의 딸들이 여호와께서 모세에게 명령하신 대로 행하니라 (…) 이는 여리고 맞은편 요단 가 모압 평지에서 여호와께서 모세를 통하여 이스라엘 자손에게 명령하신 계명과 규례니라.'**(1–13)**

신명기 핵심정리

신명기의 의의

- 신명기는 출애굽 이후 40년간의 광야 여정을 마친 모세가 광야에서 태어난 신세대 이스라엘 백성을 위해 광야 생활을 회고하며 약속의 땅 가나안 땅에서 지켜야 할 하나님의 법(율법)을 3차례의 긴 설교를 통해 상기시켜 주는 내용으로 이루어져 있다.
- 신명기는 하나님께서 이스라엘 백성에게 주신 율법을 정리하고 체계화하여 하나님의 언약을 일목요연하게 가르친 구약 사상의 정수(essence)로 불린다. 이런 이유 때문에 신명기는 신약 27권 가운데 무려 17권에서 80여 차례나 인용되고 있으며, 예수님께서도 공생애 직전 광야에서 마귀에게 세 차례 시험을 받으실 때도 모두 신명기의 말씀으로 마귀를 물리치셨다(마 4:4,7,10).
- 신명기는 이스라엘 백성이 지나온 역사를 돌아보며 불행과 실패의 원인, 행복과 형통의 비결이 무엇인지를 배우는 역사 교과서라 할 수 있다. 모세는 지나온 광야 생활을 회고하며 이스라엘 백성을 향해 하나님의 언약 안에 머물며 하나님의 말씀에 절대 순종하는 것이 바로 행복과 번영의 지름길임을 가르쳐 준다.

기록연대와 배경

- BC 1406년경 모세가 느보산에서 최후를 맞이하기 이전에 기록한 것으로 추정한다.
- 신명기는 모세오경의 다섯 번째 마지막 책으로 모세가 저자이다.
- 이스라엘 백성의 광야 생활 40년 중 여호수아와 갈렙을 제외한 1세대는 모두 죽고 모세가 죽기 전 요단강을 건너 가나안으로 입성하기 전 모압 평지 벳브올 맞은편 골짜기와 모세가 120년 일생을 마감한 느보산이 무대이다.

모압 평지에서 40년 광야 생활을 총정리하는 모세, 40년을 회상하며 가나안에 들어가서 지켜야 할 각종 규례 제시

서론과 모세의 첫 번째 설교(1:1-4:43): 40년 광야 생활 회상

1장

모세는 11일 길을 40년 걸려 도착한 후 호렙산 출발 이후 가데스 바네아에서의 불순종했던 과거를 회상한다.

- **모세 설교 서언**: 모압 평지에서 모세가 설교를 시작한다. '이는 모세가 요단 저쪽 숩 맞은편의 아라바 광야 곧 바란과 도벨과 라반과 하세롯과 디사합 사이에서 이스라엘 무리에게 선포한 말씀이니라.' 호렙산에서 가데스 바네아까지 11일 길(150마일)인데 불순종의 결과 40년이 걸려 도착한 후 요단강을 건너 가나안으로 입성하기 전 모세가 모압 평지에서 광야 2세대를 향해 설교를 시작한다. 이때는 아모리 왕 시혼과 바산 왕 옥을 죽인 후이다.**(1-5)**
- **모세는 1년여의 호렙산 생활 이후를 회상한다**: 1) 아브라함, 이삭, 야곱에게 약속한 가나안 정복 명령 회상 2) 수적으로 증가된 백성을 효율적으로 관리하기 위해 천 부장, 백 부장, 오십 부장, 십 부장 등 현대 조직 원리(피라밋 조직, 권한의 위양, 관리 한계의 원리, 예외의 원리 등)에 맞는 행정조직을 만들었던 일 회상 3) 가나안 정탐꾼 파송의 가데스 바네아 반역 사건과 출애굽 1세대의 가나안 입국 금지 회상 4) 가데스 바네아 사건 이후 또다시 경솔하게 산지로 올라갔다가 아모리 족속의 공격을 받고 호르마까지 밀렸던 불순종의 역사 회상**(6-46)**

2장

가데스 바네아 사건 이후 에돔, 모압, 암몬을 통과한 일과 아모리 사람 헤스본 왕을 죽인 역사를 회상한다.

- **에돔, 모압, 암몬과 화친하라는 하나님의 말씀 회상**: 가데스 바네아 사건 이후 세일산을 거쳐 형제 에서의 나라인 에돔과 암몬, 아브라함의 조카 롯의 나라인 모압과는 화친하라는 하나님의 말씀에 순종하며 38년 걸려 세렛 시내를 건너 여행하면서 1세대 군인들이 모두 죽었던 사실 회상(**1–23**)
- **헤스본 점령 회상**: 아모리 사람 헤스본 왕을 죽이고 헤스본을 점령한 역사 회상(**24–37**)

3장

모세는 바산 왕 옥을 정복한 사실과 요단 동편 땅을 두 지파 반에게 분배한 일, 모세 자신도 가나안 땅에 들어가고 싶다고 간구했으나 거절당한 일을 모압 평지 벳브올 맞은편 골짜기에서 계속 회상한다.

- **바산 왕 옥 정복 회상**: '우리가 돌이켜 바산으로 올라가매 바산 왕 옥이 그의 모든 백성을 거느리고 나와서 우리를 대적하여 에드레이에서 싸우고자 하는지라 여호와께서 내게 이르시되 그를 두려워하지 말라 내가 그와 그의 모든 백성과 그의 땅을 네 손에 넘겼으니 네가 헤스본에 거주하던 아모리 족속의 왕 시혼에게 행한 것과 같이 그에게도 행할 것이니라.'(**1–11**)
- **헤스본과 바산 땅 분배 회상**: 요단 동편 땅 헤스본과 바산 땅을 르우벤 자손, 갓 자손, 므낫세 반 지파에게 분배한 일을 회상한다. '그 때에 우리가 이 땅을 얻으매 아르논 골짜기 곁의 아로엘에서부터 길르앗 산지 절반과 그 성읍들을 내가 르우벤 자손과 갓 자손에게 주었고 길르앗의 남은 땅과 옥의 나라였던 아르곱 온 지방 곧 온 바산으로는 내가 므낫세 반 지파에게 주었노라.'(**12–17**)
- **모세가 여호수아에게 촉구했던 일 회상**: 모세가 여호수아에게 요단 동편 땅을 점령토록 한 하나님을 상기시키며, 가나안 땅에 들어가서도 자신 있게 점령하라고 촉구

한 사실을 회상한다. '그 때에 내가 여호수아에게 명령하여 이르기를 너희의 하나님 여호와께서 이 두 왕에게 행하신 모든 일을 네 눈으로 보았거니와 네가 가는 모든 나라에도 여호와께서 이와 같이 행하시리니 너희는 그들을 두려워하지 말라 너희의 하나님 여호와께서 친히 너희를 위하여 싸우시리라 하였노라.'(18–22)

- **모세가 가나안 땅 입성을 하나님께 간구했으나 거절당했던 일 회상**: 모세가 므리바 물 사건이 있었는데도 자신이 요단을 건너 가나안에 들어갈 수 있게 해 달라고 하나님께 간구하였으나 거절당한 사실을 회상한다. '구하옵나니 나를 건너가게 하사 요단 저쪽에 있는 아름다운 땅, 아름다운 산과 레바논을 보게 하옵소서 하되 여호와께서 너희 때문에 내게 진노하사 내 말을 듣지 아니하시고 내게 이르시기를 그만해도 족하니 이 일로 다시 내게 말하지 말라.'(23–29)

4장

모세는 첫 번째 설교의 말미에서 광야 2세대들에게 바알브올 사건을 언급하고 호렙산 언약을 회상하며 율법 준수와 우상숭배 금지를 강조하면서 결국 이스라엘 백성들이 가나안 땅에 들어가 불순종하고 우상숭배를 한 결과 여러 민족 가운데 흩어지는 디아스포라가 나타날 것이나 궁극에는 하나님이 이스라엘을 버리지 않을 것을 예언함

- **호렙산 언약을 회상하며 율법 준수를 권면함**: 모세는 2세대에게 바알브올의 사례와 호렙산에서의 십계명을 상기시키며 율법 준수의 중요성을 강조하였다. '이스라엘아 이제 내가 너희에게 가르치는 규례와 법도를 듣고 준행하라 그리하면 너희가 살 것이요 너희 조상의 하나님 여호와께서 너희에게 주시는 땅에 들어가서 그것을 얻게 되리라 내가 너희에게 명령하는 말을 너희는 가감하지 말고 내가 너희에게 내리는 너희 하나님 여호와의 명령을 지키라.'(1–14)
- **우상숭배 금지를 강조하며 우상숭배의 결과를 예언함**: 특별히 2세대에게 우상숭배 금지를 강조하였다. 어떤 형상의 것이든 우상을 만들지 말 것을 강조하며 모세 자신은 이 땅에서 죽고 요단을 건너지 못하지만, 백성들은 가나안 땅으로 들어가 우

상숭배를 한 결과 디아스포라가 일어날 것이나 하나님이 이스라엘을 버리시지는 않을 것을 예언하셨다. '네 하나님 여호와는 자비하신 하나님이심이라 그가 너를 버리지 아니하시며 너를 멸하지 아니하시며 네 조상들에게 맹세하신 언약을 잊지 아니하시리라.'**(15–31)**

- **첫 번째 설교의 결언**: 모세는 첫 번째 설교의 결론을 맺는다. 출애굽 사건, 호렙산 사건, 가나안 정복의 위대한 일을 이스라엘에게 허락하신 하나님을 상고하라고 강조한다. '오늘 내가 네게 명령하는 여호와의 규례와 명령을 지키라 너와 네 후손이 복을 받아 네 하나님 여호와께서 네게 주시는 땅에서 한 없이 오래 살리라.'**(32–40)**
- **요단 동편의 세 도피성 결정**: 모세는 부지 중 살인한 자들을 위해 요단 동편의 세 도피성(베셀, 길르앗 라못, 바산 골란)을 결정하였다.**(41–43)**
- **모세의 두 번째 설교 서언**: 모압 평지 벳브올 맞은편 골짜기에서 모세가 행한 두 번째 설교의 시작 부분을 기술하였다. '모세가 이스라엘 자손에게 선포한 율법은 이러하니라. 이스라엘 자손이 애굽에서 나온 후에 모세가 증언과 규례와 법도를 선포하였으니 (…).'**(44–49)**

모압 평지에서 40년 광야 생활을 총정리하는 모세,
40년을 회상하며 가나안에 들어가서 지켜야 할 각종 규례 제시

모세의 두 번째 설교(4:44–26:19): 가나안에 입성할 2세대에게 주는 하나님의 율법과 권면

5장

모세는 출애굽 3개월 후 시내산에서 두 돌판에 새겨 받은 십계명을 2세대에게 다시 전한다. 이미 하나님으로부터 받은 언약의 갱신인 것이다.

- **모세의 두 번째 설교 서언**: 모압 평지 벳브올 맞은편 골짜기에서 모세가 행한 두 번째 설교의 시작 부분을 기술하였다. '모세가 이스라엘 자손에게 선포한 율법은 이러

하니라. 이스라엘 자손이 애굽에서 나온 후에 모세가 증언과 규례와 법도를 선포하였으니 (…).'**(4:44-49)**

- **호렙산 언약의 의의 - 우리와 세운 언약이다**: '모세가 온 이스라엘을 불러 그들에게 이르되 이스라엘아 오늘 내가 너희의 귀에 말하는 규례와 법도를 듣고 그것을 배우며 지켜 행하라. 우리 하나님 여호와께서 호렙산에서 우리와 언약을 세우셨나니 이 언약은 여호와께서 우리 조상들과 세우신 것이 아니요 오늘 여기 살아 있는 우리 곧 우리와 세우신 것이라.'**(1-3)**
- **십계명 준수 요구**: 광야 2세대에게 출애굽 후 시내산에서 받은 십계명의 1) 대신 계명과 2) 대인 계명을 설교한다. 모세가 시내산 불 가운데서 두려움에 싸인 백성들을 대신하여 하나님의 말씀 곧 두 돌판에 새겨 받은 십계명을 회상하며 십계명 준수를 촉구한다. '너희 하나님 여호와께서 너희에게 명령하신 모든 도를 행하라. 그리하면 너희가 살 것이요 복이 너희에게 있을 것이며 너희가 차지한 땅에서 너희의 날이 길리라.'**(4-33)**

6장

하나님은 자손 대대로 여호와를 경외하며 규례와 명령을 지키고 심지어 말씀을 손목에 매어 기호로 삼고 미간에 붙여 표로 삼으라고 〈쉐마〉 하실 정도로 율법의 준수를 강조하고 있다.

- **복의 근원**: 하나님 여호와를 경외하며 모든 규례와 명령을 지켜 순종하면 복을 받고 크게 번성할 것이다.**(1-3)**
- **쉐마**: 여호와 하나님을 사랑하고 명하는 말씀을 마음에 새기고 '너는 또 그것을 네 손목에 매어 기호를 삼으며 네 미간에 붙여 표로 삼고 또 네 집 문설주와 바깥문에 기록할지니라.'**(4-9)**
- **하나님만을 경외하라**: 이제 약속한 땅에 들어가면 다른 신들을 섬기지 말고 하나님만을 경외하라. '너희 중에 계신 너희의 하나님 여호와는 질투하시는 하나님이신즉 너희의 하나님 여호와께서 네게 진노하사 너를 지면에서 멸절시키실까 두려워하노

라.'(10-15)

- **하나님의 말씀을 삼가 지켜 행하라**: 이제는 맛사에서 저질렀던 것과 같은 일을 다시는 저지르지 말며 후일에 아들들에게 하나님이 명하신 말씀을 잘 가르치라. '후일에 네 아들이 네게 묻기를 우리 하나님 여호와께서 명령하신 증거와 규례와 법도가 무슨 뜻이냐 하거든 너는 네 아들에게 이르기를 우리가 옛적에 애굽에서 바로의 종이 되었더니 여호와께서 권능의 손으로 우리를 애굽에서 인도하여 내셨나니 곧 여호와께서 우리의 목전에서 크고 두려운 이적과 기사를 애굽과 바로와 그의 온 집에 베푸시고 우리 조상들에게 맹세하신 땅을 우리에게 주어 들어가게 하시려고 우리를 거기서 인도하여 내시고 여호와께서 우리에게 이 모든 규례를 지키라 명령하셨으니 이는 우리가 우리 하나님 여호와를 경외하여 항상 복을 누리게 하기 위하심이며 또 여호와께서 우리를 오늘과 같이 살게 하려 하심이라 우리가 그 명령하신 대로 이 모든 명령을 우리 하나님 여호와 앞에서 삼가 지키면 그것이 곧 우리의 의로움이니라 할지니라.'(16-25)

7장

가나안 족을 두려워 말고 모두 섬멸하고 우상을 근절하라는 말씀.

- **가나안 족 섬멸 명령**: 가나안 땅으로 들어가면 가나안 족을 섬멸하라는 명령. '네 앞에서 여러 민족 헷 족속과 기르가스 족속과 아모리 족속과 가나안 족속과 브리스 족속과 히위 족속과 여부스 족속 곧 너보다 많고 힘이 센 일곱 족속을 쫓아내실 때에 네 하나님 여호와께서 그들을 네게 넘겨 네게 치게 하시리니 그 때에 너는 그들을 진멸할 것이라 그들과 어떤 언약도 하지 말 것이요 그들을 불쌍히 여기지도 말 것이며.'(1-4)
- **가나안 족 우상 훼파 명령**: '그들의 제단을 헐며 주상을 깨뜨리며 아세라 목상을 찍으며 조각한 우상들을 불사를 것이니라.'(5)
- **구별된 삶의 요구**: 이스라엘 백성은 성민임으로 구별된 삶을 요구하신다. '그런즉

너는 오늘 내가 네게 명하는 명령과 규례와 법도를 지켜 행할지니라.'(6–11)

- **계명 준수에 따른 복**: 계명 준수에 따르는 복을 약속하셨다. '너희가 이 모든 법도를 듣고 지켜 행하면 네 하나님 여호와께서 네 조상들에게 맹세하신 언약을 지켜 네게 인애를 베푸실 것이라 곧 너를 사랑하시고 복을 주사 너를 번성하게 하시되 네게 주리라고 네 조상들에게 맹세하신 땅에서 네 소생에게 은혜를 베푸시며 네 토지 소산과 곡식과 포도주와 기름을 풍성하게 하시고 네 소와 양을 번식하게 하시리니 (…).'(12–16)
- **하나님이 함께하신다**: 가나안 족이 수가 많다고 두려워 말라. 애굽에서 구원하신 하나님이 함께하신다.(17–24)
- **반드시 우상을 근절하라**: '너는 가증한 것을 네 집에 들이지 말라 너도 그것과 같이 진멸 당할까 하노라 너는 그것을 멀리하며 심히 미워하라 그것은 진멸 당할 것임이니라.'(25–26)

8장

하나님이 이스라엘 백성으로 하여금 왜 40년 광야 생활을 하도록 했으며 왜 만나를 주셨는지를 강조하시며 풍요로운 가나안 땅에서 교만해지지 말고 더욱 하나님을 의지하고 순종하라고 하심. 세상에서 잘 사는 것은 그렇게 할 수 있는 능력 곧 창조의 은혜로 인한 것임을 알아야 한다.

- **40년 광야 생활의 의의**: 40년 광야 생활을 하도록 하신 것은 과연 백성들의 마음이 어떠한지 그리고 하나님의 명령에 순종하는지를 알기 위함이었다.(1–2)
- **만나를 주신 의미**: 조상들은 알지도 못한 만나를 먹도록 한 것은 사람이 떡으로만 사는 것이 아니라 여호와의 말씀으로 사는 것을 알게 하려 하심이다.(3–6)
- **아름다운 가나안 땅**: 모든 것이 부족함 없는 아름다운 가나안 땅을 주심에 찬송하라. '그 곳은 골짜기든지 산지든지 시내와 분천과 샘이 흐르고 밀과 보리의 소산지요 포도와 무화과와 석류와 감람나무와 꿀의 소산지라 네가 먹을 것에 모자람이 없고 네게 아무 부족함이 없는 땅이며 그 땅의 돌은 철이요 산에서는 동을 캘 것이

라.'(7-10)

- **재물 얻을 능력을 주신 하나님**: 가나안에서 풍족한 생활을 하게 될 때 교만해질까 염려가 된다. '그러나 네가 마음에 이르기를 내 능력과 내 손의 힘으로 내가 이 재물을 얻었다 말할 것이라 네 하나님 여호와를 기억하라 그가 네게 재물 얻을 능력을 주셨음이라 이같이 하심은 네 조상들에게 맹세하신 언약을 오늘과 같이 이루려 하심이니라.' 재물 얻을 능력, 곧 창조의 은혜를 주신 하나님을 잊지 말아야 할 것이다.(11-18)
- **여호와를 잊어버리고 다른 신들을 섬긴다면 멸망의 첩경이 될 것이다.(19-20)**

9장

40년 광야 생활 동안 금송아지 사건을 비롯하여 하나님을 격노케 했던 사건들을 회상하면서 그래도 이스라엘 백성을 가나안으로 인도하신 것은 아브라함-이삭-야곱과 맺은 약속 때문이었음을 상기시킨다.

- **하나님 약속의 신실성**: 가나안 땅의 아낙 자손과 같은 강력한 족속들을 이기게 될 것은 너희의 공의로 인한 것이 아니라 그들의 악함 때문에 하나님이 쫓아내신 것이요 너희들의 조상 아브라함-이삭-야곱에게 하신 맹세를 이루려 하였기 때문이다.(1-5)
- **이스라엘의 반항적 역사 회상**: '그러므로 네가 알 것은 네 하나님 여호와께서 네게 이 아름다운 땅을 기업으로 주신 것이 네 공의로 말미암음이 아니니라. 너는 목이 곧은 백성이니라.' 이스라엘 백성들은 모세가 40주야를 금식하며 십계명 돌판을 받으러 산에 올라갔을 때 금송아지를 만들었고 모세는 두 돌판을 깨뜨렸었음을 회상하면서, 그밖에도 다베라와 맛사와 기브롯 핫다아와에서 하나님을 격노케 한 사건과 가데스 바네아 반역 사건이 있었으나 모세의 중보 기도로 구원받았음을 회상한다.(6-29)

10장

두 돌판을 다시 만들어 언약궤에 보관하게 된 역사를 회상하며 하나님께 절대 순종할 것을 말씀하심

- **두 번째 십계명 돌판 회상**: 십계명 두 돌판을 다시 만들고 나무 궤를 만들어 보관하게 된 과정 회상(**1–5**)
- **아론의 죽음 회상**: 아론이 죽고 그의 아들 엘르아살이 제사장이 된 사실 회상(**6**)
- **구별된 레위 지파**: 레위 지파를 구별하여 언약궤를 메게 하고 레위 지파에게는 형제들 중 분깃이 없게 된 사실 회상(**7–9**)
- **여호와께 전적으로 순종하라**: 70인이 내려간 조상들이 하늘의 별처럼 많아진 후 애굽에서 구해 내신 신 중의 신이신 하나님, 정의를 사랑하시는 하나님께 절대 순종할 것을 요구한다. '이스라엘아 네 하나님 여호와께서 네게 요구하시는 것이 무엇이냐 곧 네 하나님 여호와를 경외하여 그의 모든 도를 행하고 그를 사랑하며 마음을 다하고 뜻을 다하여 네 하나님 여호와를 섬기고 내가 오늘 네 행복을 위하여 네게 명하는 여호와의 명령과 규례를 지킬 것이 아니냐 (…) 그러므로 너희는 마음에 할례를 행하고 다시는 목을 곧게 하지 말라.'(**10–22**)

11장

출애굽 역사와 고라의 반역 사건 등을 회상하며 하나님이 주신 가나안 땅에서는 율법을 준수하고 순종하여 하나님의 축복을 받으라는 말씀. 그러기 위해 가나안 땅에 들어가면 그리심산에서 축복을, 에발산에서 저주를 선포하라고 하심

- **출애굽 역사 회상**: 모세는 2세대들은 보지도, 알지도 못했던 홍해를 건너게 하신 출애굽 역사와 고라와 다단과 아비람의 반역 사건 등을 회상하며 하나님 여호와를 사랑하며 그가 주신 책무와 법도와 규례와 명령을 항상 지키라고 설교한다.(**1–7**)
- **율법 준수와 순종에 따르는 축복**: 여호와께서 주실 축복의 가나안 땅에서 성공하고 번영하기 위해서는 하나님께 순종하라는 권고와 율법 준수와 순종에 따르는 축복의

말씀을 전한다. '너희가 만일 내가 너희에게 명하는 이 모든 명령을 잘 지켜 행하여 너희의 하나님 여호와를 사랑하고 그의 모든 도를 행하여 그에게 의지하면 여호와께서 그 모든 나라 백성을 너희 앞에서 다 쫓아내실 것이라 너희가 너희보다 강대한 나라들을 차지할 것인즉 너희의 발바닥으로 밟는 곳은 다 너희의 소유가 되리니 너희의 경계는 곧 광야에서부터 레바논까지와 유브라데 강에서부터 서해까지라 너희의 하나님 여호와께서 너희에게 말씀하신 대로 너희가 밟는 모든 땅 사람들에게 너희를 두려워하고 무서워하게 하시리니 너희를 능히 당할 사람이 없으리라.'(8–25)

- **그리심산과 에발산에서의 축복과 저주 선포**: 모세는 복과 저주의 두 길을 선포한다. 순종과 불순종의 두 길이다. 가나안 땅으로 들어갔을 때 먼저 그리심산에서 축복을, 에발산에서 저주를 선포하라고 명한다. '내가 오늘 너희 앞에 베푸는 모든 규례와 법도를 너희는 지켜 행할지니라.'(26–32)

12장 가나안 땅에서 여호와를 바로 섬기기 위해 평생 지켜야 할 규례와 법도

- **산당과 우상 훼파 명령**: '그 제단을 헐며 주상을 깨뜨리며 아세라 상을 불사르고 또 그 조각한 신상들을 찍어 그 이름을 그 곳에서 멸하라.'(1–3)
- **유일 중앙 성소**: 여호와께서 자기 이름을 두시려고 택하실 유일 중앙 성소에서 번제 등 여호와께서 명령하시는 모든 일을 행하라. '너는 삼가서 네게 보이는 아무 곳에서나 번제를 드리지 말고 오직 너희의 한 지파 중에 여호와께서 택하실 그 곳에서 번제를 드리고 또 내가 네게 명령하는 모든 것을 거기서 행할지니라.'(4–14)
- **짐승을 잡는 장소와 피의 금령**: 가축을 잡아 고기를 먹을 수 있는 장소와 방법에 관한 규례와 피를 먹어서는 안 된다는 명령 등(15–28)
- **우상숭배 절대 금지**: '네 하나님 여호와께서 네가 들어가서 쫓아낼 그 민족들을 네 앞에서 멸절하시고 네가 그 땅을 차지하여 거기에 거주하게 하실 때에 너는 스스로

삼가 네 앞에서 멸망한 그들의 자취를 밟아 올무에 걸리지 말라 또 그들의 신을 탐구하여 이르기를 이 민족들은 그 신들을 어떻게 섬겼는고 나도 그와 같이 하겠다 하지 말라.'(29-32)

13장

여호와 신앙을 준수하기 위해서는 거짓 예언자의 말을 청종하지 말고 우상 숭배자를 척결하고 우상숭배 성읍을 진멸할 것을 명한다.

- **거짓 예언자 근절 명령**: '그런 선지자나 꿈꾸는 자는 죽이라 이는 그가 너희에게 너희를 애굽 땅에서 인도하여 내시며 종 되었던 집에서 속량하신 너희의 하나님 여호와를 배반하게 하려하며 너희의 하나님 여호와께서 네게 행하라 명령하신 도에서 너를 꾀어내려고 말하였음이라 너는 이같이 하여 너희 중에서 악을 제할지니라.'(1-5)
- **우상숭배자 척결 명령**: '너는 용서 없이 그를 죽이되 죽일 때에 네가 먼저 그에게 손을 대고 후에 뭇 백성이 손을 대라. 그는 애굽 땅 종 되었던 집에서 너를 인도하여 내신 네 하나님 여호와에게서 너를 꾀어 떠나게 하려한 자이니 너는 돌로 쳐 죽이라.'(6-11)
- **우상숭배 성읍 진멸 명령**: '너는 마땅히 그 성읍 주민을 칼날로 죽이고 그 성읍과 그 가운데에 거주하는 모든 것과 그 가축을 칼날로 진멸하고 또 그 속에서 빼앗아 차지한 물건을 다 거리에 모아 놓고 그 성읍과 그 탈취물 전부를 불살라 네 하나님 여호와께 드릴지니 그 성읍은 영구히 폐허가 되어 다시는 건축되지 아니할 것이라.'(12-18)

14장

하나님 나라 백성은 거룩한 백성으로서의 구별된 삶을 살아야 한다.

- **자해 행위 금지**: 하나님 나라 백성은 성민이므로 죽은 자를 위하여 몸을 베거나 눈

썹을 미는 행위를 해서는 안 된다.**(1–2)**

- **가증한 것 곧 부정한 짐승을 먹지 말라**: 1) 돼지, 낙타, 토끼 사반 등 부정한 짐승 2) 지느러미와 비늘이 없는 부정한 물고기 3) 독수리, 솔개, 물수리, 매, 까마귀 등 부정한 새 '너희는 너희의 하나님 여호와의 성민이라 스스로 죽은 모든 것은 먹지 말 것이나 그것을 성중에 거류하는 객에게 주어 먹게 하거나 이방인에게 파는 것은 가하니라 너는 염소 새끼를 그 어미의 젖에 삶지 말지니라.'**(3–21)**
- **십일조 규례와 제3의 십일조 규례**: '너는 마땅히 매년 토지 소산의 십일조를 드릴 것이며 (…) 매 삼 년 끝에 그 해 소산의 십분의 일을 다 내어 네 성읍에 저축하여 너희 중에 분깃이나 기업이 없는 레위인과 네 성중에 거류하는 객과 및 고아와 과부들이 와서 먹고 배부르게 하라 그리하면 네 하나님 여호와께서 네 손으로 하는 범사에 네게 복을 주시리라.'**(22–29)**

15장 이스라엘이 준행해야 할 각종 규례

- **면제년 규례**: 이스라엘 동족에게는 매 7년마다 면제년(안식년) 규례를 지키라. '면제의 규례는 이러하니라. 그의 이웃에게 꾸어준 모든 채주는 그것을 면제하고 그의 이웃에게나 그 형제에게 독촉하지 말지니 이는 여호와를 위하여 면제를 선포하였음이라. 이방인에게는 네가 독촉하려니와 네 형제에게 꾸어준 것은 네 손에서 면제하라.'**(1–6)**
- **가난한 자에 대한 구제**: 가난한 자는 언제나 있게 마련이므로 가난한 자에 대한 구제를 행하라. '네 하나님 여호와께서 네게 주신 땅 어느 성읍에서든지 가난한 형제가 너와 함께 거주하거든 그 가난한 형제에게 네 마음을 완악하게 하지 말며 네 손을 움켜쥐지 말고 반드시 네 손을 그에게 펴서 그에게 필요한 대로 쓸 것을 넉넉히 꾸어주라.'**(7–11)**

- **히브리 종에 관한 규례**: 히브리 종의 경우 일곱째 해에 그를 놓아 자유롭게 하라. '네 동족 히브리 남자나 히브리 여자가 네게 팔렸다 하자 만일 여섯 해 동안 너를 섬겼거든 일곱째 해에 너는 그를 놓아 자유롭게 할 것이요 그를 놓아 자유하게 할 때에는 빈 손으로 가게 하지 말고 (…).'**(12–18)**
- **가축들의 초태생 규례**: '네 소와 양의 처음 난 수컷은 구별하여 네 하나님 여호와께 드릴 것이니 네 소의 첫 새끼는 부리지 말고 네 양의 첫 새끼의 털은 깎지 말고 너와 네 가족은 매년 여호와께서 택하신 곳 네 하나님 여호와 앞에서 먹을지니라 (…) 오직 피는 먹지 말고 물 같이 땅에 쏟을지니라.'**(19–23)**

16장 이스라엘의 3대 절기 준수 명령

이스라엘의 중요한 절기는 역사적인 의미와 농사 절기로서의 의미를 모두 포함하기 때문에 여러 이름으로 불린다. 이들은 일 년에 세 번의 추수를 하는데 겨울 보리를 거두는 무교절(유월절)과 여름 보리와 밀을 수확하는 맥추절(칠칠절) 그리고 올리브와 포도를 거두는 수장절(초막절)이 있다.

- **유월절 규례**: 1) 태양력으로는 3–4월, 유대력으로 1.14(유월절)부터 21일까지이다. 2) 여호와께서 밤에 이스라엘 백성을 애굽에서 인도해 내신 날을 기념 3) 농사 절기로서의 무교절은 묵은 누룩을 제거하고 겨울 보리를 수확하는 즉 1년의 첫 소출을 거두는 때로 초실절을 포함한다. 4) 역사적으로는 출애굽의 사건(유월절)과 결합되어 쓴 나물과 무교병을 먹으며 이 기간을 기념한다.**(1–8)**
- **칠칠절(맥추절, 오순절) 규례**: 1) 여름 보리와 밀을 수확하는 시기이다. 초실절 다음 날부터 50일째 되는 날이다. 2) 역사적으로는 시내산에서 십계명을 받는 사건과 연결된다. 3) 신약적 의미로는 오순절 성령 강림으로 말미암아 세상을 향한 추수 곧 하나님 나라가 공식적으로 시작되었음을 알린다.**(9–13)**

- **초막절(수장절) 규례**: 1) 민간력으로 1월이고 태양력으로는 9-10월이다. 유대 종교력으로 7월로, 10일은 대속죄일이 있고 1일은 나팔절이 있고 15일부터 7일간 초막절(수장절)로 지낸다. 2) 역사적으로 출애굽 후 광야 생활과 결합되어 광야에서 하나님께서 어떻게 인도하셨는지를 기억한다. 출애굽 후 처음 도착한 곳이 숙곳이었는데 숙곳의 뜻은 초막이라는 의미를 지니고 있다. 이곳은 야곱이 삼촌 라반에게서 떠나 처음 정착한 곳으로 아버지(이삭)가 있는 곳으로 가기 위한 초막으로 지은 임시 거처였다. 그러므로 초막은 나그네가 된 삶을 기억하는 것으로, 최종 목적지인 가나안(본향)에 가기 위한 임시 거처라는 사실을 되새기기 위한 절기인 것이다. 3) 수장절(초막절)은 1년의 마지막 절기로 모든 생산물을 거두고 알곡은 저장하고 쭉정이는 불태웠다. 이것 또한 종말에 있을 심판을 예표 하는 것으로 예수님의 재림을 상징하고 있는 절기이다. '너의 가운데 모든 남자는 일 년에 세 번 곧 무교절과 칠칠절과 초막절에 네 하나님 여호와께서 택하신 곳에서 여호와를 뵈옵되 빈손으로 여호와를 뵈옵지 말고 각 사람이 네 하나님 여호와께서 주신 복을 따라 그 힘대로 드릴지니라.'**(14-17)**
- **공의의 재판과 우상숭배 금지 강조**: 3대 절기 규례를 설명하고 난 말미에 공의로운 재판과 우상숭배 금지를 재차 강조하였다. '네 하나님 여호와께서 네게 주시는 각 성에서 네 지파를 따라 재판장들과 지도자들을 둘 것이요 그들은 공의로 백성을 재판할 것이니라 (…) 네 하나님 여호와를 위하여 쌓은 제단 곁에 어떤 나무로든지 아세라 상을 세우지 말며 자기를 위하여 주상을 세우지 말라 네 하나님 여호와께서 미워하시느니라.'**(18-22)**

17장 가나안 땅에서 지켜야 할 또 다른 규례

- **흠 없는 제물을 드려라**: 하나님께 소와 양을 드릴 때에는 흠 없는 것으로 드려야 한다.**(1)**

- **우상 숭배자를 근절하라**: 우상 숭배자는 자세히 조사한 후 2–3인의 증언으로 죽여야 한다.(2–7)
- **정당한 재판제도를 운영하라**: '곧 그들이 네게 가르치는 율법의 뜻대로, 그들이 네게 말하는 판결대로 행할 것이요 그들이 네게 보이는 판결을 어겨 좌로나 우로나 치우치지 말 것이니라. 사람이 만일 무법 하게 행하고 네 하나님 여호와 앞에 서서 섬기는 제사장이나 재판장에게 듣지 아니하거든 그 사람을 죽여 이스라엘 중에서 악을 제하여 버리라.'(8–13)
- **왕이 될 자의 자격**: 주변 민족들처럼 왕을 세워야 한다고 생각한다면 타국인이 아닌 네 형제 중 여호와께서 택하신 자를 세워라.(14–15)
- **왕의 의무**: 1) 병마를 많이 두기 위해 백성을 애굽으로 들어가게 하는 일이 없어야 한다. 2) 아내를 많이 두지 말라. 3) 은금을 많이 쌓지 말라. 4) 율법서를 평생 곁에 두고 율법의 규례를 지키라.(16–20)

18장 제사장, 레위인 등 종교 지도자들에 대한 규례

- **레위인과 제사장의 분깃**: 레위인은 이스라엘 중에 분깃과 기업이 없으며 여호와께서 그들의 분깃이 된다. 제사장이 백성에게서 받을 몫은 백성들이 여호와께 드리는 소나 양, 처음 거둔 곡식 등 제물 중에서 얻을 것이다. '이는 네 하나님 여호와께서 네 모든 지파 중에서 그를 택하여 내시고 그와 그의 자손에게 항상 여호와의 이름으로 서서 섬기게 하셨음이니라.'(1–5)
- **레위인의 중앙 성소(예루살렘) 진출에 대한 규례**: 중앙 성소에 거주하는 일부 레위인을 제외하고는 전역에 걸쳐 6개의 도피성을 포함 48개의 성읍에 흩어져 거주하며 하나님 백성들을 위해 종교 및 교육의 직무를 수행하도록 되어 있다. 그러나 간절히 소원할 경우 중앙 성소에 진출할 수 있다.(6–8)

- **가증한 자들을 용납하지 말라**: 점쟁이, 요술하는 자, 무당 등 가나안의 가증한 자들을 용납해서는 안 된다.**(9–14)**
- **메시아 예언**: 이스라엘 백성들이 호렙산에서 총회의 날에 하나님께 구한대로 메시아를 보낼 것이다. '네 하나님 여호와께서 너희 가운데 네 형제 중에서 너를 위하여 나와 같은 선지자 하나를 일으키시리니 너희는 그의 말을 들을지니라.'**(15–19)**
- **거짓 선지자 근절 명령**: 거짓 선지자는 죽임을 당해야 한다. '만일 어떤 예언자가 여호와의 이름으로 말을 해도 그것이 이루어지지 않으면 그가 말한 것은 여호와께서 주신 말씀이 아니라 그가 제멋대로 지어낸 말입니다. 그러므로 여러분은 그런 자를 두려워하지 마십시오.'**(20–22)**

19장 도피성 제도와 경계표 제도 및 거짓 증거와 관련된 재판제도에 관한 규례

- **도피성**: 기업으로 주시는 가나안 땅에 부지 중 살인한 사람을 위해 3개의 도피성을 두고 요단 동편에도 3개를 두라. 그러나 고의적 살인자는 죽이라. '네 하나님 여호와께서 네게 기업으로 주시는 땅에서 무죄한 피를 흘리지 말라 이같이 하면 그의 피가 네게로 돌아가지 아니하리라.'**(1–13)**
- **경계표를 옮기지 말라**: 하나님이 주신 땅에서 조상이 정한 네 이웃의 경계표를 옮기지 말라.**(14)**
- **증인에 관한 법**: 모든 악과 죄에 대해서는 2–3인의 증인에 의해 확정하라. 거짓 증언자에게는 그가 그의 형제에게 행하려고 한 그대로 행하라. '네 눈이 긍휼히 여기지 말라 생명에는 생명으로, 눈에는 눈으로, 이에는 이로, 손에는 손으로, 발에는 발로이니라.'**(15–21)**

20장

가나안 입성을 앞둔 이스라엘 백성에게 전쟁에 관한 규례와 기본 윤리를 교훈함

- **하나님이 너희와 함께하신다**: 적군의 병거와 백성이 많다고 두려워 말라. 하나님이 너희와 함께하신다. 전쟁의 승패는 군사력에 의한 것이 아니라 하나님의 손에 달렸다. '너희 하나님 여호와는 너희와 함께 행하시며 너희를 위하여 너희 적군과 싸우시고 구원하실 것이라 할 것이며.'**(1–4)**
- **병역 면제 규례**: 여호와의 공의를 실현하는 여호와의 전쟁에는 온전한 헌신이 요청되기 때문에 병역 면제 규례를 둔다. 1) 새집을 건축하고 낙성식을 행하지 못한 자 2) 포도원을 만들고 그 과실을 먹지 못한 자 3) 여자와 약혼하고 그와 결혼하지 못한 자 4) 두려워서 마음이 허약한 자**(5–9)**
- **화평 선언**: 가나안 종족을 제외한 타 민족과의 전쟁 시 그 성읍에 먼저 화평을 선언하라. 화평을 거부하면 남자를 다 쳐 죽이고 유아, 여자, 가축 등 모든 것을 탈취하라.**(10–15)**
- **가나안 족 진멸 명령**: 그러나 가나안 종족의 경우 반드시 진멸하고 하나도 살리지 말라. '곧 헷 족속과 아모리 족속과 가나안 족속과 브리스 족속과 히위 족속과 여부스 족속을 네가 진멸하되 네 하나님 여호와께서 네게 명령하신 대로 하라 이는 그들이 그 신들에게 행하는 모든 가증한 일을 너희에게 가르쳐 본받게 하여 너희가 너희의 하나님 여호와께 범죄 하게 할까 함이니라.'**(16–20)**

21장

살인죄의 속죄 규례, 포로를 아내로 삼을 때의 규례, 장자 상속권 분쟁 규례 등

21–25장에서는 잡다한 법에 관해서 언급하고 있다.

- **미해결된 살인의 속죄 규례**: 미해결된 살인 문제를 처리하는 과정을 설명하는 내용이 매우 주술적인 듯해서 해석이 어렵다. 아마도 본문에 나오는 '멍에를 메지 아니한 암송아지'란 '흠 없고 온전한' 대속 제물을 의미한다고 보아 이는 죄인들을 위하여 대속 죽음을 당하신 '흠 없고 죄 없으신' 예수 그리스도를 예표 하는 것이 아닐까 생각해 보았다.**(1–9)**
- **포로를 아내로 삼을 때 지켜야 할 규례**: '여러분이 원수들과 싸우는 전쟁에서 여호와 하나님이 여러분에게 승리를 주어 여러분이 그들을 생포하게 될 때 만일 여러분이 그 포로 중에 아름다운 여자를 보고 좋아하여 그녀와 결혼하고 싶으면 그 여자를 여러분의 집으로 데리고 가십시오. 그리고 그 여자는 자기 머리를 밀고 손톱을 깎고 옷을 갈아입은 다음 여러분의 집에서 한 달 동안 자기 부모를 위해 애도해야 합니다. 그래야만 여러분이 그 여자와 결혼할 수 있습니다. 그러나 후에 여러분이 그 여자를 좋아하지 않으면 그녀를 마음대로 가게 하십시오. 여러분은 이미 그 여자를 욕되게 하였으므로 그녀를 종으로 취급하여 돈을 받고 팔아서는 안 됩니다.'**(10–14)**
- **장자 상속권에 관한 규례**: 일부다처 사회에서 미움을 받는 아내의 아들이 장자이고 사랑받는 아내의 아들이 차자일 경우 발생할 수 있는 장자 상속권 분쟁을 막기 위해 주어진 규례. '자기의 소유를 그의 아들들에게 기업으로 나누는 날에 그 사랑을 받는 자의 아들을 장자로 삼아 참 장자 곧 미움을 받는 자의 아들 보다 앞세우지 말고 반드시 그 미움을 받는 자의 아들을 장자로 인정하여 자기의 소유에서 그에게는 두 몫을 줄 것이니 그는 자기의 기력의 시작이라 장자의 권리가 그에게 있음이니라.'**(15–17)**
- **불효자에 관한 규례와 사형당한 시체의 처리 방법**: 불효자의 경우 성읍 모든 사람들이 돌로 쳐 죽일 것이며, 죽을죄를 지어 죽임을 당해 나무에 달렸을 경우 나무 위에 밤새도록 두어 여호와께서 주신 땅을 더럽히지 말고 그날에 장사를 지내라.**(18–23)**

22장 이웃 사랑과 정결 등을 위한 여러 가지 규례와 각종 성범죄에 대한 대처 방안

- **이웃 사랑의 규례**: 네 이웃이 잃어버린 소, 양, 나귀, 의복 등을 못 본 체해서는 안 된다. 형제에게 돌려주도록 노력해야 한다.(1–4)
- **남녀 의복의 구별 규례**: '여자는 남자의 의복을 입지 말 것이요 남자는 여자의 의복을 입지 말 것이라 이같이 하는 자는 네 하나님 여호와께 가증한 자이니라.'(5)
- **자비와 긍휼의 정신**: 어미 새와 새끼를 아울러 취하지 말아야 하는 자비와 긍휼의 정신을 가지라. 새끼는 취하더라도 어미는 반드시 놓아 주어라.(6–7)
- **건축에 관한 규례**: 새집을 지을 때 사람들이 떨어지지 않게 지붕에 난간을 만들라. 팔레스틴의 가옥은 대개 지붕이 슬라브 형식으로 평평하게 이루어져 있다. 자칫 실수할 경우 사람들이 지붕 위에서 아래로 떨어질 위험성이 있다. 이 규례는 자신의 사소한 부주의로 다른 사람이 불의의 사고를 당하지 않도록 사소한 것에까지 세심한 주의를 기울이라는 것임을 알 수 있다.(8)
- **혼합주의 배격**: 두 종자를 섞어 뿌리지 말고, 소와 나귀를 겨리하여 갈지 말며, 양털과 베실을 섞어 짠 것을 입지 말라.(9–12)
- **결혼 후 아내의 처녀성을 놓고 다툼이 있을 때의 대처 방법(13–21)**
- **각종 성범죄**: 유부녀와의 동침, 약혼한 여자가 다른 남자와 동침하는 경우 등 각종 성범죄 대처 방안이다. 1) 어떤 남자가 유부녀와 동침한 경우 둘 다 돌로 쳐 죽여라 2) 성읍 중에서 약혼자가 있는 처녀가 다른 남자와 동침한 경우 돌로 쳐 죽여라 3) 남자가 어떤 다른 남자와 약혼한 처녀를 강간한 경우 강간한 남자만 죽여라 4) 남자가 약혼하지 않은 여자와 동침하다 발견되면 남자는 아버지에게 은 오십 세겔을 주고 처녀를 평생 아내로 삼아야 한다.(22–30)

23장

이스라엘 백성의 순결과 영예 보존에 관한 총회 규례와 전쟁을 앞둔 이스라엘 진중의 성결 규례 그리고 기타 생활 지침

- **총회에서 제외될 자**: 고환이 상한 자, 음경이 잘린 자는 총회에 들어오지 못한다. 사생자는 십 대에 이르기까지도 총회에 들어오지 못한다. 암몬 사람과 모압 사람은 총회에 들어오지 못하며 그들에게 속한 자는 영원히 총회에 들어오지 못한다. 에돔 사람과 애굽 사람은 3대 후에 총회에 들어올 수 있다.(1-8)
- **진중 금기 사항**: 진중에서 몽설한 자, 배변을 보는 변소 등 진중의 부정함에 유의하라.(9-14)
- **종을 위한 보호 규례**: 종이 주인을 피해 네게 도망하거든 네 가운데 거주하게 하고 압제하지 말라.(15-16)
- **창기와 남창 금지**: 창기로 번 돈은 여호와의 전에 가져오지 말라. 가증한 것이다.(17-18)
- **동족에 대한 이식 금지**: 타국인에게는 이자를 받아도 되지만 형제에게 꾸어 주는 경우 이자를 받지 말라.(19-20)
- **서원의 의무**: 서원한 것은 더디 하지 말고 그대로 실행하라. 서원하지 않았으면 죄가 없다.(21-23)
- **절취 행위 금지**: 이웃의 포도원이나 곡식밭에서 그것을 배불리 먹어도 되지만 절취해서는 안 된다.(24-25)

24장

이웃과 공동체적 삶을 사는 데 있어서 지켜야 할 사회생활 규범

- **이혼과 재혼에 관련된 규례(1-4)**
- **신혼 남자의 병역 면제**: 1년 동안 군대를 보내지 말고 집에서 아내를 즐겁게 해 주

라.(5)

- **긍휼의 정신**: 맷돌이나 그 위짝을 전당 잡아서는 안 된다.(6)
- **유괴범 차단**: 이스라엘 자손 중 한 사람을 유인하여 종으로 삼거나 팔아서는 안 된다. 유인한 자는 죽여야 한다.(7)
- **문둥병 규례**: 문둥병에 걸린 경우 제사장들이 가르치는 대로 하라.(8–9)
- **가난한 자에 대한 보호 규례**: 1) 전당물을 잡을 때 특히 가난한 자들의 전당물일 경우 유의하라. 2) 품삯은 당일에 지불하라.(10–15)
- **죄에 대한 규례**: 각 사람은 자기 죄로 말미암아 죽임을 당해야 한다. 아버지나 자식의 죄를 대신할 수는 없다. '아버지는 그 자식들로 말미암아 죽임을 당하지 않을 것이요 자식들은 그 아버지로 말미암아 죽임을 당하지 않을 것이니 각 사람은 자기 죄로 말미암아 죽임을 당할 것이니라.'(16)
- **공의의 재판**: 고아의 송사에 억울함이 있어서는 안 되고 과부의 옷을 저당 잡지 말라.(17–18)
- **불우 이웃을 위한 규례**: 곡식이든 감람나무이든 포도밭에서든 나그네와 고아와 과부를 위해 일부를 남겨 두라. '너는 애굽 땅에서 종 되었던 것을 기억하라 이러므로 내가 네게 이 일을 행하라 명령하노라.'(19–22)

25장 태형, 정당한 보수, 계대 결혼 제도, 천박한 여인, 부정한 도량형 등에 관한 사회생활 규례

- **태형 규례**: 악인에게는 태형이 가하나 40대를 넘기지 말라.(1–3)
- **응분의 대가 규례**: 곡식 떠는 소에게 망을 씌우지 말라.(4)
- **계대 결혼 법**: 계대 결혼을 거절한 남자의 신을 벗기는 것은 이제 그가 더 이상 형제의 기업을 이을 자격이 없음을 공식적으로 선언하는 것이다. '형제들이 함께 사는데 그 중 하나가 죽고 아들이 없거든 그 죽은 자의 아내는 나가서 타인에게 시집

가지 말 것이요 그의 남편의 형제가 그에게로 들어가서 그를 맞이하여 아내로 삼아 그의 남편의 형제 된 의무를 그에게 다 행할 것이요.'**(5–10)**

- **천박한 여인에 대한 징계 규례**: 남편과 싸우는 다른 남자의 음낭을 잡은 여인은 천박한 여인으로 손을 찍어 버리라.**(11–12)**
- **공정한 도량형기에 대한 규례**: 되나 저울추와 같은 도량형기는 공정해야 한다.**(13–16)**
- **아말렉 도말 명령**: 아말렉이 행한 일을 영원히 잊어서는 안 된다. '너희는 애굽에서 나오는 길에 아말렉이 네게 행한 일을 기억하라.'**(17–19)**

26장

모세의 두 번째 설교의 결론 부분: 가나안에 들어가 얻은 첫 수확을 하나님께 봉헌할 것과 구제를 위한 십일조에 충실하여 여호와의 성민이 될 것을 당부함

- **첫 수확에 대한 감사**: 가나안 땅에 들어가 얻은 첫 수확을 하나님께 드리며 출애굽시켜 주신 하나님께 감사, 찬양할 것이라.**(1–11)**
- **제3의 십일조 규례**: 셋째 해 십일조(제3의 십일조)를 드려 다른 곳에는 일체 사용하지 말고 레위인과 고아와 과부를 위해 사용하라.**(12–15)**
- **두 번째 설교 결언**: 모세는 결언으로 2세대에게 모든 도와 규례와 명령과 법도를 지켜 여호와의 성민이 될 것을 당부한다.**(16–19)**

모압 평지에서 40년 광야 생활을 총정리하는 모세,
40년을 회상하며 가나안에 들어가서 지켜야 할 각종 규례 제시

모세의 세 번째 설교(27:1–29:1): 언약 갱신 명령과 축복과 저주 선언

27장

모세는 가나안에 들어가자 에발산과 그리심산에서 시행할 축복과 저주 의식을 명함

- **에발산에 세울 돌비**: 요단을 건너자 큰 돌들을 에발산에 새우고 돌 위에 석회를 바른 후 율법의 모든 말씀(총 항목 수는 613개)을 새기라고 명하였다. 저주의 산인 에발산에 세우는 이유는 불순종으로 인해 초래될 저주의 심각성을 일깨워 주기 위함일 것이다.**(1-4)**
- **에발산에 쌓을 제단**: 쇠 연장을 대지 말고 다듬지 않은 돌로 여호와의 제단(돌단)을 쌓고 번제와 화목제를 드리라고 명하였다.**(5-8)**
- **명령과 규례 이행 촉구**: 늘 하나님의 백성이 되었으니 영령과 규례를 행하라고 촉구하였다.**(9-10)**
- **축복과 저주 선포를 위한 의식**: 6명(시므온, 레위, 유다, 잇사갈, 요셉, 베냐민)은 백성을 축복하기 위해 그리심산에 서고 다른 6명(르우벤, 갓, 아셀, 스블론, 단, 납달리)은 저주하기 위해 에발산에 서라고 명하였고 수8:30-35을 보면 그대로 실행하였다.**(11-13)**
- **12가지의 저주**: 레위 사람들에게 12가지의 저주 사항을 큰 소리로 말하고 모든 백성들은 아멘 하라고 명하였다: 1) 우상을 만들어 세우는 자 2) 부모를 경홀히 여기는 자 3) 이웃의 경계표를 옮기는 자 4) 맹인에게 길을 잃게 하는 자 5) 객이나 고아나 과부의 송사를 억울하게 하는 자 6) 아버지의 아내와 동침하는 자 7) 짐승과 교합하는 자 8) 아버지의 딸이나 어머니의 딸과 동침하는 자 9) 장모와 동침하는 자 10) 이웃을 암살하는 자 11) 무죄한 자를 죽이려고 뇌물을 받는 자 12) 율법의 말씀을 실행하지 않는 자**(14-26)**

28장

율법의 순종과 불순종에 따른 축복과 저주의 내용을 제시하며 특기할 것은 이스라엘이 불순종으로 인해 바벨론 포로가 되고 전 세계의 디아스포라가 될 사실을 예언하고 있다는 점이다.

- **순종에 따른 축복**: 하나님께 순종하면 세계 모든 민족 위에 뛰어나게 하실 것이다. 삶의 전 영역에 축복이 임할 것이다. '성읍에서도 복을 받고 들에서도 복을 받을 것이며 네 몸의 자녀와 네 토지의 소산과 네 짐승의 새끼와 소와 양의 새끼가 복을 받을 것이며 네 광주리와 떡 반죽 그릇이 복을 받을 것이며 (…) 여호와께서 네게 주리라고 네 조상들에게 맹세하신 땅에서 네게 복을 주사 네 몸의 소생과 가축의 새끼와 토지의 소산을 많게 하시며 여호와께서 너를 위하여 하늘의 아름다운 보고를 여시사 네 땅에 때를 따라 비를 내리시고 네 손으로 하는 모든 일에 복을 주시리니 네가 많은 민족에게 꾸어줄지라도 너는 꾸지 아니할 것이요 여호와께서 너를 머리가 되고 꼬리가 되지 않게 하시며 위에만 있고 아래에 있지 않게 하시리니 오직 너는 내가 오늘 네게 명령하는 네 하나님 여호와의 명령을 듣고 지켜 행하며 내가 오늘 너희에게 명령하는 그 말씀을 떠나 좌로나 우로나 치우치지 아니하고 다른 신을 따라 섬기지 아니하면 이와 같으리라.'**(1–14)**
- **불순종에 따른 저주**: 하나님께 순종하지 않으면 삶의 전 영역에 저주가 임할 것이다. '네가 성읍에서도 저주를 받으며 들에서도 저주를 받을 것이요 또 네 광주리와 떡 반죽 그릇이 저주를 받을 것이요 네 몸의 소생과 네 토지의 소산과 네 소와 양의 새끼가 저주를 받을 것이며 네가 들어와도 저주를 받고 나가도 저주를 받으리라 (…) 여호와께서 네 적군 앞에서 너를 패하게 하시리니 네가 그들을 치러 한 길로 나가서 그들 앞에서 일곱 길로 도망할 것이며 네가 또 땅의 모든 나라 중에 흩어지고 (…) 네가 여자와 약혼하였으나 다른 사람이 그 여자와 같이 동침할 것이요 집을 건축하였으나 거기에 거주하지 못할 것이요 포도원을 심었으나 네가 그 열매를 따지 못할 것이며 (…) 여호와께서 너와 네가 세울 네 임금을 너와 네 조상들이 알지 못하던 나라로 끌어가시리니 네가 거기서 목석으로 만든 다른 신들을 섬길 것이며 여호와께서 너를 끌어가시는 모든 민족 중에서 네가 놀람과 속담과 비방거리가 될 것이라 (…) 그는 네게 꾸어줄지라도 너는 그에게 꾸어주지 못하리니 그는 머리가 되고 너는 꼬리가 될 것이라 네가 네 하나님 여호와의 말씀을 청종하지 아니하고 네게 명령하신 그의 명령과 규례를 지키지 아니하므로 이 모든 저주가 네게 와서 너를 따르고 네게 이르러 마침내 너를 멸하리니 이 모든 저주가 너와 네 자손에

게 영원히 있어서 표징과 훈계가 되리라.'(15-46)

- **망국의 재앙 예언**: 특기할 저주는 사실상 있을 저주의 예언이라는 점이다. '네가 모든 것이 풍족하여도 기쁨과 즐거운 마음으로 네 하나님 여호와를 섬기지 아니함으로 말미암아 네가 주리고 목마르고 헐벗고 모든 것이 부족한 중에서 여호와께서 보내사 너를 치게 하실 적군을 섬기게 될 것이니 그가 철 멍에를 네 목에 메워 마침내 너를 멸할 것이라 곧 여호와께서 멀리 땅 끝에서 한 민족을 독수리가 날아오는 것 같이 너를 치러 오게 하시리니 이는 네가 그 언어를 알지 못하는 민족이요 그 용모가 흉악한 민족이라 노인을 보살피지 아니하며 유아를 불쌍히 여기지 아니하며 네 가축의 새끼와 네 토지의 소산을 먹어 마침내 너를 멸망시키며 또 곡식이나 포도주나 기름이나 소의 새끼나 양의 새끼를 너를 위하여 남기지 아니하고 마침내 너를 멸절시키리라 그들이 전국에서 네 모든 성읍을 에워싸고 네가 의뢰하는 높고 견고한 성벽을 다 헐며 네 하나님 여호와께서 네게 주시는 땅의 모든 성읍에서 너를 에워싸리니 네가 적군에게 에워싸이고 맹렬한 공격을 받아 곤란을 당하므로 네 하나님 여호와께서 네게 주신 자녀 곧 네 몸의 소생의 살을 먹을 것이라 너희 중에 온유하고 연약한 남자까지도 그의 형제와 그의 품의 아내와 그의 남은 자녀를 미운 눈으로 바라보며 자기가 먹는 그 자녀의 살을 그 중 누구에게든지 주지 아니하리니 이는 네 적군이 네 모든 성읍을 에워싸고 맹렬히 너를 쳐서 곤란하게 하므로 아무것도 그에게 남음이 없는 까닭일 것이며 또 너희 중에 온유하고 연약한 부녀 곧 온유하고 연약하여 자기 발바닥으로 땅을 밟아 보지도 아니하던 자라도 자기 품의 남편과 자기 자녀를 미운 눈으로 바라보며 자기 다리 사이에서 나온 태와 자기가 낳은 어린 자식을 남몰래 먹으리니 이는 네 적군이 네 생명을 에워싸고 맹렬히 쳐서 곤란하게 하므로 아무것도 얻지 못함이리라 (…) 여호와께서 너를 땅 이 끝에서 저 끝까지 만민 중에 흩으시리니 네가 그 곳에서 너와 네 조상들이 알지 못하던 목석 우상을 섬길 것이라.'(47-68)

모세의 네 번째 설교(29:2–30:20): 언약의 요구 사항 요약 – 이미 실현된 역사적 사실이다

29장

호렙산 언약에 더하여 모압 평지에서 주신 언약 갱신은 오늘의 우리에게까지 적용되는 언약이다.
하나님이 우리에게 주신 성경 말씀에 순종하는 삶이 중요하다.

- **모압 평지 언약**: BC 1446년 3월 호렙산에서 1세대에게 주었던 언약에 덧붙여 BC 1407년 11월 모압 평지에서 2세대에게 하나님의 백성으로서 순종적인 삶을 살 것을 요구하는 언약의 말씀을 요약하여 주셨다.**(1)**
- **현대의 우리에게 주시는 언약**: 하나님께서 돌보아 주신 출애굽 역사를 회고하며 감사하지 않고 불순종하는 이스라엘을 마음 아파하시며 이 언약은 이스라엘 백성에게만이 아니라 '오늘 우리와 함께 여기 있지 아니한 자에게까지' 세우는 것이라고 말씀하셨다.**(2–15)**
- **현대의 우리에게 주시는 경고**: 문제는 저주의 말을 듣고도 '내게는 평안이 있으리라' 할까 하는 것이다. 그러나 예외는 없다. 불순종의 결과는 소돔과 고모라와 아드마와 스보임의 무너짐과 같을 것이라. '여러 나라 사람들도 묻기를 여호와께서 어찌하여 이 땅에 이같이 행하셨느냐 이같이 크고 맹렬하게 노하심은 무슨 뜻이냐 하면 그 때에 사람들이 대답하기를 그 무리가 자기 조상의 하나님 여호와께서 그들의 조상을 애굽에서 인도하여 내실 때에 더불어 세우신 언약을 버리고 가서 자기들이 알지도 못하고 여호와께서 그들에게 주시지도 아니한 다른 신들을 따라가서 그들을 섬기고 절한 까닭이라 이러므로 여호와께서 이 땅에 진노하사 이 책에 기록된 모든 저주대로 재앙을 내리시고 여호와께서 또 진노와 격분과 크게 통한하심으로 그들을 이 땅에서 뽑아 내사 다른 나라에 내던지심이 오늘과 같다 하리라.'**(16–29)**

30장

회개에 따르는 회복과 축복의 약속: 이미 이스라엘의 역사에서 실현된 사건이며 21세기를 살고 있는 우리가 목격한 역사적 사실이다.

- **회개에 따르는 약속과 축복**: 포로로 잡혀간 나라에서 이 언약의 말씀(순종에 따른 축복과 불순종에 따른 저주)이 기억이나 회개한다면 다시 회복될 것이다. '네가 네 하나님 여호와의 말씀을 청종하여 이 율법책에 기록된 그의 명령과 규례를 지키고 네 마음을 다하며 뜻을 다하여 여호와 네 하나님께 돌아오면 네 하나님 여호와께서 네 손으로 하는 모든 일과 네 몸의 소생과 네 가축의 새끼와 네 토지소산을 많게 하시고 네게 복을 주시되 곧 여호와께서 네 조상들을 기뻐하신 것과 같이 너를 다시 기뻐하사 네게 복을 주시리라.'**(1–9)**
- **성경적 삶이 중요하다**: 모세가 명한 명령은 어려운 것도 먼 것도 아니다. '생명의 복'과 '사망의 화'가 바로 자기 자신에게 있는 것이다. 가나안 땅에 들어가 다른 신을 섬기지 말고 하나님의 법대로 살기만 하면 되는 간단한 것이다. 하나님을 사랑하고 말씀대로 살면 된다. '오직 그 말씀이 네게 매우 가까워서 네 입에 있으며 네 마음에 있은즉 네가 이를 행할 수 있느니라 보라 내가 오늘 생명과 복과 사망과 화를 네 앞에 두었나니 (…) 네 하나님 여호와를 사랑하고 그의 말씀을 청종하며 또 그를 의지하라 그는 네 생명이시요 네 장수이시니 여호와께서 네 조상 아브라함과 이삭과 야곱에게 주리라고 맹세하신 땅에 네가 거주하리라.'**(10–20)**

모압 평지에서 40년 광야 생활을 총정리하는 모세,
40년을 회상하며 가나안에 들어가서 지켜야 할 각종 규례 제시

모세에게서 여호수아에게로(31–34)

31장

죽음 앞에 선 모세가 여호수아와 함께 이스라엘 백성은 결국 가나안 땅에 들어가 하나님을 버리고 이방신을 섬기고 언약을 지키지 않게 될 것이라는 여호와의 말씀을 듣는다. 모세는 하나님의 명에 따라 32장의 '모세의 노래'를 지어 백성들에게 가르친다.

- **모세가 백성과 여호수아에게 주는 격려의 말**: 죽음 앞에 선 120세의 모세가 온 이스라엘에게 그리고 여호수아에게 격려의 말을 한다. 너희들에 앞서 하나님이 먼저 가나안으로 가실 것이다. 너희는 명령한 대로 살기만 하면 된다. 강하고 담대하라. 두려워 말라.**(1-8)**
- **성경 말씀의 실천과 교육의 중요성**: 모세는 모든 율법을 써서 언약궤를 메는 제사장과 장로들에게 주며 율법의 말씀을 지키며 자녀들에게 계속 교육할 것을 당부한다. '모세가 그들에게 명령하여 이르기를 매 칠 년 끝 해 곧 면제년의 초막절에 온 이스라엘이 네 하나님 여호와 앞 그가 택하신 곳에 모일 때에 이 율법을 낭독하여 온 이스라엘에게 듣게 할지니 곧 백성의 남녀와 어린이와 네 성읍 안에 거류하는 타국인을 모으고 그들에게 듣고 배우고 네 하나님 여호와를 경외하며 이 율법의 모든 말씀을 지켜 행하게 하고 또 너희가 요단을 건너가서 차지할 땅에 거주할 동안에 이 말씀을 알지 못하는 그들의 자녀에게 듣고 네 하나님 여호와 경외하기를 배우게 할지니라.'**(9-13)**
- **여호와가 직접 하신 이스라엘의 배교 예언**: 여호와께서 죽을 시간이 다가오는 모세에게 여호수아를 동반하고 회막으로 나오라고 명한 후 구름 기둥 가운데 나타나셔서 이스라엘 백성이 가나안에 들어가 하나님을 버리고 음란한 이방신을 따르며 언약을 지키지 않게 될 것이라 예언의 말씀을 하신다. 하나님은 얼굴을 숨기셔서 그들에게 보이지 않게 될 것이라 말씀하셨다. 그러므로 노래를 써서 이스라엘 자손들에게 가르칠 것을 명하신다(이스라엘의 타락과 하나님의 심판을 예고한 내용을 주제로 지은 32장 1-43절의 '모세의 노래'를 가리킴).**(14-23)**
- **말씀의 보존**: 모세는 율법의 말씀을 책으로 만들어 언약궤 곁에 두어 보존하였다. '내가 알거니와 내가 죽은 후에 너희가 스스로 부패하여 내가 너희에게 명령한 길을

떠나 여호와의 목전에 악을 행하여 너희의 손으로 하는 일로 그를 격노하게 하므로 너희가 후일에 재앙을 당하리라 하니라.'(24–30)

32장

모세가 하나님의 명에 따라 이스라엘의 불순종과 하나님의 심판을 주제로 한 이스라엘의 미래 역사를 예언한 '모세의 노래'

- **모세의 노래 줄거리**: 정의와 공의의 여호와 찬양 – 이스라엘에 대한 하나님의 사랑 – 이스라엘의 배교 – 하나님의 진노 – 하나님의 공의와 자비 – 대적에 대한 심판 (1–43)
- **모세의 노래 전수**: 모세와 여호수아가 '모세의 노래'를 백성들에게 전수한다.(44–47)
- **모세의 죽음 예고**: 여호와께서 이 날 여리고 맞은 편 모압 땅 아바림산에 올라가 느보산에 이르러 가나안 땅을 본 후 그 산에서 모세가 죽을 것을 예고하셨다. '너는 여리고 맞은편 모압 땅에 있는 아바림산에 올라가 느보산에 이르러 내가 이스라엘 자손에게 기업으로 주는 가나안 땅을 바라보라 네 형 아론이 호르산에서 죽어 그의 조상에게로 돌아간 것 같이 너도 올라가는 이 산에서 죽어 네 조상에게로 돌아가리니 이는 너희가 신 광야 가데스의 므리바 물 가에서 이스라엘 자손 중 내게 범죄하여 내 거룩함을 이스라엘 자손 중에서 나타내지 아니한 까닭이라.'(48–52)

33장

모세가 최후 임종을 맞이하기 위해 느보산에 오르기 전 12지파에게 마지막 축복의 말을 남긴다.

- **모세의 축복 서언**: '하나님의 사람 모세가 죽기 전에 이스라엘 자손을 위하여 축복함이 이러하니라 (…) 모세가 우리에게 율법을 명령하였으니 곧 야곱의 총회의 기업이로다 (…).'(1–5)
- **열두 지파별 모세의 축복**: '르우벤은 죽지 아니하고 살기를 원하며 그 사람 수가 적

지 아니하기를 원하나이다 유다에 대한 축복은 이러하니라 일렀으되 여호와여 유다의 음성을 들으시고 그의 백성에게로 인도하시오며 그의 손으로 자기를 위하여 싸우게 하시고 주께서 도우사 그가 그 대적을 치게 하시기를 원하나이다 레위에 대하여는 일렀으되 주의 둠밈과 우림이 주의 경건한 자에게 있도다 주께서 그를 맛사에서 시험하시고 므리바 물 가에서 그와 다투셨도다 그는 그의 부모에게 대하여 이르기를 내가 그들을 보지 못하였다 하며 그의 형제들을 인정하지 아니하며 그의 자녀를 알지 아니한 것은 주의 말씀을 준행하고 주의 언약을 지킴으로 말미암음이로다 주의 법도를 야곱에게, 주의 율법을 이스라엘에게 가르치며 주 앞에 분향하고 온전한 번제를 주의 제단 위에 드리리로다 여호와여 그의 재산을 풍족하게 하시고 그의 손의 일을 받으소서 그를 대적하여 일어나는 자와 미워하는 자의 허리를 꺾으사 다시 일어나지 못하게 하옵소서 베냐민에 대하여는 일렀으되 여호와의 사랑을 입은 자는 그 곁에 안전히 살리로다 여호와께서 그를 날이 마치도록 보호하시고 그를 자기 어깨 사이에 있게 하시리로다 요셉에 대하여는 일렀으되 원하건대 그 땅이 여호와께 복을 받아 하늘의 보물인 이슬과 땅 아래에 저장한 물과 태양이 결실하게 하는 선물과 태음이 자라게 하는 선물과 옛 산의 좋은 산물과 영원한 작은 언덕의 선물과 땅의 선물과 거기 충만한 것과 가시떨기나무 가운데에 계시던 이의 은혜로 말미암아 복이 요셉의 머리에, 그의 형제 중 구별한 자의 정수리에 임할지로다 그는 첫 수송아지 같이 위엄이 있으니 그 뿔이 들소의 뿔 같도다 이것으로 민족들을 받아 땅 끝까지 이르리니 곧 에브라임의 자손은 만만이요 므낫세의 자손은 천천이리로다 스불론에 대하여는 일렀으되 스불론이여 너는 밖으로 나감을 기뻐하라 잇사갈이여 너는 장막에 있음을 즐거워하라 그들이 백성들을 불러 산에 이르게 하고 거기에서 의로운 제사를 드릴 것이며 바다의 풍부한 것과 모래에 감추어진 보배를 흡수하리로다 갓에 대하여는 일렀으되 갓을 광대하게 하시는 이에게 찬송을 부를지어다 갓이 암사자 같이 엎드리고 팔과 정수리를 찢는도다 그가 자기를 위하여 먼저 기업을 택하였으니 곧 입법자의 분깃으로 준비된 것이로다 그가 백성의 수령들과 함께 와서 여호와의 공의와 이스라엘과 세우신 법도를 행하도다 단에 대하여는 일렀으되 단은 바산에서 뛰어나오는 사자의 새끼로다 납달리에 대하여는 일렀으되 은혜가 풍성하고 여호와의 복이 가득한 납달리여 너는 서쪽과 남쪽을 차지할지로다 아셀에 대하여는 일렀으되 아셀은 아들들 중에 더 복을 받으며 그의 형제에게 기쁨이 되며 그의 발이 기름에 잠길지로다 네 문빗장은 철과 놋이 될 것이니 네가 사는 날을 따라서 능력이 있으리로다.'(6-25)

34장

모세가 느보산에 올라 약속의 땅을 둘러본 후 죽어 장사 된 기록과 여호수아로의 위임과 순종을 언급하고 생전에 모세가 행한 업적을 회상한다.

- **느보산에서 약속의 땅을 바라보는 모세**: 모세가 느보산 비스가산 꼭대기에 오르자 여호와께서 아브라함과 이삭과 야곱에게 맹세하여 후손에게 주리라 한 땅을 보여주시면서 말씀하신다. '내가 네 눈으로 보게 하였거니와 너는 그리로 건너가지 못하리라.'(1-4)
- **모세의 죽음**: 모세가 120세에 모압 땅에서 죽어 벳브올 맞은편 골짜기에 장사 되었다. 죽을 때까지 눈이 흐리지 않았고 이스라엘 자손들이 삼십 일을 애곡하였다. 오늘까지 그의 묻힌 곳을 아는 자가 없다.(5-8)
- **여호수아의 위임식**: '모세가 눈의 아들 여호수아에게 안수하였으므로 그에게 지혜의 영이 충만하니 이스라엘 자손이 여호와께서 모세에게 명령하신 대로 여호수아의 말을 순종하였더라.'(9)
- **모세의 사적**: '후에는 이스라엘에 모세와 같은 선지자가 일어나지 못하였나니 모세는 여호와께서 대면하여 아시던 자요 여호와께서 그를 애굽 땅에 보내사 바로와 그의 모든 신하와 그의 온 땅에 모든 이적과 기사와 모든 큰 권능과 위엄을 행하게 하시매 온 이스라엘의 목전에서 그것을 행한 자이더라.'(10-12)

Ⅱ. 역사서

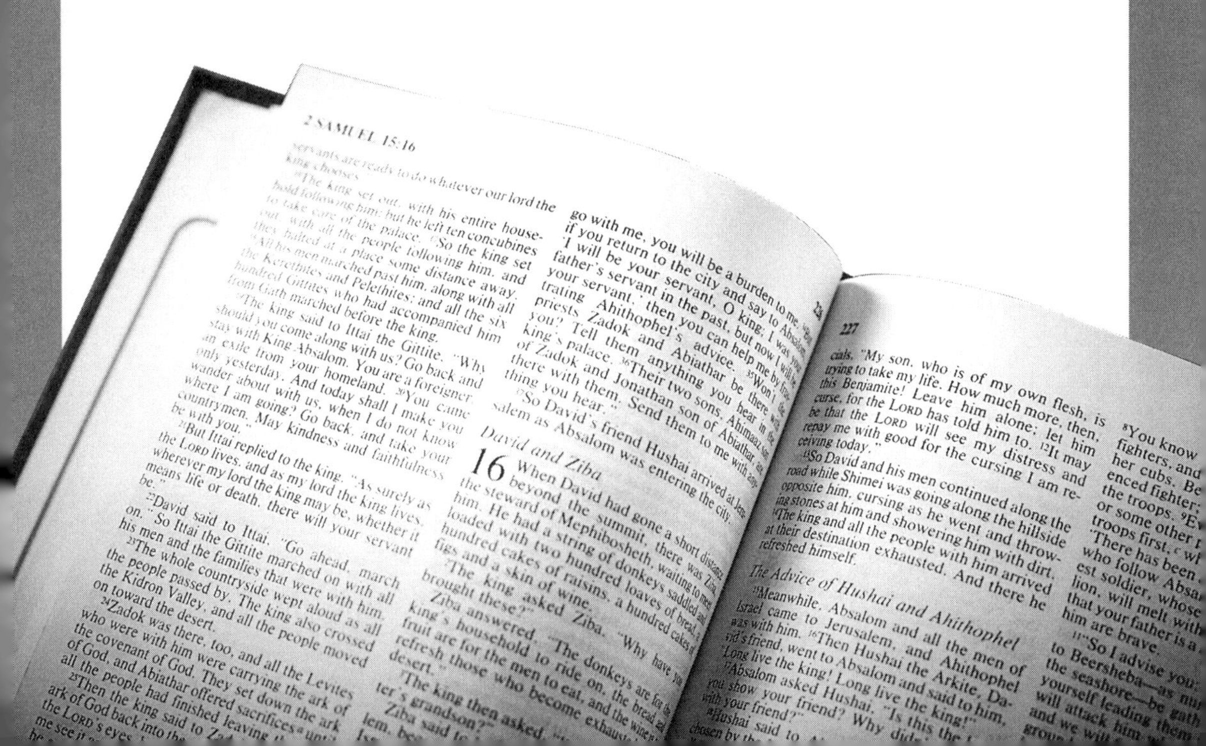

2 SAMUEL 15:16
David and Ziba
227
The Advice of Hushai and Ahithophel

여호수아 핵심정리

여호수아의 의의

- 여호수아서는 역사서의 첫 번째 책으로 '야훼는 구원이다'라는 여호수아의 이름처럼 아브라함-이삭-야곱에게 약속하셨던 가나안을 이스라엘 백성에게 주신 구원 사건을 다룬 책이다. 즉 아브라함에게 했던 하나님의 모든 약속이 역사적으로 성취되었음을 공식적으로 보여 준다. 특히 도피성 제도를 통해 예수 그리스도에 의한 구원을 예표 하고 있다.
- 여호수아 1-12장은 가나안을 정탐하고 정복하는 내용이며 13-19장은 정복한 가나안 땅을 지파별로 분배하는 내용이다. 특히 자파별 기업 분배는 창세기 49장 야곱의 축복과 신명기 33장 모세의 축복의 결과와 제비뽑기에 의한 것임을 유의해야 한다.

기록연대와 배경

- 가나안 정복이 시작되던 BC 1406년경부터 가나안 땅을 정복하는 데 7년이 걸렸으므로 BC 1399년 직후 기록했거나 여호수아 사후 초대 사사 옷니엘(BC 1367-1327)의 활동 시기 사이에 기록했을 것으로 추정한다.
- 가나안 입성 당시 가나안 족속들은 사악한 우상숭배와 다신교를 믿으며 음란한 성전 매춘 행위를 비롯하여 유아를 희생 제물로 드리는 등 잔인하고 부도덕한 사회상을 보이고 있었다.

가나안 정탐과 정복

모세의 후계자 여호수아와 여리고 정탐

II 역사서

1장

모세의 후계자로 여호수아가 임명되고 하나님으로부터 가나안 정복과 율법 준수를 명받는다.

- **모세의 후계자 여호수아에게 임한 여호와의 말씀**: 여호와로부터 새 지도자 여호수아는 요단을 건너 가나안 땅으로 들어가고 모세가 명령한 율법을 다 지켜 행하라는 말씀을 듣는다. '내가 모세에게 말한 바와 같이 너희 발바닥으로 밟는 곳은 모두 내가 너희에게 주었노니 곧 광야와 이 레바논에서부터 큰 강 곧 유브라데 강까지 헷 족속의 온 땅과 또 해지는 쪽 대해까지 너희의 영토가 되리라 (…) 내가 네게 명령한 것이 아니냐 강하고 담대하라 두려워하지 말며 놀라지 말라 네가 어디로 가든지 네 하나님 여호와가 너와 함께 하느니라 하시니라.'(1–9)
- **여호수아의 요단 도하 명령**: 여호수아는 백성의 관리들에게 요단을 건널 준비를 하고 르우벤, 갓, 므낫세 반 지파가 선봉에 나설 것을 지시한다.(10–15)
- **백성들의 순종 다짐**: 백성들은 모세에게 순종함 같이 여호수아에게도 순종할 것을 다짐한다. '그들이 여호수아에게 대답하여 이르되 당신이 우리에게 명령하신 것은 우리가 다 행할 것이요 당신이 우리를 보내시는 곳에는 우리가 가리이다.'(16–18)

2장

여리고 정탐과 기생 라합

- **위기에 처한 여리고 두 정탐꾼**: 여호수아가 싯딤에서 여리고로 보낸 두 정탐꾼이 기생 라합의 집에 들어가 위기에 처한다. '여리고 왕이 라합에게 사람을 보내어 이르되 네게로 와서 네 집에 들어간 그 사람들을 끌어내라 그들은 이 온 땅을 정탐하러 왔느니라.'(1–3)
- **라합이 정탐꾼을 숨겨 주고 신앙고백을 한다**: 라합은 정탐꾼을 지붕 위 삼대에 숨겨 주는 등 선대하고 여호와께서 이 땅을 이스라엘에게 주셨음을 안다는 신앙고백을 한다.(4–11)
- **라합은 정탐꾼과 언약을 맺고 피신시킨다**: 라합은 정탐꾼과 라합의 가족 목숨을 살려 줄 언약을 맺고 정탐꾼을 성문 위 창문에서 줄로 달아 내려 피신시킨다. '우리가 이 땅에 들어올 때에 우리를 달아 내린 창문에 이 붉은 줄을 매고 네 부모와 형제와 네 아버지의 가족을 다 네 집에 모으라.'(12–22)
- **정탐꾼의 보고**: 정탐꾼은 싯딤에 있는 여호수아에게 돌아와 그 온 땅을 여호와께서 이스라엘에게 주셨다는 확신의 보고를 한다. '또 여호수아에게 이르되 진실로 여호와께서 그 온 땅을 우리 손에 주셨으므로 그 땅의 모든 주민이 우리 앞에서 간담이 녹더이다 하더라.'(23–24)

가나안 정탐과 정복

요단 도하와 기념비

3장 법궤를 멘 제사장들이 앞서고 이스라엘 백성들이 요단강을 건너감

- **요단 도하 준비**: 싯딤을 떠나 요단에서 언약궤를 멘 제사장들이 앞서고 백성들은 이천 규빗(약 900m)쯤 거리를 두고 따른다. '여호수아가 또 제사장들에게 말하여

이르되 언약궤를 메고 백성에 앞서 건너라 하매 곧 언약궤를 메고 백성에 앞서 나아가니라.'(1–6)

- **여호수아와 함께하시겠다 약속하시는 여호와**: 여호와께서는 모세와 함께했던 것처럼 여호수아와도 함께하겠다고 약속하신다. '너는 언약궤를 멘 제사장들에게 명령하여 이르기를 너희가 요단 물가에 이르거든 요단에 들어서라 하라.'(7–8)
- **백성들을 격려하는 여호수아**: 여호수아가 하나님이 함께하신다고 백성들을 격려한다. '온 땅의 주 여호와의 궤를 멘 제사장들의 발바닥이 요단 물을 밟고 멈추면 요단 물 곧 위에서부터 흘러내리던 물이 끊어지고 한 곳에 쌓여 서리라.'(9–13)
- **마른 땅으로 건넌 요단 도하 이적**: 요단이 곡식 거두는 시기여서 물이 언덕에 넘치나 언약궤를 멘 제사장들이 물에 들어서자 흘러내리던 물이 멈춰 서고 백성들은 홍해를 건널 때처럼 마른 땅으로 건너갔다. '여호와의 언약궤를 멘 제사장들은 요단 가운데 마른 땅에 굳게 섰고 그 모든 백성이 요단을 건너기를 마칠 때까지 모든 이스라엘은 그 마른 땅으로 건너갔더라.'(14–17)

4장 요단강 도하를 기념하기 위한 열두 개의 돌

- **열두 개의 기념 돌**: 요단을 건너가자 여호수아는 지파별로 한 명씩 12명을 택한 후 제사장들의 발이 굳게 선 곳에서 열두 개의 돌들을 택하여 유숙할 길갈에 두어 기념하기로 한다. '여호와께서 여호수아에게 이르신 대로 이스라엘 자손들의 지파의 수를 따라 요단 가운데에서 돌 열둘을 택하여 자기들이 유숙할 곳으로 가져다가 거기에 두었더라. 여호수아가 또 요단 가운데 곧 언약궤를 멘 제사장들의 발이 선 곳에 돌 열둘을 세웠더니 오늘까지 거기에 있더라.'(1–9)
- **순조로운 요단 도하**: 요단 도하를 순조롭게 마친 후 모세가 그들에게 이른 것 같이 르우벤, 갓, 므낫세 반 지파가 앞장서고 무장한 사만 명의 군사가 싸우기 위해 여리

고 평지에 섰다.(10–14)

- **다시 흘러넘치는 요단 물**: 증거궤를 멘 제사장들이 요단에서 올라오자 요단 물이 다시 흘러 언덕에 넘쳤다.(15–18)
- **길갈에 세운 기념석**: 이스라엘이 길갈에 진을 친 것은 출애굽 후 40년에서 4일이 모자라는 40년 1월 10일이다. 돌 12개를 길갈에 세운 것은 자손들에게 가나안 입성 시 요단에서 보이신 하나님의 이적을 영원히 기억하고 교육하기 위함이다. '이는 땅의 모든 백성에게 여호와의 손이 강하신 것을 알게 하며 너희가 너희의 하나님 여호와를 항상 경외하게 하려 하심이라 하라.'(19–24)

5장

요단 도하 후 길갈에서 할례를 실시했으며 유월절을 지켰고 만나가 그쳤다.

- **두려움에 떠는 가나안 족속들**: 이스라엘이 요단을 건너온 소식을 들은 가나안 족속들은 두려움에 정신을 잃었다.(1)
- **광야 2세대에게 할례를 실시함**: 여호와가 여호수아에게 광야 2세대에게 할례를 실시하도록 명하였다. 광야 생활 동안 할례를 실시하지 못하여 수치스러웠던 것을 모두 굴려 버렸다는 의미로 그 지역 이름을 '길갈'이라 부르게 되었다. '여호수아가 할례를 시행한 까닭은 이것이니 애굽에서 나온 모든 백성 중 남자 곧 모든 군사는 애굽에서 나온 후 광야 길에서 죽었는데 그 나온 백성은 다 할례를 받았으나 다만 애굽에서 나온 후 광야 길에서 난 자는 할례를 받지 못하였음이라.'(2–9)
- **유월절 준수 이튿날 그친 만나**: 1월 14일 여리고 평지에서 유월절을 지켰으며 유월절 이튿날 그 땅의 소산을 먹었고 만나가 그쳤다. '또 그 땅의 소산물을 먹은 다음 날에 만나가 그쳤으니 이스라엘 사람들이 다시는 만나를 얻지 못하였고 그 해에 가나안 땅의 소출을 먹었더라.'(10–12)
- **여호와 군대 장관을 만난 여호수아**: 여호수아가 여리고에 가까이 이르러 칼을 빼어

든 여호와의 군대 장관을 만났고 '네 발에서 신을 벗으라. 네가 선 곳은 거룩하니라' 라는 말을 듣고 그대로 행하였다.**(13–15)**

가나안 정탐과 정복

가나안 여리고 성과 아이 성 정복

6장 여리고 정복

- **여리고 정복**: 여호와께서 여호수아에게 특이한 방법을 통해(이적) 여리고 성을 함락시킨다. 성 주위를 6일 동안 매일 1번씩 돌고 7일째는 7번 돌며 제사장들은 나팔을 불고 여호수아가 백성들에게 '외치라'고 할 때 외치자 성벽이 무너지고 여리고 성을 정복한다. 6장에 일곱이라는 말이 14회 나온다.**(1–16)**
- **약속대로 구원받은 라합 가족**: 여리고 정복 후 정탐꾼들이 약속한 대로 라합과 그와 동거하는 자를 제외하고, 모든 것을 여호와께 온전히 바치라고 명한다. 라합의 가족만은 약속대로 구원받는다.**(17–25)**
- **여리고 재건축 금지 명령**: 여호수아는 여리고 성 재건 금지 명령을 내리며 '이 여리고 성을 건축하는 자는 여호와 앞에서 저주를 받을 것이라 그 기초를 쌓을 때에 그의 맏아들을 잃을 것이요 그 문을 세울 때에 그의 막내아들을 잃으리라'고 했다. 이 예언적 저주는 후일 아합 왕 때(BC 870년경) 실제로 일어났다. (왕상 16:34 그 시대에 벧엘 사람 히엘이 여리고를 건축하였는데 그가 그 터를 쌓을 때에 맏아들 아비람을 잃었고 그 성문을 세울 때에 막내아들 스굽을 잃었으니 여호와께서 눈의 아들 여호수아를 통하여 하신 말씀과 같이 되었더라.)**(26–27)**

7장 아간의 범죄와 아이 성 전투 패배

- **아간의 범죄와 아이 성 전투 패배**: 여리고에 이어 아이 성을 정탐하고 전투를 했으나 이스라엘이 패했다. 이유는 1) 온전히 바친 물건을 훔친 아간의 범죄 2) 이스라엘이 이삼천 명의 군인만으로 충분하다는 자만심 때문이었다.**(1–5)**
- **여호수아의 탄식과 간구**: 여호수아는 옷을 찢고 탄식하며 여호와께 간구하였다.**(6–9)**
- **여호와의 죄악 제거 명령**: '여호와께서 여호수아에게 이르시되 일어나라 어찌하여 이렇게 엎드렸느냐 이스라엘이 범죄하여 내가 그들에게 명령한 나의 언약을 어겼으며 또한 그들이 온전히 바친 물건을 가져가고 도둑질하며 속이고 그것을 그들의 물건들 가운데에 두었느니라.' 아간이 여리고성 점령 때 온전히 바치라고 한 것 중 시날 산 외투 한 벌과 은 이백 세겔과 오십 세겔 되는 금덩이 하나를 가져 숨겨 둔 죄를 지어 죄가 드러났고 그의 아들과 딸들과 그가 가진 모든 것을 돌로 치고 불사르는 처벌을 받는다. 처벌한 곳을 '아골 골짜기(고통의 골짜기)'라 부른다.**(10–26)**

8장 아이 성 전투에서의 승리

- **여호와의 아이 성 정복 명령**: '여호와께서 여호수아에게 이르시되 두려워하지 말라 놀라지 말라 군사를 다 거느리고 일어나 아이로 올라가라 보라 내가 아이 왕과 그의 백성과 그의 성읍과 그의 땅을 다 네 손에 넘겨주었으니 너는 여리고와 그 왕에게 행한 것 같이 아이와 그 왕에게 행하되 오직 거기서 탈취할 물건과 가축은 스스로 가지라 너는 아이 성 뒤에 복병을 둘 지니라 하시니.'**(1–2)**
- **여호와께서 아이 성을 이스라엘에게 넘겨주어 승리하다**: 3만 명의 용사를 뽑아 매복의 용병술로 12만 명의 아이 성 사람들을 진멸하였다.**(3–29)**

- **에발산과 그리심산에서의 축복과 저주 선포**: 승리 후 여호수아는 여호와를 위해 에발산에 한 제단을 쌓았다. 신명기 27:1–8에서 명한대로 세겜에 있는 에발산과 그리심산으로 가서 다듬지 않은 돌로 제단을 쌓고 율법을 돌에 새기고 율법을 낭독하고 축복을 위해 그리심산에 6명 저주를 위해 에발산 쪽에 6명이 서서 의식을 행하였다.**(30–35)**

가나안 정탐과 정복

기브온과 맺은 조약과 가나안 남부 왕들과의 전투

9장

기브온 사람들이 강력한 이스라엘의 소식을 듣고 교묘한 속임수로 화친조약을 맺는다.

- **가나안 족속 왕들의 동맹**: 이스라엘의 소식을 들은 가나안 족속들의 왕들은 동맹을 맺고 싸우려 하였다.**(1–2)**
- **기브온 족과 화친조약을 맺은 이스라엘**: 그러나 히위 족속인 기브온 주민들은 먼 나라에서 온 사람들인 것처럼 위장하고 길갈로 와서 이스라엘과 화친조약을 맺는다. 이스라엘은 사흘이 지나서야 이웃에서 사는 족속임을 알게 되었으나 하나님 여호와로 맹세한 것이기 때문에 그들을 건드릴 수 없게 되어 그들을 온 회중을 위해 나무를 패며 물을 긷는 종이 되도록 하였다. '기브온 주민들이 여호수아가 여리고와 아이에 행한 일을 듣고 꾀를 내어 사신의 모양을 꾸미되 해어진 전대와 해어지고 찢어져서 기운 가죽 포도주 부대를 나귀에 싣고 그 발에는 낡아서 기운 신을 신고 낡은 옷을 입고 다 마르고 곰팡이가 난 떡을 준비하고 그들이 길갈 진영으로 가서 여호수아에게 이르러 그와 이스라엘 사람들에게 이르되 우리는 먼 나라에서 왔나이다 이제 우리와 조약을 맺읍시다 하니 (…).'**(3–27)**

10장 가나안 남부 왕들이 연합하여 기브온과 이스라엘을 대항하나 완전히 패배한다.

- **아모리 동맹군이 기브온을 공격하나 패배한다**: 예루살렘 왕 아도니세덱을 중심으로 헤브론 왕, 아르뭇 왕, 라기스 왕, 에글론 왕이 아모리 동맹군을 형성하여 기브온을 공격했으나 이스라엘이 참전하여 아모리 동맹군은 패배했다. 그들이 이스라엘 앞에서 도망할 때 여호와께서 하늘에서 큰 우박 덩이를 내려 칼에 죽은 자보다 우박에 죽은 사람이 더 많은 이적이 일어났다.(1-11)
- **해와 달을 멈춘 여호수아의 기도**: 또한 전투 중 여호수아가 '태양아 너는 기브온 위에 머무르라 달아 너도 아얄론 골짜기에서 그러할 지어다'라고 여호와께 아뢰자 그러한 이적이 일어났다.(12-14)
- **죽임당한 아모리 다섯 왕**: 다섯 왕이 막게다 굴에 숨었다가 결국 죽임을 당한다.(15-27)
- **남부 팔레스틴을 점령한 여호수아**: 여호수아는 온 이스라엘과 더불어 막게다 굴에 이어 립나, 라기스, 게셀, 에글론, 헤브론, 드빌 등 남부 팔레스틴을 점령하고 길갈 진영으로 돌아왔다. '이와 같이 여호수아가 그 온 땅 곧 산지와 네겝과 평지와 경사지와 그 모든 왕을 쳐서 하나도 남기지 아니하고 호흡이 있는 모든 자는 다 진멸하여 바쳤으니 이스라엘의 하나님 여호와께서 명령하신 것과 같았더라. 여호수아가 또 가데스 바네아에서 가사까지와 온 고센 땅을 기브온에 이르기까지 치매 이스라엘의 하나님 여호와께서 이스라엘을 위하여 싸우셨으므로 여호수아가 이 모든 왕들과 그들의 땅을 단번에 빼앗으니라. 여호수아가 온 이스라엘과 더불어 길갈 진영으로 돌아왔더라.'(28-43)

가나안 북부 왕들과의 전투 그리고 승리 회고

11장 가나안 북부 지역을 점령함

- **하솔을 중심으로 한 북부 지역 동맹군**: 하솔 왕 야빈이 남부 지역의 소식을 듣고 마돈 왕, 시므론 왕, 가나안 족속, 아모리 족속, 헷 족속 (…) 북부 지역의 수많은 군대를 거느리고 메롬 물가에 진을 쳤다.**(1–5)**
- **북부 팔레스틴을 점령한 여호수아**: 여호수아는 이 전투에서도 하솔과 동맹군 왕들을 죽이고 하솔을 비롯한 성읍들을 함락시킨다. 블레셋 지역인 가사, 가드, 아스돗만 남기고 북부 팔레스틴을 모두 정복하였다. '여호와께서 여호수아에게 이르시되 그들로 말미암아 두려워하지 말라 내일 이맘때에 내가 그들을 이스라엘 앞에 넘겨주어 몰살시키리니 너는 그들의 말 뒷발의 힘줄을 끊고 그들의 병거를 불사르라 하시니라 (…) 이와 같이 여호수아가 여호와께서 모세에게 말씀하신 대로 그 온 땅을 점령하여 이스라엘 지파의 구분에 따라 기업으로 주매 그 땅에 전쟁이 그쳤더라.'**(6–23)**

12장 모세와 여호수아 지휘 아래 정복한 땅과 왕들을 요약 회고한다.

- **모세가 정복한 요단 동편의 두 왕**: 요단 동편에서는 모세에 의해 헤스본 왕 시혼과 바산 왕 옥을 죽였다.**(1–6)**
- **여호수아가 정복한 요단 서편의 31왕**: 요단 서편에서는 여호수아에 의해 여리고 왕, 아이 왕, 예루살렘 왕, 헤브론 왕 (…) 등 31명의 왕을 정복하였다.**(7–24)**

가나안 분배

13장

가나안의 미정복지를 언급한 후 가나안 땅을 9지파 반에게 분배하라고 명하고 이미 모세에 의해 결정된 바 있는 요단 동편 지역의 르우벤 지파의 기업, 갓 지파의 기업, 그리고 므낫세 반 지파의 기업을 상술하고, 레위 지파에게는 모세가 기업을 주지 않았음을 부언하고 있다.

- **여호수아의 노년**: '여호수아가 나이가 많아 늙으매 여호와께서 그에게 이르시되 너는 나이가 많아 늙었고 얻을 땅이 매우 많이 남아 있도다.'**(1)**
- **가나안의 미정복지 기술**: 1) 블레셋 지역의 가사, 아스돗, 아스글론, 가드, 에그론 등 2) 북쪽 요단강 동부 그슬 족속 지역 등**(2–6)**
- **여호와의 땅 분배 명령**: 여호와께서 100세 가까이 된 여호수아에게 이 땅을 아홉 지파와 므낫세 반 지파에게 나누어 기업이 되게 하라고 명령하셨다.**(7)**
- **요단 동편 정복지**: 모세가 므낫세 반 지파와 르우벤 족속, 갓 족속에게 준 요단 동편 정복지를 기술하였다.**(8–14)**
- **르우벤 지파의 기업**: 모세가 르우벤 자손 지파에게 준 기업을 기술하면서 미디안 다섯 방백과 함께 발람의 죽음을 언급하였다.**(15–23)**
- **갓 지파의 기업**: 모세가 갓 지파에게 준 기업을 기술하였다.**(24–28)**
- **므낫세 반 지파의 기업**: 모세가 므낫세 반 지파에게 준 기업을 기술하였다.**(29–31)**
- **기업이 주어지지 않은 레위 지파**: '요단 동쪽 여리고 맞은편 모압 평지에서 모세가 분배한 기업이 이러하여도 오직 레위 지파에게는 모세가 기업을 주지 아니하였으니 이는 그들에게 말씀하신 것과 같이 이스라엘의 하나님 여호와께서 그들의 기업이 되심이었더라.'**(32–33)**

14장

가나안 땅 곧 요단 서편 지역 정복지의 분배를 언급하고 특별히 갈렙에게 헤브론 땅을 분배하게 된 과정을 설명하고 있다.

- **요단 서편 지역의 기업 분배**: 제사장 엘르아살(종교 대표)과 눈의 아들 여호수아(정치 군사 대표)와 지파의 족장들(혈연 대표)이 주관하여 요단 서편 가나안 땅을 제비 뽑아 아홉 지파 반에게 분배한 사실을 기술한다.**(1–5)**
- **갈렙의 기업 헤브론**: 갈렙이 40세 때 가데스 바네아에서 모세의 명에 의해 가나안 땅을 정탐한 후 약속받았던 사실을 상기하며 85세가 된 시점에서 아낙 사람들이 있는 산지를 요구하고 헤브론(기럇 아르바)을 기업으로 분배받게 된다. 헤브론은 나중에 레위 지파에게 할당되고〈21:11〉 또한 도피성으로 지정받는다〈20:7〉.**(6–15)**

15장

유다 지파의 지경과 성읍들을 상술하고 갈렙에게 분배된 헤브론 그리고 옷니엘이 기럇 세벨을 점령하여 갈렙의 딸 악사를 아내로 맞이한 이야기

- **유다 지파 기업의 경계**: 유다 지파가 가족대로 제비 뽑아 얻은 땅의 동서남북 경계를 상세하게 기술하고 있다.**(1–12)**
- **갈렙의 기업과 옷니엘**: 여호수아는 유다 지파 지경 내에 있는 헤브론(기럇 아르바)을 갈렙에게 주었다. 갈렙은 아낙의 소생인 세새, 아히만 그리고 달매를 쫓아냈고 더 올라가 기럇 세벨(드빌)을 점령한다. 갈렙은 이 기럇 세벨을 점령하는 사람에게 자기 딸 악사를 아내로 주겠다고 약속하여 이스라엘 최초 사사가 된 옷니엘이 악사를 아내로 맞게 된다.**(13–19)**
- **유다 지파의 성읍들**: 유다 자손의 지파가 가족대로 받은 성읍들을 상술하였다.**(20–62)**
- **예루살렘 거민 여부스 족**: '예루살렘 주민 여부스 족속을 유다 자손이 쫓아내지 못하였으므로 여부스 족속이 오늘까지 유다 자손과 함께 예루살렘에 거주하니라.' 여부스 족은 BC 1000년경 다윗에 의해 완전 섬멸된다.**(63)**

16장

요셉 자손 에브라임 지파의 지경을 상세히 설명하고 있고 게셀에 거주하는 가나안 족속을 쫓아내지 않아 아직도 에브라임 가운데 거주하며 노역하는 종이 되었다는 사실을 부언한다.

- **요셉 자손의 기업**: 요셉 자손 에브라임과 므낫세가 받은 기업을 자세히 기술하였다.**(1–9)**
- **쫓아내지 않은 게셀 거민 가나안 족**: 16장 10절을 보면 '그들이 게셀에 거주하는 가나안 족속을 쫓아내지 아니하였으므로 가나안 족속이 오늘까지 에브라임 가운데에 거주하며 노역하는 종이 되니라'고 기록되어 있는 데 비해 15장 63절에는 '예루살렘 주민 여부스 족속을 유다 자손이 쫓아내지 못하였으므로 여부스 족속이 오늘까지 유다 자손과 함께 예루살렘에 거주하니라'고 기록되어 있어서 대비된다. 쫓아내지 않았음은 자유의지적인 것이다. 야곱은 에브라임이 므낫세의 동생임에도 더 큰 축복을 했었다. 그러나 1차와 2차의 인구조사를 대비해 보면 에브라임 지파의 인구수는 40,500 → 32,500명으로 크게 감소한 데 비해 므낫세 지파는 32,200 → 52,700명으로 크게 증가했다. 에브라임 지파는 야곱의 더 큰 축복에도 불구하고 자의지적으로 게셀 족속을 노역하는 종으로 삼기 위해 쫓아내지 않는 불순종을 자행하여 복을 저버린 것이다.**(10)**

17장

요단 동편 지역에서 분배받지 못한 요셉 자손 므낫세 반 지파의 가나안 땅에서 분배받은 지경을 상술하고 므낫세 지경에 잔존하는 가나안 족에 대해 부언하고 있다.

- **므낫세 지파의 기업**: 므낫세 지파의 가족별로 제비 뽑아 분배한 기업과 지경을 상술하였다.**(1–11)**
- **므낫세 지경에 잔존하는 가나안 족**: 므낫세 지경 성읍 주민들을 쫓아내지 못하고 있다가 강성해진 이후에야 노역을 시켰고 다 쫓아내지는 않았다.**(12–13)**
- **요셉 자손의 항의**: 요셉 자손이 여호수아에게 요셉 자손이 큰 민족이 되었기 때

문에 한 제비만으로는 부족하다고 항의하자 여호수아는 스스로 개척하라고 하였다.(14-18)

18장

이스라엘 자손들이 길갈에서 실로로 옮겨 회막을 세운 후 아직 기업의 분배를 받지 못한 7지파에게 땅을 분배하는 과정을 설명한다. 첫 번째로 베냐민 지파의 지경과 성읍을 기술하였다.

- **실로에 세운 회막**: 이스라엘 자손들이 실로에 회막을 세운다.(1)
- **나머지 기업 분배**: 여호수아는 기업의 분배를 받지 못한 7개 지파에게 지파당 3명씩 대표를 뽑고 땅을 두루 다니며 땅을 그려와 제비를 뽑으라고 명한다. '여호수아가 그들을 위하여 실로의 여호와 앞에서 제비를 뽑고 그가 거기서 이스라엘 자손의 분파대로 그 땅을 분배하였더라.'(2-10)
- **베냐민 지파의 지경과 성읍**: 베냐민 지파 자손을 위해 제비를 뽑은즉 유다 자손과 요셉 지손의 중간 땅이 뽑혔다. 베냐민 지파의 지경과 성읍들을 자세히 기술하였다.(11-28)

19장

나머지 6지파에게 분배된 기업을 상술하고 끝으로 지도자인 여호수아에게 그가 요구한 성읍 에브라임 산지 딤낫 세라를 주는 것으로 땅 나누는 일을 마친다.

- **시므온 지파의 기업을 상술한다**: 유다 자손의 기업 중간에 위치한다.(1-9)
- **스블론 지파의 기업을 상술한다.**(10-16)
- **잇사갈 지파의 기업을 상술한다.**(17-23)
- **아셀 지파의 기업을 상술한다.**(24-31)
- **납달리 지파의 기업을 상술한다.**(32-39)
- **단 지파의 기업을 상술한다.**(40-48)

- **여호수아의 기업과 기업 분배 완료**: 여호수아는 지도자답게 제일 마지막으로 성읍 에브라임 산지 딤낫 세라를 분배받았다. '제사장 엘르아살과 눈의 아들 여호수아와 이스라엘 자손의 지파의 족장들이 실로에 있는 회막 문 여호와 앞에서 제비 뽑아 나눈 기업이 이러하니라. 이에 땅 나누는 일을 마쳤더라.'**(49–51)**

가나안 정탐과 정복

6개 도피성과 레위 지파의 48개 성읍

20장 **여호와께서 이미 모세에게 명했던 부지중 실수로 살인한 사람들을 위한 도피성 제도를 여호수아에게 다시 명하여 요단 서편과 요단 동편의 6성읍을 도피성으로 정한다.**

- **여호수아에게 다시 명하는 도피성 설정**: 여호와께서 모세에게 명했던 도피성 설정 명령을 여호수아에게 다시 명한다. 도피성은 부지중 사람을 죽인 자들을 위한 것이다. 도피성은 죄인이 된 인간들을 구원하시는 예수 그리스도를 예표 한다. 누구나 아무 때나 어느 곳에서도 피할 수 있는 피난처 되시는 예수님을 예표 하는 것이다. '그 살인자는 회중 앞에 서서 재판을 받기까지 또는 그 당시 대제사장이 죽기까지 그 성읍에 거주하다가 그 후에 그 살인자는 그 성읍 곧 자기가 도망하여 나온 자기 성읍 자기 집으로 돌아갈지니라 하라 하시니라.'**(1–6)**
- **여섯 도피성**: 요단 서편의 1) 갈릴리 '게데스'('거룩한 곳', 성전 되신 그리스도) 2) 에브라임 산지의 '세겜'('어깨', 정사(政事)를 어깨에 멘 그리스도) 3) 유다 산지의 기럇 아르바 곧 '헤브론'('교제', 하나님과 교제케 하시는 그리스도)과 요단 동편의 4) 르우벤 지파의 '베셀'('성채', 성도들이 피할 성채 되시는 그리스도) 5) 갓 지파의 길르앗 '라못'('높은 곳', 성도들로 하여금 높은 하늘에 앉게 하시는 그리스도) 6) 므낫세 지파의 바산 '골란'('기쁨', 성도들에게 기쁨을 주시는 그리스도) 여섯 성읍을 도피성으

로 확정한다. '이는 곧 이스라엘 모든 자손과 그들 중에 거류하는 거류민을 위하여 선정된 성읍들로서 누구든지 부지중에 살인한 자가 그리로 도망하여 그가 회중 앞에 설 때까지 피의 보복자의 손에 죽지 아니하게 하기 위함이라.'**(7-9)**

21장

레위 지파 족장들이 제사장 엘르아살과 여호수아에게 모세가 언급했던 레위인들이 거주할 성읍과 목초지를 이야기하여 목초지를 포함한 48개의 성읍을 얻는다.

- **레위 지파의 성읍과 목초지**: 레위 지파 족장들이 실로에서 제사장 엘르아살과 여호수아 그리고 지파별 족장들에게 여호와가 모세에게 레위인들을 위해 거주할 성읍과 목초지를 주라고 하셨음을 상기시켜 기업을 분배받은 지파별 기업에서 성읍들과 목초지를 나누어 받는다.**(1-3)**
- **레위 지파 자손별 성읍과 목초지**: 레위 지파 역시 제비뽑기를 했다. 그 결과 그핫 자손이 23개, 게르손 자손이 13개, 므라리 자손이 12개로 모두 48개 성읍과 목초지를 분배받았다. 이 48개 성읍 가운데 6개 도피성도 포함되어 있다. '레위 사람들이 이스라엘 자손의 기업 중에서 받은 성읍은 모두 마흔여덟 성읍이요 또 그 목초지들이라. 이 각 성읍의 주위에 목초지가 있었고 모든 성읍이 다 그러하였더라.'**(4-42)**
- **성취된 하나님의 약속**: 여호와께서 하나님 백성에게 약속하신 땅, 안식, 말씀하신 일이 모두 성취되었다. '여호와께서 이스라엘의 조상들에게 맹세하사 주리라 하신 온 땅을 이와 같이 이스라엘에게 다 주셨으므로 그들이 그것을 차지하여 거기에 거주하였으니 (…) 여호와께서 이스라엘 족속에게 말씀하신 선한 말씀이 하나도 남음이 없이 다 응하였더라.'**(43-45)**

여호수아의 마무리 작업

22장

르우벤 지파, 갓 지파, 므낫세 반 지파가 임무를 완수하고 길르앗으로 귀환하는 중간에 요단에 제단을 쌓은 일로 분쟁이 일어날 뻔했다가 해결된다.

- **요단 동편으로 돌아가는 르우벤-갓-므낫세 반 지파**: 요단 동편에 기업을 분배받고 가나안 7년 전투에 참여했던 르우벤 지파, 갓 지파, 므낫세 반 지파가 임무를 마치고 여호수아의 축복을 받으며 요단 동편 그들의 기업이 있는 길르앗으로 가게 된다.**(1-9)**
- **문제가 된 요단 언덕에 세운 제단**: 길르앗으로 향하던 르우벤 지파, 갓 지파, 므낫세 반 지파가 요단 언덕 가에 이르러 큰 제단 하나를 쌓았다. 이 제단으로 인해 나머지 이스라엘 자손들은 실로에 모여 그들과 싸우려 하게 된다.**(10-13)**
- **제단으로 인한 분쟁**: 실로에서 비느하스와 각 지파에서 한 명씩 10명의 대표가 파견되어 과거 브올에서 지은 죄와 아간이 지었던 죄로 인해 이스라엘 온 회중에 진노가 임했었던 사례를 들며 항의한다. 즉 싸우려 한 이유는 하나님의 제단은 한 곳에만 두어야 하며 이 규례를 어긴 자는 가차 없이 진멸해야 한다는 규례(신 12:4-14, 13:12-16) 때문이었다.**(14-20)**
- **두 지파 반의 해명**: 제단을 쌓은 것은 번제나 다른 제사를 위한 것이 아니라고 해명한다. '우리가 말하였거니와 만일 그들이 후일에 우리에게나 우리 후대에게 이같이 말하면 우리가 말하기를 우리 조상이 지은 여호와의 제단 모형을 보라 이는 번제를 위한 것도 아니요 다른 제사를 위한 것도 아니라 오직 우리와 너희 사이에 증거만 되게 할 뿐이라.'**(21-29)**
- **해결된 분쟁**: '제사장 비느하스와 그와 함께 한 회중의 지도자들 곧 이스라엘 천천의 수령들이 르우벤 자손과 갓 자손과 므낫세 자손의 말을 듣고 좋게 여긴지라.' 그

제단을 엣이라 불렀으니 우리 사이에 이 제단은 여호와께서 하나님이 되시는 증거라 함이었기 때문이었다.**(30–34)**

23장 노년에 이른 여호수아가 온 이스라엘에게 여호와를 사랑하고 하나님 말씀대로 살 것을 당부한다.

- **여호수아가 지도자들에게 말씀에 순종할 것을 전한다**: 여호수아가 나이가 많이 들어 온 이스라엘의 지도자들을 불러 고별의 말을 전한다. 하나님이 약속하신 대로 가나안 땅을 주셨다. '그러므로 너희는 크게 힘써 모세의 율법 책에 기록된 것을 다 지켜 행하라. 그것을 떠나 우로나 좌로나 치우치지 말라', '다른 신들을 섬기지 말고 여호와를 사랑하라', '이방인과 통혼하지 말라.'**(1–13)**
- **그러나 불순종하는 경우 멸망할 것을 전한다**: 만일 불순종하는 경우 '하나님 여호와께서 너희에게 주신 이 아름다운 땅에서 너희를 멸절하기까지 하실 것이라. 만일 너희가 너희의 하나님 여호와께서 너희에게 명령하신 언약을 범하고 가서 다른 신들을 섬겨 그들에게 절하면 여호와의 진노가 너희에게 미치리니 너희에게 주신 아름다운 땅에서 너희가 속히 멸망하리라 하니라.'**(14–16)**

24장 이스라엘의 역사 회상과 언약의 갱신 그리고 여호수아의 임종

- **여호수아가 세겜에서 이스라엘 백성들에게 이스라엘 역사를 회상한다**: 여호수아는 에발산과 그리심산 사이에 위치한 의미 있는 장소인 세겜에 모든 이스라엘을 모으고 하나님의 언약이 어떻게 시작되었는가를 설명하기 위해 아브라함의 아버지 데라가 메소포타미아 지역에서 다른 신을 섬기고 있었다는 사실을 상기시키며 아브라함을 선택하고 이삭과 야곱으로 이어진 역사와 모세와 아론의 선택, 출애굽의 역사와

발람 사건 그리고 요단을 건너 가나안을 정복하여 너희가 건설하지 않은 성읍에서 살게 된 역사를 회상한다. 세겜은 아브라함이 갈대아 우르를 떠나 제일 처음 제단을 쌓으면서 가나안 땅을 약속받았던 곳이며, 야곱의 딸 디나가 세겜 사건 후 벧엘로 옮겨 가기 전 모든 우상을 땅에 묻고 하나님만 섬기기로 한 의미 있는 장소이기도 하다.**(1–13)**

- **언약의 갱신**: 여호수아는 모세가 죽기 전 했던 것처럼 하나님의 언약을 새롭게 갱신한다. 여호와만 섬기라 너희가 섬길 자를 오늘 택하라 여호와는 질투하시는 하나님이다. 나와 내 집은 여호와를 섬기겠노라 하니 백성들이 여호와만 섬길 것을 다짐한다. 이로써 세겜에서 모세의 율법을 다시금 새롭게 갱신한 것이다. 여호수아는 큰 돌을 세워 증거로 삼았다. '그 날에 여호수아가 세겜에서 백성과 더불어 언약을 맺고 그들을 위하여 율례와 법도를 제정하였더라. 여호수아가 이 모든 말씀을 하나님의 율법책에 기록하고 큰 돌을 가져다가 거기 여호와의 성소 곁에 있는 상수리나무 아래에 세우고 모든 백성에게 이르되 보라 이 돌이 우리에게 증거가 되리니 이는 여호와께서 우리에게 하신 모든 말씀을 이 돌이 들었음이니라 그런즉 너희가 너희의 하나님을 부인하지 못하도록 이 돌이 증거가 되리라 하고 백성을 보내어 각기 기업으로 돌아가게 하였더라.'**(14–28)**
- **여호수아의 죽음**: 여호수아는 110세에 죽어 딤낫 세라에 장사 되었다. 요셉의 유언에 따라 출애굽 시 가져온 요셉의 뼈를 세겜에 장사하였고 아론의 아들 엘르아살도 죽어 장사 지낸 것으로 끝을 맺는다.**(29–33)**

사사기 핵심정리

사사기의 의의

- 사사기는 통일된 국가 조직을 갖추기 전 일종의 과도 체제하에서 이스라엘 백성이 '각기 자기의 소견에 옳은 대로(삿 21:25)' 처신하던 타락하고 범죄한 암울했던 역사를 배경으로 한다. 우리는 사사기에서 범죄한 이스라엘 백성을 징계하는 수단으로 하나님이 이방 군대를 동원하시고, 또 회개하는 이스라엘 백성을 위해 사사를 보내셔서 구원하시는 심판과 구원의 반복적인 역사를 발견하게 되며, 아울러 세상 역사를 주관하시는 하나님의 의로운 통치 원리를 배우게 된다.
- 사사기는 이스라엘 백성의 범죄 → 하나님의 경고 → 뉘우치지 않고 도리어 가중되는 범죄 → 이방 군대를 동원한 하나님의 심판과 형벌 → 이스라엘 백성의 회개 → 사사를 통한 구원 → 시간이 흐르면서 다시 시작되어 범죄로 이어지는 일련의 사이클로 구성되어 있다. 이처럼 반복되는 범죄의 역사는 내면에 잠재되어 있는 인간의 죄악성과 부패성을 적나라하게 노출시켜 준다. 뿐만 아니라 인간 중심의 세계관이나 인본주의적 윤리관이 인간을 구원과 행복의 길로 인도해 주기는커녕 오히려 더욱 절망과 파멸로 이끈다는 사실을 분명하게 보여 준다. 동시에 오직 회개하고 하나님께로 돌아와 하나님 중심적인 삶에 자신을 복속시키는 자만이 오히려 해방과 구원의 기쁨을 맛보게 된다는 역설적 진리를 가르치고 있다.
- 사사기 후반부에서 언급된 두 레위인의 황당한 이야기는 하나님의 일을 맡은 종교 지도자들의 잘못이 얼마나 컸는가를 암시해 주며 현대 기독교 종교 지도자들에게도 경종을 울려 준다. 가나안에 입성한 이스라엘 지파 중 레위 지파의 경우만은 별도의 기업을 배정하지 않고 전국적으로 분포된 48개 성읍을 중심으로 하나님의 일을 하도록 되어 있었으나 이들 종교 지도자들이 하나님의 일을 한 흔적은 전혀 찾아볼 수 없었다. 즉 암울한 사사 시대가 도래한 근본 원인은 종교 지도자인 레위인에게서 찾을 수 있다.

기록연대와 배경

- 사사기는 사울 왕의 즉위 직후(BC 1051) 예루살렘이 다윗에 의해 정복되기(BC 1004) 전, 대략 BC 1040년과 BC 1020년 사이에 기록된 것으로 추정한다. '그 때에는 이스라엘에 왕이 없으므로'라는 표현이 반복되고 여부스 족속이 예루살렘을 여전히 점거하고 있었다는 사실에 비추어 사울이나 다윗이 활동한 왕정 초기에 기록된 것으로도 생각할 수 있다.
- 사사 시대는 여호수아가 죽은 때부터 시작하여 사울이 즉위한 때에 끝난 것으로 생각한다. 그러므로 사사기의 연대를 BC 1390년에 시작하여 BC 1050년에 끝난 것으로 본다. 약 340년의 기간이다. 더 정확하게 표현한다면 최초 사사 옷니엘 등장(BC 1367)부터 초대 왕 사울 등장(BC 1050)까지 317년이다.
- 사사기의 저자는 《탈무드》에 의하면 사무엘이다. 사무엘상·하와 사사기 및 룻기는 사무엘이 기록했다고 생각한다.

사사 시대가 초래된 원인

1장

사사기의 서론 부분이다. 여호수아 죽음 이후 지파별로 제비 뽑아 분배한 땅 중 아직 정복되지 않은 땅들을 정복하는 내용에 관한 것이나 많은 지파들이 여러 지역에서 가나안 족속을 모두 몰아 내지 못해 가나안 족속의 영향을 받게 되고 결국 우상숭배에 빠지게 되었음을 설명하고 있다. 모세를 통해 하나님이 주신 가나안 족속을 모두 몰아내야 한다는 명령을 이행하지 못한 결과이다.

- **유다와 시므온 지파의 활약**: 유다 족속은 시므온 지파의 협력하에 베섹, 예루살렘, 헤브론, 드빌, 스밧, 가사, 아스글론, 에그론 등 비교적 많은 지역에서 가나안족들을 몰아냈다. 그러나 철 병거를 가진 골짜기 주민들은 몰아내지 못했다.**(1–20)**
- **여부스 족을 몰아내지 못한 베냐민 자손**: 베냐민 자손은 예루살렘에 거주하는 여부스 족속을 쫓아내지 못했다.**(21)**
- **요셉 가문의 벧엘 정복**: 요셉 가문은 벧엘을 정복했다.**(22–26)**
- **정복되지 못한 가나안 성읍**: 지파별로 정복하지 못한 가나안 성읍이 많이 있다. 1) 므낫세(벧스안, 다아낙, 이블르암, 므깃도) 2) 에브라임(게셀) 3) 스블론(기드론, 나할롤) 4) 아셀(악고, 알랍, 악십, 헬바, 아빅, 르홉) 5) 납달리(벳세메스, 벳아낫)**(27–36)**

2장

우상숭배로 인한 타락, 하나님의 심판, 백성들의 호소, 사사를 통한 구원이라는 사이클이 반복되는 사사 시대의 행태가 왜 있게 되었는가를 설명해 준다.

- **여호와 사자의 선언**: 가나안 족속을 모두 몰아내라고 하신 명령을 이행하지 않은 이스라엘에게 하나님의 사자가 보김(벧엘)에 나타나 이렇게 말한다. '가나안 땅의 주민과 언약을 맺지 말고 그들의 제단을 헐라고 한 명령을 지키지 않았으므로 하나

님은 이제 그들을 쫓아내지 않아 너희 옆구리의 가시가 될 것이다.'(1–3)

- **보김**: 이 말을 들은 백성들이 소리 높여 울었다. 그곳 이름을 보김(우는 자)이라 부르게 되었다.(4–5)
- **여호와를 알지 못하는 다른 세대와 여호수아의 죽음**: 여호수아가 살아 있는 동안 그리고 하나님의 크신 이적을 보아 왔던 장로들이 있을 때까지는 여호와를 섬겼었으나 여호와를 알지 못하는 다른 세대가 등장하면서 문제가 발생하였다. 여호수아는 110세에 죽어 딤낫 헤레스에 장사 되었다.(6–10)
- **사사 시대의 순환 사이클**: 다른 세대가 악을 행하고 바알, 아스다롯을 숭배하였으며, 하나님이 대적하는 자들의 손에 이스라엘을 넘겨주고, 이스라엘은 고통을 받고 하나님께 회개하게 되고, 하나님이 사사를 보내 구원하시고, 사사가 죽으면 다시 동일한 사이클이 반복되는 사사 시대를 맞게 되었다.(11–19)
- **여호와의 결단**: '여호수아가 죽을 때 남겨둔 이방 민족들을 다시는 그들 앞에서 하나도 쫓아내지 않으리라. 나 여호와의 도를 지켜 행하나 아니하나 그들을 시험하려 함이다.'(20–23)

사사의 출현

사사 옷니엘, 에훗, 삼갈

3장

8년 동안 이스라엘을 압제했던 메소포타미아 왕 구산 라사다임을 물리치고 40년간 사사로 활동했던 최초의 사사 옷니엘과 18년간 이스라엘을 통치했던 모압 왕 에글론을 죽이고 80년 평화를 가져왔던 사사 에훗에 대해 자세히 설명하고 소 사사 삼갈을 언급하였다.

- **이스라엘 교육을 위해 남겨진 족속들**: 여호와께서는 전쟁을 알지 못하는 세대들의

순종을 시험하고 교육하기 위해 불레셋 다섯 군주, 가나안 족속, 시돈 족속, 히위 족속 등 이방 민족을 남겨 두셨다.**(1–4)**

- **계속 범죄 하는 전후 세대들**: 전후 세대들은 가나안 족속과 헷 족속과 아모리 족속과 브리스 족속과 히위 족속과 여부스 족속 가운데에 거주하면서 이방인들과 통혼하고 바알, 아세라 우상을 숭배하는 죄를 범한다.**(5–7)**
- **사사 옷니엘**: 여호와가 진노하여 메소보다미아 왕 구산 리사다임을 8년 동안 섬기도록 함 → 백성이 여호와께 부르짖음 → 사사 옷니엘이 구산 라사다임을 물리침 → 40년 평화가 왔고 옷니엘이 죽음**(8–11)**
- **사사 에훗**: 다시 백성들이 악을 행함 → 모압 왕 에글론이 암몬과 아말렉과 연합하여 18년 통치 → 백성들이 부르짖음 → 왼손잡이 에훗이 사사가 되어 에글론을 칼로 죽임 → 평온 80년**(12–30)**
- **사사 삼갈**: 3장 마지막 절에서 6인의 소사사(삼갈, 돌라, 야일, 입산, 엘론, 압돈) 중 한 명인 삼갈을 언급하였다. 삼갈은 에훗이 죽고 난 후 드보라가 등장하기 전 일부 불레셋인들이 이스라엘을 괴롭힐 때 잠시 사사로 활동했던 것으로 추정한다. '에훗 후에는 아낫의 아들 삼갈이 있어 소 모는 막대기로 블레셋 사람 육백 명을 죽였고 그도 이스라엘을 구원하였더라.'**(31)**

사사의 출현

여선지자이며 사사인 드보라

4장

20년 동안 이스라엘을 통치한 야빈과 그의 군대 장관 시스라를 물리치고 40년 평화를 가져왔던 여선지자이자 사사인 드보라와 바락의 활약, 그리고 시스라를 죽인 겐 사람 헤벨의 아내 야엘에 관한 이야기이다.

- **여선지자 사사 드보라**: 에훗이 죽은 후 이스라엘 자손이 또 여호와의 목전에 악을

행함 → 하솔에서 통치하는 가나안 왕 야빈의 20년 통치 → 백성들의 부르짖음 → 여선지자인 드보라가 사사로 등장하여 바락과 함께 야빈의 군대장관 시스라의 온 군대를 죽임 → 40년 평화가 찾아온다.**(1–16)**

- **야엘의 활약**: 그러나 적장인 시스라를 죽인 것은 겐 사람 헤벨의 아내 야엘이다. 야엘이 시스라의 관자놀이에 말뚝을 박아 죽였다. '시스라가 걸어서 도망하여 겐 사람 헤벨의 아내 야엘의 장막에 이르렀으니 이는 하솔 왕 야빈과 겐 사람 헤벨의 집 사이에는 화평이 있음이라 (…) 그가 깊이 잠드니 헤벨의 아내 야엘이 장막 말뚝을 가지고 손에 방망이를 들고 그에게로 가만히 가서 말뚝을 그의 관자놀이에 박으매 말뚝이 꿰뚫고 땅에 박히니 그가 기절하여 죽으니라.'**(17–24)**

5장 전쟁에서의 승리를 노래한 '드보라와 바락의 승전가'

- **바락과 드보라의 승전가**: '이 날에 드보라와 아비노암의 아들 바락이 노래하여 이르되 이스라엘의 영솔자들이 영솔하였고 백성이 즐거이 헌신하였으니 여호와를 찬송하라 너희 왕들아 들으라 통치자들아 귀를 기울이라 나 곧 내가 여호와를 노래할 것이요 이스라엘의 하나님 여호와를 찬송하리로다 (…) 겐 사람 헤벨의 아내 야엘은 다른 여인들보다 복을 받을 것이니 장막에 있는 여인들보다 더욱 복을 받을 것이로다. 시스라가 물을 구하매 우유를 주되 곧 엉긴 우유를 귀한 그릇에 담아 주었고 손으로 장막 말뚝을 잡으며 오른손에 일꾼들의 방망이를 들고 시스라를 쳐서 그의 머리를 뚫되 곧 그의 관자놀이를 꿰뚫었도다. 그가 그의 발 앞에 꾸부러지며 엎드러지고 쓰러졌고 그의 발 앞에 꾸부러져 엎드러져서 그 꾸부러진 곳에 엎드러져 죽었도다 (…).'**(1–30)**
- **마지막 간구**: '여호와여 주의 원수들은 다 이와 같이 망하게 하시고 주를 사랑하는 자들은 해가 힘 있게 돋음 같게 하시옵소서 하니라 그 땅이 사십 년 동안 평온하였더라.'**(31)**

사사 기드온

6장

7년의 압제를 가한 미디안을 물리치기 위해 사사로 택함 받은 기드온이 사사로 활동하기까지의 과정을 보여 준다.

- **사사 기드온:** 또다시 악을 행하는 이스라엘 백성 → 미디안의 압제 7년 → 여호와께 부르짖음 → 여호와의 사자가 기드온을 사사로 택함 → 기드온이 자신이 가장 작은 자임을 말하며 사양함 → 여호와께서 너와 함께하실 것이라 말씀하심**(1–16)**
- **표징을 구하는 기드온:** → 기드온이 표징을 구함 → 여호와의 사자가 지팡이 끝을 고기와 무교병에 대자 불이 바위에서 나와 살라 버리는 이적을 보고 사자는 사라짐 → 기드온이 제단을 쌓고 그것을 '여호와 살롬'이라 함**(17–24)**
- **우상을 훼파하는 기드온:** → 그날 밤 여호와가 기드온에게 이르기를 아버지의 7년 된 둘째 수소를 끌어오고 아버지의 바알의 제단을 헐며 그 곁의 아세라 상을 찍고 산성 꼭대기에 규례대로 한 제단을 쌓은 후 네가 찍은 아세라 나무로 번제를 드리라고 함 → 기드온은 성읍 사람들이 두려워 밤에 번제를 드림**(25–27)**
- **백성들의 항의:** → 성읍 사람들은 기드온이 바알 제단을 파괴하고 아세라 상을 찍은 사실로 기드온 아버지 요아스에게 항의함 → 요아스는 바알이 기드온과 다툴 것이라고 대답 → 기드온을 여룹바알(바알의 제단을 헐었으므로 바알이 그와 다툴 것)이라 부름**(28–32)**
- **기드온의 출전 준비:** → 미디안과 아말렉과 동방 사람들이 진을 침 → 기드온이 나팔을 불어 출전 준비를 함**(33–35)**
- **승리의 표징을 구하는 기드온:** → 기드온이 하나님께 승리의 표징을 구함 → 양털에만 이슬이 내리는 표징과 양털에는 이슬이 없고 땅에만 이슬이 내리는 표징을 보여 주셨다.**(36–40)**

7장 기드온이 300명의 용사로 메뚜기처럼 많고 모래처럼 많은 미디안을 패배시킨 이야기

- **기드온의 용사 300명**: 미디안과의 전투가 시작된다. 미디안은 모래산 앞 골짜기에, 기드온 백성은 하롯샘 곁에 진을 쳤다. 하나님은 기드온 군사를 물가로 데리고 가서 손으로 입에 대고 핥는 자로 최종 300명으로 축소시킨다. 자기들의 힘이 아니라 하나님에 의한 전쟁임을 보여 주려는 것이다. '여호와께서 기드온에게 이르시되 내가 이 물을 핥아 먹은 삼백 명으로 너희를 구원하며 미디안을 네 손에 넘겨 주리니 남은 백성은 각각 자기의 처소로 돌아갈 것이니라.'**(1–8)**
- **적병의 꿈꾼 이야기**: 하나님이 밤중에 기드온에게 적진으로 가도록 하여 어떤 사람이 꿈꾼 이야기하는 것을 듣도록 한다. '보리떡 한 덩어리가 미디안 진영으로 굴러 들어와 한 장막에 이르러 그것을 쳐서 무너뜨리더라'는 이야기이다. 그것은 하나님이 기드온이 미디안에 승리하는 것을 의미라는 친구의 해몽을 듣게 된다.**(9–15)**
- **기드온의 승리**: 300명을 세 대로 나누고 각 손에 나팔과 빈 항아리를 들리고 항아리 안에는 횃불을 감추게 하였다. '세 대가 나팔을 불며 항아리를 부수고 왼손에 횃불을 들고 오른손에 나팔을 들어 불며 외쳐 이르되 여호와와 기드온의 칼이다' 하자 여호와께서 그 온 진영에서 친구끼리 칼로 치게 하므로 적군이 도망을 갔고 이스라엘 사람들은 추격을 했다.**(16–23)**
- **죽임당한 오렙과 스엡**: '기드온이 사자들을 보내서 에브라임 온 산지로 두루 다니게 하여 이르기를 내려와서 미디안을 치고 그들을 앞질러 벧 바라와 요단 강에 이르는 수로를 점령하라 하매 이에 에브라임 사람들이 다 모여 벧 바라와 요단 강에 이르는 수로를 점령하고 또 미디안의 두 방백 오렙과 스엡을 사로잡아 오렙은 오렙 바위에서 죽이고 스엡은 스엡 포도주 틀에서 죽이고 미디안을 추격하였고 오렙과 스엡의 머리를 요단 강 건너편에서 기드온에게 가져왔더라.'**(24–25)**

8장

처음부터 참전하지 못했던 에브라임 사람들의 원망, 미디안 군 추격 과정에서 일어났던 숙곳과 브느엘에서의 일화, 기드온이 승전 후 금으로 에봇을 만든 과오 등 기드온의 마지막 행적을 이야기하고 기드온이 죽자 이스라엘 자손들이 다시 범죄하는 이야기로 끝을 맺는다.

- **에브라임 사람들의 불평**: 에브라임 사람들이 기드온에게 미디안과의 싸움에서 자신들을 처음부터 부르지 않았다고 원망을 하였다. 기드온은 그래도 오랩과 스엡을 죽인 것은 에브라임의 공로이니 에브라임의 끝물 포도가 아비에셀의 맏물 포도보다 낫지 않은가 하며 격려한다.**(1-3)**
- **숙곳과 브느엘에 보복할 것을 말하는 기드온**: 기드온 부대는 미디안 군과 미디안의 왕들인 세바와 살문나를 추격하며 숙곳과 브누엘에 들렸을 때 피곤한 300명 군사에게 떡 덩이를 주라고 요청했으나 매몰차게 거부를 당한다. 기드온은 승전하고 돌아오는 길에 숙곳과 브느엘에 보복할 것을 말한다.**(4-9)**
- **미디안을 격파한 기드온**: 기드온 부대는 세바와 살문나를 사로잡고 미디안 온 진영을 격파하였다.**(10-12)**
- **숙곳과 브느엘을 징벌한 기드온**: 기드온은 승전하고 돌아오는 길에 숙곳의 장로 77명을 들 가시와 찔레로 징벌하고 브느엘 망대를 허는 등 약속한대로 징벌을 가했다.**(13-17)**
- **기드온의 과오**: 기드온은 세바와 살문나를 죽이고 그들의 낙타 목에 있던 초승달 장식들을 떼어 가졌고 승리 후 이스마엘 사람들로부터 금귀고리 등을 받아 그 금으로 에봇 하나를 만들므로 이스라엘 백성들이 그 에봇을 음란하게 위하도록 하는 과오를 범했다.**(18-27)**
- **40년 동안의 평온**: 기드온이 사는 40년 동안 그 땅이 평온하였다.**(28)**
- **기드온의 첩에게서 낳은 아비멜렉**: 이러한 기드온이 아내가 많아 아들이 70명이요 세겜에 있는 첩이 낳은 아들이 아비멜렉이다.**(29-32)**
- **다시 죄를 범하는 이스라엘**: 기드온이 죽자 다시 이스라엘 자손이 바알들을 따라

음행하고 바알브릿을 자기의 신으로 삼는 죄를 범했다.**(33–35)**

사사의 출현

기드온 첩의 아들 아비멜렉의 죄악과 최후

9장 기브온 첩의 아들이며 파렴치한 사사이고 세겜 왕인 아비멜렉의 죄악과 최후

- **아비멜렉의 반역**: 아비멜렉은 기드온(여룹바알)이 세겜의 첩을 통해 얻은 아들로서 기드온이 죽은 후 그는 왕이 되고자 권모술수를 써서 사람들의 마음을 훔치고, 자신의 이복형제 70명을 한 바위에서 죽여, 세겜과 밀로의 왕이 된다. 기드온의 막내 아들 요담만이 간신히 도망친다. 아비멜렉을 사사로 불러야 할지 매우 애매한 인물이다.**(1–6)**
- **요담의 가시나무 우화**: 요담은 도망친 후 그리심산에서 가시나무 우화로 아비멜렉을 비난하면서 아비멜렉을 왕으로 삼은 세겜과 밀로 사람들은 아비멜렉에 의해 멸하게 될 것이며 아비멜렉도 백성들에 의해 멸할 것임을 예언한다. 3년 후 그렇게 된다.**(7–21)**
- **가알의 반역과 아비멜렉에 의해 진멸 당한 가알**: 아비멜렉이 이스라엘을 통치한 지 3년에 세겜 사람들이 반란을 일으켜 가알을 따르게 되나 오히려 아비멜렉에 의해 진멸 당한다.**(22–49)**
- **아비멜렉의 최후**: 그 반란을 진압하는 와중에 아비멜렉은 데베스 성벽에서 어떤 여자가 떨어뜨린 맷돌 위짝에 맞아 중상을 입었고, 자신이 여자에게 살해되었다는 치욕적인 사실이 알려지지 않도록 자신의 부관에게 칼로 자신을 찔러 죽이도록 명령한다. 결국 요담의 저주대로 세겜 백성도 아비멜렉도 모두 진멸 당하였다.**(50–57)**

사사 돌라, 야일, 입다, 입산, 엘론, 압돈

10장

소 사사 돌라, 야일에 관한 간단한 기록과 다시 범죄한 이스라엘이 블레셋과 암몬에 의해 압제 받는 이야기가 전개된다.

- **사사 돌라**: 아비멜렉에 이어 돌라가 사사로서 23년 동안 활동한다. 돌라는 잇사갈 지파이면서 에브라임 지파 땅에 살았다.**(1–2)**
- **사사 야일**: 돌라에 이어 므낫세 지파 사람 야일이 22년 동안 이스라엘 사사로 활동한다. 아들 30명이 어린 나귀 30을 타고 성읍 30을 가질 정도로 부유했다.**(3–5)**
- **블레셋과 암몬의 압제와 이스라엘의 회개 그리고 암몬과의 전투**: 이스라엘이 다시 각종 신을 섬기며 악을 행함 → 여호와가 진노하여 블레셋과 암몬에 의해 길르앗 아모리 족속 땅에 있는 이스라엘 자손을 18년 동안 억압 → 암몬 자손이 요단을 건너 유다와 베냐민과 에브라임 족속과 싸움 → 여호와께 부르짖음 → 구원을 거부함 → 이스라엘이 죄를 회개하고 여호와를 섬기니 여호와가 근심함 → 암몬과 전투가 벌어짐 → 길르앗 백성과 방백들이 서로 이르되 누가 먼저 나가서 암몬 자손과 싸움을 시작하랴 그가 길르앗 모든 주민의 머리가 되리라 하니라**(6–18)**

11장

첩의 아들인 입다가 사사로 등장하고 사사가 되어 암몬과 전쟁을 하여 승리한 후 서원으로 인해 그의 딸을 번제물로 드리는 이야기

- **첩의 아들 입다**: 길르앗 사람이며 길르앗 첩의 아들인 입다는 본처 아들들에게서 쫓겨나 돕 땅에서 잡류들과 어울리고 있었다.**(1–3)**
- **사사 입다**: 얼마 후 암몬이 이스라엘을 치려 하자 장로들이 입다를 데려와 장관을

삼으려 돕 땅으로 입다를 찾아갔고 입다가 수락함 → 입다가 암몬 왕에게 사자를 보내 침략 이유를 따져 물음 → 출애굽 때 이스라엘이 암몬 땅을 점령하였으므로 옛 영토를 회복하려는 것이라는 답변 → 입다는 출애굽 광야 여정을 상세히 설명하면서 이미 300년 동안 이스라엘이 거주해 온 땅이며 하나님이 주신 땅이지 단순히 암몬의 땅을 빼앗은 것이 아님을 강조 → 암몬 왕이 말을 듣지 않음 → 암몬과의 전쟁이 일어나고 입다는 승리할 경우 돌아오는 길에 처음 나를 영접하는 사람을 번제물로 드리겠다는 서원을 함 → 딸이 처음으로 영접했고 결국 딸을 번제물로 드림 **(4–40)**

12장

사사 입다가 에브라임 사람들과 전투를 벌인 이야기와 소 사사 입산, 엘론, 압돈에 대한 언급이 있음

- **에브라임과 길르앗 간의 전쟁:** 입다가 외부의 적 암몬을 물리친 후 내부의 에브라임 사람들이 암몬과 싸우러 가면서 우리를 왜 부르지 않았느냐고 시비를 걸어 싸움이 일어나고 에브라임 사람 4만 2천 명이 죽었다. '입다가 길르앗 사람을 다 모으고 에브라임과 싸웠으며 길르앗 사람들이 에브라임을 쳐서 무찔렀으니 이는 에브라임의 말이 너희 길르앗 사람은 본래 에브라임에서 도망한 자로서 에브라임과 므낫세 중에 있다 하였음이라. 길르앗 사람이 에브라임 사람보다 앞서 요단 강 나루턱을 장악하고 에브라임 사람의 도망하는 자가 말하기를 청하건대 나를 건너가게 하라 하면 길르앗 사람이 그에게 묻기를 네가 에브라임 사람이냐 하여 그가 만일 아니라 하면 그에게 이르기를 쉽볼렛이라 발음하라 하여 에브라임 사람이 그렇게 바로 말하지 못하고 십볼렛이라 발음하면 길르앗 사람이 곧 그를 잡아서 요단 강 나루턱에서 죽였더라. 그 때에 에브라임 사람의 죽은 자가 사만 이천 명이었더라.'**(1–6)**
- **입다의 죽음과 사사 입산:** 입다가 사사가 된 지 6년 만에 죽고 베들레헴의 입산이 7년간 사사가 된다. '그가 아들 삼십 명과 딸 삼십 명을 두었더니 그가 딸들을 밖으로 시집보냈고 아들들을 위하여는 밖에서 여자 삼십 명을 데려왔더라. 그가 이스라엘

의 사사가 된 지 칠 년이라.'(7–10)

- **사사 엘론**: 입산에 이어 엘론이 10년간 사사를 지낸다.(11–12)
- **사사 압돈**: 엘론을 이어 압돈이 8년 동안 사사를 지낸다. '그에게 아들 사십 명과 손자 삼십 명이 있어 어린 나귀 칠십 마리를 탔더라 압돈이 이스라엘의 사사가 된 지 팔 년이라.'(13–15)

Ⅱ 역사서

사사의 출현

사사 삼손

13장 40년 동안 블레셋의 지배를 받고 있는 시대에 삼손이 나실인으로 태어난 이야기

- **블레셋 지배 40년**: 이스라엘이 다시 악을 행하여 여호와께서 40년 동안 블레셋의 지배를 받게 한다.(1)
- **나실인으로 태어난 삼손**: 소라 땅 단 지파에 속한 마노아의 아내가 불임인 상태에 있을 때 여호와 사자의 예언으로 블레셋에서 이스라엘을 구원하시기 위해 삼손이 출생한다. 삼손은 태어날 때부터 나실인이다. '그 여인이 아들을 낳으매 그의 이름을 삼손이라 하니라 그 아이가 자라매 여호와께서 그에게 복을 주시더니 소라와 에스다올 사이 마하네단에서 여호와의 영이 그를 움직이기 시작하셨더라.'(2–25)

14장 삼손이 블레셋 여자와 결혼하려 했고 혼인식에 참석한 청년 친구들에게 수수께끼를 내어 벌어지는 사건 이야기

- **블레셋 여자를 아내로 삼으려는 삼손**: 삼손은 성장하여 딤나에 있는 블레셋 여자를

아내로 삼으려 한다. '그의 부모가 그에게 이르되 네 형제들의 딸들 중에나 내 백성 중에 어찌 여자가 없어서 네가 할례받지 아니한 블레셋 사람에게 가서 아내를 맞으려 하느냐 하니 삼손이 그의 아버지에게 이르되 내가 그 여자를 좋아하오니 나를 위하여 그 여자를 데려오소서 하니라. 그 때에 블레셋 사람이 이스라엘을 다스린 까닭에 삼손이 틈을 타서 블레셋 사람을 치려 함이었으나 그의 부모는 이 일이 여호와께로부터 나온 것인 줄은 알지 못하였더라.'**(1–4)**

- **삼손의 수수께끼와 삼손의 진노**: 삼손은 블레셋과 싸우기 위한 기회를 만들 생각을 항상 하고 있었는데, 그러다가 블레셋 여자에게 반해 부모가 반대했으나 결국 인정받고 결혼하러 길을 떠났다. 딤나 포도원에 이르렀을 때 덤벼드는 사자를 맨손으로 찢어 죽이는 일이 있었고, 훗날 이 사자의 시체에 벌이 꿀을 쳤다. 이걸 가지고 신부 측 청년 친구들에게 "먹는 것에서 먹는 것이 나오고 강한 자에게서 강한 것이 나왔는데 이것이 무엇인가?"라는 수수께끼를 냈다. 결국 청년들이 신부를 협박해 문제를 맞히게 되자, 분노한 삼손은 시내로 뛰어나가 블레셋인 30명을 패 죽이고 그 옷들을 구해 와서 수수께끼를 푼 자들에게 던져 주는 사건이 일어난다.**(5–19)**
- **아내를 잃은 삼손**: 삼손의 아내는 친구의 아내로 주어졌다.**(20)**

15장 삼손이 전처의 문제로 여우 300마리 꼬리에 불을 붙여 밭에 풀어 버린 이야기와 나귀 턱뼈로 천 명을 죽인 이야기

- **삼손의 보복과 복수**: 그 일로 아내와 결별한 뒤 다시 결합하려고 아내의 집에 갔지만, 부모가 다른 남자에게 줘 버렸다는 말에 화가 난 삼손이 추수기에 여우 3백 마리를 잡아서 꼬리에 불을 붙이고 블레셋 사람들의 곡식밭에 풀어 버렸다. 화가 난 블레셋인들이 삼손의 전처와 그녀의 가족들에게 책임을 물어 죽이자, 화가 치민 삼손은 그들을 죽인 블레셋인들을 또 때려죽여서 전처와 장인의 복수를 하고 피신하였다.**(1–8)**
- **삼손을 블레셋에 넘겨주는 동족 유대인과 엔학고레**: 결국 블레셋 인들이 무서워진

그의 동족 유대인 삼천 명이 삼손을 결박하여 블레셋에 보내지지만, 동아줄이 불탄 삼과 같이 풀어졌고 근처에 떨어져 있던 나귀의 새 턱뼈를 주워 순식간에 천 명을 쳐 죽인다. '그가 말을 마치고 턱뼈를 자기 손에서 내던지고 그 곳을 라맛 레히라(턱의 산) 이름 하였더라. 삼손이 심히 목이 말라 여호와께 부르짖어 이르되 주께서 종의 손을 통하여 이 큰 구원을 베푸셨사오나 내가 이제 목말라 죽어서 할례받지 못한 자들의 손에 떨어지겠나이다 하니 하나님이 레히에서 한 우묵한 곳을 터뜨리시니 거기서 물이 솟아 나오는지라 삼손이 그것을 마시고 정신이 회복되어 소생하니 그러므로 그 샘 이름을 엔학고레(부르짖는 자의 샘)라 불렀으며 그 샘이 오늘까지 레히에 있더라.'**(9–19)**

- **삼손의 사사 20년**: 블레셋 사람의 때에 삼손이 이스라엘의 사사로 20년을 지냈다.**(20)**

16장

들릴라를 사랑한 삼손이 결국 머리를 깎여 잡혀 옥에서 맷돌을 돌리는 신세가 되었으나 다곤 축제 때 다시 괴력을 발휘하게 되어 신전을 무너뜨리며 많은 사람들을 죽이고 20년 사사 생활을 마치며 장렬한 최후를 맞는다.

- **삼손의 괴력을 보여 주는 한 사건**: 가사의 한 기생과 있을 때 삼손을 성문에 매복한 사람들이 죽이려 했을 때 성 문짝들과 두 문설주와 문빗장을 모두 어깨에 메고 가사에서 헤브론 앞산까지 62km를 달려갔다.**(1–3)**
- **들릴라의 유혹으로 투옥된 삼손과 삼손의 장렬한 최후**: 삼손이 소렉 골짜기의 들릴라라는 여인을 사랑하게 된다. 블레셋 방백들이 들릴라를 매수하여 네 번 만에 삼손의 괴력이 나실인으로서 머리칼에 있음을 알아내었고 삼손을 잡아 눈을 빼고 옥에서 맷돌을 돌리게 한다. 삼손의 머리털이 밀린 후에 다시 자라기 시작한다. 삼손은 블레셋의 다곤 축제 때 괴력을 발휘하여 신전을 지탱하고 있는 두 기둥을 무너뜨려 삼손이 살았을 때보다 더 많은 사람을 죽이고 장렬한 최후를 맞는다.**(4–30)**
- **삼손의 장례**: '그의 형제와 아버지의 온 집이 다 내려가서 그의 시체를 가지고 올라

가서 소라와 에스다올 사이 그의 아버지 마노아의 장지에 장사 하니라. 삼손이 이스라엘의 사사로 이십 년 동안 지냈더라.'(31)

종교 지도자 레위인의 문제

미가와 단 지파의 우상숭배 그리고 미가와 단 지파의 제사장이 된 유다 베들레헴 레위인 청년

17장

우상숭배를 하는 미가의 집에 신상을 만들고 레위인까지 고용하여 제사장을 삼고 여호와께서 복 주실 것이라고 기뻐하는 어처구니없는 이야기

- **미가를 위한 신상과 미가의 제사장이 된 유다 베들레헴의 레위인 청년**: 에브라임 산지에 살고 있는 미가가 어머니에게서 훔친 돈, 은 천백을 돌려주자 그 돈 중 이백을 들여 신상을 만들고 에봇과 드라빔을 만들었는데 유다 베들레헴의 레위인 청년이 미가 집의 아들처럼 되어 삯을 받는 제사장이 되었다. '그 때에는 이스라엘에 왕이 없었으므로 사람마다 자기 소견에 옳은 대로 행하였더라. 유다 가족에 속한 유다 베들레헴에 한 청년이 있었으니 그는 레위인으로서 거기서 거류하였더라. 그 사람이 거주할 곳을 찾고자 하여 그 성읍 유다 베들레헴을 떠나 가다가 에브라임 산지로 가서 미가의 집에 이르매 (…) 미가가 그 레위인을 거룩하게 구별하매 그 청년이 미가의 제사장이 되어 그 집에 있었더라.'(1–12)
- **미가의 기복 신앙**: '이에 미가가 이르되 레위인이 내 제사장이 되었으니 이제 여호와께서 내게 복 주실 줄을 아노라 하니라.'(13)

18장

하나님의 백성이라는 단 지파가 라이스 땅을 점령, 단이라 개명한 후 미가가 만든 신상을 갖고 있는 레위 청년 요나단을 제사장으로 삼은 또 하나의 어처구니없는 이야기

- **이주할 땅을 찾아 나선 단 지파 정탐꾼들의 보고**: 거주할 땅을 찾아 나선 단 지파의 5명의 정탐꾼이 도중에 에브라임 산지에 있는 미가의 집에서 제사장 노릇을 하고 있는 레위인을 만났고 라이스로 가서 정탐한 후 좋은 땅이라고 단 지파에 보고한다.(1–10)
- **미가의 신상을 강탈하고 레위인을 제사장으로 삼은 단 지파**: 단 지파의 가족 중 6백명이 무장하고 떠나 먼저 에브라임 산지 미가의 집에 당도하고 레위인을 단 지파의 제사장으로 삼겠다 했고 레위인도 기뻐하며 에봇과 드라빔과 새긴 우상을 갖고 따라나선다. 단 지파는 라이스를 점령하고 성읍을 세우고 거기서 거주한다.(11–28)
- **단 지파의 우상숭배**: 라이스라는 성읍 이름을 단이라 바꿨고 레위 청년 요나단은 제사장이 되어 하나님의 집이 실로에 있을 동안에 미가가 만든바 새긴 신상이 단 자손에게 있었다.(29–31)

종교 지도자 레위인의 문제

타락한 레위인 가정의 비극

19장

레위인 첩이 베냐민 지역에서 불량배들에게 능욕당한 후 죽게 되고 화가 난 레위인은 시체를 12덩이로 나눈 후 이스라엘 사람들에게 보냈다는 황당한 이야기

- **첩을 찾으러 베들레헴으로 간 한 레위인**: 이스라엘에 왕이 없을 때 에브라임 산지에 사는 어떤 레위인이 베들레헴에서 첩을 맞았는데 그 첩이 행음하고 친정에 가서 4개월 동안 있었다.(1–2)

- **첩을 찾아 귀가하는 도중 베냐민에 속한 기브아에 유숙하게 된 레위인**: 레위인은 장인 집으로 가 삼고초려하여 첩을 데리고 집으로 돌아가는 길에 해가 진 후 베냐민에 속한 기브아에 도착하여 한 노인 집에 유숙하게 된다.(3-21)
- **불량배들에게 능욕당한 후 죽은 첩**: 노인 집에 유숙할 때 불량배들이 나타났고 결국 첩이 밤새 능욕당한 후 죽게 된다.(22-26)
- **첩의 시체를 12덩이로 나누어 이스라엘 사방에 보낸 레위인**: 레위인은 첩의 시체를 집으로 이동한 후 시체를 12덩이로 나누어 이스라엘 사람들에게 두루 보낸다. '그것을 보는 자가 다 이르되 이스라엘 자손이 애굽 땅에서 올라온 날부터 오늘까지 이런 일은 일어나지도 아니하였고 보지도 못하였도다. 이 일을 생각하고 상의한 후에 말하자 하니라.'(27-30)

20장

미스바에서 열린 이스라엘 총회의 결의에 따라 궁극에는 베냐민 지파를 전멸시킨다.

- **이스라엘 총회에 악행을 고발한 레위인**: '이에 모든 이스라엘 자손이 단에서부터 브엘세바까지와 길르앗 땅에서 나와서 그 회중이 일제히 미스바에서 여호와 앞에 모였으니 온 백성의 어른 곧 이스라엘 모든 지파의 어른들은 하나님 백성의 총회에 섰고 칼을 빼는 보병은 사십만 명'이었다. 레위인은 베냐민 불량배들의 악행과 자신이 첩의 시체를 쪼개어 보낸 사실을 미스바에서 열린 이스라엘 총회에서 고발하였다. '이스라엘 자손들아 너희가 다 여기 있은즉 너희의 의견과 방책을 낼지니라 하니라.'(1-7)
- **베냐민 지파를 징계하기로 한 총회의 결의**: 총회에서는 기브아 사람들을 그들이 행한 대로 징계할 것을 결의한다. '이와 같이 이스라엘 모든 사람이 하나 같이 합심하여 그 성읍을 치려고 모였더라.'(8-11)
- **맞서 싸우기로 결의한 베냐민 사람들**: 베냐민 사람들은 오히려 맞서 싸우기로 결의

한다. '도리어 성읍들로부터 기브아에 모이고 나가서 이스라엘 자손과 싸우고자 하니라 그 때에 그 성읍들로부터 나온 베냐민 자손의 수는 칼을 빼는 자가 모두 이만 육천 명이요 그 외에 기브아 주민 중 택한 자가 칠백 명인데 이 모든 백성 중에서 택한 칠백 명은 다 왼손잡이라 물매로 돌을 던지면 조금도 틀림이 없는 자들이더라.'(12-16)

- **두 차례에 걸친 전투**: 1차, 2차 접전에서 오히려 이스라엘 쪽이 2만 2천 명, 1만 8천 명이 전사한다.(17-25)
- **베냐민을 전멸시킨 3차전**: 이에 온 이스라엘이 회개한 후 3차전을 벌여 베냐민을 전멸시킨다. '이에 온 이스라엘 자손 모든 백성이 올라가 벧엘에 이르러 울며 거기서 여호와 앞에 앉아서 그 날이 저물도록 금식하고 번제와 화목제를 여호와 앞에 드리고 (…) 이스라엘 사람이 베냐민 자손에게로 돌아와서 온 성읍과 가축과 만나는 자를 다 칼날로 치고 닥치는 성읍은 모두 다 불살랐더라.'(26-48)

21장

베냐민 지파가 완전히 멸절되어 12지파 중 1지파가 완전히 없어질 상황에 처한 이스라엘 백성들이 아내 없이 남아 있는 베냐민 남자들 6백 명에게 아내를 만들어 주는 또 하나의 황당한 이야기. 이 모든 일들이 '이스라엘에 왕이 없으므로 사람이 각기 자기의 소견에 옳은 대로 행하였더라'라고 하여 왕정 시대를 예고하고 있다.

- **베냐민 지파로 인한 애곡**: 이스라엘 사람들이 미스바 총회에서 누구도 베냐민 사람에게 딸을 아내로 주어서는 안 된다는 결의를 하고 나서 이스라엘 지파 중 한 지파가 온전히 없어질 결의를 한 것이라고 한탄을 한다. '이스라엘 사람들이 미스바에서 맹세하여 이르기를 우리 중에 누구든지 딸을 베냐민 사람에게 아내로 주지 아니하리라 하였더라. 백성이 벧엘에 이르러 거기서 저녁까지 하나님 앞에 앉아서 큰 소리로 울며 이르되 이스라엘의 하나님 여호와여 어찌하여 이스라엘에 이런 일이 생겨서 오늘 이스라엘 중에 한 지파가 없어지게 하시나이까 하더니 이튿날에 백성이

일찍이 일어나 거기에 한 제단을 쌓고 번제와 화목제를 드렸더라.'(1–7)

- **베냐민 지파를 살려 내기 위한 방안**: 1) 미스바 총회에 참석하지 않은 야베스 길르앗(요단 동쪽 길르앗에 있는 갓 지파 성읍)을 진멸한 후 남자를 알지 못하는 처녀 4백 명을 확보 2) 부족한 2백 명은 실로에서 매년 개최되는 명절 축제 때 춤추러 나온 실로 여자들을 보쌈해 가는 방법을 쓰기로 했고 베냐민 남자들이 그대로 실행하였다.**(8–24)**
- **이스라엘에 왕이 없으므로**: 이상에서 일어난 황당하고 어처구니없는 일들은 '이스라엘에 왕이 없으므로 사람이 각기 자기의 소견에 옳은 대로 행하였더라'는 말로 결론짓는다.**(25)**

룻기 핵심정리

룻기의 의의

- 우상숭배와 폭력과 무질서가 만연했고, 가나안 족속과의 전쟁도 자주 있었으며 종교적, 도덕적 타락이 극심했었던 위기와 절망의 사사 시대에 하나님을 충성스럽게 따랐던 사람들의 이야기이다. 룻기는 암흑 속에 빛나는 진주 같은 이야기로서 무책임한 시기에 책임 있는 삶을 살라는 교훈을 준다.
- 룻기의 중심 인물은 나오미, 룻, 보아스이다. 룻은 모압에서 온 이방 여인이었고 보아스도 여리고성의 창녀였던 라합의 후손이었으나 그리스도의 계보로 이어지는 사람들이다.
- 룻은 다윗의 증조모였으며, 그리스도의 계보에 포함된 비유대인 네 명 중 한 명이다: 1) 가나안 여인 다말 2) 가나안 기생 라합 3) 모압인 룻 4) 헷 족속 밧세바
- 룻기는 에스더서와 더불어 여자 이름을 따라 명명된 성경책이다. 에스더는 이방 왕과 결혼한 유대 여자였고 룻은 유대 남자와 결혼한 이방 여자였다.
- 보아스는 예수 그리스도의 예증이다. 보아스는 룻을 구하려고 큰 은혜를 베풀었고 예수님은 온 인류를 구속하시기 위해 자신을 드리는 은혜를 베푸셨다.

기록연대와 배경

- 룻기의 기록 시기는 다윗 왕권이 시작된 직후 BC 11세기 말경인 것으로 추정한다.
- 룻기는 사사 시대에 흉년이 들었을 때부터 이야기가 시작되며 유다 베들레헴과 모압 지방이 배경이다. 아마도 흉년이 들었던 시기는 미디안에게 압제 받던 BC 12세기 후반경 사사 기드온 시대로 추정된다.
- 모압 출신인 룻은 남편 기룐이 죽은 후 시어머니 나오미와 함께 이스라엘의 베들레헴으로 이주했다.
- 룻기의 저자는 미상이나, 《탈무드》에 의하면 사무엘상·하와 사사기 및 룻기는 사무엘이 기록했다고 생각한다.

나오미의 며느리 룻

1장

나오미가 사사 시대에 흉년이 들어 모압으로 갔다가 모압 며느리 룻과 함께 베들레헴으로 귀향하는 이야기

- **모압으로 간 베들레헴 사람 나오미와 그 가족**: 사사 시대 흉년이 들었을 때 유다 베들레헴 에브랏 사람인 나오미는 남편 엘리멜렉과 두 아들 말론과 기룐이 함께 모압으로 가서 모압 여자 오르바와 룻이라는 두 며느리를 맞는다. 모압에 산 지 10년쯤 되었을 때 며느리들을 맞기 전 죽은 남편에 이어 두 아들도 모두 죽는다.(1–5)
- **나오미와 며느리 룻**: 유다 땅이 살 만해졌다는 소식을 듣고 나오미는 고향으로 돌아가기로 마음먹었고 함께 가기를 원하는 룻과 함께 귀향한다. '룻이 이르되 내게 어머니를 떠나며 어머니를 따르지 말고 돌아가라 강권하지 마옵소서 어머니께서 가시는 곳에 나도 가고 어머니께서 머무시는 곳에서 나도 머물겠나이다 어머니의 백성이 나의 백성이 되고 어머니의 하나님이 나의 하나님이 되시리니 어머니께서 죽으시는 곳에서 나도 죽어 거기 묻힐 것이라 만일 내가 죽는 일 외에 어머니를 떠나면 여호와께서 내게 벌을 내리시고 더 내리시기를 원하나이다 하는지라 나오미가 룻이 자기와 함께 가기로 굳게 결심함을 보고 그에게 말하기를 그치니라.'(6–18)
- **베들레헴에 정착한 나오미와 룻**: 나오미는 룻과 함께 보리 추수가 시작될 무렵(4월 말) 베들레헴에 도착했다. '이에 그 두 사람이 베들레헴까지 갔더라. 베들레헴에 이를 때에 온 성읍이 그들로 말미암아 떠들며 이르기를 이이가 나오미냐 하는지라 나오미가 그들에게 이르되 나를 나오미라 부르지 말고 나를 마라라 부르라 이는 전능자가 나를 심히 괴롭게 하셨음이니라.'(19–22)

보아스의 아내 룻

2장

룻이 이삭 줍는 일을 보아스의 밭에서 하게 되고 룻과 보아스가 호의적 관계를 갖게 된다는 이야기

- **보아스 밭에서 이삭 줍는 룻:** 룻은 양식을 구하기 위해 이삭 줍는 일을 하기로 결심한다. 우연히 나오미의 남편 엘리멜렉의 친족으로 2순위의 기업 무를 권리를 가진 보아스의 밭에서 이삭을 줍게 되었다.**(1–3)**
- **룻을 선대하는 보아스:** 친절한 보아스는 룻이 나오미와 함께 모압에서 온 소녀이며 매우 열심이라는 이야기를 듣고 일하는 중간에 물도 충분이 마실 수 있도록 해 주고 식사에도 관심을 가져 주는 등 선대를 해 준다. '룻이 이삭을 주우러 일어날 때에 보아스가 자기 소년들에게 명령하여 이르되 그에게 곡식 단 사이에서 줍게 하고 책망하지 말며 또 그를 위하여 곡식 다발에서 조금씩 뽑아 버려서 그에게 줍게 하고 꾸짖지 말라 하니라.'**(4–16)**
- **보아스에 관해 이야기를 나누는 룻과 나오미:** 특별한 배려에 의해 충분한 양식을 얻어 집으로 돌아온 룻은 나오미에게 보아스에 관해 이야기하고 나오미는 룻에게 보아스가 누구인지를 말해 주며 꼭 보아스 밭에서 일을 하라고 한다. '나오미가 자기 며느리에게 이르되 그가 여호와로부터 복 받기를 원하노라 그가 살아 있는 자와 죽은 자에게 은혜 베풀기를 그치지 아니하도다 하고 나오미가 또 그에게 이르되 그 사람은 우리와 가까우니 우리 기업을 무를 자 중의 하나이니라 하니라 (…) 이에 룻이 보아스의 소녀들에게 가까이 있어서 보리 추수와 밀 추수를 마치기까지 이삭을 주우며 그의 시어머니와 함께 거주하니라.'**(17–23)**

3장

나오미가 원하는 대로 룻과 보아스가 가까워진다.

- **룻이 보아스와 결합되기를 원하는 나오미**: 나오미는 룻이 친족이며 기업 무를 권리를 가진 보아스와 결합되기를 원하여 룻이 보아스에게 의도적으로 가까이할 것을 권유하고 룻은 나오미의 말을 따른다. '네가 함께 하던 하녀들을 둔 보아스는 우리의 친족이 아니냐 보라 그가 오늘 밤에 타작마당에서 보리를 까불리라 그런즉 너는 목욕하고 기름을 바르고 의복을 입고 타작마당에 내려가서 그 사람이 먹고 마시기를 다하기까지는 그에게 보이지 말고 그가 누울 때에 너는 그가 눕는 곳을 알았다가 들어가서 그의 발치 이불을 들고 거기 누우라 그가 네 할 일을 네게 알게 하리라 하니 룻이 시어머니에게 이르되 어머니의 말씀대로 내가 다 행하리이다 하니라.'(1–9)
- **기업 무를 책임을 이행할 것이라고 룻에게 약속하는 보아스**: 보아스는 룻에게 1순위의 기업 무를 권리를 가진 사람을 만나 그의 생각을 물을 것이며 그가 포기하는 경우 기업 무를 자의 책임을 룻에게 이행할 것이라고 약속한다.(10–18)

4장

보아스와 룻은 결혼하고 아들 오벳을 낳는데, 오벳은 다윗의 할아버지이다.

- **룻을 아내로 맞은 보아스**: 보아스는 성읍 장로 열 명을 증인으로 청한 후 1순위의 기업 무를 자에게서 기업 무를 권리의 포기를 확인하고 백성들과 장로들의 축복을 받으며 룻을 아내로 맞는다. '성문에 있는 모든 백성과 장로들이 이르되 우리가 증인이 되나니 여호와께서 네 집에 들어가는 여인으로 이스라엘의 집을 세운 라헬과 레아 두 사람과 같게 하시고 네가 에브랏에서 유력하고 베들레헴에서 유명하게 하시기를 원하며 여호와께서 이 젊은 여자로 말미암아 네게 상속자를 주사 네 집이 다말이 유다에게 낳아 준 베레스의 집과 같게 하시기를 원하노라 하니라.'(1–12)

- **예수의 계보에 오른 룻과 보아스:** 룻은 결혼한 후 임신하여 오벳을 낳는다. 오벳은 다윗의 아버지인 이새의 아버지로서 룻은 예수 그리스도의 계보에 오르는 인물이 되었다. '베레스의 계보는 이러하니라. 베레스는 헤스론을 낳고 헤스론은 람을 낳았고 람은 암미나답을 낳았고 암미나답은 나손을 낳았고 나손은 살몬을 낳았고 살몬은 보아스를 낳았고 보아스는 오벳을 낳았고 오벳은 이새를 낳고 이새는 다윗을 낳았더라.'(13–22)

사무엘상 핵심정리

사무엘상·하의 의의

- 사무엘상·하는 배교와 혼란의 시대였던 사사 시대에서 왜 하나님이 원하시지 않았던 왕정 시대로 갈 수 밖에 없었는가를 알 수 있도록 해 준다.
- 이스라엘 역사에서 가장 중요한 전환 시점인 사사 시대가 끝나고 본격적인 왕정 시대가 열리는 시점을 다루고 있으며, 마지막 사사인 사무엘과 초대 왕 사울, 그리고 골리앗을 물리치고 주목받게 된 다윗의 이야기가 중심이다.

기록연대와 배경

- 사무엘상·하는 히브리어 사본에서 원래 하나의 책이었다. 기록연대는 확실하지 않으나 다윗이 죽은 BC 970년경으로 추정한다.
- 이스라엘의 마지막 사사라고 할 수 있는 엘리와 사무엘로부터 시작하여 왕정 시대의 시작인 사울과 다윗 시대를 역사적 배경으로 한다.
- 당시 애굽은 세력이 약화된 상태였고 앗수르는 아직 세력을 확장하지 않은 상태였다. 그러나 이스라엘은 블레셋, 아말렉, 에돔, 암몬, 아람 등 주변 국가들과 전쟁해야 하는 상황이었다.
- 《탈무드》에서는 사무엘이 저자라고 기록하고 있으나 확정할 수는 없다. 대상 29:29에서는 '다윗 왕의 행적은 처음부터 끝까지 선견자 사무엘의 글과 선지자 나단의 글과 선견자 갓의 글에 다 기록되고'라고 되어 있어서 나단, 갓, 사무엘이 함께 기록한 것이라 생각할 수도 있다.

마지막 사사 선지자 사무엘

엘리 가문의 몰락 그리고 사무엘의 출생과 성장

1장 한나의 서원 기도와 사무엘의 출생 그리고 실로 엘리 제사장에게 맡겨진 사무엘

- **엘가나의 두 아내 한나와 브닌나**: 에브라임 산지 라마에 엘가나가 한나와 브닌나라는 두 부인과 살고 있었고 브닌나에게는 자식이 있고 한나에게는 자식이 없었다.(1-2)
- **한나를 더 사랑한 엘가나**: 엘가나는 자식이 없어 브닌나에게 괴롭힘을 받는 한나를 더 사랑했다. 엘가나는 매년 실로에 올라가 제사를 드렸고 당시 엘리의 두 아들 홉니와 비느하스가 제사장이었다.(3-8)
- **사무엘의 출생**: 한나는 아들을 주시면 하나님께 드리겠다는 서원 기도를 했고 사무엘을 출생하게 된다. '한나가 마음이 괴로워서 여호와께 기도하고 통곡하며 서원하여 이르되 만군의 여호와여 만일 주의 여종의 고통을 돌보시고 나를 기억하사 주의 여종을 잊지 아니하시고 주의 여종에게 아들을 주시면 내가 그의 평생에 그를 여호와께 드리고 삭도를 그의 머리에 대지 아니하겠나이다 (…) 한나가 임신하고 때가 이르매 아들을 낳아 사무엘이라 이름하였으니 이는 내가 여호와께 그를 구하였다 함이더라.'(9-20)
- **여호와께 드려진 사무엘**: 한나는 사무엘이 젖을 뗀 시점에 엘리에게 가서 사무엘의 평생을 여호와께 드리겠다며 맡긴다.(21-28)

2장

어리지만 경건한 사무엘과 타락한 엘리의 두 아들 홉니와 비느하스 – 하나님은 엘리 가문의 멸망과 충실한 제사장의 출현을 예고하신다.

- **한나의 노래**: 사무엘을 얻은 한나는 전지전능하신 하나님께 즐거운 마음으로 감사하며 노래한다. '여호와께서 내 마음을 기쁨으로 채우셨습니다. 여호와께서 나를 축복하시고 높여 주셨으므로 내가 원수들에게 뽐낼 수 있게 되었습니다. 주께서 나를 구해 주셨으니 나는 정말 기쁩니다. 여호와처럼 거룩하신 이는 아무도 없습니다. 주 밖에는 다른 신이 없고, 우리 하나님 같은 보호자도 없습니다 (…) 한때 배불리 먹던 자들은 이제 굶주리게 되었고, 지금까지 굶주리던 자들은 이제 주리지 않게 되었다. 자식을 낳지 못하던 자는 일곱을 낳았고 자녀를 많이 둔 자는 자식 없는 신세가 되었네 (…) 여호와는 가난하게도 하시고 부하게도 하시며, 낮추기도 하시고 높이기도 하신다 (…) 땅의 기초는 여호와의 것이다. 여호와께서 세계를 그 위에 세우셨네. 여호와는 성도들의 발걸음을 지키실 것이나, 악인은 어둠 속에서 말없이 사라지게 하시리라. 사람이 자기 힘만으로는 승리하지 못하는 법. 여호와를 대적하는 자는 산산이 깨어질 것이니 그가 하늘의 벼락으로 그들을 치시리라. 여호와는 온 세계를 심판하시고 자기가 택한 왕에게 힘을 주시며 기름 부어 세운 자에게 큰 영광을 주시리라.'(1–10)
- **엘리 제사장 앞에서 여호와를 섬기는 사무엘**: '그 후에 엘가나는 라마의 자기 집으로 돌아가고 어린 사무엘은 실로에 머물러 제사장 엘리 밑에서 여호와를 섬겼다.'(11)
- **패역한 엘리의 두 아들**: 한편 소위 제사장이라는 엘리의 두 아들은 제사용 고기를 삶을 때 갈고리로 고기를 자기 마음대로 건져 내는 등 제사를 멸시하는 패역한 행동을 하였다. '엘리의 아들들은 행실이 나빠 여호와를 알지 못하더라.'(12–17)
- **세마포 에봇을 입고 여호와를 섬기는 사무엘**: 사무엘은 어렸지만 세마포 에봇을 입고 여호와를 섬기며 성장한다. 한나는 세 아들과 두 딸을 더 낳았다.(18–21)
- **패역한 엘리의 두 아들을 죽이기로 하신 여호와의 마음**: 엘리는 매우 늙었고 엘리

의 아들들은 회막에서 수종을 드는 여인들과 동침하는 등 패역한 생활을 계속한다. 여호와의 마음은 그들을 죽이기로 작정하고 계셨다.(22-25)

- **엘리 가문의 멸망과 충실한 제사장 출현 예고:** 아이 사무엘이 점점 자라고 하나님의 은총을 받은 반면, 엘리와 두 아들의 범죄로 그들의 모든 후손, 나아가 하나님의 성소까지 각종 재난에 직면할 것이라는 여호와의 무서운 경고가 주어진다. 홉니와 비느하스가 한 날에 죽을 것과 엘리 가문의 멸망을 예고하며 하나님을 위해 충실한 제사장(사무엘, 사독, 예수 그리스도)을 일으킬 것이라고 말씀하신다.(26-36)

3장

어린 사무엘이 여호와의 전에서 여호와의 말씀을 듣는 장면을 기록하고 있으며 온 이스라엘이 사무엘을 선지자로 인정하게 되었음을 보여 준다.

- **여호와의 부르심을 받은 어린 사무엘:** 어린 사무엘이 하나님의 궤가 있는 전 안에 누워 있을 때 여호와께서 부르시는 소리를 세 번이나 엘리의 부르는 소리로 착각한다. 네 번째 부르는 소리를 들었을 때 엘리가 조언해 주어 엘리 가문의 멸망에 관한 계시를 받는다.(1-15)
- **엘리 가문 멸망 계시에 순복하는 엘리:** 엘리가 사무엘을 불러 하나님의 말씀을 숨김없이 듣고 순복한다.(16-19)
- **여호와의 선지자로 세움 받은 사무엘:** 단에서 브엘세바까지 온 이스라엘이 사무엘이 여호와의 선지자로 세우셨음을 알게 된다. '여호와께서 실로에서 다시 나타나시되 여호와께서 실로에서 여호와의 말씀으로 사무엘에게 자기를 나타내시니라.'(20-21)

마지막 사사 선지자 사무엘

블레셋과의 전쟁과 언약궤

4장

블레셋과의 전쟁에서 언약궤를 빼앗기고 엘리 가문이 몰락한다.

- **블레셋에 패하자 실로에서 언약궤를 가져온 이스라엘**: 이스라엘은 에벤에셀에 블레셋은 아벡에 진치고 싸울 때 이스라엘 군사가 4천 명이 죽음을 당하자 실로에 있는 언약궤를 가져왔으며 엘리의 두 아들도 언약궤 옆에 있었다.(1–4)
- **두려워하는 블레셋 진영**: 언약궤가 에벤에셀에 도착했을 때 이스라엘 진영에서는 환호했고 블레셋 진영에서는 두려움에 떨었다.(5–8)
- **빼앗긴 언약궤와 엘리 두 아들의 죽음**: 그러나 블레셋 진영이 대장부 같이 되어 싸우기로 결의하자 이스라엘은 3만 명이나 죽으면서 패하고 언약궤도 빼앗겼고 엘리의 두 아들 홉니와 비느하스도 죽임을 당했다.(9–11)
- **엘리 40년 사사 시대의 종말**: 실로에서 98세가 된 엘리는 두 아들이 죽었고 법궤도 빼앗겼다는 말을 듣자 의자에서 뒤로 넘어졌고 목이 부러져 죽었다. 엘리의 40년 사사 시대가 끝난 것이다. 이때 엘리의 며느리인 비느하스의 아내가 궤를 빼앗긴 것과 시아버지와 남편이 죽은 소식을 듣고 갑자기 아파 아들을 낳게 되고 아이의 이름을 '이가봇'이라 하였다. 영광이 이스라엘에서 떠났다는 의미이다.(12–22)

5장

언약궤 소동

- **아스돗 다곤 신전에 안치된 언약궤와 종기 재앙**: 블레셋은 에벤에셀에서 빼앗은 언약궤를 아스돗에 있는 다곤 신전에 들여 다곤 곁에 두자 아침에 가 보면 다곤 신상이 궤 옆에 엎드러져 있거나 머리와 두 손목이 끊어져 문지방에 있고 몸뚱이만 남아 있었다. 게다가 언약궤로 인해 독한 종기 재앙이 아스돗 지역에 내려진다.(1–7)
- **가드로 옮겨진 언약궤와 재발된 종기 재앙**: 아스돗 사람들이 두려워 언약궤를 가드

로 옮기자 그곳에서도 종기 재앙이 발생하였다.**(8–9)**

- **언약궤 공포:** 다시 언약궤를 에그론으로 옮기자 소동이 벌어지고 언약궤를 있던 곳으로 돌려보내야 한다는 소리가 높아졌다.**(10–12)**

6장

언약궤가 이스라엘로 다시 돌아왔다.
언약궤는 벧세메스를 거쳐 기럇여아림에서 70년간 있게 된다.

- **언약궤를 돌려보내기 위한 논의 – 금 독종 다섯과 금 쥐 다섯 마리:** 궤가 블레셋에 있은 지 7개월 되는 시점에서 블레셋 제사장들과 복술자들이 모여 궤를 어떻게 있던 곳으로 보낼 것인가를 논의한다. 궤를 이스라엘로 돌려보내기 위해서는 속건제를 드릴 필요가 있다고 결론을 내리고 블레셋 방백의 수효대로(아스돗, 가사, 아스글론, 가드, 에그론) 금 독종 다섯과 금 쥐 다섯 마리를 준비하고 새 수레 하나를 만들어 멍에를 메어 보지 아니한 젖소 두 마리를 끌어다 수레를 메우고 금으로 만든 물건들은 상자에 담아 궤 곁에 두어 보내야 한다고 결정한다. 그런데 만일 궤가 벧세메스로 직행한다면 그것은 궤로 인한 것이지 우연이 아니었다 생각할 수 있을 것으로 의견을 모았다.**(1–9)**
- **벧세메스로 직행하는 언약궤를 실은 암소:** 암소가 좌우로 치우치지 않고 벧세메스로 직행했으며 궤가 돌아오는 모습을 본 벧세메스 사람들이 기뻐했다. 그러나 궤를 들여다보았던 70명이 죽었다.**(10–19)**
- **언약궤는 기럇여아림에서 70년 동안 있게 된다:** 최종적으로 궤는 기럇여아림으로 보내졌고 다윗이 왕이 되어 궤를 예루살렘으로 옮겨가기 전까지 70년간 그곳에 있게 된다.**(20–21)**

사무엘의 사역과 왕을 요구하는 백성들

7장

사무엘은 언약궤가 기럇여아림에 있은 지 20년이 되는 해에 미스바에서 대 성회를 열었고 블레셋과의 전투에서 승리한 후 여호와께서 여기까지 도우셨다는 의미의 '에벤에셀'이라는 기념 석을 남긴다.
사무엘은 벧엘, 길갈, 미스바, 라마를 순회하며 이스라엘을 다스렸다.

- **바알과 아스다롯을 제거한 이스라엘 백성**: 궤가 기럇여아림에 있은 지 20년이 되는 시점에 사무엘이 온 족속에게 전심으로 여호와께 돌아오라고 전하는 소리에 백성들은 바알과 아스다롯을 제거하고 여호와만 섬기게 된다. 궤가 기럇여아림에 있는 동안에는 산에 사는 레위인 아비나답의 집에 들여놓고 아비나답의 아들 엘리아살이 지켰다.**(1–4)**
- **미스바에서 치리한 사무엘**: 사무엘은 미스바에 온 이스라엘을 모아 대 성회를 열었고 미스바에서 이스라엘을 다스렸다.**(5–6)**
- **블레셋에 승리한 이스라엘**: 블레셋 사람들이 미스바로 이스라엘을 치러 올라왔고 사무엘이 번제를 드리고 여호와께 부르짖어 여호와의 응답을 받는다. 여호와께서 우레를 발하여 블레셋이 패하고 이스라엘이 승리하도록 하셨다.**(7–11)**
- **도움의 돌 에벤에셀**: 사무엘이 돌을 취하여 미스바와 센 사이에 세워 여기까지 우리를 도우셨다는 의미로 에벤에셀이라 명했다. 4장에서 언급한 에벤에셀은 한 지역의 명칭인 데 비해 여기서는 다만 '도움의 돌'이라는 뜻의 돌의 이름이다.**(12)**
- **이스라엘 동쪽 지역 회복**: 사무엘이 사는 동안 블레셋 사람들을 막으셨고 아벡 전투로 블레셋에게 빼앗겼던 에그론으로부터 가드까지의 동쪽 지역들이 이스라엘로 회복되었다.**(13–14)**
- **사무엘의 순회 정치**: '사무엘이 사는 날 동안에 이스라엘을 다스렸으되 해마다 벧엘

과 길갈과 미스바로 순회하여 그 모든 곳에서 이스라엘을 다스렸고 라마로 돌아왔으니 이는 거기에 자기 집이 있음이니라. 거기서도 이스라엘을 다스렸으며 또 거기에 여호와를 위하여 제단을 쌓았더라.'(15–17)

8장 사무엘의 두 아들은 패역한 사사의 모습을 보였고, 불만인 백성들은 왕을 요구한다.

- **패역한 사무엘의 두 아들**: 사무엘은 늙었고 그의 두 아들 요엘과 아비야를 브엘세바에서 사사로 세웠으나 뇌물을 받고 판결을 굽게 하는 등 패역한 행동을 보인다.(1–3)
- **왕을 요구하는 장로들과 여호와의 말씀**: 불만을 품은 장로들이 사무엘에게 우리에게도 왕을 세우라는 요구를 한다. 여호와께서 사무엘에게 백성이 요구하는 말을 들으라고 하신다. 그들이 너를 버리는 것이 아니라 나를 버려 하나님이 왕이 되지 못하게 하려는 것이라 말씀하신다. '내가 그들을 애굽에서 인도하여 낸 날부터 오늘까지 그들이 모든 행사로 나를 버리고 다른 신들을 섬김 같이 네게도 그리하는도다.'(4–8)
- **왕정 제도의 문제를 알고도 계속 왕을 요구하는 백성들**: 그러나 여호와께서는 그들에게 왕의 제도를 가르치라고 말씀하신다. 사무엘은 왕정 제도가 되면 징병 제도, 높은 세금 등 결국 백성들은 왕의 종처럼 살 것임을 알려 주었으나 백성들은 사무엘의 말 듣기를 거절하고 계속 왕을 요구하였다. '여호와께서 사무엘에게 이르시되 그들의 말을 들어 왕을 세우라 하시니 사무엘이 이스라엘 사람들에게 이르되 너희는 각기 성읍으로 돌아가라 하니라.'(9–22)

이스라엘 초대 왕 사울

왕으로 선택되는 사울

9장 **베냐민 지파 기스의 아들 사울이 아버지의 잃어버린 암나귀를 찾아 헤매다가 사무엘을 만나는 이야기**

- **사울의 가문과 인물**: 베냐민 지파 기스의 아들 사울은 키 크고 준수하며 효성이 지극한 소년이었다. 키는 모든 백성보다 어깨 위만큼 더 컸다.(1–2)
- **아버지 심부름을 간 사울과 사환의 조언**: 사울은 아버지가 잃어버린 암나귀를 찾기 위해 한 사환을 데리고 에브라임 산지와 베냐민 땅을 두루 다니다가 사무엘의 고향 라마 근처 숩 땅에 이르러 아버지가 아들 걱정을 하실까 두려워할 때 사환이 이 근처에 사람들로부터 존경받는 사람이 있는데 혹시 그가 우리에게 갈 길을 가르쳐 줄는지 모르겠다고 제안한다.(3–13)
- **사무엘을 만난 사울**: 사울은 마침 산당으로 올라가려는 사무엘을 만난다.(14)
- **사무엘에 임한 여호와의 계시**: 한편 사울이 오기 전날 여호와께서 사무엘에게 내일 이맘때에 한 사람을 보내리니 기름 부어 이스라엘 지도자로 삼으라고 말씀하신 바 있었다. '사무엘이 사울을 볼 때에 여호와께서 그에게 이르시되 보라 이는 내가 네게 말한 사람이니 이가 내 백성을 다스리리라 하시니라.'(15–17)
- **사무엘과 사울의 만남과 대담**: 사울은 선견자 사무엘을 만났고 사무엘이 사울에게 암나귀는 이미 찾았으니 걱정 말라면서 이미 30명가량 모여 있는 객실로 가서 사울을 상석에 앉힌 후 미리 준비해 두었던 요리를 함께 먹고 사무엘과 사울은 산당에서 내려 성읍으로 들어가 지붕에서 대화를 나눈다. '그들이 일찍이 일어날 새 동틀 때쯤이라 사무엘이 지붕에서 사울을 불러 이르되 일어나라 내가 너를 보내리라 하

매 사울이 일어나고 그 두 사람 사울과 사무엘이 함께 밖으로 나가서 성읍 끝에 이르매 사무엘이 사울에게 이르되 사환에게 우리를 앞서게 하라 하니라. 사환이 앞서 가므로 또 이르되 너는 이제 잠깐 서 있으라. 내가 하나님의 말씀을 네게 들려주리라 하더라.'(18–27)

10장

사무엘이 사울에게 기름 부어 왕으로 택정하고, 미스바에 모든 백성을 모아 사울을 선택하는 절차를 밟아 이스라엘의 왕을 삼는다.

- **사울이 기름 부음을 받고 예언함**: 사무엘이 사울에게 기름 부어 지도자로 택정한다. 사무엘은 사울에게 돌아가면서 미칠 세 가지 징조를 알려 주었다. 1) 당신은 돌아갈 때 베냐민 땅의 셀사에 있는 라헬의 무덤 곁에서 두 사람을 만날 것이며 그들은 이렇게 말할 것이오. 당신이 찾으러 간 나귀들을 찾게 되어 당신의 아버지는 한시름 놓았으나 오히려 당신을 걱정하며 어떻게 하면 당신을 찾겠느냐고 물었습니다. 2) 그리고 당신이 다볼의 상수리나무에 이르면 하나님께 예배하러 벧엘로 올라가는 세 사람이 맞은편에서 오고 있는 것을 보게 될 것이오. 그들 중 한 사람은 염소 새끼 세 마리를 끌고 올 것이며 또 한 사람은 빵 세 덩이를 가졌고 다른 한 사람은 포도주 한 부대를 가지고 있을 것이오. 그들이 당신에게 인사하고 그 빵 두 덩이를 줄 것이며 당신은 그것을 받게 될 것이오. 3) 그 후에 당신은 블레셋군의 주둔지가 있는 '하나님의 산'으로 가게 될 것이오. 당신이 그곳에 도착하면 산당에서 떼 지어 내려오는 예언자들을 만날 것이며 그들은 내려오면서 피리를 불고 북을 치며 수금을 켜고 비파를 타면서 예언할 것이오. 그때 당신은 여호와의 성령에 완전히 사로잡혀 당신도 그들과 함께 예언하고 변하여 다른 사람이 될 것이오. 사울이 사무엘에게서 떠나려 할 때 하나님이 새 마음을 주셨고 세 가지 징조도 모두 일어났고 하나님의 영이 사울에게 크게 임하여 예언을 시작하는 이적이 일어났다.(1–13)
- **사울의 귀로**: '사울의 삼촌이 사울과 그 하인을 보고 물었다. 도대체 너희들은 어디 갔었느냐? 우리는 당나귀를 찾으러 갔다가 찾을 수 없어서 예언자 사무엘에게 물어

보려고 갔었습니다. 그래? 그가 뭐라고 하더냐? 그가 당나귀를 찾았다고 말해 주었습니다. 그러나 사울은 자기가 왕으로 기름 부음을 받았다는 이야기는 하지 않았다.'(14–16)

- **이스라엘 최초의 왕 사울**: 사무엘이 백성을 미스바 여호와 앞으로 불러 모으고 너희가 출애굽 시켜 주신 하나님을 버리고 왕을 세우라고 요구하니 지파별로 천 명씩 여호와 앞으로 나오라고 말한다. 제비를 뽑으니 베냐민 지파 마드리 가족 시스의 아들 사울이 선택되었으나 찾지를 못한다. 백성들이 짐 보따리 더미에 숨어 있던 사울을 찾아내고 모든 백성이 왕의 만세를 불렀다. 물론 일부 백성들은 사울을 멸시했지만 사울은 잠잠했다. 초기의 사울은 신중하고 자제력 있는 행동을 보였다.(17–27)

이스라엘 초대 왕 사울

사울의 초기 통치를 통해 강화되는 왕권

11장

사울이 암몬의 공격을 받은 길르앗 야베스 사람들을 정치-군사적 지휘력 발휘로 해결해 낸 후 길갈에서 왕으로 우뚝 세워져 왕권이 다져지는 과정이다.

- **곤경에 처한 야베스 사람들이 사울에게 전령을 보낸다**: 므낫세 지파에게 분배된 땅인 길르앗 야베스에 암몬 사람 나하스가 군사를 몰고 쳐들어와 너희 오른 눈을 다 빼야 너희와 언약할 것이라 협박한다. 야베스에서는 전령을 사울이 살고 있는 기브아로 보내어 백성들에게 전하자 모든 백성이 울고 있는데 마침 소를 몰고 밭에서 오던 사울이 이 사실을 알게 된다. 사울이 왕으로 선출되기는 했으나 중앙정부 구성이 아직 안 된 상태에서 당분간 예전 모습으로 생활하고 있었다.(1–5)
- **사울의 출병령**: 사울이 전국에 출병령을 내린다. 베섹에 모인 이스라엘 자손이 30만 명이고 유다 사람이 3만 명이었다.(6–8)

- **사울의 대승과 관용**: 사울이 암몬을 공격하여 전멸시킨다. 이를 본 백성들이 사울이 왕이 되는 것을 반대한 자들은 죽여야 한다고 흥분하나 사울은 여호와께서 구원을 베푼 것이니 그러면 안 된다고 말한다. 사울이 왕이 되고 나서 초기에는 그 성품이 얼마나 겸손하고 관용이 있었는가를 보여 준다.(9–13)
- **다져지는 사울의 왕권**: 사무엘이 모든 백성을 길갈로 데리고 가서 그곳에서 사울을 왕으로 세우므로 사울의 왕권이 다져지게 된다.(14–15)

이스라엘 초대 왕 사울

사무엘의 양심선언과 왕을 택한 이스라엘에 대한 경고

12장

사무엘은 양심선언을 통해 자신을 포함한 사사들을 하나님이 왜 세웠을까를 반문하고, 하나님이 이스라엘의 왕으로서 지금까지 인도하신 과거를 회상하며 이왕 왕정 제도가 수립되었으니 왕과 백성이 하나님만을 믿고 따르라고 한다. 그렇지 않을 경우 다시 하나님의 심판이 있을 것이라 경고한다.

- **사무엘의 양심선언**: 왕정 제도가 공식화된 후 사무엘이 양심선언을 한다. 사무엘이 사사로 활동하면서 어떤 부정을 저지른 적이 있는가라고 백성들에게 물으니 그렇지 않다고 대답한다. 즉 사무엘이 사사로서 그 임무를 수행하는 동안 전혀 책임질 것이 없었음을 증언한 것이었으므로 백성들이 왕을 구한 자신들의 잘못을 스스로 인정한 셈이 된 것이다.(1–5)
- **이스라엘의 배역 가능성에 대한 경고**: 사무엘은 모세와 아론을 세워 출애굽 한 후 이곳 가나안 땅에서 살도록 한 것이 여호와이신데 백성들은 하나님을 잊으므로 블레셋, 모압 등 외부 세력을 통해 이스라엘을 심판하셨고, 백성들은 부르짖고 그러면 다시 사사를 세웠으며 (…) 그러면서 여호와가 이스라엘의 왕이신데 백성들이 인간 왕을 구하여 왕을 세운 것이 아니냐? 이제부터 왕이 여호와를 섬긴다면 좋겠지

만 그렇지 않다면 하나님이 다시 너희를 치실 것이라 하여 이스라엘의 배역 가능성을 경고하였다.(6–15)

- **하나님의 능력을 보여 주는 사무엘**: 사무엘은 다시 하나님의 이적을 행하시는 능력을 보여 주기 위해, 비가 전혀 내리지 않는 시기, 밀 베는 때인 오늘 우레와 비가 올 것이라 말하자 우레와 비가 내렸고 백성들이 두려워했다.(16–18)
- **백성들에 대한 위로와 경각심 고취**: 백성들이 왕을 구한 죄를 자복한다. 사무엘은 앞으로도 너희들이 헛된 것을 따르지 않고 여호와만을 섬긴다면 문제될 것이 없을 것이며, 여호와께서는 이스라엘을 자기 백성으로 삼으신 것을 기뻐하셨으므로 이스라엘을 버리지 않을 것이라 말한다. 그러나 만일 너희가 여전히 악을 행한다면 너희와 너희 왕이 다 멸망할 것이라고 경고한다.(19–25)

이스라엘 초대 왕 사울

사울의 첫 번째 실패와 요나단의 모험

13장

사울이 믹마스에 집결한 블레셋 군대와 대면한 상황에서 사무엘을 기다리다 자신이 직접 번제를 올리는 망령된 행동으로 하나님께 범죄하여 당대로 왕이 끝날 것이라는 선언을 듣는다.

- **블레셋 대군을 두려워하는 이스라엘 백성들**: 사울이 40세에 왕이 되고 2년째, 상비군을 두고 요나단으로 하여금 게바에 있는 블레셋 수비대를 공격하도록 하였다. 블레셋이 대군을 거느리고 믹마스에 진을 치자 이스라엘 백성들이 두려워한다.(1–6)
- **사울의 망령된 행동**: 사울은 길갈로 이스라엘 백성에게 군사 소집령을 내리고 사무엘이 와서 번제를 드릴 것을 기다리다 오지 않으므로 사울이 직접 번제를 드리는 망령된 행동을 하였다.(7–9)
- **사울의 불순종을 지적하는 사무엘**: 사울이 집도한 번제가 그치자 사무엘이 도착한

다. 사무엘이 사울에게 여호와께서 왕에게 내린 명령을 지키지 않았기 때문에 사울 왕의 나라가 길지 못할 것이라 선언한다. 즉 사울 왕의 당대에서 끝날 것이라는 의미이다.(10–14)

- **블레셋과의 교전 준비**: 사울과 요나단 이외에 백성들에게는 칼도 창도 없는 상황에서 블레셋 군대가 믹마스 어귀에 이르렀다.(15–23)

14장

요나단의 용감한 활약을 통해 극적으로 승리하는 장면을 묘사하고 사울의 독단적 금식령으로 인해 요나단이 죽을 뻔하고 백성들이 피째 먹음으로 율법을 범하는 상황을 그리고 있다.

- **요나단의 극적 승리**: 하루는 요나단이 누구에게도 알리지 않고 부하 무기를 든 소년 한 명과 험준한 바위틈을 통과하고 적진으로 들어가 하나님의 도우심으로 극적 승리를 거둔다. '요나단이 이르되 보라 우리가 그 사람들에게로 건너가서 그들에게 보이리니 그들이 만일 우리에게 이르기를 우리가 너희에게로 가기를 기다리라 하면 우리는 우리가 있는 곳에 가만히 서서 그들에게로 올라가지 말 것이요 그들이 만일 말하기를 우리에게로 올라오라 하면 우리가 올라갈 것은 여호와께서 그들을 우리 손에 넘기셨음이니 이것이 우리에게 표징이 되리라 하고 (…) 요나단과 그 무기를 든 자가 반나절 갈이 땅 안에서 처음으로 쳐죽인 자가 이십 명 가량이라 들에 있는 진영과 모든 백성들이 공포에 떨었고 부대와 노략꾼들도 떨었으며 땅도 진동하였으니 이는 큰 떨림이었더라.'(1–15)
- **블레셋 진영의 패배와 사울의 독단적 금식령**: 사울은 블레셋 군대가 무너져 당황하고 있는 모습을 확인한 후 의기양양해 한다. 그러나 사울이 백성들에게 원수들에게 보복하는 저녁때까지 아무것도 먹지 말라는 이기적이며 독단적 결정을 했기 때문에 모든 백성이 피곤에 지쳤다. '여호와께서 그 날에 이스라엘을 구원하시므로 전쟁이 벧아웬을 지나니라. 이 날에 이스라엘 백성들이 피곤하였으니 이는 사울이 백성에게 맹세시켜 경계하여 이르기를 저녁 곧 내가 내 원수에게 보복하는 때까지 아무 음식물이든지 먹는 사람은 저주를 받을지어다 하였음이라 그러므로 모든 백성이 음

식물을 맛보지 못하고 그들이 다 수풀에 들어간즉 땅에 꿀이 있더라. 백성이 수풀로 들어갈 때에 꿀이 흐르는 것을 보고도 그들이 맹세를 두려워하여 손을 그 입에 대는 자가 없었으나.'(16–26)

- **요나단의 실수와 백성들의 범죄**: 한편 사울의 금식령을 듣지 못했던 요나단은 지팡이로 꿀을 찍어 먹었다. 백성은 전쟁에서의 승리 후 탈취한 양과 소 등을 피째 먹어 율법을 어기는 일이 일어난다. 놀란 사울은 처음으로 제단을 쌓았다.(27–35)
- **드러난 요나단의 실수와 백성들의 변호**: 사울은 심지어 자신의 금식령을 어긴 아들 요나단을 죽여야 한다고 했으나 백성들의 변호로 살게 된다. '백성이 사울에게 말하되 이스라엘에 이 큰 구원을 이룬 요나단이 죽겠나이까 결단코 그렇지 아니하니이다 여호와의 살아 계심을 두고 맹세하옵나니 그의 머리털 하나도 땅에 떨어지지 아니할 것은 그가 오늘 하나님과 동역하였음이니이다 하여 백성이 요나단을 구원하여 죽지 않게 하니라.'(36–45)
- **사울의 업적과 사울의 가계도**: 사울이 모압, 암몬, 에돔, 소바, 블레셋 등을 물리친 업적과 사울의 가계도를 설명하는 것으로 끝맺음을 한다. '사울이 이스라엘 왕위에 오른 후에 사방에 있는 모든 대적 곧 모압과 암몬 자손과 에돔과 소바의 왕들과 블레셋 사람들을 쳤는데 향하는 곳마다 이겼고 용감하게 아말렉 사람들을 치고 이스라엘을 그 약탈하는 자들의 손에서 건졌더라 사울의 아들은 요나단과 이스위와 말기수아요 그의 두 딸의 이름은 이러하니 맏딸의 이름은 메랍이요 작은 딸의 이름은 미갈이며 사울의 아내의 이름은 아히노암이니 아히마아스의 딸이요 그의 군사령관의 이름은 아브넬이니 사울의 숙부 넬의 아들이며 사울의 아버지는 기스요 아브넬의 아버지는 넬이니 아비엘의 아들이었더라.'(46–52)

15장

사울은 아말렉을 진멸하라는 여호와의 명령을 순종하지 않아 '순종이 제사보다 낫다'는 명언을 낳는다.
여호와께서는 사울을 이스라엘 왕으로 삼으신 것을 후회하셨다.

- **아말렉 진멸 명령**: 사울은 여호와께서 아말렉을 진멸하라는 명령을 사무엘을 통해

전달받는다. 아말렉이 이스라엘에게 행한 일 곧 애굽에서 나올 때에 길에서 대적한 일로 그들의 모든 소유를 진멸하되 모든 남녀노소와 모든 가축을 다 죽이라는 명령이었다.**(1–3)**

- **사울의 불순종**: 그러나 사울은 아말렉 왕 아각은 사로잡고 양과 소 등 가축 중에서 좋은 것은 남기고 가치 없는 것들만 죽였다.**(4–9)**
- **여호와의 후회**: 여호와께서 사울을 왕으로 세우신 것을 후회하셨다. '내가 사울을 왕으로 세운 것을 후회하노니 그가 돌이켜서 나를 따르지 아니하며 내 명령을 행하지 아니하였음이니라 하신지라 사무엘이 근심하여 온 밤을 여호와께 부르짖으니라.'**(10–11)**
- **자신의 영광만을 생각하는 사울**: 이런 와중에도 사울은 자가의 영광을 위해 갈멜에 기념비를 세우려 한다.**(12)**
- **사무엘의 책망과 사울의 변명**: 사무엘이 사울을 만나 사울이 하나님의 모든 명령을 행했다고 하자 귀에 들리는 양의 소리는 무엇이냐고 따져 물었고 사울은 백성들이 여호와께 제사 드리기 위해 가장 좋은 양과 소를 길갈로 끌어왔다고 변명한다.**(13–15)**
- **순종이 제사보다 낫다**: 사울은 계속 변명을 한다. '사울이 사무엘에게 이르되 나는 실로 여호와의 목소리를 청종하여 여호와께서 보내신 길로 가서 아말렉 왕 아각을 끌어 왔고 아말렉 사람들을 진멸하였으나 다만 백성이 그 마땅히 멸할 것 중에서 가장 좋은 것으로 길갈에서 당신의 하나님 여호와께 제사하려고 양과 소를 끌어 왔나이다 하는지라.' 사무엘은 사울에게 '순종이 제사보다 낫고 듣는 것이 숫양의 기름보다 낫다'는 명언을 남긴다. 왕이 여호와의 말씀을 버렸으므로 여호와께서도 왕을 버리실 것이라 말한다.**(16–23)**
- **사울의 후회**: 사울은 후회하나 이미 때는 늦었다. '사무엘이 사울에게 이르되 나는 왕과 함께 돌아가지 아니하리니 이는 왕이 여호와의 말씀을 버렸으므로 여호와께서 왕을 버려 이스라엘 왕이 되지 못하게 하셨음이니이다 하고 사무엘이 가려고 돌아설 때에 사울이 그의 겉옷자락을 붙잡으매 찢어진지라 사무엘이 그에게 이르되 여호와께서 오늘 이스라엘 나라를 왕에게서 떼어 왕보다 나은 왕의 이웃에게 주셨나

이다.'(24–31)

- **아각의 처형과 사울과 사무엘의 헤어짐**: 사무엘은 길갈에서 아각을 찍어 쪼개 처형한 후 라마로 가고 사울도 기브아 자기 집으로 간다. 사무엘은 죽는 날까지 사울을 만나지 않았고 여호와께서는 사울을 왕으로 삼으신 것을 후회하셨다.(32–35)

사울과 다윗

다윗의 부상과 사울의 질투

16장

사무엘이 베들레헴 이새의 8째 아들 다윗에게 기름 부었고 악령에 시달리는 사울은 다윗을 수금을 타는 자로 삼았다.

- **기름 부음을 받은 이새의 아들 다윗**: 여호와의 명을 받은 사무엘이 베들레헴 이새 집에 가서 7명의 형들을 택하지 않고 8째 아들 15세의 다윗에게 기름을 부었다. '사무엘이 기름 뿔병을 가져다가 그의 형제 중에서 그에게 부었더니 이 날 이후로 다윗이 여호와의 영에게 크게 감동 되니라. 사무엘이 떠나서 라마로 가니라.'(1–13)
- **수금 타는 자 다윗**: 사울은 악령에 시달리어 다윗을 수금을 타는 자로 삼았다. '하나님께서 부리시는 악령이 사울에게 이를 때에 다윗이 수금을 들고 와서 손으로 탄즉 사울이 상쾌하여 낫고 악령이 그에게서 떠나더라.'(14–23)

17장

골리앗에게 돌을 물매로 던져 죽인 다윗 이야기

- **블레셋의 침입**: 블레셋이 이스라엘을 침입하여 블레셋은 에베스담에 이스라엘은 엘

라 골짜기에 진을 치고 대치하였다. '블레셋 사람들은 이쪽 산에 섰고 이스라엘은 저쪽 산에 섰고 그 사이에는 골짜기가 있었더라.'(1-3)

- **골리앗의 등장**: 블레셋 쪽에서 키가 280cm나 되는 가드 사람 골리앗이 싸움을 돋우는 자로 나와 이스라엘을 모욕한다. '사울과 온 이스라엘이 블레셋 사람의 이 말을 듣고 놀라 크게 두려워하니라.'(4-11)
- **아버지 심부름으로 전쟁터에 당도한 다윗**: 3명의 형이 전투에 참여하고 있는 중 다윗이 아버지의 심부름으로 전쟁터에 당도하여 골리앗이 하는 말을 듣고 다윗이 출전하게 된다. '이새가 그의 아들 다윗에게 이르되 지금 네 형들을 위하여 이 볶은 곡식 한 에바와 이 떡 열 덩이를 가지고 진영으로 속히 가서 네 형들에게 주고 이 치즈 열 덩이를 가져다가 그들의 천부장에게 주고 네 형들의 안부를 살피고 증표를 가져오라 그 때에 사울과 그들과 이스라엘 모든 사람들은 엘라 골짜기에서 블레셋 사람들과 싸우는 중이더라.'(12-39)
- **골리앗과 맞서 골리앗을 죽이고 사울을 접견하는 다윗**: 다윗은 막대기, 매끄러운 돌 다섯 개, 물매를 가지고 골리앗과 맞서 '네가 모욕하는 이스라엘 군대의 하나님의 이름으로 네게 나아가노라' 하며 돌을 물매로 던져 골리앗의 이마를 쳐 죽인다. 그 후 사울을 접견한다. '사울은 다윗이 블레셋 사람을 향하여 나아감을 보고 군사령관 아브넬에게 묻되 아브넬아 이 소년이 누구의 아들이냐 아브넬이 이르되 왕이여 왕의 사심으로 맹세하옵나니 내가 알지 못하나이다 하매 (…) 사울이 그에게 묻되 소년이여 누구의 아들이냐 하니 다윗이 대답하되 나는 주의 종 베들레헴 사람 이새의 아들이니이다 하니라.'(40-58)

18장

백성들이 사울보다 다윗을 더 칭찬하므로 사울은 다윗을 더욱 미워하게 되고 계속 다윗을 죽일 계략을 세운다.

- **다윗을 사랑하는 요나단**: 사울의 아들 요나단이 다윗을 좋아하게 된다. '요나단의 마음이 다윗의 마음과 하나가 되어 요나단이 그를 자기 생명 같이 사랑 하니라.'(1)

- **다윗을 인정한 사울**: 사울도 다윗을 인정하여 군대의 장을 삼았다.(2–5)
- **다윗을 시기하는 사울**: 그러나 다윗이 블레셋을 물리치고 돌아올 때 여인들이 '사울이 죽인 자는 천천이요 다윗은 만만이로다'라고 노래하자 사울은 다윗을 시기하기 시작하였다.(6–9)
- **다윗을 죽이려 드는 사울**: 다음 날 하나님이 부리시는 악령에 시달리게 된 사울에게 다윗이 수금을 타고 있을 때, 사울은 다윗을 죽이려고 두 번이나 창을 던졌다.(10–11)
- **맡은 책임을 다하는 다윗**: 사울은 다윗을 전쟁터로 보내 죽게 하려는 마음으로 다윗을 천부장으로 삼았지만 다윗은 성실하게 맡은 책임을 다하여 백성들로부터 사랑을 받았다.(12–16)
- **사울의 악한 계략**: 사울의 딸 미갈이 다윗을 사랑하자, 사울은 둘을 결혼시키는 조건으로 블레셋 사람들의 표피 백 개를 원한다고 하여 그것이 올무가 되고 블레셋 사람들의 손으로 다윗을 치게 할 계략을 세운다.(17–25)
- **사울의 사위가 된 다윗**: 다윗이 블레셋 사람 2백 명을 죽이고 표피 2백 개를 사울에게 주어 사위가 된다.(26–27)
- **여호와가 함께하시는 다윗**: 사울은 다윗을 더더욱 두려워하게 되고 다윗을 죽이려 하게 되었다. '여호와께서 다윗과 함께 계심을 사울이 보고 알았고 사울의 딸 미갈도 그를 사랑하므로 사울이 다윗을 더욱더욱 두려워하여 평생에 다윗의 대적이 되니라 블레셋 사람들의 방백들이 싸우러 나오면 그들이 나올 때마다 다윗이 사울의 모든 신하보다 더 지혜롭게 행하매 이에 그의 이름이 심히 귀하게 되니라.'(28–30)

사울과 다윗

사울의 살해 음모와 다윗의 도피

19장

사울이 단창으로 다윗을 죽이려 하자 사무엘에게 도망가 나욧에서 살았고 사울은 계속 다윗을 죽이려고 추적한다.

- **다윗을 비호하는 요나단**: 사울이 아들 요나단과 신하들에게 다윗을 죽이라고 한다. 요나단은 아버지에게 다윗을 칭찬하며 그러지 말라고 비호한다. '그가 다윗에게 말하여 이르되 내 아버지 사울이 너를 죽이기를 꾀하시느니라. 그러므로 이제 청하노니 아침에 조심하여 은밀한 곳에 숨어 있으라. 내가 나가서 네가 있는 들에서 내 아버지 곁에 서서 네 일을 내 아버지와 말하다가 무엇을 보면 네게 알려 주리라.'**(1–5)**
- **계속 다윗을 죽이려 드는 사울과 나욧으로 피신한 다윗**: '사울이 요나단의 말을 듣고 맹세하되 여호와께서 살아 계심을 두고 맹세하거니와 그가 죽임을 당하지 아니하리라 요나단이 다윗을 불러 그 모든 일을 그에게 알리고 요나단이 그를 사울에게로 인도하니 그가 사울 앞에 전과 같이 있었더라.' 다시 악령에 씐 사울이 단창으로 다윗을 죽이려 하자 도피하여 집으로 갔으나 계속 사울이 전령들을 보내 죽이려 한다. 아내 미갈이 창에서 달아 내려 피신시키고 다윗은 라마로 가서 사무엘을 만나 사울의 행태를 전하고 다윗과 사무엘은 선지 학교가 있는 나욧으로 가서 살았다.**(6–18)**
- **하나님의 보호와 인도 – 사울도 선지자 중에 있느냐**: 다윗이 나욧에 있다는 소식을 들은 사울이 전령들을 세 번이나 보내고 나중에는 사울이 직접 갔으나 하나님의 영이 그들에게 임하여 전령과 사울 모두가 예언을 하였다. 그리하여 본래 의도와 다른 행동을 하는 경우 '사울도 선지자 중에 있느냐'라는 속담이 생겼다. '이에 사울도 라마로 가서 세구에 있는 큰 우물에 도착하여 물어 이르되 사무엘과 다윗이 어디 있느냐 어떤 사람이 이르되 라마 나욧에 있나이다. 사울이 라마 나욧으로 가니라 하나님의 영이 그에게도 임하시니 그가 라마 나욧에 이르기까지 걸어가며 예언을 하였으며 그가 또 그의 옷을 벗고 사무엘 앞에서 예언을 하며 하루 밤낮을 벗은 몸으로 누웠더라 그러므로 속담에 이르기를 사울도 선지자 중에 있느냐 하니라.'**(19–24)**

20장

사울이 계속 다윗을 죽이려 한다는 사실을 확인한 요나단이 다윗에게 알려 주고 다윗과 요나단은 울며 작별을 고한다.

- **다윗이 요나단을 만남**: 다윗은 사울이 예언하는 시간 동안 나욧에서 도망하여 요나단을 만나 아버지가 무슨 죄로 나를 죽이려 하는지 모르겠다고 하소연한다. '요나단이 그에게 이르되 결단코 아니라 네가 죽지 아니하리라 내 아버지께서 크고 작은 일을 내게 알리지 아니하고는 행하지 아니하나니 내 아버지께서 어찌하여 이 일은 내게 숨기리요 그렇지 아니하니라 (…) 요나단이 다윗에게 이르되 네 마음의 소원이 무엇이든지 내가 너를 위하여 그것을 이루리라.'**(1–4)**
- **요나단에게 요청하는 다윗**: 다윗이 요나단에게 내일이 초하루여서 월삭 축제가 있으나 셋째 날 저녁까지 나를 숨어 있게 하라고 요청한다.**(5–11)**
- **다윗과 요나단의 밀약**: 다윗과 요나단은 밀약한다. 사흘 후 요나단이 사울의 의중을 확인하고 다윗이 에셀 바위 근처에 있으면, 화살 셋을 쏜 후 아이에게 '화살이 이쪽에 있으니 가져오라' 말하면 아무 일도 없다는 신호이고 '화살이 네 앞쪽에 있다' 하거든 피하여 도망하라고 약속한다.**(12–23)**
- **다윗에 대한 사울의 미움**: 사울이 월삭 축제 자리에서 둘째 날 아침까지도 다윗이 없는 것에 화를 내고 심지어 다윗 편을 드는 요나단을 단창으로 죽이려 하는 행동까지 보인다. '사울이 요나단에게 화를 내며 그에게 이르되 패역무도한 계집의 소생아 네가 이새의 아들을 택한 것이 네 수치와 네 어미의 벌거벗은 수치 됨을 내가 어찌 알지 못하랴 이새의 아들이 땅에 사는 동안은 너와 네 나라가 든든히 서지 못하리라 그런즉 이제 사람을 보내어 그를 내게로 끌어 오라 그는 죽어야 할 자이니라 한지라.'**(24–34)**
- **요나단과 다윗의 작별**: 요나단은 약속대로 화살 신호를 보냈고 울며 작별한다. '아이가 가매 다윗이 곧 바위 남쪽에서 일어나서 땅에 엎드려 세 번 절한 후에 서로 입맞추고 같이 울되 다윗이 더욱 심하더니 요나단이 다윗에게 이르되 평안히 가라 우리 두 사람이 여호와의 이름으로 맹세하여 이르기를 여호와께서 영원히 나와 너 사

이에 계시고 내 자손과 네 자손 사이에 계시리라 하였느니라 하니 다윗은 일어나 떠나고 요나단은 성읍으로 들어가니라.'(35–42)

사울과 다윗

계속되는 다윗의 유랑 생활 중 일어난 일들

21장

다윗이 도망쳐 놉에서 제사장 아히멜렉을 만나 진설병과 골리앗의 검을 취한 이야기와 가드 왕 아기스에게 갔다가 미치광이 행세를 하여 위기를 넘긴 이야기

- **진설병과 골리앗의 검을 취한 다윗**: 다윗은 예루살렘 북쪽 약 4km 지점에 있는 놉에 있는 제사장 아히멜렉에게로 간다. 다윗이 도피 생활을 하고 있다는 사실을 모르는 아히멜렉에게서 진설병과 골리앗의 검을 취한다. 이때 사울의 목자장인 에돔 사람 도엑이 이 장면을 목격했다.(1–9)
- **미친 사람 흉내를 내는 다윗**: 그 날로 다윗은 계속 도망쳐 가드 왕 아기스에게로 가나 신하들이 다윗을 알아보자 미친 사람 흉내를 내어 그 자리를 피한다.(10–15)

22장

다윗은 아둘람 굴 – 모압 미스베 – 유다 헤렛 수풀로 옮겨 도망치는 이야기와 사울이 도엑에게서 아히멜렉과 다윗이 만났던 이야기를 듣고 놉의 제사장 85명을 죽인 이야기

- **아둘람 굴에 집결한 다윗 일행**: 다윗은 다시 도망하여 가드와 베들레헴 중간쯤에 위치한 아둘람 굴로 간다. 그곳에 아버지와 형제들도 피난하여 왔고 원통한 마음을 갖고 모여 온 사람들이 4백여 명 있었다. 다윗은 그들의 우두머리가 되었다.(1–2)
- **부모 형제를 피신시키는 다윗**: 다시 부모 형제를 모시고 모압 미스베로 가 모압 왕에게 피신시키고 다윗은 요새에 있었다.(3–4)

- **헤렛 수풀로 간 다윗**: 선지자 갓이 다윗에게 요새에 있지 말고 유다 땅으로 옮기라는 조언을 해 주어 헤브론 남서 8km쯤에 위치한 헤렛 수플로 갔다.(5)
- **모압 사람 도엑이 다윗에 관한 정보를 사울에게 준다**: 한편 사울은 다윗과 그와 함께한 사람들의 소식을 듣고 신하들에게 몹시 화를 내고 있었다. 그때 신하 중에 있던 모압 사람 도엑이 놉에서 아히멜렉이 다윗에게 진설병과 골리앗 검을 주는 것을 보았다는 이야기를 한다.(6–10)
- **놉의 제사장 85명이 죽임을 당하다**: 사울의 신하들이 제사장들을 죽이는 일을 마음 내켜 하지 않자 도엑에게 명하여 놉의 제사장 85명을 죽이고 그 성읍의 남녀와 아이들과 가축들을 죽였다.(11–19)
- **다윗에게 피신한 아비아달**: 아히멜렉의 아들 아비아달이 피하여 다윗에게 제사장 죽인 일을 알렸다. '다윗이 아비아달에게 이르되 그 날에 에돔 사람 도엑이 거기 있기로 그가 반드시 사울에게 말할 줄 내가 알았노라 네 아버지 집의 모든 사람 죽은 것이 나의 탓이로다. 두려워하지 말고 내게 있으라 내 생명을 찾는 자가 네 생명도 찾는 자니 네가 나와 함께 있으면 안전하리라 하니라.'(20–23)

23장

다윗이 도피 생활 중 유다 지역의 그일라를 블레셋에게서 구원하는 일을 하나 그일라 백성들이 사울에게 다윗의 소재지를 알려 주어 계속 쫓기는 신세가 된다.

- **그일라를 구원하는 다윗**: 다윗이 도망자 신세인 가운데 블레셋 유다 지역에 있는 그일라를 침공했다는 소식을 듣고 하나님께 물어본 후 그일라를 구원한다.(1–5)
- **다윗을 추격하는 사울과 그일라를 떠나는 다윗**: 어떤 사람이 사울에게 다윗이 그일라에 있다고 알려 준다. 이 사실을 안 다윗이 여호와께 과연 사울이 그일라로 나를 잡으러 올 경우, 그일라 주민들이 나를 사울에게 넘겨줄 것인가를 물어보니 그럴 것이라는 답을 얻고 그일라를 떠난다. 사울은 다윗이 그일라에서 떠났다는 소식을 듣고 그일라로 가지 않았다.(6–13)

- **십 광야로 피신하는 다윗**: 다윗은 그일라를 떠나 십 광야 수풀에 있었다. 요나단이 찾아와 아버지를 두려워 말라고 한다. 너는 이스라엘의 왕이 될 것이라고 말하며 사울도 그것을 안다고 말한다.(14-18)
- **다윗을 사울에게 밀고하는 십 사람**: 십 사람들이 기브아로 사울을 찾아가 하길라산 수풀에 다윗이 숨어 있다고 밀고한다.(19-23)
- **다윗 쫓기를 포기한 사울**: 다윗 일행이 헤브론 동남 13km 지점에 있는 마온 광야 아라바에 있음을 어떤 사람이 사울에게 알려 쫓고 쫓기는 과정에 사울이 블레셋이 침공했다는 급보를 받고 블레셋과 싸우기 위해 다윗 쫓기를 포기한다. 그곳 이름을 '도피의 바위'라는 의미로 '셀라하마느곳'이라 부르게 되었다. 즉 사울의 추격에서 다윗이 도피할 수 있게 해 준 바위라는 뜻이다. '다윗이 거기서 올라가서 엔게디 요새에 머무니라.'(24-29)

24장

다윗이 엔겐디 광야 어두운 굴속에서 용변을 보는 사울을 죽일 기회를 맞았으나 겉옷 자락만 베어 내고 이 사실을 알게 된 사울이 일시적으로 회개한다.

- **사울을 죽이지 않은 다윗**: 블레셋과 싸우다 돌아온 사울에게 어떤 사람이 다윗이 엔겐디 광야에 있다고 알려 준다. 사울은 3천 명을 거느리고 다윗을 쫓다가 마침 뒤가 급하여 굴을 발견하고 굴속에서 일을 보기 위해 들어간다. 마침 어두운 굴속에 다윗과 그의 사람들이 있었는데 다윗은 하나님이 기름 부은 자를 죽일 수 없다 하여 겉옷 자락을 칼로 베어 내는 것으로 그치고 사람들에게 사울을 해하지 말라고 한다.(1-7)
- **사울의 일시적 회개**: 다윗이 굴에서 나와 사울에게 땅에 엎드려 절하고 겉옷 자락을 보이면서 내게 악이나 죄과가 없음을 알라고 외친다. 사울이 소리 높여 울며 일시적으로 회개한다. '다윗에게 이르되 나는 너를 학대하되 너는 나를 선대하니 너는 나보다 의롭도다. 보라 나는 네가 반드시 왕이 될 것을 알고 이스라엘 나라가 네 손에 견고히 설 것을 아노니 그런즉 너는 내 후손을 끊지 아니하며 내 아버지의 집에

서 내 이름을 멸하지 아니할 것을 이제 여호와의 이름으로 내게 맹세하라 하니라. 다윗이 사울에게 맹세하매 사울은 집으로 돌아가고 다윗과 그의 사람들은 요새로 올라 가니라.'(8-22)

25장

사무엘이 죽어 장사 되고 다윗이 마온 지역에서 부자 나발을 만나 일어났던 이야기와 나발이 죽고 그의 아내 아비가일을 아내로 삼은 이야기

- **사무엘의 죽음**: 사무엘은 83세 나이에 죽어 장사 되고 다윗은 바란 광야로 간다.(1)
- **아비가일의 남편 부자 나발**: 십과 갈멜 부근 유다 구릉지에 위치한 마온에 나발이라는 부자가 있었는데 갈멜에 생업이 있어서 그곳에서 양털을 깎고 있었다. 부인은 총명하고 아름다운 아비가일이었다.(2-3)
- **나발의 도움을 요청한 다윗과 나발의 모욕**: 마온 광야에서 나발의 목자들이 양을 돌보고 있을 때 다윗 일행이 그들을 돌보아 주었었기에 다윗이 양털을 깎고 있는 나발에게 소년 10명을 보내 부하 6백 명이 먹을 양식을 기대했었다. 그러나 오히려 나발은 이새의 아들 다윗은 누구냐, 주인을 배반한 건달이 아니냐며 모욕적으로 대하고 아무것도 주지 않았다.(4-11)
- **다윗의 분노**: 이에 화가 난 다윗은 4백여 명을 무장시켜 거느리고 나발을 죽이려고 출발한다.(12-13)
- **다윗에게 모욕을 준 사실을 알게 된 아비가일**: 한편 나발의 하인 한 명이 사태의 심각성을 깨닫고 다윗 일행이 우리가 들에 있을 때 잘해 주었는데 나발이 그들에게 모욕을 주었다고 아내 아비가일에게 알려 준다.(14-17)
- **아비가일이 다윗에게 용서를 빈다**: 아비가일은 나발에게는 말하지 않고 충분한 양식을 나귀들에 싣고 다윗 일행을 만나 나발은 자기 이름처럼 '미련한 자'라고 하며 잘못을 사과하고 용서를 빈다. 그리고 가지고 온 양식을 전달하였다.(18-31)
- **노를 푸는 다윗**: 다윗은 아비가일에게 내가 오늘 복수하려는 일을 막아 주었다고

치하하며 노를 풀었다.(32–35)

- **나발의 죽음**: 아비가일이 나발에게 돌아갔을 때 잔치를 베풀고 있었고 크게 취해 있었다. 술에서 깨었을 때 다윗의 이야기를 들은 나발은 낙담하고 돌처럼 굳어 버렸다. 열흘 정도 지나 하나님의 징벌로 나발은 죽었다.(36–38)
- **다윗과 아비가일의 결혼**: 나발이 죽었다는 소식을 들은 다윗은 아비가일에게 청혼하여 아내로 삼았다.(39–42)
- **다윗의 아내들**: 다윗은 아비가일 이외에 이스르엘, 아히노암도 아내로 맞았다. 한편 사울은 다윗의 아내 미갈을 갈림에 사는 라이스의 아들 발디에게 주어 버렸다.(43–44)

26장

십 광야 앞 하길라산에 다윗이 있다는 밀고를 받은 사울이 다윗을 죽이기 위해 추격한다. 오히려 다윗이 잠들어 있는 사울을 죽일 수 있는 기회를 갖게 되나 잠든 사울에게서 창과 물병만 갖고 나오고 사울을 살려 둔다.사울은 다시 일시적으로 회개한다.

- **다시 추격에 나선 사울**: 십 사람이 기브아에 와서 사울에게 다윗이 십 광야 앞 하길라산에 숨어 있다고 밀고하고 사울은 다시 다윗을 죽이기 위해 3천 명을 데리고 추격에 나선다.(1–2)
- **잠들어 있는 사울을 알아낸 다윗**: 다윗이 사울이 추격해 온 사실을 알고 사울이 진을 친 곳에 가서 사울과 넬의 아들 군사령관 아브넬이 있음을 확인하고 사울이 진영 가운데 잠들어 있음을 알아냈다.(3–5)
- **사울을 죽일 기회에 죽이지 않는 다윗**: 다윗은 요압의 아우 아비새와 함께 누워 자고 있는 사울에게 접근하자 아비새가 창으로 사울을 죽이자고 하나 다윗은 하나님이 기름 부은 자를 죽여 죄를 범해서는 안 된다고 하며 사울의 머리 곁에서 창과 물병만을 가지고 떠나 나온다. '다윗이 사울의 머리 곁에서 창과 물병을 가지고 떠나가되 아무도 보거나 눈치 채지 못하고 깨어 있는 사람도 없었으니 이는 여호와께서 그들을 깊이 잠들게 하셨으므로 그들이 다 잠들어 있었기 때문이었더라.'(6–12)

- **아브넬을 나무라는 다윗**: 다윗은 건너편 산꼭대기에 서서 아브넬을 향해 큰 소리로 부르고 네 주 왕을 죽이려 들어간 사람이 있었는데도 왕을 보호하지 않은 것은 옳지 못하다고 외치고 창과 물병이 어디 있는지 보라고 소리친다.**(13–16)**
- **사울의 일시적 회개**: 다윗의 외치는 소리를 들은 사울은 내 아들 다윗아라고 부르며 자기가 잘못했다고 사죄한다. 이후에도 사울은 다윗을 죽이려 한 것을 보아 진정한 회개가 아니었다. 다윗과 사울이 만나지 않고 각자 자기 길을 간 것만 보아도 그런 사실을 확인할 수 있다. '사울이 이르되 내가 범죄하였도다 내 아들 다윗아 돌아오라 네가 오늘 내 생명을 귀하게 여겼은즉 내가 다시는 너를 해하려 하지 아니하리라 내가 어리석은 일을 하였으니 대단히 잘못되었도다 하는지라 (…) 사울이 다윗에게 이르되 내 아들 다윗아 네게 복이 있을지로다 네가 큰 일을 행하겠고 반드시 승리를 얻으리라 하니라 다윗은 자기 길로 가고 사울은 자기 곳으로 돌아가니라.'**(17–25)**

27장

다윗 일행이 사울로부터 완전히 벗어나기 위해 이스라엘을 떠나 블레셋 아기스 왕에게 가 시글락 땅을 얻어 사는 이야기

- **가드 왕 아기스에게 피신한 다윗**: 다윗은 사울을 피하기 위해서는 이스라엘 영토를 벗어나 블레셋으로 피하는 것이 좋겠다고 생각하고 동료 6백 명과 가족을 이끌고 가드 왕 아기스에게로 간다. 다윗도 아히노암과 아비가일 두 아내를 데리고 갔다.**(1–3)**
- **수색을 멈춘 사울**: 다윗이 가드로 도망했다는 말을 들은 사울은 다시는 다윗을 수색하지 않았다.**(4)**
- **시글락 땅을 얻어 지내는 다윗**: 다윗은 아기스에게서 시글락 땅을 얻어 거기서 살면서 1년 4개월을 지낸다.**(5–7)**
- **아기스의 신뢰를 얻은 다윗**: 다윗은 아기스에게 환심을 얻기 위해 사실은 그슬 사

람, 기르스 사람, 아말렉 사람을 침노해서 많은 약탈물을 얻었으나, 아기스에게 보고할 때에는 그가 공격한 것은 자기 족속인 유다 네겝과 여라무엘이나 겐 사람이라고 허위 보고를 했다. 이러한 거짓 보고는 블레셋 사람들로 하여금 더욱 다윗을 신뢰하도록 만들었다. '아기스가 다윗을 믿고 말하기를 다윗이 자기 백성 이스라엘에게 심히 미움을 받게 되었으니 그는 영원히 내 부하가 되리라고 생각하니라.'(8–12)

28장

사울이 블레셋 군과 대치한 상황에서 두려움을 느껴 엔돌에 있는 신접한 여인을 찾아가 사무엘의 영을 불러내고 사무엘로부터 사울과 아들들이 죽을 것이라는 말을 듣는다.

- **아기스로부터 출전 명을 받은 다윗**: 지금까지 블레셋에 충성한 것처럼 행동해 왔던 다윗이 아기스 왕으로부터 블레셋이 이스라엘과 싸우는 전투에 참전해야 한다는 명을 받는다. '다윗이 아기스에게 이르되 그러면 당신의 종이 행할 바를 아시리이다 하니 아기스가 다윗에게 이르되 그러면 내가 너를 영원히 내 머리 지키는 자를 삼으리라 하니라.'(1–2)
- **신접한 자와 박수를 쫓아낸 적이 있는 사울**: 사무엘이 죽어 장사 된 후 사울이 신접한 자와 박수를 모두 쫓아낸 적이 있었다. '사무엘이 죽었으므로 온 이스라엘이 그를 두고 슬피 울며 그의 고향 라마에 장사하였고 사울은 신접한 자와 박수를 그 땅에서 쫓아내었더라.'(3)
- **신접한 여인을 찾는 사울**: 블레셋은 수넴에 사울의 군대는 길보아산에 진을 쳐 대치하고 있는 상황에서 사울이 두려워서 변장하고 블레셋 진영과 인접한 곳에 있는 엔돌에 있다는 신접한 여인을 찾아가 사무엘을 불러내라고 한다. '여인이 그에게 이르되 네가 사울이 행한 일 곧 그가 신접한 자와 박수를 이 땅에서 멸절시켰음을 아나니 네가 어찌하여 내 생명에 올무를 놓아 나를 죽게 하려느냐 하는지라 사울이 여호와의 이름으로 그에게 맹세하여 이르되 여호와께서 살아 계심을 두고 맹세하노니 네가 이 일로는 벌을 당하지 아니하리라 하니.'(4–14)

- **패전을 예고하는 사무엘의 악령**: 나타난 사무엘(진짜 사무엘이 아니라 악령이다)은 사울과 아들들이 죽을 것이라고 말한다. '사무엘이 이르되 여호와께서 너를 떠나 네 대적이 되셨거늘 네가 어찌하여 내게 묻느냐 여호와께서 나를 통하여 말씀하신 대로 네게 행하사 나라를 네 손에서 떼어 네 이웃 다윗에게 주셨느니라. 네가 여호와의 목소리를 순종하지 아니하고 그의 진노를 아말렉에게 쏟지 아니하였으므로 여호와께서 오늘 이 일을 네게 행하셨고 여호와께서 이스라엘을 너와 함께 블레셋 사람들의 손에 넘기시리니 내일 너와 네 아들들이 나와 함께 있으리라 여호와께서 또 이스라엘 군대를 블레셋 사람들의 손에 넘기시리라 하는지라.'**(15–19)**
- **기진해진 사울**: 나타난 사무엘로 인해 심히 두려웠고 하루 밤낮을 먹지 못해 기진해진 사울은 여인이 만들어 준 음식을 먹고 떠나갔다.**(20–25)**

29장

블레셋 방백들이 다윗의 참전을 반대하여 다윗은 이스라엘과의 전투에서 빠지게 된다.

- **블레셋과 이스라엘의 대치**: '블레셋 사람들은 그들의 모든 군대를 아벡에 모았고 이스라엘 사람들은 이스르엘에 있는 샘 곁에 진 쳤더라. 블레셋 사람들의 수령들은 수백 명씩 수천 명씩 인솔하여 나아가고 다윗과 그의 사람들은 아기스와 함께 그 뒤에서 나아가더니.'**(1–2)**
- **다윗의 참전을 반대하는 블레셋 방백들**: 블레셋 군이 이스라엘 군과 대치하고 있는 상황에서 블레셋 방백들이 아기스에게 다윗의 사람들이 이 전투에 참가하는 것에 반대 의사를 보여 다윗 일행은 전투에 참여하지 않게 되었다. '이에 다윗이 자기 사람들과 더불어 아침에 일찍이 일어나서 떠나 블레셋 사람들의 땅으로 돌아가고 블레셋 사람들은 이스르엘로 올라가니라.'**(3–11)**

30장

다윗 일행이 전투에서 빠지게 되어 시글락에 도착하였지만 아말렉이 침노해 모든 가족을 잡아간 사실을 알게 된다. 다윗은 아말렉을 추적하여 진멸하고 가족을 되찾아 오고 전리품을 공평하게 나눈다.

- **아말렉이 시글락을 침노하여 백성들을 잡아감**: 전투에서 빠지게 된 다윗 일행이 사흘 만에 시글락으로 돌아왔을 때 놀라게 된다. 아말렉이 침노하여 시글락을 전부 불 지르고 모든 가족을 잡아갔기 때문이다. 다윗의 두 아내 아히노암과 아비가일도 물론 잡혀가고 없었다. '백성들이 자녀들 때문에 마음이 슬퍼서 다윗을 돌로 치자 하니 다윗이 크게 다급하였으나 그의 하나님 여호와를 힘입고 용기를 얻었더라.'(1–6)
- **다윗의 추격**: '다윗이 아히멜렉의 아들 제사장 아비아달에게 이르되 원하건대 에봇을 내게로 가져오라 아비아달이 에봇을 다윗에게로 가져가매 다윗이 여호와께 묻자와 이르되 내가 이 군대를 추격하면 따라잡겠나이까 하니 여호와께서 그에게 대답하시되 그를 쫓아가라 네가 반드시 따라잡고 도로 찾으리라.'(7–8)
- **가족을 되찾고 전리품을 공평하게 분배한 다윗**: 다윗은 6백 명의 군사 중 최종 4백 명을 거느리고 아말렉 추적에 나서 아말렉 사람의 종인 애굽 소년의 인도를 받아 잡혀갔던 모든 가족과 가축들을 되찾았고 전리품을 얻어 전쟁 참여 유무에 관계없이 모두에게 공평하게 분배하였다.(9–31)

사울과 다윗

사울의 최후

31장

블레셋과의 전투에서 사울과 아들들이 길보아산에서 모두 죽는다.

- **블레셋에 패전하여 사울 일가가 모두 죽는다**: 이스라엘은 블레셋에게 길보아산에

서 패전하여 사울과 그의 아들 요나단, 아비나답, 말기수아도 길보아산에서 죽는다. 사울은 화살에 맞아 중상을 입자 무기 든 자에게 자기를 죽이라고 하나 머뭇거리자 자신의 칼 위에 엎드러져 죽음을 맞는다. '무기를 든 자가 사울이 죽음을 보고 자기도 자기 칼 위에 엎드러져 그와 함께 죽으니라 사울과 그의 세 아들과 무기를 든 자와 그의 모든 사람이 다 그 날에 함께 죽었더라.'(1–6)

- **블레셋 사람들에 의해 모욕당하는 사울의 시신**: 블레셋 사람들이 사울의 머리를 베고 갑옷을 벗겨 갑옷은 아스다롯의 집에 두고 시체는 벧산 성벽에 못 박았다.(7–10)
- **사울과 아들들의 시체를 장사 지낸 야베스 주민들**: 길르앗 야베스 주민들이 사울과 아들들의 시체를 벧산 성벽에서 내려 야베스로 돌아가 불살라 장사 지냈다. '그의 뼈를 가져다가 야베스 에셀 나무 아래에 장사하고 칠 일 동안 금식하였더라.'(11–13)

사무엘하 핵심정리

사무엘상·하의 의의

- 사무엘상·하는 배교와 혼란의 시대였던 사사 시대에서 왜 하나님이 원하시지 않았던 왕정 시대로 갈 수밖에 없었는가를 알 수 있도록 해 준다.
- 이스라엘 역사에서 가장 중요한 전환 시점인 사사 시대가 끝나고 본격적인 왕정 시대가 열리는 시점을 다루고 있으며, 마지막 사사인 사무엘과 초대 왕 사울, 그리고 골리앗을 물리치고 주목받게 된 다윗의 이야기가 중심이다.

기록연대와 배경

- 사무엘상·하는 히브리어 사본에서 원래 하나의 책이었다. 기록연대는 확실하지 않으나 다윗이 죽은 BC 970년경으로 추정된다.
- 이스라엘의 마지막 사사라고 할 수 있는 엘리와 사무엘로부터 시작하여 왕정 시대의 시작인 사울과 다윗 시대를 역사적 배경으로 한다.
- 당시 애굽은 세력이 약화된 상태였고 앗수르는 아직 세력을 확장하지 않은 상태였다. 그러나 이스라엘은 블레셋, 아말렉, 에돔, 암몬, 아람 등 주변 국가들과 전쟁해야 하는 상황이었다.
- 《탈무드》에서는 사무엘이 저자라고 기록하고 있으나 확정할 수는 없다. 대상 29:29에서는 '다윗 왕의 행적은 처음부터 끝까지 선견자 사무엘의 글과 선지자 나단의 글과 선견자 갓의 글에 다 기록되고'라 되어 있어서 나단, 갓, 사무엘이 함께 기록한 것이라 생각할 수도 있다.

다윗 왕

헤브론에서 유다 왕이 된 다윗

II 역사서

1장 **다윗이 사울과 요나단의 전사 소식을 전해 들었고 애도하는 조가를 만들었다.**

- **사울과 요나단의 사망 소식과 죽임을 당하는 아말렉 청년**: 다윗이 아말렉을 진멸하고 시글락에 돌아오고 나서 3일째 되는 날 사울과 요나단이 죽었다는 소식을 듣는다. 어떤 한 아말렉 청년이 다윗에게 와서 사울이 죽어 가면서 자기를 죽여 달라 하기에 죽여 주었다는 말을 전했다. 이에 다윗은 어찌하여 하나님이 기름 부은 사람을 죽일 수 있느냐며 그 청년을 죽였다. 사실 그 청년은 거짓말을 한 것이었다.(1-15)
- **사울과 요나단을 위한 조가**: 다윗은 사울과 요나단의 죽음에 관한 슬픈 노래를 지어 유다 족속에게 가르치라고 한다. 사울과 요나단의 치적을 노래하고 특히 요나단에 대한 각별한 애도의 마음을 표하고 있다. '이스라엘아 네 영광이 산 위에서 죽임을 당하였도다 오호라 두 용사가 엎드러졌도다 이 일을 가드에도 알리지 말며 아스글론 거리에도 전파하지 말지어다 블레셋 사람들의 딸들이 즐거워할까, 할례받지 못한 자의 딸들이 개가를 부를까 염려로다 (…) 오호라 두 용사가 전쟁 중에 엎드러졌도다. 요나단이 네 산 위에서 죽임을 당하였도다. 내 형 요나단이여 내가 그대를 애통함은 그대는 내게 심히 아름다움이라 그대가 나를 사랑함이 기이하여 여인의 사랑보다 더하였도다.'(16-27)

2장

다윗이 헤브론에서 유다의 왕이 되어 7년 반을 재위하고, 사울의 군대 장관 아브넬이 사울의 아들 이스보셋을 마하나임에서 왕으로 옹립함으로써 두 정권의 시대가 되었다.

- **헤브론에 거주하는 다윗 가족**: 다윗은 여호와께 물어 가족들을 데리고 헤브론으로 이주한다. '다윗이 그의 두 아내 이스르엘 여인 아히노암과 갈멜 사람 나발의 아내였던 아비가일을 데리고 그리로 올라갈 때에 또 자기와 함께 한 추종자들과 그들의 가족들을 다윗이 다 데리고 올라가서 헤브론 각 성읍에 살게 하니라.'**(1-3)**
- **유다 족속의 왕이 된 다윗**: 유다 사람들이 다윗에게 기름을 부어 유다 족속의 왕으로 삼는다. 다윗은 사울을 장사 지낸 사람들이 길르앗 야베스 사람들이라는 말을 듣고 그들을 축복한다.**(4-7)**
- **이스라엘 왕 이스보셋**: 한편 사울의 군사령관 넬의 아들 아브넬이 사울의 막내아들인 40세 이스보셋을 마하나임에서 온 이스라엘의 왕으로 삼았고 이스보셋은 2년 동안 왕으로 재위한다. '사울의 아들 이스보셋이 이스라엘 왕이 될 때에 나이가 사십 세이며 두 해 동안 왕위에 있으니라 유다 족속은 다윗을 따르니.'**(8-10)**
- **이스보셋 측 신복들과 다윗 측 신복들 간의 대결**: 다윗이 유다 족속의 왕이 된 지 7년 6개월 되던 때에, 이스보셋 측의 아브넬을 비롯한 신복들과 다윗 측의 요압을 비롯한 신복들 간의 대결이 기브온 못가에서 이루어진다. 12대 12명의 대결로 모두가 칼에 쓰러졌다. 양측 간의 싸움이 매우 맹렬했는데 아브넬 측이 패했다. 다윗 측의 전사자가 20명인 데 비해 아브넬 측의 전사자는 360명이었다. 스루야의 아들은 요압, 아비새, 아사헬 3명이었다. 들노루 같이 발이 빠른 아사헬이 아브넬의 뒤를 쫓다가 창에 배를 찔려 죽는 참담한 사건이 벌어진다. '무리가 아사헬을 들어올려 베들레헴에 있는 그의 조상 묘에 장사하고 요압과 그의 부하들이 밤새도록 걸어서 헤브론에 이른 때에 날이 밝았더라.'**(11-32)**

3장

사울의 아들 이스보셋 쪽 세력이 점차 약화되고 다윗의 세력이 점차 강해진다. 요압은 동생 아사헬을 죽였고 다윗에게 온 이스라엘을 넘겨주려는 아브넬을 시기하여 죽인다.

- **다윗 쪽의 번영과 이스보셋 쪽의 쇠퇴**: 양측 사이에 전쟁이 계속되면서 다윗 왕 쪽은 점차 강해지고 이스보셋 쪽은 점점 약해져 갔다.(1)
- **헤브론 7년 반 동안 낳은 다윗의 여섯 아들**: 1) 암논(아히노암 소생) 2) 길르압(아비가일의 소생) 3) 압살롬(그슬 왕 달매의 딸 마아가의 소생) 4) 아도니야(학깃의 소생) 5) 스바댜(아비달의 소생) 6) 이드르암(에글라의 소생)(2-5)
- **이스보셋과 아브넬의 알력**: 사울 측에서는 아브넬의 힘이 점차 세져서 사울의 첩 리스바를 취했고 이스보셋은 이에 대해 분개했고 둘 사이에 불화가 생기게 된다. 아브넬은 노골적으로 여호와께서 다윗에게 맹세하신 대로 이스라엘을 다윗에게 넘겨주겠다고 말하고 이스보셋은 두려워하게 된다.(6-11)
- **다윗에게 넘어간 아브넬**: 아브넬은 다윗에게 전령들을 보내어 이스라엘을 다윗에게 주는 언약을 맺자고 한다. 다윗은 좋다고 하면서 전처 미갈을 다시 데려오라는 조건을 내건다. 이스보셋이 미갈을 남편 발디엘에게서 빼앗아 온다. '그의 남편이 그와 함께 오되 울며 바후림까지 따라왔더니 아브넬이 그에게 돌아가라 하매 돌아가니라.' 아브넬은 이스라엘 장로와 백성들에게 여호와께서 온 이스라엘을 다윗에게 맡기기로 한 것이라 설득한 후 아브넬이 다윗에게 가서 후한 대접을 받고 돌아간다.(12-21)
- **요압이 아브넬을 죽인다**: 요압이 적군을 치고 돌아와 보니 이미 아브넬이 다윗과 만나 환대를 받고 간 후라 요압은 아브넬을 제거해야겠다고 작정한다. 요압은 다윗이 모르게 전령들을 보내 아브넬을 쫓아가 잡아 와서 배를 찔러 죽여 동생 아사헬의 복수를 한다.(22-27)
- **아브넬의 죽음을 애도하는 다윗**: 다윗은 소식을 듣고 자신의 신복인 요압을 저주하고 아브넬의 죽음을 애도한다. 아브넬의 죽음을 진심으로 애도하는 다윗의 행동

을 본 백성들이 다윗이 요압과 결탁하여 아브넬을 죽였을 것이라는 의혹을 풀게 된다.(28-39)

다윗 왕

예루살렘에서 통일 왕국의 왕이 된 다윗

4장

실권자인 아브넬을 잃은 이스보셋은 힘을 잃게 되고 자신의 군 지휘관 두 명에 의해 암살당하게 되어 다윗이 온 이스라엘을 통일할 기회가 마련되었다.

- **이스보셋의 최후**: 아브넬이 헤브론에서 죽었다는 소식을 들은 이스보셋은 손에 맥이 풀렸고 이스보셋의 군 지휘관 바아나와 레갑에 의해 암살당한다.(1-7)
- **요나단의 다리 저는 아들 므비보셋**: '사울의 아들 요나단에게 다리 저는 아들 하나가 있었으니 이름은 므비보셋이라 전에 사울과 요나단이 죽은 소식이 이스르엘에서 올 때에 그의 나이가 다섯 살이었는데 그 유모가 안고 도망할 때 급히 도망하다가 아이가 떨어져 절게 되었더라.'(4)
- **이스보셋을 암살한 바아나와 레갑을 처형하는 다윗**: 바아나와 레갑은 자랑스러워하며 이스보셋의 머리를 다윗에게 가져갔으나 오히려 다윗에 의해 처형당한다. '청년들에게 명령하매 곧 그들을 죽이고 수족을 베어 헤브론 못 가에 매달고 이스보셋의 머리를 가져다가 헤브론에서 아브넬의 무덤에 매장하였더라.'(8-12)

5장

통일 이스라엘의 왕이 되고 블레셋을 물리친 다윗

- **온 이스라엘의 왕으로 추앙된 다윗**: 이스보셋과 아브넬이 죽자 다윗을 온 이스라엘

의 왕으로 추앙한다. 30세에 왕이 된 다윗은 헤브론에서 7년 반, 예루살렘에서 33년 총 40년간 재위하게 된다.**(1–5)**

- **여부스 사람을 몰아내고 다윗성 수축**: 다윗은 맹인과 다리 저는 사람도 너를 물리치리라 하며 조롱하는 여부스 사람을 몰아내고 예루살렘을 통일 왕국의 수도로 삼았고 다윗성이라 불렀다. '다윗이 그 산성에 살면서 다윗 성이라 이름하고 다윗이 밀로에서부터 안으로 성을 둘러 쌓으니라. 만군의 하나님 여호와께서 함께 계시니 다윗이 점점 강성하여 가니라.'**(6–10)**
- **두로 왕 히람의 원조**: 다윗은 두로 왕 히람이 백향목과 목수, 석수들을 보내 다윗의 집 짓는 일 돕는 것을 보며 여호와를 더욱 생각하게 되었다.**(11–12)**
- **다윗의 자식들**: 다윗은 예루살렘에 와서도 더 많은 처첩을 두고 많은 자식을 낳았다. '예루살렘에서 그에게서 난 자들의 이름은 삼무아와 소밥과 나단과 솔로몬과 입할과 엘리수아와 네벡과 야비아와 엘리사마와 엘랴다와 엘리벨렛이었더라.'**(13–16)**
- **블레셋의 두 번의 공격을 격퇴하는 다윗**: 다윗이 왕이 되었다는 소식을 들은 블레셋이 두 번이나 공격해 왔지만 하나님의 도우심으로 모두 물리쳤다.**(17–25)**

6장 기럇여아림에 있던 언약궤를 예루살렘으로 옮겨 온 다윗

- **언약궤 이송과 베레스 웃사 사건**: 다윗은 이스라엘에서 뽑은 3만 명의 무리를 이끌고 아미나답의 집에 있는 언약궤를 예루살렘으로 가져오기로 한다. 바알레유다 곧 기럇여아림으로 가서 아비나답의 집에서 언약궤를 새 수레에 싣고 웃사와 아효가 몰았다. 나곤의 타작마당에 이르렀을 때 소가 뛰므로 웃사가 궤를 붙들었다가 죽는 사건이 일어났다. '여호와께서 웃사를 치시므로 다윗이 분하여 그 곳을 베레스웃사라 부르니 그 이름이 오늘까지 이르니라.'**(1–8)**
- **가드의 오벧에돔의 집**: 다윗이 그 날에 여호와를 두려워하여 궤는 가드에 있는 오

벧에돔의 집으로 메어 갔다. 그곳에서 석 달 있었는데 오벧에돔 집에 복을 주셨다.(9–11)

- **예루살렘에 안치된 언약궤**: 다윗이 다시 오벧에돔의 집에서 궤를 예루살렘으로 운반하기로 한다. 이번에는 하나님이 정하신 법에 따라 운반하여 성공적으로 예루살렘에 궤를 안치한다. 궤를 운반하여 기쁨으로 춤추는 모습을 업신여긴 아내 미갈은 종신토록 임신하지 못하게 되었다.(12–23)

다윗 왕

다윗 언약과 다윗 왕국

7장

다윗의 몸에서 태어날 씨에 대한 언약 곧
1) 아들 솔로몬을 통한 성전 건축과
2) 메시아이신 예수 그리스도에 의한 영원한 하나님 나라의 약속을 주셨다.

- **다윗의 성전 건축 의사**: 다윗은 주변의 원수들을 무찌를 수 있도록 해 주시고 왕으로 굳건하게 세워 주신 여호와께 감사한 마음으로 나단 선지자에게 성전을 건축하고 싶다는 의사를 전한다. '왕이 선지자 나단에게 이르되 볼지어다 나는 백향목 궁에 살거늘 하나님의 궤는 휘장 가운데에 있도다.'(1–3)
- **성전 건축에 대한 하나님의 생각**: 그날 밤 여호와께서 나단 선지자에게 말씀하신다. '너는 가서 내 종 다윗에게 이렇게 전하여라. 너는 내 성전을 지을 자가 아니다. 나는 이스라엘 백성을 이집트에서 인도해 낸 날부터 지금까지 성전이 있어 본 적이 없고 이리저리 옮겨 다니면서 천막을 내 거처로 삼아 왔다 (…) 네가 죽어도 나는 네 아들 하나를 왕으로 세워 그의 나라를 견고하게 하겠다. 바로 그가 나를 위해 성전을 건축할 자이다. 그리고 나는 그의 나라가 영원히 지속되게 할 것이다.' 다윗의 이름을 위대하게 만들어 주고 사사 시대의 무정부 상태와는 달리 평화로운 나라가

될 것이며 다윗의 왕위를 견고하게 하실 것이다.(4–17)

- **다윗의 감사 기도**: 다윗은 하나님께 감사 기도를 드렸다. '그런즉 주 여호와여 이러므로 주는 위대하시니 이는 우리 귀로 들은 대로는 주와 같은 이가 없고 주 외에는 신이 없음이니이다. 이제 청하건대 종의 집에 복을 주사 주 앞에 영원히 있게 하옵소서 주 여호와께서 말씀하셨사오니 주의 종의 집이 영원히 복을 받게 하옵소서 하니라.'(18–29)

8장 다윗의 주변 국가 정복과 내각 구성

- **다윗의 주변 국가 정복**: 다윗은 여호와의 도우심으로 주변 국가들을 정복한다. 블레셋, 모압, 소바, 다메섹의 아람, 하맛, 에돔을 정복하였다.(1–14)
- **내각 구성**: 1) 스르야의 아들 요압은 군사령관 2) 아힐룻의 아들 여호사밧은 사관 3) 아히돕의 아들 사독과 아비아달의 아들 아히멜렉은 제사장 4) 스라야는 서기관 5) 여호야다의 아들 브나야는 그렛 사람과 블렛 사람을 관할하는 직책 6) 다윗의 아들들은 대신으로 임명(15–18)

9장 다윗은 요나단과의 약속을 지키기 위해 사울가의 종 시바를 통해 요나단의 다리 저는 아들 므비보셋을 찾아내어 항상 왕의 상에서 먹게 하며 선대한다.

- **요나단의 아들 므비보셋을 찾아 선대하는 다윗**: 다윗은 사울의 아들 요나단으로 말미암아 요나단의 아들인 다리 저는 므비보셋을 찾아내어 선대한다. '왕이 이르되 사울의 집에 아직도 남은 사람이 없느냐 내가 그 사람에게 하나님의 은총을 베풀고자 하노라 하니 시바가 왕께 아뢰되 요나단의 아들 하나가 있는데 다리 저는 자니이다 하니라 (…) 다윗이 그에게 이르되 무서워하지 말라 내가 반드시 네 아버지 요나단

으로 말미암아 네게 은총을 베풀리라. 내가 네 할아버지 사울의 모든 밭을 다 네게 도로 주겠고 또 너는 항상 내 상에서 떡을 먹을지니라 하니.'**(1-8)**

- **므비보셋에게 주어지는 사울가의 재산**: '왕이 사울의 시종 시바를 불러 그에게 이르되 사울과 그의 온 집에 속한 것은 내가 다 네 주인의 아들에게 주었노니 너와 네 아들들과 네 종들은 그를 위하여 땅을 갈고 거두어 네 주인의 아들에게 양식을 대주어 먹게 하라 그러나 네 주인의 아들 므비보셋은 항상 내 상에서 떡을 먹으리라.'**(9-11)**
- **므비보셋의 어린 아들 미가**: 므비보셋에게는 미가라는 어린 아들 하나가 있었다. 미가는 후에 많은 자손들을 갖게 되며 이 자손들은 이스라엘의 용사 및 지도적 인물이 되었다. '므비보셋이 항상 왕의 상에서 먹으므로 예루살렘에 사니라 그는 두 발을 다 절더라(대상 8:35-40, 9:40-44).'**(12-13)**

10장 암몬과 아람 연합국과의 전쟁에서 승리하는 다윗

- **암몬에 의해 수치 당한 다윗의 조문 사절**: 암몬의 왕 나하스가 죽자 다윗은 나하스의 아들 하눈에게 조문 사절을 보낸다. 암몬 방백들은 오해하여 다윗의 사절들이 자기네 성을 탐지하러 온 것이라 판단하고 사절들의 수염 절반을 깎고 의복의 중동 볼기까지 잘라 수치스럽게 하여 보냈다.**(1-5)**
- **암몬과 아람 연합군과의 대전에서 승리하는 다윗의 군대**: 암몬 사람들은 다윗의 미움을 샀을 것이라 생각하고 아람 국가들과 연합군을 형성하였고 다윗 측에서는 요압과 아비새가 전투에 참여하여 다윗 쪽이 승리를 거둔다.**(6-19)**

간음죄와 살인죄를 범한 다윗

– 다윗과 밧세바와 우리아 그리고 다윗의 회개 –

11장

다윗이 밧세바와 동침하여 임신시키고 남편 우리아를 전쟁터에서 죽도록 만든다.

- **다윗의 간음죄 – 우리아의 아내에게 임신시킨 다윗**: 요압 장군과 밧세바의 남편 헷 사람 우리아는 전쟁터에 있을 동안 다윗은 예루살렘 왕궁 옥상에서 거닐다가 아름다운 한 여인 우리아의 아내 밧세바가 목욕하는 장면을 보고 데려다 동침하여 임신을 시킨다.(1–5)
- **다윗의 살인죄 – 우리아를 전쟁터에서 죽도록 만든다**: 다윗은 임신했다는 사실을 알고 요압에게 남편 우리아를 두 번이나 불러 밧세바와 잠자리를 같이 할 수 있도록 기회를 주었지만 우리아는 그렇게 하지 않았다. 다윗은 요압에게 명하여 우리아를 전쟁터에서 죽도록 만든다.(6–25)
- **다윗의 아내가 된 밧세바**: 다윗은 간음죄와 살인죄를 범했다. '우리아의 아내는 그 남편 우리아가 죽었음을 듣고 그의 남편을 위하여 소리 내어 우니라. 그 장례를 마치매 다윗이 사람을 보내 그를 왕궁으로 데려오니 그가 그의 아내가 되어 그에게 아들을 낳으니라. 다윗이 행한 그 일이 여호와 보시기에 악하였더라.'(26–27)

12장

여호와가 선지자 나단을 통해 다윗의 죄에 대한 심판을 선언했으나 다윗이 진심으로 회개하여 용서를 받는다. 임신했던 아이는 죽었고 다시 임신하여 솔로몬을 낳았다.

- **선지자 나단을 통한 다윗의 죄에 대한 심판 선언**: 여호와께서 다윗에게 선지자 나

단을 통해 책망하고 심판을 선언하신다. '이제 네가 나를 업신여기고 헷 사람 우리아의 아내를 빼앗아 네 아내로 삼았은즉 칼이 네 집에서 영원토록 떠나지 아니하리라 하셨고 여호와께서 또 이와 같이 이르시기를 보라 내가 너와 네 집에 재앙을 일으키고 내가 네 눈앞에서 네 아내를 빼앗아 네 이웃들에게 주리니 그 사람들이 네 아내들과 더불어 백주에 동침하리라.'(1–12)

- **다윗의 진정한 회개와 밧세바 첫 아기의 죽음**: 다윗은 진정으로 회개하고 나단은 여호와께서 다윗의 죄를 사하셨음을 말한다. 그러나 밧세바가 낳은 아이가 반드시 죽을 것이라고 한다. 다윗이 그 아이를 위해 금식하고 간구하나 7일 만에 아이는 죽는다.(13–23)
- **솔로몬의 출생**: 밧세바가 다시 임신하여 아기를 낳았고 그가 솔로몬이다.(24–25)
- **암몬의 수도 랍바성 정복**: 다윗은 암몬의 수도 랍바성을 정복한다. '요압이 암몬 자손의 랍바를 쳐서 그 왕성을 점령하매 요압이 전령을 다윗에게 보내 이르되 내가 랍바 곧 물들의 성읍을 쳐서 점령하였으니 이제 왕은 그 백성의 남은 군사를 모아 그 성에 맞서 진 치고 이 성읍을 쳐서 점령하소서 내가 이 성읍을 점령하면 이 성읍이 내 이름으로 일컬음을 받을까 두려워하나이다 하니.'(26–31)

다윗 왕

암논의 다말 추행과 압살롬의 복수

13장

압살롬의 누이 다말을 암놈이 추행하고 버리자 압살롬은 암논을 죽이고 외할아버지 그슬 왕에게 피하여 3년이 지났고 다윗은 압살롬을 그리워한다.

- **암논이 압살롬의 누이 다말을 추행하고 버린다**: 압살롬의 누이 다말을 짝사랑한 암논이 다말에게 추행한 후 다말을 버린다.(1–19)

- **암논을 증오하는 압살롬**: 슬퍼하는 다말을 보며 압살롬은 암논을 증오한다.(20–22)
- **암논을 죽이는 압살롬**: 2년 후 에브라임 곁 바알하솔에서 양털 깎는 축제가 있었고 암논과 형제들이 모두 참석했다. 압살롬은 하인들을 시켜 암논을 죽였고 다른 형제들은 노새를 타고 도망한다. '압살롬이 이미 그의 종들에게 명령하여 이르기를 너희는 이제 암논의 마음이 술로 즐거워할 때를 자세히 보다가 내가 너희에게 암논을 치라 하거든 그를 죽이라 두려워하지 말라 내가 너희에게 명령한 것이 아니냐 너희는 담대히 용기를 내라 한지라 압살롬의 종들이 압살롬의 명령대로 암논에게 행하매 왕의 모든 아들들이 일어나 각기 노새를 타고 도망하니라.'(23–29)
- **애통해하는 다윗**: 다윗은 압살롬이 모든 형제를 다 죽였다는 잘못된 소문을 듣고 애통해하고 있는데 다윗의 사촌 요나답이 모든 형제가 죽은 것이 아니라 암논만 죽었다고 알려 준다. '다윗의 형 시므아의 아들 요나답이 아뢰어 이르되 내 주여 젊은 왕자들이 다 죽임을 당한 줄로 생각하지 마옵소서 오직 암논만 죽었으리이다 그가 압살롬의 누이 다말을 욕되게 한 날부터 압살롬이 결심한 것이니이다.'(30–36)
- **압살롬의 피신과 슬퍼하는 다윗**: 압살롬은 도망하여 외할아버지인 그술 왕 달매에게로 갔고 다윗은 날마다 그의 아들로 인해 슬퍼하였다. 압살롬이 그술에 가서 산 지 3년이 지났고 다윗은 죽은 암논의 일은 거의 잊고 압살롬을 그리워하는 마음이 있었다.(37–39)

14장

요압이 드고아의 지혜로운 여인을 택해 다윗의 마음을 돌려 다윗과 압살롬이 재회하도록 만들었다.

- **다윗의 마음을 돌리려는 요압의 지략**: 다윗이 압살롬을 그리워하는 마음을 알아차리고 요압이 꾀를 내어 드고아에서 지혜로운 여인 하나를 택해 두 아들이 싸우다 한 명을 살해한 경우를 비유로 압살롬이 귀환할 수 있도록 허락을 받아 낸다.(1–22)
- **압살롬의 귀국과 다윗과의 재회**: 압살롬이 예루살렘에 돌아와 2년을 지냈으나 다

윗을 만나지 못한다. 압살롬이 요압이 방관하고 있다고 생각하여 종들을 시켜 요압의 밭에 불 지르는 일까지 벌인 끝에 다윗과 상봉하게 되었다. '압살롬이 요압에게 대답하되 내가 일찍이 사람을 네게 보내 너를 이리로 오라고 청한 것은 내가 너를 왕께 보내 아뢰게 하기를 어찌하여 내가 그술에서 돌아오게 되었나이까 이 때까지 거기에 있는 것이 내게 나았으리이다 하려 함이로라 이제는 네가 나로 하여금 왕의 얼굴을 볼 수 있게 하라 내가 만일 죄가 있으면 왕이 나를 죽이시는 것이 옳으니라 하는지라 요압이 왕께 나아가서 그에게 아뢰매 왕이 압살롬을 부르니 그가 왕께 나아가 그 앞에서 얼굴을 땅에 대어 그에게 절하매 왕이 압살롬과 입을 맞추니라.'(23–33)

압살롬의 반란과 다윗

15장

압살롬이 반역 준비를 하고 있다는 사실을 간파한 다윗은 추종자들과 도망 길에 나선다. 다윗은 지략가인 후새와 제사장 사독과 아비아달 그리고 제사장들의 아들 아히마아스와 요나단을 궁에 심어 비상 연락망을 구축하였다.

- **반란을 생각하며 백성의 환심을 사는 압살롬**: 압살롬은 다윗에게 반란을 생각하고 병거와 말 등을 준비하고 성문 앞에서 재판하러 오는 사람들을 중심으로 백성의 환심 사는 일들을 한다. '이스라엘 무리 중에 왕께 재판을 청하러 오는 자들마다 압살롬의 행함이 이와 같아서 이스라엘 사람의 마음을 압살롬이 훔치니라.'(1–6)
- **헤브론에서 반란을 꾀하는 압살롬**: 4년째 되는 해에 압살롬은 다윗에게 자신이 여호와께 한 서원을 이루기 위해 헤브론을 가겠다고 하여 허락을 받고 헤브론에서 반란을 꾀한다. '이에 압살롬이 정탐을 이스라엘 모든 지파 가운데에 두루 보내 이르기를 너희는 나팔 소리를 듣거든 곧 말하기를 압살롬이 헤브론에서 왕이 되었다 하

라 하니라.'(7–11)

- **모사 아히도벨을 끌어들인 압살롬**: 압살롬은 다윗의 지략가요 모사인 아히도벨을 끌어들이고 많은 백성들이 압살롬을 지지하게 된다.(12)
- **도망자 신세가 된 다윗과 다윗의 추종자 잇대**: 이런 사실을 간파한 다윗은 후궁 열 명을 왕궁에 남겨두고 다윗을 추종하는 가드 사람 잇대를 비롯하여 그렛 사람과 블렛 사람 그리고 가드 사람 6백 명 등과 함께 기드론 시내를 건너 광야 길로 도망자 신세가 되었다.(13–23)
- **언약궤 보존 조치를 취하는 다윗**: 다윗은 제사장 사독과 아비아달에게 언약궤를 성읍으로 도로 메어 가고 사독의 아들 아히마아스와 아비아달의 아들 요나단도 예루살렘에 남아 동태를 살피는 것이 좋겠다고 한다.(24–29)
- **다윗의 모사 후새**: 다윗은 그의 모사인 아히도벨이 배반하여 압살롬의 모사가 된 상황에서 지략가인 다윗의 친구 아렉 사람 후새가 다윗의 모사가 된다. 다윗은 후새로 하여금 궁으로 돌아가 압살롬의 종이 되겠다고 한 후 사독과 아비아달과 함께 다윗을 위해 일해 줄 것을 부탁한다.(30–34)
- **다윗 측의 비상 연락망 구축**: 다윗의 친구 후새가 궁에 들어감으로써 후새 → 사독과 아비아달 → 아히마아스와 요나단 → 다윗으로 연결되는 비상 연락망이 구축되었다.(35–37)

16장

다윗은 도망하는 길에 교활한 시바를 만나 잘못된 결정을 내리기도 하고 사울을 추종하는 시므이로부터 저주를 받기도 한다.
다윗의 친구 후새는 압살롬에게 위장 전향을 하였다.
압살롬은 아히도벨의 지략에 따라 다윗의 후궁들을 범하기도 한다.

🔔 도망 중 다윗에게 있었던 불미스러운 일 몇 가지를 기록하고 있다.

- **간교한 므비보셋의 종 시바**: 감람산 마루턱에 이르렀을 때 간사하고 교활한 기회주의자 므비보셋의 종 시바가 많은 떡과 과일과 포도주를 갖고 다윗을 맞는다. 간교

한 시바는 므비보셋이 왕권 찬탈을 기도하고 있다고 있지도 않는 말을 전한다. 므비보셋의 의도를 정확히 간파하지 못한 다윗이 므비보셋에게 있는 모든 것이 시바의 것이 될 것이라는 경솔한 결정을 한다. 아마도 시바는 압살롬의 반역이 실패하고 다윗이 다시 왕권을 찾을 것이라 생각한 것 같다.(1–4)

- **계속 따라오며 다윗을 저주하는 사울의 친족 시므이**: 예루살렘에서 감람산을 넘어 요단강으로 가는 길목에 위치한 베냐민 지파의 성읍 비후림을 지날 때 사울가의 몰락이 다윗 때문이라 믿고 있는 사울의 친족인 시므이를 만난다. 시므이는 계속 따라오면서 돌을 던지고 저주를 한다. 요압의 동생 아비새가 시므이를 죽여 버리겠다고 하나 다윗은 말린다.(5–14)
- **후새의 위장 전향**: 한편 압살롬이 아히도벨과 예루살렘에 이르렀을 때 다윗의 친구 후새가 압살롬에게 위장 전향을 한다.(15–19)
- **다윗의 후궁들과 동침하는 압살롬**: 아히도벨은 압살롬에게 왕위 계승의 증거로 궁에 남겨둔 다윗의 후궁들과 동침하라고 부추기고 압살롬은 옥상에 친 장막에서 후궁들과 동침한다.(20–23)

17장

압살롬은 위장 전향해 온 후새의 전략을 아히도벨의 전략보다 더 낫게 생각한다. 후새는 비상 연락망을 통해 다윗에게 피신할 것을 전달하고 아히도벨은 자살한다. 다윗과 압살롬은 마하나임에서 대치한 상태이다.

🔔 압살롬은 아히도벨의 전략을 듣고 좋게 생각하면서도 후새의 전략도 듣기를 원했다.

- **아히도벨의 전략**: 아히도벨이 군사 1만 2천 명을 데리고 다윗이 힘이 빠져 있는 순간에 급습하여 다윗만을 죽인다면 나머지 백성들은 압살롬에게 돌아올 것이라는 전략이다.(1–4)
- **후새의 전략**: 후새는 아히도벨의 전략이 그다지 좋지 않다고 말한다. 다윗과 그의 추종자들은 모두 용사이기 때문에 기습 공격에 능한 이들에게 압살롬의 군대가 첫

번째 공격에서 패할 경우, 아무리 용맹스러운 압살롬의 군대라 할지라도 낙담하게 될 것이므로 전국에서 많은 군사를 모아 압살롬 자신이 진두지휘하는 것이 좋을 것 같다는 의견을 내놓았다.**(5–13)**

- **후새의 전략이 더 나은 것으로 평가됨**: 압살롬과 모든 사람들이 후새의 전략이 더 낫다고 평가했다. '이는 여호와께서 압살롬에게 화를 내리려 하사 아히도벨의 좋은 계략을 물리치라고 명령하셨음이더라.'**(14)**
- **후새가 비상 연락망을 통해 다윗에게 정보를 전한다**: 후새는 다윗 일행이 광야 나루터에서 자지 말고 빨리 건너 피해야 한다는 사실을, 비상 연락망을 통해 다윗에게 전달한다. 그런데 요나단과 아히마아스가 다윗에게 소식을 전달하기 전 압살롬의 첩자에 의해 발각되나 용감한 한 여인의 협조로 우물 속에 숨어 위기를 모면한다.**(15–20)**
- **위기를 모면한 다윗**: 두 사람이 다윗에게 아히도벨의 계략을 알려 주어 모두 요단을 건너 피신한다.**(21–22)**
- **아히도벨의 자살**: 아히도벨은 자신의 계략이 실패하자 고향으로 내려가 스스로 목매어 죽었다.**(23)**
- **다윗은 마하나임에 이르고 압살롬은 아마사를 군 지휘관으로 삼아 다윗을 계속 추적한다.(24–26)**
- **다윗을 후원하는 사람들**: 다윗이 마하나임에 있는 동안 소바, 마길, 바르실래 등이 많은 식량을 공급해 주었다.**(27–29)**

18장 압살롬의 패배와 죽음

- **다윗의 전열 정비**: 다윗은 전열을 정비한다. 천부장과 백부장을 세우고 백성들을 세 등분으로 나누어 요압, 아비새, 잇대를 1/3의 군장으로 삼았다.**(1–2)**

- **다윗의 압살롬에 대한 애틋한 마음**: 다윗도 반드시 전투에 참가할 것이라 말하나 백성들이 그러지 말라고 한다. 그리고 다윗은 젊은 압살롬을 너그러이 대우하라고 당부한다.(3–5)
- **압살롬 군대의 패배**: 에브라임 수풀에서 싸웠는데 압살롬의 군대가 2만 명이나 전사하며 패했다.(6–8)
- **압살롬의 죽음**: 압살롬이 노새를 타고 도망하다 상수리나무에 머리가 걸려 달려 있는 것을 어떤 사람이 알려 주어 요압이 창 셋을 가지고 달려가 압살롬의 심장을 찔러 죽였다.(9–15)
- **압살롬의 기념비**: 죽은 압살롬을 큰 구멍에 던져 넣고 그 위에 큰 돌무더기를 쌓았다. '압살롬이 살았을 때에 자기를 위하여 한 비석을 마련하여 세웠으니 이는 그가 자기 이름을 전할 아들이 내게 없다고 말하였음이더라 그러므로 자기 이름을 기념하여 그 비석에 이름을 붙였으며 그 비석이 왕의 골짜기에 있고 이제까지 그것을 압살롬의 기념비라 일컫더라.'(16–18)
- **압살롬의 사망 소식과 다윗의 슬픔**: 요압은 압살롬의 사망 소식을 다윗에게 전하기 위해 구스 사람을 보냈는데 사독의 아들 아히마아스도 구스 사람을 앞질러 갔다. 압살롬의 사망 소식을 들은 다윗은 몹시 슬퍼했다. '왕의 마음이 심히 아파 문 위층으로 올라가서 우니라 그가 올라갈 때에 말하기를 내 아들 압살롬아 내 아들 내 아들 압살롬아 차라리 내가 너를 대신하여 죽었더면, 압살롬 내 아들아 내 아들아 하였더라.'(19–33)

다윗 왕

다윗의 복권과 환궁

19장

다윗이 궁으로 다시 돌아가는 길에서 일어난 이야기들.
유다 측과 이스라엘 측의 갈등이 심화되고 있다.
훗날 남 유다와 북 이스라엘의 분열의 싹이 보인다.

- **다윗의 아버지로서의 슬픔**: 반역을 일으켰던 압살롬이 죽었으므로 백성들이 환호했으나 다윗은 울며 슬퍼하고 있었다. 그 날의 승리가 백성들에게 슬픔이 되어 버렸다.(1–2)
- **요압의 간청**: 이에 요압이 다윗에게 만일 압살롬이 살고 우리 모두가 죽었다면 어떻게 하실 것인가 반문하며 그러시지 말라고 권하였다. 이제 일어나 나가셔서 백성들을 위로하셔야지 그렇지 않으면 한 사람도 왕과 함께하지 않을 것이라 고하였다.(3–8)
- **유다 측과 이스라엘 측의 갈등**: 그러나 왕을 왕궁으로 도로 모셔 오는 일에 유다 측과 압살롬을 지지했던 이스라엘 측의 갈등이 있었다. 이러한 갈등이 결국 남북 왕조가 갈리는 결과를 가져오는 것. 유다 측은 종친이라 했고 이스라엘 측은 10지파나 된다고 주장한다. 갈등 속에서 다윗은 요단을 건너 환궁 길에 들어선다.(9–15, 40–43)
- **시므이의 사죄와 다윗의 용서**: 다윗이 압살롬에게 쫓길 때 나타났던 시므이, 시바, 바르실래가 다시 나타난다. 시므이는 저주했던 일로 죽어 마땅하다고 말했고 아비새는 죽여야 한다고 하나 다윗은 용서한다.(16–23)
- **충성스러운 므비보셋**: 다윗이 도망하는 동안에도 다윗에 대해 변치 않는 충성스러운 마음을 갖고 있었던 므비보셋에게는 시바와 밭을 나누라고 말한다. 므비보셋은 다윗과의 관계가 더 중요하다고 생각하고 있었기에 밭은 시바 모두에게 주라고 한다.(24–30)
- **후원자 바르실래**: 다윗은 대 부호로서 압살롬에게 쫓길 당시 다윗을 후원한 바르실래도 반갑게 만났다.(31–39)

세바의 난

20장

이스라엘 측을 대표하여 세바가 난을 일으킨다. 난의 평정 임무를 부여받은 아마사는 유대 측의 비협조로 지지부진하자 다윗은 아비새를 다시 임명하나 오히려 요압이 나서서 세바의 난을 평정한다. 이 과정에서 요압은 아마사를 칼로 찔러 죽였다.

- **불량배 세바가 일으킨 난**: 세바의 난에서도 남북 왕조의 분열의 싹이 보인다. 베냐민 지파의 족장급 인물인 불량배 세바가 다윗의 통치를 거부하며 '우리는 다윗과 나눌 분깃이 없으며 이새의 아들에게서 받을 유산이 우리에게 없도다. 이스라엘아 각각 장막으로 돌아가라'고 외치자 이스라엘 사람들이 다윗을 버리고 세바를 따른다. 유다 지파에 대한 이스라엘 지파의 소외감이 작용하였다. 그러나 유다 사람들은 예루살렘까지 다윗을 따라갔다.(1–2)
- **후궁들을 처벌하는 다윗**: 다윗은 예루살렘 본궁에 도착하여 압살롬이 백주에 강간했던 후궁 열 명을 별실에 가두어 죽는 날까지 생과부로 지내는 처벌을 하였다.(3)
- **세바의 난을 평정하기 위해 아비새를 지휘관으로 임명한 다윗**: 다윗은 압살롬 반군의 총사령관이었던 아마샤를 국민병 모집 책임자로 임명하여 3일 내에 임무를 완수하라고 명했으나 유다 사람들의 비협조로 임무를 끝내지 못하자 다윗은 다시 아비새를 세바의 난을 평정하는 군 지휘관으로 임명하였고 요압의 정예 군사들, 그렛과 블렛의 모든 용사들이 뒤따랐다.(4–7)
- **아마샤의 죽음 – 요압의 세 번째 살인**: 요압은 기브온 큰 바위 곁에서 맞으러 나온 아마샤를 입 맞추는 체하며 칼로 배를 찔러 죽인다. '아마사의 시체는 피투성이가 된 채 길 가운데 그대로 있었는데 요압의 부하들은 사람들이 구경하러 모여드는 것을 보고 그 시체를 밭으로 끌어다가 옷으로 덮어 두었다.' 이로써 요압은 정치적 원한과 질투로 세 번째 살인을 한 것. 전쟁 없이 이스라엘을 통합하여 다윗을 세우려

했던 아브넬을 죽인 것과 왕의 의도를 무시하고 압살롬을 죽인 것이다. 이런 방자하고 난폭한 요압의 행동에 분노한 다윗은 후일 요압을 제거하라는 유언을 남기게 되고 아도니야의 반역에 가담한 요압을 솔로몬이 죽이게 된다.**(8–12)**

- **여인에 의해 죽임당한 세바**: 요압의 부하들이 세바가 벧마아가 아벨이라는 성읍에 있다는 말을 듣고 성벽을 포위한 후 성벽을 헐기 위해 토성을 쌓기 시작하자 지혜로운 여인 한 사람이 세바의 머리를 성벽에서 요압에게 던져 줌으로써 문제 해결을 하였다.**(13–22)**
- **내각 개편**: 1) 요압–군대의 지휘관 2) 브나야–그렛 사람과 블렛 사람의 지휘관 3) 아도람–감역관 4) 여호사밧–사관 5) 스와–서기관 6) 사독과 아비아달–제사장 7) 이라–다윗의 대신**(23–26)**

다윗 왕

죽임당한 사울의 후손

21장

여호수아 시대에 기브온과 맺은 협정을 무시하고 사울이 기브온 주민들을 학살한 일로 인해 3년의 기근이 있었고 해결을 위해 사울의 자손 7명을 내주어 목매달게 한다.

- **기브온 거민 학살로 인한 3년 기근**: 다윗 시대에 3년 연속 기근이 있었다. 원인은 여호수아 시대에 기브온과 맺은 평화협정을 사울 측이 어기고 저지른 기브온 거민 학살 사건 때문이었다.**(1)**
- **기브온 사람들에 의해 죽임당한 사울의 후손들**: 다윗이 기브온 사람을 불러 해결책을 묻자 사울의 자손 7명을 내주면 사울의 고향 기브온에서 목매달아 죽일 것이라고 답하였고 다윗은 므비보셋을 제외한 7명을 내어 준다. 기브온 사람은 이스라엘 족속이 아니라 아모리 사람 중에서 살아남은 자들이었다. '그러자 기브온 사람들은

그 일곱 사람을 모두 산에서 여호와 앞에 목매달아 죽였는데 그들이 죽은 때는 보리 추수를 시작할 무렵이었다.'(2–9)

- **이장되는 사울과 요나단의 유골**: 다윗은 죽은 7명 중 2명의 어머니인 사울의 첩 리스바가 아들들이 죽은 후 보인 사랑과 정성에 감동받아 사울과 요나단의 뼈를 포함하여 7명의 뼈도 사울의 아버지 기스의 가족묘로 합장하게 된다. '아야의 딸 리스바가 굵은 베를 가져다가 자기를 위하여 바위 위에 펴고 곡식 베기 시작할 때부터 하늘에서 비가 시체에 쏟아지기까지 그 시체에 낮에는 공중의 새가 앉지 못하게 하고 밤에는 들짐승이 범하지 못하게 한지라.'(10–14)
- **거인족들을 물리친 다윗의 용사들**: 내란을 평정한 이후에도 블레셋의 골리앗과 같은 거인족들이 다시 침입한다. 다윗의 용사들 아비새, 십브개, 엘하난, 요나단이 물리친다.(15–22)

다윗 왕

다윗의 감사와 찬송 시

22장 다윗을 모든 원수의 손과 사울의 손에서 구하신 그 날에 다윗이 부른 노래

- **다윗의 노래**: 다윗은 여호와께서 그의 모든 원수들과 사울의 손에서 자기를 구원해 주셨을 때 여호와께 이렇게 노래하였다. '이르되 여호와는 나의 반석이시요 나의 요새시요 나를 위하여 나를 건지시는 자시요 내가 피할 나의 반석의 하나님이시요 나의 방패시요 나의 구원의 뿔이시요 나의 높은 망대시요 그에게 피할 나의 피난처시요 나의 구원자시라 나를 폭력에서 구원하셨도다. 내가 찬송 받으실 여호와께 아뢰리니 내 원수들에게서 구원을 받으리로다.'(1–4)

- **다윗의 고백**: 다윗은 사망의 올무가 이르렀을 때 자신의 기도에 대해 여호와께서 자신의 소리를 들으셨고, 자신의 부르짖음이 여호와의 귀에 들렸다고 고백한다.(**5–7**)
- **권능자 하나님을 묘사한다**: '이에 땅이 진동하고 떨며 하늘의 기초가 요동하고 흔들렸으니 그의 진노로 말미암음이로다. 그의 코에서 연기가 오르고 입에서 불이 나와 사름이여 그 불에 숯이 피었도다 (…) 그룹을 타고 날으심이여 바람 날개 위에 나타나셨도다 (…) 여호와께서 하늘에서 우렛소리를 내시며 지존하신 자가 음성을 내심이여 (…) 이럴 때에 여호와의 꾸지람과 콧김으로 말미암아 물 밑이 드러나고 세상의 기초가 나타났도다.'(**8–16**)
- **여호와 말씀의 진실함을 고백하는 다윗**: 다윗은 하나님의 법도에 대해 여호와의 도를 지키고, 그의 모든 법도를 내 앞에 두고, 그의 규례를 버리지 않았다고 고백한다. '하나님의 도는 완전하고 여호와의 말씀은 진실하니 그는 자기에게 피하는 모든 자에게 방패시로다.'(**17–31**)
- **구원의 하나님을 고백하고 찬양하는 다윗**: 다윗이 대적들 앞에서 용맹을 떨칠 수 있었던 것은 하나님은 나의 견고한 요새시며, 구원의 방패를 내게 주셨고, 능력으로 내게 띠 띄우셨고, 나를 치는 자를 내게 굴복하게 하셨고, 내 원수들이 내게로 등을 향하게 하셨고, 나를 미워하는 자를 끊어 버리게 하셨고, 나를 보전하사 모든 민족의 으뜸으로 삼으셨기 때문이라고 고백한다. '나를 원수들에게서 구하신 하나님이시다! 여호와여, 주는 나를 내 대적 위에 높이 드시고 난폭한 자들의 손에서 나를 구해 주셨습니다. 여호와여, 그러므로 내가 여러 민족 가운데서 주께 감사하며 주의 이름을 찬양합니다. 여호와께서 자기 왕에게 큰 승리를 주시고 자기가 기름 부어 세운 자에게 한결같은 사랑을 베푸시니 나와 내 후손이 영원히 누릴 축복이구나!'(**32–51**)

다윗의 마지막 말과 다윗의 용사들

23장

다윗은 자신이 하나님에 의해 높이 세워져 사용되었던 하나님의 도구였음을 고백하고 사악한 자의 운명을 말하며 다윗을 도왔던 37명의 용사들을 소개한다.

- **다윗이 소개하는 다윗**: 다윗이 마지막 말을 시작하면서 자신을 범부였던 이새의 아들이 높이 세워진 자, 야곱의 하나님께로부터 기름 부은 자, 이스라엘의 노래 잘하는 자로 소개한다. 다윗은 자신이 사람을 공의로 다스리는 자, 하나님을 경외함으로 다스리는 자로 소개하며 하나님의 도구였음을 그리고 영원한 언약을 세워 주셨음을 고백한다. 그러나 사악한 자는 버려질 가시나무 같아서 불살라질 것이라고 결론짓는다.**(1–7)**
- **다윗의 용사들 소개**: 베들레헴 곁 우물물을 길어 왔던 요셉밧세벳, 엘르아살, 삼마 세 용사 등 37명의 용사 이름을 소개하였다.**(8–39)**

🔔 특이한 사항은 37명의 이름 중 요압의 이름이 없다는 점이다. 요압은 다윗 통치 시 대부분을 온 군대의 장관을 지냈기 때문이라 설명하기도 하고 아브넬과 아마샤 그리고 압살롬을 무고히 죽였기 때문에 빠졌다는 설명도 있다.

인구조사와 재앙

24장

다윗이 요압으로 하여금 전국에 걸쳐 인구조사를 실시한 후 회개했으나 전염병으로 7만 명이 죽는 재앙이 내렸다. 다윗은 아라우나의 타작마당을 은 오십 세겔로 산 후 번제와 화목제를 드림으로 재앙이 끝난다.

- **요압에게 인구조사를 명하는 다윗**: 다윗은 요압에게 단에서 브엘세바까지 전국에 걸친 인구조사를 명한다. 이 인구조사에 대해 역대기 저자는 사탄이 격동하여 이루어진 일로 기록하고 있다.**(1–2)**
- **불완전한 인구조사**: 요압은 왜 이런 일을 하려 하느냐고 반대했으나 다윗의 재촉으로 조사를 실시하였다. 그러나 완전한 인구조사가 아니었다. 대상 21:6(요압이 왕의 명령을 마땅치 않게 여겨 레위와 베냐민 사람은 계수하지 아니하였더라)을 보면 요압이 왕의 명령을 밉게 여겨 레위 지파와 베냐민 지파는 조사하지 않았다. 대상 27:24에 의하면 인구조사를 끝내기 전에 하나님의 진노가 임했음을 알 수 있다.**(3–7)**
- **인구조사를 마침**: 여하튼 9개월 20일 만에 인구조사를 끝냈다. 전투에 참가할 수 있는 인구수가 이스라엘 사람이 80만 명, 유다 사람이 50만 명이었다.**(8–9)**
- **다윗의 회개**: 다윗은 인구조사 후 자신이 죄지었음을 자책하고 회개한다. '다윗이 백성을 조사한 후에 그의 마음에 자책하고 다윗이 여호와께 아뢰되 내가 이 일을 행함으로 큰 죄를 범하였나이다 여호와여 이제 간구하옵나니 종의 죄를 사하여 주옵소서 내가 심히 미련하게 행하였나이다 하니라.'**(10)**
- **다윗이 선택할 징계 대안**: 여호와께서 갓을 통해 3가지의 징계 대안을 제시하셨다. 1) 7년 기근 3) 왕이 석 달 동안 원수에 의해 쫓겨 도망함 3) 사흘 동안의 전염병 **(11–13)**
- **사흘 동안의 전염병 재앙**: 다윗은 사람의 손이 아니라 여호와의 손에 의해 벌을 받고 싶다고 결정하였다. '이에 여호와께서 그 아침부터 정하신 때까지 전염병을 이스라엘에게 내리시니 단에서부터 브엘세바까지 백성의 죽은 자가 칠만 명이라.' 여호와의 천사가 예루살렘을 치려고 했을 때 여호와께서는 마음을 돌이키시고 그들을 죽이려는 천사에게 그만하면 됐다. 이제 네 손을 거두라고 하셨다. 그때 그 천사는

여부스 사람 아라우나의 타작마당에 있었다. 다윗이 천사에게 백성들은 아무 죄도 없으니 나와 내 아버지의 집을 쳐 달라고 요청한다.(14–17)

- **아라우나 타작마당에서 드린 다윗의 번제와 화목제 – 다윗이 은 오십 세겔로 타작마당과 소를 구입했다**: 다윗은 아라우나의 타작마당에서 여호와께 제단을 쌓으라는 갓의 충고를 받고 번제와 화목제를 드린다. '아라우나가 다윗에게 아뢰되 원하건대 내 주 왕은 좋게 여기시는 대로 취하여 드리소서 번제에 대하여는 소가 있고 땔 나무에 대하여는 마당질 하는 도구와 소의 멍에가 있나이다. 왕이여 아라우나가 이것을 다 왕께 드리나이다 하고 또 왕께 아뢰되 왕의 하나님 여호와께서 왕을 기쁘게 받으시기를 원하나이다. 왕이 아라우나에게 이르되 그렇지 아니하다 내가 값을 주고 네게서 사리라 값없이는 내 하나님 여호와께 번제를 드리지 아니하리라 하고 다윗이 은 오십 세겔로 타작마당과 소를 사고 그 곳에서 여호와를 위하여 제단을 쌓고 번제와 화목제를 드렸더니 이에 여호와께서 그 땅을 위한 기도를 들으시매 이스라엘에게 내리는 재앙이 그쳤더라.'(18–25)

열왕기상 핵심정리

열왕기상·하의 의의

- 열왕기는 이스라엘의 역사를 기록하고 있으나 더욱 중요한 것은 이스라엘의 역사를 통해 우리들에게 주는 교훈이다. 하나님이 아브라함에게 약속했던 하나님 나라인 이스라엘이 얼마나 불순종의 삶을 살았는가를 배워야 한다. 예수님의 부활 이후의 하나님 나라인 교회가 2천여 년을 지나오면서 과연 이스라엘과 비교하여 하나님이 보실 때 제대로의 삶을 살고 있는가를 배울 수 있어야 할 것이다.
- 열왕기는 사울과 다윗으로 이어졌던 사무엘서의 연속선상에서 통일 왕국의 솔로몬으로 이어지나, 역사적 연대기로 매우 중요한 시점들을 보여 준다. BC 1050년 사울이 왕이 됨으로 통일 왕국을 이루었던 이스라엘이 BC 931년 분열 왕국 시대를 맞게 되고 BC 722년 북 이스라엘이 앗수르에 의해 함락되며 BC 586년 남 유다마저 바벨론에 의해 멸망하여 포로 시대를 맞는다.

기록연대와 배경

- 열왕기상·하는 원래 하나의 책이었다. 대체로 열왕기상·하는 BC 560-BC 538년 사이에 기록된 것으로 생각한다. 열왕기하에 기록된 마지막 사건은 여호야긴이 감옥에서 풀려난 사건으로 BC 560년에 이루어졌다. 열왕기에는 바벨론 포로에서 귀환한 사건 기록이 전혀 없는 것으로 미루어 포로 귀환 이전에 기록된 것이 거의 확실하다. 유대인들이 바벨론 포로에서 귀환한 것이 BC 538년이다.
- 열왕기상은 왕이 된 솔로몬 이야기를 시작으로 분열 왕국이 이루어지게 된 과정과 북 이스라엘 아합 왕까지의 역사 기록이다.
- 당시 이스라엘 주변에는 이렇다 할 강대국이 없었다. 애굽도 국운이 기울어져 있는 상태였고 앗수르와 바벨론은 발흥하기 이전이었다.
- 열왕기의 저자는 불확실하다. 에스라, 에스겔이 저자로 거론되기도 하고 유대 전승에 의하면 예레미야라고도 한다.

솔로몬 왕

왕이 된 솔로몬과 초기 통치

II 역사서

1장

아도니야가 왕이 되려고 음모를 꾸몄으나 솔로몬이 다윗을 이어 왕이 되었다.

- **다윗의 노년**: 다윗이 나이 들어 수넴 여자 아비삭의 시중을 받는다. '다윗 왕이 나이가 많아 늙으니 이불을 덮어도 따뜻하지 아니한지라 (…) 이 처녀는 심히 아름다워 그가 왕을 받들어 시중들었으나 왕이 잠자리는 같이 하지 아니하였더라.'**(1–4)**
- **다윗의 넷째 아들 아도니야의 음모**: 다윗의 넷째 아들 아도니야가 왕이 되려고 요압과 제사장 아비아달과 모의하여 주변 사람들을 모아 잔치를 벌이며 왕이 되었음을 선언한다. '아도니야가 에느로겔 근방 소헬렛 바위 곁에서 양과 소와 살찐 송아지를 잡고 왕자 곧 자기의 모든 동생과 왕의 신하 된 유다 모든 사람을 다 청하였으나 선지자 나단과 브나야와 용사들과 자기 동생 솔로몬은 청하지 아니하였더라.'**(5–10)**
- **선지자 나단과 밧세바가 다윗에게 고한다**: 이 사실을 안 선지자 나단이 솔로몬의 어머니 밧세바에게 알려 밧세바와 나단이 아도니야의 불법적 행위를 다윗 왕에게 고한다. '내 주여 왕이 전에 왕의 하나님 여호와를 가리켜 여종에게 맹세하시기를 네 아들 솔로몬이 반드시 나를 이어 왕이 되어 내 왕위에 앉으리라 하셨거늘 이제 아도니야가 왕이 되었어도 내 주 왕은 알지 못하시나이다.'**(11–27)**
- **다윗의 약속과 솔로몬의 기름 부음**: 다윗은 밧세바를 불러 이미 약속했던 대로 솔로몬이 왕이 될 것을 약속하고 제사장 사독과 선지자 나단과 여호야다의 아들 브나야를 불러 솔로몬을 노새에 태워 기혼으로 가서 기름을 붓고 이스라엘의 왕으로 백

성에게 선포하라고 명하였고 그대로 이행하였다. '제사장 사독과 선지자 나단과 여호야다의 아들 브나야와 그렛 사람과 블렛 사람이 내려가서 솔로몬을 다윗 왕의 노새에 태우고 인도하여 기혼으로 가서 제사장 사독이 성막 가운데에서 기름 담은 뿔을 가져다가 솔로몬에게 기름을 부으니 이에 뿔 나팔을 불고 모든 백성이 솔로몬 왕은 만세수를 하옵소서 하니라.'**(28–39)**

- **제단 뿔을 잡은 아도니야**: 솔로몬이 왕이 되었다는 보고를 요나단으로부터 받은 아도니야는 두려워하며 제단의 뿔을 잡는다. '어떤 사람이 솔로몬에게 말하여 이르되 아도니야가 솔로몬 왕을 두려워하여 지금 제단 뿔을 잡고 말하기를 솔로몬 왕이 오늘 칼로 자기 종을 죽이지 않겠다고 내게 맹세하기를 원한다 하나이다. 솔로몬이 이르되 그가 만일 선한 사람일진대 그의 머리털 하나도 땅에 떨어지지 아니하려니와 그에게 악한 것이 보이면 죽으리라 하고 사람을 보내어 그를 제단에서 이끌어 내리니 그가 와서 솔로몬 왕께 절하매 솔로몬이 이르기를 네 집으로 가라 하였더라.'**(40–53)**

2장

다윗은 솔로몬에게 하나님의 명령대로 살 것과 요압, 시므이를 처단하라는 유언을 남기고 죽는다. 솔로몬은 아비삭을 탐냈던 아도니야의 문제와 요압과 시므이, 아비아달 등의 문제를 처리한다.

- **다윗이 솔로몬에게 남긴 유언**: 1) 여호와의 명령을 모세의 율법에 기록된 대로 지키라. 2) 아브넬과 아마사를 죽인 요압을 처리하라. 3) 압살롬을 피해 도망할 때 여러 가지 식물로 굶주림과 목마름을 채워 주었던 바르실래의 아들들에게 은총을 베풀라. 4) 마하나임으로 피해서 갈 때 저주한 시므이를 처리하라.**(1–9)**
- **다윗의 죽음**: 다윗은 40년 왕을 지내고 죽었고 솔로몬이 왕이 되어 나라가 심히 견고해졌다.**(10–12)**
- **아도니야의 방자한 부탁과 아도니야의 죽음**: 아도니야의 청탁을 받은 밧세바가 솔로몬에게 수넴 여자 아비삭을 아도니야의 아내로 주자고 제안하나 솔로몬은 방자한 부탁을 한 아도니야를 브나야를 시켜 죽인다.**(13–25)**

- **제사장 아비아달의 추방**: 아비아달은 다윗 말년에 솔로몬을 지지하지 않고 아도니야의 반란에 동참하는 실수를 범하였다. 솔로몬이 즉위한 후 그를 죽이지 않고 단지 제사장직을 박탈하고 아나돗으로 추방하였다. 이유는 그가 여호와의 궤를 메었던 자요, 지난날 다윗을 충성스럽게 섬겼기 때문이었다.(26-27)
- **요압의 최후**: 이러한 소문을 듣고 아도니야를 지지했던 요압은 제단의 뿔을 잡았다. 솔로몬은 브나야를 시켜 요압을 죽였다.(28-34)
- **브니야와 사독의 임명**: 솔로몬은 요압을 대신하여 브나야를 군사령관으로, 아비아달 대신 사독을 제사장으로 임명하였다.(35)
- **시므이의 죽음**: 솔로몬이 사람을 보내 시므이에게 기드론 강을 건너 예루살렘을 벗어나지 말고 살라고 하여 오랫동안 예루살렘에서만 살았다. 3년 후 시므이가 가드로 도망간 종을 데려오기 위해 예루살렘을 벗어나 가드로 갔었음이 밝혀져 브나야에 의해 죽임을 당한다.(36-46)

3장

솔로몬은 바로의 딸과 결혼했다. 기브온 산당에서 일천 번제를 올리고 하나님께 지혜를 구한 솔로몬이 산 아이를 놓고 싸우는 두 창기에게 명판결을 내린다.

- **바로의 딸과 결혼한 솔로몬**: 솔로몬은 애굽의 왕 바로의 딸과 결혼한다.(1)
- **지혜를 구하는 솔로몬**: 솔로몬은 성전을 건축하기 전 기브온 산당에서 일천 번제를 드렸다. 그날 밤 꿈에 여호와께서 나타나셨을 때 백성을 다스릴 지혜를 구했고 좋게 생각하신 하나님께서는 솔로몬이 구하지 않은 부귀와 영광도 주시겠다는 약속을 하셨다. '내가 네 말대로 하여 네게 지혜롭고 총명한 마음을 주노니 네 앞에도 너와 같은 자가 없었거니와 네 뒤에도 너와 같은 자가 일어남이 없으리라 내가 또 네가 구하지 아니한 부귀와 영광도 네게 주노니 네 평생에 왕들 중에 너와 같은 자가 없을 것이라.'(2-15)
- **솔로몬의 명판결**: 하나님의 지혜를 받은 솔로몬은 죽은 아이와 산 아이를 놓고 싸

우는 두 창기에게 산 아이를 둘로 나누어 두 여자에게 주라는 명판결을 내린다. '그 산 아들의 어머니 되는 여자가 그 아들을 위하여 마음이 불붙는 것 같아서 왕께 아뢰어 청하건대 내 주여 산 아이를 그에게 주시고 아무쪼록 죽이지 마옵소서 하되 다른 여자는 말하기를 내 것도 되게 말고 네 것도 되게 말고 나누게 하라 하는지라 왕이 대답하여 이르되 산 아이를 저 여자에게 주고 결코 죽이지 말라 저가 그의 어머니이니라 하매.'**(16-28)**

4장

솔로몬은 내각 구성을 마쳤고 풍족한 가운데 태평성대를 구가했다. 솔로몬은 가장 지혜로운 인물이었다.

- **솔로몬의 내각**: 1) 제사장 – 아사리아 2) 서기관 – 엘리호렙과 아히야 3) 사관 – 여호사밧 4) 군사령관 – 브니야 5) 제사장 – 사독과 아비아달 6) 지방 관장의 두령 – 아사리아 7) 제사장이며 왕의 벗 – 사붓 8) 궁내 대신 – 아히살 9) 노동 감독관 – 아도니람**(1-6)**
- **열두 명의 지방 관장**: 솔로몬은 왕과 왕실의 양식을 공급하기 위해 1개월씩 담당하는 12명의 지방 관장을 임명하였다. '솔로몬이 또 온 이스라엘에 열두 지방 관장을 두매 그 사람들이 왕과 왕실을 위하여 양식을 공급하되 각기 일 년에 한 달씩 양식을 공급하였으니 그들의 이름은 이러하니라. 에브라임 산지에는 벤훌이요 (…) 아모리 사람의 왕 시혼과 바산 왕 옥의 나라 길르앗 땅에는 우리의 아들 게벨이니 그 땅에서는 그 한 사람만 지방 관장이 되었더라.'**(7-19)**
- **이스라엘의 태평성대**: 솔로몬 시대에는 태평성대를 구가했다. 유브라데 강으로부터 블레셋 땅에 이르기까지의 모든 나라들이 조공을 바치고 단으로부터 브엘세바에 이르기까지 모두가 풍족하게 살았다.**(20-28)**
- **뛰어난 지혜의 왕 솔로몬**: 솔로몬의 지혜는 주변에서 비견될 사람이 없었고 잠언 3,000가지, 노래 1,005편 등 문화 예술은 물론 식물학과 동물학에도 뛰어난 지혜의 왕이었다. '그는 모든 사람보다 지혜로워서 예스라 사람 에단과 마홀의 아들 헤만과

갈골과 다르다보다 나으므로 그의 이름이 사방 모든 나라에 들렸더라 (…) 사람들이 솔로몬의 지혜를 들으러 왔으니 이는 그의 지혜의 소문을 들은 천하 모든 왕들이 보낸 자들이더라.'**(29–34)**

솔로몬의 성전 건축

5장

솔로몬은 성전 건축을 위한 목재 확보를 위해 두로의 히람 왕과 계약을 체결했고 전국에서 충분한 인력을 확보했다.

- **두로 왕 히람의 도움을 요청하는 솔로몬**: 솔로몬은 국내적으로 화평한 가운데 성전 건축을 위해 두로 왕 히람에게 도움을 요청한다. '솔로몬이 기름 부음을 받고 그의 아버지를 이어 왕이 되었다 함을 두로 왕 히람이 듣고 그의 신하들을 솔로몬에게 보냈으니 이는 히람이 평생에 다윗을 사랑하였음이라 (…) 당신은 명령을 내려 나를 위하여 레바논에서 백향목을 베어내게 하소서 내 종과 당신의 종이 함께 할 것이요 또 내가 당신의 모든 말씀대로 당신의 종의 삯을 당신에게 드리리이다. 당신도 알거니와 우리 중에는 시돈 사람처럼 벌목을 잘하는 자가 없나이다.'**(1–6)**
- **솔로몬과 히람의 교역**: 솔로몬은 히람과 상호 이익이 될 수 있는 조건으로 두로의 백향목, 잣나무 등 목재와 이스라엘의 밀과 기름 등 농산물을 물물교환하는 형식으로 계약을 맺었다.**(7–12)**
- **성전 건축을 위한 역군**: 솔로몬은 성전 건축을 위해 전국에서 3만 명의 역군을 불러 모았다. 또 짐꾼이 7만 명, 석수가 8만 명에 달했으며 그 사역을 감독하는 관리가 3천 3백 명이나 되었다.**(13–18)**

6장

솔로몬은 왕이 된 4년째 해에 성전 건축을 시작하여 7년 만에 완공하였다.

- **성전 건축 시작**: 솔로몬은 왕이 된 지 4년, 출애굽 한 지 480년 되는 BC 966년 성전 건축을 시작한다(BC 1446년 출애굽 하여 광야 생활 40년, 가나안 정복 및 평정 16년, 사사시대 340년, 사울 통치 40년, 다윗 통치 40년, 솔로몬 즉위 4년을 합하면 480년이다). **(1)**
- **성전의 규모**: 성전의 규모는 길이가 60규빗(27.36m), 너비가 20규빗(9.1236m), 높이가 30규빗(13.68m)이었다. **(2)**
- **성전의 구성**: 성전 외부와 성전 내부의 지성소, 성소, 언약궤를 두는 내소 등에 대한 자세한 설명과 성전 내소의 그룹에 대한 설명 그리고 문설주 등 자세히 설명하고 있다. **(3–36)**
- **성전 건축 완공**: 성전 건축을 시작한 지 7년 만인 BC 959년에 완공하였다. '넷째 해 시브월에 여호와의 성전 기초를 쌓았고 열한째 해 불월 곧 여덟째 달에 그 설계와 식양대로 성전 건축이 다 끝났으니 솔로몬이 칠 년 동안 성전을 건축하였더라.' **(37–38)**

솔로몬 왕

솔로몬의 왕궁 건축과 성전 기구 제작

7장

솔로몬은 성전에 이어 왕궁 건축을 끝내고 두로에서 기술자 히람을 초청하여 성전 안 모든 기구들을 제작하였다.

- **왕궁 건축**: 솔로몬은 7년 걸려 성전 완공 후 자기의 왕궁을 13년 만에 완공한다.

솔로몬은 레바논 나무로 왕궁을 지었다. 왕궁은 길이가 100규빗(52–54m), 너비가 50규빗(26–27m), 높이가 30규빗(15–16m)이었다. 성전에서 사용하는 1규빗은 45.6cm인 데 비해 왕실에서 사용하는 규빗은 1규빗이 52–54cm이다.**(1–12)**

- **성전 내 기구들과 부속품 제작**: 솔로몬은 두로에서 놋쇠 대장장 히람을 초청하여 야긴과 보아스라 명명한 놋 기둥 2개를 만들어 성전의 주랑 앞에 세우고 놋 바다, 물두멍, 부삽과 대접 등 성전 안 기구들과 부속품을 모두 제작하였다.**(13–50)**
- **다윗이 봉헌한 기구들**: 솔로몬은 성전의 모든 것을 마친 후 아버지 다윗이 봉헌한 물건 곧 은과 금과 기구들을 성전 곳간에 두었다.**(51)**

솔로몬 왕

성전 봉헌식

8장 성전 봉헌식

- **지성소에 안치된 언약궤**: 성전 완공 후 성전 봉헌식을 드린다. 솔로몬은 언약궤를 다윗성에서 메어 올려 성전의 내소인 지성소 그룹들의 날개 밑에 안치하였다. 언약궤 안에는 두 돌판 이외에 아무것도 없었다.**(1–9)**
- **성전에 임한 하나님의 영광**: 제사장이 성전에서 나올 때 하나님의 영광이 성전에 임하였다.**(10–11)**
- **솔로몬의 감사 찬송**: 솔로몬은 아버지 다윗에게 약속한대로 여호와의 성전을 완공한 데 대해 감사 찬송을 올리고 백성들과 이방인들이 성전에서나 성전을 향해 드리는 기도에 응답해 주실 것을 기도하였다.**(12–45)**
- **솔로몬의 기도**: 솔로몬은 마치 바벨론 포로 생활을 예언이나 하듯 주께 범죄하여

적국에 넘겨져 백성들이 그곳에서 성전을 향해 기도할 때 응답해 주실 것을 기도하였다. 솔로몬은 조상들에게 명령하신 계명과 법도와 율례를 지키게 하시기를 위해 기도하였다. 솔로몬은 그렇게 기도했으나 후에 우상숭배를 했다. 기도보다 더 중요한 것은 하나님의 명령대로 행하는 것이다.**(46–61)**

- **솔로몬의 감사 제사**: 솔로몬은 성전 봉헌을 위한 감사 제사를 드렸다. 희생 제물로는 소가 2만 2천 마리, 양이 12만 마리였다. '그 날에 왕이 여호와의 성전 앞뜰 가운데를 거룩히 구별하고 거기서 번제와 소제와 감사제물의 기름을 드렸으니 이는 여호와의 앞 놋제단이 작으므로 번제물과 소제물과 화목제의 기름을 다 용납할 수 없음이라.' 솔로몬은 성전 봉헌을 위해 성전 봉헌 절기 7일, 초막절 7일 도합 14일을 절기로 지켰다.**(62–66)**

솔로몬 왕

하나님의 엄한 경고와 솔로몬의 최전성기

9장

성전과 왕궁 건축을 마쳤을 때 기브온에서처럼 하나님이 솔로몬에게 나타나셔서 하나님의 말씀에 순종하지 않을 경우 성전이라도 던져 버릴 것이라는 엄한 경고를 하셨다.

- **솔로몬의 기도에 응답하신 하나님**: 성전과 왕궁 건축 등 솔로몬이 원하던 것을 모두 마쳤을 때 하나님이 기브온에서 나타나셨듯이 다시 솔로몬에게 나타나 네 기도를 들어 이 성전을 구별하여 내 이름을 영원히 그곳에 두며 내 마음이 항상 거기에 있을 것이라고 말씀하셨다. 네 아버지 다윗이 행했던 것 같이 내 법도와 율례를 지키면 왕위가 끊어지지 않고 계속될 것이라는 언약을 주신다. 이어서 하나님은 내 계명과 법도를 지키지 않고 다른 신을 섬긴다면 이 성전이라도 내 앞에서 던져 버릴 것이며 모든 민족 가운데서 속담 거리가 될 것이라고 하셨다. 아담과 하와 때부터 강조하신 순종과 불순종의 말씀을 하신 것이다. '이 성전이 높을지라도 지나가는

자마다 놀라며 비웃어 이르되 여호와께서 무슨 까닭으로 이 땅과 이 성전에 이같이 행하셨는고 하면 대답하기를 그들이 그들의 조상들을 애굽 땅에서 인도하여 내신 그들의 하나님 여호와를 버리고 다른 신을 따라가서 그를 경배하여 섬기므로 여호와께서 이 모든 재앙을 그들에게 내리심이라 하리라 하셨더라.'**(1–9)**

- **솔로몬이 히람에게 갈릴리 성읍 20곳을 주었다**: 솔로몬은 20년이 걸려 성전과 왕궁을 완공한 후 히람에게 갈릴리 땅의 성읍 20곳을 주었으나 히람은 성읍들이 눈에 들지 않아 아무짝에도 쓸모없는 가치 없는 땅이라는 의미로 가불 땅이라 하였다. 히람이 금 120달란트를 솔로몬에게 보내었다.**(10–14)**
- **솔로몬의 건축 사업**: 솔로몬은 성전과 왕궁 이외에도 밀로와 예루살렘 성과, 요새 게셀과 벧호른, 바알랏, 다드몰(지금의 팔미라) 등 솔로몬이 원했던 모든 건축을 하였다. '바로의 딸이 다윗 성에서부터 올라와 솔로몬이 그를 위하여 건축한 궁에 이를 때에 솔로몬이 밀로를 건축하였더라.'**(15–24)**
- **솔로몬이 드린 번제와 감사 제물**: 솔로몬은 성전 짓는 일을 마쳤고 해마다 세 번씩 번제와 감사의 제물을 드렸다.**(25)**
- **솔로몬의 무역**: 솔로몬은 홍해 엘롯 근처 에시온게벨에서 배를 건조하여 금 산지인 오빌과 무역을 하였다.**(26–28)**

10장

솔로몬의 최전성기에 관한 이야기이다.
스바 여왕이 방문하는 등 솔로몬이 세계에 명성을 떨쳤다.

- **솔로몬을 방문한 스바 여왕**: 솔로몬의 지혜에 관한 소문을 듣고 스바(지금의 예멘) 여왕이 많은 선물을 갖고 방문하여 솔로몬이 자기가 생각했던 것보다 더 지혜가 많은 것에 놀란다. '왕께 말하되 내가 내 나라에서 당신의 행위와 당신의 지혜에 대하여 들은 소문이 사실이로다. 내가 그 말들을 믿지 아니하였더니 이제 와서 친히 본즉 내게 말한 것은 절반도 못되니 당신의 지혜와 복이 내가 들은 소문보다 더하도다 (…) 이에 그가 금 일백이십 달란트와 심히 많은 향품과 보석을 왕에게 드렸으

니 스바의 여왕이 솔로몬 왕에게 드린 것처럼 많은 향품이 다시 오지 아니하였더라 (…) 솔로몬 왕이 왕의 규례대로 스바의 여왕에게 물건을 준 것 외에 또 그의 소원대로 구하는 것을 주니 이에 그가 그의 신하들과 함께 본국으로 돌아갔더라.'**(1–13)**

- **솔로몬의 최전성기**: 솔로몬이 매년 정기적으로 거둬들이는 세금만 금 666달란트이고 금으로 큰 방패 2백 개, 작은 방패 3백 개를 만들었다. 이 방패들은 르호보암 때 애굽 왕 시삭에게 탈취당한다. 상아에 정금으로 만든 보좌, 평상시 사용하는 금 그릇들, 3년마다 다시스 배로 금과 은과 상아와 원숭이와 공작을 실어 오고 온 세상 사람들이 솔로몬을 만나기 위해 많은 예물을 들고 찾아오며, 병거와 마병도 많은 등 최전성기의 솔로몬 시대를 맞았다.**(14–29)**

솔로몬 왕

솔로몬의 불순종과 죽음

11장

솔로몬은 하나님의 명령에 순종하지 않고 수많은 처첩을 두었고 온갖 우상을 섬겨 여로보암을 일으켜 남북 왕국으로 분열되는 계기를 마련하고 죽음을 맞는다.

- **솔로몬의 불순종**: 솔로몬은 서로 통혼하지 말고 우상 숭배하지 말라는 하나님 말씀에 전적으로 불순종하였다. 솔로몬은 바로의 딸 이외에 모압, 암몬, 에돔, 시돈, 헷 여인 등 이방의 많은 여인들을 사랑하여 후궁이 7백 명, 첩이 3백 명이었다. 솔로몬의 여인들이 솔로몬의 마음을 돌려 다른 신들을 따르게 하였다. 시돈의 여신 아스다롯, 암몬의 밀곰, 모압의 그모스 등이다.**(1–8)**
- **여호와의 분노 – 왕국의 분열 예고**: 두 번이나 솔로몬에게 나타나셨던 여호와께서 진노하셨다. 하나님의 명령에 순종하지 않았으므로 왕국이 분열될 것이나 다윗과의 약속으로 솔로몬 다음 세대에 이 나라를 네게서 빼앗아 네 신하(여로보암)에게 주리라고 하셨다. '오직 내가 이 나라를 다 빼앗지 아니하고 내 종 다윗과 내가 택한 예

루살렘을 위하여 한 지파를 네 아들에게 주리라 하셨더라.'(9-13)

- **에돔 왕 하닷과 수리아 왕 르손의 대적**: 솔로몬은 대외적으로 어려움에 처하게 된다. 요압이 에돔을 진멸할 당시만 해도 어린아이였었던 에돔 왕 하닷이 대적하고 나섰고 소바 왕 하닷에셀의 신하였던 르손이 수리아 왕이 되어 솔로몬을 대적하였다.(14-25)
- **여로보암의 대적**: 솔로몬은 국내적으로도 어려움에 처한다. 신하인 느밧의 아들 여로보암이 왕을 대적하고 나선 것이다. 여로보암은 실로 사람 선지자 아히야를 통해 북이스라엘 10지파의 왕이 될 것이라는 예언을 받은 바 있었다. 여로보암이 아히야를 만났을 때 아히야가 자기 옷을 열두 조각으로 찢은 후 10조각을 여로보암에게 주면서 여호와의 말씀이 이 나라를 우상숭배한 솔로몬에게서 빼앗아 10지파를 여로보암에게 주고 다윗으로 인해 한 지파만 솔로몬에게 줄 것이라 하였다. 여호와께서는 이로 말미암아 다윗의 자손을 괴롭게 할 것이나 영원히 하지는 아니하리라 하셨다. 솔로몬이 여로보암을 죽이려 하자 여로보암은 애굽 왕 시삭에게 도망하여 솔로몬이 죽기까지 거기에 있었다.(26-40)
- **솔로몬의 죽음 - 유다 초대 왕 르호보암의 등장**: 솔로몬은 40년을 왕으로 재임한 후 죽고 아들 르호보암이 왕이 된다.(41-43)

왕국의 분열

유다의 초대 왕 르호보암과 이스라엘의 초대 왕 여로보암

12장

왕국이 분열되어 르호보암이 유다의 왕이 되고 여로보암이 이스라엘 왕이 되었다.

- **르호보암의 압제 정치와 남북 왕국으로의 분열**: 솔로몬에 이어 세겜에서 왕으로 추

대된 르호보암은 애굽에서 돌아온 여로보암과 온 백성이 르호보암을 찾아와 솔로몬이 백성에게 메웠던 멍에를 가볍게 해 달라는 요청을 듣는다. 그렇게 해야 한다는 노인들의 제안을 무시하고 멍에를 더 무겁게 해야 한다는 젊은이들의 제안을 받아들여 결국 남북 왕국으로 분열하게 된다. 결국 하나님이 아히야를 통해 했던 예언을 이루신 것이다.**(1-16)**

- **남 유다의 출현**: 그러나 유다 성읍에 사는 사람들은 르호보암을 왕으로 하여 남 유다가 탄생한다.**(17)**
- **북 이스라엘의 출현 – 초대 왕 여로보암**: 이스라엘 10지파는 여로보암을 왕으로 세워 북 이스라엘이 되었다.**(18-20)**
- **하나님의 뜻**: 남 유다의 르호보암이 유다와 베냐민 지파의 군사 18만 명으로 이스라엘 족속과 싸워 나라를 회복하려 했으나 하나님의 말씀이 하나님의 사람 스마야에게 임한다. 이 일이 하나님으로 인하여 된 것이라는 말씀에 포기하게 된다.**(21-24)**
- **여로보암이 벧엘과 단에 둔 금송아지 우상**: 여로보암은 세겜을 북 이스라엘의 수도로 삼고 예루살렘 성전을 찾아가지 못하도록 하기 위해 금송아지 둘을 만들어 벧엘과 단에 두고 신을 삼았다. 그밖에도 산당을 세우고, 레위 자손이 아닌 보통 백성으로 제사장을 삼고, 7월 15일의 장막절을 8월 15일로 바꾸는 등 정치적 분열에 이어 종교적 분열이 일어나게 되었다.**(25-33)**

13장

유다의 한 선지자가 벧엘 제단에서 분향하고 있는 여로보암에게 290년 후 요시아 왕 때 이루어질 엄청난 예언을 하고 징조를 보였으나 여로보암은 회개하지 않는다. 선지자 자신도 벧엘의 늙은 선지자에게 속아 하나님의 말씀을 어기므로 사자에게 물려 죽게 된다.

- **한 선지자의 엄청난 예언**: 유다의 한 선지자가 벧엘의 제단에 분향하고 있는 여로보암에게 엄청난 예언을 한다. 미래에 요시아라는 이름을 가진 사람이 나타나 지금 이 제단에 분향하는 산당 제사장을 네 위에서 제물로 바칠 것이요 또 사람의 뼈를

네 위에서 사르리라는 예언이다. 290년 후 유다 19대 왕 요시아가 이 예언을 성취하였다. 왕하 23:15–20을 보라.**(1–2)**

- **예언의 성취를 알리는 징조**: 이 선지자는 이 예언이 반드시 이루어질 것이라는 징조로 지금 이 제단이 갈라져 제단 위에 있는 재가 쏟아질 것이라고 말한다. 여로보암이 말하고 있는 선지자를 잡으려고 손을 펴자 편 손이 말라 다시 거두지 못하게 되었으며 제단이 갈라지고 재가 쏟아졌다. 여로보암이 선지자에게 자기 손이 다시 성하게 되도록 기도를 요청했고 기도하자 회복되었다. 그러나 여로보암은 그 자리에서 회개하지 않고 선지자를 자기 집으로 초청하며 예물을 주겠다고 말한다. 선지자는 여호와께서 떡도 먹지 말고 물도 마시지 말고 왔던 길로 되돌아가지도 말라 하셨다고 말하며 거절한다. **(3–10)**
- **선지자의 실수와 죽음**: 선지자는 다른 길로 갔다. 그러나 벧엘에 사는 한 늙은 선지자의 여호와 말씀이라는 거짓말에 속아 늙은 선지자의 집으로 가서 떡을 먹고 물을 마셨다. 선지자는 돌아가는 길에 사자를 길에서 만나 비참하게 죽게 된다.**(11–32)**
- **여로보암의 계속된 타락**: 여로보암은 이 일 후에도 악한 길에서 돌이키지 않았다. '여로보암이 이 일 후에도 그의 악한 길에서 떠나 돌이키지 아니하고 다시 일반 백성을 산당의 제사장으로 삼되 누구든지 자원하면 그 사람을 산당의 제사장으로 삼았으므로 이 일이 여로보암 집에 죄가 되어 그 집이 땅 위에서 끊어져 멸망하게 되니라.'**(33–34)**

14장

이스라엘 초대 왕 여로보암이 악을 행하다 죽고 아들 나답이 왕이 된다. 유다 초대 왕 르호보암 역시 악을 행하다 죽고 아들 아비얌이 왕이 되었다.
르호보암 5년, 애굽의 시삭이 예루살렘에 침입하여 모든 보물과 솔로몬이 만들었던 금 방패를 모두 약탈당한 역사를 기록하고 있다. 두 왕이 재위하는 동안 유다와 이스라엘 간에는 계속 전쟁이 있었다.

- **아히야의 경고 – 이스라엘 2대 왕 나답이 죽고 3대 바아사가 왕이 된다**: 여로보암의 아들 아비야가 병들자 아내를 변장시키고 선물을 들려 여로보암이 왕 될 것을 예언하였던 실로에 있는 아히야에게 보낸다. 아히야는 여로보암 아내에게 여호와께서 여로보암을 왕으로 세웠으나 악을 행하고 다른 신을 만들었으므로 이스라엘 위에 한 왕을 세워 그 날에 여로보암의 집이 끊어질 것이며 네가 성읍에 돌아갈 때에 앓고 있는 아비야는 죽을 것이라고 예언한다. 예언대로 아내가 성읍에 들어섰을 때 아들이 죽었고 예언대로 이스라엘 3대 왕 바아사가 2대 왕 나답을 죽이고 왕이 되므로 여로보암의 집이 끊어졌다.**(1–18)**
- **여러보암의 죽음과 이스라엘 2대 왕 나답**: 여로보암이 22년간 왕으로 지낸 후 죽고 아들 나답이 왕이 되었다.**(19–20)**
- **르호보암의 죄악**: 유다 왕 르호보암도 41세에 왕이 되어 17년 동안 왕위에 있으며 악을 행하고 산당과 우상과 아세라 상을 세웠다. 또 남색 하는 자가 있었고 여호와께서 이스라엘 자손 앞에서 쫓아내신 국민의 모든 가증한 일을 무리가 본받아 행하였다.**(21–24)**
- **애굽 왕 시삭의 예루살렘 침입**: 르호보암 왕 5년 BC 926년에 애굽 왕 시삭이 예루살렘을 침입하여 성전의 보물과 왕궁의 보물을 모두 빼앗고 솔로몬이 만든 금 방패도 다 빼앗아 갔다. 그 이후 르호보암은 금 방패 대신 놋 방패를 만들었다.**(25–28)**
- **르호보암의 죽음과 유다 2대 왕 아비얌**: 르호보암과 여로보암 사이에 항상 전쟁이 있었고 르호보암이 죽고 아비얌(아비야)이 유다 2대 왕이 된다.**(29–31)**

왕국의 분열

유다의 아비얌(2), 아사(3), 여호사밧(4) 왕과 이스라엘의 나답(2), 바아사(3), 엘라(4), 시므리(5), 오므리(6), 아합(7), 아하시야(8) 왕

15장 유다의 아비얌, 아사 왕 그리고 이스라엘의 나답, 바아사 왕

- **유다 2대 왕 아비얌의 죄와 3대 왕 아사**: 유다 2대 왕 아비얌은 르호보암과 같은 모든 죄를 지었다. 그러나 하나님이 다윗과 맺은 언약 때문에 왕의 대를 이을 후사를 주셔서 아비얌이 3년 동안 다스린 후 아들 아사가 3대 왕이 되었다. 아비얌과 이스라엘 여로보암 사이에도 계속 전쟁이 있었다.**(1–8)**
- **유다 3대 정직한 왕 아사**: 아사는 41년간 왕이었다. 다윗과 같이 여호와를 섬기는 정직한 왕이었다. 남색 하는 자들을 쫓아내고 모든 우상을 없앴다. 조모인 마아가가 만든 아세라를 찍어 불살랐다. 역대기를 보면 아사는 부친 아비얌이 여로보암과 싸워 취한 전리품과 자신이 구스인들과 싸워 얻은 중에서 은과 금과 그릇들을 모두 하나님께 바쳤다.**(9–15)**
- **아사와 바아사 간의 전쟁**: 아사와 이스라엘 바아사 왕 사이에는 일생 동안 전쟁이 있었다. 바아사가 유다–이스라엘 국경에 요새 라마의 건축을 시작하자 아사는 아람의 벤하닷 왕에게 보물을 보내 약조를 맺고 벤하닷이 이스라엘을 침공하도록 한다. 바아사는 라마 건축을 포기하고 여로보암이 세겜에서 천도한 디르사에 거주하였다.**(16–21)**
- **아사의 건축 사업**: 아사는 라마를 건축하던 돌과 재목을 가져다 요새 게바와 미스바를 건축하였다.**(22)**
- **아사의 죽음과 유다 4대 왕 여호사밧**: 아사가 죽고 그의 아들 여호사밧이 유다의 4대 왕이 되었다.**(23–24)**
- **이스라엘 2대 왕 나답의 행적**: 이스라엘 2대 왕 나답 역시 악을 행하며 2년 간 왕을 지내다 선지자 아히야가 예언한 대로 바아사에 의해 암살당해 이스라엘의 1대 왕조인 여로보암 왕조가 막을 내린다.**(25–27)**
- **이스라엘 3대 왕 바아사의 행적**: 바아사는 이스라엘 3대 왕이 되어 24년간 여로보

암의 길로 행하며 악하게 통치했다.(28–31)

- **아사와 바아사 간의 전쟁**: 유다 아사 왕과 이스라엘 바아사 왕 사이에 일생 동안 전쟁이 있었다.(32)
- **악한 왕 이스라엘 3대 바아사 왕**: 이스라엘 바아사 왕은 24년 동안 다르사에서 악한 통치를 했다.(33–34)

16장 이스라엘의 바아사, 엘라, 시므리, 오므리, 아합 왕

- **선지자 예후의 예언**: 여호와의 말씀이 하나니의 아들 선지자 예후에게 임하여 바아사를 심하게 꾸짖으셨다. 형편없었던 너를 이스라엘의 왕이 되도록 했으나 악하게 통치함으로 네게 속한 자 모두가 비참하게 죽을 것이라고 하였다. '바아사에게 속한 자가 성읍에서 죽은즉 개가 먹고 그에게 속한 자가 들에서 죽은즉 공중의 새가 먹으리라 하셨더라.'(1–4)
- **바아사의 죽음과 이스라엘 4대 왕 엘라**: 바아사가 죽고 아들 엘라가 이스라엘 4대 왕이 된다. 엘라는 2년간 다르사에서 악하게 통치하였다.(5–8)
- **엘라의 죽음과 이스라엘 5대 왕 시므리**: 엘라는 신하인 시므리에 의해 암살당하여 2대 왕조인 바아사 왕조가 끝난다. 시므리는 바아사의 온 집안사람들을 죽였다.(9–14)
- **7일 동안 악한 왕 노릇한 시므리**: 시므리가 이스라엘 5대 왕이 되어 7일 동안 악한 왕 노릇을 하였다. 이로써 이스라엘의 3대 왕조인 시므리 왕조는 7일 만에 막을 내렸다.(15)
- **오므리를 왕으로 추대하는 이스라엘 백성**: 시므리가 바아사를 죽였다는 말을 들은 이스라엘 백성들이 오므리를 왕으로 추대하고 시므리를 공격하자 시므리는 왕궁에 불을 지르고 그 가운데서 죽었다.(16–20)

- **이스라엘 6대 왕 오므리**: 오므리는 이스라엘의 6대 왕이 되어 12년을 통치했다. 처음 6년은 디르사에서 통치하였고 수도를 디르사에서 사마리아로 옮겨 나머지 6년을 통치했다. 오므리는 여호와 보시기에 이전 왕들보다 더 악하게 행하였다.(21–27)
- **이스라엘 7대 왕 아합**: 오므리가 죽고 7대 왕으로 오므리의 아들 아합이 등장한다. 22년을 사마리아에서 통치한 아합은 더욱 악한 왕이었다. 아합은 시돈 왕의 딸 이세벨을 아내로 삼고 바알과 아세라를 섬겨 여호와를 더욱 분노하도록 하였다.(28–33)
- **여호수아 예언의 성취**: 아합 시대에 벧엘 사람 히엘이 여리고를 재건하다 여호수아가 예언한 대로(수 6:26 여호수아가 그 때에 맹세하게 하여 이르되 누구든지 일어나서 이 여리고 성을 건축하는 자는 여호와 앞에서 저주를 받을 것이라 그 기초를 쌓을 때에 그의 맏아들을 잃을 것이요 그 문을 세울 때에 그의 막내아들을 잃으리라 하였더라) 기초를 쌓을 때 맏아들 아비람을 잃었고 성문을 세울 때에 막내아들 스굽을 잃었다.(34)

왕국의 분열

이스라엘 7대 왕 아합과 선지자 엘리야

17장

엘리야가 나타나 아합에게 가뭄을 예언하고 그릿 시냇가에 숨어 살며 까마귀가 물어 오는 떡과 고기로 살고, 다시 사르밧 과부의 집으로 가서 이적을 행한다.

- **엘리야의 가뭄 예언**: 암흑과 같은 북 이스라엘에 디셉 사람 엘리야가 빛처럼 출현한다. 그는 아합에게 내 말이 없으면 수년 동안 비도 이슬도 내리지 않을 것이라 예언한 후 하나님 말씀에 따라 요단 앞 그릿 시냇가에 숨어 있으며 까마귀가 물어 오는 떡과 고기를 먹고 시냇물을 마셨다. 가뭄이 심해 시냇물도 말랐다.(1–7)
- **사르밧 과부와 엘리야의 이적**: 엘리야는 다시 여호와의 말씀에 따라 두로 땅 사르

밧에 사는 과부에게 가서 머문다. 이곳에서 두 가지 이적이 일어난다. 1) 비가 내리기 전까지 사르밧 과부의 통의 가루가 떨어지지 않고 병의 기름이 없어지지 않는 이적 2) 사르밧 과부의 죽은 아들을 살려 내는 이적**(8–24)**

18장 바알 선지자 450명과의 대결에서 승리한 엘리야

- **기근이 심한 사마리아에 나타난 엘리야**: 엘리야는 숨어 지낸 지 3년 만에 아합을 만나기 위해 기근이 심한 사마리아에 나타났다.**(1–2)**
- **엘리야와 오바댜와 아합의 만남**: 엘리야가 아합과 물을 찾아 나선 왕궁 맡은 자 오바댜를 만난다. 오바댜는 여호와를 섬기는 자였다. 엘리야는 오바댜를 통해 아합을 만난다. 아합은 엘리야가 이스라엘을 괴롭히는 자라고 생각했고 엘리야는 당신들이 바알을 따랐기 때문이라고 말한다. '그런즉 사람을 보내 온 이스라엘과 이세벨의 상에서 먹는 바알의 선지자 사백오십 명과 아세라의 선지자 사백 명을 갈멜 산으로 모아 내게로 나아오게 하소서.'**(3–19)**
- **엘리야와 바알 선지자 450명과의 갈멜산 대결**: 아합이 이에 이스라엘의 모든 자손에게로 사람을 보내 선지자들을 갈멜산으로 모았다. 엘리야는 백성들에게 여호와가 만일 하나님이라면 그를 따르고 바알이 만일 하나님이라면 바알을 따르라고 말하며 바알의 선지자 450명과 엘리야가 대결을 벌인다. 송아지 한 마리씩 각을 떠서 나무 위에 올려놓고 각각의 신을 불러 불로 응답하는 쪽이 승리하는 대결이다. 엘리야는 제단 주변에 도랑을 파 물을 붓고 번제물과 나무에도 물을 부은 후에도 여호와의 불이 내려와 모두 태워 승리하였다. 엘리야는 바알의 선지자들을 기손 시내로 끌고 가 모두 죽인다. 그 후 비가 내렸다. '그러자 조금 후에 하늘이 시커먼 구름으로 뒤덮이고 바람이 불며 폭우가 쏟아지기 시작하였다. 이때 아합이 마차를 타고 이스르엘을 향해 달려가자 엘리야는 여호와께서 주신 놀라운 힘으로 허리를 졸라매고 이스르엘까지 줄곧 아합의 마차 앞에서 달려갔다.'**(20–46)**

19장

이세벨이 엘리야를 죽이려 하자 호렙산에 이른 엘리야는 하나님으로부터 사명을 받고 우선 후계자가 될 엘리사를 만난다.

- **엘리야를 죽이려 드는 이세벨:** 바알 선지자 450명과 대결하여 이긴 이야기를 들은 이세벨은 엘리야를 죽이려 한다. 엘리야는 죽기를 원하나 광야로 피해 로뎀 나무 아래에서 자고 있을 때 천사를 통해 구운 떡과 물을 먹여 기운을 차리게 한다.**(1–7)**
- **엘리야가 호렙산에서 하나님으로부터 받은 사명:** 엘리야는 40주야를 달려 호렙산에 이른다. 그곳에서 엘리야는 하나님으로부터 사명을 받는다. 1) 다메섹에 가서 하사엘에게 기름을 부어 아람의 왕이 되게 하고 2) 님시의 아들 예후에게 기름을 부어 이스라엘의 왕이 되게 하고 3) 아벨므홀라 사밧의 아들 엘리사에게 기름을 부어 너를 대신하여 선지자가 되게 하라. '하사엘의 칼을 피하는 자를 예후가 죽일 것이요 예후의 칼을 피하는 자를 엘리사가 죽이리라.'**(8–17)**
- **바알에게 무릎 꿇지 않은 7천 명:** 하나님은 이스라엘 가운데에 바알에게 무릎 꿇지 않은 7천 명을 남기겠다며 엘리야를 격려하셨다.**(18)**
- **엘리야와 엘리사의 만남:** 엘리야는 열두 겨릿 소로 밭을 갈고 있는 엘리사를 만난다. 엘리사는 엘리야를 따랐다. '엘리사는 자기 소를 버려두고 엘리야에게 달려가 말하였다. 먼저 가서 내 부모에게 인사나 하고 오게 해 주십시오. 그 후에 내가 당신을 따르겠습니다. 그러자 엘리야는 좋다. 갔다오너라. 내가 너를 말리지 않겠다. 하고 대답하였다. 그래서 엘리사는 돌아가서 소 두 마리를 잡고 그 소의 도구로 고기를 삶아 사람들에게 나누어 주어 먹게 한 다음 엘리야를 따라가서 그의 제자가 되었다.'**(19–21)**

20장

아합은 하나님의 도우심으로 벤하닷과의 전쟁에서 두 번 모두 승리한다. 그러나 아합은 벤하닷을 죽이라는 말씀을 듣지 않고 놓아 주는 실수를 범해 벤하닷 대신 아합이 죽을 것이라는 예언의 말씀을 듣게 된다.

- **아람 벤하닷의 도전**: 아람의 벤하닷의 연합군이 사마리아를 에워싸고 모든 은금과 자녀와 아내들과 모든 아름다운 자 등을 모두 내어놓으라는 무리한 요구를 해 오자 아합은 장로들과 백성들과 의논하여 거절한다.**(1–11)**
- **벤하닷과의 첫 번째 전투에서 승리한 아합**: 벤하닷이 이스라엘을 공격한다. 첫 번째 전투에서 하나님의 도우심으로 7,232명의 소수 병력으로 벤하닷의 큰 군대를 물리쳐 승리한다. 내가 여호와인 줄을 아합에게 알리시려는 목적이 있었다.**(12–21)**
- **두 번째 승리 후 아합의 실수**: 두 번째 전투에서도 아합은 하나님의 도우심으로 대승을 한다. '시리아군과 이스라엘군이 서로 대치한 지 7일 만에 전투를 벌였다. 이스라엘군은 전투 첫날에 시리아군 10만 명을 죽였으며 살아남은 시리아군은 아벡성으로 도주하였으나 거기서 성벽이 무너져 2만 7천 명이 죽었다. 그때 벤–하닷은 그 성의 어느 골방으로 들어가 숨어 있었는데' 그러나 아합은 여호와께서 멸하기로 작정한 벤하닷을 놓아 주고 평화협정을 맺는 실수를 범한다.**(22–34)**
- **아합의 최후 예언**: 아합은 벤하닷을 놓아 주는 실수를 범했다. 아합은 선지자로부터 아합의 목숨으로 벤하닷의 목숨을 대신할 것이라는 예언의 말씀을 듣고 근심한다. '그가 왕께 아뢰되 여호와의 말씀이 내가 멸하기로 작정한 사람을 네 손으로 놓았은즉 네 목숨은 그의 목숨을 대신하고 네 백성은 그의 백성을 대신하리라 하셨나이다.'**(35–43)**

21장 아합과 이세벨의 나봇의 포도원 탈취 사건

- **나봇의 포도원을 욕심내는 아합**: 아합이 이스르엘 왕궁 가까이에 있는 나봇의 포도원을 채소밭으로 만들기 위해 탐내지만 나봇이 모세의 율법에 어긋나기 때문에 팔 수 없다고 하여 근심한다. '나봇이 아합에게 말하되 내 조상의 유산을 왕에게 주기를 여호와께서 금하실지로다 하니 이스르엘 사람 나봇이 아합에게 대답하여 이르기를 내 조상의 유산을 왕께 줄 수 없다 하므로 아합이 근심하고 답답하여 왕궁으로

돌아와 침상에 누워 얼굴을 돌리고 식사를 아니하니.'(1-4)

- **이세벨의 간계와 나봇의 죽음**: 이 이야기들 들은 이세벨은 간계를 꾸며 나봇이 하나님과 왕을 저주하였다는 죄목으로 불량자 2명의 증인을 세워 돌로 쳐 죽인다.(5-14)
- **아합이 받을 심판**: 아합은 나봇이 죽었다 함을 듣고 나봇의 포도원을 차지하러 간다. 이때 여호와의 말씀이 임한 엘리야가 아합을 만나 개들이 나봇의 피를 핥은 곳에서 개들이 네 피도 핥으리라는 무서운 예언을 한다.(15-22)
- **이세벨이 받을 심판**: 엘리야는 이세벨에게도 개들이 이스르엘 성읍 곁에서 이세벨을 먹을 것이라고 예언하였다.(23-26)
- **아합의 회개와 재앙의 유예**: 아합이 이 모든 말씀을 듣고 금식하며 회개한다. 여호와께서는 내가 재앙을 그의 시대에는 내리지 않고 그 아들의 시대에야 그의 집에 재앙을 내릴 것이라고 유예 선고를 한다.(27-29)

22장

이스라엘 아합이 유다 여호사밧과 함께 아람과 전투하는 중 화살을 맞고 전사한다. 이스라엘 8대 아하시야와 유다 4대 여호사밧.

- **아합의 여호사밧과의 동맹**: 3년 동안 아람과 이스라엘 사이에 전쟁이 없었다. 유다 여호사밧 왕이 이스라엘 아합을 찾아왔을 때 아합은 원래 이스라엘 땅이었던 길르앗 라못을 아람에게서 회복하기 위해 여호사밧이 함께 싸워 줄 것을 제안하여 동의를 받아 낸다.(1-4)
- **어용 선지자와 참 선지자의 상반된 조언**: 여호사밧이 아합에게 여호와의 뜻이 어떠한지를 물어보자고 한다. 권력에 빌붙어 사는 시드기야를 비롯한 어용 선지자 4백 명은 싸워 이길 것이니 올라가 싸우라고 하였다. 그러나 참 선지자인 미가야는 전쟁에서 패하여 아합이 죽을 것을 예언한다. 미가야는 투옥되었다.(5-28)
- **길르앗 라못 전투에서의 아합의 전사 – 이스라엘 8대 왕 아하시야**: 아합 왕과 여호사밧 왕이 길르앗 라못으로 올라간다. 여호사밧이 왕복을 입고 아합은 변장하고 아

람과 싸울 때 아람 병사가 무심코 쏜 화살이 아합을 맞혀 전사하게 된다. 아합이 탔던 병거를 못에서 씻을 때 개들이 아합의 피를 핥았다. 예언대로 된 것이다. 아합이 죽고 아하시야가 대신하여 왕이 되었다.**(29–40)**

- **유다 4대 왕 여호사밧의 행적**: 여호사밧은 35세에 유다 4대 왕이 되어 25년 동안 아버지 아사처럼 정직하게 통치하였다. 여호사밧은 아사 시대에 남아 있던 남색 하는 자들을 몰아내고 에돔에는 섭정 왕을 두어 다스렸다. 여호사밧은 이스라엘의 왕과 화평하게 지냈다. 여호사밧은 솔로몬 시대 이후 중단되었던 해상무역의 부활을 꾀했으나 큰 성과는 내지 못했다. '여호사밧왕은 큰 무역선들을 건조하고 오빌에 가서 금을 실어 오려고 하였으나 그 배들이 에시온–게벨에서 파선하였으므로 그 곳에 도착하지 못하였다. 그때 아합의 아들인 이스라엘의 아하시야왕이 여호사밧에게 자기 나라 상인들도 함께 항해할 수 있게 해 달라고 부탁하였으나 여호사밧은 그의 청을 거절하였다.'**(41–49)**
- **여호사밧의 죽음과 유다 5대 왕 여호람**: 여호사밧이 죽고 아들 여호람이 유다 5대 왕이 된다.**(50)**
- **아합의 죽음과 이스라엘 8대 왕 아하시야**: 아합이 죽자 그의 아들 아하시야가 사마리아에서 이스라엘 8대 왕이 되어 2년 동안 바알을 섬기는 악한 왕의 길을 걸었다. '바알을 숭배하여 자기 아버지처럼 이스라엘의 하나님 여호와를 노하게 하였다.'**(51–53)**

열왕기하 핵심정리

열왕기상·하의 의의

- 열왕기는 이스라엘의 역사를 기록하고 있으나 더욱 중요한 것은 이스라엘의 역사를 통해 우리들에게 주는 교훈이다. 하나님이 아브라함에게 약속했던 하나님 나라인 이스라엘이 얼마나 불순종의 삶을 살았는가를 배워야 한다. 예수님의 부활 이후의 하나님 나라인 교회가 2천여 년을 지나오면서 과연 이스라엘과 비교하여 하나님이 보실 때 제대로의 삶을 살고 있는가를 배울 수 있어야 할 것이다.
- 열왕기는 사울과 다윗으로 이어졌던 사무엘서의 연속선상에서 통일 왕국의 솔로몬으로 이어지나 역사적 연대기로 매우 중요한 시점들을 보여 준다. BC 1050년 사울이 왕이 됨으로 통일 왕국을 이루었던 이스라엘이, BC 931년 분열 왕국 시대를 맞게 되고 BC 722년 북 이스라엘이 앗수르에 의해 함락되며 BC 586년 남 유다마저 바벨론에 의해 멸망하여 포로 시대를 맞는다.

기록연대와 배경

- 열왕기상·하는 원래 하나의 책이었다. 대체로 열왕기상·하는 BC 560–BC 538년 사이에 기록된 것으로 생각한다. 열왕기하에 기록된 마지막 사건은 여호야긴이 감옥에서 풀려난 사건으로 BC 560년에 이루어졌다. 열왕기에는 바벨론 포로에서 귀환한 사건 기록이 전혀 없는 것으로 미루어 포로 귀환 이전에 기록된 것이 거의 확실하다. 유대인들이 바벨론 포로에서 귀환한 것이 BC 538년이다.
- 열왕기하는 열왕기상의 역사를 계속 이어 간다. 선지자 엘리야와 엘리사의 이야기를 시작으로 북 이스라엘의 예후로부터 남 유다의 멸망까지를 다루고 있다.
- 북 이스라엘은 19대 호세아 왕을 마지막으로 BC 722년 앗수르에 의해 멸망되었고 남 유다는 BC 586년 여호야긴 왕을 마지막으로 바벨론에 패망 당하고 포로가 되었다.
- 열왕기의 저자는 불확실하다. 에스라, 에스겔이 저자로 거론되기도 하고 유대 전승에 의하면 예레미야라고도 한다.

분열된 남북 왕국의 역사 계속

이스라엘 왕 아하시야(8)와 선지자 엘리야

Ⅱ 역사서

1장 아하시야가 죽을 것을 예언하는 엘리야

- **바알세블에게 묻는 아하시야:** '아합이 죽은 후에 모압이 이스라엘을 배반하였더라.' 아하시야가 사마리아에 있는 그의 다락 난간에서 떨어져 병들자 사자를 에그론의 신 바알세붑에게 보내 병이 나을 것인가를 물어보라고 명한다.**(1–2)**
- **아하시야가 죽을 것이라고 전하는 엘리야:** 여호와의 사자가 엘리야에게 이르되 왕의 사자를 만나 이스라엘에 하나님이 없어서 너희가 에그론의 신 바알세붑에게 물으러 가느냐 네가 반드시 죽으리라 하라고 전하라고 하였고 엘리야는 전하러 갔다.**(3–4)**
- **엘리야에게 목매는 아하시야:** 이런 말을 한 사람이 엘리야임을 알게 된 아하시야는 두 차례나 오십 부장과 군사 50명씩을 엘리야에게 보냈지만 하늘에서 불이 내려 모두 죽음을 당한다. '이번에도 엘리야는 내가 하나님의 사람이라면 불이 하늘에서 내려와 너와 50명의 네 부하들을 태워 죽이기를 바란다. 하고 대답하였다. 그러자 즉시 하늘에서 불이 내려와 그들을 모조리 태워 버렸다.'**(5–12)**
- **아하시야에게 반드시 죽을 것이라고 예언하는 엘리야:** 세 번째 오십부장과 50명의 군사가 다시 엘리야에게 간다. 여호와의 사자가 엘리야에게 두려워 말고 왕에게 가라는 말씀을 듣고 엘리야는 아하시야에게로 가서 반드시 죽으리라고 예언한다. '여호와의 말씀을 이렇게 전하였다. 어째서 너는 에그론 신 바알–세붑에게 사람을 보내 물어 보려고 하였느냐? 이스라엘에 그것을 물어 볼 하나님이 없었기 때문이냐?

너는 이 일로 네가 누운 침대에서 일어나지 못하고 반드시 죽을 것이다!'(13–16)

- **아하시야의 죽음과 이스라엘 9대 왕 여호람**: 예언대로 아하시야는 죽고 아들이 없으므로 아하시야의 형제인 여호람이 이스라엘 9대 왕이 되었다.(17–18)

분열된 남북 왕국의 역사 계속

엘리야의 승천과 엘리사가 초기에 보여 준 이적들

2장 엘리야가 승천하고 엘리사는 이적들을 나타내기 시작한다.

- **엘리야를 계속 쫓는 엘리사**: 엘리야가 회오리바람으로 승천하기 전 엘리사는 머물러 있으라는 엘리야의 말에 내가 당신을 떠나지 않겠다고 고집하며 길갈–벧엘–여리고–요단으로 이동하는 엘리야를 계속 쫓았다.(1–6)
- **갑절의 영감을 구하는 엘리사와 엘리야의 승천**: '선지자의 제자 오십 명이 가서 멀리 서서 바라보매 그 두 사람이 요단 가에 서 있더니 엘리야가 겉옷을 가지고 말아 물을 치매 물이 이리 저리 갈라지고 두 사람이 마른 땅 위로 건너더라.' 승천 직전 엘리야는 엘리사에게 무엇을 원하는가 묻자 엘리야에게 있는 영감의 갑절이 자기에게 있기를 구한다. 그리고 불 수레와 불 말들이 두 사람을 갈라놓고 엘리야는 회오리바람을 타고 승천하였다.(7–11)
- **요단 물을 가르는 엘리사의 이적**: 엘리사는 엘리야가 승천할 때 떨어뜨린 겉옷을 주워 요단 물을 치자 물이 갈라지고 엘리사가 건너갔다.(12–14)
- **선지자 생도들의 불신**: 요단을 건너는 엘리사를 보고 여리고에 있던 선지자 생도들이 엘리사에게 엘리야의 성령이 머물렀다 하며 경배하였다. 선지자의 제자들 중 50명이 엘리사에게 강청하여 혹시 엘리야가 산이나 어느 골짜기에 던져졌을지 모른다

고 사흘을 찾았으나 찾지 못했다.(15-18)

- **소금으로 물을 고치는 엘리사의 이적**: 여리고 사람들이 그곳 물이 좋지 않다는 말을 들은 엘리사는 소금을 사용하여 물을 고치는 이적을 보였다.(19-22)
- **엘리사를 조롱하다 죽은 아이들**: 엘리사가 벧엘로 올라갈 때 엘리사에게 '대머리여 올라가라'라고 조롱하는 작은 아이들을 저주하자 수풀에서 암곰 둘이 나와 아이들 42명을 찢어 죽이는 이적이 일어났다.(23-24)
- **사마리아로 돌아온 엘리사**: 엘리사는 갈멜산으로 갔다가 사마리아로 돌아온다.(25)

II 역사서

3장

이스라엘, 유다, 에돔 연합군이 40년 동안 이스라엘을 섬기다 배반한 모압을 치고 물이 없어 고생할 때 엘리사가 물을 얻도록 하는 이적을 보인다.
연합군이 모압을 쳐서 대승한다.

- **이스라엘 9대 왕 여호람의 행적**: 아합의 아들 여호람이 이스라엘 9대 왕이 되어 12년을 통치한다. 여호람도 여로보암의 죄를 따라 행했으나 바알의 주상을 없애는 등 아버지 아합과 이세벨처럼 하지는 않았다.(1-3)
- **모압의 배반과 여호람 연합군**: 모압 왕 메사가 40년 동안 이스라엘 왕에게 조공을 바쳐 오며 이스라엘에게 예속되었었으나 이스라엘을 배반한다. 이에 여호람 왕이 사돈지간인 이스라엘 여호사밧 왕과 에돔 왕이 연합군을 형성한 후 모압을 치기 위해 에돔 광야 길로 진군한다.(4-8)
- **물이 흘러오도록 한 엘리사의 이적과 여호람 동맹군의 승리 예고**: 연합군이 7일 동안 행군하면서 군사와 가축이 먹을 물이 없을 때 엘리사가 여호사밧을 생각하여 협력한다. 엘리사는 골짜기에 개천을 많이 파라고 명하여 에돔 쪽에서 물이 흘러오는 이적을 보였다. 모압 사람도 물리칠 것을 예언한다.(9-20)
- **여호람 동맹군의 대승**: 여호람 동맹군이 모압을 쳐서 대승한다. '모압 왕이 전세가 극렬하여 당하기 어려움을 보고 칼 찬 군사 칠백 명을 거느리고 돌파하여 지나서 에돔 왕에게로 가고자 하되 가지 못하고 이에 자기 왕위를 이어 왕이 될 맏아들을

데려와 성 위에서 번제를 드린지라 이스라엘에게 크게 격노함이 임하매 그들이 떠나 각기 고국으로 돌아갔더라.'**(21–27)**

4장 엘리사가 행한 또 다른 이적들

- **미망인을 구제한 엘리사의 기름 이적:** 한 선지자의 생도 미망인이 남편이 죽자 채주가 두 아이를 종으로 삼으려 한다고 엘리사에게 호소한다. 엘리사는 집에 있는 기름 한 병으로 집에 있는 그릇과 이웃에서 빌려 온 빈 그릇에 기름이 가득 차게 하고 그 여인이 그 기름을 팔아 빚을 갚고 두 아들을 데리고 살 수 있게 해 준 이적을 행하였다.**(1–7)**
- **수넴 여인에게 자식 축복을 해 준 엘리사:** 엘리사를 하나님의 사람으로 환대하여 음식도 대접하고 작은 방도 마련해 준 남편이 늙어 자식이 없는 수넴 여인에게 자식이 있도록 축복해 준다. 여인이 한 해가 지나 아들을 낳았다.**(8–17)**
- **죽은 수넴 여인의 아들을 살린 엘리사의 이적:** 어느 날 그 아들이 두통을 호소하다 죽었고 원망이 섞인 여인의 호소를 들은 엘리사가 죽은 아이를 살려 주는 이적을 보인다. '엘리사는 침대에서 내려와 방안을 이리저리 걸어다니다가 다시 올라가서 그 아이 위에 엎드렸다. 그러자 그 아이는 재채기를 일곱 번하고 눈을 떴다.'**(18–37)**
- **독이 든 들 호박국을 해독한 엘리사의 이적:** 길갈에서 흉년이 들었을 때의 일이다. 선지자의 생도가 엘리사의 명을 받아 솥을 걸고 한 제자가 들에서 따온 들 호박을 넣어 국을 끓였는데 국에 독이 있었다. 이때 엘리사가 가루를 가져오게 하여 해독해 생도들에게 먹이는 이적을 보였다.**(38–41)**
- **보리 떡 20개와 적은 채소로 100명이 먹은 엘리사의 이적:** 보리 떡 20개와 채소를 엘리사에게 드려 적은 양으로 100명이 먹는 이적을 보였다. '그러나 그 사환이 이것을 가지고 어떻게 100명을 먹일 수 있겠습니까? 하자 엘리사가 대답하였다. 가져

가서 먹여라. 여호와께서는 그들이 충분히 먹고 남을 것이라고 말씀하셨다. 그래서 그는 그 음식을 가져다가 생도들에게 먹였는데 여호와의 말씀대로 그들이 다 먹고도 남았다.'(42–44)

5장 나아만의 문둥병을 치유하는 이적과 엘리사의 사환 게하시가 욕심을 내다 문둥병에 걸린 이야기

- **나아만의 문둥병을 고친 엘리사의 이적**: 아람 왕의 군대장관 나아만은 문둥병자였다. 엘리사가 문둥병을 고칠 수 있다는 아내를 수종 드는 어린 소녀의 이야기를 듣고 나아만은 엘리사를 찾아오게 된다. 요단강에 몸을 7번 씻으라는 말을 듣고 나아만은 분노하지만 종들의 충고에 따라 엘리사가 시키는 대로 행하여 문둥병이 치유되는 이적이 일어난다. '다마스커스에는 이스라엘의 그 어느 강보다도 좋은 아바나와 바르발 강이 있지 않은가? 나는 거기서 몸을 씻어도 깨끗이 나을 수 있다. 그리고서 그는 격분하여 돌아가려고 하였다. 그러자 그의 부하들이 다가서며 말하였다. 만일 그 예언자가 이보다 더 어려운 일을 하라고 명령했다면 장군은 그것을 하지 않았겠습니까? 그러나 몸을 씻고 깨끗이 되라고 말씀하셨는데 어째서 장군은 그것도 못하십니까? 그래서 나아만은 요단강으로 가서 강물에 몸을 일곱 번 담갔다. 그러자 정말 엘리사의 말대로 문둥병이 깨끗이 나아 그의 살결이 어린아이 살결처럼 되었다.'(1–14)
- **탐욕으로 문둥병에 걸린 엘리사의 종 게하시**: 나아만은 엘리사에게 사례하고자 했으나 엘리사는 거절한다. 엘리사의 종 게하시가 욕심이 생겨 나아만의 뒤를 좇아가 은 두 달란트와 옷 두 벌을 받는 죄를 범한다. 이를 알게 된 엘리사는 게하시와 자손들에게 문둥병이 생기는 벌을 주었다. '그리고서 그가 주인에게 나아가자 엘리사가 물었다. 게하시야, 어디 갔다 왔느냐? 아무데도 가지 않았습니다. 주인님 그 사람이 수레에서 내려 너를 맞을 때에 내가 영으로 그 곳에 있었던 것을 너는 깨닫지 못했느냐? 지금이 돈이나 의복이나 감람원이나 포도원이나 양이나 소나 종을 받을

때냐? 이제 나아만의 문둥병이 너와 네 자손에게 옮겨붙어 대대로 떠나지 않을 것이다. 게하시가 엘리사 앞에서 물러나오자 그가 문둥병에 걸려 피부가 눈처럼 희어졌다.'(15–27)

분열된 남북 왕국의 역사 계속

엘리사의 계속되는 이적과 예언 그리고 사마리아의 참상

6장

물에 빠진 쇠도끼를 떠오르게 하고 적진지를 탐지해 내는 엘리사의 이적 등을 기술하고 아람 왕 벤하닷의 공격을 받은 사마리아의 참담한 상황을 그리고 있다.

- **물에 빠진 도끼를 떠오르게 한 엘리사의 이적**: 선지 학교 제자들이 엘리사와 요단에서 처소를 지을 나무를 베다 빌려 온 도끼가 물에 빠지자 나뭇가지를 베어 물에 던져 쇠도끼를 떠오르게 하는 이적을 보였다.(1–7)
- **엘리사의 탐지력**: 아람 왕이 이스라엘과 싸울 때 진 친 곳을 엘리사가 알아내는 이적을 보인다. '그때 지휘관 중 한 사람이 왕이시여, 우리가 그런 것은 아닙니다. 엘리사라는 예언자가 왕이 침실에서 은밀하게 말하는 것까지 이스라엘 왕에게 모두 일러바치고 있습니다 하고 대답하였다.' 이에 아람 왕이 많은 군사를 엘리사가 있는 도단으로 보내 에워쌌다. 엘리사의 사환이 두려워 떨 때 두려워하지 말라며 사환의 눈을 열어 엘리사를 돕는 불 말과 불 병거가 산에 가득한 것을 보여 준다.(8–17)
- **장님이 된 아람 군대를 선대하는 엘리사**: 아람 군대가 엘리사에게 내려오매 그들의 눈을 어둡게 한 후 그들을 사마리아로 인도한다. 다시 그들의 눈을 열었을 때 자신들이 적진 사마리아에 들어와 있는 것을 알게 된다. 그들을 먹고 마시게 하여 잘 대접해서 돌려보내는 이적을 행하였다. '그래서 왕이 그들을 위해 큰 잔치를 베풀자 그들은 실컷 먹고 마신 다음 자기들의 왕에게 돌아갔다. 그 이후로 얼마 동안 시리

아군은 이스라엘을 침략하지 않았다.'(18-23)

- **벤하닷의 사마리아 포위와 극심한 식량난**: 그 후 다시 아람 왕 벤하닷이 사마리아를 포위하여 성내에서는 극심한 고통을 겪게 된다. 물가가 폭등하고 자기 아들을 잡아먹는 참담한 상황이 벌어졌다. 이스라엘 왕 여호람(요람)은 엘리사를 죽이려 든다.(24-33)

7장

엘리사는 아람에 포위돼 물가가 폭등한 상황에서 내일이면 물가가 폭락할 것이라 예언하고 한 장관은 말도 되지 않는 소리라고 말하나 예언은 성취되었다.

- **물가 폭락을 예언하는 엘리사**: 사마리아의 참담한 상황에서 엘리사는 내일 이맘때에 사마리아 성문에서 고운 밀가루 한 스아를 한 세겔로 매매하고 보리 두 스아를 한 세겔로 매매할 것이라는 예언을 한다. 한 장관이 그건 여호와가 하늘에 창을 낸다하더라도 그런 일은 일어날 수 없다고 장담한다. 엘리사는 네 눈으로 보기는 할 것이나 그것을 먹지는 못할 것이라 예언한다.(1-2)
- **텅 빈 아람 진영을 발견한 네 명의 나병 환자와 사실을 확인한 여호람**: 성문 어귀에 나병 환자 네 명이 먹을 것이 없어 굶어 죽을 바에야 아람 군에 항복하자 하고 아람 진영에 가 보니 모두 도망하고 아무도 없었다. 이는 여호와께서 병거 소리, 말 소리 등으로 아람 군대를 도망하게 하였던 것이다. 나병 환자들은 한 장막에 들어가 먹고 마시고 은과 금과 의복을 훔치다가 사마리아 성으로 가서 이 사실을 알리게 되고 여호람은 정탐꾼을 보내어 이 사실을 확인하게 된다.(3-15)
- **성취된 엘리사의 예언**: 백성들이 아람 진영에 몰려가 노략하므로 고운 밀가루 한 스아에 한 세겔이 되고 보리 두 스아에 한 세겔이 되었다. 왕이 장관에게 성문을 지키도록 했는데 성문에서 백성들에게 밟혀 죽었다. 이로써 엘리사의 예언이 성취되었다.(16-20)

엘리사의 계속되는 사역과 유다 왕 여호람(5), 아하시야(6) 그리고 이스라엘 왕 요람(9)

8장

엘리사는 수넴 여인에게 다시 7년 기근을 피하도록 해 주고 아람의 하사엘이 벤하닷을 죽이고 왕이 될 것을 예언하였다. 유다 왕 여호람과 아하시야 그리고 이스라엘 요람 왕에 대해 언급함.

- **수넴 여인에게 7년 기근을 피하도록 도와준 엘리사**: 엘리사는 이전에 아들을 살려 준 적 있는 수넴 여인에게 7년 기근을 알려 주어 블레셋에 가서 기근을 피하고 있다 돌아와 왕의 명으로 기업을 회복한다. 당시 엘리사는 정치적으로도 상당한 힘이 있었던 것으로 보인다.**(1–6)**
- **하사엘의 벤하닷 살해 예언과 하사엘이 이스라엘 자손들에게 행할 악행 예견**: 엘리사는 병들어 있는 아람 왕 벤하닷에게 병은 나을 것이나 하사엘에 의해 죽게 될 것을 예언한다. 엘리사는 하사엘이 아람 왕이 되어 이스라엘 자손들에게 행할 모든 악을 예견하고 눈물을 흘렸다. 그 이튿날 하사엘이 이불을 물에 적시어 벤하닷의 얼굴에 덮어 죽이고 아람의 왕이 되었다. '하사엘이 이르되 내 주여 어찌하여 우시나이까 하는지라 대답하되 네가 이스라엘 자손에게 행할 모든 악을 내가 앎이라 네가 그들의 성에 불을 지르며 장정을 칼로 죽이며 어린 아이를 메치며 아이 밴 부녀를 가르리라 하니 하사엘이 이르되 당신의 개 같은 종이 무엇이기에 이런 큰일을 행하오리이까 하더라 엘리사가 대답하되 여호와께서 네가 아람 왕이 될 것을 내게 알게 하셨느니라 하더라.'**(7–15)**
- **유다 5대 왕 여호람과 아합의 딸 아달랴**: 여호사밧의 아들 여호람이 32세에 유다의 5대 왕이 되어 8년간 통치하며 악을 행한다. 여호람은 이스라엘 왕 아합의 딸 아달랴를 아내로 맞아 아합의 집과 같이 여호와 보시기에 악을 행했다.**(16–19)**
- **에돔과 립나의 배반**: 여호람 때에 에돔과 립나가 배반하였다.**(20–22)**

- **여호람의 죽음과 유다 6대 왕 아하시야**: 여호람이 죽고 그의 아들 곧 아달랴의 아들 아하시야가 유다의 6대 왕이 된다. 아하시야는 22세에 왕이 되어 1년을 통치했다. 아하시야 역시 악한 왕이었다.**(23–27)**
- **요람에게 문병 간 아하시야**: 아하시야는 이스라엘 9대 왕 요람과 함께 길르앗 라못으로 가서 아람 왕 하사엘과 싸우다 요람이 부상을 당했다. 아하시야가 이스르엘로 요람을 문병 간다.**(28–29)**

II 역사서

분열된 남북 왕국의 역사 계속

혁명을 일으켜 왕이 된 이스라엘의 예후(10)

9장

엘리사가 제자를 길르앗 라못으로 보내 예후에게 기름 붓고, 예후가 요람을 반역하여 요람, 어하시야, 이세벨을 살해하고 아합의 집을 멸절한다.

- **기름 부음 받은 예후**: 엘리사가 선지자 제자 한 명을 길르앗 라못으로 보내 예후에게 기름 부어 왕으로 세운다. '예후가 일어나 집으로 들어가니 청년이 그의 머리에 기름을 부으며 그에게 이르되 이스라엘 하나님 여호와의 말씀이 내가 네게 기름을 부어 여호와의 백성 곧 이스라엘의 왕으로 삼노니 너는 네 주 아합의 집을 치라 내가 나의 종 곧 선지자들의 피와 여호와의 종들의 피를 이세벨에게 갚아 주리라 (…) 이스르엘 지방에서 개들이 이세벨을 먹으리니 그를 장사할 사람이 없으리라 하셨느니라 하고 곧 문을 열고 도망하니라.'**(1–10)**
- **예후가 병상에 있는 요람을 모반한다**: 예후가 요람을 배반하여 이스라엘의 10대 왕이 되려고 한다. 요람은 아람의 하사엘과 길르앗 라못에서 싸우다 부상을 당해 이스르엘에서 치료를 받고 있는 중이었다.**(11–15)**
- **예후가 이스라엘 왕 요람과 유다 왕 아하시야를 죽인다**: 이스라엘 예후가 병거를

타고 이스르엘로 간다. 각자의 병거를 타고 마중 나온 요람과 아하시야를 나봇의 토지에서 만난다. 반역을 알아차린 요람이 도망하자 예후가 활을 당겨 아합의 아들 요람을 죽인다. 예후는 부하에게 요람의 시체를 나봇의 밭에 던지라고 한다. '예후가 그의 장관 빗갈에게 이르되 그 시체를 가져다가 이스르엘 사람 나봇의 밭에 던지라 네가 기억하려니와 이전에 너와 내가 함께 타고 그의 아버지 아합을 좇았을 때에 여호와께서 이같이 그의 일을 예언하셨느니라.' 예후는 아합의 사돈인 유다 왕 아하시야가 도망하지만 므깃도까지 쫓아가 죽인다.(16–29)

- **예후는 아합의 아내 이세벨을 죽인다**: 예후는 이스르엘로 가 마지막 거드럭거리는 아합의 아내 이세벨을 창밖으로 던져 죽인다. '가서 장사하려 한즉 그 두골과 발과 그의 손 외에는 찾지 못한지라. 돌아와서 전하니 예후가 이르되 이는 여호와께서 그 종 디셉 사람 엘리야를 통하여 말씀하신 바라 이르시기를 이스르엘 토지에서 개들이 이세벨의 살을 먹을지라. 그 시체가 이스르엘 토지에서 거름같이 밭에 있으리니 이것이 이세벨이라고 가리켜 말하지 못하게 되리라 하셨느니라 하였더라.'(30–37)

10장

예후는 계속해서 아합에 속한 모든 자를 멸절하고 바알 숭배자들을 진멸하며 바알 산당 등을 헐어 버리는 업적을 남기나 금송아지를 섬기는 죄에서는 벗어나지 못한다.

- **예후가 아합의 아들 70명을 죽도록 만듦**: 예후가 사마리아에서 아합의 아들 70명의 교육을 맡고 있는 귀족들에게 편지를 보낸다. 아들 중 왕이 될 만한 자가 있으면 왕으로 삼아 나와 싸우자고 하자 겁먹고 예후의 말을 따르겠다고 선언한다. '그들이 심히 두려워하여 이르되 두 왕이 그를 당하지 못하였거든 우리가 어찌 당하리요 하고 그 왕궁을 책임지는 자와 그 성읍을 책임지는 자와 장로들과 왕자를 교육하는 자들이 예후에게 말을 전하여 이르되 우리는 당신의 종이라 당신이 말하는 모든 것을 우리가 행하고 어떤 사람이든지 왕으로 세우지 아니하리니 당신이 보기에 좋은 대로 행하라 한지라.' 예후는 다시 강력한 편지를 보냈고 그들은 왕자 70명을 잡아 죽여 머리들을 광주리에 담아 이스르엘 예후에게 보낸다. '그런즉 이제 너희는 알라

곧 여호와께서 아합의 집에 대하여 하신 말씀은 하나도 땅에 떨어지지 아니하리라 여호와께서 그의 종 엘리야를 통하여 하신 말씀을 이제 이루셨도다 하니라.'**(1–10)**

- **예후가 아합의 친족과 친구들을 죽임**: 예후는 아합의 집에 속한 귀족과 제사장 등 남아 있는 모든 자를 죽였다.**(11)**
- **예후가 아하시야의 형제 42명을 죽임**: 예후는 사마리아로 가던 도중에 아하시야의 형제들 42명을 죽인다.**(12–14)**
- **예후가 사마리아에 있는 아합의 나머지 친족들을 죽임**: 예후는 레갑의 아들 여호나답을 동반하고 사마리아로 가서 거기 남아 있는 아합에게 속한 자들을 진멸한다. '사마리아에 이르러 거기에 남아 있는바 아합에게 속한 자들을 죽여 진멸하였으니 여호와께서 엘리야에게 이르신 말씀과 같이 되었더라.'**(15–17)**
- **예후가 바알 섬기는 모든 자들을 죽이고 바알 산당을 헐어 버림**: 예후는 바알에게 큰 제사를 드린다고 한 후 바알의 산당에 바알을 섬기는 모든 사람을 모아들여 죽인 후 바알의 목상을 헐고 바알의 산당을 헐어 변소를 만들었다.**(18–27)**
- **예후에 대한 평가**: 예후가 이스라엘에서 바알을 멸하기는 했지만 금송아지를 섬기는 죄에서는 벗어나지 못했다. 그러나 여호와께서는 아합 집에 행한 예후의 업적을 생각하여 4대를 이어 이스라엘의 왕이 될 것을 말씀하셨다. 예후(10)–여호아하스(11)–요아스(12)–여로보암 2세(13)–스가랴(14)로 왕권이 이어진다. '그러나 예후가 전심으로 이스라엘 하나님 여호와의 율법을 지켜 행하지 아니하며 여로보암이 이스라엘에게 범하게 한 그 죄에서 떠나지 아니하였더라.' 여호와께서는 이스라엘을 잘라 내어 요단 동쪽 길르앗 온 땅을 아람의 하사엘에게 주었다.**(28–33)**
- **예후의 죽음과 이스라엘 11대 왕 여호아하스**: 예후가 죽고 여호아하스가 이스라엘의 11대 왕이 된다. 예후가 이스라엘을 다스린 햇수는 28년이었다.**(34–35)**

유다 왕을 탈취한 아달랴(7)와 여호야다의 거사 그리고 요아스(8)

11장

아달랴가 왕자들을 모두 죽이고 왕이 된 이야기와 죽음을 피해 성전에서 6년 동안 성장한 요아스를 왕으로 세운 여호야다의 거사 이야기

- **유다 7대 왕 아달랴의 학정과 죽음을 모면한 요아스**: 아하시야가 죽자 아달랴가 왕의 자손을 모두 죽이고 유다의 왕위를 탈취한다. 제사장 여호야다의 아내 여호세바가 아달랴에게 죽임당하는 왕자들 사이에서 아하시야의 아들 요아스를 빼내어 유모와 함께 숨겨 죽음을 모면케 하고 요아스가 성전에 숨겨져 있는 6년 동안 아달랴가 유다 7대 왕이 되어 다스린다.(1–3)
- **여호야다의 거사와 유다 8대 왕 요아스**: 아달랴가 7년 되는 해에 여호야다가 거사를 일으켜 아달랴를 죽이고 7세 된 요아스를 유다 8대 왕으로 세운다. '여호야다가 왕자를 인도하여 내어 왕관을 씌우며 율법책을 주고 기름을 부어 왕으로 삼으매 무리가 박수하며 왕의 만세를 부르니라.'(4–16)
- **여호야다의 개혁 조치**: 여호야다의 개혁 조치에 따라 '온 백성이 바알의 신당으로 가서 그 신당을 허물고 그 제단들과 우상들을 철저히 깨뜨리고 그 제단 앞에서 바알의 제사장 맛단을 죽이니라 (…) 온 백성이 즐거워하고 온 성이 평온하더라. 아달랴를 무리가 왕궁에서 칼로 죽였더라. 요아스가 왕이 될 때에 나이가 칠 세였더라.'(17–21)

12장

여호야다의 거사로 7세에 유다 왕이 된 요아스가 선하고 정직한 왕으로 출발하였으나 여호야다가 죽은 후 여호와를 떠난 요아스 왕 이야기

- **유다 8대 정직한 왕 요아스:** 요아스가 7세에 유다 8대 왕이 되어 40년을 통치한다. 요아스는 여호야다가 살아 있는 동안에는 여호와 보시기에 정직한 왕이었다.**(1–3)**
- **요아스의 성전 수리:** 요아스는 제사장들에게 성전 수리를 명하였으나 요아스 왕 23년이 될 때까지 이행하지 않자 헌금 드리는 방법을 직접 성전 문 앞 궤에 넣도록 하는 방식으로 바꾸어 성전 수리를 실행하였다.**(4–16)**
- **아람 왕 하사엘의 침공과 여호와를 떠난 요아스:** 요아스는 아람 왕 하사엘이 예루살렘을 침공해 왔을 때 성전과 왕궁에 있는 금을 전부 하사엘에게 주어 돌아가게 하였다. 요아스는 여호야다가 죽은 후 하나님을 의지하지 않고 돈으로 문제를 해결하려는 모습을 보인 것이다.**(17–19)**
- **요아스의 최후와 유다 9대 왕 아마샤:** 결국 요아스는 신복들에 의해 살해당하고 그의 아들 아마샤가 유다 9대 왕이 되었다.**(20–21)**

분열된 남북 왕국의 역사 계속

이스라엘 왕 여호아하스(11), 요아스(12) 그리고 엘리사의 마지막 예언

13장

이스라엘 왕 여호아하스와 요아스의 통치에 관해 약술하고 엘리사가 죽기 전 요아스에게 한 마지막 예언과 성취에 관해 기술한다.

- **이스라엘 11대 왕 여호아하스의 행적:** 예후의 아들 여호아하스가 이스라엘 11대 왕이 되어 17년간 악한 정치를 했다. 여호와께서 이스라엘에게 노하사 항상 아람 왕 하사엘과 그 아들 벤하닷의 지배를 받도록 하셨다. 여호아하스가 간구하매 아람 손에서 벗어나도록 하였으나 사마리아에 아세라 목상을 그대로 두는 등 여로보암의 죄에서 떠나지 않자 아람이 여호아하스의 백성을 멸절하고 마병 50명과 병거 10대

와 보병 1만 명 이외에는 남겨두지 않았다.**(1–7)**

- **여호아하스의 죽음과 이스라엘 12대 왕 요아스**: 여호아하스가 죽고 그 아들 요아스가 이스라엘 12대 왕이 되어 16년간 여로보암의 죄에서 떠나지 않아 악하게 통치하였다.**(8–11)**
- **요아스의 죽음과 이스라엘 13대 왕 여로보암 2세**: 요아스가 죽고 여로보암 2세가 이스라엘 13대 왕이 된다.**(12–13)**
- **엘리사의 예언**: 엘리사가 죽을병에 걸린 상태에서 요아스의 요청을 듣는다. 엘리사가 요아스에게 활과 화살을 가져오도록 한 후 아람을 멸절하는 행위로 동쪽 창을 열고 활을 쏘라고 한다. 또 화살들을 잡아 땅을 치라고 했을 때 요아스는 세 번 치고 그쳤다. 대여섯 번을 쳤다면 아람을 진멸하였을 것이나 세 번만 쳤기에 세 번만 아람을 칠 것이라 예언한다.**(14–19)**
- **엘리사의 죽음**: 엘리사가 죽어 장사 되었다. 도적떼를 보고 놀란 사람들이 시체를 엘리사의 묘실에 들어 던져 엘리사의 뼈에 닿자 곧 회생하는 이적이 일어났다.**(20–21)**
- **엘리사 예언의 성취 – 요아스의 승리**: 요아스는 부친 여호아하스가 아람 손에 빼앗겼던 성읍들을 벤하닷에게서 세 번 쳐서 무찌르고 회복함으로 엘리사의 예언이 성취되었다.**(22–25)**

분열된 남북 왕국의 역사 계속

유다 왕 아마샤(9), 아사랴(10)와 이스라엘 왕 여로보암 2세(13), 스가랴(14)

14장 유다의 아마샤, 아사랴 왕과 이스라엘의 여로보암 2세, 스가랴 왕에 관한 약사

- **유다 9대 왕 아마샤의 초기 행적**: 요아스의 아들 아마샤가 25세에 유다 9대 왕이 되어 29년간 통치한다. 비교적 정직하게 통치하였다. 산당은 제거하지 않았고 아버지 요아스를 죽인 신복들을 죽였다. '왕을 죽인 자의 자녀들은 죽이지 아니하였으니 이는 모세의 율법책에 기록된 대로 함이라 곧 여호와께서 명령하여 이르시기를 자녀로 말미암아 아버지를 죽이지 말 것이요 아버지로 말미암아 자녀를 죽이지 말 것이라 오직 사람마다 자기의 죄로 말미암아 죽을 것이니라 하셨더라.' 아마샤는 소금 골짜기에서 에돔 사람 만 명을 죽이고 셀라를 취하여 욕드엘이라 하였다.**(1–7)**
- **이스라엘 왕 요아스에게 패하는 유다 왕 아마샤**: 아마샤는 선전포고를 먼저 했으나 이스라엘 요아스와 싸워 패하였다. 요아스는 유다를 가시나무에 이스라엘을 백향목에 비유하며 싸움의 대상이 못된다고 비아냥했으나 전쟁은 벌어졌고 아마샤는 포로가 되고 막대한 손실을 입었다.**(8–14)**
- **요아스의 죽음과 이스라엘 13대 왕 여로보암 2세**: 그러나 요아스가 아마샤보다 15년 먼저 죽고 그의 아들 여로보암 2세가 이스라엘 13대 왕이 된다.**(15–16)**
- **아마샤의 죽음과 유다 10대 왕 아사랴**: 아마샤는 예루살렘에서 반역이 일어나 라기스로 도망했으나 그곳에서 죽임을 당한다. 백성들은 그의 16세가 된 아들 아사랴(또는 웃시아)를 유다 10대 왕으로 삼았다. 아사랴는 에시온 게벨 근처에 있는 엘랏을 건축하여 유다에 복귀시켰다.**(17–22)**
- **이스라엘 13대 왕 여로보암 2세의 행적**: 이스라엘 요아스의 아들 여로보암(2세)이 사마리아에서 13대 왕이 되어 41년간 통치한다. 악한 왕이다. 여로보암 때 이스라엘 영토를 회복했다. 다메섹을 회복하였고 유다에 속했던 하맛 어귀에서부터 아라바 바다까지 회복한다.**(23–27)**
- **여로보암 2세의 죽음과 이스라엘 14대 왕 스가랴**: 여로보암이 죽고 그의 아들 스가랴가 이스라엘 14대 왕이 되었다.**(28–29)**

유다 왕 아사랴(웃시야, 10), 요담(11), 아하스(12)와 이스라엘 왕 스가랴(14), 살룸(15), 므나헴(16), 브가히야(17), 베가(18), 호세아(19)

15장

유다 왕 10대에서 11대까지 그리고 이스라엘의 14대 왕부터 마지막 왕 19대 호세아까지의 약사이다.

- **유다 10대 왕 아사랴의 행적**: 아마샤의 아들 아사랴(웃시야)가 16세에 유다 10대 왕이 되어 52년간 통치하였다. 정직히 행하였으나 산당은 없애지 않았다. '여호와께서 왕을 치셨으므로 그가 죽는 날까지 나병환자가 되어 별궁에 거하고 왕자 요담이 왕궁을 다스리며 그 땅의 백성을 치리하였더라.' 대하 26장을 보면 아사랴가 전쟁에서 승리한 후 그것을 하나님의 은혜로 돌리지 않고 자신의 능력으로 돌려 교만해졌고 제사장의 직무까지 침범하려다 하나님의 징계로 죽는 날까지 나병 환자로 별궁에서 살았다. 아들 요담이 대신하여 백성을 치리하였다.**(1–7)**
- **이스라엘 14대 왕 스가랴의 행적**: 여로보암 2세의 아들 스가랴가 사마리아에서 이스라엘 14대 왕이 되어 6개월간 다스렸다. 악한 왕이었다.**(8–9)**
- **이스라엘 15대 왕 살룸**: 살룸이 스가랴를 반역하여 백성 앞에서 쳐 죽이고 이스라엘 15대 왕이 되어 1달 동안 다스린다. 여호와가 예후에게 예언한대로 예후 왕조가 4대 동안 이스라엘 왕위에 있을 것이라는 예언이 성취된 것이다.**(10–13)**
- **이스라엘 16대 왕 므나헴**: 므나헴이 살룸을 쳐 살해하고 이스라엘 16대 왕이 되어 10년간 통치한다. 악한 왕이다. 므나헴은 앗수르 왕 불(디글랏 빌레셀)이 공격해 오자 이스라엘 부자들에게서 강탈하여 은 천 달란트를 불에게 주어 철수하게 하였다.**(14–20)**
- **이스라엘 17대 왕 브가히야**: 므나헴이 죽고 그의 아들 브가히야가 이스라엘 17대 왕이 되어 2년간 다스린다. 악한 왕이다.**(21–24)**

- **이스라엘 18대 왕 베가**: 베가가 사마리아 왕궁 호위소에서 브가하야를 죽이고 이스라엘 18대 왕이 되어 20년간 통치한다. 악한 왕이다. 베가 왕 때 앗수르 왕 디글랏 빌레셀이 이스라엘 북부 지역인 이욘과 아벨벳 마아가와 야노아와 게데스와 하솔과 길르앗과 갈릴리와 납달리 온 땅을 점령하고 그 백성을 사로잡아 앗수르로 옮겨 갔다.**(25-29)**
- **이스라엘 마지막 왕 19대 호세아**: 호세아가 베가를 살해하고 반역하여 이스라엘의 마지막 왕인 19대 왕이 되었다.**(30)**
- **유다 11대 왕 요담**: 웃시야의 아들 요담이 25세에 유다 11대 왕이 되어 16년간 다스렸다. 요담은 그의 아버지 웃시야의 행위대로 정직하게 행한 왕이었다. 요담이 성전의 윗문을 건축했으나 역시 산당을 제거하지 않았다. 요담 왕 때에 아람 왕 르신과 이스라엘 18대 왕 베가가 유다를 침공하였다.**(31-37)**
- **유다 12대 왕 요담**: 요담이 죽고 그 아들 아하스가 유다 12대 왕이 되었다.**(38)**

16장 유다 왕 아하스의 악정

- **유다 12대 왕 아하스**: 요담의 아들 아하스가 20세에 유다 12대 왕이 되어 16년간 통치하였다. 아하스는 우상숭배를 하며 악정을 하였다. '이스라엘 왕들을 그대로 본받았다. 그는 또 여호와께서 이스라엘 백성 앞에서 쫓아내신 이방 민족의 더러운 풍습을 본받아 자기 아들을 산 채로 불에 태워 우상에게 제물로 바쳤으며 산당과 산언덕과 모든 푸른 나무 아래에서 제사를 지내고 분향하였다.'**(1-4)**
- **아람과 이스라엘 동맹군의 예루살렘 공격**: 아람의 르신 왕과 이스라엘의 베가가 예루살렘을 에워싸고 공격한다. 아하스는 앗수르 왕 디글랏 빌레셀에게 성전과 왕궁 곳간에 있는 은금을 예물로 보내고 협력을 요청하자 올라와서 아람왕 르신을 죽였다.**(5-9)**

- **아하스가 다메섹 우상을 예루살렘에 들여오는 죄를 범함 – 유다 13대 왕 히스기야의 등장**: 아하스가 디글랏 빌레셀을 만나러 다메섹에 갔다가 앗수르 왕에게 아부하기 위해 앗수르의 제단의 모든 구조와 제도의 양식을 그려 제사장 우리야에게 보내 예루살렘에 그대로 시현하여 모든 제사를 그 제단에서 드리는 죄를 범하였다. '아하스 왕이 제사장 우리야에게 명령하여 이르되 아침 번제물과 저녁 소제물과 왕의 번제물과 그 소제물과 모든 국민의 번제물과 그 소제물과 전제물을 다 이 큰 제단 위에 불사르고 또 번제물의 피와 다른 제물의 피를 다 그 위에 뿌리라 오직 놋제단은 내가 주께 여쭐 일에만 쓰게 하라 하매 제사장 우리야가 아하스 왕의 모든 명령대로 행하였더라.' 아하스가 죽고 아들 히스기야가 유다 13대 왕이 되었다.**(10–20)**

분열된 남북 왕국의 역사 계속

북 이스라엘의 멸망

17장 북 이스라엘이 멸망하게 된 원인

- **악한 왕 호세아**: 이스라엘의 마지막 왕이 된 호세아는 9년간 왕으로 있었다. 악한 왕이다.**(1–2)**
- **호세아의 정치**: 호세아는 친 앗수르 정책을 펴기도 하고 친 애굽 정책을 쓰기도 하다 앗수르에 밉보였다. '앗수르의 왕 살만에셀이 올라오니 호세아가 그에게 종이 되어 조공을 드리더니 그가 애굽의 왕 소에게 사자들을 보내고 해마다 하던 대로 앗수르 왕에게 조공을 드리지 아니하매 앗수르 왕이 호세아가 배반함을 보고 그를 옥에 감금하여 두고 앗수르 왕이 올라와 그 온 땅에 두루다니고 사마리아로 올라와 그 곳을 삼 년간 에워쌌더라.'**(3–5)**

- **이스라엘 패망**: 이스라엘은 BC 722년 호세아 9년에 앗수르에 패망한다. 앗수르 왕은 이스라엘 사람들을 끌어다가 고산 강가에 있는 할라와 하볼과 메대 사람의 여러 고을에 두었다.**(6)**
- **이스라엘의 패망 원인**: 이스라엘이 패망한 원인을 요약하면 여로보암에 의해 분열 왕국이 된 이후 계속해서 1) 하나님 말씀에 순종하지 않은 것 2) 하나님 이외에 각종 우상을 섬긴 것 때문이다. 유다도 하나님께 불순종하고 다른 신을 섬기기는 마찬가지였다.**(7–23)**
- **앗수르의 이주 정책**: '앗수르 왕이 바벨론과 구다와 아와와 하맛과 스발와임에서 사람을 옮겨다가 이스라엘 자손을 대신하여 사마리아 여러 성읍에 두매 그들이 사마리아를 차지하고 그 여러 성읍에 거주 하니라.'**(24)**
- **여호와 신앙과 이교 신앙의 공존**: 이렇게 여러 곳에서 이주해 온 사람들이 처음으로 그곳에 거주할 때 여호와를 경외하지 않으므로 여호와께서 사자를 보내어 이주민 중 몇 사람을 죽인 일이 있었다. 이에 포로 중 제사장 한 사람을 데려다 이스라엘 신의 법을 가르치게 하기도 했다. '이에 사마리아에서 사로잡혀 간 제사장 중 한 사람이 와서 벧엘에 살며 백성에게 어떻게 여호와 경외할지를 가르쳤더라.' 당시 사마리아 지역에 거주하는 사람들은 각자가 자기 지역 신을 섬기는 이외에 여호와를 섬기기도 하는 슬픈 현상이 나타났다. '이와 같이 그들이 여호와도 경외하고 또한 어디서부터 옮겨왔든지 그 민족의 풍속대로 자기의 신들도 섬겼더라.'**(25–33)**
- **이스라엘의 불순종**: 중요한 것은 이스라엘 백성이 여호와를 올바르게 섬기지 못했다는 점이다. '그들이 오늘까지 이전 풍속대로 행하여 여호와를 경외하지 아니하며 또 여호와께서 이스라엘이라 이름을 주신 야곱의 자손에게 명령하신 율례와 법도와 율법과 계명을 준행하지 아니하는 도다.'**(34–41)**

유다 왕 히스기야(13)와 앗수르의 유다 침입

18장 히스기야의 초기 행적과 앗수르의 두 번에 걸친 유다 침입

- **유다 13대 왕 히스기야의 초기 행적**: 아하스의 아들 히스기야가 이스라엘 왕 호세아 3년에 25세 나이로 유다 13대 왕이 되어 29년을 다스린다. 히스기야는 정직한 왕으로 여호와만을 섬겼고 각종 우상을 없앴고 심지어 모세가 만들었던 놋뱀을 부수고 느후수단이라 하였다. '히스기야가 이스라엘 하나님 여호와를 의지하였는데 그의 전후 유다 여러 왕 중에 그러한 자가 없었으니 곧 그가 여호와께 연합하여 그에게서 떠나지 아니하고 여호와께서 모세에게 명령하신 계명을 지켰더라.' 히스기야는 앗수르 왕을 배반하고 섬기지 않았으며 블레셋 사람들을 치기도 하였다.**(1-8)**
- **이스라엘의 멸망**: 호세아 왕 9년 곧 히스기야 왕 6년에 이스라엘이 멸망하여 앗수르 왕이 이스라엘을 여러 성읍에 둔 사실을 전 장에 이어 다시 언급하고 있다.**(9-12)**
- **앗수르 산헤립의 1차 유다 침공**: 히스기야 왕 14년에 앗수르 왕 산헤립의 1차 유다 침공이 있었다. 히스기야는 라기스로 사람을 보내어 잘못했다고 하자 산헤립은 은 300달란트와 금 30달란트를 내라고 요구했고 성전과 왕궁 곳간에 있는 은을 모두 내놓았고 심지어 성전 문의 금과 모든 기둥에 입힌 금을 벗겨 앗수르 왕에게 주었다.**(13-16)**
- **앗수르의 2차 유다 침공**: 앗수르의 2차 유다 침입이 있었다. 이때 앗수르의 장관인 랍사게(왕의 비서)는 유다 온 백성이 다 들을 수 있도록 히브리 말로 모욕적인 말을 퍼부었다. 1) 무얼 믿고 앗수르에게 반역하느냐 2) 너희가 상한 갈대 애굽을 의지한다면 그 손에 찔릴 것이다. 3) 여호와의 뜻에 따라 너희를 멸하러 왔다. 4) 히스기야에게 속지 말고 항복하라. 죽이지 않고 너희를 다른 곳으로 옮겨 줄 것이다. 5) 어

느 나라의 신도 우리를 이기지 못했는데 여호와가 우리 손에서 너희를 구할 수 있을 것 같으냐 등. 랍사게의 말을 백성이 듣고도 왕의 명령에 따라 한마디 대꾸도 하지 않았고 신하들이 비통해하며 랍사게의 말을 히스기야에게 전했다.(17–37)

19장 히스기야의 기도와 앗수르의 퇴각

- **이사야의 예언**: 히스기야는 굵은 베옷을 입고 침통해하는 가운데 엘리야김과 셉나 등 신하를 선지자 이사야에게 보내 어떻게 해야 할지 물으러 보낸다. 이사야는 여호와께서 '내가 한 영을 그의 속에 두어 그로 소문을 듣고 그의 본국으로 돌아가게 하고 또 그의 본국에서 그에게 칼에 죽게 하리라'고 하신 말씀을 답으로 보냈다. 여기에서 언급된 소문이란 9절에서 언급하고 있는 구스 왕 디르하가의 진군 소식이다.(1–7)
- **앗수르 왕의 위협**: 랍사게가 유다에서 큰소리치고 앗수르 왕을 만나러 라기스로 갔으나 왕은 립나로 가서 싸우는 중이라 립나로 가서 왕을 만난다. 원래 산헤립은 라기스에서 예루살렘을 공격하겠다던 처음 목표를 바꾸어 립나로 간 것이다. 예루살렘을 공격하는 것보다 우선 자신의 뒤를 공격해 오는 구스 왕 디르하가의 공격을 막는 것이 더 급했기 때문이다. 앗수르 왕 산헤립은 구스(애굽) 왕 디르하가가 자신과 싸우러 왔다는 말을 듣고 히스기야에게 다시 사자를 보내 엄포를 놓는다. 어느 나라의 신도 앗수르를 이기지 못했음을 다시 강조하려는 것이었다. '내 조상들이 멸하신 여러 민족 곧 고산과 하란과 레셉과 들라살에 있는 에덴 족속을 그 나라들의 신들이 건졌느냐 하맛 왕과 아르밧 왕과 스발와임 성의 왕과 헤나와 아와의 왕들이 다 어디 있느냐 하라 하니라.'(8–13)
- **히스기야의 기도**: 히스기야는 성전에 올라가 앗수르 왕의 편지를 여호와 앞에 펴놓고 기도를 올린다. 살아 계셔서 온 우주를 창조하신 전능하신 하나님께서 구해 주실 것을 간구하였다. '우리 하나님 여호와여 원하건대 이제 우리를 그의 손에서 구

원하옵소서. 그리하시면 천하만국이 주 여호와가 홀로 하나님이신 줄 알리이다 하니라.'(14-19)

- **하나님의 응답**: 이사야가 하나님의 응답을 히스기야에게 전한다. '앗수르 왕 네가 내게 향한 분노와 네 교만한 말이 내 귀에 들렸도다. 그러므로 내가 갈고리를 네 코에 꿰고 재갈을 물려 너를 오던 길로 끌어 돌이키리라' 그리고 하나님은 히스기야에게 '또 네게 보일 징조가 이러하니 너희가 금년에는 스스로 자라난 것을 먹고 내년에는 그것에서 난 것을 먹되 제 삼년에는 심고 거두며 포도원을 심고 그 열매를 먹으리라 유다 족속 중에서 피하고 남은 자는 다시 아래로 뿌리를 내리고 위로 열매를 맺을지라'는 축복의 말씀도 주셨다. 결국 앗수르 왕이 예루살렘을 치지 못하고 돌아갈 것이라 하였다.(20-34)
- **앗수르 왕 산헤립의 죽음**: 그 밤에 여호와의 사자가 앗수르 군 진영에서 군사 18만 5천 명을 송장으로 만드는 이적이 일어난다. 앗수르 왕 산헤립이 니느웨 니스록 신전에서 경배하고 있을 때 그의 두 아들 아드람멜렉과 사레셀이 암살하고 아라랏 땅으로 도망하고 다른 아들 에살핫돈이 왕이 되었다.(35-37)

20장

히스기야가 죽을병에 걸렸으나 기도하여 15년을 더 살게 되고 그 징표로 해 그림자가 10도 뒤로 물러나는 이적을 보나, 바벨론 사신들에게 창고에 있는 모든 것들을 내보이는 실수를 범하여 여호와의 징벌을 예고 받는다.

- **죽을병에서 회복된 히스기야**: 선지자 이사야는 히스기야가 죽을병에 걸렸으니 죽을 준비를 하라 선언했으나 히스기야는 여호와께 살려 줄 것을 위해 기도한다. 이사야는 가던 길을 돌이켜 히스기야에게 돌아와 여호와의 말씀이 네가 3일 만에 성전에 다시 올라가겠고 15년을 더 살 것이며 앗수르 왕에게서 예루살렘을 구할 것이라고 전한다. '이사야가 이르되 무화과 반죽을 가져오라 하매 무리가 가져다가 그 상처에 놓으니 나으니라.'(1-7)
- **해 그림자 징표**: 히스기야는 이사야에게 징표를 보여 달라 하여 해 그림자가 10도

뒤로 물러가게 하는 징표를 받았다. '선지자 이사야가 여호와께 간구하매 아하스의 해시계 위에 나아갔던 해 그림자를 십도 뒤로 물러가게 하셨더라.'(8–11)

- **히스기야의 실수**: 그러나 히스기야는 큰 실수를 범한다. 바벨론 왕 브로닥발라단이 사자들 편에 병문안으로 편지와 예물을 보내왔을 때 보물고와 군기고에 있는 모든 것들을 보여 준 것이다. '이사야가 이르되 그들이 왕궁에서 무엇을 보았나이까 하니 히스기야가 대답하되 내 궁에 있는 것을 그들이 다 보았나니 나의 창고에서 하나도 보이지 아니한 것이 없나이다 하더라.'(12–15)
- **하나님의 징벌 예고**: 여호와께서 이사야를 통해 징벌을 예고하신다. '왕궁의 모든 것과 왕의 조상들이 오늘까지 쌓아 두었던 것이 바벨론으로 옮긴바 되고 하나도 남지 아니할 것이요 또 왕의 몸에서 날 아들 중에서 사로잡혀 바벨론 왕궁의 환관이 되리라.'(16–20)
- **히스기야의 죽음과 유다 14대 왕 므낫세**: 히스기야가 죽고 아들 므낫세가 유다 14대 왕이 된다.(21)

분열된 남북 왕국의 역사 계속

유다 왕 므낫세(14)와 아몬(15)

21장 므낫세와 아몬의 악정

- **유다 14대 왕 므낫세의 우상숭배**: 므낫세는 12세에 왕이 되어 55년을 통치한다. 므낫세는 악한 왕으로 아버지 히스기야가 헐어 버린 산당들을 다시 세우고 바알, 아세라, 일월성신 등 온갖 우상을 섬겼다. '만일 이스라엘이 나의 모든 명령과 나의 종 모세가 명령한 모든 율법을 지켜 행하면 내가 그들의 발로 다시는 그의 조상들에게

준 땅에서 떠나 유리하지 아니하게 하리라 하셨으나 이 백성이 듣지 아니하였고 므낫세의 꾐을 받고 악을 행한 것이 여호와께서 이스라엘 자손 앞에서 멸하신 여러 민족보다 더 심하였더라.'(1-9)

- **하나님의 유다 심판 예고:** 여호와께서 예루살렘과 유다에 내릴 심판을 예고한다. 원수의 손에 넘겨줄 것이라는 것이다. '내가 나의 기업에서 남은 자들을 버려 그들의 원수의 손에 넘긴즉 그들이 모든 원수에게 노략거리와 겁탈거리가 되리니 이는 애굽에서 나온 그의 조상 때부터 오늘까지 내가 보기에 악을 행하여 나의 진노를 일으켰음이니라 하셨더라.'(10-15)
- **므낫세의 죽음과 유다 15대 왕 아몬:** 므낫세가 죽고 아들 아몬이 20세에 유다 15대 왕이 되어 2년간 다스린다. 아버지가 섬기던 우상을 그대로 섬기며 악을 행했다.(16-22)
- **아몬의 죽음과 유다 16대 왕 요시야:** 신복들이 반역하여 아몬을 죽이자 국민들이 반역자들을 모두 죽이고 그 아들 요시야를 유다 16대 왕으로 세웠다.(23-26)

분열된 남북 왕국의 역사 계속

유다 왕 요시야(16)와 여호아하스(17)

22장 **정직한 왕 요시야는 성전 수리 중 발견한 율법책을 보고 지금까지의 불순종을 깨닫고 결국 유다가 외세에 의해 멸망당할 것임을 알게 된다.**

- **요시야의 선정과 성전 수리 명령:** 요시야는 8세에 왕이 되어 31년간 그의 조상 다윗의 길로 행하고 좌우로 치우치지 않으며 정직하게 나라를 다스린다. 요시야 왕 18년에 과거 선왕 요아스처럼 성전 수리를 명한다.(1-7)
- **성전에서 발견된 율법책:** 성전 수리 중 대제사장 힐기야가 성전에서 율법책을 발견

하고 서기관 사반이 왕 앞에서 읽자 요시야 왕은 옷을 찢고 회개한다. '너희는 가서 나와 백성과 온 유다를 위하여 이 발견한 책의 말씀에 대하여 여호와께 물으라. 우리 조상들이 이 책의 말씀을 듣지 아니하며 이 책에 우리를 위하여 기록된 모든 것을 행하지 아니하였으므로 여호와께서 우리에게 내리신 진노가 크도다.'(8-13)

- **여선지자 훌다의 유다 멸망 예언**: 여선지자 훌다는 율법책에 나와 있는 대로 유다가 하나님에 대한 불순종으로 심판을 받을 것이라고 제사장 힐기야 일행에게 말한다. 그러나 요시야 왕은 회개하였으므로 '보라 내가 너로 너의 조상들에게 돌아가서 평안히 묘실로 들어가게 하리니 내가 이곳에 내리는 모든 재앙을 네 눈이 보지 못하리라 하셨느니라 하니 사자들이 왕에게 보고하니라.'(14-20)

23장 요시야의 종교개혁 그리고 요시야가 므깃도에서 바로 느고에 의해 전사한 내용과 이어지는 유다 왕 여호아하스와 여호야김

- **요시야의 언약책 낭독**: 요시야는 예루살렘 성전에 제사장, 선지자, 백성 등 노소를 막론하고 모두를 모은 자리에서 언약책을 낭독하고 백성이 다 그 언약을 따르기로 한다.(1-3)
- **요시야의 종교개혁운동**: 요시야는 종교개혁운동을 벌인다. 바알, 아세라, 일월성신을 위해 만든 모든 그릇을 불사르고 우상 섬기던 제사장 직을 폐하고 남창의 집을 불사르는 등 대대적인 종교개혁을 실시하였다. '전에 이스라엘 여러 왕이 사마리아 각 성읍에 지어서 여호와를 격노하게 한 산당을 요시야가 다 제거하되 벧엘에서 행한 모든 일대로 행하고 또 거기 있는 산당의 제사장들을 다 제단 위에서 죽이고 사람의 해골을 제단 위에서 불사르고 예루살렘으로 돌아왔더라.'(4-20)
- **유월절 준수**: 요시야는 언약책에 기록된 대로 유월절 준수를 명하고 요시야 18년에 예루살렘에서 유월절을 지켰다. '사사가 이스라엘을 다스리던 시대부터 이스라엘 여러 왕의 시대와 유다 여러 왕의 시대에 이렇게 유월절을 지킨 일이 없었더니.'(21-23)

- **각종 우상의 제거**: 유다 땅에 있는 신접한 자, 점쟁이, 드라빔, 우상, 온갖 가증한 것들을 모두 제거하였다. '요시야와 같이 마음을 다하며 뜻을 다하며 힘을 다하여 모세의 모든 율법을 따라 여호와께로 돌이킨 왕은 요시야 전에도 없었고 후에도 그와 같은 자가 없었더라.'**(24–25)**
- **거듭되는 유다의 멸망 예고**: 요시야의 종교개혁에도 불구하고 여호와께서는 유다에 대한 격노를 돌이키지 않으셨는데 그 이유를 므낫세가 여호와를 격노케 했기 때문이라고 했다. 역대기 저자는 열왕기 저자와는 달리 역대하 33장에서 므낫세의 회개를 언급하고 있다. '여호와께서 이르시되 내가 이스라엘을 물리친 것 같이 유다도 내 앞에서 물리치며 내가 택한 이 성 예루살렘과 내 이름을 거기에 두리라 한 이 성전을 버리리라 하셨더라.'**(26–27)**
- **요시야의 죽음**: BC 609년 갈그미스에서 애굽과 바벨론 간의 전투가 있었다. 애굽 왕 바로느고가 앗수르 왕을 치러 유브라데 강으로 올라갈 때 요시야 왕이 맞서 싸우러 나갔다가 므깃도에서 바로 느고에 의해 죽임을 당한다.**(28–29)**
- **유다 17대 왕 여호아하스와 18대 왕 여호야김**: 백성들은 요시야의 아들, 23세가 된 여호아하스를 왕으로 추대하나 3개월 후 바로 느고에 의해 폐위되어 애굽으로 잡혀가 거기서 죽었고 요시야의 다른 아들 25세가 된 엘리야김(이름을 고쳐 여호야김)을 왕으로 삼았다. 여호아하스는 불과 3개월 왕이었지만 악을 행하였고 여호야김도 11년 통치하면서 악을 행하였다. '여호야김이 은과 금을 바로에게 주니라 그가 바로 느고의 명령대로 그에게 그 돈을 주기 위하여 나라에 부과하되 백성들 각 사람의 힘대로 액수를 정하고 은금을 징수하였더라.'**(30–37)**

분열된 남북 왕국의 역사 계속

유다 왕 여호야김(18), 여호야긴(19), 시드기야(20) 그리고 유다의 멸망

24장 바벨론 1, 2차 포로

- **바벨론의 1차 침공**: 여호야김은 3년 동안 바벨론을 섬기다 배반하고 BC 605년 여호야김 시대에 바벨론 왕 느부갓네살이 유다를 1차 침공한다. '여호와께서 그의 종 선지자들을 통하여 하신 말씀과 같이 갈대아의 부대와 아람의 부대와 모압의 부대와 암몬 자손의 부대를 여호야김에게로 보내 유다를 쳐 멸하려 하시니.' 이때 다니엘을 포함한 여러 사람이 바벨론 1차 포로로 잡혀갔다.**(1–4)**
- **여호야김의 죽음과 유다 19대 왕 여호야긴**: 여호야김이 죽자 그의 아들 여호야긴이 18세 나이에 왕이 되어 3개월간 악하게 통치한다. 이때에 느부갓네살이 다시 예루살렘을 침공한다. '애굽 왕이 다시는 그 나라에서 나오지 못하였으니 이는 바벨론 왕이 애굽 강에서부터 유브라데 강까지 애굽 왕에게 속한 땅을 다 점령하였음이더라 (…) 그때에 바벨론의 왕 느부갓네살의 신복들이 예루살렘에 올라와서 그 성을 에워싸니라.'**(5–10)**
- **바벨론의 2차 침공과 유다 마지막 20대 왕 시드기야**: 바벨론이 2차 침공하여 여호야긴을 폐위시키고 여호야긴의 숙부 맛다디야(시드기야로 개명)를 왕으로 삼는다. '그가 여호와의 성전의 모든 보물과 왕궁 보물을 집어내고 또 이스라엘의 왕 솔로몬이 만든 것 곧 여호와의 성전의 금 그릇을 다 파괴하였으니 여호와의 말씀과 같이 되었더라. 그가 또 예루살렘의 모든 백성과 모든 지도자와 모든 용사 만 명과 모든 장인과 대장장이를 사로잡아 가매 비천한 자 외에는 그 땅에 남은 자가 없었더라. 그가 여호야긴을 바벨론으로 사로잡아 가고 왕의 어머니와 왕의 아내들과 내시들과 나라에 권세 있는 자도 예루살렘에서 바벨론으로 사로잡아 가고 또 용사 칠천 명과 장인과 대장장이 천 명 곧 용감하여 싸움을 할 만한 모든 자들을 바벨론 왕이 바벨론으로 사로잡아 가고 바벨론 왕이 또 여호야긴의 숙부 맛다니야를 대신하여 왕으로 삼고 그의 이름을 고쳐 시드기야라 하였더라.' 유다의 마지막 왕인 시드기야는 21세에 왕이 되어 11년을 통치한다. 악한 왕이다. BC 597년 2차 포로로 여호야긴

을 비롯한 많은 유력 인사들을 바벨론으로 잡아갔고 비천한 사람들만이 유다 땅에 남았다. 시드기야는 수년 동안 바벨론을 잘 섬기다 바벨론에 반역하였다.**(11-20)**

25장 유다의 멸망과 그 이후 이야기

- **바벨론의 3차 침공과 예루살렘 함락**: 시드기야가 바벨론을 배반하자 BC 588년 1월에 느부갓네살이 다시 3차 공격을 하여 유다가 망하는 시드기야 왕 11년 BC 586년까지 예루살렘을 포위하고 공격하였다. 성에는 양식이 떨어지고 기근이 심하자 왕은 예루살렘에서 여리고로 내려가는 길인 아라바 길로 도망가다가 여리고 평지에서 잡힌다. 립나에 있는 바벨론 왕에게 끌려가 시드기야의 아들들은 눈앞에서 죽임을 당하고 시드기야의 두 눈을 빼 사슬에 결박당하여 바벨론으로 끌려간다. BC 586년 7월 16일 예루살렘이 함락되었다.**(1-7)**
- **예루살렘 함락과 3차 포로**: 느부갓네살은 시위대장 느부사라단을 보내어 예루살렘을 불태우고 성벽을 헐고 아주 가난한 사람들을 제외하고 모두 바벨론으로 끌고 간다. 3차 포로이다. 성전의 두 놋 기둥을 비롯하여 놋으로 만든 모든 것과 금으로나 은으로 만든 모든 것들을 바벨론으로 실어 갔다. 느부사라단은 대제사장 스라야를 비롯한 많은 사람들을 사로잡고 죽였다.**(8-21)**
- **유다 총독 그달리야와 그의 죽음**: 유다 땅에 남은 비천한 사람들은 그달리야를 총독으로 삼아 관할하도록 하였다. 그러나 그달리야가 임명된 후 불과 2개월 되었을 때 느다니야의 아들 이스마엘을 비롯한 몇 사람이 그달리야와 몇몇 갈대아인과 유다인을 죽이고 애굽으로 도망을 갔다. '칠월에 왕족 엘리사마의 손자 느다니야의 아들 이스마엘이 부하 열 명을 거느리고 와서 그달리야를 쳐서 죽이고 또 그와 함께 미스바에 있는 유다 사람과 갈대아 사람을 죽인지라 노소를 막론하고 백성과 군대 장관들이 다 일어나서 애굽으로 갔으니 이는 갈대아 사람을 두려워함이었더라.'**(22-26)**

- **바벨론 왕으로부터 긍휼을 입은 여호야긴**: 여호야긴은 포로로 잡혀간 지 37년이 되었을 때 곧 바벨론 왕 에월므로닥이 즉위한 원년에 죄수복을 벗고 왕과 함께 식사를 하는 긍휼을 입었다. 포로에서 돌아올 날의 서광이 비치기 시작한 것이다. '그 죄수의 의복을 벗게 하고 그의 일평생에 항상 왕의 앞에서 양식을 먹게 하였고 그가 쓸 것은 날마다 왕에게서 받는 양이 있어서 종신토록 끊이지 아니하였더라.'(**27–30**)

역대상 핵심정리

역대기의 의의

- 구약에 왕의 역사를 다룬 열왕기가 있는데도 불구하고 얼핏 보기에 유사해 보이는 역대기를 다시 포함시킨 것을 생각해 보면 매우 중요한 의미가 있을 것으로 판단된다.
- 저자는 열왕기만으로는 결코 하나님 나라의 역사 기록이 될 수 없다고 판단한 것 같다. 아담 창조 이후 세상 나라 문명이 활짝 핀 시점에서 아브라함, 이삭, 야곱을 선택하여 하나님 나라를 만드신 하나님께서는 다윗과 언약을 통해 다윗의 계보에서 참 왕이신 메시아가 오심으로 하나님 나라가 완성될 것으로 계획하고 있었을 것이다. 그런데 솔로몬이 범한 엄청난 죄로 인해 왕조가 남북으로 갈라졌으며 이들의 역사를 기록한 것이 열왕기였다. 포로에서 돌아온 유다 백성들은 진정한 하나님 나라의 역사를 정리하려면 다윗 언약에서 벗어난 북이스라엘의 역사를 빼고 다시 아담으로부터 예수 그리스도까지 이어질 역사 기록이 필요했을 것으로 판단된다.
- 열왕기가 신명기 사적 관점에서 기록된 데 비해 역대기는 하나님 나라적 관점에서 기록되었다. 즉 열왕기가 심판을 염두에 둔 반성의 역사 기록이라 한다면 역대기는 소망을 바라보는 제사장적 관점에서 쓴 본보기의 역사이다. 그러므로 역대기에서는 성전과 예배를 중요 주제로 취급한 데 비해 열왕기는 매우 정치적 관점에서 문제를 접근하고 있다.
- 역대기에서는 사울에 대해 극히 간략하게 다루고 있고, 다윗의 역사는 성전 건축 준비에 초점을 맞추어 기록하고 다윗의 범죄나 곤경에 처했던 사실들(밧세바 간음, 압살롬의 난, 세바의 난 등)을 의도적으로 배제한 것으로 판단된다. 솔로몬의 경우도 성전 건축에 초점을 두고 말년에 크게 범죄했던 사실(수많은 처첩, 우상숭배)을 의도적으로 배제하고 있다는 점을 주목해야 한다.
- 역대기 저자는 족보와 성전에 초점을 두고 있다. 역대상의 전반부에서는 족보에, 역대하의 전반부에서는 성전에 큰 비중을 두고 있음을 주목해 보아야 한다.

기록연대와 배경

- 역대상과 역대하는 원래 하나의 책이었다. 기록연대는 대략 BC 400년 전후 어느 시점에서 완성된 것으로 추정한다. 역대서 끝부분은 BC 538년의 바벨론 포로 귀환과 관련된 내용이며 바사가 헬라에 망한 BC 331년과 관련된 내용이 전혀 없다는 점을 고려해야 한다.
- 역대상은 아담으로부터 다윗의 죽음까지의 시대를 다루고 있으며 역대하는 솔로몬으로부터 유다의 멸망까지를 배경으로 한다.
- 역대기 저자는 미상이다. 그러나 전승에 의하면 에스라를 저자로 보며 상당한 설득력이 있다.

하나님 나라 백성으로서의 정체성 확인을 위한 족보

1-9장 족보들

역대기는 방대한 족보로부터 시작한다. 아마도 저자는 하나님 나라적 관점에서 역사를 기록하면서 70년 동안 바벨론에서 포로 생활을 한 백성들에게 확실한 정체성을 확립해 주는 일이 중요하다고 판단했을 것이다. 백성들은 새삼스럽게 자신들이 단순한 인간이 아니라 최초에 창조된 아담으로부터 시작하여 노아와 셈을 거쳐 수많은 사람들 중에서 선민으로 선택된 아브라함과 이삭과 야곱이 자신의 선조임을 알았을 것이며 자신들이 하나님 나라의 주인공이라는 사실을 확실히 알 수 있었을 것이다. 9장 마무리 부분에서 사울의 족보를 기록한 것도 솔로몬 왕 때부터 북 이스라엘과 남 유다로 분열되기는 했었지만 시작은 통일 왕국부터라는 사실을 주지시키기 위함이다. 자신들의 역사는 열왕기에서 큰 비중을 차지하고 기록된 북 이스라엘의 역사와는 차별화되는 것임을 확인시켜 주는 역할을 하고 있다고 생각한다. 영원한 하나님 나라의 소망을 주기 위함이다.

- **아담으로부터 아브라함 후손까지의 족보**: 아담에서 노아까지의 족보 – 노아의 후손 야벳, 함, 셈의 후손 – 셈에서 아브라함까지의 족보 – 아브라함의 후손 – 에서의 후손 – 에돔 땅의 역대 왕과 족장들(1장)
- **야곱의 열두 아들과 유다의 족보:** 야곱의 열두 아들 – 유다의 후손 – 베레스와 세라의 후손 – 헤스론의 후손 – 여라므엘의 후손 – 갈렙의 후손 – 훌의 후손(2장)
- **다윗의 족보:** 다윗의 후손 – 솔로몬에서 시드기야까지의 족보 –여고냐(여호야긴)의 후손(3장)
- **유다와 시므온의 족보**: 유다의 후손 – 시므온의 후손 – 시므온 후손의 거주지, 족장들, 정복 사업(4장)

- **요단강 동편 지파들의 족보:** 장자 르우벤의 후손 – 갓의 후손 – 르우벤, 갓, 므낫세 반지파의 전적 – 므낫세 반지파의 거주지와 족장들(**5장**)
- **레위 후손들의 족보:** 레위에서 여호사닥까지의 족보 – 게르손, 그핫, 므라리의 후손 – 회막 봉사를 맡은 자들 – 제사장 반열 – 레위 지파에게 분배된 성읍들(**6장**)
- **요단강 서편 북쪽 여섯 지파들의 족보:** 잇사갈의 후손 – 베냐민의 후손 – 납달리의 후손 – 에브라임의 후손 – 아셀의 후손(**7장**)
- **베냐민의 족보:** 베냐민 지파의 족장들 – 사울과 요나단의 계보(**8장**)
- **예루살렘으로 귀환한 사람들과 사울의 족보:** 예루살렘으로 귀환한 족장들 – 예루살렘으로 귀환한 제사장들 – 예루살렘으로 귀환한 레위인들 – 예루살렘으로 귀환한 성막 봉사자들 – 사울과 요나단의 계보(**9장**)

사울 왕의 비극적 최후

10장 사울의 죽음

블레셋과의 전투 중 길보아산에서 전사한 사울에 관한 기록이다. 사무엘상 10장에서 31장까지 무려 22장 분량으로 기록했던 사울 이야기를 역대기에서는 단 1장으로 압축하고 있다. 아마도 사울은 하나님 나라의 궁극적 귀결인 메시아와 상관이 없기 때문일 것이다.

- **사울가의 몰락:** 블레셋과의 전투 중 길보아산에서 사울과 그의 아들들 요나단, 아비나답, 말기수아가 모두 죽는다. '사울이 자기의 무기를 가진 자에게 이르되 너는 칼을 빼어 그것으로 나를 찌르라 할례받지 못한 자들이 와서 나를 욕되게 할까 두

려워하노라 그러나 그의 무기를 가진 자가 심히 두려워하여 행하기를 원하지 아니하매 사울이 자기 칼을 뽑아서 그 위에 엎드러지니 (…) 이와 같이 사울과 그의 세 아들과 그 온 집안이 함께 죽으니라.'**(1–6)**

- **사울의 머리와 갑옷을 취한 블레셋 사람들**: 블레셋 사람들이 길보아산에 엎드러져 있는 사울의 시체에서 갑옷을 취해 그들의 신전에 두고 사울의 머리를 다곤의 신전에 매달았다.**(7–10)**
- **사울과 아들들의 시신을 수습하는 길르앗 야베스 사람들**: 길르앗 야베스 사람들이 사울과 그 아들들의 시신을 수습하여 장사를 지내 준다.**(11–12)**
- **사울이 죽은 원인**: 사울이 죽은 것은 여호와께 묻지 않고 신접한 자에게 묻는 등 여호와께 범죄하였기 때문이었다. 여호와께서 사울을 죽이시고 하나님 나라를 이새의 아들 다윗에게 넘겨주신다.**(13–14)**

다윗

다윗 왕조의 출현

11장 다윗 왕조의 출범

사무엘하에서의 다윗의 소개 때와는 사뭇 다른 형식으로 다윗을 등장시키고 있다. 다윗의 어린 시절 이야기와 사울에 쫓긴 이야기는 생략하고 다윗이 헤브론에서 왕으로 추대된 이야기를 압축 소개하는 것으로 다윗의 도입부를 그려 내고 있다. 저자의 의도가 있는 것으로 생각된다. 포로에서 돌아오는 백성들에게 다윗은 바로 당신들의 혈족인데 여호와께서 왕으로 세우신 분이며 이 땅에서도 사울과는 비교도 될 수 없는 출중한 분임을 강조하려 하고 있다.

- **헤브론에서 왕위에 오른 다윗**: 다윗이 헤브론에서 왕위에 오른 역사를 간략히 언급하였다. 온 이스라엘이 다윗이 왕이 되어야 할 당위성을 1) 가까운 혈족이다. 2) 사울이 왕이었을 때도 다윗의 지휘력이 더 뛰어났다. 3) 여호와께서도 이스라엘의 목자로 인정하신 분이라는 사실을 내세워 왕으로 추대하였음을 강조하고 있다. '이에 이스라엘의 모든 장로가 헤브론에 있는 왕에게로 나아가니 헤브론에서 다윗이 그들과 여호와 앞에 언약을 맺으매 그들이 다윗에게 기름을 부어 이스라엘의 왕으로 삼으니 여호와께서 사무엘을 통하여 전하신 말씀대로 되었더라.'**(1–3)**
- **여부스를 점령한 다윗**: 여부스 곧 예루살렘을 점령한 주역도 다윗임을 강조한다. '여부스 원주민이 다윗에게 이르기를 네가 이리로 들어오지 못하리라 하나 다윗이 시온 산 성을 빼앗았으니 이는 다윗 성이더라 (…) 다윗이 밀로에서부터 두루 성을 쌓았고 그 성의 나머지는 요압이 중수하였더라. 만군의 여호와께서 함께 계시니 다윗이 점점 강성하여 가니라.'**(4–9)**
- **다윗의 용사들**: 다윗을 돕고 있는 용사의 수가 많음을 강조하고 있다. 베들레헴 성문 곁 우물물을 목숨 걸고 떠온 세 용사를 비롯하여 다윗의 30용사(실제로는 48명을 언급하여 사무엘하에서 언급했던 수보다 17명이 더 많다) 등을 열거하고 있다.**(10–47)**

12장 다윗을 옹위한 용사들

🔔 여기서도 저자의 의도가 숨겨져 있다. 본 장에서 나오는 용사들 명단은 역대기에서만 소개된다. 다윗은 왕이 되기 전 사울에 쫓길 당시에도 사울의 고향 사람들인 베냐민 지파 사람을 포함 수많은 용사들이 있었음을 강조하고 있고 헤브론에서 다윗을 왕으로 추대하는 용사들의 수가 엄청났었음을 강조함으로 하나님 나라 백성으로서의 자긍심을 심어 주고 있다.

- **다윗이 망명 중일 때 따랐던 용사들**: 다윗이 사울에 쫓겨 시글락에 망명하고 있을 당시 다윗을 따랐던 용사들의 명단을 베냐민 지파, 갓 사람, 유다 지파, 므낫세 지파 등으로 열거하고 있다. 특기할 점은 사울이 속한 베냐민 지파에서 다윗을 따랐던 용사들의 명단을 제일 앞에 열거하고 있다는 사실이다.**(1–22)**
- **헤브론에서 다윗을 왕으로 추대하는 용사들**: 다음은 왕으로 추대되기 위해 헤브론에 이르렀을 때 다윗을 왕으로 추대하는 용사들이 엄청나게 많았음을 기록하고 있다. 유다 자손 6천8백 명, 시므온 자손 7천1백 명, 레위 자손 4천6백 명, (…), 베냐민 자손 3천 명, 에브라임 자손 2만 8백 명, 므낫세 반지파 1만 8천 명, (…), 스블론 5만 명, (…), 아셀 4만 명, (…), 요단 동편 지파 12만 명 등**(23–37)**
- **헤브론에서 벌어진 3일 동안의 잔치**: 위의 열거한 용사들이 헤브론에서 3일 동안 잔치를 벌였다는 기록으로 끝을 맺는다. '이 모든 군사가 전열을 갖추고 다 성심으로 헤브론에 이르러 다윗을 온 이스라엘 왕으로 삼고자 하고 또 이스라엘의 남은 자도 다 한 마음으로 다윗을 왕으로 삼고자 하여 무리가 거기서 다윗과 함께 사흘을 지내며 먹고 마셨으니 이는 그들의 형제가 이미 식물을 준비하였음이며 또 그들의 근처에 있는 자로부터 잇사갈과 스불론과 납달리까지도 나귀와 낙타와 노새와 소에다 음식을 많이 실어왔으니 곧 밀가루 과자와 무화과 과자와 건포도와 포도주와 기름이요 소와 양도 많이 가져왔으니 이는 이스라엘 가운데에 기쁨이 있음이었더라.'**(38–40)**

다윗

언약궤를 옮기는 다윗과 다윗의 번영

13장

다윗은 사울 왕은 관심도 갖지 않았던 언약궤를 예루살렘으로 옮기려는 시도를 했으나 규례대로 시행하지 않아 웃사가 죽는 사건이 일어난다.

- **언약궤를 옮기려는 시도와 베레스-웃사 사건**: 사울 왕 당시에는 전혀 관심을 보이지 않았던 언약궤를 다윗이 예루살렘으로 옮기기로 한다. 그러나 첫 번째 시도에서는 규례를 지키지 않아 실패한다. 기랏여아림 아비나답 집에 있던 궤를 레위인도 아닌 웃사와 아히오가 수레를 몰다가 기돈의 타작마당에 이르러 소들이 뛰자 웃사가 손으로 궤를 붙들어 그 자리에서 죽는 불상사가 일어난다. '여호와께서 웃사의 몸을 찢으셨으므로 다윗이 노하여 그 곳을 베레스 웃사라 부르니 그 이름이 오늘까지 이르니라.'(1-11)
- **오벧에돔의 집에 안치된 언약궤**: 궤는 오벧에돔의 집에서 석 달을 있게 되었고 오벧에돔의 집은 축복을 받았다. '다윗이 궤를 옮겨 자기가 있는 다윗 성으로 메어들이지 못하고 그 대신 가드 사람 오벧에돔의 집으로 메어가니라. 하나님의 궤가 오벧에돔의 집에서 그의 가족과 함께 석 달을 있으니라 여호와께서 오벧에돔의 집과 그의 모든 소유에 복을 내리셨더라.'(12-14)

14장 다윗의 명성이 점점 커져 간다.

- **다윗을 돕는 두로 왕 히람**: 다윗의 명성이 높아지자 두로 왕 히람이 백향목과 석수와 목수를 보내 다윗의 궁전을 건축하는 데 돕는다.(1-2)
- **예루살렘에서 낳은 다윗의 아들들**: 또한 다윗은 예루살렘에서 아내들을 맞아 삼무아, 소밥 등 13명의 자녀를 더 낳았다. '예루살렘에서 낳은 아들들의 이름은 삼무아와 소밥과 나단과 솔로몬과 입할과 엘리수아와 엘벨렛과 노가와 네벡과 야비아와 엘리사마와 브엘랴다와 엘리벨렛이었더라.'(3-7)
- **블레셋의 공격을 물리친 다윗의 명성**: 블레셋이 두 차례나 르바임 골짜기로 공격해 왔으나 모두 물리친다. '다윗의 명성이 온 세상에 퍼졌고 여호와께서 모든 이방 민족으로 그를 두려워하게 하셨더라.'(8-17)

15장 성공적으로 옮겨진 언약궤

- **규례대로 옮기는 언약궤:** 다윗은 하나님의 궤를 둘 곳을 마련한 후 3개월 전 첫 번째 시도에서의 실패를 거울삼아 이번에는 레위인들을 소집하고 규례대로 진행하였다. '전에는 너희가 메지 아니하였으므로 우리 하나님 여호와께서 우리를 찢으셨으니 이는 우리가 규례대로 그에게 구하지 아니하였음이라 하니 이에 제사장들과 레위 사람들이 이스라엘 하나님 여호와의 궤를 메고 올라가려 하여 몸을 성결하게 하고 모세가 여호와의 말씀을 따라 명령한 대로 레위 자손이 채에 하나님의 궤를 꿰어 어깨에 메니라.'(1-15)
- **언약궤 운송 행렬:** 다윗은 언약궤 운송을 위한 행렬을 만들었다. '다윗이 레위 사람의 어른들에게 명령하여 그의 형제들을 노래하는 자들로 세우고 비파와 수금과 제금 등의 악기를 울려서 즐거운 소리를 크게 내라 하매.'(16-24)
- **성공적으로 운송되는 언약궤:** 오벧에돔의 집에서 언약궤를 메어 올리며 무리가 수송아지 일곱 마리와 숫양 일곱 마리로 제사를 지내고 '다윗과 및 궤를 멘 레위 사람과 노래하는 자와 그의 우두머리 그나냐와 모든 노래하는 자도 다 세마포 겉옷을 입었으며 다윗은 또 베 에봇을 입었고 이스라엘 무리는 크게 부르며 뿔 나팔과 나팔을 불며 제금을 치며 비파와 수금을 힘있게 타며 여호와의 언약궤를 메어 올렸더라.'(25-28)
- **다윗을 업신여기는 미갈:** '여호와의 언약궤가 다윗 성으로 들어올 때에 사울의 딸 미갈이 창으로 내다보다가 다윗 왕이 춤추며 뛰노는 것을 보고 그 마음에 업신여겼더라.'(29)

16장 감사 제사와 감사 찬양

🔔 언약궤를 옮긴 후 감사 제사를 드리고 하나님의 궤가 있는 곳에서 레위인과 재사장의 찬양이 있었다. 사무엘서에는 수록되지 않은 다윗의 감사시가 7절에서 36절까지 기록되어 있다. 시에는 오랜 광야 생활에서도 도우신 하나님을 찬양함으로 하나님 백성으로서의 긍지를 심어 주며 제사 직제를 정비하는 것으로 끝을 맺는다.

- **다윗의 감사 제사**: 다윗은 궤를 옮긴 후 다윗이 그것을 위하여 친 장막 가운데 두고 번제와 화목제를 드렸고 백성에게 축복하고 화목제물 규례에 따라 떡 한 덩이와 야자 열매로 만든 과자와 건포도로 만든 과자 하나씩을 나누어 주었다.**(1–3)**
- **레위인과 제사장의 감사 찬양**: 비파와 수금과 제금과 나팔로 레위인과 제사장의 찬양이 있었다.**(4–6)**
- **다윗의 감사 찬양**: '그 날에 다윗이 아삽과 그의 형제를 세워 먼저 여호와께 감사하게 하여 이르기를 너희는 여호와께 감사하며 그의 이름을 불러 아뢰며 그가 행하신 일을 만민 중에 알릴지어다. 그에게 노래하며 그를 찬양하고 그의 모든 기사를 전할지어다 (…) 온 땅이여 여호와께 노래하며 그의 구원을 날마다 선포할지어다 (…) 만국의 모든 신은 헛것이나 여호와께서는 하늘을 지으셨도다 (…) 여호와께 감사하라 그는 선하시며 그의 인자하심이 영원함이로다 (…) 여호와 이스라엘의 하나님을 영원부터 영원까지 송축할지로다 하매 모든 백성이 아멘 하고 여호와를 찬양하였더라.'**(7–36)**
- **제사 직제 정비**: '다윗이 아삽과 그의 형제를 여호와의 언약궤 앞에 있게 하며 항상 그 궤 앞에서 섬기게 하되 날마다 그 일대로 하게 하였고 오벧에돔과 그의 형제 육십팔 명과 여두둔의 아들 오벧에돔과 호사를 문지기로 삼았고 제사장 사독과 그의 형제 제사장들에게 기브온 산당에서 여호와의 성막 앞에 모시게 하여 항상 아침저녁으로 번제단 위에 여호와께 번제를 드리되 여호와의 율법에 기록하여 이스라엘에게 명령하신 대로 다 준행하게 하였고 (…).'**(37–43)**

성전 건축에 대한 하나님의 뜻과 다윗 언약

17장

여호와께서는 성전 건축은 솔로몬에 의해 이루어질 것이며 다윗 왕조가 영원히 계속될 것이라는 다윗 언약을 주셨다.

- **성전 건축에 대한 하나님의 뜻**: 다윗은 성전 건축을 원하나 여호와께서는 선지자 나단을 통하여 솔로몬에 의해 성전 건축이 이루어질 것을 말씀하신다. '네 생명의 연한이 차서 네가 조상들에게로 돌아가면 내가 네 뒤에 네 씨 곧 네 아들 중 하나를 세우고 그 나라를 견고하게 하리니 그는 나를 위하여 집을 건축할 것이요 나는 그의 왕위를 영원히 견고하게 하리라.'(1–12)
- **다윗에게 주신 하나님의 언약**: 여호와께서는 다윗에게 언약을 주신다. 하나님께서는 다윗 왕가를 결코 영원히 폐하지 않으실 것이라는 약속을 주신 것이다. 이 약속은 바벨론 포로로 잡혀갈 때까지 지켜졌으며 메시아의 오심까지 이어진다.(13–15)
- **다윗의 감사 기도**: 다윗은 이스라엘을 영원히 주의 백성으로 삼으신 주 이외에는 하나님이 없으시다는 고백으로 감사 기도를 드렸다. '여호와여 오직 주는 하나님이시라 주께서 이 좋은 것으로 주의 종에게 허락하시고 이제 주께서 종의 왕조에 복을 주사 주 앞에 영원히 두시기를 기뻐하시나이다. 여호와여 주께서 복을 주셨사오니 이 복을 영원히 누리리이다 하니라.'(16–27)

다윗의 전쟁

18장

다윗은 블레셋, 모압 등 주변 국가와의 전쟁에서 여호와의 도우심으로 연전연승한다.

- **다윗의 초기 정복 전쟁**: 다윗이 정복 전쟁에서 초기에 승리한 내용을 기술한다. 블레셋, 모압, 소바, 하맛, 다메섹 아람 등 다윗이 어디로 가든지 여호와께서 이기게 하셨다.(1–8)
- **다윗이 여호와께 드린 예물**: 다윗은 에돔, 모압, 암몬, 블레셋 등과의 전쟁에서 얻은 금, 은 등 많은 예물을 여호와께 드렸다.(9–11)
- **에돔 수비대**: 아비새가 소금 골짜기에서 에돔 사람 1만 8천 명을 죽이고 크게 무찌른 사건을 언급하였다. '다윗이 에돔에 수비대를 두매 에돔 사람이 다 다윗의 종이 되니라 다윗이 어디로 가든지 여호와께서 이기게 하셨더라.'(12–13)
- **다윗의 내각**: 1) 요압–군대 사령관 2) 여호사밧–행정장관 3) 사독과 아비아달–제사장 4) 사워사–서기관 5) 브니야–그렛 사람과 블렛 사람 관장(14–17)

19장

다윗은 다윗의 호의를 악의로 갚은 암몬과 아람을 격퇴시킨다.

- **암몬 하눈 왕에게 조롱당한 다윗의 조문 사절**: 다윗은 조문 사절에게 엄청난 수치심을 안겨 준 암몬의 하눈 왕에게 격분한다. '다윗이 이르되 하눈의 아버지 나하스가 전에 내게 호의를 베풀었으니 이제 내가 그의 아들 하눈에게 호의를 베풀리라 하고 사절들을 보내서 그의 아버지 죽음을 문상하게 하니라 다윗의 신하들이 암몬 자손의 땅에 이르러 하눈에게 나아가 문상하매 (…) 하눈이 이에 다윗의 신하들을 잡아 그들의 수염을 깎고 그 의복을 볼기 중간까지 자르고 돌려보내매.'(1–5)
- **암몬과 아람 연합군 격파**: '이때 암몬 사람들은 자기들이 다윗의 비위를 거스린 줄 알고 메소포타미아와 아람–마아가와 소바에서 전차와 마병을 고용하기 위해 은 34

톤을 주고 전차 32,000대를 빌렸으며 또 마아가 왕과 그의 군대 지원도 받았다. 이들은 하눈왕이 여러 성에서 징병할 암몬군과 합세하여 메드바에서 진을 치고 싸울 태세를 취하였다.' 다윗은 요압과 아비새를 보내 암몬과 아람의 연합군을 격파한다. 그리고서 요압은 아비새에게 이렇게 말하였다. 만일 시리아군이 나보다 강하면 네가 와서 나를 도와라. 그러나 암몬군이 너보다 강하면 내가 가서 너를 돕겠다.'**(6–15)**

- **아람을 격파한 다윗**: 아람 사람이 패하자 다시 전열을 가다듬어 이스라엘을 침공하나 다윗이 직접 나선다. '아람 사람이 이스라엘 앞에서 도망한지라 다윗이 아람 병거 칠천 대의 군사와 보병 사만 명을 죽이고 또 군대 지휘관 소박을 죽이매 하닷에셀의 부하들이 자기가 이스라엘 앞에서 패하였음을 보고 다윗과 더불어 화친하여 섬기고 그 후로는 아람 사람이 암몬 자손 돕기를 원하지 아니하였더라.'**(16–19)**

20장

다윗의 군대가 암몬의 수도 랍바를 함락하고 블레셋을 물리친다. 특히 블레셋의 거인들을 물리친 용사들의 이야기이다.

- **암몬의 수도 랍바 함락**: 요압이 암몬의 랍바를 함락시키고 금 한 달란트(34kg)짜리 왕관과 많은 물건을 노략하였다.**(1–3)**
- **블레셋 거인들을 죽인 용사들**: 그 후 블레셋 사람들과 게셀에서 싸울 때에 블레셋의 키 큰 자 십배, 골리앗의 아우 라흐미, 손가락과 발가락이 6개씩 총 24개인 거인 등을 모두 죽인다. '가드의 키 큰 자의 소생이라도 다윗의 손과 그 신하의 손에 다 죽었더라.'**(4–8)**

다윗

다윗의 인구조사와 성전 부지 확보

21장 다윗이 인구조사와 성전 부지 오르난의 타작마당 매입

다윗이 인구조사를 실시한 죄를 회개하기 위해 오르난의 타작마당을 사들인 것이 성전 부지를 예비한 것으로 되었다는 것이 21장의 요지이다. 사실 이때는 다윗의 최전성기로부터 약 20년의 세월이 경과한 시점이다. 이 20년 동안에 다윗은 암논의 추행 사건, 압살롬의 반란, 그리고 세바의 반란 등 일련의 불미스러운 일에 연루되었었고 사무엘서에서는 이 문제들을 상세히 언급하고 있다. 그러나 역대기 저자는 이러한 다윗의 불행했던 역사를 생략하고 기록하고 있다. 저자가 다윗의 불미스러운 역사를 생략한 것은 바벨론 유수에서 풀려난 유다 왕조 후손들에게 될 수 있는 대로 그 왕조의 탁월성 및 정통성만을 부각시키기 위해서였다. 그런데 이러한 저자의 의도에도 불구하고 본 장에서 다윗 왕이 크게 범죄했다고 생각되는 인구조사 사건만은 기록하고 있는데 이 일이 예루살렘 성전 건축의 직접적인 배경이 되었기 때문이다.

- **인구조사를 명하는 다윗**: 다윗이 요압과 백성의 지도자들에게 명하여 전국적으로 인구조사를 명한다. 인구조사 자체가 잘못된 것은 아니나 다윗의 욕망에서 출발된 인구조사였기 때문에 사탄의 충동에 의한 것이라 기술하고 있다.**(1–2)**
- **인구조사 실시**: 명받은 요압도 인구조사를 마땅치 않게 여겼기 때문에 레위와 베냐민 사람은 계수하지 않았다고 한다. 조사 결과 싸움에 나갈 수 있는 숫자가 이스라엘이 110만 명, 유다가 47만 명이었다.**(3–6)**
- **전염병 재앙을 택한 다윗**: '다윗이 하나님께 아뢰되 내가 이 일을 행함으로 큰 죄를 범하였나이다 이제 간구하옵나니 종의 죄를 용서하여 주옵소서 내가 심히 미련하게 행하였나이다 하니라.' 여호와께서 선견자 갓을 통해 다윗에게 1) 3년 기근 2) 3개월 동안 적군의 칼을 피해 도망하는 형벌 3) 3일 동안의 전염병 형벌 중 택하도록 하였다. 전염병 형벌을 택하여 백성 7만 명이 죽었다.**(7–14)**
- **다윗의 회개**: 하나님이 예루살렘을 멸하기 위해 오르난의 타작마당에 천사를 보냈

으나 천사가 멸하려 할 순간 하나님께서 재앙 내리심을 뉘우치시고 중지 명령을 내리신다. 이때 다윗이 '하나님께 아뢰되 명령하여 백성을 계수하게 한 자가 내가 아니니이까 범죄하고 악을 행한 자는 곧 나이니이다. 이 양 떼는 무엇을 행하였나이까 청하건대 나의 하나님 여호와여 주의 손으로 나와 내 아버지의 집을 치시고 주의 백성에게 재앙을 내리지 마옵소서 하니라.'(15–17)

- **다윗에게 여호와를 위한 제단을 쌓으라고 명하는 천사**: 천사가 갓에게 다윗이 오르난의 타작마당에서 여호와를 위하여 제단을 쌓으라고 명하여 다윗이 올라갔을 때 오르난은 네 명의 아들들과 타작을 하고 있다가 천사를 보고 숨었다. 다윗이 나타나자 다윗에게 얼굴을 땅에 대고 절한다.(18–21)
- **타작마당을 위해 6백 세겔을 지불한 다윗**: 다윗이 오르난에게 그곳에 제단을 쌓기 위해 타작마당을 팔라고 하자 오르난은 값없이 제공하겠다고 한다. 그러나 다윗은 금 6백 세겔을 지불하고 '다윗이 거기서 여호와를 위하여 제단을 쌓고 번제와 화목제를 드려 여호와께 아뢰었더니 여호와께서 하늘에서부터 번제단 위에 불을 내려 응답하시고 여호와께서 천사를 명령하시매 그가 칼을 칼집에 꽂았더라.'(22–27)
- **결과적으로 성전 부지를 매입한 다윗**: 당시 기브온에 산당이 있었지만 다윗이 자신의 죄를 회개하는 과정에서 여호와의 명에 따라 제단을 쌓으려고 여부스 사람 오르난의 타작마당 터 값으로 금 6백 세겔을 지불한 것이 성전 부지를 마련하는 계기가 되었다. 사무엘서 저자는 다윗이 하나님께 용서받는 사실에 초점을 맞추어 제사에 필요한 것만을 구입한 것으로 기록하였으나 역대기 저자는 성전 건축을 예비하는 사실에 초점을 맞추어 기록했기 때문에 성전 부지를 사들인 것으로 기술한 것이다.(28–30)

다윗

성전 건축을 준비하는 다윗

22장

다윗은 어린 솔로몬의 성전 건축을 위한 모든 물자를 미리 준비하고 방백들에게 도울 것을 당부한다.

- **타작마당을 성전이요 번제단이라 칭한 다윗**: 다윗은 오르난의 타작마당을 가리켜 이렇게 말한다. '다윗이 이르되 이는 여호와 하나님의 성전이요 이는 이스라엘의 번제단이라 하였더라.'(1)
- **성전 건축에 필요한 물자를 준비하고 솔로몬에게 성전 건축을 명하는 다윗**: 다윗은 앞으로 성전 터가 될 오르난 타작마당에서 아직 어린 솔로몬을 위하여 성전 건축에 필요한 금, 은, 돌, 못, 철, 놋, 백향목 등을 준비하고 솔로몬에게 성전 건축을 명하였다. '다윗이 그의 아들 솔로몬을 불러 이스라엘 하나님 여호와를 위하여 성전 건축하기를 부탁하여 다윗이 솔로몬에게 이르되 내 아들아 나는 내 하나님 여호와의 이름을 위하여 성전을 건축할 마음이 있었으나 여호와의 말씀이 내게 임하여 이르시되 너는 피를 심히 많이 흘렸고 크게 전쟁 하였느니라 네가 내 앞에서 땅에 피를 많이 흘렸은즉 내 이름을 위하여 성전을 건축하지 못하리라 보라 한 아들이 네게서 나리니 그는 온순한 사람이라 내가 그로 주변 모든 대적에게서 평온을 얻게 하리라. 그의 이름을 솔로몬이라 하리니 이는 내가 그의 생전에 평안과 안일함을 이스라엘에게 줄 것임이니라 그가 내 이름을 위하여 성전을 건축할지라. 그는 내 아들이 되고 나는 그의 아버지가 되어 그 나라 왕위를 이스라엘 위에 굳게 세워 영원까지 이르게 하리라 하셨나니 (…) 금과 은과 놋과 철이 무수하니 너는 일어나 일하라 여호와께서 너와 함께 계실지로다 하니라.'(2-16)
- **방백들에게 솔로몬을 도울 것을 명하는 다윗**: 또한 다윗은 모든 방백에게 솔로몬을 도와주라고 당부한다. '이제 너희는 마음과 뜻을 바쳐서 너희 하나님 여호와를 구하라 그리고 일어나서 여호와 하나님의 성전을 건축하고 여호와의 언약궤와 하나님 성전의 기물을 가져다가 여호와의 이름을 위하여 건축한 성전에 들이게 하라 하였더라.'(17-19)

성전 완공 후 성전에서 일할 레위인들의 조직을 재편하는 다윗

23장

다윗은 레위인을 자손별로 계수하였고, 이제는 레위인들이 기구들을 옮길 필요가 없어졌으므로 그 역할도 성물을 정결하게 하는 일, 무교병과 과자를 굽는 일, 저울과 자를 관리하는 일 등 성전에서 수종 드는 일을 하도록 반차를 나누어 조직하였다.

- **다윗의 후계자 솔로몬:** 다윗이 늙어 솔로몬을 이스라엘의 왕으로 삼았다.**(1)**
- **레위인의 계수와 직무:** 30세 이상의 레위인 남자를 계수하였다(레위인은 30세 이상부터 성전 봉사를 하여 50세가 정년). 총 3만 8천 명. 1) 성전 일을 보살피는 자 2만 4천 명 2) 관원과 재판관 6천 명 3) 문지기 4천 명 4) 찬송하는 자 4천 명**(2–5)**
- **레위 자손별 소개:** '다윗이 레위의 아들들을 게르손과 그핫과 므라리에 따라 각 반으로 나누었더라.' 즉 1) 게르손 자손 2) 그핫 자손 3) 므라리 자손을 자손별로 구체적으로 소개한다. '이는 다 레위 자손이니 그 조상의 가문을 따라 계수된 이름이 기록되고 여호와의 성전에서 섬기는 일을 하는 이십 세 이상 된(모세 때는 30세 이상 된 레위인들만 회막 일을 할 수 있었고〈민 4:3〉, 그 후 모세는 25세로 낮추었고〈민 8:20〉, 다윗은 20세까지 낮춘 것이다.) 우두머리들이라.'**(6–24)**
- **레위인들의 새로운 역할:** 레위인들이 기구들을 옮길 필요가 없어졌으므로 그 역할도 성물을 정결하게 하는 일, 무교병과 과자를 굽는 일, 저울과 자를 관리하는 일, 아침과 저녁마다 서서 여호와께 감사하고 찬송하는 일 등 성전에서 수종 드는 일을 하도록 반차를 나누어 조직하였다.**(25–32)**

24장

아론의 아들 중 나답과 아비후는 죽고 엘르아살과 이다말이 남아 제사장 직분을 행하고 있었다. 엘르아살 자손의 우두머리 16명과 이다말 자손 8명을 제비 뽑아 차등이 없게 나누어 성전의 일과 하나님의 일을 다스리도록 24반차를 조직하였다.

- **제사장의 24반열**: 아론의 생존해 있는 엘르아살과 이다말의 자손의 우두머리들로 제비 뽑아 24반열을 조직하였다. '엘르아살의 자손 중에 우두머리가 이다말의 자손보다 많으므로 나눈 것이 이러하니 엘르아살 자손의 우두머리가 열여섯 명이요 이다말 자손은 그 조상들의 가문을 따라 여덟 명이라 이에 제비 뽑아 피차에 차등이 없이 나누었으니 (…) 이와 같은 직무에 따라 여호와의 성전에 들어가서 그의 아버지 아론을 도왔으니 이는 이스라엘의 하나님 여호와께서 명하신 규례더라.'**(1–19)**
- **레위인의 24반열**: 아론 자손은 아니나 전에서 제사장들을 도와 수종 드는 레위인들이다. '레위 자손 중에 남은 자는 이러하니 아므람의 아들들 중에는 수바엘이요 수바엘의 아들들 중에는 예드야며 르하뱌에게 이르러는 그의 아들들 중에 우두머리 잇시야요 (…) 이 여러 사람도 다윗 왕과 사독과 아히멜렉과 제사장과 레위 우두머리 앞에서 그들의 형제 아론 자손처럼 제비 뽑혔으니 장자의 가문과 막내 동생의 가문이 다름이 없더라.'**(20–31)**

25장

다윗이 4천 명의 레위인 찬양 대원을 제사장들과 레위인의 반차에 맞추어 24반차로 편성하였다.

- **레위인 성가대**: 레위인 중 성가대 우두머리는 1) 아삽(노래) 2) 헤만(나팔) 3) 여두둔(수금)으로 이들의 자손 중 구별하여 수금과 비파와 제금을 잡아 신령한 노래를 하는데 레위인 찬양대의 총수는 4천 명이며 이들 중 가르치는 자는 총 288명이다.**(1–7)**
- **성가대의 24반차**: 아삽, 헤만, 여두둔의 세 악사의 아들들을 포함한 288명은 제비 뽑아 12명씩 24반차로 직임을 부여하였다. '이 무리의 큰 자나 작은 자나 스승이나

제자를 막론하고 다같이 제비 뽑아 직임을 얻었으니 첫째로 제비 뽑힌 자는 아삽의 아들 중 요셉이요 둘째는 그달리야이니 그와 그의 형제들과 아들들 십이 명이요 (…) 스물넷째는 로맘디에셀이니 그의 아들들과 형제들과 십이 명이었더라.'**(8–31)**

26장

다윗은 성전의 문지기와 성전 곳간의 일도 레위인에게 맡겼다. 신축될 예루살렘 성전의 입구와 곳간을 지키는 일을 할 사람들로 총 4천 명이다. 조상의 가문을 따라 대소를 막론하고 제비를 뽑아 일이 맡겨졌다.
6천 명의 관원과 재판관도 임명하였다.

- **문지기의 반차:** 23:5를 보면 문지기 수가 4천 명이다. 이들 중 반장 역할을 맡은 자가 오벧에돔에게서 난 자가 62명, 므셀레야의 아들과 형제가 18명, 호사의 아들들과 형제가 13명으로 총 93명이다.**(1–12)**
- **문지기들의 담당 구역:** 문지기 역시 조상의 가문을 따라 제비를 뽑아 동쪽, 서쪽, 남쪽, 북쪽 곳간의 문지기로 담당 구역을 정했다.**(13–19)**
- **전 곳간을 맡은 자:** 하나님의 전 곳간과 성물 곳간을 맡은 자를 정했다.**(20–28)**
- **관원과 재판관:** 성전 밖에서 이스라엘의 일을 다스리는 관원과 재판관 6천 명에 관하여 기술한다.**(29–32)**

다윗

일반 업무를 위한 다윗의 조직 정비

27장

다윗은 상비군 조직, 지파별 관장, 왕의 재산별 전담자 등 종교 업무 이외에 일반 업무를 담당할 사람들의 조직도 정비하였다.

- **상비군 조직**: 다윗은 상비군 28만 8천 명을 두고 있었는데 이들을 매달 2만 4천 명씩 12반열로 편성한 후 각 반열은 1년에 1개월씩 순번으로 봉사하도록 하였다. 각 반열에서 군대를 지휘하던 자들은 이스라엘의 모든 족장들과 천부장과 백부장 그리고 유사들이었다. 각 반열에는 총사령관 1명씩이 있었는데 1월은 야소브암, 2월은 도대, 3월은 브나야 등이다.**(1–15)**
- **각 지파의 관장**: 다윗은 12지파별로 1명씩 관장을 임명하여 자치적으로 통치하게 하였다. 르우벤 지파의 엘리에셀, 시므온 지파의 스바다, 레위 지파의 하사바 등이다.**(16–24)**
- **왕의 재산 관리자**: 다윗은 왕의 재산을 관리하는 전담자를 별도로 두었다. 왕의 곳간과 포도원, 나무들을 관할할 자, 소, 낙타, 나귀, 양 등 가축을 담당할 자들도 각각 별도로 선정하였다.**(25–31)**
- **다윗의 내각**: 1) 요나단–모사 겸 서기관 2) 여히엘–왕자들의 수종자 3) 아히도벨–왕의 모사 4) 후새–왕의 벗 5) 요압–군대 지휘관 등**(32–34)**

다윗

다윗의 마지막과 솔로몬의 시작

28장

다윗은 성전 건축의 모든 설계를 솔로몬에게 전하며 격려한다.

- **다윗의 성전 건축을 위한 당부**: 다윗은 모든 고관들을 소집하고 자기는 성전 건축을 위한 준비를 하였지만 전쟁으로 피를 많이 흘린 이유로 성전 건축은 할 수 없고 솔로몬이 건축할 것인바 힘써 행할 것을 당부한다. '다윗이 이스라엘 모든 고관들 곧 각 지파의 어른과 왕을 섬기는 반장들과 천부장들과 백부장들과 및 왕과 왕자의

모든 소유와 가축의 감독과 내시와 장사와 모든 용사를 예루살렘으로 소집하고 (…) 내 아들 솔로몬아 너는 네 아버지의 하나님을 알고 온전한 마음과 기쁜 뜻으로 섬길지어다. 여호와께서는 모든 마음을 감찰하사 모든 의도를 아시나니 네가 만일 그를 찾으면 만날 것이요 만일 네가 그를 버리면 그가 너를 영원히 버리시리라. 그런즉 이제 너는 삼갈지어다 여호와께서 너를 택하여 성전의 건물을 건축하게 하셨으니 힘써 행할지니라 하니라.'(1–10)

- **솔로몬에게 설계도를 넘겨주는 다윗**: 다윗은 성전 건축과 관련한 모든 설계와 계획에 대하여 솔로몬에게 설계도를 주고 구체적으로 설명한다.(11–19)
- **솔로몬을 격려하는 다윗**: 다윗은 제사장과 레위인이 24반차로 조직되어 있고 유능한 기술자들이 모두 솔로몬을 도울 것이니 강하고 담대하게 이 일을 행하라고 격려하였다. '또 그의 아들 솔로몬에게 이르되 너는 강하고 담대하게 이 일을 행하라 두려워하지 말며 놀라지 말라 네가 여호와의 성전 공사의 모든 일을 마치기까지 여호와 하나님 나의 하나님이 너와 함께 계시사 네게서 떠나지 아니하시고 너를 버리지 아니하시리라.'(20–21)

29장

다윗과 백성들이 자원하여 성전 건축을 위해 헌물을 드렸고 다윗이 죽고 솔로몬이 왕이 되었다.

- **다윗이 준비한 각종 재료와 백성들의 자원 헌물**: 다윗은 성전 건축을 위해 힘을 다하여 준비한 각종 재료들 이외에 자신이 소유한 금과 은을 많이 드렸음을 말하자 고관들과 백성들도 자원하여 많은 헌물을 드린다. '내가 이미 내 하나님의 성전을 위하여 힘을 다하여 준비하였나니 곧 기구를 만들 금과 은과 놋과 철과 나무와 또 마노와 가공할 검은 보석과 채석과 다른 모든 보석과 옥돌이 매우 많으며 성전을 위하여 준비한 이 모든 것 외에도 내 마음이 내 하나님의 성전을 사모하므로 내가 사유한 금, 은으로 내 하나님의 성전을 위하여 드렸노니 (…) 이에 모든 가문의 지도자들과 이스라엘 모든 지파의 지도자들과 천부장과 백부장과 왕의 사무관이 다

즐거이 드리되 (…) 백성들은 자원하여 드렸으므로 기뻐하였으니 곧 그들이 성심으로 여호와께 자원하여 드렸으므로 다윗 왕도 심히 기뻐하니라.'**(1-9)**

- **다윗의 감사 기도와 제사**: 다윗은 감사의 기도를 드린다. 우리가 주의 손에서 받은 것을 주께 드렸음을 고백하며 여호와께 제사 드리고 여호와를 송축하였다.**(10-20)**
- **솔로몬을 왕으로 사독을 제사장으로**: 다윗은 잔치를 열었고 솔로몬과 사독에게 기름 부어 왕과 제사장이 되게 하였다. '이튿날 여호와께 제사를 드리고 또 여호와께 번제를 드리니 수송아지가 천 마리요 숫양이 천 마리요 어린 양이 천 마리요 또 그 전제라 온 이스라엘을 위하여 풍성한 제물을 드리고 이 날에 무리가 크게 기뻐하여 여호와 앞에서 먹으며 마셨더라 무리가 다윗의 아들 솔로몬을 다시 왕으로 삼아 기름을 부어 여호와께 돌려 주권자가 되게 하고 사독에게도 기름을 부어 제사장이 되게 하니라.'**(21-22)**
- **다윗의 죽음과 통일 왕국 3대 왕 솔로몬**: 다윗은 40년 통치 후 죽었고 아들 솔로몬이 통일 왕국의 3대 왕이 되었다.**(23-30)**

역대하 핵심정리

역대기의 의의

- 구약에 왕의 역사를 다룬 열왕기가 있는데도 불구하고 얼핏 보기에 유사해 보이는 역대기를 다시 포함시킨 것을 생각해 보면 매우 중요한 의미가 있을 것으로 판단된다.
- 저자는 열왕기만으로는 결코 하나님 나라의 역사 기록이 될 수 없다고 판단한 것 같다. 아담 창조 이후 세상 나라 문명이 활짝 핀 시점에서 아브라함, 이삭, 야곱을 선택하여 하나님 나라를 만드신 하나님께서는 다윗과 언약을 통해 다윗의 계보에서 참 왕이신 메시아가 오심으로 하나님 나라가 완성될 것으로 계획하고 있었을 것이다. 그런데 솔로몬이 범한 엄청난 죄로 인해 왕조가 남북으로 갈라졌으며 이들의 역사를 기록한 것이 열왕기였다. 포로에서 돌아온 유다 백성들은 진정한 하나님 나라의 역사를 정리하려면 다윗 언약에서 벗어난 북이스라엘의 역사를 빼고 다시 아담으로부터 예수 그리스도까지 이어질 역사 기록이 필요했을 것으로 판단된다.
- 열왕기가 신명기 사적 관점에서 기록된 데 비해 역대기는 하나님 나라적 관점에서 기록되었다. 즉 열왕기가 심판을 염두에 둔 반성의 역사 기록이라 한다면 역대기는 소망을 바라보는 제사장적 관점에서 쓴 본보기의 역사이다. 그러므로 역대기에서는 성전과 예배를 중요 주제로 취급한 데 비해 열왕기는 매우 정치적 관점에서 문제를 접근하고 있다.
- 역대기에서는 사울에 대해 극히 간략하게 다루고 있고, 다윗의 역사는 성전 건축 준비에 초점을 맞추어 기록하고 다윗의 범죄나 곤경에 처했던 사실들(밧세바 간음, 압살롬의 난, 세바의 난 등)을 의도적으로 배제한 것으로 판단된다. 솔로몬의 경우도 성전 건축에 초점을 두고 말년에 크게 범죄했던 사실(수많은 처첩, 우상숭배)을 의도적으로 배제하고 있다는 점을 주목해야 한다.
- 역대기 저자는 족보와 성전에 초점을 두고 있다. 역대상의 전반부에서는 족보에, 역대하의 전반부에서는 성전에 큰 비중을 두고 있음을 주목해 보아야 한다.

기록연대와 배경

- 역대상과 역대하는 원래 하나의 책이었다. 기록연대는 대략 BC 400년 전후 어느 시점에서 완성된 것으로 추정한다. 역대서 끝부분은 BC 538년의 바벨론 포로 귀환과 관련된 내용이며 바사가 헬라에 망한 BC 331년과 관련된 내용이 전혀 없다는 점을 고려해야 한다.
- 역대상은 아담으로부터 다윗의 죽음까지의 시대를 다루고 있으며 역대하는 솔로몬으로부터 유다의 멸망까지를 배경으로 한다.
- 역대기 저자는 미상이다. 그러나 전승에 의하면 에스라를 저자로 보며 상당한 설득력이 있다.

솔로몬

일천 번제와 지혜

1장 **솔로몬이 일천 번제를 드렸고 하나님께 지혜를 구하여 지혜와 富도 약속받았다.**

- **솔로몬의 일천 번제**: '다윗의 아들 솔로몬의 왕위가 견고하여 가며 그의 하나님 여호와께서 그와 함께 하사 심히 창대하게 하시니라.' 솔로몬은 온 회중과 함께 하나님의 회막이 있는 기브온 산당 놋제단에서 일천 번제를 드린다.(1-6)
- **지혜를 구하는 솔로몬**: 그날 밤 솔로몬은 하나님께 백성들을 재판하기 위한 지혜를 구했고 하나님께로부터 지식과 지혜 이외에 부와 재물과 영광도 약속받았다. '그 날 밤에 하나님이 솔로몬에게 나타나 그에게 이르시되 내가 네게 무엇을 주랴 너는 구하라 하시니 (…) 주는 이제 내게 지혜와 지식을 주사 이 백성 앞에서 출입하게 하옵소서 이렇게 많은 주의 백성을 누가 능히 재판하리이까 하니 (…) 그러므로 내가 네게 지혜와 지식을 주고 부와 재물과 영광도 주리니 네 전의 왕들도 이런 일이 없었거니와 네 후에도 이런 일이 없으리라 하시니라.'(7-13)
- **솔로몬의 부귀**: 솔로몬은 군사력이 막강했고 은금과 백향목 등이 풍부하였다. '애굽에서 사들인 병거는 한 대에 은 육백 세겔이요 말은 백오십 세겔이라 이와 같이 헷 사람들의 모든 왕들과 아람 왕들을 위하여 그들의 손으로 되팔기도 하였더라.'(14-17)

솔로몬

성전 건축과 기구 제작

2장 성전 건축 준비를 하는 솔로몬

- **솔로몬의 성전 건축 준비와 후람의 협조 요청**: 솔로몬은 성전과 궁궐 건축을 결심하고 일꾼들을 뽑고 두로 왕 후람(왕상 5:11에서는 히람)에게 협조를 요청하여 기술자 후람과 목재의 제공을 약속받는다. '내가 당신의 벌목하는 종들에게 찧은 밀 이만 고르와 보리 이만 고르와 포도주 이만 밧과 기름 이만 밧을 주리이다 하였더라 (…) 내 주께서 말씀하신 밀과 보리와 기름과 포도주는 주의 종들에게 보내소서. 우리가 레바논에서 당신이 쓰실 만큼 벌목하여 떼를 엮어 바다에 띄워 욥바로 보내리니 당신은 재목들을 예루살렘으로 올리소서 하였더라.'**(1–16)**
- **성전 건축에 동원되는 이방인들**: 솔로몬은 이스라엘 땅에 사는 이방인들을 조사하여 성전 건축에 동원하였다. '솔로몬이 다시 조사하매 모두 십오만 삼천 육백 명이라. 그 중에서 칠만 명은 짐꾼이 되게 하였고 팔만 명은 산에서 벌목하게 하였고 삼천 육백 명은 감독으로 삼아 백성들에게 일을 시키게 하였더라.'**(17–18)**

3장 성전과 성전 내부의 지성소, 그룹, 두 개의 성전 기둥 등을 제작하는 솔로몬

- **오르난 타작마당 터에 성전 건축 시작**: 솔로몬 4년 2월 2일(BC 966) 모리아 산 다윗이 정한 곳 오르난의 타작마당 터에 성전 건축을 시작한다. '솔로몬이 하나님의 전을 위하여 놓은 지대는 이러하니 옛날에 쓰던 자로 길이가 육십 규빗(약 27.36m)이요 너비가 이십 규빗(약 9.12m)이며'**(1–3)**
- **성전 내부 방들과 기구들을 제작함**: 솔로몬은 성전의 낭실을 비롯하여 지성소, 지성소 내의 그룹, 야긴과 보아스라 불리는 두 개의 성전 기둥 등을 건축하고 제작하였다.**(4–17)**

4장

후람은 놋 제단, 물두멍, 바다, 금등잔, 금 대접, 솥, 부삽, 갈고리 등 성전의 모든 기구들을 만들었다.

- **놋 기구 제작**: 놋 제단, 놋쇠 황소 12마리가 받치고 있는 바다, 10개의 물두멍**(1–6)**
- **금 기구 제작**: 금 등잔대 10개, 금 상 10개, 금 대접 100개**(7–8)**
- **뜰 문 제작과 바다 배치**: '또 제사장의 뜰과 큰 뜰과 뜰 문을 만들고 그 문짝에 놋을 입혔고 그 바다는 성전 오른쪽 동남방에 두었더라.'**(9–10)**
- **후람이 그 밖에 제작한 기구들**: 솥, 부삽, 대접, 고기 갈고리 등**(11–18)**
- **그밖에 성전의 모든 기구**: 금 제단과 진설병, 순금 등잔대와 등잔, 금으로 만든 꽃과 등잔과 부젓가락, 순금으로 만든 불집게, 주발, 숟가락, 불 옮기는 그릇 등**(19–22)**

솔로몬

언약궤의 안치

5장

언약궤를 다윗성에서 옮겨 지성소에 안치하는 솔로몬

- **언약궤를 성전으로 옮기기 위해 장로들과 족장들을 소집한다**: 다윗 당시 예루살렘 시온성(다윗성)으로 옮겨진 언약궤는 40여 년 동안 다윗이 쳐 놓은 장막 속에 안치되어 있었다. 솔로몬은 성전이 완공되자 이 언약궤를 제일 먼저 성전으로 옮기려고 이스라엘 장로들과 족장들을 예루살렘으로 소집한다.**(1–2)**
- **초막절에 언약궤를 지성소에 안치하다**: 일곱째 달 절기 곧 초막절에 이스라엘 모든 사람이 모이고 레위 사람들이 궤를 메고 올라가 본전 지성소 그룹들의 날개 아래 안치한다. 궤 안에는 두 돌판 이외에는 아무것도 없었다. 궤 앞에서 셀 수 없이 많

은 양과 소로 제사를 드렸다.(3–10)

- **제사장들과 레위인들의 감사 찬송**: 제사장들과 아삽, 헤만, 여두둔 등 노래하는 레위인들이 여호와께 감사 찬송을 부른다. '나팔 부는 자와 노래하는 자들이 일제히 소리를 내어 여호와를 찬송하며 감사하는데 나팔 불고 제금 치고 모든 악기를 울리며 소리를 높여 여호와를 찬송하여 이르되 선하시도다 그의 자비하심이 영원히 있도다 하매 그 때에 여호와의 전에 구름이 가득한지라.'(11–13)
- **성전에 충만한 여호와의 영광**: 여호와의 영광이 성전 안에 충만하였다.(14)

솔로몬

성전 봉헌

6장

솔로몬의 성전 봉헌 기도이다. 이스라엘 백성과 이방인들이 성전 안에서나 성전을 향하여 드리는 기도에 응답해 주실 것을 간구한다.

🔔 솔로몬은 성전 봉헌 기도를 올린다.

- **하나님이 거하실 성전**: '여호와께서 캄캄한 데 계시겠다 말씀하셨사오나 내가 주를 위하여 거하실 성전을 건축하였사오니 주께서 영원히 계실 처소로소이다.'(1–2)
- **회중을 위한 축복**: 솔로몬은 얼굴을 돌려 온 회중을 위해 축복한다.(3)
- **성전 건축 과정 회상**: 하나님께서 예루살렘에 다윗이 아니라 솔로몬에 의해 성전을 건축하고 언약궤를 두기까지의 과정을 생각한다. '내 아버지 다윗이 이스라엘의 하나님 여호와의 이름을 위하여 성전을 건축할 마음이 있었더니 여호와께서 내 아버지 다윗에게 이르시되 네가 내 이름을 위하여 성전을 건축할 마음이 있으니 이 마음이 네게 있는 것이 좋도다. 그러나 너는 그 성전을 건축하지 못할 것이요 네 허리

에서 나올 네 아들 그가 내 이름을 위하여 성전을 건축하리라 하시더니.'(4–11)

- **왕권 보존을 위한 솔로몬의 기도**: '여호와여 주께서 주의 종 내 아버지 다윗에게 말씀하시기를 네 자손이 그들의 행위를 삼가서 네가 내 앞에서 행한 것 같이 내 율법대로 행하기만 하면 네게로부터 나서 이스라엘 왕위에 앉을 사람이 내 앞에서 끊어지지 아니하리라 하셨사오니 이제 다윗을 위하여 그 허락하신 말씀을 지키시옵소서.' (12–17)
- **백성을 위한 기도**: 솔로몬은 전쟁, 기근, 전염병 등으로부터의 백성의 안위를 위해 기도한다. '주의 종과 주의 백성 이스라엘이 이곳을 향하여 기도할 때에 주는 그 간구함을 들으시되 주께서 계신 곳 하늘에서 들으시고 들으시사 사하여 주옵소서.' 솔로몬은 이스라엘 백성들만이 아니라 이방인들도 성전을 향해 기도할 때 응답해 주실 것을 간구하였다.(18–39)
- **마무리 기도**: '여호와 하나님이여 일어나 들어가사 주의 능력의 궤와 함께 주의 평안한 처소에 계시옵소서. 여호와 하나님이여 원하옵건대 주의 제사장들에게 구원을 입게 하시고 또 주의 성도들에게 은혜를 기뻐하게 하옵소서. 여호와 하나님이여 주의 기름 부음 받은 자에게서 얼굴을 돌리지 마시옵고 주의 종 다윗에게 베푸신 은총을 기억하옵소서.'(40–42)

7장 솔로몬 기도에 대한 여호와의 응답과 약속

- **여호와의 응답**: 솔로몬이 기도를 마치자 불이 내려와 제물을 태우고 여호와의 영광이 그 성전에 가득하였다.(1–3)
- **솔로몬과 백성들의 감사 제사**: 왕과 모든 백성이 감사 제사를 드린다. '솔로몬 왕이 드린 제물이 소가 이만 이천 마리요 양이 십이만 마리라 이와 같이 왕과 모든 백성이 하나님의 전의 낙성식을 행하니라 (…) 솔로몬이 또 여호와의 전 앞뜰 가운데를

거룩하게 하고 거기서 번제물과 화목제의 기름을 드렸으니 이는 솔로몬이 지은 놋 제단이 능히 그 번제물과 소제물과 기름을 용납할 수 없음이더라.'(4-7)

- **예루살렘 성전 낙성식**: 7월 8일부터 1주일 동안 전국으로부터 온 큰 회중이 낙성식 축제를 행한 후 이어서 1주간을 장막절 절기로 지켰다. '일곱째 달 제이십삼일에 왕이 백성을 그들의 장막으로 돌려보내매 백성이 여호와께서 다윗과 솔로몬과 그의 백성 이스라엘에게 베푸신 은혜로 말미암아 기뻐하며 마음에 즐거워하였더라.' (8-10)
- **솔로몬에게 주신 하나님의 말씀**: 솔로몬이 성전과 왕궁 건축의 모든 일을 마친 날 밤중에 여호와께서 솔로몬에게 나타나셔서 백성들이 죄에서 돌아서서 기도하면 그 기도에 응답할 것이며 명령한 모든 율례와 법규를 지키면 다스리는 자가 네게서 끊어지지 않을 것이라고 말씀하시고 지키지 않고 다른 신을 섬기는 경우에는 너희에게 준 땅에서 그 뿌리를 뽑아내고 이 성전을 내 앞에서 버려 모든 민족의 속담 거리와 이야기 거리가 될 것이라 하셨다. '이 성전이 비록 높을지라도 그리로 지나가는 자마다 놀라 이르되 여호와께서 무슨 까닭으로 이 땅과 이 성전에 이같이 행하셨는고 하면 대답하기를 그들이 자기 조상들을 애굽 땅에서 인도하여 내신 자기 하나님 여호와를 버리고 다른 신들에게 붙잡혀서 그것들을 경배하여 섬기므로 여호와께서 이 모든 재앙을 그들에게 내리셨다 하리라 하셨더라.'(11-22)

솔로몬

성전 이외의 건축 사업

8장

성전과 왕궁 이외에 솔로몬이 행한 업적들

- **두로 왕에게서 돌려받은 성읍 재건**: 솔로몬이 성전과 왕궁을 20년 동안 건축한 후 두로 왕 후람(히람)에게서 돌려받은 갈릴리 땅의 성읍 20개를 재건하여 이스라엘 백성들이 거기서 살도록 하였다.**(1-2)**
- **솔로몬의 다드몰을 비롯한 건축 사업과 가나안 족속들을 역군으로 삼음**: 광야에 다드몰(지금의 팔미라)을 건축하고 하맛에서 모든 국고성과 윗 벧호른과 아랫 벧호른 등을 건축하였고 쫓아내지 않은 가나안 족속들을 역군으로 삼았다. '오직 이스라엘 자손은 솔로몬이 노예로 삼아 일을 시키지 아니하였으니 그들은 군사와 지휘관의 우두머리들과 그의 병거와 마병의 지휘관들이 됨이라.'**(3-11)**
- **솔로몬의 3대 절기 준수**: 솔로몬은 모세의 명령에 따라 안식일과 초하루 그리고 일 년의 세 절기인 무교절과 칠칠절과 초막절을 준수하였다.**(12-13)**
- **24반차에 따른 직무 수행 엄수**: 솔로몬의 아버지 다윗의 규례에 따라 제사장과 레위인 그리고 문지기들도 24반차에 따라 섬기게 하였다. '솔로몬이 여호와의 전의 기초를 쌓던 날부터 준공하기까지 모든 것을 완비하였으므로 여호와의 전 공사가 결점 없이 끝나니라.'**(14-16)**
- **솔로몬의 해상무역**: 솔로몬은 아카바 만 최북단 에돔의 항구도시인 에시온게벨과 엘롯을 거점으로 후람의 종들과 솔로몬의 종들이 연합하여 오빌에서 금 사백오십 달란트를 수입하였다.**(17-18)**

솔로몬

스바 여왕의 방문

9장

스바 여왕의 방문과 솔로몬의 죽음

- **스바 여왕의 방문과 솔로몬에 대한 극찬**: 솔로몬의 소문을 듣고 찾아온 스바 여왕이 소문 이상이라며 솔로몬을 극찬하고 많은 예물을 교환한다. '그가 금 백이십 달란트와 매우 많은 향품과 보석을 왕께 드렸으니 스바 여왕이 솔로몬 왕께 드린 향품 같은 것이 전에는 없었더라.'**(1–12)**
- **솔로몬의 부귀영화와 군세**: 역대기 저자는 열왕기 저자와는 달리 솔로몬이 말년에 저질렀던 우상숭배와 수많은 처첩에 대한 언급들은 배제하고 부귀영화와 권세에 대한 언급으로 끝을 맺는다. '솔로몬 왕이 쳐서 늘인 금으로 큰 방패 이백 개를 만들었으니 방패 하나에 든 금이 육백 세겔이며 또 쳐서 늘인 금으로 작은 방패 삼백 개를 만들었으니 방패 하나에 든 금이 삼백 세겔이라 왕이 이것들을 레바논 나무 궁에 두었더라 (…) 솔로몬의 병거 메는 말의 외양간은 사천이요 마병은 만 이천 명이라 병거성에도 두고 예루살렘 왕에게도 두었으며 (…).'**(13–28)**
- **솔로몬의 죽음과 남 유다 초대 왕 르호보암**: 솔로몬이 40년 통치 후 죽자 그 아들 르호보암이 대신하여 왕이 된다.**(29–31)**

왕국의 분열: 유다 왕국

르호보암 왕의 잘못

10장

르호보암이 여로보암과 백성들의 요구를 제대로 받아들이지 못해 남북 왕국으로 분열이 일어나게 된다.

- **르호보암에게 멍에를 가볍게 하라고 요청하는 백성들**: 세겜에서 르호보암을 왕으로 추대하고 있을 때 솔로몬을 피해 애굽으로 도망했었던 여로보암과 이스라엘 백성들이 르호보암에게 와서 멍에를 가볍게 해 달라고 요청한다. 르호보암은 3일 후 대답할 것을 약속한다.**(1–5)**

- **노인들의 충언 대신 소년들의 간언을 받아들인 르호보암 – 아히야의 예언 성취**: 르호보암은 노인들의 충언을 무시하고 소년들의 간언을 받아들여 나는 아버지 솔로몬보다 더욱 멍에를 무겁게 할 것이라며 백성들의 요구를 거절하였다. 이는 아히야를 통해 여로보암에게 하셨던 말씀이 성취되는 순간인 것이다. '젊은 신하들의 가르침을 따라 그들에게 말하여 이르되 내 아버지는 너희의 멍에를 무겁게 하였으나 나는 더 무겁게 할지라 내 아버지는 가죽 채찍으로 너희를 치셨으나 나는 전갈 채찍으로 치리라 하니라 왕이 이같이 백성의 말을 듣지 아니하였으니 이 일은 하나님께로 말미암아 난 것이라 여호와께서 전에 실로 사람 아히야로 하여금 느밧의 아들 여로보암에게 이르신 말씀을 응하게 하심이더라.'(6–15)
- **열 지파의 반란과 여로보암을 왕으로 하는 북 이스라엘의 출현**: 유다를 제외한 열 지파가 반란을 일으켜 북 이스라엘 왕국을 건설하고 여로보암을 왕으로 세웠다. '그러나 유다 성읍들에 사는 이스라엘 자손들에게는 르호보암이 그들의 왕이 되었더라 르호보암 왕이 역꾼의 감독 하도람을 보냈더니 이스라엘 자손이 저를 돌로 쳐 죽인지라 르호보암 왕이 급히 수레에 올라 예루살렘으로 도망하였더라.'(16–19)

왕국의 분열: 유다 왕국

르호보암(1)

11장 르호보암 초기 3년 동안의 통치

- **유다와 이스라엘의 전쟁을 막으시는 하나님**: 르호보암이 유다와 베냐민 족속에서 18만 명 군인을 모아 이스라엘을 치려하였으나 하나님의 사람 스미야가 이렇게 왕국이 분열된 것은 여호와가 하신 일이니 싸우지 말라고 하여 싸움이 일어나지 않았다. (1–4)

- **르호보암의 방비성 건축**: 르호보암은 베들레헴, 에담, 드고아 (…) 헤브론 등의 방비성을 건축하였다. '르호보암이 그 방비하는 성읍들을 더욱 견고하게 하고 지휘관들을 그 가운데에 두고 양식과 기름과 포도주를 저축하고 모든 성읍에 방패와 창을 두어 매우 강하게 하니라 유다와 베냐민이 르호보암에게 속하였더라.'**(5–12)**
- **르호보암에게로 온 이스라엘의 제사장들과 레위인들**: 온 이스라엘의 제사장들과 레위인들이 르호보암에게로 왔다. 여로보암이 그들을 해임하고 자신이 만든 금송아지 우상을 위하여 자신들의 제사장들을 세웠기 때문이었다.**(13–15)**
- **르호보암의 강성**: 르호보암 즉위 이후 3년 동안 르호보암은 다윗과 솔로몬의 길을 따랐기 때문에 강성하였다.**(16–17)**
- **르호보암의 처첩과 자녀들**: 르호보암은 아내 18명과 첩 60명을 거느려 아들 28명과 딸 60명을 두었다. 르호보암은 압살롬의 손녀 마아가를 가장 사랑했기 때문에 마아가의 아들 아비야를 후계자로 세웠다.**(18–23)**

12장

율법을 버린 르호보암이 애굽의 시삭으로부터 침공을 받아 솔로몬이 만들었던 금 방패를 모두 빼앗긴다.

- **애굽 시삭 왕의 침공**: 르호보암은 나라의 세력이 강해지자 여호와의 율법을 버렸다. 르호보암 5년에 애굽 왕 시삭이 침략해 와 유다의 견고한 성읍들을 빼앗고 예루살렘에 이르렀다.**(1–4)**
- **왕과 방백들의 회개**: 선지자 스마야가 시삭이 침공한 이유가 여호와를 버렸기 때문이라고 하자 왕과 방백들이 회개한다. 회개하였기 때문에 완전히 멸하지는 않겠다고 하신다.**(5–8)**
- **예루살렘 내 보물들을 약탈한 시삭**: 시삭은 예루살렘을 치고 여호와의 전 보물과 왕궁의 보물을 모두 빼앗고 솔로몬이 만든 금 방패를 모두 빼앗아 가고 르호보암은 놋 방패로 대신하였다. '르호보암이 스스로 겸비하였고 유다에 선한 일도 있으므로

여호와께서 노를 돌이키사 다 멸하지 아니하셨더라.'(9–12)

- **르호보암의 죽음과 유다 2대 왕 아비야:** 르호보암은 40세에 왕이 되어 17년을 통치하며 악을 행하였고 르호보암과 여로보암 사이에는 항상 전쟁이 있었다. 르호보암이 죽고 아비야가 유다 2대 왕이 되었다.(13–16)

왕국의 분열: 유다 왕국

아비야=아비얌(2)

13장

유다의 아비야와 이스라엘의 여로보암 사이에 전쟁이 있어 아비야가 승리한다.

- **아비야의 통치:** 르호보람의 아들 아비아가 왕이 되어 3년 동안 통치한다.(1–2)
- **아비야의 북 이스라엘과의 전쟁 승리 그리고 여로보암의 죽음:** 아비야는 이스라엘 여로보암과 전투를 하게 된다. 아비야는 자신들은 다윗의 후손임을 내세우며 이스라엘은 하나님께서 소금 언약으로 영원히 다윗의 자손에게 주셨음을 강조한다. 하나님께서 이스라엘을 유다 측에 넘겨주셨음으로 유다가 승리한다. 아비야 때에 여로보암은 죽는다. '그 때에 이스라엘 자손이 항복하고 유다 자손이 이겼으니 이는 그들이 그들의 조상들의 하나님 여호와를 의지하였음이라 (…) 아비야 때에 여로보암이 다시 강성하지 못하고 여호와의 치심을 입어 죽었고'(3–20)
- **아비야의 아내들과 자녀들:** 아비야는 아내 14명을 두어 아들 22명과 딸 16명을 낳았다.(21–22)

아사(3)

14장

선한 왕 아사의 초기 통치 이야기로 구스인들이 침공해 오나 패망시킨다.

- **아비야의 죽음과 유다 3대 선한 왕 아사의 우상 철폐**: 아비야가 죽고 그의 아들 아사가 유다 3대 왕이 되어 41년간 통치한다. 아사는 선과 정의를 행하며 하나님 여호와를 찾도록 하고 이방 제단과 산당, 아세라 상, 태양상 등 모든 우상을 없앴다.**(1–5)**
- **아사의 건축 사업과 국방**: 아사가 즉위한 후 10년 동안 평안한 세월을 지나며 성읍들을 건축하고 막강한 군대를 조직하였다. '아사가 일찍이 유다 사람에게 이르되 우리가 우리 하나님 여호와를 찾았으므로 이 땅이 아직 우리 앞에 있나니 우리가 이 성읍들을 건축하고 그 주위에 성곽과 망대와 문과 빗장을 만들자 우리가 주를 찾았으므로 주께서 우리 사방에 평안을 주셨느니라 하고 이에 그들이 성읍을 형통하게 건축하였더라. 아사의 군대는 유다 중에서 큰 방패와 창을 잡는 자가 삼십만 명이요 베냐민 중에서 작은 방패를 잡으며 활을 당기는 자가 이십팔만 명이라 그들은 다 큰 용사였더라.'**(6–8)**
- **구스 군대를 물리친 아사 왕**: 구스 사람 세라가 군사 1백만 명과 병거 3백 대로 침공해 왔으나 여호와의 도우심으로 구스 군대를 패망시켰다.**(9–15)**

15장

아사의 종교개혁

- **아사랴 선지자의 종교개혁 촉구**: 선지자 아사랴가 아사 왕과 유다와 베냐민 백성들에게 경고한다. 이스라엘은 하나님을 섬기지 않기 때문에 국내적으로 문제가 많을 것이니 너희는 강하게 하라며 종교개혁을 촉구한다.(1–7)
- **아사의 철저한 종교개혁**: 이 말을 들은 아사는 유다 땅에 있는 모든 가증한 물건들을 없애고, 아사 왕 제15년 3월에 유다 백성을 예루살렘에 모으고 여호와를 찾지 않는 자는 대소 남녀를 막론하고 죽여야 한다고 맹세한다.(8–15)
- **아사는 우상숭배를 한 할머니를 폐위시킴**: 아사의 할머니 마아가가 아세라의 가증한 목상을 만들었기 때문에 태후의 자리를 폐하고 우상을 찍고 빻아 기드론 시냇가에서 불살랐다.(16–18)
- **평화 시대 구가**: 아사 왕 35년까지 다시는 전쟁이 없었다.(19)

16장 바아사가 아사를 침공해 왔을 때 하나님께 구하지 않고 아람 왕 벤하닷에게 구한 아사

- **이스라엘 바아사의 유다 침공**: 아사 왕 36년에 이스라엘 바아사가 쳐들어와 이스라엘을 탈출하여 아사 왕에게로 오는 백성들을 막기 위해 라마를 건축하고 있었다.(1)
- **아람 왕 벤하닷에게 도움을 구한 아사**: 그런데 아사는 하나님께 구하지 않고 은금을 내어다가 아람 왕 벤하닷에게 주고 바아사를 물리쳐 달라고 요청한다. 벤하닷은 아사로부터 많은 뇌물을 얻었을 뿐만 아니라 팔레스틴으로 진출할 기회를 얻었기에 지체 없이 이스라엘 땅을 공격하였다.(2–6)
- **선견자를 통한 하나님의 책망과 아사의 분노**: 하나님께서 선견자 하나니를 통해 아사 왕을 책망하셨다. 하나님을 의지하지 않았기 때문에 바아사만이 아니라 바아사와 동맹 관계에 있었던 아람까지 정복할 수 있었던 기회를 놓치게 되었다는 것이다. 아사는 화가나 선견자를 옥에 가두었다.(7–10)
- **아사의 죽음**: 아사 39년에 아사가 발에 병이 들었으나 하나님께 구하지 않고 의원

들에게 구한다. 아사는 41년을 통치하고 죽었다.**(11–14)**

왕국의 분열: 유다 왕국

여호사밧(4)

II 역사서

17장 **여호사밧 왕은 하나님의 계명을 지키며 백성들에 대한 율법 교육에 힘썼고 강력한 국방력을 갖추었다.**

- **유다 4대 왕 여호사밧의 선정**: 여호사밧은 왕이 되어 하나님께 구하며 하나님의 계명을 행하고 견고한 성읍에 군대를 주둔시키며 국방을 굳건히 하였으며 산당들과 아세라 목상들도 제거하였다.**(1–6)**
- **율법 교육에 힘쓴 여호사밧**: 여호사밧은 율법 교육에 힘썼다. 벤하일, 오바댜 등 5명의 방백, 스마야, 느다냐 등 9명의 레위 사람, 제사장 엘리사마와 여호람을 보내어 백성들에게 율법을 가르쳤다.**(7–9)**
- **여호사밧의 강성**: 여호사밧이 강성하므로 블레셋 사람들과 아라비아 사람들 중에서는 여호사밧에게 예물을 드리는 사람들도 있었다.**(10–12)**
- **강성한 여호사밧의 군대**: 여호사밧의 군대는 강성하였다. 1) 천부장 아드나는 큰 용사 30만 명을 거느렸고 2) 지휘관 여호아난은 28만 명 3) 아마시야는 큰 용사 20만 명 4) 엘리아마는 방패를 잡은 자 20만 명 5) 여호사밧은 18만 명을 거느렸다. '이는 다 왕을 모시는 자요 이 외에 또 온 유다 견고한 성읍들에 왕이 군사를 두었더라.' **(13–19)**

18장

여호사밧과 아합이 동맹을 맺고 아람과의 길르앗 라못 전투를 벌인다.
선지자 미가야의 예언을 믿지 않고 싸움에 나가 아합이 전사한다.

- **인척이 된 유다 여호사밧과 이스라엘 아합의 동맹**: 여호사밧과 이스라엘 아합은 동맹 관계가 되었다. 여호사밧의 아들 여호람과 아합과 이세벨의 딸 아달랴가 혼인함으로 인척이 된 것이다.(1)
- **여호사밧에게 길르앗 라못을 함께 치자고 권유하는 아합**: 2년 후 아합이 여호사밧에게 권하여 함께 길르앗 라못을 치자고 한다. '나는 당신과 다름이 없고 내 백성은 당신의 백성과 다름이 없으니 당신과 함께 싸우리이다.'(2–3)
- **하나님의 선지자 미가야와 아합의 선지자 4백 명**: 여호사밧은 우선 하나님의 뜻이 어떠한지를 묻자고 한다. 아합이 선지자 4백 명에게 묻자 올라가 싸우라고 답하나 선지자 미가야는 거짓말하는 영이 선지자 4백 명에게 들어가 아합이 길르앗 라못에서 죽도록 꾀어낸 것이라 예언하였다. 그러나 바른 제안을 한 미가야는 옥에 들어갔다.(4–27)
- **아합의 전사**: 여호사밧이 왕복을 입고 아합은 변장하여 아람과의 전투에 참가했으나 아합이 전사한다.(28–34)

19장

여호사밧은 민간 순방을 하며 하나님을 전했으며 성읍마다 재판관을 임명하여 정의롭게 재판할 수 있도록 재판제도를 갱신하였다.

- **선견자 예후의 책망**: 여호사밧은 아람과의 전투에서 예루살렘으로 무사히 돌아와 선견자 예후로부터 악한 자를 도운 일을 책망받는다. 그러나 아세라를 제거하고 하나님을 찾은 일에 대해서는 인정을 받았다.(1–3)
- **여호사밧의 민간 순행과 지역별 재판관 임명**: 여호사밧은 전국적으로 민간 순행을 하며 여호와께 돌아오도록 힘썼고 예루살렘을 포함하여 성읍마다 재판관을 임명하

고 뇌물을 받지 말고 정의롭게 재판할 것을 당부한다.**(4–11)**

20장 여호사밧 왕 때 모압, 암몬, 미온 연합군이 여호와의 도우심으로 자멸하는 이적 이야기

- **모압 연합국의 유다 침공**: 모압, 암몬, 미온 사람들이 연합하여 유다를 침공해 왔다.**(1–2)**
- **금식 선포와 기도**: 여호사밧은 온 백성에게 금식을 선포하고 간절히 기도한다. '만일 재앙이나 난리나 견책이나 전염병이나 기근이 우리에게 임하면 주의 이름이 이 성전에 있으니 우리가 이 성전 앞과 주 앞에 서서 이 환난 가운데에서 주께 부르짖은즉 들으시고 구원하시리라 하였나이다 (…) 유다 모든 사람들이 그들의 아내와 자녀와 어린이와 더불어 여호와 앞에 섰더라.'**(3–13)**
- **평범한 레위인 아하시엘의 예언**: 성전에 종사하는 평범한 레위인인 야하시엘이 감동되어 특별한 예언을 전한다. 두려워하지 말라. 이 전쟁에서는 너희가 싸울 것이 없으니 그들을 만나면 대열을 이루고 서서 너희와 함께한 여호와가 구원하는 것을 보고만 있으면 된다는 예언이다.**(14–19)**
- **모압 연합군이 자멸한 이적**: 유다 백성들은 전쟁에 나가면서 군대 앞에 노래하는 자들을 두고 행진하며 찬송을 시작하였을 때 암몬, 모압, 세일산 사람들(미온)이 서로 쳐 죽여 전멸하는 이적이 일어났다. 유다에는 평강이 있었고 주변국들은 이 소식을 듣고 하나님을 두려워했다.**(20–30)**
- **정직하게 통치한 여호사밧**: 여호사밧은 35세에 왕이 되어 25년 동안 정직하게 통치하였다.**(31–34)**
- **여호사밧의 잘못된 교제**: 여호사밧은 후에 이스라엘의 아하시야와 교제하며 연합하여 다시스로 보내는 배를 에시온게벨에서 만든 적이 있었다. 선지자 엘리에셀이 아하시야와 교제하는 것이 좋지 않으므로 만든 것이 파해질 것이라 예언했고 예언대

로 배들이 부서져 다시스로 가지 못하였다.**(35–37)**

왕국의 분열: 유다 왕국

여호람=요람(5)

21장

여호람이 왕이 되자 동생 6명을 죽이고 우상숭배를 하는 등 악한 통치를 하다 블레셋과 아라비아의 침공을 받아 막내아들 아하시야를 제외한 모든 가족이 죽고 본인은 창자가 빠져나오는 병으로 죽는다.

- **여호사밧의 죽음과 유다 5대 왕 여호람 – 동생들을 죽인 아달랴의 남편 여호람**: 여호사밧이 죽고 아들 32세의 여호람이 유다 5대 왕이 되어 8년간 아합의 집처럼 악하게 통치한다. 아합의 딸 아달랴가 여호람의 아내가 되었다는 것이 하나의 이유이다. 여호람은 왕이 되자 동생 6명과 몇 사람의 방백을 칼로 죽였다. 다윗과의 언약 때문에 왕이 된 것이다.**(1–7)**
- **에돔과 립나의 유다 배반**: 여호람 때에 에돔과 립나가 배반하여 유대의 지배에서 벗어난다.**(8–10)**
- **엘리야의 경고**: 엘리야의 경고가 주어진다. 우상숭배를 했고 아우들을 죽인 죄 때문에 백성과 가족들이 큰 재앙을 받을 것이며 여호람은 창자가 빠져나오는 중병에 걸려 죽을 것이다.**(11–15)**
- **여호람의 죽음**: 예언대로 블레셋과 아라비아가 쳐들어와 막내아들 아하시야를 제외한 모든 가족들이 죽었고 여호람은 창자가 빠져나오는 병으로 죽었다.**(16–20)**

아하시야(6)와 아달랴(7)

22장 **아하시야가 예후에 의해 죽고 아달랴가 왕족을 모두 죽이고 집권한다. 아하시야의 아들 요아스 만이 여호사브앗이 빼내어 성전에 숨겨져 6년을 보낸다.**

- **유다 6대 왕 아하시야의 악정**: 아하시야가 22세에 왕이 되어 1년간 아합의 집의 길로 악한 통치를 한다.**(1–4)**
- **이스라엘 왕 요람의 부상과 예후에 의해 죽임당한 아하시야**: 아하시야는 이스라엘 요람과 길르앗 라못에서 아람 왕 하사엘과 싸운다. 요람이 부상을 입어 이스라엘에 있을 때 아하시야가 병문안을 갔다가 여호와가 아합의 집을 멸하기 위해 세운 예후에 의해 죽임을 당한다.**(5–9)**
- **유다 7대 왕 아달랴**: 아하시야가 죽자 아달랴가 왕국의 씨를 진멸하고 스스로 7대 왕이 된다.**(10)**
- **아달랴의 반란과 피신하는 요아스**: 아달랴가 왕족을 진멸하는 중에 여호람의 딸이며 제사장 여호야다의 아내인 여호사브앗이 아하시야의 아들 요아스를 몰래 빼내 유모와 함께 성전에서 6년을 숨어 살게 한다. '요아스가 그들과 함께 하나님의 전에 육 년을 숨어 있는 동안에 아달랴가 나라를 다스렸더라.'**(11–12)**

아달랴(7)와 여호야다의 거사 그리고 요아스(8)

23장

제사장 여호야다가 혁명을 일으켜 아달랴를 죽이고 요아스를 왕으로 옹립하여 다윗의 피를 잇게 한다.

- **제사장 여호야다의 혁명과 아달랴의 죽음 그리고 유다 8대 왕 요아스:** 아달랴가 왕이 된 지 7년에 여호야다가 안식일에 혁명을 일으켜 아달랴를 죽이고 요아스를 8대 왕으로 세운다. '아달랴가 백성들이 뛰며 왕을 찬송하는 소리를 듣고 여호와의 전에 들어가서 백성에게 이르러 보매 왕이 성전 문 기둥 곁에 섰고 지휘관들과 나팔수들이 왕의 곁에 모셔 서 있으며 그 땅의 모든 백성들이 즐거워하여 나팔을 불며 노래하는 자들은 주악하며 찬송을 인도하는지라 이에 아달랴가 그의 옷을 찢으며 외치되 반역이로다 반역이로다 하매 (…) 이에 무리가 그에게 길을 열어 주고 그가 왕궁 말문 어귀에 이를 때에 거기서 죽였더라.'**(1–15)**
- **여호야다의 개혁 의지:** 여호야다는 백성과 왕 사이에 언약을 세워 여호와의 백성이 될 것을 결의한다. 온 국민이 바알 산당으로 가서 산당과 제단과 형상들을 부수고 바알 제사장 맛단을 죽인다.**(16–21)**

왕국의 분열: 유다 왕국

요아스(8)

24장

요아스는 여호야다가 살아 있는 동안에는 성전 수리를 하는 등 정직하게 통치했으나, 여호야다가 죽자 우상을 섬기고 징벌로 아람 군대가 침공하여 부상을 입고 신하들이 반역하여 침상에서 살해되는 운명을 맞는다.

- **7세에 유다 8대 왕이 된 요아스:** 요아스가 7세에 유다 8대 왕이 되어 40년 동안 정직하게 통치한다. 요아스의 문제는 여호야다가 살아 있는 동안만 정직하게 통치했다는 점이다.**(1–3)**

- **요아스의 성전 수리**: 요아스의 중요 업적은 성전 수리를 한 것이다. 솔로몬이 성전 완공한 것이 BC 959년임으로 약 150년 만에 리모델링을 한 셈이다. 아달랴의 아들들이 성전을 파괴하고 성전의 성물들을 바알들을 위해 사용하였기 때문에 성전 수리가 필요했을 것으로 생각한다. '이에 왕이 말하여 한 궤를 만들어 여호와의 전 문 밖에 두게 하고 유다와 예루살렘에 공포하여 하나님의 종 모세가 광야에서 이스라엘에게 정한 세를 여호와께 드리라 하였더니 모든 방백들과 백성들이 기뻐하여 마치기까지 돈을 가져다가 궤에 던지니라.'**(4–14)**
- **여호야다의 죽음**: 여호야다가 130세에 죽어 왕실 묘실에 장사 되었다.**(15–16)**
- **요아스의 우상숭배와 책망하는 스가랴를 죽인 요아스**: 여호야다가 죽자 요아스는 방백들의 말을 듣고 아세라 목상과 우상을 섬긴다. 선지자들이 경고했으나 듣지 않았고 여호야다의 아들 스가랴가 책망하자 오히려 여호와의 전 뜰에서 돌로 쳐 죽였다. **(17–22)**
- **아람 군대의 침공과 요아스의 부상**: 그 해가 바뀔 무렵 여호와를 버린 요아스를 징계하기 위해 아람 군대가 침략해 들어오고 요아스가 크게 부상당한다. '아람 군대가 적은 무리로 왔으나 여호와께서 심히 큰 군대를 그들의 손에 넘기셨으니 이는 유다 사람들이 그들의 조상들의 하나님 여호와를 버렸음이라 이와 같이 아람 사람들이 요아스를 징벌하였더라.'**(23–24)**
- **요아스의 죽음**: 요아스의 신하들이 반역하여 요아스를 침상에서 쳐 죽인다. 다윗성에 장사하기는 했으나 왕들의 묘실에는 들어가지 못했다.**(25–26)**
- **유다 9대 왕 아마샤**: 요아스가 죽고 그의 아들 아마샤가 유다 9대 왕이 되었다.**(27)**

왕국의 분열: 유다 왕국

아마샤(9)

25장

아마샤 왕 역시 아버지 요아스처럼 처음에는 정직한 왕이었으나 에돔과의 전투에서 승리한 후 그곳의 신을 가져다 섬기는 등 잘못된 길을 갔다. 이스라엘 요아스와의 전투에서 패하고 결국 국내의 반역 세력에 의해 살해당한다.

- **아마샤의 초기 행적**: 아마샤는 25세에 왕이 되어 29년을 통치한다. 아마샤 역시 처음에는 정직하게 통치하였으나 온전한 마음으로 한 것은 아니었고 나라가 굳게 섰을 때 아버지 요아스를 죽인 신하들을 죽였다. 그러나 율법책에 기록된 대로 그들의 자녀들은 죽이지 않았다.**(1–4)**
- **아마샤의 에돔 정복과 이스라엘 용병을 고용한 실수**: 아마샤는 에돔을 쳐서 승리를 거둔다. 그러나 에돔과의 전쟁을 준비하는 과정에서 하나님을 전적으로 의지하지 않고 이스라엘 용병을 은 백 달란트에 10만 명을 고용했다가 하나님 사람의 충고를 듣고 용병을 돌려보내었으나 그 용병들이 유다 성읍을 약탈하는 사건이 있었다. '아마샤가 자기와 함께 전장에 나가지 못하게 하고 돌려보낸 군사들이 사마리아에서부터 벧호론까지 유다 성읍들을 약탈하고 사람 삼천 명을 죽이고 물건을 많이 노략하였더라.'**(5–13)**
- **에돔 신을 섬긴 아마샤**: 가장 큰 문제는 아마샤가 에돔 사람을 죽이고 돌아올 때 세일산(에돔) 신을 가져와 그 신을 섬겼다는 점이다.**(14–16)**
- **이스라엘 요아스에 패한 아마샤**: 아마샤가 이스라엘의 요아스와 싸워 패한다. 하나님을 배반한 아마샤를 이스라엘의 요아스를 통해 징벌한 것이다. 아마샤는 요아스에 사로잡히고 많은 재물을 빼앗기고 많은 사람들이 볼모로 잡혀가는 수모를 당했다.**(17–24)**
- **살해당한 아마샤**: 그러나 아마샤는 이스라엘의 요아스가 죽은 후에도 15년을 더 생존하였다. 아마샤는 여호와를 버린 후로부터 예루살렘에서 무리가 반역한다. 아마샤가 라기스로 도망하나 살해를 당한다.**(25–28)**

웃시야=아사랴(10)

26장

웃시야 역시 통치 초기에는 정직한 왕이었으나 강성해지자 교만해졌다. 대제사장만이 할 수 있는 성전 분향을 하려다 나병 환자로 일생을 보낸다.

- **유다 10대 왕 웃시야의 초기 행적**: 아마샤가 죽자 16세 된 웃시야가 유다 10대 왕이 되어 52년을 통치한다. 웃시야 역시 처음에는 전혀 알려지지 않은 선지자 스가랴가 살아 있는 동안에는 정직한 왕이었으며 정직하게 행동하는 동안에는 형통했다. 웃시야는 부친 아마샤가 되찾은 후 방치되어 있었던 에돔 땅의 엘롯을 건축하여 유다 성읍의 일부로 만드는 업적을 냈다.**(1–5)**
- **웃시야의 막강한 군사력**: 블레셋과 싸워 이기고 암몬 사람들이 조공을 바치는 등 웃시야는 군사적 경제적으로 매우 막강했으며 군사력도 강력했다.**(6–15)**
- **웃시야의 교만과 이마에 생긴 나병**: 웃시야가 강성해지자 교만해졌다. 대제사장만이 할 수 있는 성전 분향을 하려다 대제사장 아사랴가 용감한 제사장 80명을 대동하고 나타나 만류하자 화를 냈고 그 순간 이마에 나병이 생겼다.**(16–20)**
- **웃시야의 죽음**: 웃시야는 죽는 날까지 나병 환자로 별궁에서 살았고 아들 요담이 왕궁을 관리하며 백성을 다스렸다. '웃시야가 그의 조상들과 함께 누우매 그는 나병 환자라 하여 왕들의 묘실에 접한 땅 곧 그의 조상들의 곁에 장사하니라 그의 아들 요담이 대신하여 왕이 되니라.'**(21–23)**

요담(11)

27장

요담 왕에 대해서는 극히 간략히 기술하고 있으나 결점으로 지적된 사항이 전혀 없는 유일한 왕인 듯하다.

- **유다 11대 왕 요담**: 요담은 25세에 왕이 되어 16년 동안 정직하게 통치하였다. '요담이 그의 아버지 웃시야의 모든 행위대로 여호와 보시기에 정직하게 행하였으나 여호와의 성전에는 들어가지 아니하였고 백성은 여전히 부패하였더라.'**(1–2)**
- **요담의 건축 사업**: 요담은 많은 건축 사업을 했다. 성전 윗문, 오벨 성벽, 성읍들, 견고한 진영, 망대 등**(3–4)**
- **암몬 전투에서의 승리**: 암몬과의 전투에서 승리하여 암몬 사람이 은 백 달란트, 밀 만 고르, 보리 만 고르를 바쳤다.**(5)**
- **요담의 죽음**: 여호와 앞에서 바른길을 걸었으므로 점점 강하여졌다. 요담이 죽고 그의 아들 아하스가 유다 12대 왕이 되었다.**(6–9)**

아하스(12)

28장

우상 마니아인 듯 보이는 아하스 왕 이야기.
여호와의 징계로 아람, 이스라엘, 앗수르에게 몹시 시달린다.

- **유다 12대 왕 아하스**: 아하스는 20세에 왕이 되어 16년간 정직하지 못하게 통치하

였다.(1)

- **아하스의 각종 우상숭배**: 아하스는 바알들의 우상을 만들고, 힌놈의 아들 골짜기에서 분향하고, 자녀들을 불사르고, 나무 아래에서 제사하고 심지어는 자기를 친 다메섹 신들에게 제사하는 등 우상숭배에 극히 열심이었다.(2-4)
- **아람과 이스라엘에 의한 하나님의 징계**: 여호와는 여호와를 버린 죄의 대가로 아하스를 징계하였다. 아람 왕의 손에 넘겼고 이스라엘의 손에 넘기기도 하였다. 이스라엘 18대 베가 왕이 유다 사람을 하루에 12만 명을 죽였고 궁내대신과 총리대신도 죽임을 당했다. 사실 이스라엘도 앗수르에 의해 패망 일보 전에 있던 시기의 사건이다.(5-8)
- **선지자 오뎃의 책망**: 열왕기에는 기록되지 않은 선지자 오뎃에 관한 기사가 있다. 유다 포로 20만 명을 노예로 삼기 위해 사마리아로 잡아 온 이스라엘 사람들을 책망하는 장면이다. 하나님이 유다에게 진노해서 너희 손에 넘기신 것인데 너희는 여호와께 범죄한 것이 없느냐. 포로를 놓아 보내라 하여 결국 먹이고 입혀서 포로를 돌려보낸다는 내용이다.(9-15)
- **앗수르를 의지한 아하스**: 아하스는 에돔과 블레셋이 침공해 오자 앗수르 왕 디글랏 빌레셀에게 재물을 주고 도움을 요청했지만 도움은커녕 오히려 공격을 당한다. '이 아하스 왕이 곤고할 때에 더욱 여호와께 범죄하여 자기를 친 다메섹 신들에게 제사하여 이르되 아람 왕들의 신들이 그들을 도왔으니 나도 그 신에게 제사하여 나를 돕게 하리라 하였으나 그 신이 아하스와 온 이스라엘을 망하게 하였더라.'(16-25)
- **아하스의 죽음과 유다 13대 왕 히스기야**: 아하스가 죽고 아들 히스기야가 13대 왕이 된다.(26-27)

왕국의 분열: 유다 왕국

히스기야(13)

29장 히스기야의 성전 정화

- **유다 13대 왕 히스기야:** 히스기야는 25세에 왕이 되어 29년간 정직하게 통치하였다. **(1–2)**
- **히스기야의 성전 정화 명령:** 히스기야는 왕이 되자 성전을 정화하기 위해 제사장과 레위인들에게 '더러운 것을 성소에서 없애라'고 명령을 내린다. 성전은 8대 요아스 왕 이후 아하스 왕 때 최악의 상태가 되었다.**(3–11)**
- **성전 정화 작업의 실행:** 레위인들이 '왕이 여호와의 말씀대로 명령한 것을 따라 여호와의 전을 깨끗하게 할 새 제사장들도 여호와의 전 안에 들어가서 깨끗하게 하여 여호와의 전에 있는 모든 더러운 것을 끌어내어 여호와의 전 뜰에 이르매 레위 사람들이 받아 바깥 기드론 시내로 가져갔더라 (…) 안으로 들어가서 히스기야 왕을 보고 이르되 우리가 여호와의 온 전과 번제단과 그 모든 그릇들과 떡을 진설하는 상과 그 모든 그릇들을 깨끗하게 하였고 또 아하스 왕이 왕위에 있어 범죄 할 때에 버린 모든 그릇들도 우리가 정돈하고 성결하게 하여 여호와의 제단 앞에 두었나이다 하니라.'**(12–19)**
- **성전 정화 후의 번제와 속죄제 그리고 회중의 감사제:** 히스기야는 성전 정화 후 번제와 속죄제를 드렸고 회중이 여호와를 경배하고 감사제를 드렸다. '히스기야가 명령하여 번제를 제단에 드릴새 번제 드리기를 시작하는 동시에 여호와의 시로 노래하고 나팔을 불며 이스라엘 왕 다윗의 악기를 울리고 온 회중이 경배하며 노래하는 자들은 노래하고 나팔 부는 자들은 나팔을 불어 번제를 마치기까지 이르니라 (…) 그런데 제사장이 부족하여 그 모든 번제 짐승들의 가죽을 능히 벗기지 못하는 고로 그의 형제 레위 사람들이 그 일을 마치기까지 돕고 다른 제사장들이 성결하게 하기까지 기다렸으니 이는 레위 사람들의 성결하게 함이 제사장들보다 성심이 있었음이라 번제와 화목제의 기름과 각 번제에 속한 전제들이 많더라 이와 같이 여호와의 전에서 섬기는 일이 순서대로 갖추어지니라.'**(20–36)**

30장 히스기야의 유월절 축제

- **히스기야의 유월절 준수 명령**: 히스기야는 성전 정화 작업에 이어 북 이스라엘을 포함하는 거국적 유월절 축제를 벌였다. '왕이 방백들과 예루살렘 온 회중과 더불어 의논하고 둘째 달에 유월절을 지키려 하였으니 이는 성결하게 한 제사장들이 부족하고 백성도 예루살렘에 모이지 못하였으므로 그 정한 때에 지킬수 없었음이라 (…) 드디어 왕이 명령을 내려 브엘세바에서부터 단까지 온 이스라엘에 공포하여 일제히 예루살렘으로 와서 이스라엘 하나님 여호와의 유월절을 지키라 하니 이는 기록한 규례대로 오랫동안 지키지 못하였음이더라.'(1–5)
- **유월절 준수 명령에 대한 백성들의 반응**: 보발꾼을 이스라엘과 유다 전역으로 보내 여호와를 위하여 유월절을 지키라고 했으나 백성들로부터 상반된 반응이 있었다. 에브라임과 스블론은 조롱했고 아셀, 므낫세, 스블론은 겸손한 마음으로 예루살렘으로 갔다.(6–12)
- **무교절 준수**: '예루살렘에 모인 이스라엘 자손이 크게 즐거워하며 칠 일 동안 무교절을 지켰고 레위 사람들과 제사장들은 날마다 여호와를 칭송하며 큰 소리 나는 악기를 울려 여호와를 찬양하였으며 (…) 예루살렘에 큰 기쁨이 있었으니 이스라엘 왕 다윗의 아들 솔로몬 때로부터 이러한 기쁨이 예루살렘에 없었더라.'(13–27)

31장 우상숭배 척결과 레위인과 제사장 제도의 회복 등 종교개혁 추진

- **백성들의 우상 타파**: 유월절 축제가 모두 끝난 후 이스라엘 백성들이 주상과 아세라 목상을 없애고 산당을 제거하는 등 우상을 타파하였다.(1)
- **제사장과 레위인 제도의 회복**: 히스기야가 제사장과 레위인들의 반열을 정하고 율

법에 정한 대로 절기마다의 번제를 위해 예산을 책정하고 제사장과 레위인에게 음식을 주어 율법에만 전념토록 하였다. 백성들도 십일조를 많이 가져왔다. '그리고 북쪽 지파에서 유다 땅으로 이주해 온 사람들과 유다 여러 성에 사는 다른 백성들도 소와 양의 십일조를 가져오고 또 그들 조상의 하나님 여호와께 드릴 예물의 십일조도 가져왔다 (…) 히스기야왕이 제사장들과 레위 사람들에게 이 많은 것이 어디서 나왔소? 하고 묻자 사독의 자손인 대제사장 아사랴가 대답하였다. 백성들이 예물을 성전으로 가져오기 시작한 때부터 먹을 것이 많아 우리가 풍족하게 먹고도 남은 것이 이렇게 많이 쌓였습니다. 우리가 이 모든 것을 받게 된 것은 여호와께서 이 백성을 축복해 주셨기 때문입니다.'**(2–10)**

- **레위인에 대한 지성물 분배**: 히스기야의 명에 따라 전 안에 방들을 준비하고 그 방에 예물과 십일조를 갖다 두고 책임자를 두어 지성물들을 모든 레위인들에게 분배하였다. '삼 세 이상으로 족보에 기록된 남자 외에 날마다 여호와의 전에 들어가서 그 반열대로 직무에 수종드는 자들에게 다 나눠 주며 (…) 각 성읍에서 등록된 사람이 있어 성읍 가까운 들에 사는 아론 자손 제사장들에게도 나눠 주되 제사장들의 모든 남자와 족보에 기록된 레위 사람들에게 나눠 주었더라.'**(11–19)**
- **히스기야의 형통**: '히스기야가 온 유다에 이같이 행하되 그의 하나님 여호와 보시기에 선과 정의와 진실함으로 행하였으니 그가 행하는 모든 일 곧 하나님의 전에 수종드는 일에나 율법에나 계명에나 그의 하나님을 찾고 한 마음으로 행하여 형통하였더라.'**(20–21)**

32장 앗수르 왕 산헤립의 유다 침공과 히스기야의 기도

- **앗수르 산헤립의 침입**: 히스기야의 종교개혁이 있은 후 앗수르 왕 산헤립이 유다를 침입해 왔다.**(1)**
- **히스기야의 방비**: 히스기야는 앗수르 왕들이 물을 얻지 못하도록 하기 위해 성 밖

의 물 근원을 막고, 무너진 성벽을 보수하고 무기와 방패를 많이 준비하고 두려워 하지 말라 하나님이 함께하신다고 백성들을 격려한다.**(2–8)**

- **하나님을 모독하는 산헤립**: 산헤립은 너희 하나님이 너희를 내 손에서 구원할 수 있을 것이냐며 하나님을 모독한다. 산헤립의 신하는 유다 방언으로 소리 질러 백성들을 놀라게 하고 괴롭혔다. '그런즉 이와 같이 너희는 히스기야에게 속지 말라 꾀임을 받지 말라 그를 믿지도 말라 어떤 백성이나 어떤 나라의 신도 능히 자기의 백성을 나의 손과 나의 조상들의 손에서 건져내지 못하였나니 하물며 너희 하나님이 너희를 내 손에서 건져내겠느냐 하였더라.'**(9–19)**
- **히스기야의 기도와 앗수르의 퇴각**: 히스기야는 선지자 이사야와 함께 전심으로 기도하자 여호와께서 한 천사를 보내어 앗수르를 멸하셨으며 앗수르 왕이 창피하여 고국으로 돌아갔다.**(20–21)**
- **앗수르 왕 산헤립의 죽음**: 산헤립이 퇴각하여 그의 신전에 들어갔을 때 그의 두 아들(아드멜렉과 사례셀, 왕하 19:37, 사 37:38)에 의해 피살당한다. '이와 같이 여호와께서 히스기야와 예루살렘 주민을 앗수르 왕 산헤립의 손과 모든 적국의 손에서 구원하여 내사 사면으로 보호하시매 여러 사람이 예물을 가지고 예루살렘에 와서 여호와께 드리고 또 보물을 유다 왕 히스기야에게 드린지라 이 후부터 히스기야가 모든 나라의 눈에 존귀하게 되었더라.'**(22–23)**
- **히스기야의 교만과 회개**: 히스기야가 병들어 죽게 되었을 때 교만을 뉘우치고 기도하여 이적이 있었다(열왕기에는 15년 더 살게 된 이적에 관한 기록이 있으나 역대기 기자는 생략함).**(24–26)**
- **히스기야의 죽음과 유다 14대 왕 므낫세**: 히스기야는 부귀영화를 누렸다. 히스기야가 죽고 므낫세가 14대 왕이 되었다.**(27–33)**

므낫세(14)와 아몬(15)

33장 므낫세의 우상숭배와 회개 그리고 아몬의 악으로의 회귀

- **므낫세의 악한 통치**: 므낫세는 12세에 왕이 되어 55년 동안 악한 통치를 하였다. **(1–2)**
- **므낫세의 극심한 우상숭배**: 므낫세는 히스기야가 헐어 버린 산당을 다시 세우고 바알, 아세라, 일월성신, 사술과 요술, 박수 등 하나님을 모르는 나라보다 더 극심한 우상숭배를 하였다. '유다와 예루살렘 주민이 므낫세의 꾀임을 받고 악을 행한 것이 여호와께서 이스라엘 자손 앞에서 멸하신 모든 나라보다 더욱 심하였더라.'**(3–9)**
- **여호와의 징계와 므낫세의 회개**: 여호와의 징계로 앗수르가 침공해와 므낫세를 쇠사슬로 결박하여 바벨론으로 끌고 간다. 므낫세가 간구의 기도를 올려 예루살렘으로 돌아와 다시 왕위에 앉아 그제야 여호와가 하나님이신 줄을 알게 되었다.**(10–13)**
- **므낫세의 종교개혁**: 므낫세는 국방을 튼튼히 하기 위해 성을 쌓았다. 므낫세는 이방 신과 여호와의 전의 우상을 제거하며 예루살렘에 쌓은 모든 제단들을 다 성 밖에 던지고 여호와의 제단을 보수하고 화목제와 감사제를 드리고 백성들에게 여호와를 섬기게 하였다.**(14–19)**
- **므낫세의 죽음과 유다 15대 왕 아몬의 우상숭배**: 므낫세가 죽고 그의 아들 아몬이 유다 15대 왕이 된다. 아몬은 22세에 왕이 되어 2년 동안 악한 통치를 하였다. 아몬은 므낫세가 만들었던 우상에게 제사하는 등 더욱 범죄하였다.**(20–23)**
- **아몬의 죽음과 유다 16대 왕 요시야**: 신하가 반역하여 궁중에서 아몬을 죽인다. 백성들이 왕을 반역한 사람들을 다 죽이고 아몬의 아들 요시야를 유다 16대 왕으로 세웠다.**(24–25)**

요시야(16)

34장

요시야는 우상을 타파하고 성전 수리에 힘썼으며 성전 수리 중 율법책을 발견하여 책에 기록된 대로 살지 못했음을 회개하고 온 백성과 더불어 규례대로 살기로 약속한다.

🔔 요시야 왕의 출현은 이미 290여 년 전 여로보암 시대에 예언되었다. **왕상 13:2** 하나님의 사람이 제단을 향하여 여호와의 말씀으로 외쳐 이르되 제단아 제단아 여호와께서 이와 같이 말씀하시기를 다윗의 집에 요시야라 이름 하는 아들을 낳으리니 그가 네 위에 분향하는 산당 제사장을 네 위에서 제물로 바칠 것이요 또 사람의 뼈를 네 위에서 사르리라 하셨느니라.

- **8세에 왕이 된 정직한 왕 요시야**: 요시야는 8세에 왕이 되어 31년간 정직하게 통치하였다.**(1–2)**
- **요시야의 우상 타파**: 아세라 등 우상 제거, 바알의 제단을 헐고, 태양상을 찍고 (…) 요시야는 왕상 13:2에서 예언했던 대로 제사장들의 뼈를 제단 위에서 불살라 유다의 예루살렘을 정결케 하였다.**(3–7)**
- **요시야의 성전 수리와 율법책 발견**: 요시야는 성전 수리를 하였다. 수리 중 대제사장 힐기야가 율법책을 발견하여 사반에게 주어 요시야에게 읽자 요시야가 옷을 찢고 지금까지 율법대로 살지 못하여 하나님의 진노가 큰 것을 알게 된다.**(8–21)**
- **여선지자 훌다의 예언**: 여선지자 훌다가 율법책을 근거로 여호와를 버리고 다른 신을 섬긴 유다에게 재앙이 내릴 것이라 예언하였다. 그러나 요시야는 하나님께 옷을 찢으며 회개했기에 유다에 내리는 재앙을 눈으로 직접 보지는 않을 것이라고도 하였다. 요시야는 애굽의 바로느고에게 므깃도 전투에서 사망함으로 유다의 멸망을 보지 않아 예언이 이루어진 셈이다.**(22–28)**

- **율법책 낭독 그리고 율법적 삶을 산 요시야:** 요시야는 온 백성을 다 모아 율법책을 읽어 주고 법도와 율례를 지켜 하나님의 언약을 따르기로 결의를 하고 하나님의 언약을 따라 살았다. '이와 같이 요시야가 이스라엘 자손에게 속한 모든 땅에서 가증한 것들을 다 제거하여 버리고 이스라엘의 모든 사람으로 그들의 하나님 여호와를 섬기게 하였으므로 요시야가 사는 날에 백성이 그들의 조상들의 하나님 여호와께 복종하고 떠나지 아니하였더라.'**(29-33)**

35장 요시야의 유월절 준수 그리고 요시야가 애굽 왕 바로 느고와의 전투에서 전사함

- **요시야의 철저한 유월절 준수:** 요시야는 사무엘 이후 가장 바람직하게 유월절을 준비하여 유월절을 지킨 왕이다. 요시야는 왕이 된 지 18년이 되는 해 요시야가 26세 때 유월절을 지키고 이어서 무교절을 7일 동안 지켰다.**(1-19)**
- **갈그미스 전투 시 므깃도에서 전사한 요시야:** BC 609년 바벨론과 애굽 간의 갈그미스 전투가 있었다. 요시야는 팔레스틴 지역을 경유하여 갈그미스로 올라가는 바로 느고를 방비하다 므깃도에서 활을 맞고 예루살렘에 이른 후 죽었다. 예레미야는 그를 위하여 애가를 지었다.**(20-27)**

왕국의 분열: 유다 왕국

여호아하스(17), 여호야김(18), 여호야긴(19), 시드기야(20) 그리고 유다의 멸망과 고레스 조서

36장 유다의 마지막 멸망 과정과 고레스의 조서

- **요시야의 죽음과 유다 17대 왕 여호아하스 그리고 18대 왕 여호야김:** 요시야가 죽자 백성들이 요시야의 아들 여호아하스를 17대 왕으로 세웠다. 여호아하스는 23세에 왕이 되어 불과 3개월 통치하였다. 애굽 왕이 여호아하스를 폐위하여 애굽으로 잡아가고 대신에 여호아하스의 형제인 엘리야김(여호야김)을 왕으로 세웠다.**(1–4)**
- **쇠사슬에 묶여 바벨로으로 잡혀간 여호야김:** 여호야김은 25세에 왕이 되어 11년간 악하게 통치하였다. 바벨론 느부갓네살이 여호야김을 쇠사슬로 결박하여 바벨론으로 잡아간다.**(5–8)**
- **유다 19대 왕 여호야긴과 20대 마지막 왕 시드기야:** 여호야김이 잡혀가고 그의 아들 여호야긴이 18세에 왕이 되어 불과 3개월 10일 동안 통치하였는데 악한 왕이었다. 여호야긴 역시 느부갓네살이 바벨론으로 잡아가고 숙부 되는 시드기야를 왕으로 세운다.**(9–10)**
- **시드기야의 바벨론 배반과 바벨론의 3차 침입 그리고 유다의 멸망:** 시드기야는 21세에 유다의 마지막 20대 왕이 되어 11년간 악한 통치를 했다. 시드기야는 선지자 예레미야가 애굽을 의지 말고 바벨론을 배반하지 말라고 했으나 그 말을 듣지 않고 바벨론을 다시 배반하였다. 느부갓네살이 예루살렘을 3차 침입하여 시드기야를 포로로 잡아가고 유다는 멸망하게 된다. 잡혀간 사람들은 BC 539년 바사 왕 고레스가 바벨론을 정복할 때까지 바벨론에서 노예 생활을 하였다.**(11–20)**
- **예언대로 70년간 안식하게 된 이스라엘 땅:** 결국 예언대로 이스라엘 땅이 70년간 안식을 하게 된 것이다. 레 26:34 너희가 원수의 땅에 살 동안에 너희의 본토가 황무할 것이므로 땅이 안식을 누릴 것이라 그때에 땅이 안식을 누리리니**(21)**
- **바사 왕 고레스의 조서:** 역대기는 바사 왕 고레스의 조서를 언급하며 끝이 난다. '바사의 고레스 왕 원년에 여호와께서 예레미야의 입으로 하신 말씀을 이루시려고 여호와께서 바사의 고레스 왕의 마음을 감동시키시매 그가 온 나라에 공포도 하고 조

서도 내려 이르되 바사 왕 고레스가 이같이 말하노니 하늘의 신 여호와께서 세상 만국을 내게 주셨고 나에게 명령하여 유다 예루살렘에 성전을 건축하라 하셨나니 너희 중에 그의 백성 된 자는 다 올라갈지어다. 너희 하나님 여호와께서 함께 하시기를 원하노라 하였더라.'(22–23)

에스라 핵심정리

에스라의 의의

- 에스라는 약속을 지키시는 하나님이심을 증명하는 책이다. 예레미야를 필두로 한 선지자들의 예언이 정확히 실현되었다.
- 하나님이 하나님 나라 백성을 얼마나 사랑하시는지 확인시켜 주는 책이다. 하나님께서는 세상 나라 갈대아 지역에서 아브람을 택하여 BC 2091년 하나님 나라를 만드셨다. 그러나 하나님께 불순종함으로 12지파 중 유다와 베냐민 두 지파만으로 다윗 언약을 지켜 왔다. 그러나 하나님은 이 두 지파마저 불순종함으로 70년 동안 처음 출발했었던 갈대아로 원상 복귀시켰었으나 이제 약속하신 대로 예루살렘으로 하나님 백성들을 회복시킨다. 그 이후 지금까지 우리가 보아 온 이스라엘의 역사를 돌아본다면 이스라엘 곧 하나님 나라 백성에 대한 하나님의 사랑을 확인할 수 있을 것이다. 새 하늘 새 땅에 대한 약속이 허구가 아님을 확인시켜 준다.
- 성전 재건을 마친 후 통혼하고 있는 이스라엘의 지도자들을 보면서 성전 재건만이 아니라 성전인 우리들 몸의 재건이 더 절실히 요구됨을 교훈해 준다.

기록연대와 배경

- 주전 5세기 정확히 말하면 BC 450년 이후에 기록된 것으로 판단된다. BC 450년에 일어난 사건(이방 여인을 취한 자들의 조사)이 10장 17-44절에 기록되어 있기 때문이다.
- 고레스 칙령에 의해 스룹바벨이 BC 537년 1차로 포로 귀환하여 성전 재건을 하고 2차 귀환으로 BC 458년 에스라가 귀환하여 종교개혁 했을 때를 배경으로 한다.
- 에스라는 전승에 의하면 에스라가 저자이다.

포로 귀환과 성전 재건

고레스의 칙령과 귀환자 명단

1장

바사 왕 고레스가 성전 건축을 위해 예루살렘으로 돌아가라는 조서를 내린다.

- **바사왕 고레스의 조서**: 바사 왕 고레스 원년(BC 538)에 여호와의 감동으로 예루살렘으로 돌아가 성전을 건축하라는 조서를 내린다. '바사 왕 고레스는 말하노니 하늘의 하나님 여호와께서 세상 모든 나라를 내게 주셨고 나에게 명령하사 유다 예루살렘에 성전을 건축하라 하셨나니 이스라엘의 하나님은 참 신이시라 너희 중에 그의 백성 된 자는 다 유다 예루살렘으로 올라가서 이스라엘의 하나님 여호와의 성전을 건축하라 그는 예루살렘에 계신 하나님이시라.' 예레미야의 입을 통해 한 예언이 이루어지는 순간이다. 렘 25:11 이 모든 땅이 폐허가 되어 놀랄 일이 될 것이며 이 민족들은 칠십 년 동안 바벨론의 왕을 섬기리라 렘 29:10 여호와께서 이와 같이 말씀하시니라 바벨론에서 칠십 년이 차면 내가 너희를 돌보고 나의 선한 말을 너희에게 성취하여 너희를 이곳으로 돌아오게 하리라.**(1–3)**
- **바벨론 사람들이 귀환하는 이스라엘 백성들에게 기꺼이 드림**: 고레스의 권고로 주위의 바벨론 사람들이 이스라엘 백성들에게 성전을 위해 금과 은과 짐승 등의 예물을 기쁘게 드렸고 과거 바벨론 느부갓네살이 탈취해 갔던 성전 그릇들을 돌려보낸다. '이에 유다와 베냐민 족장들과 제사장들과 레위 사람들과 그 마음이 하나님께 감동을 받고 올라가서 예루살렘에 여호와의 성전을 건축하고자 하는 자가 다 일어나니 (…) 금, 은 그릇이 모두 오천사백 개라 사로잡힌 자를 바벨론에서 예루살렘으로 데리고 갈 때에 세스바살이 그 그릇들을 다 가지고 갔더라.'**(4–11)**

2장 포로 귀환자 명단

- **1차 귀환자 명단**: 스룹바벨, 예수아 등 지도자들에 인솔하에 1차로 귀환한 사람들의 명단을 기록하고 있다. 1) 가계와 출신지 별 명단 2) 제사장 명단 3) 레위인 명단 4) 찬송하는 자의 명단 5) 성전 문지기 명단 6) 성전 노역꾼의 명단 등**(1-63)**
- **귀환자와 동물의 총계**: 귀환자의 총계는 42,380명, 남종과 여종이 7,337명, 노래하는 남녀가 200명. 데리고 온 동물의 수는 말 736, 노새 245, 낙타 435, 나귀 6,722마리.**(64-67)**
- **성전 재건을 위해 드린 예물**: 성전 건축을 위해 드린 예물은 금 61,000다락, 은 5,000마네, 제사장 옷 100벌.**(68-70)**

포로 귀환과 성전 재건

성전 기공

3장 귀환 후 2년이 지나 성전 기공을 시작한다.

- **초막절과 절기의 번제**: 귀환한 백성들이 귀환한 그 해 BC 538년 7월에 예루살렘에 모여 초막절과 절기의 번제를 드리고 성전 재건을 위한 석수와 목수 그리고 백향목을 비롯한 재료들을 준비한다.**(1-7)**
- **성전 기공 예배와 공사 시작**: 포로 귀환 후 2년째 되는 BC 536년 2월에 성전 기공 예배를 보고 공사를 시작하였다. 나이 많은 족장들은 너무 기뻐 대성통곡하였다.**(8-13)**

방해받은 성전 재건 공사

4장 사마리아인들의 방해 공작에 의한 성전 건축 중단

- **사마리아인의 성전 재건 참여 거절**: 성전을 건축한다는 이야기를 들은 유다와 베냐민의 대적들이 함께 참여하기를 요청했으나 이를 거절한다. 여기서 대적들이란 앗수르의 통혼 정책에 따라 외국에서 사마리아에 이주시켜 살고 있었던 사람들이다. 예수님이 오셨을 때 사마리아에 살고 있었던 사람들인 것이다. '스룹바벨과 예수아와 기타 이스라엘 족장들이 이르되 우리 하나님의 성전을 건축하는 데 너희는 우리와 상관이 없느니라 바사 왕 고레스가 우리에게 명령하신 대로 우리가 이스라엘의 하나님 여호와를 위하여 홀로 건축하리라 하였더니'**(1–3)**
- **집요한 방해 공작으로 중단된 성전 재건**: 참여를 거부당한 사마리아 사람들이 이번에는 관리들에게 뇌물을 주거나 왕에게 고발하는 글을 올리는 등 집요한 방법을 동원해 바사 왕 다리오 2년까지 약 16년간 건축을 중단시켰다. '이제 왕은 아시옵소서 만일 이 성읍을 건축하고 그 성곽을 완공하면 저 무리가 다시는 조공과 관세와 통행세를 바치지 아니하리니 결국 왕들에게 손해가 되리이다 (…) 이제 감히 왕에게 아뢰오니 이 성읍이 중건되어 성곽이 준공되면 이로 말미암아 왕의 강 건너편 영지가 없어지리이다 하였더라 (…) 이제 너희는 명령을 전하여 그 사람들에게 공사를 그치게 하여 그 성을 건축하지 못하게 하고 내가 다시 조서 내리기를 기다리라 (…) 아닥사스다 왕의 조서 초본이 르훔과 서기관 심새와 그의 동료 앞에서 낭독되매 그들이 예루살렘으로 급히 가서 유다 사람들을 보고 권력으로 억제하여 그 공사를 그치게 하니 이에 예루살렘에서 하나님의 성전공사가 바사 왕 다리오 제 이년까지 중단되니라.'**(4–24)**

성전 공사 재개

5장

성전 공사 재개의 상서로운 조짐들

- **성전 건축 공사 재개**: 사마리아 거주민에 의한 성전 건축이 약 16년간 중단되었을 때 선지자 학개와 스가랴의 성전 건축 재개 촉구가 있었다. '이에 스알디엘의 아들 스룹바벨과 요사닥의 아들 예수아가 일어나 예루살렘에 있던 하나님의 성전을 다시 건축하기 시작하매 하나님의 선지자들이 함께 있어 그들을 돕더니'(1–2)
- **다리오 왕에게 올린 성전 건축 재개에 대한 문의서**: 성전 건축을 재개하자 유브라데 강 건너편 바사인 총독 닷드내를 비롯한 몇 사람이 다리오 왕에게 문의서를 올려 과연 고레스 왕이 예루살렘에 성전을 다시 건축하라고 명했는지를 확인해 달라고 요청하였다. '이제 왕께서 좋게 여기시거든 바벨론에서 왕의 보물전각에서 조사하사 과연 고레스 왕이 조서를 내려 하나님의 이 성전을 예루살렘에 다시 건축하라 하셨는지 보시고 왕은 이 일에 대하여 왕의 기쁘신 뜻을 우리에게 보이소서 하였더라.' (3–17)

포로 귀환과 성전 재건

성전 완공

6장

고레스 조서가 확인되고 공사가 순조롭게 진행되어 성전 봉헌식을 거행한다.

- **고레스 조서의 확인**: 다리오 왕은 보물 전각을 뒤져 BC 538년 고레스의 조서가 담겨져 있는 두루마리를 찾아냈고 성전 재건은 물론 그 경비를 모두 왕실에서 부담하고 예루살렘에서 바벨론으로 옮겨졌던 모든 금은 그릇을 모두 제자리로 돌리라는 조서의 내용을 확인하였다. '하나님의 성전 공사를 막지 말고 유다 총독과 장로들이 하나님의 이 성전을 제자리에 건축하게 하라 (…) 내가 또 명령을 내리노니 누구를 막론하고 이 명령을 변조하면 그의 집에서 들보를 빼내고 그를 그 위에 매어달게 하고 그의 집은 이로 말미암아 거름더미가 되게 하라 만일 왕들이나 백성이 이 명령을 변조하고 손을 들어 예루살렘 하나님의 성전을 헐진대 그 곳에 이름을 두신 하나님이 그들을 멸하시기를 원하노라 나 다리오가 조서를 내렸노니 신속히 행할지어다 하였더라.'(1-12)
- **다리오 조서와 성전 재건 완수 그리고 봉헌식**: 다리오 왕의 조서가 내려졌고 학개와 스가랴의 권면에 따라 다리오 왕 6년 BC 516년 12월에 성전 재건을 마쳤으며 봉헌식을 했다. 이어서 유월절과 무교절을 지켰다.(13-22)

에스라의 귀환과 개혁

7장

아닥사스다 조서에 의해 2차 포로 귀환이 이루어져 에스라가 예루살렘으로 귀환한다.

- **에스라의 귀환**: 성전이 완공된 후 아론의 16대 손이자 율법 학자 겸 제사장인 에스라가 BC 458년 2차 포로 귀환 때 예루살렘으로 귀환하게 된다. '이 에스라가 바벨론에서 올라왔으니 그는 이스라엘의 하나님 여호와께서 주신 모세의 율법에 익숙한 학자로서 그의 하나님 여호와의 도우심을 입음으로 왕에게 구하는 것은 다 받는 자이더니 아닥사스다 왕 제 칠년에 이스라엘 자손과 제사장들과 레위 사람들과 노래하는 자들과 문지기들과 느디님 사람들 중에 몇 사람이 예루살렘으로 올라올 때

에 이 에스라가 올라왔으니 왕의 제 칠년 다섯째 달이라 (…) 에스라가 여호와의 율법을 연구하여 준행하며 율례와 규례를 이스라엘에게 가르치기로 결심하였었더라.'**(1–10)**

- **에스라에게 내린 아닥사스다의 조서**: 아닥사스다 왕 7년에 왕이 에스라에게 조서를 내렸다. 1) 예루살렘으로 가고 싶어 하는 모든 백성과 제사장들과 레위 사람들은 모두 함께 가도록 하라. 2) 하나님의 성전을 위해 드리는 은금과 예물을 갖고 가라. 3) 성전에 쓰일 것이 있다면 궁중 창고에서 모두 갖고 가라. 등**(11–20)**
- **창고지기에게 내린 아닥사스다의 조서**: 아닥사스다 왕은 유브라데 강 건너편 모든 창고지기에게도 조서를 내렸다. 1) 에스라가 구하는 것을 신속히 시행하라. 은은 100달란트까지, 밀은 100고르까지, 포도주는 100밧까지, 기름도 100밧까지, 소금은 정량이 없이하라. 2) 제사장, 레위인, 노래하는 자 등 성전에서 일하는 사람들에게는 조공과 관세와 통행세를 면제하라. '에스라여 너는 네 손에 있는 네 하나님의 지혜를 따라 네 하나님의 율법을 아는 자를 법관과 재판관을 삼아 강 건너편 모든 백성을 재판하게 하고 그 중 알지 못하는 자는 너희가 가르치라 무릇 네 하나님의 명령과 왕의 명령을 준행하지 아니하는 자는 속히 그 죄를 정하여 혹 죽이거나 귀양 보내거나 가산을 몰수하거나 옥에 가둘지니라 하였더라.'**(21–26)**
- **에스라의 감사 찬양**: 에스라는 하나님의 은혜에 감사하며 찬양하였다.**(27–28)**

8장

2차 귀환자의 명단과 예루살렘에 도착하기까지의 여정을 기술하였다.

- **에스라와 함께 귀환한 사람들의 명단**: '아닥사스다 왕이 왕위에 있을 때에 나와 함께 바벨론에서 올라온 족장들과 그들의 계보는 이러하니라.' 2차 포로 귀환 때 에스라와 함께 귀환한 사람들의 명단을 소개하고 있다. 1차 귀환 때와 비교하면 1/3 정도에 불과하다.**(1–14)**
- **성전 봉사를 위해 레위인과 느다님 사람들을 불러 모으는 에스라**: 에스라는 아하와

로 흐르는 강가에서 3일 머무르는 동안 성전 봉사를 위해 필요한 레위 사람과 느디님 사람이 없는 사실을 알고 약 40명의 레위인과 220명의 느디님 사람들을 불러 모았다.(15-20)

- **금식 선포와 물품 관리자 선발**: 에스라는 아하와 강가에서 금식을 선포하고 귀국길의 평탄을 위해 간구했으며 모든 금과 은 등 모든 물품을 점검하고 제사장의 우두머리 중 열두 명을 선발하여 관리 책임을 맡겼다. '내가 그들에게 이르되 너희는 여호와께 거룩한 자요 이 그릇들도 거룩하고 그 은과 금은 너희 조상들의 하나님 여호와께 즐거이 드린 예물이니 너희는 예루살렘 여호와의 성전 골방에 이르러 제사장들과 레위 사람의 우두머리들과 이스라엘의 족장들 앞에서 이 그릇을 달기까지 삼가 지키라. 이에 제사장들과 레위 사람들이 은과 금과 그릇을 예루살렘 우리 하나님의 성전으로 가져가려 하여 그 무게대로 받으니라.'(21-30)
- **예루살렘에 안착하여 물품을 인수하고 번제를 드림**: 에스라 일행은 예루살렘에 안착한 후 성전에서 은과 금 그릇을 달아서 담당자들에게 정확히 인수인계하였고 하나님께 번제를 드렸다. '사로잡혔던 자의 자손 곧 이방에서 돌아온 자들이 이스라엘의 하나님께 번제를 드렸는데 이스라엘 전체를 위한 수송아지가 열두 마리요 또 숫양이 아흔여섯 마리요 어린 양이 일흔일곱 마리요 또 속죄제의 숫염소가 열두 마리니 모두 여호와께 드린 번제물이라.'(31-35)
- **성전을 돕는 총독들**: '무리가 또 왕의 조서를 왕의 총독들과 유브라데 강 건너편 총독들에게 넘겨주매 그들이 백성과 하나님의 성전을 도왔느니라.'(36)

9장

이방인들과의 통혼 문제를 통해 마음의 성전 재건이 얼마나 절실한 과제인가를 보여 준다.

- **통혼 문제로 낙심하는 에스라**: 에스라는 귀국 후 이스라엘 백성들이 이방인들과 통혼하고 사는 사람들이 많은 것에 낙심한다. 특히 백성들뿐만 아니라 제사장과 레위 사람 그리고 방백과 고관들이 더 심하다는 사실에 속옷과 겉옷을 찢으며 머리털과

수염을 뜯으며 크게 낙심하였다.(1-4)

- **성전 재건만이 아니라 마음의 재건을 위해 회개의 기도를 올리는 에스라**: 에스라는 이스라엘의 과거를 회상하며 하나님께 불순종하여 포로로 잡혀갔던 그들이 다시 예루살렘으로 돌아올 수 있었는데 이렇게 범죄하고 있다는 사실에 회개의 기도를 올린 것이다. 성전의 재건만이 아니라 성전인 몸의 재건이 필요함을 절감한 것이다. '이스라엘의 하나님 여호와여 주는 의로우시니 우리가 남아 피한 것이 오늘날과 같사옵거늘 도리어 주께 범죄하였사오니 이로 말미암아 주 앞에 한 사람도 감히 서지 못하겠나이다 하니라.'(5-15)

II 역사서

10장

이방 여자들과 혼인한 사람들을 전수 조사하여 그 아내와 자식들을 모두 포기하는 종교개혁을 실시하였다.

- **스가냐의 개혁 제의**: 에스라가 이방인과의 통혼 문제로 죄를 자복하며 기도하고 있을 때 스가냐라고 하는 사람이 개혁을 제의하고 나섰다. 이방 여자 아내들과 그 소생들을 다 내보내기로 하나님과 언약을 맺자는 제안이었다.(1-4)
- **총회를 소집하여 개혁을 실시한 에스라**: 에스라가 예루살렘에서 총회를 소집하였다. 일부의 반대가 있기는 하였으나 이방 여자들과 결혼한 사람들을 전수 조사하여 명단을 작성하였다. '첫째 달 초하루에 이르러 이방 여인을 아내로 맞이한 자의 일 조사하기를 마치니라.' 제사장과 레위인의 명단을 먼저 기록하고 일반인들의 명단을 기록하였다. '제사장의 무리 중에 이방 여인을 아내로 맞이한 자는 예수아 자손 중 요사닥의 아들과 그의 형제 마아세야와 엘리에셀과 야립과 그달랴라 그들이 다 손을 잡아 맹세하여 그들의 아내를 내보내기로 하고 또 그 죄로 말미암아 숫양 한 마리를 속건제로 드렸으며 또 임멜 자손 중에서는 하나니와 스바댜요 (…) 느보 자손 중에서는 여이엘과 맛디디야와 사밧과 스비내와 잇도와 요엘과 브나야더라. 이상은 모두 이방 여인을 아내로 맞이한 자라 그 중에는 자녀를 낳은 여인도 있었더라.' (5-44)

느헤미야 핵심정리

느헤미야의 의의

- 느헤미야는 에스라와 비교했을 때 제사장이나 율법 학자도 아니다. 느헤미야는 왕의 술 맡은 관원이었으며 예루살렘으로 귀환하면서 총독의 임무를 맡아 온 사람이다. 그러나 하나님에 속한 한 사람으로서 자기가 속한 사회를 위해 어떻게 지도력을 발휘하였는가를 통해 우리에게 큰 교훈을 주고 있다.
- 성전 재건도 중요하지만 성벽 재건도 못지않게 중요함을 배운다. 하나님의 성전인 나 자신의 재건이 중요함은 물론 나의 울타리 속에 속한 사람들을 위하여 어떻게 살아야 할 것인가를 항상 생각하며 살아가야 한다는 의미이다.

기록연대와 배경

- BC 465–424년에 통치했던 아하수에로 왕이 죽기 전에 기록된 것으로 추정한다.
- 느헤미야가 3차 포로 귀환으로 예루살렘 총독으로 온 BC 444년으로부터 느헤미야가 12년 복무 후 잠시 바사 궁정으로 갔다가 다시 예루살렘으로 와 에스라와 함께 종교개혁 하는 시대를 배경으로 한다.
- 느헤미야를 저자로 생각한다.

느헤미야의 귀환과 성벽 재건

느헤미야의 구국 기도

Ⅱ 역사서

1장 **느헤미야는 조국 소식을 듣고 통회하며 기도한다.**

- **조국 소식을 듣고 통회 기도하는 느헤미야:** 바사 아닥사스다 왕의 수산궁에서 술 맡은 관원으로 종사하고 있는 느헤미야가 아닥사스다 왕 20년 BC 445년에 남아 있는 유다와 예루살렘 사람들이 환난을 당하고 예루살렘 성은 훼파되고 성문들은 불타 버렸다는 조국 소식을 동생 하나니와 몇 사람에게서 듣고 울면서 수일 동안 하나님께 금식하며 기도한다. '옛적에 주께서 주의 종 모세에게 명령하여 이르시되 만일 너희가 범죄하면 내가 너희를 여러 나라 가운데에 흩을 것이요 만일 내게로 돌아와 내 계명을 지켜 행하면 너희 쫓긴 자가 하늘 끝에 있을지라도 내가 거기서부터 그들을 모아 내 이름을 두려고 택한 곳에 돌아오게 하리라 하신 말씀을 이제 청하건대 기억하옵소서.'(1-11)

느헤미야의 귀환과 성벽 재건

느헤미야의 예루살렘으로의 귀환

2장 **느헤미야는 예루살렘으로 귀환하여 성벽이 무너지고 성문이 불탄 사실을 확인하였다.**

- **아닥사스다 왕에게 귀국 허가를 받는 느헤미야**: 느헤미야는 수심이 가득한 얼굴로 아닥사스다 왕에게 예루살렘으로 돌아가 성을 건축할 수 있게 해 달라고 요청하여 허락을 받고 예루살렘으로 간다. '왕에게 아뢰되 왕이 만일 좋게 여기시고 종이 왕의 목전에서 은혜를 얻었사오면 나를 유다 땅 나의 조상들의 묘실이 있는 성읍에 보내어 그 성을 건축하게 하옵소서 하였는데 (…) 내가 또 왕에게 아뢰되 왕이 만일 좋게 여기시거든 강 서쪽 총독들에게 내리시는 조서를 내게 주사 그들이 나를 용납하여 유다에 들어가기까지 통과하게 하시고 또 왕의 삼림 감독 아삽에게 조서를 내리사 그가 성전에 속한 영문의 문과 성곽과 내가 들어갈 집을 위하여 들보로 쓸 재목을 내게 주게 하옵소서 하매 내 하나님의 선한 손이 나를 도우시므로 왕이 허락하고 (…).'**(1–8)**
- **성벽 암행 시찰을 하는 느헤미야**: 강 서쪽에 있는 총독들에게 왕의 조서를 전하고 예루살렘에 도착한 지 사흘 만에 느헤미야는 우선 밤에 일어나 몇 명을 데리고 성벽 암행 시찰을 한 결과 성벽은 다 무너졌고 성문은 불탄 사실을 확인하였다.**(9–16)**
- **성벽 재건을 촉구하는 느헤미야**: 느헤미야가 백성들에게 성벽 재건을 촉구하였다. 모두 힘을 합해 일을 시작하려 하자 호른 사람 산발랏, 암몬 사람 도비야 그리고 아라비아 사람 게셈이 너희가 왕을 배반하려는 것이냐며 좋지 않은 반응을 나타낸다. 느헤미야는 너희는 예루살렘 문제에 대해 간섭할 하등의 명분이 없다고 반박하였다. **(17–20)**

느헤미야의 귀환과 성벽 재건

예루살렘 성벽 재건

3장 **느헤미야는 성벽 재건 공사를 조직적으로 분담하여 진행시킨다.**

- **성벽 재건 공사를 조직적으로 실시하는 느헤미야:** 본격적으로 성벽 공사가 시작되었다. 느헤미야는 각 고을과 가문별로 구역을 분담시켜 공사를 진행한다. 구체적으로 양문, 어문, 예문, 골짜기 문, 분문, 샘문, 마문 건축을 나누어 족속별로 분담시켰다. 3장에서는 성벽 재건에 참여한 사람들을 구체적으로 기술하고 있다. '그 때에 대제사장 엘리아십이 그의 형제 제사장들과 함께 일어나 양문을 건축하여 성별하고 문짝을 달고 또 성벽을 건축하여 함메아 망대에서부터 하나넬 망대까지 성별하였고 (…) 어문은 하스나아의 자손들이 (…) 옛 문은 바세아의 아들 요야다와 브소드야의 아들 므술람이 (…) 골짜기 문은 하눈과 사노아 주민이 (…) 분문은 벧학게렘 지방을 다스리는 레갑의 아들 말기야가 (…) 샘문은 미스바 지방을 다스리는 골호세의 아들 살룬이 (…) 마문 위로부터는 제사장들이 각각 자기 집과 마주 대한 부분을 중수하였고 (…) 그 다음은 임멜의 아들 사독이 자기 집과 마주 대한 부분을 중수하였고 그 다음은 동문지기 스가냐의 아들 스마야가 중수하였고 (…) 성 모퉁이 성루에서 양문까지는 금장색과 상인들이 중수하였느니라.'**(1–32)**

느헤미야의 귀환과 성벽 재건

대적에 의한 성벽 재건 방해 문제와 공동체 내부 문제 해결

4장

대적들의 방해가 시작되고 느헤미야는 백성들을 격려하며 무장하고 대비하였다.

- **대적들의 조롱:** 신발랏, 도비야 등 대적들이 유다 사람들이 성을 건축하는 것을 보고 분노하고 비웃으며 여우가 올라가도 무너질 성벽이라고 조롱한다.**(1–3)**
- **기도하며 건축을 진행하는 느헤미야:** 느헤미야는 업신여김 속에서도 하나님께 기도

하며 백성들이 마음을 합하여 성을 건축하여 전부가 연결되고 높이가 절반에 이르렀다.(4–6)

- **대적들의 방해에 방비하며 건축을 계속하는 느헤미야**: 신발랏과 도비야와 아라비아 사람 등은 계속 훼방하고 나섰고, 이에 느헤미야는 두려워하지 말라고 격려하며 한 손으로 일하고 한 손에는 병기를 잡는 식으로 방비와 건축을 병행하였다. '그 때로부터 내 수하 사람들의 절반은 일하고 절반은 갑옷을 입고 창과 방패와 활을 가졌고 민장은 유다 온 족속의 뒤에 있었으며 성을 건축하는 자와 짐을 나르는 자는 다 각각 한 손으로 일을 하며 한 손에는 병기를 잡았는데 (…) 너희는 어디서든지 나팔 소리를 듣거든 그리로 모여서 우리에게로 나아오라 우리 하나님이 우리를 위하여 싸우시리라 하였느니라.'(7–23)

5장 경제적 어려움이 있는 공동체 내부 문제를 풀어 가는 느헤미야

- **경제적 어려움으로 원망하는 백성들**: 성벽 재건을 하는 동안 외부 대적만이 문제가 아니었다. 공동체 내부의 문제 역시 심각하여 백성의 원망의 소리가 높았다. 주로 경제 문제로 인한 갈등이 주된 갈등이었다. 먹고 살기 어렵다. 흉년이니 집이라도 저당 잡혀야 한다. 자녀를 종으로 팔아야겠다. 등(1–5)
- **공동체의 경제 문제를 풀어 가는 느헤미야**: 느헤미야는 총독으로서 백성들의 소리를 듣고 크게 노했다. '귀족들과 민장들을 꾸짖어 그들에게 이르기를 너희가 각기 형제에게 높은 이자를 취하는도다.' 본인은 총독으로 12년 동안 녹을 먹지 않고 청렴하게 일했다고 양심선언 하며 돈 있는 귀족들은 이자를 받지 말라고 하여 동의를 받아 내었다.(6–19)

대적들의 계속되는 방해와 성벽 완성

6장

대적들의 계속되는 방해 작업에도 불구하고 52일 만에 성벽 공사가 완료된다.

- **느헤미야를 죽이려고까지 하는 대적들**: 신발랏과 도비야 등의 대적들은 계속해서 방해하며 심지어 느헤미야를 죽이려는 궤계를 꾸민다. 네 번이나 사람을 보내 어느 한 촌에서 만나자는 연락을 해 왔는데 실상은 그곳에서 느헤미야를 죽이려 한 음모였다. 느헤미야가 매번 큰일을 하는 중 갈 수 없다고 답하자 다섯 번째로는 느헤미야가 왕이 되어 바사 왕실을 모반하려 한다는 편지를 보내왔다. 그런 일은 없는 것이며 거짓말이라고 일축하였다.**(1–9)**
- **스마야의 거짓 예언**: 이번에는 신발랏, 도비야로부터 뇌물을 받은 선지자 스마야가 대적들이 느헤미야를 죽이려 하니 성전 외소로 피해야 한다는 거짓 예언을 한다. 느헤미야는 한마디로 거절한다. 총독의 신분으로 위협을 받는다고 어찌 피신할 수 있으며 제사장 이외에는 들어갈 수 없는 곳에 들어가 율법을 범할 수는 없다는 것이 답이었다. 스마야 만이 아니라 유다의 귀족들 중에서도 도비야와 내통하는 자가 있을 정도로 성벽 공사 방해가 심했다.**(10–14)**
- **성벽 공사 완공**: 성벽 공사가 하나님의 역사로 52일 만인 6월 25일에 끝났다. '우리의 모든 대적과 주위에 있는 이방 족속들이 이를 듣고 다 두려워하여 크게 낙담하였으니 그들이 우리 하나님께서 이 역사를 이루신 것을 앎이니라.'**(15–19)**

성벽 재건에 이은 백성들의 회복

예루살렘의 관리 책임자와 귀환자들의 명단

7장

성벽 완성 후 성내 관리를 위해 관리 책임자와 관리 규칙을 정하고 성내 인적 자원을 파악하였다.

- **예루살렘 관리 책임자 임명과 파수 규칙:** 성벽이 완성되었으나 대적들의 준동에 대비하기 위해 예루살렘을 관리하는 책임자로 동생 하나니와 관원 하나냐를 임명하고 성문을 파수하는 규칙을 정했다. 1) 해가 높이 뜨기 전에는 성문을 열지 말 것 2) 파수 상태에서 문을 닫고 빗장을 지를 것 3) 예루살렘 거민은 반차에 따라 파수하되 자기 집 앞을 지킬 것**(1–4)**
- **귀환자들의 계보별 명단:** 느헤미야는 하나님의 감동으로 백성들을 계보대로 등록하고자 했다. '내가 처음으로 돌아온 자의 계보를 얻었는데 거기에 기록된 것을 보면'이라는 표현으로 보아 에스라 2장의 스룹바벨, 예수아 등 지도자들의 인솔하에 1차로 귀환한 사람들의 명단을 입수한 것이 아닌가 생각된다. 지도자들, 제사장과 레위인들, 느디님인과 솔로몬 신하의 자손들, 혈통 불명인들의 순으로 기록했다. 약간의 차이가 있는데 필사 과정의 오류일 수도 있을 것으로 생각한다.**(5–65)**
- **귀환자들의 총수와 소유물 현황:** 귀환자의 총수는 49,942명으로 에스라의 총수 49,897명과 약간의 차이가 있다. 가축의 수는 말이 736마리, 노새 245마리, 낙타 435마리, 나귀 6,720마리이다.**(66–69)**
- **성벽 건축을 위한 헌물:** 성벽 건축을 위해 총독, 제사장, 족장, 백성들이 드린 헌물을 기록하고 있다.**(70–73)**

에스라의 율법 교육

8장

성전 건축과 성벽 재건이 끝나고 난 시점에서 에스라는 백성들에게 성경 공부 곧 율법 교육을 실시하였다.

- **에스라의 율법책 낭독과 백성들의 통회**: 에스라는 BC 458년 2차 포로 귀환 때 예루살렘에서 활동하다 에스라 10장 사건(이스라엘 지도자 통혼 사건) 이후 바벨론으로 돌아갔었다. 그 후 에스라는 BC 444년 3차 때 귀환한 느헤미야가 성벽 공사를 완공한 이후 합세하여 백성들에게 율법 교육을 실시하고 있는 장면이 8장의 내용이다. 에스라는 느헤미야와 율법 교사들이 함께한 자리에서 백성들에게 율법책을 낭독하고 해석해 주었다. 백성들은 율법 내용을 듣고 통회하였다. '일곱째 달 초하루에 제사장 에스라가 율법책을 가지고 회중 앞 곧 남자나 여자나 알아들을 만한 모든 사람 앞에 이르러 수문 앞 광장에서 새벽부터 정오까지 남자나 여자나 알아들을 만한 모든 사람 앞에서 읽으매 뭇 백성이 그 율법책에 귀를 기울였는데 (…) 하나님의 율법책을 낭독하고 그 뜻을 해석하여 백성에게 그 낭독하는 것을 다 깨닫게 하니 백성이 율법의 말씀을 듣고 다 우는지라 총독 느헤미야와 제사장 겸 학사 에스라와 백성을 가르치는 레위 사람들이 모든 백성에게 이르기를 오늘은 너희 하나님 여호와의 성일이니 슬퍼하지 말며 울지 말라 하고 (…) 이 날은 우리 주의 성일이니 근심하지 말라 여호와로 인하여 기뻐하는 것이 너희의 힘이니라 (…) 모든 백성이 곧 가서 먹고 마시며 나누어 주고 크게 즐거워하니 이는 그들이 그 읽어 들려 준 말을 밝히 앎이라.'**(1–12)**
- **초막절 준수**: 다음 날도 모여 초막절에 관한 내용을 확인하고 마침 7월 초였기 때문에 7월 15일부터 22일까지의 초막절을 지킬 수 있었다. '백성이 이에 나가서 나뭇가지를 가져다가 혹은 지붕 위에, 혹은 뜰 안에, 혹은 하나님의 전 뜰에, 혹은 수

문 광장에, 혹은 에브라임 문 광장에 초막을 지었다.' 여호수아 때로부터 그날까지 이스라엘 자손이 이같이 행한 일이 없었다고 기록하고 있다.(13–17)

- **규례에 따른 성회**: '에스라는 첫날부터 끝 날까지 날마다 하나님의 율법책을 낭독하고 무리가 이레 동안 절기를 지키고 여덟째 날에 규례를 따라 성회를 열었느니라.'(18)

성벽 재건에 이은 백성들의 회복

백성들의 회개와 새로운 다짐(언약 갱신)

9장

율법책에 기록된 자신들의 역사를 알고 난 백성들은 새로운 다짐으로 언약서를 작성하고 서명하기로 결의하였다.

- **백성들의 회개와 여호와 송축**: 율법 공부를 하고난 이스라엘 백성들은 7월 24일 모두 모여 금식하고 회개하며 여호와를 송축했다. '그 달 스무나흗 날에 이스라엘 자손이 다 모여 금식하며 굵은 베 옷을 입고 티끌을 무릅쓰며 모든 이방 사람들과 절교하고 서서 자기의 죄와 조상들의 허물을 자복하고 이 날에 낮 사분의 일은 그 제자리에 서서 그들의 하나님 여호와의 율법책을 낭독하고 낮 사분의 일은 죄를 자복하며 그들의 하나님 여호와께 경배하는데 (…).'(1–5)
- **창조 이후의 이스라엘 과거 역사와 하나님의 은혜를 회상한다**: 이스라엘 백성들은 모세 5경에 나타난 창조로부터 포로 귀환한 현재까지의 모든 말씀을 회상한다. 천지 창조–아브라함의 선택–홍해 사건–구름 기둥과 불기둥–시내산에서의 율법–금송아지 사건–만나–40년 광야 생활–요단 동편 땅–가나안 정복–대적에게 넘김 등 하나님은 이스라엘을 하나님의 백성으로 선택했으나 이스라엘 백성은 계속해서 불순종한 역사를 그러나 이스라엘을 버리시지 않은 하나님을 회상하며 하나님의 긍

휼과 은혜를 생각한다. '주의 크신 긍휼로 그들을 아주 멸하지 아니하시며 버리지도 아니하셨사오니 주는 은혜로우시고 불쌍히 여기시는 하나님이심이니이다.'**(6–37)**

- **새로운 다짐으로 인봉된 언약서**: 이에 모든 백성이 견고한 언약을 세워 방백들과 레위 사람들과 제사장이 다 인봉하기로 굳게 결의하였다. '우리가 이 모든 일로 말미암아 이제 견고한 언약을 세워 기록하고 우리의 방백들과 레위 사람들과 제사장들이 다 인봉하나이다 하였느니라.'**(38)**

10장 언약서를 작성하고 서명한 사람들의 명단

- **서명자들의 명단**: 서명(인봉)한 자는 느헤미야와 시드기야를 비롯하여 21명의 제사장들과 가계 대표자, 개인 등이다.**(1–27)**
- **서명한 언약서의 대강한 내용**: 1) 통혼 금지 2) 인식일과 안식년 준수 3) 매년 1/3 성전세 4) 번제에 쓸 장작 제공 5) 장자와 가축의 첫 태생을 여호와께 드림 6) 매년 십일조 7) 하나님의 전을 버려두지 않는다. 등**(28–39)**

성벽 재건에 이은 백성들의 회복

예루살렘 거주자들

11장 예루살렘 거주자의 명단과 마을 거주지들

- **예루살렘 거주자**: 예루살렘 성벽이 완공되었으나 성내 가옥이나 모든 상황이 아직 열악한 상태에 있었고 대적들의 위협이 있었기 때문에 예루살렘 거주가 매력적인

것이 아니었던 것 같다. 이스라엘의 균형 발전을 위해 그리고 예루살렘의 거민 수를 늘리기 위해 인구 재배치 사업이 필요했을 것으로 판단된다. 우선 백성의 지도자들은 예루살렘에 거주하도록 했고 나머지 백성들은 제비 뽑아 1/10은 예루살렘에 거주하도록 하였다. 예루살렘에 자원하여 거주하려는 자는 환영했다.**(1–2)**

- **예루살렘에 거주한 지방의 지도자들과 제사장들과 레위인 그리고 기타 봉사자들**: 11장에서는 특별히 예루살렘에 거주한 지방의 지도자들을 유다와 베냐민 자손별로 명단을 기록하고 제사장들과 레위인들 중에서도 예루살렘에 거주하는 사람들을 그리고 성문지기, 느다님 사람, 노래하는 자들의 명단과 수를 기록하였다.**(3–24)**
- **예루살렘 이외의 마을들**: 마을과 들에 거주한 유다 자손과 베냐민 자손들이 살았던 동네 이름도 기록하고 있다. '마을과 들로 말하면 유다 자손의 일부는 기럇 아르바와 그 주변 동네들과 디본과 그 주변 동네들과 여갑스엘과 그 마을들에 거주하며 또 예수아와 몰라다와 벧벨렛과 (…) 또 베냐민 자손은 게바에서부터 믹마스와 아야와 벧엘과 그 주변 동네들에 거주하며 아나돗과 놉과 아나냐와 (…) 로드와 오노와 장인들의 골짜기에 거주하였으며 유다에 있던 레위 사람의 일부는 베냐민과 합하였느니라.'**(25–36)**

성벽 재건에 이은 백성들의 회복

제사장과 레위인의 명단 그리고 성벽 봉헌

12장 재정리된 제사장과 레위인 명단 그리고 성벽 봉헌식

🔔 포로로 잡혀가 있는 동안 제사장들과 레위인들은 자신에게 맡겨졌던 일을 할 수 없었을 것이다. 이제 본국으로 다시 귀환했기 때문에 레위인에게 주어졌던 일을 다시 시작

해야 했다. 이런 의미에서 제사장과 레위인의 명단이 필요했을 것이라 생각된다. 느헤미야는 인구 재정착 작업을 마친 후(11장), 이스라엘의 존재 기반인 여호와 신앙의 종교적 제도를 재정비하기 위하여 제사장 및 레위 사람들의 가계를 조사한다.

- **1차로 스룹바벨과 함께 귀환한 제사장들 명단이다**: '스알디엘의 아들 스룹바벨과 예수아와 함께 돌아온 제사장들과 레위 사람들은 이러하니라 제사장들은 스라야와 예레미야와 에스라와 (…) 살루와 아목과 힐기야와 여다야니 이상은 예수아 때에 제사장들과 그들의 형제의 지도자들이었느니라.'**(1–7)**
- **레위인 명단이다**: '레위 사람들은 예수아와 빈누이와 갓미엘과 세레뱌와 유다와 맛다냐니 이 맛다냐는 그의 형제와 함께 찬송하는 일을 맡았고 또 그들의 형제 박부갸와 운노는 직무를 따라 그들의 맞은편에 있으며'**(8–9)**
- **포로 귀환 시대에 활동했던 대제사장의 계대**: 이는 대상 6:3–15에 나타난 아론으로부터 바벨론 포로 때까지의 대제사장 족보의 연장이다. 물론 포로 기간, 즉 BC 586년부터 BC 538년까지는 대제사장이 없었다. '예수아는 요야김을 낳고 요야김은 엘리아십을 낳고 엘리아십은 요야다를 낳고 요야다는 요나단을 낳고 요나단은 얏두아를 낳았느니라.'**(10–11)**
- **1–7절에 언급된 가문에 속한 제사장들의 명단을 더 자세하게 보여 준다**: '요야김 때에 제사장, 족장 된 자는 스라야 족속에는 므라야요 예레미야 족속에는 하나냐요 (…) 힐기야 족속에는 하사뱌요 여다야 족속에는 느다넬이었느니라.'**(12–21)**
- **레위인의 족장과 지도자(22–26)**
- **예루살렘 성벽 봉헌식**: 27–43절에서는 성벽 봉헌식의 장면이 묘사되어 있다. '예루살렘 성벽을 봉헌하게 되니 각처에서 레위 사람들을 찾아 예루살렘으로 데려다가 감사하며 노래하며 제금을 치며 비파와 수금을 타며 즐거이 봉헌식을 행하려 하매 (…) 이에 내가 유다의 방백들을 성벽 위에 오르게 하고 또 감사 찬송하는 자의 큰 무리를 둘로 나누어 성벽 위로 대오를 지어 가게 하였는데 한 무리는 오른쪽으로 분문을 향하여 가게 하니 (…) 이 날에 무리가 큰 제사를 드리고 심히 즐거워하였으니 이는 하나님이 크게 즐거워하게 하셨음이라 부녀와 어린 아이도 즐거워하였으므

로 예루살렘이 즐거워하는 소리가 멀리 들렸느니라.'(27–43)

- **제사장과 레위인의 분깃**: 44–47절에는 성전에서 봉사하는 레위인들의 생계를 보장하기 위한 처음 익은 것을 드리는 것과 십일조 등의 조치에 대해 기록하고 있다. '스룹바벨 때와 느헤미야 때에는 온 이스라엘이 노래하는 자들과 문지기들에게 날마다 쓸 몫을 주되 그들이 성별한 것을 레위 사람들에게 주고 레위 사람들은 그것을 또 성별하여 아론 자손에게 주었느니라.' (44–47)

성벽 재건에 이은 백성들의 회복

느헤미야에 의한 개혁

13장

에스라 앞에서 새로운 다짐을 했던 백성들이 다시 옛 모습으로 돌아가 있는 사실을 확인한 느헤미야가 종교개혁을 벌인다.

🔔 느헤미야가 1차 총독 임기를 마치고 아닥사스다 32년(BC 433)에 바사 왕국으로 돌아갔다가 왕에게 말미를 청해 다시 예루살렘으로 왔을 때 개혁한 내용들이다. 9–10장에 기록된 언약 갱신 내용이 전혀 실시되지 않고 있음을 발견하고 이를 개혁한 내용이다.

- **이방인 축출**: 백성들은 모세의 책을 통해 모압과 암몬 사람은 영원히 총회에 들어오지 못할 것이라는 사실을 알게 되어 이방인을 축출하는 개혁을 하게 된다. '이는 그들이 양식과 물로 이스라엘 자손을 영접하지 아니하고 도리어 발람에게 뇌물을 주어 저주하게 하였음이라 그러나 우리 하나님이 그 저주를 돌이켜 복이 되게 하셨다 하였는지라 백성이 이 율법을 듣고 곧 섞인 무리를 이스라엘 가운데에서 모두 분리하였느니라.'(1–3)
- **성전 청결**: 느헤미야가 바사에서 돌아와 보니 엘리아십이 성벽 건설을 끈질기게 방해했던 도비야에게 성전 뜰에 방을 만들어 준 어이없는 사실을 알게 되어 도비야의

세간을 다 내어 던지고 성전 청결 운동을 하게 된다.(4–9)

- **성전 직무 재정비**: 레위인들에게 줄 몫을 주지 않아 문지기나 노래하는 일을 하지 않고 자기 생계를 위해 일하는 것을 보고 레위인 본연의 일을 할 수 있도록 십일조 등의 제도를 바로잡는다.(10–14)
- **안식일 준수를 위한 조치**: 백성들이 안식일에 일하는 모습을 확인하고 안식일을 보다 잘 지킬 수 있도록 제반 조치를 취한다. '너희가 안식일을 범하여 진노가 이스라엘에게 더욱 심하게 임하도록 하는도다 하고 안식일 전 예루살렘 성문이 어두워갈 때에 내가 성문을 닫고 안식일이 지나기 전에는 열지 말라 하고 나를 따르는 종자 몇을 성문마다 세워 안식일에는 아무 짐도 들어오지 못하게 하였으므로 장사꾼들과 각양 물건 파는 자들이 한두 번 예루살렘 성 밖에서 자므로 내가 그들에게 경계하여 이르기를 너희가 어찌하여 성 밑에서 자느냐 다시 이같이 하면 내가 잡으리라 하였더니 그후부터는 안식일에 그들이 다시 오지 아니하였느니라 내가 또 레위 사람들에게 몸을 정결하게 하고 와서 성문을 지켜서 안식일을 거룩하게 하라 하였느니라.'(15–22)
- **이방인과의 통혼 금지**: 이방인과의 통혼이 계속 이루어져 자녀들이 유다 방언은 못하고 이방인의 방언만 할 수 있다는 사실과 심지어 대제사장 에리아십의 자손 중에서도 호론 사람 산발랏의 사위가 된 사실을 알게 되어 이방인과의 통혼 금지령을 내렸다. '또 이르기를 옛적에 이스라엘 왕 솔로몬이 이 일로 범죄하지 아니하였느냐 그는 많은 나라 중에 비길 왕이 없이 하나님의 사랑을 입은 자라 하나님이 그를 왕으로 삼아 온 이스라엘을 다스리게 하셨으나 이방 여인이 그를 범죄하게 하였나니 너희가 이방 여인을 아내로 맞아 이 모든 큰 악을 행하여 우리 하나님께 범죄하는 것을 우리가 어찌 용납하겠느냐.'(23–31)

에스더 핵심정리

에스더의 의의

- 에스더서는 하나님이나 여호와라는 이름이 전혀 나오지 않고 기도, 율법, 제사, 번제라는 단어가 한 번도 등장하지 않는 유일한 성경책이다. 마틴 루터와 칼빈이 주석을 쓰지 않은 성경이기도 하다. 신약에서는 에스더서를 한 번도 인용하고 있지 않다. 오히려 세상적 잔치 이야기가 9번이나 나온다. 그런데도 불구하고 그 가운데 하나님이 역사하셨다는 중요한 의미를 우리에게 주고 있다. 하나님의 역사는 교회 안에서만 나타나는 것이 아니라 세상 어느 곳에서도 이루어진다는 사실을 분명히 보여 주고 있다.
- 에스더서는 역사서 끝부분에 위치하고 있다. 사실은 역사서이면서 역사의 흐름이 없는 책인 레위기, 신명기, 룻기를 보았을 때 에스더서는 에스라와 느헤미야 사이에 위치해야 했을 것이다. 그러나 역사서 끝부분에 위치시킨 데에는 어떤 의미가 숨겨져 있지 않을까 생각해 보았다. 선지서를 역사 순으로 배열했을 때 오바댜와 말라기가 첫 번과 마지막에 위치한 것과 닮았다고 생각해 본다. 궁극적으로 하나님 나라는 악의 세력인 아말렉과의 싸움에서의 승리라는 의미를 함축하고 있는 것이 아닐까 추론해 본 것이다.
- 에스더서에 등장하여 이스라엘을 진멸하려 했던 하만은 아말렉의 후손이다. 궁극에는 이스라엘 곧 하나님 나라가 악의 세력인 아말렉을 이길 것이라는 사실을 확인시켜 준다.

기록연대와 배경

- 모르드게와 아하수에로 왕이 사망한 후인 BC 465년 이후 기록된 것으로 추정한다.
- 에스더서는 페르시아 제국을 배경으로 한다. 에스더서에 언급된 왕은 아하수에로 왕으로 알려진 크세르크세스(BC 485–465) 왕이다 본서의 사건의 시작은 크세르크세스 즉위 3년(BC 482)이다. 이때는 1차 포로 귀환(BC 537)이 있은 이후이므로 이 책의 주인공인 에스더와 모르드게는 이스라엘로 귀환하지 않았음을 시사해 주고 있다.
- 1차 포로 귀환(BC 537)과 2차 포로 귀환(BC 458) 사이에 일어난 사건 이야기이다.
- 에스더의 저자는 미상이다.

왕후가 된 에스더

아하수에로에 의해 폐위된 왕후 와스디

1장 남편의 말을 듣지 않았다는 이유로 왕후 와스디를 폐위한 아하수에로 왕

- **아하수에로 왕**: '이 일은 아하수에로 왕(BC 485–465) 때에 있었던 일이니 아하수에로는 인도로부터 구스까지 백이십칠 지방을 다스리는 왕이라.'**(1)**
- **아하수에로 왕의 잔치**: 막강한 권세를 가진 아하수에로 왕이 수산궁에서 왕 된 지 3년인 BC 482년에 180일의 귀족들을 위한 잔치를 끝내고 다시 도성 수산인들을 위한 7일 동안의 호화로운 잔치를 왕궁 후원 뜰에서 하고 있는 중에 일어난 이야기이다.**(2–8)**
- **와스디 왕후의 잔치**: '왕후 와스디도 아하수에로 왕궁에서 여인들을 위하여 잔치를 베푸니라.'**(9)**
- **왕명을 거역하는 왕후 와스디**: 왕이 주흥이 일어나 잔치 마지막 날인 제7일에 참석한 사람들에게 왕후의 아름다움을 보여 주고 싶은 마음이 생겼다. 신하들에게 왕후 와스디를 데려오라고 명한다. 그러나 왕후가 왕명 따르기를 싫어하여 왕이 진노하게 되고 왕은 사례를 잘 아는 현자들에게 이런 경우 어떻게 해야 할 것인지를 묻게 된다.**(10–15)**
- **와스디 왕후의 폐위**: '므무간이 왕과 지방관 앞에서 대답하여 이르되 왕후 와스디가 왕에게만 잘못했을 뿐 아니라 아하수에로 왕의 각 지방의 관리들과 뭇 백성에게도 잘못하였나이다 (…) 왕후의 행위의 소문이 모든 여인들에게 전파되면 그들도 그들의 남편을 멸시할 것인즉 (…) 왕이 만일 좋게 여기실진대 와스디가 다시는 왕 앞에

오지 못하게 하는 조서를 내리되 바사와 메대의 법률에 기록하여 변개함이 없게 하고 그 왕후의 자리를 그보다 나은 사람에게 주소서.' 왕은 와스디를 폐위하고 왕이 다스리고 있는 인도로부터 구스까지의 127 지방 각 백성의 문자와 언어로 '남편이 자기의 집을 주관하게 하라'는 조서를 내렸다.**(16–22)**

왕후가 된 에스더

왕후가 된 에스더

2장

에스더가 왕후로 간택되고 모르드개는 왕을 암살하려는 사람들의 정보를 에스더를 통해 왕에게 알려 큰 공을 세운다.

- **새 왕후 간택을 위한 조치**: 아하수에로는 새 왕후 간택을 위한 일을 궁녀를 주관하는 내시 헤게에게 맡긴다.**(1–4)**
- **모르드개와 조카 에스더**: 도성 수산에 유다 베냐민 자손으로 기스의 증손인 모르드개가 살고 있었다. 모르드개는 느부갓네살이 여고냐(여호야긴)와 백성을 예루살렘에서 포로로 잡아 올 때 같이 잡혀 왔다. 부모가 없어 모르드개가 딸처럼 양육한 삼촌의 딸 에스더는 아름다운 처녀였다.**(5–7)**
- **왕후 간택을 위한 후보 에스더**: 에스더는 왕후 간택을 위한 후보로 왕궁으로 이끌려가 헤게 수하에 속하게 된다. 모르드개가 에스더에게 절대 유대인임을 밝히지 말라고 하여 말하지 않았다. '헤개가 이 처녀를 좋게 보고 은혜를 베풀어 몸을 정결하게 할 물품과 일용품을 곧 주며 또 왕궁에서 으레 주는 일곱 궁녀를 주고 에스더와 그 궁녀들을 후궁 아름다운 처소로 옮기더라.'**(8–11)**
- **왕후가 된 에스더와 새 왕후를 위한 잔치**: 아하수에로 왕 제7년(BC 479년) 10월에 에스더는 간택 과정을 거쳐 왕후가 되었고, 어느 누구보다 더 에스더를 사랑하는

왕은 새 왕후를 위해 큰 잔치를 베풀었다.**(12–18)**

- **모르드개의 왕을 위한 공헌**: 한편 모르드개가 대궐 문에서 근무하는 중 빅단과 데레스라는 이름의 두 내시가 아하수에로 왕을 암살하려는 음모를 알게 돼 에스더를 통해 왕에게 알려 문제를 해결하였다. '모르드개가 알고 왕후 에스더에게 알리니 에스더가 모르드개의 이름으로 왕에게 아뢴지라 조사하여 실증을 얻었으므로 두 사람을 나무에 달고 그 일을 왕 앞에서 궁중 일기에 기록하니라.'**(19–23)**

하만과 모르드개와 에스더

이스라엘 백성에게 닥쳐오는 위기

3장 **하만의 음모로 유다 민족을 진멸하는 조서가 전 지역에 내려진다.**

- **하만에게 절하지 않는 유대인 모르드개**: 왕이 아각 사람 하만을 신하 중 가장 높은 지위에 올렸다. 하만이 대궐 문을 지나면 모두가 꿇어 절했으나 모르드개는 다른 신하들이 아무리 권해도 꿇지도 절하지도 않는다. 모르드개가 자신은 유대인임을 밝히자 이런 사실이 하만에게 알려지게 된다.**(1–4)**
- **유다 민족을 멸하려는 하만의 생각**: 하만이 이런 사실을 알게 되자 하만은 모르드개 만이 아니라 유다 민족 모두를 멸할 생각을 갖게 된다.**(5–6)**
- **유다 민족을 진멸하려는 조서**: 하만은 백성들 앞에서 BC 474년 1월(니산월)에 날짜를 정하기 위해 제비를 뽑아(부르) 12월(아달월)을 정한 후 왕에게서 법률을 지키지 않는 유다 민족을 진멸하는 조서에 서명을 받았다.**(7–11)**
- **유다 민족 학살령**: 12월 13일 하루 동안에 전국 각 지방의 유다 민족을 진멸하라는

조서가 내려졌다.(12–15)

하만과 모르드개와 에스더

유다 민족 구원을 위한 모르드개의 노력

4장

모르드개의 노력으로 에스더가 '죽으면 죽으리라'는 결심을 하게 된다.

- **유다인의 애통과 금식**: 이런 사실을 알게 된 모르드개를 비롯한 모든 유다인이 애통하여 금식한다. '왕의 명령과 조서가 각 지방에 이르매 유다인이 크게 애통하여 금식하며 울며 부르짖고 굵은 베 옷을 입고 재에 누운 자가 무수하더라.'(1–3)
- **에스더에게 도움을 청하는 모르드개**: 모르드개는 이 사실을 에스더에게 알려 왕의 도움을 구하나 에스도도 왕을 만난 지 30일이나 되었다고 전하며 부르지도 않았는데 왕에게 가는 것은 규례에 어긋나는 것이라 한다. 모르드개는 홀로 목숨을 건지려는 생각을 하지 말라고 에스더에게 전한다.(4–14)
- **에스더의 죽을 각오**: 에스더는 금식 후 '죽으면 죽으리라'는 각오로 왕에게 나아갈 결심을 전한다. '당신은 가서 수산에 있는 유다인을 다 모으고 나를 위하여 금식하되 밤낮 삼 일을 먹지도 말고 마시지도 마소서 나도 나의 시녀와 더불어 이렇게 금식한 후에 규례를 어기고 왕에게 나아가리니 죽으면 죽으리이다 하니라 모르드개가 가서 에스더가 명령한 대로 다 행하니라.'(15–17)

하만과 모르드개와 에스더

유다 민족 구원을 위한 에스더의 노력

5장

에스더가 죽을 각오 끝에 왕을 만나 하만을 제거할 계획으로 두 번의 잔치를 벌인다. 잔치에 초대받은 하만은 자만심이 가득하여 모르드개를 매달아 죽일 50규빗의 나무를 준비한다.

- **왕의 금규를 만지게 된 에스더:** 에스더가 왕후의 예복을 입고 왕궁 뜰에서 왕의 금규를 만지게 돼 왕에게 소원을 말할 기회를 얻는다. 왕은 원한다면 나라의 절반이라도 주겠다고 한다.**(1-3)**
- **에스더의 첫 번째 잔치:** 에스더는 왕을 위한 잔치를 베풀겠다며 하만과 함께 참석해 줄 것을 요청한다. 참석한 왕은 다시 에스더에게 소원을 물으며 나라의 절반이라도 주겠다고 한다. 에스더는 다시 한번 하만과 함께 잔치에 오실 것을 요청한다.**(4-8)**
- **잔치에 초청을 받고 자만심이 가득한 하만:** 하만은 왕과 함께 에스더 잔치에 초대된 유일한 사람이라는 사실에 자만심이 가득하게 되었다.**(9-12)**
- **모르드개를 달기 위한 50규빗의 나무:** 하만은 아내 세레스와 친구들의 말을 듣고 높이가 50규빗(약 23미터) 되는 나무를 세우고 왕에게 모르드개를 그 나무에 매달도록 하려는 음모를 꾸민다.**(13-14)**

하만과 모르드개와 에스더

왕의 상급을 받는 모르드개와 하만의 수치와 번뇌

6장

과거 왕 자신이 암살될 뻔했던 상황에서 모르드개로 인해 모면했던 사실을 확인하고 모르드게에게 포상한다.
하만은 번뇌하며 에스더의 두 번째 잔치에 참석한다.

- **모르드개의 공헌을 알게 된 왕:** 그날 밤 왕은 잠이 오지 않아 역대 일기를 보는 중 모르드개의 고발로 자신이 암살을 면한 기록을 발견하고 모르드개에게 어떤 포상도

하지 않았다는 사실을 알게 된다.(1–3)

- **제 꾀에 넘어간 하만**: 마침 모르드개 달기를 왕에게 구하고자 뜰에 와 있던 하만을 불러 왕이 존귀하게 하기를 원하는 사람에게는 어떻게 해야 할지를 묻는다. 하만은 그것이 자기일 것이라 생각하고 왕복을 입혀 왕의 말에 태우고 왕관을 씌운 후 성중에 거리를 다니며 '왕이 존귀하게 하기를 원하는 사람에게는 이같이 할 것이라'하게 하소서라고 한다.(4–9)
- **왕의 상급을 받은 모르드개**: 왕이 하만에게 모르드개에게 하나도 빠짐없이 그렇게 행하라고 명하고 하만은 그렇게 실행한 후 하만은 번뇌하게 된다.(10–12)
- **번뇌에 싸인 채 두 번째 에스더 잔치에 참석한 하만**: 자기가 당한 모든 일을 그의 아내 세레스와 모든 친구에게 말하매 아내와 지혜로운 친구들은 이제는 능히 하만이 모르드개를 이기지 못하고 그 앞에 엎드러질 것이라고 말해 준다. 하만은 에스더가 마련한 두 번째 잔치에 참석한다.(13–14)

하만의 몰락과 유대인의 승리

자신이 준비한 나무에 달려 죽임을 당한 하만

7장

하만은 모르드개를 달려고 준비한 50규빗 나무에 자신이 달려 죽임을 당한다.

- **왕에게 간청하는 에스더**: 하만과 함께 에스더의 잔치에 참석한 왕이 에스더에게 다시 소원이 무엇인가 나라의 반이라도 주겠다고 한다. '그때 황후 에스더는 이렇게 대답하였다. 제가 만일 황제의 총애를 받았다면 또 황제 폐하께서 기쁘게 여기신다면 나와 내 민족의 생명을 구해 주소서. 이것이 내 소원이며 간청입니다. 나와 내 백성이 우리를 죽이려는 사람들의 손에 팔려 전멸을 당하게 되었습니다. 만일 우리

가 노예로 팔렸다면 내가 이와 같이 황제 폐하를 성가시게 하지 않고 침묵을 지켰을 것입니다.'(1–4)

- **하만의 음모를 왕에게 고하는 에스더**: 에스더는 유대인을 죽이려 하고 있는 하만의 음모를 왕에게 고한다.(5–6)
- **나무에 달린 하만**: 모르드개를 달려고 준비했던 나무에 하만이 달려 죽는다.(7–10)

하만의 몰락과 유대인의 승리

모르드개의 등용과 유대인을 위해 내려진 조서

8장

모르드개가 높은 자리에 오르고 하만이 보낸 조서를 철회되고 거꾸로 유다인이 적대 세력을 진멸할 수 있는 조서가 내려진다.

- **모르드개의 등용**: 왕은 하만의 집을 에스더에게 주고 하만의 반지를 빼어 모르드개에게 주었다. 에스더는 모르드개에게 하만의 집을 관리토록 한다.(1–3)
- **유다인의 구원을 왕에게 요청하는 에스더**: 에스더는 왕에게 이미 유다인을 죽이라고 내려진 조서의 철회를 요청했고, 왕은 원하는 대로 조서를 작성해도 좋다는 허락을 한다. '너희는 왕의 명의로 유다인에게 조서를 뜻대로 쓰고 왕의 반지로 인을 칠지어다 왕의 이름을 쓰고 왕의 반지로 인친 조서는 누구든지 철회할 수 없음이니라 하니라.'(4–8)
- **새로운 왕의 조서**: 왕의 서기관이 모르드개가 시키는 대로 조서를 써서 전 지역으로 보낸다. 12월 13일 하루 동안 유다인이 적대 세력을 진멸할 수 있도록 한 조서이다.(9–14)
- **유다인들의 환호**: 유다인들이 환호하며 기뻐 잔치를 베풀고 그날을 명절로 삼으니 본토 백성이 유다인을 두려워하여 유다인이 되는 자가 많았다.(15–17)

유다인의 승리와 부림일의 유래

9장 대적을 진멸하는 유다인과 부림일 제정

- **대적을 진멸하는 유다인**: 드디어 12월 13일 유다인이 하만의 열 아들을 포함하여 적대 세력을 모두 진멸한다. 왕이 에스더에게 다시 소청하라 했고 에스더는 13일에 이어 14일에도 조서대로 행하고 하만의 열 아들을 나무에 달도록 요청하여 허락을 얻어 낸다. '왕의 각 지방에 있는 다른 유다인들이 모여 스스로 생명을 보호하여 대적들에게서 벗어나며 자기들을 미워하는 자 칠만 오천 명을 도륙하되 그들의 재산에는 손을 대지 아니하였더라.'**(1–16)**
- **기쁨의 잔치**: 전국적으로는 13일에 일을 행하고 14일에 쉬며 잔치를 베풀었고, 수산에서는 13일과 14일에 모였고 15일에 쉬며 잔치를 했다.**(17–19)**
- **부림절 제정**: '모르드개가 이 일을 기록하고 아하수에로 왕의 각 지방에 있는 모든 유다인에게 원근을 막론하고 글을 보내어 이르기를 한 규례를 세워 해마다 아달월 십사일과 십오일을 지키라 (…).' 부르(제비)의 이름을 따라 부림이라 하여 12월 14일과 15일을 부림일로 정했다. '각 지방, 각 읍, 각 집에서 대대로 이 두 날을 기념하여 지키되 이 부림일을 유다인 중에서 폐하지 않게 하고 그들의 후손들이 계속해서 기념하게 하였더라.'**(20–32)**

10장 아하수에로 왕의 행적과 모르드개의 영광을 기술함으로 끝을 맺는다.

- **아하수에로 왕의 행적**: '아하수에로 왕이 그의 본토와 바다 섬들로 하여금 조공을 바치게 하였더라. 왕의 능력 있는 모든 행적과 모르드개를 높여 존귀하게 한 사적이 메대와 바사 왕들의 일기에 기록되지 아니하였느냐.'(1–2)
- **유다인 모르드개의 영광**: '유다인 모르드개가 아하수에로 왕의 다음이 되고 유다인 중에 크게 존경받고 그의 허다한 형제에게 사랑을 받고 그의 백성의 이익을 도모하며 그의 모든 종족을 안위하였더라.'(3)

Ⅲ. 시가서

2 SAMUEL 15:16
227
David and Ziba
The Advice of Hushai and Ahithophel

욥기 핵심정리

욥기의 의의

- 구약은 1) 과거를 보여 주는 창세기로부터 에스더까지의 역사 기록 2) 미래를 이야기하는 이사야로부터 말라기까지의 선지서 3) 현재 우리의 삶에서 '성경적 삶을 위한 행동 지침'을 제시해 주는 욥기로부터 아가까지의 시가서 세 부분으로 구분해 볼 수 있다고 생각했다.
- 과거와 미래 부분은 믿음의 영역인 데 비해 현재 부분은 행함의 영역이다.
- 시가서의 첫 번째 책이 욥기이다.
- 욥기가 현재를 살아가고 있는 우리에게 제시하는 '성경적 삶을 위한 행동 지침'은 '잘못된 신학에 현혹되지 말라'라는 매우 중요한 지침이다. 우리는 부분적으로 옳은 신학에 현혹되어서는 안 된다.
- 우리는 아브라함의 선택 이후 현재까지 잘못된 신학이 세상을 계속 지배해 왔다는 사실을 직시해야 하며 올바른 신앙이 무엇인가를 알아야 한다.

기록연대와 배경

- 욥기의 기록연대와 저자에 대해서는 확신할 수 있는 정답이 없다.
- 대체로 아브라함, 이삭, 요셉이 살았던 족장 시대의 이야기로 추론한다. 욥이 우스 땅에 살았다고 했으므로 이곳은 팔레스틴 동편에서 아라비아에 이르는 지역을 가리키고 있다. 아브람이 선택되기 전 살았던 지역을 연상시킨다. 또한 이스라엘 백성이 70년 동안 포로 생활을 했던 곳도 그곳임을 유념할 필요가 있다.

욥에게 닥친 고난

욥의 시련과 욥의 세 친구

1장 하나님 앞에 완벽한 욥에게 닥친 첫 번째 시련

- **하나님 앞에서 완벽한 욥**: 우스 땅에 하나님을 경외하며 부와 명예를 가진 하나님 앞에서 완벽한 욥이 살았다. 아들 일곱에 딸이 셋 그리고 많은 가축을 소유한 부자였다. '그들이 차례대로 잔치를 끝내면 욥이 그들을 불러다가 성결하게 하되 아침에 일어나서 그들의 명수대로 번제를 드렸으니 이는 욥이 말하기를 혹시 내 아들들이 죄를 범하여 마음으로 하나님을 욕되게 하였을까 함이라 욥의 행위가 항상 이러하였더라.'(1–5)
- **욥의 시험을 사탄에게 허락하는 하나님**: 사탄이 등장한다. 사탄은 욥이 하나님을 경외하는 것은 이 세상에서 소유물이 넘쳐나기 때문이며 그의 모든 소유물을 없애 버린다면 하나님을 욕할 것이라 주장하여 사탄이 욥을 시험해 보아도 된다는 허락을 받는다. 하나님이 소유물은 다 네 손에 맡기나 몸에는 손대지 말라고 하신다.(6–12)
- **욥에게 닥친 첫 시련**: 욥의 첫 번째 시련이 닥친다. 하루아침에 재물과 자녀들을 모두 잃은 것이다.(13–19)
- **원망하지 않고 찬양하는 욥**: 욥은 원망하지 않았고 찬양했다. '이르되 내가 모태에서 알몸으로 나왔사온즉 또한 알몸이 그리로 돌아가올지라 주신 이도 여호와시요 거두신 이도 여호와시오니 여호와의 이름이 찬송을 받으실지니이다 하고 이 모든 일에 욥이 범죄하지 아니하고 하나님을 향하여 원망하지 아니하니라.'(20–22)

Ⅲ 시가서

2장 욥에게 닥친 두 번째 시련과 세 친구의 등장

- **욥의 재차 시험을 사탄에게 허락하는 하나님**: 하나님은 사탄에게 엄청난 첫 번째 시련에서도 하나님을 찬양하는 욥을 생명만은 제외하고 다시 시험해도 좋다는 허락을 한다. '여호와께서 사탄에게 이르시되 내가 그를 네 손에 맡기노라 다만 그의 생명은 해하지 말지니라.'**(1–6)**
- **욥에게 닥친 두 번째 시련**: 욥의 아내로부터 하나님을 욕하고 죽으라는 말을 들을 정도의 온몸에 난 종기로 괴로워하나 욥은 입술로 범죄하지 않았다.**(7–10)**
- **욥의 절친 세 명의 등장**: 그때에 절친한 친구 세 명이 이 모든 재앙이 그에게 내렸다 함을 듣고 등장한다. 1) 데만 사람 엘리바스 2) 수아 사람 빌닷 3) 나아만 사람 소발이다. 7일 동안 욥과 함께 있으면서 애통해 하였으나 한마디 말도 없었다.**(11–13)**

3장 생일을 저주하고 죽음을 사모할 정도로 괴로워하는 욥

- **생일을 저주할 정도의 괴로움**: 욥은 자기가 난 날을 저주할 정도로 괴로워한다. 그러나 하나님을 원망하지는 않는다.**(1–10)**
- **죽음을 사모할 정도의 괴로움**: 욥은 죽음을 사모하는 마음을 가질 정도로 괴로워하나 역시 하나님을 원망하지는 않는다.**(11–26)**

욥과 친구들의 논쟁

엘리바스와 욥의 첫 번째 논쟁

4장

엘리바스는 욥이 처한 어려움은 죄 때문이라고 주장한다.

- **욥에게 질책으로 말문을 연 데만 사람 엘리바스:** 데만 사람 엘리바스가 입을 다물고만 있을 수 없다며 욥을 질책하고 나선다. 과거에는 욥이 남을 훈계하고 어려운 사람을 돕고 하더니 막상 본인에게 어려움이 닥치니 힘들어 하고 놀란다고 하며 질책을 시작한다.(1–6)
- **욥이 죄로 인해 고통을 당하고 있다고 충고하는 엘리바스:** '죄 없이 망한 자가 누구인가'라고 포문을 열고 결국 욥은 죄로 인해 지금의 심판을 받고 있는 것이라고 충고한다. 엘리바스는 사람이 어찌 창조주이신 하나님보다 의롭거나 깨끗할 수 있겠느냐는 식의 당연한 논리를 제시한다. 타당한 듯하나 잘못된 신학을 펼치고 있다.(7–21)

5장

엘리바스는 계속해서 욥에게 하나님을 찾고 죄를 자복하라고 주장한다.

- **미련한 자는 결국 멸망할 것이라는 엘리바스의 주장:** 엘리바스는 계속해서 주장을 편다. 미련한 자, 어리석은 자가 분노와 시기 때문에 결국은 멸망당하고 만다고 주장한다.(1–2)
- **하나님께 죄를 자복하라고 주장하는 엘리바스:** 엘리바스는 계속 욥이 죄를 지었다

고 주장하며 나라면 하나님을 찾고 하나님께 의탁할 것이라 주장하며 하나님으로부터 징계를 받는 것이 복이 될 수 있다고 말한다. '그런즉 너는 전능자의 징계를 업신여기지 말지니라. 하나님은 아프게 하시다가 싸매시며 상하게 하시다가 그의 손으로 고치시나니.'(3-27)

🔔 엘리바스는 욥을 위로한답시고 욥의 어떤 특수한 상황은 외면한 채 죄와 고난에 대한 일반화된 논리를 전개하며 잘못된 신학을 펼치고 있다.

6장 욥은 자신은 죄가 없음을 주장하고 친구들의 몰이해를 비난한다.

- **결백을 주장하는 욥**: 엘리바스의 질책을 들은 욥은 대답한다. 욥은 생일을 저주하고 죽음을 사모한다고 했던 것은 괴로움이 너무 컸기 때문에 말이 거칠었었음을 인정한다. 그러나 정상적 상황이었다면 결코 비탄해하거나 불평하지 않았을 것이라고 말한다. '싱거운 음식을 양념도 치지 않고 먹을 수 있겠느냐? 달걀 흰자위를 무슨 맛으로 먹겠느냐? 그런 것들은 생각만 해도 구역질이 난다. 냄새조차도 맡기가 싫다.'(1-7)
- **친구들의 몰이해를 비난하는 욥**: 엘리바스가 징계가 복이 될 수 있을 것이라 말하나 욥의 기력이 이제 한계에 달했기 때문에 이제 도움을 구할 곳이 없는데 이럴 때 친구가 필요한 것이나 내가 어려움을 당하고 나니 친구들은 발을 빼려 하고 있다고 비난하며 자신의 의는 아직 건재하다고 주장한다. '이제 너희는 아무것도 아니로구나. 너희가 두려운 일을 본즉 겁내는구나. 내가 언제 너희에게 무엇을 달라고 말했더냐. 나를 위하여 너희 재물을 선물로 달라고 하더냐. 내가 언제 말하기를 원수의 손에서 나를 구원하라 하더냐. 폭군의 손에서 나를 구원하라 하더냐. 내게 가르쳐서 나의 허물된 것을 깨닫게 하라 내가 잠잠하리라 옳은 말이 어찌 그리 고통스러운고, 너희의 책망은 무엇을 책망함이냐.'(8-30)

7장

욥은 인생의 허무함과 고통을 토로하며 미약한 인생을 시험하시는 하나님께 불평하는 듯한 말을 쏟아 놓는다.

- **욥은 인생의 허무를 토로한다:** 계속 이어지는 욥의 말이다. 욥은 인생을 하루 벌어 사는 품꾼에 비유하며, 욥의 현재 처한 상황의 허무함과 고통을 친구들에게 토로한다. '이와 같이 내가 여러 달째 고통을 받으니 고달픈 밤이 내게 작정되었구나. 내가 누울 때면 말하기를 언제나 일어날까, 언제나 밤이 갈까 하며 새벽까지 이리 뒤척, 저리 뒤척 하는구나.'(1-6)
- **하나님께 불평하듯 토로하는 욥:** 욥은 하나님을 향해 말한다. "이제 나는 이 세상을 떠나는 것 같습니다. 이제는 너무 괴로워서 불평 좀 하겠습니다. 왜 하나님은 나를 계속 감시하고 계십니까? 잠이라도 자면 좀 편해지겠지 생각하지만 꿈속에서도 환상 속에서도 나를 두렵게 하시니 차라리 죽었으면 좋겠습니다. 영원히 살고 싶지 않으니 나를 놓아주십시오. 언제까지 나를 놓지 않으렵니까? 정말 내가 죄인이라면 사하여 주시면 되지 않습니까?" 욥의 비통한 절망의 부르짖음이다.(7-21)

욥과 친구들의 논쟁

빌닷과 욥의 첫 번째 논쟁

8장

빌닷 역시 욥의 고통은 범죄의 결과이니 회개가 답이라고 말한다.

- **욥을 힐난하고 나서는 수아 사람 빌닷:** 욥의 말을 듣고 있던 수아 사람 빌닷이 끼어들어 욥의 말이 너무 거칠다고 힐난하면서 말문을 열었다.(1-2)
- **욥이 죄를 회개해야 한다고 주장하는 빌닷:** 하나님은 정의와 공의를 굽게 하시는

분이 아니어서 죄를 지은 욥이 불평하는 것은 부당하며 자녀들이 죽은 것도 죄 때문이므로 하나님을 찾아 회개해야 한다고 말한다. '네가 만일 하나님을 찾으며 전능하신 이에게 간구하고 또 청결하고 정직하면 반드시 너를 돌보시고 네 의로운 처소를 평안하게 하실 것이라.'(3-6)

- **욥이 고통받는 것은 하나님의 징계라고 주장하는 빌닷**: 빌닷 역시 세상에서 받는 고통은 곧 하나님의 징계로 인한 것이라는 잘못된 신학을 견지하고 있다. 징계 이외의 다른 목적이 있을 수 있음을 인정하지 않고 있는 것이다. 빌닷은 '네 시작은 미약하였으나 네 나중은 창대하리라'는 식의 상투어만 남발하고 있다. 빌닷은 하나님은 악인을 반드시 심판하시고 의인을 버리지 않으신다는 당연한 말을 주장하고 있다.(7-22)

9장

욥은 자신이 이렇게 혹독한 고난을 당할 만한 죄를 짓지 않았다고 생각하고 있다. 그리고 세상에서는 악인도 잘될 수 있다는 신학을 갖고 있는 듯하다.

- **욥이 빌닷의 말에 대답한다**: 하나님은 악인을 벌주고 심판하신다는 빌닷의 말에 동의하지만 하나님 앞에서 죄 없는 사람이 있느냐고 반문한다. '사람이 하나님과 논쟁을 한다고 해도, 그분의 천 마디 말씀에 한 마디도 대답하지 못할 것이다.'(1-3)
- **욥은 하나님이 전능하심을 믿는다**: 하나님은 절대 전능자이시므로 감히 나 같은 사람이 아무리 의롭다고 한들 하나님께 대답할 수는 없으며 오로지 간구만 할 수 있다고 욥은 생각한다.(4-20)
- **욥은 자신이 흠이 없다고 생각한다**: 그러나 자신을 자기도 잘 모르겠고 산다는 것이 싫어졌다고 말한다. 악인이나 의인이 재난이 닥치면 모두 마찬가지로 죽으니 그것도 하나님의 심판이라 할 수 있을 것이며 악인이 지배하는 세상을 보면서 그것도 하나님이 하신 것이라 생각해야 하느냐며 반문한다. 세상에서 아무리 의롭게 살아도 세상에서는 불행할 수 있음을 욥은 알고 있는 것 같다.(21-31)

- **하나님의 절대성을 인정하는 욥**: 하나님은 절대자이시기 때문에 하나님과 재판할 수도 없고 중간에서 판결해 줄 어느 누구도 없다. 욥은 하나님의 절대성을 인정한다.(32–35)

10장

욥은 왜 자신이 이렇게 고통을 당하고 있는지 알고 싶어 한다. 그러나 하나님의 침묵 앞에 자신의 처지를 한탄하고 있을 뿐이다.

- **하나님께 따지듯이 말하는 욥**: '내 영혼이 살기에 곤비하니 내 불평을 토로하고 내 마음이 괴로운 대로 말하리라 내가 하나님께 아뢰오리니 나를 정죄하지 마시옵고 무슨 까닭으로 나와 더불어 변론하시는지 내게 알게 하옵소서.' 욥은 너무 고통스러워 악인도 잘 살고 있는데 왜 욥만 괴롭히느냐는 심정으로 하나님께 따지는 듯이 말하고 있다. 욥은 하나님께서는 욥이 악하지 않다는 것을 알고 계신다고 생각한다.(1–7)
- **왜 나를 태어나게 하셨나요?**: 지금까지 세상에 태어나 잘 살아왔는데 갑자기 이런 고난이 온 걸 보니 하나님은 항상 욥을 벌줄 생각을 품어 왔었던 것 같다고 말한다. '주의 손으로 나를 빚으셨으며 만드셨는데 이제 나를 멸하시나이다 (…) 주께서 나를 태에서 나오게 하셨음은 어찌함이니이까. 그렇지 아니하셨더라면 내가 기운이 끊어져 아무 눈에도 보이지 아니하였을 것이라. 있어도 없던 것 같이 되어서 태에서 바로 무덤으로 옮겨졌으리이다.'(8–19)
- **죽기 전에 평안을 구하는 욥**: 욥은 현재의 상태가 너무 괴로워 죽기 전에 평안이 있었으면 좋겠다고 간구한다. '내 날은 적지 아니하니이까. 그런즉 그치시고 나를 버려두사 잠시나마 평안하게 하시되 내가 돌아오지 못할 땅 곧 어둡고 죽음의 그늘진 땅으로 가기 전에 그리하옵소서.'(20–22)

소발과 욥의 첫 번째 논쟁

– 욥에 대한 소발의 충고가 있은 후 욥은
세 친구 모두에게 말하며 하나님과 대화한다 –

11장 소발은 욥이 죄를 회개하고 평안을 찾아야 한다고 말한다.

- **나아마 사람 소발이 욥을 질책하고 나선다:** 욥의 말을 듣고 있던 친구 나아마 사람 소발이 말하기 시작한다. 소발은 욥이 너무 말이 많고 너무 자랑하고 있다고 말하고 또 전능자이신 하나님의 측량할 수 없는 지혜를 모르고 있다고 질책한다.(1–10)
- **욥이 회개해야 한다고 말하는 소발:** 소발은 욥을 허망한 사람이라 평하며 하나님은 악한 일을 잘 알고 세심으로 욥은 회개해야 한다고 말한다. '네 손에 죄악이 있거든 멀리 버리라. 불의가 네 장막에 있지 못하게 하라.'(11–14)
- **회개하고 나면 평안이 올 것이라고 말한다:** 소발은 욥에게 죄를 회개하고 나면 환난을 잊게 되고, 생명의 날이 밝아지고, 안전하고 평안히 쉬게 될 것이라 말한다. '그러나 악한 사람은 눈이 멀어서, 도망 칠 길마저 찾지 못할 것이다. 그의 희망이라고는 다만 마지막 숨을 잘 거두는 일뿐일 것이다.' 소발 역시 잘못된 신학을 펼치고 있다.(15–20)

12장 소발의 변론에 대한 욥의 답변. 욥은 친구들의 지적 교만을 비난한다.

- **친구들의 교만을 비난하는 욥:** 욥은 친구들이 자신들만이 지혜롭다고 생각하며 욥에게 충고하는 교만에 대해 비난한다. 의롭게 살아왔다고 자처하는 욥이 친구들의

조롱거리가 된 자신의 처지를 생각하며 강도가 세상에서 번영을 누리는 현실을 생각한다.(1–6)

- **짐승보다도 못한 인간이 아닌가?**: 욥은 친구들의 지식이 짐승들의 지식보다 낫지 않다고 생각한다. '이제 모든 짐승에게 물어 보라 그것들이 네게 가르치리라 공중의 새에게 물어 보라 그것들이 또한 네게 말하리라 땅에게 말하라 네게 가르치리라 바다의 고기도 네게 설명하리라.'(7–12)
- **하나님만이 심판자이시다**: 지혜와 권능의 하나님께서 세상의 모든 것을 지배하시고 심판하시는 것이다.(13–25)

Ⅲ 시가서

13장

욥은 친구들의 말을 무시하고 하나님께 지금 당하고 있는 고통을 토로한다.

- **친구들의 독선을 질책하는 욥**: 욥은 친구들에게 너희는 입만 열면 하나님만 찾는데 나도 너희들이 아는 정도는 알고 있다며 하나님께 직접 말씀드리겠다고 말한다. '너희는 거짓말을 지어내는 자요 아무 데도 쓸모없는 돌팔이 의사에 불과하다. 제발 너희는 조용히 해 다오. 그것이 오히려 너희에게 지혜가 될지 모른다 (…) 너희 격언은 개와 같이 아무 데도 쓸데없고 너희 변호는 무너지기 쉬운 흙더미에 불과하다. 너희는 조용히 하고 나에게 말할 기회를 달라. 무슨 일이 일어나든지 그것은 내가 당하겠다.' 하나님을 제대로 알라는 것이다.(1–13)
- **욥은 자신이 경건하다고 생각한다**: 욥은 어차피 죽을 몸이니 나의 걸어온 발자취를 하나님 앞에 낱낱이 밝히고 싶어 한다. 욥은 자신이 경건하고 정의롭다고 생각한다. 그러나 누군가가 나의 죄를 입증한다면 말없이 사라지겠다고 한다.(14–19)
- **하나님께 간구하는 욥**: 욥은 하나님께 부탁한다. 1) 주의 손을 내게 대지 마시오며 2) 주의 위엄으로 나를 두렵게 하지 마십시오. 3) 주가 나를 부르시면 내가 대답하겠습니다.(20–22)

- **욥은 하나님께 호소한다**: '내가 얼마나 많은 죄와 잘못을 범했습니까? 나의 허물과 죄를 지적해 주소서. 주께서는 왜 내게서 얼굴을 돌리시고 나를 원수같이 여기십니까? 주는 바람에 날리는 낙엽 같은 나를 놀라게 할 작정이십니까? 어째서 마른 지푸라기 같은 존재를 추격하십니까? 주께서 신랄하게 나를 비난하시며 내가 어릴 때 지은 죄까지 들추어내시고 내 발에 쇠고랑을 채우시며 나의 모든 걸음을 지켜보시고 나의 발자국까지 살피시므로 내가 이렇게 썩어 자빠진 나무 같으며 좀 먹은 의복같이 되었습니다.'(23–28)

14장 욥은 하나님의 구원을 기다리고 있다.

- **고난의 때가 지나가기를 기다리는 욥**: 욥이 계속해서 하나님께 고한다. 원죄를 갖고 태어나 짧은 인생을 사는 욥을 이제 더 이상 감시하고 경계하지 마시고 짧은 인생을 즐겁게 살도록 내버려 두십시오. 차라리 나를 스올에 숨겨 두었다가 뒷날에 다시 기억해 주실 수는 없나요? 욥은 고난의 때가 지나가기를 기다리고 있다. '그때는 주께서 나의 걸음을 세셔도 내 죄는 들추어 내지 않으시고 그 모든 것을 덮어 주시며 용서해 주실 것입니다.'(1–17)
- **자신의 죽음을 예견하는 욥**: 욥은 자신의 죽음을 예견하고 연약한 인간의 모습으로 이렇게 말한다. '산이 무너져 내리고, 큰 바위조차 제자리에서 밀려나듯이, 물이 바위를 굴려 내고 폭우가 온 세상 먼지를 급류로 씻어 내듯이, 주님께서는 연약한 사람의 삶의 희망도 그렇게 끊으십니다. 주님께서 사람을 끝까지 억누르시면, 창백하게 질린 얼굴로 주님 앞에서 쫓겨날 것입니다. 자손이 영광을 누려도 그는 알지 못하며, 자손이 비천하게 되어도 그 소식 듣지 못합니다. 그는 다만 제 몸 아픈 것만을 느끼고, 제 슬픔만을 알 뿐입니다.'(18–22)

엘리바스와 욥의 두 번째 논쟁

15장

엘리바스는 두 번째 충고에서 더욱 심하게 욥을 대한다. 하나님을 경외하지도 않고 기도도 하지 않는 욥은 세상에서 파멸에 이를 것이라는 것이다.

- **엘리바스는 두 번째 논쟁에서 욥을 더욱 심하게 정죄하고 있다**: 욥의 발언은 헛된 지식이고 무익한 말이며 욥은 하나님을 경외하지도 않고 기도도 하지 않는다. 욥의 입술이 문제다. 너보다 연로한 친구들이 더 지혜롭지 않겠는가? 악을 저지른 네가 의로울 수는 없는 것이 아니겠는가?**(1–16)**
- **옛 이야기에 빗대어 욥을 공격하는 엘리바스**: 엘리바스는 옛날부터 지혜로운 자들로부터 전해져 오는 이야기를 근거로 욥을 공격한다. 악인은 일평생 고통을 당한다. 그 이유는 하나님을 대적했고 교만했기 때문이라는 것이다. 결국 부유하지도 못하고 자식도 못 낳고 파멸에 이를 것이라고 하는 등 악담을 퍼부었다.**(17–35)**

16장

욥은 친구들이 위로하는 척하며 더 큰 재난을 주고 있다고 질책하며 하늘의 중보자가 나타나기를 갈망한다.

- **친구들을 재난을 주는 위로자라고 질책하는 욥**: 욥은 엘리바스의 질책에 대해 한마디로 친구들을 '재난을 주는 위로자'라고 질책한다. '나도 너희처럼 말할 수 있다. 만일 너희가 내 입장에 있다고 하면 나도 얼마든지 말을 지어내어 너희를 괴롭히고 너희를 향해 머리를 흔들 수 있을 것이다. 하지만 난 그렇게 하지 않겠다. 나 같으면 너희에게 도움이 되는 말을 하여 너희를 위로하고 너희 슬픔을 덜어 주었을 것이다.'**(1–5)**

- **하늘의 중보자가 나타나기를 갈망하는 욥**: 욥은 극도의 고난에 직면하여 자신의 사회적 명성과 권능이 상실되고 친구들과 심지어 가족까지 자신을 정죄하는 것을 견디지 못해 하늘의 중보자가 나타나기를 갈망한다. '지금 나의 증인이 하늘에 계시고 나의 대변자가 높은 곳에 계신다. 내 친구들이 나를 조롱하니 내 눈이 하나님께 눈물을 쏟는구나. 사람이 자기 친구를 위해서 변호하듯 누가 나를 위해 하나님께 변호해 주었으면 좋으련만! 몇 년이 지나면 나도 돌아오지 못할 길로 갈 것이다.'(6-22)

17장

욥은 소망 없는 삶을 탄식한다.

- **자신의 처지를 슬퍼하는 욥**: 욥은 조롱하는 친구들 앞에서 죽게 되었음을 서글퍼한다.(1-2)
- **하나님께 호소하는 욥**: 욥은 하나님에게 자신의 무죄를 입증해 주시고 친구들이 뽐내지 못하도록 호소한다.(3-5)
- **의인들에 대한 욥의 마음**: 욥의 처지가 백성의 속담 거리가 될 정도로 몸이 약해져 힘이 없지만 내 모습을 본 의인들은 놀라며 계속 의롭게 살 것이라고 생각한다.(6-9)
- **욥의 깊은 탄식**: 욥은 자신의 좋은 시절이 다 갔음을 한탄하며 이제 자신이 죽으면 희망까지도 묻히고 말 것이라고 탄식한다.(10-16)

욥과 친구들의 논쟁

빌닷과 욥의 두 번째 논쟁

18장

빌닷은 욥을 아예 악인으로 단정하고 악인들에게 미칠 운명을 열거한다.

- **욥을 더 심하게 정죄하는 빌닷**: 빌닷은 처음보다 욥을 더 심하게 정죄한다. 자연법칙이 변개될 수 없듯이 죄의 결과로 징계를 받는 것 또한 하나님께서 정하신 도덕적 법칙이라며 욥에게 입을 다물라고 공격한다.(1-4)
- **욥을 악인으로 단정하고 망각 될 것이라고 말하는 빌닷**: 욥을 악인으로 단정하고 악인의 불은 꺼질 것이며 각종 재앙, 질병에 시달리고 집도 모두 빼앗기고 후손도 없을 것이며 결국 욥은 망각 될 것이라고 한다. 이것이 하나님을 알지 못하는 자들의 운명이라는 것이다.(5-21)

19장

욥은 자신을 정죄하는 친구들의 말에 동의할 수 없다고 생각하며 죽음 이후에라도, 곧 부활했을 때 무죄함을 입증해 주실 하나님을 뵈리라고 말한다.

- **욥은 비정한 친구들을 책망한다**: 욥이 대답한다. 욥은 수없이 자신을 비난하는 비정한 친구들을 책망한다. 욥은 죄가 없는 자신을 정죄하는 친구들의 말에 동의할 수 없었던 것이다. '너희가 내 마음을 괴롭히며 말로 나를 짓부수기를 어느 때까지 하겠느냐.'(1-5)
- **욥은 하나님께 억울하다고 호소한다**: 욥은 자신이 당하는 고난은 죄로 인한 것이 아니라 하나님에 의해 시작된 것임을 알아야 한다고 주장하며 하나님께 억울하다고 부르짖었으나 아무런 응답이 없었다고 욥은 말한다.(6-12)
- **주변 사람들로부터도 버림받았다고 생각하는 욥**: 게다가 욥에게 닥친 환난으로 가족과 친구들, 그 밖의 주변의 모든 사람들로부터 버림을 받았고 원수가 되었다고 말한다. '내 아내도 내 숨결을 싫어하며 내 허리의 자식들도 나를 가련하게 여기는구나. 어린 아이들까지도 나를 업신여기고 내가 일어나면 나를 조롱하는구나. 나의 가까운 친구들이 나를 미워하며 내가 사랑하는 사람들이 돌이켜 나의 원수가 되었구나 (…) 내 친구들이여, 나를 좀 불쌍히 여겨다오. 하나님의 손이 나를 치셨다. 너희가 어째서 하나님처럼 나를 핍박하느냐? 나를 이처럼 괴롭히고도 아직 마음에 만족함이 없느냐.'(13-22)

- **죽음 이후 하나님을 뵈리라고 확신하는 욥**: 욥은 말한다. 지금도 너희들은 나를 괴롭힐 구실들을 찾고 있겠지만 죽음 이후에라도 무죄를 입증해 주실 수 있는 심판장이신 하나님을 다시 보리라는 확신을 갖고 있다.(23-29)

욥과 친구들의 논쟁

소발과 욥의 두 번째 논쟁

20장

소발은 욥을 악인으로 단정하고 악인은 몰락하고 하나님의 심판을 받는 것이라고 말한다.

- **소발이 욥에게 분노한다**: 소발은 욥의 말을 듣다 참지 못하고 격분하여 자신의 말을 시작한다.(1-3)
- **욥을 악인이라고 전제하고 말하는 소발**: 소발은 욥이 악인이라는 전제를 깔고 악인의 종말에 대해 말한다. 1) 악인의 승리는 오래가지 못했고 경건치 못한 자의 즐거움도 다 순간적이었다. 2) 그의 자녀들은 그가 가난한 자들에게서 빼앗은 재물을 되돌려 주어야 할 것이며 그는 몸이 건장할지라도 곧 흙으로 돌아갈 것이다. 3) 그가 남의 재물을 집어삼켜도 그것을 다시 토해낼 수밖에 없는 것은 하나님이 그것을 뱃속에서 다시 나오게 하실 것이기 때문이다. 4) 악인이 삼키는 것은 독사의 독과 같아서 결국 그를 죽이고 만다. 5) 젖과 꿀이 흐르는 강을 보지 못할 것이며 6) 수고하여 얻은 것도 먹어 보지 못하고 내어 주어야 할 것이며 장사하여 모은 돈도 쓰지 못할 것이다. 7) 그는 만족할 줄 모르고 언제나 욕심을 내지만 자기가 갖고 싶은 것을 하나도 간직하지 못할 것이며 8) 남기는 것 없이 닥치는 대로 먹어 치우므로 그가 누리던 번영도 끝장이 나고 말 것이다. 9) 악인은 풍족할 때에도 고통을 당할 것이니 불행이 그에게 밀어닥칠 것이다. 10) 그가 자기 배를 채우려 할 때 하나님은 분노의 불을 토해 그에게 비처럼 쏟을 것이다. 그가 철로 만든 무기를 피하면 놋화살

이 그를 꿰뚫을 것이며 그가 몸에서 그 화살을 빼내면 번쩍이는 촉이 그의 쓸개에서 나와 그의 마음이 두려움에 사로잡힐 것이다. 11) 아주 캄캄한 어두움이 그의 재물을 삼킬 듯이 기다리며 사람이 피우지 않은 불이 그를 사르고 그 집 안에 남은 것을 삼킬 것이다. 12) 하늘이 그의 죄를 드러낼 것이요 땅이 그를 대적하여 증언할 것이며 13) 그의 재산은 하나님의 분노의 홍수에 떠내려가고 말 것이다. 이것이 바로 하나님이 정해 놓으신 악인들의 운명이다.**(4–29)**

21장 욥은 악인이 번영하고 죄 없는 사람이 고난당하는 현실을 거론하며 친구들을 반박한다.

- **친구들이 경청해 줄 것을 요청하는 욥**: 욥은 진리의 확신을 갖고 친구들이 경청해 줄 것을 요청한다. '너희는 내 말을 잘 들어라. 이것이 너희가 나를 위로하는 길이다. 나에게 먼저 말할 기회를 달라. 너희가 조롱하더라도 내 말이 끝난 다음에 하라. 내가 사람에게 원망하는 것이 아니라 하나님께 원망하고 있으니 어찌 내 마음이 초조하지 않겠느냐?'**(1–5)**
- **세상에서 악인이 번영하며 장수하는 현실을 말하는 욥**: 욥은 실제 사례들을 열거하며 세상에 사는 동안 악인이 번영하며 장수할 수 있다는 난제를 제시하고 있다. '어째서 악인은 죽지도 않고 오래 살며 그 세력이 점점 강해지는가? 그들은 자녀들이 성숙하게 자라가는 것을 보고 그 손자들까지 무럭무럭 자라는 것을 보며 살고 있다. 그들의 집은 평안하며 두려워해야 할 일이 없다. 하나님도 그들을 벌하시지 않으며 그들의 소는 새끼도 잘 낳는다. 그들의 자녀들은 양떼처럼 뛰어 놀고 마냥 즐거워 세월을 노래와 춤으로 보내며 아무것도 부족한 것 없이 편안하게 수명대로 살다가 죽을 때도 고통 없이 죽는다. 그런데도 그들은 하나님께 우리를 내버려 두시오. 우리는 당신의 도리를 알고 싶지 않습니다. 전능하신 자가 누군데 우리가 그를 섬기며 우리가 그에게 기도한들 무슨 유익이 있겠는가? 하는구나.'**(6–15)**
- **욥은 악인의 죽음 이후의 세상에서의 모습도 전한다**: 욥은 악인들이 이 세상에서

Ⅲ 시가서

하나님의 벌을 받는 경우에 대해서도 모르는 바가 아니나, 어떤 사람은 죽는 날까지 건강하고 잘 먹고, 잘 살며 편안하게 지내는 경우가 허다하고 심지어 죽어서도 그의 장례 행렬에는 수많은 조객들이 뒤따르고 골짜기의 흙덩이까지도 그의 몸을 부드럽게 덮어 준다고 말한다. 그러니 너희 위로가 헛되지 않겠느냐? 너희 대답은 거짓말뿐이라 말하며 끝맺는다.(16–34)

욥과 친구들의 논쟁

엘리바스와 욥의 세 번째 논쟁

22장

엘리바스는 욥에게는 해당되지 않는 죄목들을 열거하면서 욥에게 회개하라고 촉구한다.

- **욥을 몰아붙이는 엘리바스**: 엘리바스는 하나님이 욥에 대해서는 관심도 없다고 말하며 욥을 몰아붙이기 시작한다. '하나님이 너를 책망하시며 너를 심판하시는 것이 너의 경건 때문이라고 생각하느냐? 결코 그런 것은 아니다. 그것은 네가 크게 범죄하고 악을 행하였기 때문이다.'(1–5)
- **엘리바스는 엉뚱한 죄목들을 열거하며 욥을 정죄한다**: 엘리바스는 욥에게는 해당될 수도 없는 죄들(헐벗은 자의 옷을 빼앗았다, 주린 자에게 음식을 주지 않았다, 과부를 돌보지 않았다 등)을 열거하며 벌을 받아야 한다고 주장한다.(6–12)
- **계속 욥을 오해하여 비난하는 엘리바스**: 또 엘리바스는 욥이 '하나님은 인간의 일을 전혀 인식하고 있지 못하고 있다'라고 말했다고 헐뜯었다. '그러나 너는 하나님이 무엇을 아시며 흑암 중에서 어떻게 심판할 수 있겠는가? 짙은 구름이 그를 가리고 있으므로 그는 우리를 볼 수 없고 다만 창공을 걸어 다니고 있을 뿐이다 하는구나.'(13–20)

- **욥에게 회개하라고 충고하는 엘리바스**: 그러므로 욥은 회개하고 하나님과 화목하라고 충고하고 있다. '너는 하나님께 굴복하고 그와 화목하여라. 그러면 그가 너를 축복해 주실 것이다. 너는 그의 교훈을 받아들이고 그의 말씀을 네 마음에 간직하여라. 네가 만일 전능하신 분에게 돌아가고 또 네 집에서 악을 제거하면 네가 다시 일어설 것이다 (…).'(21–30)

23장

욥은 하나님의 정당한 판단을 원하고 있다. 그러나 단련된 후 순금같이 되어 나올 것이라는 신앙 고백을 한다.

- **하나님의 용서를 확신하는 욥**: 욥은 엘리바스의 비난과 충고에 대하여 직접적 변호 대신에 자신이 고통받는 현실을 안타까워하며 심판자 앞에서 자신의 변론이 정당하게 인정받기를 원한다. 그러나 욥은 하나님의 용서를 확신하고 있다.(1–7)
- **욥의 신앙 고백**: 욥은 하나님을 만날 수 없음을 탄식하고 자신의 무죄함을 강조한다. 그러나 욥은 자신이 단련된 후 순금같이 되어 나오리라 생각한다.(8–10)
- **하나님을 두려워하는 욥**: 욥은 자기도 모르는 일을 하나님께서 마음대로 행하시기 때문에 하나님을 두려워한다고 토로한다. '나는 그를 충실히 따랐고 그의 길에서 벗어나지 않았으며 그의 명령을 어기지 않았고 그 입의 말씀을 매일 먹는 음식보다 더 소중히 여겼다. 그런데도 나에 대한 그의 태도는 변하지 않고 있으니 누가 감히 그의 뜻을 돌이킬 수 있겠는가? 그는 자기가 원하는 일이면 무엇이든지 하고야 마는 분이시다.'(11–17)

24장

**욥은 세상에는 불공평해 보이는 일들이 있는 것 같아 보이지만 그것이 죄로 인한 것이 아니라고 생각하고 있다.
악인은 궁극적으로 심판받을 것이라는 것이 욥의 생각이다.**

- **하나님의 때에 대한 욥의 관심**: 욥은 하나님이 악인이 심판받고 의인이 보상받는

정확한 때를 정하지 않은 것에 관심이 있다. 세상에서는 악인이 잘 살기도 하고 의인이 어렵게 살고 있기도 하기 때문이다.(1)

- **악인의 궁극적 심판을 확신하는 욥**: 욥은 악인들의 여러 가지 행태와 가난한 사람들이 겪는 어려운 상황들을 열거하며 악인들은 궁극에는 멸망하고 하나님의 심판을 받을 것이라고 말한다. '사람들은 한 치의 땅이라도 더 차지하겠다고 경계석을 옮기며 양떼를 훔쳐가 기르고 고아의 나귀를 끌어가며 빚을 갚지 않는다고 과부의 소를 담보물로 잡아 두고 가난한 자들을 길거리에서 몰아내니 세상의 가난한 자들이 다 숨을 곳을 찾는구나 (…) 그들은 남의 밭에서 곡식을 베고 악인의 포도밭에서 포도를 따며 입을 것과 덮을 것이 없어서 온 밤을 추위에 떨면서 맨몸으로 보내고 (…) 때때로 하나님이 그의 능력으로 부자들을 보존하고 살 수 없는 처지에서도 그들을 살려 주며 또 그들에게 자신감과 힘을 주시고 여러 가지 면에 그들을 도와주시는 것처럼 보인다. 그러나 지금은 아주 높아진 것 같아도 그들은 순식간에 다른 사람들처럼 파멸될 것이며 곡식 이삭처럼 베임을 당할 것이다. 만일 그렇지 않다고 해도 나를 거짓말장이리고 지적하거나 내 말이 틀렸다고 주장할 사람이 누구인가?'(2-25)

욥과 친구들의 논쟁

빌닷과 욥의 세 번째 논쟁

25장

빌닷은 전능하고 위대하신 하나님 앞에서 구더기 같은 존재인 욥이 어떻게 의롭다고 할 수 있느냐며 질책한다.

- **당연한 신학을 피력하는 빌닷**: 빌닷이 마지막 발언을 한다. 너무나도 당연한 이야기를 하고 있다. 하나님의 위대성과 구더기같이 저급한 존재로서의 인간을 말하고 있다. 사람이 어떻게 하나님 앞에서 의롭다고 할 수 있느냐고 욥을 힐난하고 있다.

상투적인 말의 반복이다.(1–5)

26장

욥은 빌닷에게 전혀 도움도 되지 않을 말들은 이제 그만하라고 반문한다.
누구나 다 아는 그런 정도의 설명은 필요 없다는 것이다.

- **빌닷에게 반문하는 욥**: 욥은 아무 도움도 되지 않는 말을 지껄이는 빌닷에게 힘없고 무기력한 상태에 있는 자신에게 그게 할 소리냐고 반문한다. '네가 힘없는 자를 참 잘도 도와주는구나. 기력 없는 팔을 참 잘도 구원하여 주는구나. 지혜 없는 자를 참 잘도 가르치는구나. 큰 지식을 참 잘도 자랑하는구나. 네가 누구를 향하여 말하느냐 누구의 정신이 네게서 나왔느냐.'(1–4)
- **하나님의 능력에 대한 욥의 설명**: 욥은 빌닷이 제시한 하나님의 권능과 위엄에 대해 창조 능력을 포함하여 한 단계 업그레이드된 설명을 한다. '하나님은 북쪽 하늘을 허공에 펴시며 지구를 공간에 매달아 놓으시고 물을 짙은 구름으로 싸시며 그 무게로 구름이 찢어지지 않도록 하셨다. 그는 자기 보좌를 구름으로 가리시고 수면에 경계를 그어 빛과 어두움의 한계를 정하셨다. 그가 한번 꾸짖으면 하늘의 기둥이 무서워 떤다. 그는 권능으로 바다를 잠잠하게 하시고 그 지혜로 바다의 교만을 꺾어 버리시며 그의 입김으로 하늘을 맑게 하시고 그의 손으로 날쌔게 기어가는 뱀을 찌르신다 (…) 누가 감히 하나님의 크신 능력을 이해할 수 있겠느냐?'(5–14)

욥과 친구들의 논쟁

세 친구에 대한 욥의 결론적 항변

27장

욥은 친구들의 말을 인정할 수 없고 자신에게는 잘못이 없다고 주장한다.

- **친구들의 말을 인정할 수 없다고 주장하는 욥**: 욥은 풍자하여 나의 정당함을 인정하지 않으시고 내 영혼을 괴롭게 하신 하나님 앞에서 주장하지만 나는 잘못하지 않았고 내 양심은 깨끗하며 내가 죽기 전에는 친구들의 말을 인정할 수 없다고 욥은 주장한다.(1–6)
- **적대자를 저주하는 욥**: 욥은 자신에게 훈계해 왔던 친구들에게 저주하며 하나님이 어떤 분이신가를 가르치겠다고 나선다. '나를 대적하는 자들과 나를 치는 자들은 악인들과 죄인들처럼 벌 받기를 원한다.'(7–12)
- **악인들은 결국 파멸할 것이라 주장하는 욥**: 욥은 악인들의 미래를 말한다. 요약하면 악인은 파멸할 것이라는 것이다. '악하고 폭군처럼 무자비한 자가 전능하신 하나님께 받아야 할 형벌은 이렇다 그에게는 자녀가 많을지라도 모두 칼날에 죽거나 굶어 죽을 것이다. 살아남은 자들은 병으로 죽을 것이며 그들의 아내들도 그들의 죽음을 슬퍼하지 않을 것이다. 그가 비록 돈을 산더미처럼 쌓고 벽장을 옷으로 가득 채워 넣을지라도 의로운 자들이 그 옷을 입을 것이며 죄 없는 자들이 그 돈을 나눠 가질 것이다. (…) 바람이 사정없이 세차게 몰아치므로 그가 죽을힘을 다하나 피하기가 어려울 것이다. 사람들이 그를 보고 손뼉을 치며 비웃고 그를 자기 처소에서 몰아낼 것이다.' 그런데 욥의 생각이 이 세상에서 일어날 일이라고 한다면 이 또한 잘못된 신학일 수가 있다.(13–23)

욥과 친구들의 논쟁

욥이 부르는 지혜의 노래

28장

욥은 잘못된 신학으로 욥을 비난해 왔던 친구들에게 참 지혜를 알려 주려 한다. 하나님을 올바로 아는 것이 참 지혜임을, 어설프게 하나님을 아는 잘못된 신학이어서는 안 된다는 사실을 알려 주고 싶은 것이다.

- **찾을 수 없는 지혜와 명철:** 세상 사람들은 은과 금이 어디에서 나오는지와 같은 지식은 알고 있다. 그러나 지혜와 명철은 어디에 있는지를 알지를 못한다. '그러나 지혜는 어디서 얻으며 명철이 있는 곳은 어디인고. 그 길을 사람이 알지 못하나니 사람 사는 땅에서는 찾을 수 없구나.'(1–13)
- **주를 경외함이 지혜이다:** 하나님만이 지혜의 근원을 알고 있다. 그러므로 주를 경외하는 것이 지혜임을 알아야 한다. 다시 말해 하나님을 어설프게 아는 것이 아니라 참 하나님을 아는 것이 지혜이다. '깊은 물이 이르기를 내 속에 있지 아니하다 하며 바다가 이르기를 나와 함께 있지 아니하다 하느니라 (…) 하나님이 그 길을 아시며 있는 곳을 아시나니 이는 그가 땅 끝까지 감찰하시며 온 천하를 살피시며 바람의 무게를 정하시며 물의 분량을 정하시며 (…) 또 사람에게 말씀하셨도다 보라 주를 경외함이 지혜요 악을 떠남이 명철이니라.'(14–28)

Ⅲ 시가서

욥과 친구들의 논쟁

욥의 마지막 독백적 변론

29장

욥이 하나님이 허락하신 시험으로 몰락하기 전 과거 행복했던 시절을 회상한다.

- **1) 하나님의 보호로 행복하고 풍족한 가정을 꾸렸던 시절의 회고(1–5)**
- **2) 남으로부터 존경받고 어려운 사람들을 도와주었던 시절의 회고(6–17)**
- **3) 전날에 품었던 소망에 대한 회고(18–20)**
- **4) 전날의 지도자적 위치에 대한 회고(21–25)**

30장 현재의 고난을 한탄하고 슬퍼하는 욥

- **현재 체험하고 있는 고난을 한탄하는 욥**: 과거 누구보다 행복한 시절을 보냈던 욥이 체험하고 있는 현재의 고난을 한탄한다. 사회적으로 멸시를 받고 있다. 젊은이들은 욥을 존경하기는커녕 조롱하고 있다. 육체적 고통을 당하고 있다. 내 뼈가 쑤셔 주께 부르짖으나 대답이 없다. 그밖에도 욥은 육체적으로나 정신적으로 탈진한 상태에 있음을 한탄한다.**(1−23)**
- **욥이 아무리 탄식해도 어느 누구 하나 주목하고 있지 않음을 슬퍼하고 있다**: 욥은 '나는 이리의 형제요 타조의 벗이로구나'라며 자신의 현재 상태를 결론짓고 있다. 자기가 하는 말은 마치 짐승의 소리 같다는 풍자이다.**(24−31)**

31장 욥은 자신의 결백을 주장함으로 변론을 끝낸다.

🔔 욥은 마지막 변론 부분에서 자신의 결백과 무죄를 강하게 주장한다. 욥은 '만약 유죄하다면'이라는 식의 맹세의 표현을 31장에서 16번이나 사용하고 있다. 강한 부정인 것이다.

- **욥의 결백 주장**: 1) 이성을 탐하는 호색의 죄 부정 2) 거짓과 탐심에 대한 부정 3) 간음죄에 대한 부정 4) 종들을 공정하게 대했다는 인권에 대한 주장 5) 가난한 자, 고아, 과부를 압제하지 않았다는 주장 6) 물질주의와 우상숭배에 대한 부정 7) 원수가 겪는 재앙을 기뻐하지 않았다는 주장 등 '내가 한 이 변명을 들어줄 사람이 없을까? 맹세코 나는 사실대로만 말하였다. 이제는, 전능하신 분께서 말씀하시는 대답을 듣고 싶다. 내 원수가 나를 고발하면서, 뭐라고 말하였지? 내가 저지른 죄과를 기록한 소송장이라도 있어서, 내가 읽어 볼 수만 있다면, 나는 그것을 자랑스럽게 어깨에 메고 다니고, 그것을 왕관처럼 머리에 얹고 다니겠다. 나는, 내가 한 모

든 일을 그분께 낱낱이 말씀드리고 나서, 그분 앞에 떳떳이 서겠다. 내가 가꾼 땅이 훔친 것이라면, 땅 주인에게서 부당하게 빼앗은 것이라면, 땅에서 나는 소산을 공짜로 먹으면서 곡식을 기른 농부를 굶겨 죽였다면, 내 밭에서 밀 대신 찔레가 나거나 보리 대신 잡초가 돋아나더라도, 나는 기꺼이 받겠다. 이것으로 욥의 말이 모두 끝났다.'(1–40)

엘리후의 평가

엘리후의 첫 번째 발언

32장 **엘리후가 등장하여 욥이 하나님보다 의롭다고 주장하는 교만과 제대로 대처도 못하면서 욥을 정죄만 하는 세 친구에게 화를 내며 의견을 말하겠다고 선언한다.**

- **부스 사람 엘리후가 화를 내며 등장한다**: 욥과 세 친구의 대화를 듣고 있던 나이가 가장 어린 부스 사람 엘리후가 등장한다. '어른이라고 지혜롭거나 노인이라고 정의를 깨닫는 것이 아니니라 그러므로 내가 말하노니 내 말을 들으라 나도 내 의견을 말하리라.'(1–10)
- **엘리후는 자신의 의견을 말하겠다고 나선다**: 엘리후는 욥이 하나님보다 의롭다고 주장하는 욥의 교만에 대해 화가 났고 제대로 대답도 못하며 욥을 정죄만 하는 세 친구에 대해서도 화가 났다. 엘리후는 자기의 의견을 내겠다고 단호히 선언하고 나선다. '내가 지금까지 기다리면서 당신들이 하는 말에 귀를 기울여 보았으나 당신들 가운데는 욥의 말을 반박할 사람이 아무도 없소. 당신들이 아무 말도 못하고 가만히 있으니 내가 어찌 보고만 있을 수 있겠소? 나도 내 생각을 한번 말해 봐야겠습니다. 내게도 할 말이 많은데 더 이상 참을 수 없군요.'(11–22)

33장

엘리후는 욥에게 고난은 죄에 대한 징계의 차원이 아니라 연단과 구원을 주기 위한 하나님의 궁극적 계획의 차원에서 생각해야 할 것이라고 주장한다. 욥이 하나님 앞에서 의롭다고 주장하는 것은 욥의 교만이라고 공박하였다.

- **욥이 교만하다고 주장하는 엘리후**: 엘리후는 욥의 義에 대해 공박한다. 욥이 불의도 없는데 하나님이 나의 잘못을 찾고 나를 감시한다고 하는데 욥은 의롭지 못하다고 엘리후는 선언한다. 하나님은 사람보다 크신 분이시며 인간이 알 수 없는 하나님의 섭리가 있기 때문이라는 것이다. 하나님은 욥의 교만을 막기 위해 욥에게 경고를 주신 것이라고 말한다.(1–18)
- **욥이 자신의 무지와 교만을 회개해야 한다고 주장하는 엘리후**: 엘리후는 하나님께서는 인간을 교훈하기 위해 병상의 고통을 주는 징계 방법을 사용하시기도 한다고 주장한다. 이럴 때 하나님은 회개를 원하시는 것이다. 회개하면 육체적 회복은 물론 영적 회복이 이루어진다고 주장한다. 엘리후는 욥에게 고난에 대한 자신의 해석을 상기시키면서 욥으로 하여금 자신의 무지와 교만을 회개하고 하나님의 교훈을 겸허히 받아들일 것을 촉구한다.(19–28)
- **하나님의 궁극적 계획은 인간 구원에 있다는 것이 엘리후의 주장이다**: '실로 하나님이 사람에게 이 모든 일을 재삼 행하심은 그들의 영혼을 구덩이에서 이끌어 생명의 빛을 그들에게 비추려 하심이니라.'(29–33)

엘리후의 평가

엘리후의 두 번째 발언

34장

엘리후는 의의 하나님 앞에서는 어느 누구도 자신의 의로움을 내세울 수 없으며 하나님과 변론할 수는 없는 것이라고 주장한다. 그런데 욥이 하나님을 거역하고 있으므로 시련을 계속 받아야 한다고 말한다.

- **욥의 허물을 들어 공박하는 엘리후**: 엘리후는 욥에게 계속 공박한다. 엘리후는 욥이 하나님을 원망했던 말들을 집중적으로 거론하면서 욥의 허물을 들추어낸다. 1) 나는 의로운데 하나님이 내 의를 부인했다. 2) 나는 정당한데도 하나님이 나를 거짓말쟁이라 했다. 3) 나는 허물이 없는데 화살로 상처를 입혔다. 엘리후는 계속해서 욥은 나쁜 놈이라고 힐난한다. '여러분은 이 욥과 같은 자를 본 일이 있습니까? 욥은 비웃는 일을 물마시듯 하고 있습니다. 그는 악한 자들과 사귀며 그들과 함께 다니고 있을 뿐만 아니라 사람이 하나님을 기쁘게 하려고 해도 아무 소용이 없다고 말합니다.'**(1–9)**
- **하나님의 위대하심을 역설하는 엘리후**: 엘리후는 이런 욥의 말을 거론한 후 본격적으로 하나님의 본성이 얼마나 의로우시고 그 능력이 얼마나 위대한가를 증명함으로써 욥을 반박하고 정죄하기 시작한다. 1) 하나님은 악과 불의를 행하지 않으신다. 2) 하나님은 사람의 행위대로 갚으시는 분이다. 3) 하나님은 공의를 굽히지 않으신다.**(10–15)**
- **엘리후는 욥에게 직접 질문한다**: 아직도 의로우시며 공명정대하시고 세상의 왕이라도 그의 앞에서는 무용지물이 되는 하나님을 비난하고 있습니까?**(16–20)**
- **전지하신 하나님을 주장하는 엘리후**: 엘리후는 계속해서 하나님은 모든 것을 다 아시는 분이시며 심판은 공정하며 즉각적임을 주장한다. 하나님이 침묵하신다고 누가 감히 하나님을 비난할 수 있으며 하나님이 숨으신다고 하여 누가 그분을 비판할 수 있는가라고 묻는다.**(21–30)**
- **정죄 받아야 할 자가 된 욥**: 엘리후는 욥에게 말한다. '조금이라도 식별력이 있고 지혜가 있는 사람이라면 네가 하는 말을 듣고 욥의 말은 무식하고 지혜가 없다 할 것이다. 네가 하나님께 말하는 태도가 악한 자와 같으므로 끝까지 시련을 겪어야 하겠다. 이것은 네가 이미 지은 죄에 거역하는 죄까지 더하여 우리 앞에서 손뼉을 치며 하나님을 비웃고 있기 때문이다.'**(31–37)**

엘리후의 세 번째 발언

35장

엘리후는 욥에게 하나님 앞에서 너무 지나치게 자신의 의를 주장한다고 주장한다. 인간이 아무리 의롭다 하더라도 절대적일 수 없는것이라 지적하고 있다.

- **욥의 모순을 지적하는 엘리후**: 엘리후는 욥에게 자신이 하나님 앞에 죄가 없다고 말하면서 내가 죄를 짓는다고 해서 하나님께 무슨 영향이라도 미치느냐고 말하며 죄를 짓지 않는다고 해서 그것이 나에게 무슨 유익이 있느냐고 묻는 것은 모순이 아니냐고 지적한다.(1–3)
- **인간의 선악이 하나님에게 어떤 유익을 주는 것은 아니라고 주장하는 엘리후**: 하나님은 상상을 초월하는 높으신 분이어서 사람들이 어떤 죄를 짓든 하나님이 어떤 해를 받는 것은 아니며, 반대로 아무리 네가 의롭다 해도 하나님에게 어떤 유익을 줄 수 있는 것도 아니라고 엘리후는 말한다. 네 죄 때문에 해를 입는 것은 너와 같은 사람뿐이며 너의 의로움 때문에 유익을 얻는 것도 사람뿐이라는 것이다.(4–8)
- **짐승보다 못한 인간의 지혜**: 사람들은 학대를 받으면 사람들에게 도움을 요청하면서도 우리를 창조하신 하나님을 찾지는 않고 짐승이나 새가 가진 지혜보다 더 나은 지혜를 주시는데도 하나님께 돌아가지 않는다고 말한다.(9–11)
- **하나님께서 듣지 않으시는 이유**: 사람들이 부르짖을 때 하나님이 듣지 않으시는 것은 그들이 교만하고 악하기 때문이다. 전능하신 하나님은 그들의 헛된 부르짖음에는 귀를 기울이시지도 않고 듣지도 않으시므로 악한 자들의 부르짖음에는 아무런 힘이 없게 되는 것이다.(12–16)

엘리후의 네 번째 발언

36장

엘리후는 하나님의 전능하심과 공의를 강조하며 욥은 불순종으로 마땅히 받을 벌을 받고 있다고 말한다. 그런데 하나님이 행하시는 일이 잘못되었다고 말하는 것은 잘못이라고 지적한다.

- **하나님의 전능과 공의를 강조하는 엘리후**: 엘리후는 욥 앞에서 하나님이나 된 듯이 말을 한다. 하나님의 전능하심과 공의를 강조한다. 하나님은 악인을 그대로 두시지 않으며 가난한 자를 정당하게 대하고 의롭게 사는 사람들을 보호하신다고 한다.(1–7)
- **의인이라도 받을 수 있는 고통과 벌하시는 하나님의 목적을 말하는 엘리후**: 사람들이 의인이라 하더라도 하나님께 불순종하면 고통과 환난 속에 있게 되고 하나님은 그들의 교만을 깨닫게 해 주시고 경고를 하여 죄를 회개하도록 만드신다. 순종하면 여생이 행복해지나 불순종하면 멸망한다. 하나님은 고통을 구원의 방편으로 사용하신다. 이제 욥은 마땅히 받을 벌을 받고 있다는 것이 엘리후의 주장이다. '그러나 이제 욥 어른은 마땅히 받으셔야 할 형벌을 받고 계십니다. 심판과 벌을 면할 길이 없게 되었습니다. 욥 어른은 뇌물을 바쳐서 용서받을 생각은 아예 하지 마십시오. 속전을 많이 바친다고 하여 용서받는 것은 아닙니다. 재산이 많다고 하여 속죄 받을 수 없고, 돈과 권력으로도 속죄를 받지 못합니다. 밤이 된다고 하여 이 형벌에서 벗어나는 것이 아니니, 밤을 기다리지도 마십시오. 악한 마음을 품지 않도록 조심하십시오. 어른께서는 지금 고통을 겪고 계십니다마는, 이 고통이 어른을 악한 길로 빠지지 않도록 지켜 줄 것입니다.'(8–21)
- **하나님의 탁월하심을 들어 찬양할 것을 요청하는 엘리후**: 엘리후는 물방울, 빗방울, 안개, 구름, 우렛소리 등 자연 세계에 나타난 하나님의 위대하심을 열거하며 하나님의 존귀하신 주권과 탁월하심을 욥에게 상기시키려 한다. 그가 행하시는 일이 잘못되었다고 말할 자가 누구인가? '하나님의 능력이 얼마나 위대한지 보아라. 누

가 그분처럼 가르칠 수 있겠느냐? 그의 길을 결정해줄 자가 어디 있으며 그가 행하시는 일이 잘못되었다고 말할 자가 누구인가? 하나님이 하시는 일은 언제나 찬양을 받았다. 그러므로 너도 그를 찬양하여라.'(22–33)

37장

하나님은 장엄한 자연을 주관하시는 분이다. 하나님의 그 위대하신 역사 속에서 인간이 경험하는 고난이나 인간이 이해할 수 없는 일들 속에 숨겨진 하나님의 목적과 의도를 찾아야 한다는 것이 엘리후의 말이다.

- **자연을 주관하시는 하나님의 측량할 수 없는 지혜를 역설하는 엘리후**: 엘리후는 계속해서 천둥소리와 번개, 눈, 비, 바람, 구름, 폭풍우, 얼음 등 장엄한 자연현상을 통한 하나님의 능력을 통해 하나님의 측량할 수 없는 지혜를 역설한다. '너 같으면 하늘을 펴서 하나의 거대한 놋 거울처럼 단단하게 할 수 있겠느냐? 너는 우리가 하나님께 할 말을 가르쳐다오. 우리는 마음이 어두워서 무슨 말을 해야 할지 모르겠다. 내가 말하고 싶은 것을 어떻게 하나님께 말할 수 있겠느냐? 내가 무엇 때문에 그가 나를 삼켜 버리기를 바라겠느냐? 바람이 하늘의 구름을 말끔히 씻어 가면 우리는 광채 때문에 태양을 제대로 볼 수가 없다. 마찬가지로 하나님이 금빛 찬란한 광채로 북쪽에서 나타나시면 우리는 그의 두려운 위엄 때문에 감히 그를 바라볼 수가 없다.'(1–22)
- **하나님을 경외함이 당연하다고 주장하는 엘리후**: 사람이 하나님을 경외하는 것은 당연한 것이며 하나님은 스스로 지혜롭고 의롭다 하는 사람을 무시한다. '우리는 전능하신 하나님을 측량할 수가 없다. 그는 능력이 크고 모든 일에 의롭고 공정하신 분이시다. 그래서 사람들은 그를 두렵게 여기고 있다. 하나님은 마음에 스스로 지혜롭다고 생각하는 자를 무시하신다.'(23–24)

하나님의 말씀과 욥의 대답

하나님의 첫 번째 말씀

38장

폭풍우 속에 나타나신 하나님께서 무지하고 헛된 말로 지혜를 의심하는 자가 누구냐고 욥을 겨냥하시면서 하나님의 절대적 능력이 어떤 것인가를 보여 주신다.

- **폭풍우 속에 나타나신 여호와의 응전**: '무지한 말로 생각을 어둡게 하는 자가 누구냐'라며 내 질문에 답을 하라고 말씀하신다.**(1–3)**
- **무생물계의 신비를 하나라도 아는 것이 있느냐?**: 태초에 천지창조 하셨던 일을 회상시키면서 땅의 기초, 바다의 경계, 눈과 우박, 홍수, 우레와 번개 (…) 하늘의 궤도 등 무생물계의 신비를 말씀하시면서 인간이 이것에 대해 하나라도 정확히 알고 있는 것이 있는가를 묻는다. '내가 땅의 기초를 놓을 때에, 네가 거기에 있기라도 하였느냐? 네가 그처럼 많이 알면, 내 물음에 대답해 보아라. 누가 이 땅을 설계하였는지, 너는 아느냐? 누가 그 위에 측량줄을 띄웠는지, 너는 아느냐? 무엇이 땅을 버티는 기둥을 잡고 있느냐? 누가 땅의 주춧돌을 놓았느냐? (…).'**(4–35)**
- **생물계의 신비를 하나라도 제대로 알고 있느냐?**: 이어서 따오기, 수탉, 사자, 까마귀 등 생물 세계의 지혜를 언급하면서 이에 대해 알고 있는 것이 있는 가를 묻는다. '강물이 범람할 것이라고 알리는 따오기에게 나일 강이 넘칠 것이라고 말해 주는 이가 누구냐? 비가 오기 전에 우는 수탉에게 비가 온다고 말해 주는 이가 누구냐? (…).'**(36–41)**

39장

하나님은 계속해서 욥에게 동물의 지혜를 말씀하신다.

- **계속해서 동물들의 지혜를 말씀하시는 하나님**: 하나님께서는 계속해서 산 염소, 암사슴, 들 나귀, 들소, 타조, 말, 매, 독수리 등의 지혜에 관해 말씀하시면서 인간이 아무리 지혜롭다 한들 작은 생물 하나라도 제대로 아는 것이 없다고 말씀하신다. '너는 산에 사는 염소가 언제 새끼를 치는지 아느냐? 들사슴이 새끼를 낳는 것을 지켜 본 일이 있느냐? 들사슴이 몇 달 만에 만삭이 되는지 아느냐? 언제 새끼를 낳는지 아느냐? (…) 욥은 대답해 보아라. 말에게 강한 힘을 준 것이 너냐? 그 목에 흩날리는 갈기를 달아 준 것이 너냐? 네가 말을 메뚜기처럼 뛰게 만들었느냐? 사람을 두렵게 하는 그 위세 당당한 콧소리를 네가 만들어 주었느냐? (…) 독수리는 바위에 집을 짓고 거기에서 자고, 험한 바위와 요새 위에 살면서, 거기에서 먹이를 살핀다. 그의 눈은 멀리서도 먹이를 알아본다. 독수리 새끼는 피를 빨아먹고 산다. 주검이 있는 곳에 독수리가 있다.'**(1–30)**

하나님의 말씀과 욥의 대답

욥의 첫 번째 대답과 하나님의 두 번째 말씀

40장

자신만만했던 욥이 침묵한다. 하나님은 욥의 교만을 나무라시며 베헤못의 예를 들어 하나님의 능력을 말씀하신다.

- **욥의 대답을 요구하시는 하나님**: '주님께서 또 욥에게 말씀하셨다. 전능한 하나님과 다투는 욥아, 네가 나를 꾸짖을 셈이냐? 네가 나를 비난하니, 어디, 나에게 대답해 보아라.'**(1–2)**

- **대답을 삼가는 욥**: 자신만만해 하던 욥이 '보소서 나는 비천하오니 무엇이라 주께 대답 하오리까 손으로 내 입을 가릴 뿐이로소이다'라 답하며 말을 삼간다. '나는 이미 너무 많은 말을 하였습니다.'**(3–5)**
- **욥의 의와 욥의 교만을 꾸짖으시는 하나님**: 여호와께서는 다시 폭풍우 가운데서 욥에게 말씀하신다. 1) 천둥소리 하나 낼 수 없는 네가 네 의를 세우려고 나를 악하다 하겠느냐 2) 네가 교만한 자들을 찾아 그들의 교만을 낮출 수만 있다면 너를 인정하겠다. 하시며 욥의 교만을 꾸짖으신다.**(6–14)**
- **베헤못을 예로 들어 하나님의 능력을 설명하시는 하나님**: 하나님께서는 하나님의 능력을 설명하기 위해 하나님도 칼을 들어야 접근할 수 있는 베헤못(하마)의 예를 드신다. '베헤못을 보아라. 내가 너를 만든 것처럼, 그것도 내가 만들었다. 그것이 소처럼 풀을 뜯지만, 허리에서 나오는 저 억센 힘과, 배에서 뻗쳐 나오는 저 놀라운 기운을 보아라 (…) 그것은, 내가 만든 피조물 가운데서 으뜸가는 것 내 무기를 들고 다니라고 만든 것이다 (…) 강물이 넘쳐도 놀라지 않으며, 요단 강의 물이 불어서 입에 차도 태연하다. 누가 그것의 눈을 감겨서 잡을 수 있으며, 누가 그 코에 갈고리를 꿸 수 있느냐?'**(15–24)**

41장 인간보다 월등한 리워야단을 예로 들어 인간의 한계를 지적하시는 하나님

- **리워야단을 예로 하여 인간의 한계를 설명하시는 하나님**: 하나님은 욥에게 인간의 한계를 지적하시기 위해 베헤못에 이어 리워야단(악어)의 예를 들어 말씀을 이어가신다. '네가 낚시로 악어처럼 생긴 바다 괴물을 낚을 수 있겠느냐? 네가 노끈으로 그 혀를 묶을 수 있으며 줄로 그 코를 꿰고 갈고리로 그 턱을 꿸 수 있겠느냐? (…) 그 괴물을 건드릴 만큼 용맹 있는 자가 없는데 누가 감히 나를 당해 낼 수 있겠느냐? (…).'**(1–34)**

Ⅲ 시가서

욥의 두 번째 대답 그리고 욥의 회개와 회복

42장

욥이 회개하고 하나님을 듣기만 하지 않고 하나님의 세계를 보겠다고 고백하면서 끝을 맺는다.

- **이제는 하나님의 세계를 보겠다며 회개하는 욥:** 욥은 회개한다. 지금까지 깨닫지도 못한 말을 지껄였음을 고백한다. 욥은 주께 대하여 귀로 듣기만 했는데 이제는 눈으로 주를 보겠다고 고백한다. 창조의 세계를 봄으로 하나님을 발견할 수 있다. '전에는 내가 주께 대하여 귀로 듣기만 했는데 이제는 내 눈으로 주를 직접 보았습니다. 그래서 내가 말한 모든 것을 부끄럽게 여기며 티끌과 재 가운데서 회개합니다.'**(1–6)**
- **세 친구의 잘못을 지적하시는 하나님:** 하나님은 세 친구의 신학이 잘못되었음을 지적하신다. 여호와께서는 욥에게 하시던 말씀을 마치시고 데만 사람 엘리바스에게 말씀하셨다. '나는 너와 너의 두 친구에게 분노를 금할 수 없다. 너희가 나에 대해서 말한 것이 내 종 욥의 말만큼 진실하지 못하다. 이제 너희는 수송아지 7마리와 수양 7마리를 내 종 욥에게 끌고 가서 너희를 위해 불로 태워 바치는 번제로 드려라. 내 종 욥이 너희를 위해 기도할 것이다. 그러면 내가 그의 기도를 듣고 너희 어리석은 소행대로 갚지 않겠다. 너희는 내 종 욥처럼 나에 대하여 진실을 말하지 않았다.'**(7–9)**
- **맺음말:** 욥은 이전 모든 소유의 갑절을 받고 140년을 더 살아 210세까지 살았다. '욥이 자기 친구들을 위해 기도했을 때 여호와께서는 그를 다시 축복해 주셔서 전에 그가 소유한 재산의 갑절을 그에게 주셨다 (…) 그 후 욥은 140년을 살면서 자손을 4대까지 보았으며 나이 많아 늙고 수명이 다하여 죽었다.' – 욥기의 결론 부분을 잘못 해석하면 또 하나의 잘못된 신학을 만들어 낼 수 있음에 유의해야 할 것이다.**(10–17)**

시편 핵심정리

시편의 의의

- 구약은 1) 과거를 보여 주는 창세기로부터 에스더까지의 역사 기록 2) 미래를 이야기하는 이사야로부터 말라기까지의 선지서 3) 현재 우리의 삶에서 '성경적 삶을 위한 행동 지침'을 제시해 주는 욥기로부터 아가까지의 시가서 세 부분으로 구분해 볼 수 있다고 생각했다.
- 과거와 미래 부분은 믿음의 영역인 데 비해 현재 부분은 행함의 영역이다.
- 시가서의 두 번째가 시편이다.
- 시편이 현재를 살아가고 있는 우리에게 제시하는 '성경적 삶을 위한 행동 지침'은 '복 있는 사람은 여호와를 찬양하라'라는 매우 중요한 지침이다. 우리는 부분적으로 옳은 신학에 현혹되어서는 안 된다.

기록연대와 배경

- 시편의 저작 시기는 모세 시기로부터 바벨론 포로 전후기까지 광범위하다. 완성된 시기는 바벨론 포로기 이후로 추정된다.
- 150편의 시편 중 다윗이 73편, 아삽 12편, 고라 자손들 10편, 솔로몬 2편, 헤만과 에단과 모세가 각각 1편씩 지었다.

권	장	핵심 주제	저자
I	1	의인의 길과 악인의 두 길 '복 있는 자는 성경적 삶을 사는 사람'	다윗
	2	하나님이 세우신 왕 다윗과 도래할 메시아의 승리	다윗
	3	압살롬의 위기 속에서 탄식하며 여호와의 구원을 호소하는 다윗	다윗
	4	3장과 같은 위기 속에서 탄식하며 하나님을 신뢰하며 고난 중에서도 기쁨을 노래하는 다윗	다윗
	5	어느 날 아침에 악인의 심판을 구하는 다윗의 기도	다윗
	6	하나님의 징계로 질병에 시달리는 다윗이 회개하며 하나님의 도우심을 구함	다윗
	7	쫓기는 다윗이 구시의 비난에 대한 자신의 무고함을 주장하며 하나님의 공의로우신 심판과 구원을 바람	다윗
	8	창조주 하나님을 그리고 하나님의 형상대로 인간을 창조하셨음을 찬양	다윗
	9	암몬과 아람 연합군과의 싸움에서 승리한 후 하나님은 공의로우신 심판주요 왕이심을 노래함	다윗
	10	하나님이 없다 하는 악인들이 의인을 희생시키는 현실을 개탄하며 하나님이 개입해 주실 것을 간구함	익명 (다윗)
	11	원수들에게 쫓기는 상황에서 하나님의 도움을 확신하는 다윗	다윗
	12	패역한 사회 속에서 하나님의 구원을 확신하는 다윗	다윗
	13	끝없이 대적에게 쫓기는 상황에서 하나님의 도움을 구하는 다윗	다윗
	14	(53장과 거의 동일) 하나님이 없다 하는 어리석은 자들 속에서 이스라엘의 구원을 갈망하는 다윗	다윗
	15	주의 장막에 들어갈 조건 10가지 – 성경적 삶을 사는 자	다윗
	16	하나님 안에서의 영원한 삶	다윗
	17	세상 위협으로부터의 도움을 바라며 의롭게 살고자 하는 의인의 기도	다윗
	18	하나님의 크신 구원을 감사하고 찬양하는 노래	다윗
	19	일반(자연) 계시와 특별 계시를 주신 하나님 찬양	다윗

20	전쟁 전 승리를 기원하는 기도	다윗
21	백성들이 왕의 승리를 축하하는 시	다윗
22	메시아 시편 갈보리의 노래 – 예수님의 수난과 십자가 예언	다윗
23	영혼의 목자 되신, 선한 목자 여호와	다윗
24	다윗이 법궤를 시온성으로 옮기면서 불렀던 노래로 추정	다윗
25	다윗의 생애 후반에 하나님의 보호와 인도를 바라는 매일의 기도	다윗
26	일생 동안 바르게 살겠다고 다짐하는 다윗	다윗
27	극심한 고난 중에서도 하나님에 대한 믿음을 확신하는 다윗	다윗
28	악인에 의해 고난받는 상황에서 하나님의 공의로우신 개입을 요청하는 다윗	다윗
29	폭풍우 속 우렛소리를 들으며 하나님께 찬양 드리는 다윗	다윗
30	다윗이 중병에서 회복한 후 쓴 시	다윗
31	대적들로부터 고난당하며 하나님의 도우심을 구하는 다윗	다윗
32	죄지은 자가 회개했을 때 얻는 기쁨과 충고	다윗
33	창조와 구원의 하나님, 공의의 하나님을 찬양함은 마땅하다	다윗
34	사울에게 쫓기던 다윗이 아기스(아비멜렉) 앞에서 미친 척하다 쫓겨난 후 하나님의 도우심에 대해 감사하는 시	다윗
35	사울에게 쫓기는 다윗이 하나님으로부터 구원과 공의로운 심판을 구하는 시	다윗
36	인간의 사악함과 하나님의 인자하심을 노래	다윗
37	의인과 악인의 종국	다윗
38	다윗이 질병의 고통 중에 죄를 회개하며 하나님께 간구하는 시	다윗
39	건강을 잃은 다윗이 허망한 인생을 노래하며 하나님께 구원을 호소하는 기도	다윗
40	과거 기도에 응답해 주신 하나님께 찬양하고 다시 새로운 위기를 당해 하나님의 도움을 구하는 기도	다윗
41	병들고 친구에게 배신당하고 기도의 응답을 구하는 다윗	다윗

II	42	(42장과 43장은 하나의 시) 하나님이 없다고 하는 원수들에게 쫓기는 시인의 하나님을 찾는 갈급한 심령을 노래함	다윗
	43	(42장과 43장은 하나의 시) 하나님이 없다고 하는 원수들에게 쫓기는 시인의 하나님을 찾는 갈급한 심령을 노래함	익명
	44	과거 역사에 나타난 하나님의 구원을 회상하며 현재 당면한 국가적 위기에서 구원해 주실 것을 간구함	고라 자손
	45	신랑 되신 예수님과 신부인 교회 이야기	고라 자손
	46	하나님은 피난처 되시며 시온을 보호하신다	고라 자손
	47	온 땅의 왕이신 하나님	고라 자손
	48	하나님의 성 시온성	고라 자손
	49	富의 한계 (지혜시)	고라 자손
	50	위선적 예배가 아닌 감사의 예배와 성경적 삶을 원하시는 하나님	아삽
	51	밧세바와 동침한 후 다윗이 드리는 참회의 기도	다윗
	52	포악한 자 도엑의 말로	다윗
	53	(14장과 거의 동일) 하나님이 없다 하는 어리석은 자들 속에서 이스라엘의 구원을 갈망하는 다윗	다윗
	54	사울에게 쫓기는 다윗이 구원의 확신을 갖고 드리는 기도	다윗
	55	동료, 친구로부터 배신당한 다윗이 탄식하며 드리는 기도	다윗
	56	블레셋 가드 왕이 닥치는 위기 상황에서 하나님의 도우심을 구하는 다윗의 기도	다윗
	57	사울을 피해 굴에 있으면서 하나님의 도움을 구하고 하나님을 찬양하는 다윗	다윗
	58	불의한 통치자들을 하나님에게 고발하는 노래	다윗

	59	무죄한 자를 죽이려 사울이 사람들을 보낸 상황에서 악을 행하는 모든 나라에게 하나님이 보응하기를 원하는 다윗	다윗
	60	다윗이 하나님의 징벌로 에돔에 패한 후 이스라엘의 승리를 탄원하는 기도	다윗
	61	압살롬으로 인해 망명객 신세가 된 다윗이 땅끝에서 피난처로 인도해 줄 것을 간구함	다윗
	62	압살롬 때 고통스러운 현실에서 하나님만 의지하는 다윗	다윗
	63	압살롬에게 쫓겨 유다 광야에 있을 때 하나님을 갈망하는 기도	다윗
	64	악한 계획으로 의인을 죽이려는 원수에 대한 하나님의 심판을 요청하는 다윗	다윗
	65	자연 만물을 다스리시는 하나님이 물을 풍부하게 주시어 농사와 목축이 잘되도록 한 은총을 찬양	다윗
	66	국가적 위기 극복 후 하나님의 행하심을 찬양	익명
	67	모든 민족의 구원되시는 하나님 선포	익명
	68	출애굽 역사를 회고하며 언약궤를 시온으로 옮긴 일이나 전쟁에서의 승리를 하나님이 시온산으로 오르심에 비유하여 승리케 하시는 하나님 찬양	다윗
	69	주를 의지하는 다윗이 까닭 없이 원수로부터 당하는 현실을 장차 오실 메시아에 빗대어 악인의 징벌을 기도하며 응답을 확신하는 노래	다윗
	70	핍박받는 중 탄식하며 하나님 구원의 손길을 갈망하는 노래	다윗
	71	모태 신앙인이 나이 들어 하나님의 변함없는 도움을 요청하며 찬양하는 노래	다윗
	72	솔로몬의 의로운 통치에 빗대어 메시아 천년왕국 도래를 노래함	솔로몬
III	73	세상에서는 의인이 고난받고 악인이 번영할 수 있다. 그러나 악인은 종국에 심판을 받는다.	아삽
	74	출애굽 당시 구원해 주셨던 하나님께 바벨론 침공으로 멸망 상태에 있는 이스라엘을 구원해 달라는 아삽의 기도	아삽

75	하나님은 정하신 때 심판하신다. 악인을 멸하고 의인을 높이신다.	아삽
76	하나님의 도우심으로 승리한 이스라엘을 노래하면서 그리스도의 십자가 승리를 노래한다.	아삽
77	환란을 당한 시인이 혹시 하나님의 도움이 없을까 번민하는 중 과거 출애굽 체험을 회상하며 하나님의 도우심을 확신한다.	아삽
78	성경의 역사를 정확히 알아야 한다. (창조와 구원의 역사)	아삽
79	74장과 같이 바벨론에 의한 유다의 멸망을 애도하는 시	아삽
80	앗수르에 의한 북이스라엘의 멸망을 탄식하는 시. 북 이스라엘을 포도나무에 비유	아삽
81	장막절과 같은 대축제일에 부른 노래. 출애굽 사건, 이스라엘의 우상숭배를 회상하며 하나님 섬기는 것만이 길임을 강조	아삽
82	정의를 실현하지 않는 악한 통치자들에 대한 경고의 메시지	아삽
83	연합한 이방 나라들의 침략으로 국가적 위기를 맞아 하나님의 도움을 간구하는 시편	아삽
84	하나님이 임재하시는 성전을 사모하는 시편	고라 자손
85	바벨론 포로 귀환 후 징계의 손을 거두시고 새로운 은총을 주신 하나님께 감사	고라 자손
86	심한 어려움에 처한 다윗이 하나님의 도움을 간구하는 기도. 3권의 유일한 다윗 시편	다윗
87	하나님의 성 예루살렘(시온성)이 세계의 중심이 되리라는 예언적 시편. 예수님의 부활로 실현됨.	고라 자손
88	비탄시 가운데서도 가장 애절한 비통한 분위기를 자아내는 시편. 대부분의 비탄시가 결론 부분에서는 감사와 찬양이 있는 데 비해 88편은 끝까지 암담한 상태를 하나님께 부르짖고 있다.	헤만
89	하나님이 다윗과 맺은 언약 → 왕들의 끝없는 불순종 → 주변국들에 의해 시달림받다가 바벨론에 의해 멸망 → 다윗 언약에 의거하여 하나님의 구원을 간절히 호소하는 시편 기자	에단

IV	90	가장 오래된(약 3,450년 전) 유일한 모세의 시편 – 덧없는 인간이 노년기에 이르러 영원하신 하나님께 남은 일생을 아름답게 살다 아름답게 죽을 수 있기를 기도하는 노래	모세
	91	전능자 하나님 그늘에 거하는 사람들의 안전함을 노래	작자 미상
	92	안식일 아침에 모여 악인의 번영은 일시적이나 의인의 삶은 영원함을 노래	작자 미상
	93	93장은 47, 95–99장과 함께 하나님의 왕권을 노래하는 시편. 하나님은 이스라엘의 왕이실 뿐만 아니라 온 우주의 왕이심을 증거 한다. '여호와는 태초부터 현재까지 왕이시다.'	작자 미상
	94	하나님은 왕이신데 우리는 불의한 세상에 살고 있다. 불의 속에 사는 세상 사람들이여, 왕이신 여호와께 불의를 호소하라.	작자 미상
	95	창조주요 왕이신 크신 여호와를 경배하고 하나님을 의심하지 말라	작자 미상
	96	신년 축제를 배경으로 한 시. 여호와의 의로운 통치에 대하여 만방은 찬양하라. 그의 구원과 영광과 행적을 선포하고 전파하라. 오 심판의 하나님이여!	작자 미상
	97	의인을 위한 하나님의 의로운 통치를 기뻐하며 감사하라	작자 미상
	98	구원과 심판의 하나님을 찬송하라	작자 미상
	99	정의와 공의의 거룩하신 하나님께 예배하라	작자 미상
	100	하나님 앞으로 나아간 사람들아, 감사와 기쁨으로 찬송하라	작자 미상
	101	다윗이 통치 초기 좋은 왕이 되기 위해 하나님께서 해결해 주시기를 원할 때의 기록. 그러나 다윗은 범죄함. 완전한 인간은 없다.	다윗
	102	포로 생활하는 사람이 망국의 슬픔을 호소하며 국가 회복을 열망하는 기도	작자 미상

	103	하나님의 구원과 축복을 체험한 다윗의 실제 경험을 바탕으로 하늘의 천사와 땅의 모든 사람들로 하여금 하나님을 찬양하고 경배하도록 촉구하는 시편	다윗
	104	창조 사역에 나타난 하나님의 위대하신 행위를 찬양하는 시편	작자 미상
	105	4권의 마지막인 105, 106장은 과거에 하나님이 어떻게 역사하셨는가를 돌아보며 감사하는 시. '하나님은 이스라엘을 구속하셨다.' 아브라함으로부터 시작 애굽에서 이스라엘을 구하신 구원에 초점을 둠	작자 미상
	106	이스라엘의 불순종과 하나님의 선하심을 대조. 애굽의 속박에서 구원받은 것으로부터 바벨론 포로에서 돌아온 900여 년 동안의 이스라엘 역사를 회고하며 하나님의 선하심을 찬양	작자 미상
V	107	이스라엘 백성을 사막을 방황하는 자, 감옥에 갇힌 자, 병든 자, 바다에서 풍랑을 만난 자 등으로 비유하면서 바벨론 포로 이후 하나님의 놀라우신 구원의 역사를 찬양함. 하나님의 섭리와 통치를 찬양해야 한다.	작자 미상
	108	57장과 60장을 일부씩 발췌하여 편집한 시(1-5절은 57:7-11, 6-13절은 60:5-12) 57장은 사울의 추적을 받을 때, 60장은 이방 나라들과 전쟁을 치렀을 때 하나님의 구원을 호소하는 시편들이지만 108편은 하나님의 도우심을 이미 확신하는 분위기의 시로써 57, 60장의 찬양 부분만 발췌했다.	다윗
	109	까닭 없이 범죄자로 몰린 억울한 심정을 하나님께 호소하며 그분의 도우심을 구함	작자 미상
	110	그리스도에 대한 예언시 - 왕 같은 제사장을 노래함 -신약에서 가장 자주 인용함	다윗
	111	(알파벳시) 출애굽, 광야 생활, 가나안 정복 등 역사적 사건을 통해 하나님의 위대하신 구원 행위들을 찬양	작자 미상
	112	(111장과 짝으로 알파벳 시) 111장이 역사 속에 나타난 하나님의 위대하신 구원 행위들을 주제로 한 데 비해 112장은 성경적 삶을 사는 자들의 행복을 찬양	작자 미상

113	높으신 하나님, 가난하고 궁핍한 약한 자의 하나님을 찬양하라	작자 미상
114	출애굽 이스라엘 역사에 계시 된 하나님 구원 사역 찬양	작자 미상
115	우상은 무가치한 것, 참 신이신 하나님께만 찬양하라	작자 미상
116	개인적으로 스올의 경험을 했을 때 구원의 경험을 하고 감사드리는 시	작자 미상
117	(가장 짧은 장, 성경 중앙에 위치) '만민들아 찬양하라.'	작자 미상
118	(할렐시 모음의 감동적인 마지막 시) 인자하신 하나님, 구원의 하나님, 나의 하나님께 감사하며 찬양하라	작자 미상
119	(가장 긴 알파벳시, 22*8=176절) (율법, 법, 증거, 도, 법도, 율례, 계명, 말씀, 규례, 판단 등 다양한 용어 사용) '성경적 삶을 살아라.'	작자 미상
120	메섹과 게달과 같은 이방 나라에 사는 신실한 신앙인이 성전을 사모하는 심정을 노래	작자 미상
121	성전이 있는 시온산을 사모하며 이스라엘을 지키시는 하나님을 노래	작자 미상
122	성전이 있는 예루살렘을 찬양하는 시편	다윗
123	조소와 멸시 속에서 하나님의 도우심을 간구함	작자 미상
124	절박한 위험 상황에서 구원의 도움을 주신 창조주 하나님 찬양	다윗
125	여호와를 의지하는 자에게는 안전과 평강이 있음을 노래함	작자 미상
126	포로 생활에서 벗어난 해방을 노래하고 완전한 회복을 간구하며 확신함	작자 미상
127	가정을 세우는 일은 하나님의 섭리	솔로몬

128	여호와를 경외하는 자는 창조 은혜를 활용하면 세상에서도 평강한 삶을 살 것	작자 미상
129	이스라엘 민족이 당한 역사적 시련과 하나님의 구원을 주제로 한 시편	작자 미상
130	이스라엘의 회개의 기도	작자 미상
131	하나님이 나에게 주신 재능대로 젖 뗀 아이와 같은 평온한 마음으로 여호와만을 생각하며 살겠다는 다윗	다윗
132	다윗의 겸손을 여호와께서 기억해 달라는 회중의 기도. 1) 성전 건축을 위한 다윗의 마음 → 2) 언약궤를 옮겨 오려고 애쓴 다윗 → 3) 하나님이 다윗에게 주신 언약 → 4) 메시아 출현까지	작자 미상
133	영생에 이르기까지의 성도 간의 사랑을 노래함	다윗
134	성전에 올라가는 노래의 결론: 여호와를 송축하라	작자 미상
135	이스라엘의 출애굽 역사 속에 나타나신 여호와를 송축하라. 여호와는 사람의 손으로 만든 우상과는 다르다.	작자 미상
136	독창자의 선창과 회중의 '그 인자하심이 영원함이로다'를 26절 모두에서 화답하는 시편: 창조주와 구원자 하나님을 노래함	작자 미상
137	바벨론 포로 신분의 시인이 강변에 앉아서 하나님의 성읍을 멸망시킨 에돔과 바벨론을 저주하는 시	작자 미상
138	열왕들도 감사할 수밖에 없는 그리고 다윗의 간구를 들어주신 하나님께 찬송하며 앞으로도 도와 주실 것을 간구하는 시편	다윗
139	다윗은 1) 나를 아시는 하나님 2) 모든 곳에 계시는 하나님 3) 나를 지으신 하나님을 노래하며 그와 같은 하나님을 미워하는 악인들을 미워하는 자신을 하나님께서 알아 주시기를 간구함	다윗
140	악인들로부터 구원해 주실 것과 악인들에게 보응해 주실 것을 간구하며 기도 응답의 확신을 노래하는 시편	다윗
141	세상적인 것을 위하여 악인들과 어울리지 않기를 간절히 바라는 다윗	다윗

	142	사울의 박해를 피해 동굴에 머물면서 하나님의 구원과 도우심을 간절히 구하는 다윗	다윗
	143	142장에서 계속 이어지며 하나님의 구원과 인도를 바라는 다윗	다윗
	144	과거에 승리를 주신 하나님께 감사하고 앞으로도 이방인의 손으로부터 구원해 주실 것을 간구하며 하나님이 주신 축복에 대해 감사하는 다윗	다윗
	145장부터 150장까지 장대한 찬양 부분이 펼쳐진다.		
	145	찬송시라고 붙은 유일한 시편. 145장부터 150장까지 장대한 찬양 부분이 펼쳐진다. 1) 하나님의 능하신 행동들에 대한 찬양 2) 하나님의 영원한 왕국에 대한 찬양 3) 하나님의 구원 행동에 대한 찬양	다윗
	146	할렐루야, 창조주이시며 자비로우신 하나님만을 찬양하라. 할렐루야	작자 미상
	147	할렐루야, 이스라엘을 회복시키시고 자연과 사람을 은혜로 지배하시는 하나님, 할렐루야	작자 미상
	148	할렐루야, 하늘에 있는 천사여, 땅에 있는 만물아, 세상에 있는 모든 사람들아 찬양하라. 할렐루야	작자 미상
	149	할렐루야, 이스라엘을 사랑하시는 하나님, 대적들을 심판하시는 하나님을 새 노래로 찬양하라. 할렐루야	작자 미상
	150	할렐루야 시편의 절정. 모든 장소에서 모든 악기를 동원하여 호흡이 있는 사람이면 누구나 찬양할 것을 촉구. '할렐루야 호흡이 있는 자마다 찬양하라. 할렐루야.'	작자 미상

잠언 핵심정리

잠언의 의의

- 구약은 1) 과거를 보여 주는 창세기로부터 에스더까지의 역사 기록 2) 미래를 이야기하는 이사야로부터 말라기까지의 선지서 3) 현재 우리의 삶에서 '성경적 삶을 위한 행동 지침'을 제시해 주는 욥기로부터 아가까지의 시가서 세 부분으로 구분해 볼 수 있다고 생각했다.
- 과거와 미래 부분은 믿음의 영역인 데 비해 현재 부분은 행함의 영역이다.
- 시가서의 세 번째가 잠언이다.
- 잠언이 현재를 살아가고 있는 우리에게 제시하는 '성경적 삶을 위한 행동 지침'은 잠언답게 매우 다양하다. 핵심은 우리가 삶의 현장에서 어떻게 지혜롭게 살 수 있는가에 초점을 맞추고 있다. 우리는 부분적으로 옳은 신학에 현혹되어서는 안 된다.

기록연대와 배경

- 잠언은 솔로몬의 재위 기간에 기록되어 히스기야 시대에 증보 재편집된 것으로 추정한다. BC 970-700 사이이다.
- 솔로몬이 가장 많은 잠언을 기록했으나 그밖에도 아굴, 르무엘 왕의 모친 등도 일부의 잠언을 기록했다.

지혜의 효용성에 관한 솔로몬의 잠언(1:8–9:18)		
1장	악한 자와 사귀지 말라	**1:10** 내 아들아 악한 자가 너를 꾈지라도 따르지 말라
2장	선한 일을 하라	**2:9** 그런즉 네가 공의와 정의와 정직 곧 모든 선한 길을 깨달을 것이라
3장	베푸는 삶을 살라	**3:27** 네 손이 선을 베풀 힘이 있거든 마땅히 받을 자에게 베풀기를 아끼지 말며
4장	악한 일을 하지 말라	**4:14** 사악한 자의 길에 들어가지 말며 악인의 길로 다니지 말지어다 **4:27** 좌로나 우로나 치우치지 말고 네 발을 악에서 떠나게 하라
5장	아내만을 사랑하라	**5:18** 네 샘으로 복되게 하라 네가 젊어서 취한 아내를 즐거워하라 **5:20** 내 아들아 어찌하여 음녀를 연모하겠으며 어찌하여 이방 계집의 가슴을 안겠느냐
6장	보증 서지 말라	**6:1** 내 아들아 네가 만일 이웃을 위하여 담보하며 타인을 위하여 보증하였으면
	게으르지 말라	**6:6** 게으른 자여 개미에게 가서 그가 하는 것을 보고 지혜를 얻으라
7장	음녀를 조심하라	**7:25–27** 네 마음이 음녀의 길로 치우치지 말며 그 길에 미혹되지 말지어다 대저 그가 많은 사람을 상하여 엎드러지게 하였나니 그에게 죽은 자가 허다하니라 그의 집은 스올의 길이라 사망의 방으로 내려가느니라
8장	지혜를 얻고자 노력하라	**8:5** 어리석은 자들아 너희는 명철할지니라 미련한 자들아 너희는 마음이 밝을지니라 **8:10–11** 너희가 은을 받지 말고 나의 훈계를 받으며 정금보다 지식을 얻으라 대저 지혜는 진주보다 나으므로 원하는 모든 것을 이에 비교할 수 없음이니라
9장	거만한 자는 책망도 하지 말라	**9:8** 거만한 자를 책망하지 말라 그가 너를 미워할까 두려우니라 지혜 있는 자를 책망하라 그가 너를 사랑하리라

솔로몬의 잠언(10:1–22:16)		
10장	부지런하라	**10:4** 손을 게으르게 놀리는 자는 가난하게 되고 손이 부지런한 자는 부하게 되느니라
11장	저울눈을 속이지 말라	**11:1** 속이는 저울은 여호와께서 미워하시나 공평한 추는 그가 기뻐하시느니라
	보증 서지 말라	**11:15** 타인을 위하여 보증이 되는 자는 손해를 당하여도 보증이 되기를 싫어하는 자는 평안하니라
	구제에 힘쓰라	**11:24–25** 흩어 구제하여도 더욱 부하게 되는 일이 있나니 과도히 아껴도 가난하게 될 뿐이니라 구제를 좋아하는 자는 풍족하여질 것이요 남을 윤택하게 하는 자는 자기도 윤택하여지리라
	매점매석하지 말라	**11:26** 곡식을 내놓지 아니하는 자는 백성에게 저주를 받을 것이나 파는 자는 그의 머리에 복이 임하리라
12장	게으르지 말라	**12:24** 부지런한 자의 손은 사람을 다스리게 되어도 게으른 자는 부림을 받느니라 **12:27** 게으른 자는 그 잡을 것도 사냥하지 아니하나니 사람의 부귀는 부지런한 것이니라
13장	말을 조심하라	**13:3** 입을 지키는 자는 자기의 생명을 보전하나 입술을 크게 벌리는 자에게는 멸망이 오느니라
	불법으로 재물을 추구하지 말라	**13:11** 망령되이 얻은 재물은 줄어가고 손으로 모은 것은 늘어가느니라
	자식에게 매를 아끼지 말라	**13:24** 매를 아끼는 자는 그의 자식을 미워함이라 자식을 사랑하는 자는 근실히 징계하느니라
14장	거짓 증언하지 말라	**14:5** 신실한 증인은 거짓말을 아니하여도 거짓 증인은 거짓말을 뱉느니라
	궁핍한 사람을 불쌍히 여기라	**14:21** 이웃을 업신여기는 자는 죄를 범하는 자요 빈곤한 자를 불쌍히 여기는 자는 복이 있는 자니라 **14:31** 가난한 사람을 학대하는 자는 그를 지으신 이를 멸시하는 자요 궁핍한 사람을 불쌍히 여기는 자는 주를 공경하는 자니라

	지혜롭게 재물을 얻으라	**14:24** 지혜로운 자의 재물은 그의 면류관이요 미련한 자의 소유는 다만 미련한 것이니라
	노하기를 더디 하라	**14:29** 노하기를 더디 하는 자는 크게 명철하여도 마음이 조급한 자는 어리석음을 나타내느니라
	시기하지 말라	**14:30** 평온한 마음은 육신의 생명이나 시기는 뼈를 썩게 하느니라
15장	과격하거나 패역한 말을 삼가라	**15:1** 유순한 대답은 분노를 쉬게 하여도 과격한 말은 노를 격동하느니라 **15:4** 온순한 혀는 곧 생명나무이지만 패역한 혀는 마음을 상하게 하느니라
	정직하게 기도하라	**15:8** 악인의 제사는 여호와께서 미워하셔도 정직한 자의 기도는 그가 기뻐하시느니라
	항상 즐거운 마음을 가지라	**15:14** 고난 받는 자는 그 날이 다 험악하나 마음이 즐거운 자는 항상 잔치하느니라
	노하기를 더디 하라	**15:18** 분을 쉽게 내는 자는 다툼을 일으켜도 노하기를 더디 하는 자는 시비를 그치게 하느니라
	뇌물을 받지 말라	**15:27** 이익을 탐하는 자는 자기 집을 해롭게 하나 뇌물을 싫어하는 자는 살게 되느니라
	견책을 달게 받으라	**15:32** 훈계 받기를 싫어하는 자는 자기의 영혼을 경히 여김이라 견책을 달게 받는 자는 지식을 얻느니라
16장	하는 일을 하나님께 맡기라	**16:3** 너의 행사를 여호와께 맡기라 그리하면 네가 경영하는 것이 이루어지리라
	소득은 정직하게 얻으라	**16:8** 적은 소득이 공의를 겸하면 많은 소득이 불의를 겸한 것보다 나으니라
	저울눈을 속이지 말라	**16:11** 공평한 저울과 접시저울은 여호와의 것이요 주머니 속의 저울추도 다 그가 지으신 것이니라
	교만하지 말고 겸손하라	**16:18–19** 교만은 패망의 선봉이요 거만한 마음은 넘어짐의 앞잡이니라 겸손한 자와 함께 하여 마음을 낮추는 것이 교만한 자와 함께 하여 탈취물을 나누는 것보다 나으니라

	노하기를 더디 하라	**16:32** 노하기를 더디하는 자는 용사보다 낫고 자기의 마음을 다스리는 자는 성을 빼앗는 자보다 나으니라
17장	화목한 가정을 이루라	**17:1** 마른 떡 한 조각만 있고도 화목하는 것이 제육이 집에 가득하고도 다투는 것보다 나으니라
	거짓말하지 말라	**17:7** 지나친 말을 하는 것도 미련한 자에게 합당하지 아니하거든 하물며 거짓말을 하는 것이 존귀한 자에게 합당하겠느냐
	현명한 충고를 하라	**17:10** 한 마디 말로 총명한 자에게 충고하는 것이 매 백 대로 미련한 자를 때리는 것보다 더욱 깊이 박히느니라
	말을 조심하라	**17:27-28** 말을 아끼는 자는 지식이 있고 성품이 냉철한 자는 명철하니라 미련한 자라도 잠잠하면 지혜로운 자로 여겨지고 그의 입술을 닫으면 슬기로운 자로 여겨지느니라
18장	의인을 억울하게 하는 재판을 삼가라	**18:5** 악인을 두둔하는 것과 재판할 때에 의인을 억울하게 하는 것이 선하지 아니하니라
	남의 말하기를 삼가라	**18:8** 남의 말하기를 좋아하는 자의 말은 별식과 같아서 뱃속 깊은 데로 내려가느니라
	자기 일을 게을리 하지 마라	**18:9** 자기의 일을 게을리하는 자는 패가하는 자의 형제니라
	교만하지 말고 겸손하라	**18:12** 사람의 마음의 교만은 멸망의 선봉이요 겸손은 존귀의 길잡이니라
	양쪽 이야기를 모두 들으라	**18:13** 사연을 듣기 전에 대답하는 자는 미련하여 욕을 당하느니라 **18:17** 송사에서는 먼저 온 사람의 말이 바른 것 같으나 그의 상대자가 와서 밝히느니라
	좋은 아내를 얻으라	**18:22** 아내를 얻는 자는 복을 얻고 여호와께 은총을 받는 자니라
	좋은 친구를 사귀라	**18:24** 많은 친구를 얻는 자는 해를 당하게 되거니와 어떤 친구는 형제보다 친밀하니라

19장	성실하게 살라	**19:1** 가난하여도 성실하게 행하는 자는 입술이 패역하고 미련한 자보다 나으니라
	거짓 우정을 조심하라	**19:4** 재물은 많은 친구를 더하게 하나 가난한즉 친구가 끊어지느니라 **19:6** 너그러운 사람에게는 은혜를 구하는 자가 많고 선물 주기를 좋아하는 자에게는 사람마다 친구가 되느니라
	거짓말하지 마라	**19:9** 거짓 증인은 벌을 면하지 못할 것이요 거짓말을 뱉는 자는 망할 것이니라
	노하기를 더디 하라	**19:11** 노하기를 더디 하는 것이 사람의 슬기요 허물을 용서하는 것이 자기의 영광이니라
	다투는 아내가 되지 마라	**19:13** 미련한 아들은 그의 아비의 재앙이요 다투는 아내는 이어 떨어지는 물방울이니라
	슬기로운 아내가 되라	**19:14** 집과 재물은 조상에게서 상속하거니와 슬기로운 아내는 여호와께로서 말미암느니라
	노하기를 더디 하라	**19:19** 노하기를 맹렬히 하는 자는 벌을 받을 것이라 네가 그를 건져 주면 다시 그런 일이 생기리라
	거짓말하지 마라	**19:22** 사람은 자기의 인자함으로 남에게 사모함을 받느니라 가난한 자는 거짓말하는 자보다 나으니라
20장	술에 취하지 마라	**20:1** 포도주는 거만하게 하는 것이요 독주는 떠들게 하는 것이라 이에 미혹되는 자마다 지혜가 없느니라
	왕을 노하게 하지 말라	**20:2** 왕의 진노는 사자의 부르짖음 같으니 그를 노하게 하는 것은 자기의 생명을 해하는 것이니라
	다툼을 피하라	**20:3** 다툼을 멀리 하는 것이 사람에게 영광이거늘 미련한 자마다 다툼을 일으키느니라
	저울눈을 속이지 말라	**20:10** 한결같지 않은 저울추와 한결같지 않은 되는 다 여호와께서 미워하시느니라 **20:23** 한결같지 않은 저울추는 여호와께서 미워하시는 것이요 속이는 저울은 좋지 못한 것이니라
	말을 조심하라	**20:15** 세상에 금도 있고 진주도 많거니와 지혜로운 입술이 더욱 귀한 보배니라

	남의 말을 옮기는 사람과는 사귀지 마라	**20:19** 두루 다니며 한담하는 자는 남의 비밀을 누설하나니 입술을 벌린 자를 사귀지 말지니라
	부모를 저주하지 마라	**20:20** 자기의 아비나 어미를 저주하는 자는 그의 등불이 흑암 중에 꺼짐을 당하리라
	경솔한 약속을 삼가라	**20:25** 함부로 이 물건은 거룩하다 하여 서원하고 그 후에 살피면 그것이 그 사람에게 덫이 되느니라
21장	공의와 정의를 행하라	**21:3** 공의와 정의를 행하는 것은 제사 드리는 것보다 여호와께서 기쁘게 여기시느니라
	부지런하라	**21:5** 부지런한 자의 경영은 풍부함에 이를 것이나 조급한 자는 궁핍함에 이를 따름이니라
	속여서 재물을 취하지 말라	**21:6** 속이는 말로 재물을 모으는 것은 죽음을 구하는 것이라 곧 불려다니는 안개니라
	다투는 아내가 되지 말라	**21:9** 다투는 여인과 함께 큰 집에서 사는 것보다 움막에서 사는 것이 나으니라 **21:19** 다투며 성내는 여인과 함께 사는 것보다 광야에서 사는 것이 나으니라
	쾌락과 사치를 멀리하라	**21:17** 연락을 좋아하는 자는 가난하게 되고 술과 기름을 좋아하는 자는 부하게 되지 못하느니라
	말을 조심하라	**21:23** 입과 혀를 지키는 자는 자기의 영혼을 환난에서 보전하느니라
	게으르지 마라	**21:25** 게으른 자의 욕망이 자기를 죽이나니 이는 자기의 손으로 일하기를 싫어함이니라
	베푸는 삶을 살라	**21:26** 어떤 자는 종일토록 탐하기만 하나 의인은 아끼지 아니하고 베푸느니라
	거짓 증인이 되지 마라	**21:28** 거짓 증인은 패망하려니와 확실히 들은 사람의 말은 힘이 있느니라
22장	재물보다 명예를 택하라	**22:1** 많은 재물보다 명예를 택할 것이요 은이나 금보다 은총을 더욱 택할 것이니라

	자녀들을 가르치라	**22:6** 마땅히 행할 길을 아이에게 가르치라 그리하면 늙어도 그것을 떠나지 아니하리라
	게으르지 마라	**22:13** 게으른 자는 말하기를 사자가 밖에 있은즉 내가 나가면 거리에서 찢기겠다 하느니라
지혜로운 사람들의 명언 30가지(22:17–24:22)		
22장	**22:17** 너는 귀를 기울여 지혜 있는 자의 말씀을 들으며 내 지식에 마음을 둘지어다	
22장	말씀 1 약한 자를 탈취하지 말라	**22:22** 약한 자를 그가 약하다고 탈취하지 말며 곤고한 자를 성문에서 압제하지 말라
22장	말씀 2 노를 품는 자와 사귀지 말라	**22:24** 노를 품는 자와 사귀지 말며 울분한 자와 동행하지 말지니
22장	말씀 3 빚보증 서지 말라	**22:26** 너는 사람과 더불어 손을 잡지 말며 남의 빚에 보증을 서지 말라
22장	말씀 4 도적질하지 말라	**22:28** 네 선조가 세운 옛 지계석을 옮기지 말지니라
22장	말씀 5 자기가 잘하는 일을 하라	**22:29** 네가 자기의 일에 능숙한 사람을 보았느냐 이러한 사람은 왕 앞에 설 것이요 천한 자 앞에 서지 아니하리라
23장	말씀 6 탐식하지 말라	**23:2–3** 네가 만일 음식을 탐하는 자이거든 네 목에 칼을 둘 것이니라 그의 맛있는 음식을 탐하지 말라 그것은 속이는 음식이니라
23장	말씀 7 부자 되려 애쓰지 마라	**23:4–5** 부자 되기에 애쓰지 말고 네 사사로운 지혜를 버릴지어다 네가 어찌 허무한 것에 주목하겠느냐 정녕히 재물은 스스로 날개를 내어 하늘을 나는 독수리처럼 날아가리라
23장	말씀 8 인색한 사람의 음식을 얻어먹지 말라	**23:6** 악한 눈이 있는 자의 음식을 먹지 말며 그의 맛있는 음식을 탐하지 말지어다
23장	말씀 9 미련한 자에게 말하지 말라	**23:9** 미련한 자의 귀에 말하지 말지니 이는 그가 네 지혜로운 말을 업신여길 것임이니라
23장	말씀 10 경계석을 옮기지 말라	**23:10** 옛 지계석을 옮기지 말며 고아들의 밭을 침범하지 말지어다

	말씀 11 자식을 훈계하라	**23:13–14** 아이를 훈계하지 아니하려고 하지 말라 채찍으로 그를 때릴지라도 그가 죽지 아니하리라 네가 그를 채찍으로 때리면 그의 영혼을 스올에서 구원하리라
	말씀 12 지혜로우라 그리고 정직한 말을 하라	**23:15–16** 내 아들아 만일 네 마음이 지혜로우면 나 곧 내 마음이 즐겁겠고 만일 네 입술이 정직을 말하면 내 속이 유쾌하리라
	말씀 13 죄인의 잘된 것을 부러워하지 마라	**23:17–18** 네 마음으로 죄인의 형통을 부러워하지 말고 항상 여호와를 경외하라 정녕히 네 장래가 있겠고 네 소망이 끊어지지 아니하리라
	말씀 14 술 취하고 음식을 탐하지 말라	**23:21** 술 취하고 음식을 탐하는 자는 가난하여질 것이요 잠 자기를 즐겨 하는 자는 해어진 옷을 입을 것임이니라
	말씀 15 부모를 경히 여기지 말며 진리를 팔지 말라	**23:22–23** 너를 낳은 아비에게 청종하고 네 늙은 어미를 경히 여기지 말지니라 진리를 사되 팔지는 말며 지혜와 훈계와 명철도 그리할지니라
	말씀 16 부모를 즐겁게 하라	**23:24–25** 의인의 아비는 크게 즐거울 것이요 지혜로운 자식을 낳은 자는 그로 말미암아 즐거울 것이니라 네 부모를 즐겁게 하며 너를 낳은 어미를 기쁘게 하라
	말씀 17 음녀를 삼가라	**23:27–28** 대저 음녀는 깊은 구덩이요 이방 여인은 좁은 함정이라 참으로 그는 강도 같이 매복하며 사람들 중에 사악한 자가 많아지게 하느니라
	말씀 18 술 취하지 말라	**23:29–35** 재앙이 뉘게 있느뇨 근심이 뉘게 있느뇨 분쟁이 뉘게 있느뇨 원망이 뉘게 있느뇨 까닭 없는 상처가 뉘게 있느뇨 붉은 눈이 뉘게 있느뇨 술에 잠긴 자에게 있고 혼합한 술을 구하러 다니는 자에게 있느니라 포도주는 붉고 잔에서 번쩍이며 순하게 내려가나니 너는 그것을 보지도 말지어다 그것이 마침내 뱀 같이 물 것이요 독사 같이 쏠 것이며 또 네 눈에는 괴이한 것이 보일 것이요 네 마음은 구부러진 말을 할 것이며 너는 바다 가운데에 누운 자 같을 것이요 돛대 위에 누운 자 같을 것이며 네가 스스로 말하기를 사람이 나를 때려도 나는 아프지 아니하고 나를 상하게 하여도 내게 감각이 없도다 내가 언제나 깰까 다시 술을 찾겠다 하리라
24장	말씀 19 악인의 형통을 부러워 말라	**24:1** 너는 악인의 형통함을 부러워하지 말며 그와 함께 있으려고 하지도 말지어다

말씀 20 집은 지혜, 명철–지식으로 채우라	**24:3–4** 집은 지혜로 말미암아 건축되고 명철로 말미암아 견고하게 되며 또 방들은 지식으로 말미암아 각종 귀하고 아름다운 보배로 채우게 되느니라
말씀 21 지혜와 지식은 매우 중요하다	**24:5–6** 지혜 있는 자는 강하고 지식 있는 자는 힘을 더하나니 너는 전략으로 싸우라 승리는 지략이 많음에 있느니라
말씀 22 지혜가 있어야 한다	**24:7** 지혜는 너무 높아서 미련한 자가 미치지 못할 것이므로 그는 성문에서 입을 열지 못하느니라
말씀 23 악행하는 자, 미련한 자, 거만한 자가 되지 마라	**24:8–9** 악행하기를 꾀하는 자를 일컬어 사악한 자라 하느니라 미련한 자의 생각은 죄요 거만한 자는 사람에게 미움을 받느니라
말씀 24 어려움을 당할 때 낙심하지 마라	**24:10** 네가 만일 환난 날에 낙담하면 네 힘이 미약함을 보임이니라
말씀 25 어려움에 처한 자를 구원하려 노력하라	**24:11–12** 너는 사망으로 끌려가는 자를 건져 주며 살륙을 당하게 된 자를 구원하지 아니하려고 하지 말라 네가 말하기를 나는 그것을 알지 못하였노라 할지라도 마음을 저울질 하시는 이가 어찌 통찰하지 못하시겠으며 네 영혼을 지키시는 이가 어찌 알지 못하시겠느냐 그가 각 사람의 행위대로 보응하시리라
말씀 26 지혜는 송이 꿀과 같은 것이다	**24:13–14** 내 아들아 꿀을 먹으라 이것이 좋으니라 송이꿀을 먹으라 이것이 네 입에 다니라 지혜가 네 영혼에게 이와 같은 줄을 알라 이것을 얻으면 정녕히 네 장래가 있겠고 네 소망이 끊어지지 아니하리라
말씀 27 일곱 번 넘어지더라도 다시 일어나라	**24:16** 대저 의인은 일곱 번 넘어질지라도 다시 일어나려니와 악인은 재앙으로 말미암아 엎드러지느니라
말씀 28 원수가 넘어질 때 기뻐하지 말라	**24:17–18** 네 원수가 넘어질 때에 즐거워하지 말며 그가 엎드러질 때에 마음에 기뻐하지 말라 여호와께서 이것을 보시고 기뻐하지 아니하사 그의 진노를 그에게서 옮기실까 두려우니라

	말씀 29 행악자들에게 분을 품지 말며 악인의 형통을 부러워 말라	**24:19-20** 너는 행악자들로 말미암아 분을 품지 말며 악인의 형통함을 부러워하지 말라 대저 행악자는 장래가 없겠고 악인의 등불은 꺼지리라
	말씀 30 여호와와 왕을 경외하라	**24:21-22** 내 아들아 여호와와 왕을 경외하고 반역자와 더불어 사귀지 말라 대저 그들의 재앙은 속히 임하리니 그 둘의 멸망을 누가 알랴
지혜자들의 추가 말씀(24:23-34)		
	말씀 1 공정한 재판을 하라	**24:23-25** 이것도 지혜로운 자들의 말씀이라 재판할 때에 낯을 보아 주는 것이 옳지 못하니라 악인에게 네가 옳다 하는 자는 백성에게 저주를 받을 것이요 국민에게 미움을 받으려니와 오직 그를 견책하는 자는 기쁨을 얻을 것이요 또 좋은 복을 받으리라
	말씀 2 정직한 대답을 하라	**24:26** 적당한 말로 대답함은 입맞춤과 같으니라
	말씀 3 집 짓기 앞서 생활 기반을 마련하라	**24:27** 네 일을 밖에서 다스리며 너를 위하여 밭에서 준비하고 그 후에 네 집을 세울지니라
	말씀 4 거짓 증인으로 허위 진술을 하지 말라	**24:28** 너는 까닭 없이 네 이웃을 쳐서 증인이 되지 말며 네 입술로 속이지 말지니라
	말씀 5 복수하려 하지 말라	**24:29** 너는 그가 내게 행함 같이 나도 그에게 행하여 그가 행한 대로 그 사람에게 갚겠다 말하지 말지니라
	말씀 6 게으르지 말라	**24:30-34** 내가 게으른 자의 밭과 지혜 없는 자의 포도원을 지나며 본즉 가시덤불이 그 전부에 퍼졌으며 그 지면이 거친 풀로 덮였고 돌담이 무너져 있기로 내가 보고 생각이 깊었고 내가 보고 훈계를 받았노라 네가 좀더 자자, 좀더 졸자, 손을 모으고 좀더 누워 있자 하니 네 빈궁이 강도 같이 오며 네 곤핍이 군사 같이 이르리라

히스기야의 신하들이 수집한 솔로몬의 잠언(25-29장) 이하 현대인의 성경		
25장	스스로 높은 체 말라	**25:7** 높은 자리로 올라오라고 초대받는 것이 대중 앞에서 말석으로 내려가라고 모욕을 당하는 것보다 낫다.
	성급하게 법정으로 달려가지 말라	**25:8** 너는 어떤 일로 너무 성급하게 법정으로 달려가지 말아라. 만일 상대방이 너를 부끄럽게 하면 그때는 어떻게 하겠느냐?
	이웃과의 다툼은 둘 사이에 조용히 해결하라	**25:9** 너는 네 이웃과 다툴 만한 문제가 있거든 두 사람 사이에 조용히 해결하고 남의 비밀을 누설하지 말아라.
	경우에 맞게 말하라	**25:11** 경우에 적합한 말은 은쟁반에 올려 놓은 금사과와 같다.
	지혜 있는 사람의 책망은 달게 받으라	**25:12** 지혜로운 사람의 책망은 그것을 듣는 자에게 금귀고리나 순금 장식과 같다.
	충성스러운 사절이 되라	**25:13** 충성스러운 사절은 그를 보낸 사람에게 무더운 한여름의 시원한 냉수 같아서 자기 상관의 마음을 시원하게 한다.
	허풍을 떨지 말라	**25:14** 선물을 주겠다고 입으로만 떠벌리는 자는 비 없는 구름과 바람 같은 사람이다.
	조심해서 말을 하라	**25:15** 인내력 있는 설득은 완강한 통치자의 마음도 돌이켜 놓을 수 있으며 부드러운 혀는 뼈도 꺾을 수 있다.
	좋은 것도 과식하지 말라	**25:16** 꿀을 구하면 적당히 먹어라. 너무 많이 먹으면 토하게 된다.
	이웃집에 너무 자주 가지 말라	**25:17** 너는 이웃집에 자주 다니지 말아라. 그렇지 않으면 네 이웃이 너에게 싫증을 느껴 너를 미워할 것이다.
	이웃을 헐뜯지 말라	**25:18** 자기 이웃에 대하여 거짓 증언하는 사람은 방망이와 칼과 뾰족한 화살로 그 이웃을 해치는 것과 같다.
	급하다고 신실하지 못한 사람의 말을 듣지 말라	**25:19** 위기에 처한 때에 신실치 못한 자를 신뢰하는 것은 흔들거리는 이로 음식을 씹거나 위골된 발로 걷는 것과 같다.

	마음이 상한 자는 위로하라	**25:20** 마음이 상한 자에게 노래를 부르는 것은 추운 날에 그의 옷을 벗기거나 그의 상처에 소금을 치는 것과 같다.
	네 원수를 사랑하라	**25:21-22** 네 원수가 굶주리거든 먹을 것을 주고 목말라 하거든 마실 것을 주어라. 그러면 네 원수는 머리에 숯불을 놓은 것같이 부끄러워 견딜 수 없을 것이며 너는 여호와께 상을 받을 것이다
	험담하지 말라	**25:23** 북풍이 비를 일으키는 것같이 험담하는 혀는 분노를 일으킨다.
	다투는 아내가 되지 말라	**25:24** 다투기 좋아하는 여자와 한집에 사는 것보다 차라리 옥상 한 구석에서 혼자 사는 것이 더 낫다.
	악인에게 굴복하지 말라	**25:26** 의로운 사람이 악인에게 굴복하는 것은 우물을 흐리게 하고 샘을 더럽히는 것과 같다.
	자신의 명예만을 추구하지 말라	**25:27** 꿀을 너무 많이 먹어도 이롭지 못한 것처럼 자신의 명예만을 추구하는 것도 이롭지 못하다.
	자제력을 가지라	**25:28** 자제할 능력이 없는 사람은 성벽이 무너진 무방비 상태의 성과 같다.
26장	미련한 자에게는 그에 상응하는 대처를 하라	**26:1-12** 1. 미련한 자에게는 영예가 여름에 오는 눈이나 추수 때에 내리는 비처럼 적합하지 않다. 2. 이유 없는 저주는 날아다니는 참새나 제비처럼 상대방에게 돌아가지 않는다. 3. 말은 채찍으로, 당나귀는 재갈로, 미련한 자는 막대기로 다스려라. 4. 어리석은 질문에 대답하지 말아라. 그렇지 않으면 너도 그것을 묻는 사람과 같이 어리석은 자가 되고 말 것이다. 5. 어리석은 질문에는 어리석은 대답을 하라. 그렇지 않으면 그가 자기를 지혜롭게 여길 것이다. 6. 미련한 자 편에 소식을 전하는 것은 자기 발을 자르거나 스스로 독을 마시는 것과 같다. 7. 미련한 자의 입에서 나오는 격언은 절름발이에게 덜렁덜렁 달려 있는 다리처럼 아무 쓸모가 없다. 8. 미련한 자에게 영예를 주는 것은 돌을 물매에 매는 것과 같다. 9. 미련한 자의 입에서 나오는 격언은 술 취한 사람의 손에 든 가시나무와 같다. 10. 미련한 자나 지나가는 사람을 고용하는 자는 닥치는 대로 활을 쏴서 사람들에게 상처를 주는 궁술가와도 같다. 11. 개가 토한 것을 다시 먹는 것처럼 미련한 자는 미련한 짓을 되풀이 한다. 12. 스스로 지혜롭다고 생각하는 사람보다는 오히려 미련한 자에게 희망이 더 있다.

	게으른 자에게는 그에 상응하는 대처를 하라	**26:13-16** 13. 게으른 사람은 '길거리에 사자가 있다' 하면서 일하러 가지 않는다. 14. 문짝이 돌쩌귀에서만 돌듯이 게으른 자는 침실에서만 뒹군다. 15. 게으른 자는 손을 그릇에 넣고도 입에 갖다 넣기를 싫어한다. 16. 게으른 자는 분별력 있게 대답하는 사람 일곱보다 자기를 더 지혜롭게 여긴다.
	다툼을 좋아하는 자에게는 그에 상응하는 대처를 하라	**26:17-21** 17. 길을 지나가다가 자기와 상관없는 싸움에 끼어드는 것은 개 귀를 잡아당기는 것처럼 어리석은 짓이다. 18. 자기 이웃을 속이고 그저 농담을 했을 뿐이라고 말하는 자는 횃불을 던지고 활을 쏴서 사람을 죽이는 미친 사람과 같다. 19. (18절과 같음) 20. 나무가 다하면 불이 꺼지고 수다장이가 없으면 싸움이 그친다. 21. 숯이 깜부기불을 일게 하고 나무가 타는 불을 계속 타오르게 하듯이 다투기를 좋아하는 사람은 싸움을 부채질 한다.
	말을 조심하라	**26:22-28** 22. 나쁜 소문을 퍼뜨리고 다니는 사람의 말은 맛있는 음식과 같아서 사람들은 그것을 삼키기 좋아한다. 23. 친절한 말에 악한 마음은 유약을 입힌 토기와 같다. 24. 위선자는 아첨하는 말로 자신의 감정을 숨긴다. 25. 그의 말이 아무리 좋게 들려도 그것을 믿을 수 없는 것은 그 마음에 추악한 생각이 가득하기 때문이다. 26. 그가 아무리 자신의 감정을 숨겨도 그의 악한 행위는 대중에게 드러날 것이다. 27. 남을 해치려고 함정을 파는 사람은 자기가 그 함정에 빠질 것이며 남에게 돌을 굴려 내리는 사람은 자기가 그 돌에 치이게 될 것이다. 28. 거짓말하는 자는 자기가 해치려는 사람을 미워하고 아첨하는 입은 패망을 가져온다.
27장	내일 일을 자랑 말라	**27:1** 너는 내일 일을 자랑하지 말아라. 하루 동안에 무슨 일이 일어날지 모른다.
	네 입으로 스스로를 칭찬 말라	**27:2** 너는 다른 사람이 너를 칭찬하게 할망정 네 입으로는 너를 칭찬하지 말아라
	미련한 자의 분노를 조심하라	**27:3** 돌도 무겁고 모래도 무겁지만 미련한 자가 화내는 것은 그보다 더 무겁다.

	질투하지 말라	**27:4** 분노가 잔인하고 파괴적이긴 하지만 질투에 비하면 아무것도 아니다
	맞대 놓고 책망하라	**27:5** 맞대 놓고 책망하는 것이 숨은 사랑보다 낫다
	원수를 조심하라	**27:6** 친구는 상처를 주어도 신실한 우정의 표현이지만 원수는 입을 맞춰도 조심해야 한다
	친구의 충고를 고마워하라	**27:9** 기름과 향이 사람의 마음을 기쁘게 하는 것처럼 친구의 진실한 충고도 아름다운 것이다.
	가까운 이웃을 만들라	**27:10** 네 친구나 네 아버지의 친구를 저버리지 말며 네가 어려움을 당할 때 네 형제의 집을 찾아가지 말아라. 가까운 이웃은 먼 형제보다 낫다.
	지혜로운 아들이 되라	**27:11** 내 아들아, 지혜로운 사람이 되어 내 마음을 기쁘게 하여라. 그러면 나를 비난하는 자에게 내가 대답할 말이 있을 것이다
	칭찬이라도 적시에 하라	**27:14** 이른 아침부터 자기 이웃을 큰 소리로 축복하면 오히려 그것을 저주로 여길 것이다
	다투기 좋아하는 아내가 되지 마라	**27:15-16** 다투기 좋아하는 여자는 비 오는 날에 계속 떨어지는 빗방울 같다. 이런 여자를 다스리는 것은 바람을 다스리는 것과 같고 손으로 기름을 움켜잡는 것과 같다.
	상대방을 빛나게 하는 사람이 되라	**27:17** 철이 철을 날카롭게 하는 것처럼 사람은 사람이 날카롭게 한다
	사람의 평가는 신중히 하라	**27:21** 은과 금은 불로 연단되고 사람은 남이 하는 말로 평가 된다
	미련한 자를 조심하라	**27:22** 미련한 자를 절구에 넣고 곡식과 함께 공이로 아무리 찧어 봐도 그의 미련한 것은 벗겨지지 않는다.
28장	율법을 지키라	**28:4** 율법을 저버리는 것은 악인을 칭찬하는 것과 같고 율법을 지키는 것은 악을 대적하는 것과 같다. **28:7** 율법을 지키는 자는 지혜로운 아들이지만 건달과 사귀는 자는 자기 아버지에게 수치가 된다. **28:9** 사람이 율법을 외면하고 듣지 않으면 하나님은 그 사람의 기도에 귀를 기울이지 않으신다

	성실하고 정직하라	**28:6** 가난하지만 정직하게 사는 자가 거짓된 부자보다 낫다. **26:18** 진실하게 사는 사람은 구원을 받을 것이나 거짓되게 사는 사람은 갑자기 패망할 것이다.
	열심히 일하라	**28:19** 열심히 일하는 농부는 먹을 것이 많아도 헛되게 시간을 보내는 사람은 가난하게 된다.
	부모의 것을 도둑질 말라	**28:24** 부모의 것을 도둑질하고서도 잘못이 아니라고 말하는 사람은 강도와 다를 것이 없다.
	욕심내지 말라	**28:25** 욕심이 많은 사람은 다툼을 일으켜도 여호와를 신뢰하는 사람은 부유하게 된다.
	가난한 자를 보살피라	**28:27** 가난한 자를 보살피는 사람은 부족한 것이 없어도 가난한 자를 못 본 체하는 사람은 많은 저주를 받을 것이다.
29장	자식을 교육시켜라	**29:15** 꾸짖고 때려서라도 교육을 시키면 지혜를 얻게 되지만 제멋대로 하도록 내버려 두면 자식이 어머니를 욕되게 한다.
	자식을 징계하라	**29:17** 네 자식을 징계하라. 그러면 그가 네 마음에 기쁨과 평안을 줄 것이다
	율법을 지키라	**29:18** 하나님의 계시가 없으면 백성이 무질서하겠지만 율법을 지키는 사람은 복이 있다
	교만하지 말고 겸손하라	**29:23** 사람이 교만하면 낮아지고 겸손하면 존경을 받는다.
야게의 아들 아굴의 잠언(30장)		
30장	하나님 말씀에 아무것도 더하지 말라	**30:5-6** 하나님의 말씀은 다 순전하며 하나님은 그를 의지하는 자의 방패시니라 너는 그의 말씀에 더하지 말라 그가 너를 책망하시겠고 너는 거짓말하는 자가 될까 두려우니라
	가난하지도 부하지도 말라	**30:8-9** 곧 헛된 것과 거짓말을 내게서 멀리 하옵시며 나를 가난하게도 마옵시고 부하게도 마옵시고 오직 필요한 양식으로 나를 먹이시옵소서. 혹 내가 배불러서 하나님을 모른다 여호와가 누구냐 할까 하오며 혹 내가 가난하여 도둑질하고 내 하나님의 이름을 욕되게 할까 두려워함이니이다.

다른 사람의 잘못에 대해 지나치게 관심을 갖지 말라	**30:10** 너는 종을 그의 상전에게 비방하지 말라 그가 너를 저주하겠고 너는 죄책을 당할까 두려우니라
부모를 저주하지 말라	**30:11** 아비를 저주하며 어미를 축복하지 아니하는 무리가 있느니라
위선자가 되지 말라	**30:12** 스스로 깨끗한 자로 여기면서도 자기의 더러운 것을 씻지 아니하는 무리가 있느니라
교만한 자가 되지 말라	**30:13** 눈이 심히 높으며 눈꺼풀이 높이 들린 무리가 있느니라
욕심쟁이가 되지 말라	**3014** 앞니는 장검 같고 어금니는 군도 같아서 가난한 자를 땅에서 삼키며 궁핍한 자를 사람 중에서 삼키는 무리가 있느니라
불만족한 자가 되지 말라	**30:15—16** 거머리에게는 두 딸이 있어 다오 다오 하느니라 족한 줄을 알지 못하여 족하다 하지 아니하는 것 서넛이 있나니 곧 스올과 아이 배지 못하는 태와 물로 채울 수 없는 땅과 족하다 하지 아니하는 불이니라
부모에게 순종하라	**30:17** 아비를 조롱하며 어미 순종하기를 싫어하는 자의 눈은 골짜기의 까마귀에게 쪼이고 독수리 새끼에게 먹히리라
은밀한 범죄라도 하나님은 아신다	**30:18–20** 18. 내가 심히 기이히 여기고도 깨닫지 못하는 것 서넛이 있나니 19. 곧 공중에 날아다니는 독수리의 자취와 반석 위로 기어 다니는 뱀의 자취와 바다로 지나다니는 배의 자취와 남자가 여자와 함께 한 자취며 20. 음녀의 자취도 그러하니라 그가 먹고 그의 입을 씻음 같이 말하기를 내가 악을 행하지 아니하였다 하느니라
자기가 감당할 수 있는 일을 맡아라	**30:21–23** 21. 세상을 진동시키며 세상이 견딜 수 없게 하는 것 서넛이 있나니 22. 곧 종이 임금된 것과 미련한 자가 음식으로 배부른 것과 23. 미움 받는 여자가 시집 간 것과 여종이 주모를 이은 것이니라

	하나님이 창조하신 피조물에게서도 배워라	**30:24–31** 24. 땅에 작고도 가장 지혜로운 것 넷이 있나니 25. 곧 힘이 없는 종류로되 먹을 것을 여름에 준비하는 개미와 26. 약한 종류로되 집을 바위 사이에 짓는 사반과 27. 임금이 없으되 다 떼를 지어 나아가는 메뚜기와 28. 손에 잡힐 만하여도 왕궁에 있는 도마뱀이니라 29. 잘 걸으며 위풍 있게 다니는 것 서넛이 있나니 30. 곧 짐승 중에 가장 강하여 아무 짐승 앞에서도 물러가지 아니하는 사자와 31. 사냥개와 숫염소와 및 당할 수 없는 왕이니라
	교만을 중지하여 환난을 면하라	**30:32–33** 32. 만일 네가 미련하여 스스로 높은 체하였거나 혹 악한 일을 도모하였거든 네 손으로 입을 막으라 33. 대저 젖을 저으면 엉긴 젖이 되고 코를 비틀면 피가 나는 것 같이 노를 격동하면 다툼이 남이니라
어머니가 르무엘 왕에게 훈계한 잠언(31:1–9) – 우리 모두가 왕 같은 제사장이다 –		
31장	여자를 조심하라	**31:3** 네 힘을 여자들에게 쓰지 말며 왕들을 멸망시키는 일을 행하지 말지어다
	술을 조심하라	**31:4–7** 4. 르무엘아 포도주를 마시는 것이 왕들에게 마땅하지 아니하고 왕들에게 마땅하지 아니하며 독주를 찾는 것이 주권자들에게 마땅하지 않도다 5. 술을 마시다가 법을 잊어버리고 모든 곤고한 자들의 송사를 굽게 할까 두려우니라 6. 독주는 죽게 된 자에게, 포도주는 마음에 근심하는 자에게 줄지어다 7. 그는 마시고 자기의 빈궁한 것을 잊어버리겠고 다시 자기의 고통을 기억하지 아니하리라
	공의의 재판을 하라	**31:8–9** 8. 너는 말 못하는 자와 모든 고독한 자의 송사를 위하여 입을 열지니라 9. 너는 입을 열어 공의로 재판하여 곤고한 자와 궁핍한 자를 신원할지니라
	현숙한 아내를 얻으라	아래 '현숙한 아내의 덕목' 참조

현숙한 아내의 덕목(31:10-31) 알파벳시 22절

10. 누가 현숙한 여인을 찾아 얻겠느냐 그의 값은 진주보다 더 하니라
11. 그런 자의 남편의 마음은 그를 믿나니 산업이 핍절하지 아니하겠으며
12. 그런 자는 살아 있는 동안에 그의 남편에게 선을 행하고 악을 행하지 아니하느니라
13. 그는 양털과 삼을 구하여 부지런히 손으로 일하며
14. 상인의 배와 같아서 먼 데서 양식을 가져 오며
15. 밤이 새기 전에 일어나서 자기 집안사람들에게 음식을 나누어 주며 여종들에게 일을 정하여 맡기며
16. 밭을 살펴보고 사며 자기의 손으로 번 것을 가지고 포도원을 일구며
17. 힘 있게 허리를 묶으며 자기의 팔을 강하게 하며
18. 자기의 장사가 잘 되는 줄을 깨닫고 밤에 등불을 끄지 아니하며
19. 손으로 솜뭉치를 들고 손가락으로 가락을 잡으며
20. 그는 곤고한 자에게 손을 펴며 궁핍한 자를 위하여 손을 내밀며
21. 자기 집 사람들은 다 홍색 옷을 입었으므로 눈이 와도 그는 자기 집 사람들을 위하여 염려하지 아니하며
22. 그는 자기를 위하여 아름다운 이불을 지으며 세마포와 자색 옷을 입으며
23. 그의 남편은 그 땅의 장로들과 함께 성문에 앉으며 사람들의 인정을 받으며
24. 그는 베로 옷을 지어 팔며 띠를 만들어 상인들에게 맡기며
25. 능력과 존귀로 옷을 삼고 후일을 웃으며
26. 입을 열어 지혜를 베풀며 그의 혀로 인애의 법을 말하며
27. 자기의 집안일을 보살피고 게을리 얻은 양식을 먹지 아니하나니
28. 그의 자식들은 일어나 감사하며 그의 남편은 칭찬하기를
29. 덕행 있는 여자가 많으나 그대는 모든 여자보다 뛰어나다 하느니라.
30. 고운 것도 거짓되고 아름다운 것도 헛되나 오직 여호와를 경외하는 여자는 칭찬을 받을 것이라
31. 그 손의 열매가 그에게로 돌아갈 것이요 그 행한 일로 말미암아 성문에서 칭찬을 받으리라

전도서 핵심정리

전도서의 의의

- 구약은 1) 과거를 보여 주는 창세기로부터 에스더까지의 역사 기록 2) 미래를 이야기하는 이사야로부터 말라기까지의 선지서 3) 현재 우리의 삶에서 '성경적 삶을 위한 행동 지침'을 제시해 주는 욥기로부터 아가까지의 시가서 세 부분으로 구분해 볼 수 있다고 생각했다.
- 과거와 미래 부분은 믿음의 영역인 데 비해 현재 부분은 행함의 영역이다.
- 시가서의 네 번째가 전도서이다.
- 전도서가 현재를 살아가고 있는 우리에게 제시하는 '성경적 삶을 위한 행동 지침'은 다양하다. 핵심은 하나님을 경외하는 것이 지혜의 근본이며 행복한 삶의 원천이라는 사실이다. 우리는 부분적으로 옳은 신학에 현혹되어서는 안 된다.

기록연대와 배경

- 솔로몬의 생애 말년인 BC 940–930년에 기록된 것으로 추정한다.
- 솔로몬이 이방 여인과 우상숭배에 빠져 세상적 쾌락을 마음껏 누리고 나서 자신의 체험과 실패를 바탕으로 기록한 것으로 생각된다.

헛된 것(해 아래 29회)

🔔 솔로몬은 세상의 지혜와 부귀영화로 일생을 보낸 사람이다.
창조의 은혜만으로는 모든 것이 헛됨을 고백하고 있다.

1장	모든 것이 헛되다	**1:2** 전도자가 이르되 헛되고 헛되며 헛되고 헛되니 모든 것이 헛되도다.
	헛됨과 무익함의 주제를 뒷받침하는 시	**1:3-11** 3. 해 아래에서 수고하는 모든 수고가 사람에게 무엇이 유익한가 4. 한 세대는 가고 한 세대는 오되 땅은 영원히 있도다 5. 해는 뜨고 해는 지되 그 떴던 곳으로 빨리 돌아가고 6. 바람은 남으로 불다가 북으로 돌아가며 이리 돌며 저리 돌아 바람은 그 불던 곳으로 돌아가고 7. 모든 강물은 다 바다로 흐르되 바다를 채우지 못하며 강물은 어느 곳으로 흐르든지 그리로 연하여 흐르느니라 8. 모든 만물이 피곤하다는 것을 사람이 말로 다 말할 수는 없나니 눈은 보아도 족함이 없고 귀는 들어도 가득 차지 아니하도다 9. 이미 있던 것이 후에 다시 있겠고 이미 한 일을 후에 다시 할지라 해 아래에는 새 것이 없나니 10. 무엇을 가리켜 이르기를 보라 이것이 새 것이라 할 것이 있으랴 우리가 있기 오래 전 세대들에도 이미 있었느니라 11. 이전 세대들이 기억됨이 없으니 장래 세대도 그 후 세대들과 함께 기억됨이 없으리라
	세상적 지혜의 헛됨	**1:16-18** 16. 내가 내 마음 속으로 말하여 이르기를 보라 내가 크게 되고 지혜를 더 많이 얻었으므로 나보다 먼저 예루살렘에 있던 모든 사람들보다 낫다 하였나니 내 마음이 지혜와 지식을 많이 만나 보았음이로다 17. 내가 다시 지혜를 알고자 하며 미친 것들과 미련한 것들을 알고자 하여 마음을 썼으나 이것도 바람을 잡으려는 것인 줄을 깨달았도다 18. 지혜가 많으면 번뇌도 많으니 지식을 더하는 자는 근심을 더하느니라

2장	쾌락과 富의 헛됨, 수고의 헛됨	**2:1-11** 1. 나는 내 마음에 이르기를 자, 내가 시험삼아 너를 즐겁게 하리니 너는 낙을 누리라 하였으나 보라 이것도 헛되도다 2. 내가 웃음에 관하여 말하여 이르기를 그것은 미친 것이라 하였고 희락에 대하여 이르기를 이것이 무슨 소용이 있는가 하였노라 3. 내가 내 마음으로 깊이 생각하기를 내가 어떻게 하여야 내 마음을 지혜로 다스리면서 술로 내 육신을 즐겁게 할까 또 내가 어떻게 하여야 천하의 인생들이 그들의 인생을 살아가는 동안 어떤 것이 선한 일인지를 알아볼 때까지 내 어리석음을 꼭 붙잡아 둘까 하여 4. 나의 사업을 크게 하였노라 내가 나를 위하여 집들을 짓고 포도원을 일구며 5. 여러 동산과 과원을 만들고 그 가운데에 각종 과목을 심었으며 6. 나를 위하여 수목을 기르는 삼림에 물을 주기 위하여 못들을 팠으며 7. 남녀 노비들을 사기도 하였고 나를 위하여 집에서 종들을 낳기도 하였으며 나보다 먼저 예루살렘에 있던 모든 자들보다도 내가 소와 양 떼의 소유를 더 많이 가졌으며 8. 은 금과 왕들이 소유한 보배와 여러 지방의 보배를 나를 위하여 쌓고 또 노래하는 남녀들과 인생들이 기뻐하는 처첩들을 많이 두었노라 9. 내가 이같이 창성하여 나보다 먼저 예루살렘에 있던 모든 자들보다 더 창성하니 내 지혜도 내게 여전하도다 10. 무엇이든지 내 눈이 원하는 것을 내가 금하지 아니하며 무엇이든지 내 마음이 즐거워하는 것을 내가 막지 아니하였으니 이는 나의 모든 수고를 내 마음이 기뻐하였음이라 이것이 나의 모든 수고로 말미암아 얻은 몫이로다 11. 그 후에 내가 생각해 본즉 내 손으로 한 모든 일과 내가 수고한 모든 것이 다 헛되어 바람을 잡는 것이며 해 아래에서 무익한 것이로다
	지혜자나 우매자나 모두가 똑같고 헛되다	**2:15-16** 15. 내가 내 마음속으로 이르기를 우매자가 당한 것을 나도 당하리니 내게 지혜가 있었다 한들 내게 무슨 유익이 있으리요 하였도다 이에 내가 내 마음속으로 이르기를 이것도 헛되도다 하였도다 16. 지혜자도 우매자와 함께 영원하도록 기억함을 얻지 못하나니 후일에는 모두 다 잊어버린 지 오랠 것임이라 오호라 지혜자의 죽음이 우매자의 죽음과 일반이로다

	내 수고를 수고하지 않은 자에게 남겨 주는 헛됨	**2:18–19** 18. 내가 해 아래에서 내가 한 모든 수고를 미워하였노니 이는 내 뒤를 이을 이에게 남겨 주게 됨이라 19. 그 사람이 지혜자일지, 우매자일지야 누가 알랴마는 내가 해 아래에서 내 지혜를 다하여 수고한 모든 결과를 그가 다 관리하리니 이것도 헛되도다
3장	하나님의 주권적 섭리	**3:1–11** 1. 범사에 기한이 있고 천하만사가 다 때가 있나니 2. 날 때가 있고 죽을 때가 있으며 심을 때가 있고 심은 것을 뽑을 때가 있으며 3. 죽일 때가 있고 치료할 때가 있으며 헐 때가 있고 세울 때가 있으며 4. 울 때가 있고 웃을 때가 있으며 슬퍼할 때가 있고 춤출 때가 있으며 5. 돌을 던져 버릴 때가 있고 돌을 거둘 때가 있으며 안을 때가 있고 안는 일을 멀리 할 때가 있으며 6. 찾을 때가 있고 잃을 때가 있으며 지킬 때가 있고 버릴 때가 있으며 7. 찢을 때가 있고 꿰맬 때가 있으며 잠잠할 때가 있고 말할 때가 있으며 8. 사랑할 때가 있고 미워할 때가 있으며 전쟁할 때가 있고 평화할 때가 있느니라 9. 일하는 자가 그의 수고로 말미암아 무슨 이익이 있으랴 10. 하나님이 인생들에게 노고를 주사 애쓰게 하신 것을 내가 보았노라 11. 하나님이 모든 것을 지으시되 때를 따라 아름답게 하셨고 또 사람들에게는 영원을 사모하는 마음을 주셨느니라. 그러나 하나님이 하시는 일의 시종을 사람으로 측량할 수 없게 하셨도다.
	해 아래 세상에서 일어나는 일의 헛됨	**3:16–17** 16. 또 내가 해 아래에서 보건대 재판하는 곳 거기에도 악이 있고 정의를 행하는 곳 거기에도 악이 있도다 17. 내가 내 마음속으로 이르기를 의인과 악인을 하나님이 심판하시리니 이는 모든 소망하는 일과 모든 행사에 때가 있음이라 하였으며
	사람은 짐승과 다르게 창조되었다	**3:19–21** 19. 인생이 당하는 일을 짐승도 당하나니 그들이 당하는 일이 일반이라 다 동일한 호흡이 있어서 짐승이 죽음 같이 사람도 죽으니 사람이 짐승보다 뛰어남이 없음은 모든 것이 헛됨이로다 20. 다 흙으로 말미암았으므로 다 흙으로 돌아가나니 다 한 곳으로 가거니와 21. 인생들의 혼은 위로 올라가고 짐승의 혼은 아래 곧 땅으로 내려가는 줄을 누가 알랴

4장	갑질 세상에 대한 한탄	**4:1–3** 1. 내가 다시 해 아래에서 행하는 모든 학대를 살펴보았도다. 보라 학대 받는 자들의 눈물이로다. 그들에게 위로자가 없도다. 그들을 학대하는 자들의 손에는 권세가 있으나 그들에게는 위로자가 없도다. 2. 그러므로 나는 아직 살아 있는 산 자들보다 죽은 지 오랜 죽은 자들을 더 복되다 하였으며 3. 이 둘보다도 아직 출생하지 아니하여 해 아래에서 행하는 악한 일을 보지 못한 자가 더 복되다 하였노라
	시기–질투하는 세상에 대한 한탄	**4:4** 내가 또 본즉 사람이 모든 수고와 모든 재주로 말미암아 이웃에게 시기를 받으니 이것도 헛되어 바람을 잡는 것이로다.
	홀로 사는 사람의 헛됨	**4:8** 어떤 사람은 아들도 없고 형제도 없이 홀로 있으나 그의 모든 수고에는 끝이 없도다 또 비록 그의 눈은 부요를 족하게 여기지 아니하면서 이르기를 내가 누구를 위하여는 이같이 수고하고 나를 위하여는 행복을 누리지 못하게 하는가 하여도 이것도 헛되어 불행한 노고로다
	세상적인 출세의 헛됨	**4:15–16** 15. 내가 본즉 해 아래에서 다니는 인생들이 왕의 다음 자리에 있다가 왕을 대신하여 일어난 젊은이와 함께 있고 16. 그의 치리를 받는 모든 백성들이 무수하였을지라도 후에 오는 자들은 그를 기뻐하지 아니하리니 이것도 헛되어 바람을 잡는 것이로다
5장	형식적 신앙의 헛됨	**5:1–7** 1. 너는 하나님의 집에 들어갈 때에 네 발을 삼갈지어다 가까이 하여 말씀을 듣는 것이 우매한 자들이 제물 드리는 것보다 나으니 그들은 악을 행하면서도 깨닫지 못함이니라 2. 너는 하나님 앞에서 함부로 입을 열지 말며 급한 마음으로 말을 내지 말라 하나님은 하늘에 계시고 너는 땅에 있음이니라 그런즉 마땅히 말을 적게 할 것이라 3. 걱정이 많으면 꿈이 생기고 말이 많으면 우매한 자의 소리가 나타나느니라 4. 네가 하나님께 서원하였거든 갚기를 더디게 하지 말라 하나님은 우매한 자들을 기뻐하지 아니하시나니 서원한 것을 갚으라 5. 서원하고 갚지 아니하는 것보다 서원하지 아니하는 것이 더 나으니 6. 네 입으로 네 육체가 범죄하게 하지 말라 천사 앞에서

		내가 서원한 것이 실수라고 말하지 말라 어찌 하나님께서 네 목소리로 말미암아 진노하사 네 손으로 한 것을 멸하시게 하랴 7. 꿈이 많으면 헛된 일들이 많아지고 말이 많아도 그러하니 오직 너는 하나님을 경외할지니라
	재물을 모으는 자의 헛됨	**5:10-17** 10. 은을 사랑하는 자는 은으로 만족하지 못하고 풍요를 사랑하는 자는 소득으로 만족하지 아니하나니 이것도 헛되도다 11. 재산이 많아지면 먹는 자들도 많아지나니 그 소유주들은 눈으로 보는 것 외에 무엇이 유익하랴 12. 노동자는 먹는 것이 많든지 적든지 잠을 달게 자거니와 부자는 그 부요함 때문에 자지 못하느니라 13. 내가 해 아래에서 큰 폐단 되는 일이 있는 것을 보았나니 곧 소유주가 재물을 자기에게 해가 되도록 소유하는 것이라 14. 그 재물이 재난을 당할 때 없어지나니 비록 아들은 낳았으나 그 손에 아무것도 없느니라 15. 그가 모태에서 벌거벗고 나왔은즉 그가 나온 대로 돌아가고 수고하여 얻은 것을 아무것도 자기 손에 가지고 가지 못하리니 16. 이것도 큰 불행이라 어떻게 왔든지 그대로 가리니 바람을 잡는 수고가 그에게 무엇이 유익하랴 17. 일평생을 어두운 데에서 먹으며 많은 근심과 질병과 분노가 그에게 있느니라
6장	주어진 부귀영화를 누리지 못하는 사람의 헛됨	**6:2-9** 2. 어떤 사람은 그의 영혼이 바라는 모든 소원에 부족함이 없어 재물과 부요와 존귀를 하나님께 받았으나 하나님께서 그가 그것을 누리도록 허락하지 아니하셨으므로 다른 사람이 누리나니 이것도 헛되어 악한 병이로다 3. 사람이 비록 백 명의 자녀를 낳고 또 장수하여 사는 날이 많을지라도 그의 영혼은 그러한 행복으로 만족하지 못하고 또 그가 안장되지 못하면 나는 이르기를 낙태된 자가 그보다는 낫다 하나니 4. 낙태된 자는 헛되이 왔다가 어두운 중에 가매 그의 이름이 어둠에 덮이니 5. 햇빛도 보지 못하고 또 그것을 알지도 못하나 이가 그보다 더 평안함이라 6. 그가 비록 천 년의 갑절을 산다 할지라도 행복을 보지 못하면 마침내 다 한 곳으로 돌아가는 것뿐이 아니냐 7. 사람의 수고는 다 자기의 입을 위함이나 그 식욕은 채울 수 없느니라 8. 지혜자가 우매자보다 나은 것이 무엇

		이냐 살아 있는 자들 앞에서 행할 줄을 아는 가난한 자에게는 무슨 유익이 있는가 9. 눈으로 보는 것이 마음으로 공상하는 것보다 나으나 이것도 헛되어 바람을 잡는 것이로다
	이미 세상에 주어진 것을 어찌할 수 없는 것의 헛됨	**6:10–12** 10. 이미 있는 것은 무엇이든지 오래 전부터 그의 이름이 이미 불린 바 되었으며 사람이 무엇인지도 이미 안 바 되었나니 자기보다 강한 자와는 능히 다툴 수 없느니라 11. 헛된 것을 더하게 하는 많은 일들이 있나니 그것들이 사람에게 무슨 유익이 있으랴 12. 헛된 생명의 모든 날을 그림자 같이 보내는 일평생에 사람에게 무엇이 낙인지를 누가 알며 그 후에 해 아래에서 무슨 일이 있을 것을 누가 능히 그에게 고하리요
7장	어리석은 쾌락에 참여하는 것의 헛됨	**7:5–6** 5. 지혜로운 사람의 책망을 듣는 것이 우매한 자들의 노래를 듣는 것보다 나으니라 6. 우매한 자들의 웃음소리는 솥 밑에서 가시나무가 타는 소리 같으니 이것도 헛되니라
8장	악한 사람이 받아야 할 벌을 의인이 받는 세상의 헛됨	**8:14** 세상에서 행해지는 헛된 일이 있나니 곧 악인들의 행위에 따라 벌을 받는 의인들도 있고 의인들의 행위에 따라 상을 받는 악인들도 있다는 것이라 내가 이르노니 이것도 헛되도다
9장	의인이나 지혜자라도 장래의 일은 알 수 없다는 헛됨	**9:1** 이 모든 것을 내가 마음에 두고 이 모든 것을 살펴본즉 의인들이나 지혜자들이나 그들의 행위나 모두 다 하나님의 손 안에 있으니 사랑을 받을는지 미움을 받을는지 사람이 알지 못하는 것은 모두 그들의 미래의 일들임이니라
	의인이나 악인이나 결국은 죽는다는 헛됨	**9:2–3** 2. 모든 사람에게 임하는 그 모든 것이 일반이라 의인과 악인, 선한 자와 깨끗한 자와 깨끗하지 아니한 자, 제사를 드리는 자와 제사를 드리지 아니하는 자에게 일어나는 일들이 모두 일반이니 선인과 죄인, 맹세하는 자와 맹세하기를 무서워하는 자가 일반이로다 3. 모든 사람의 결국은 일반이라 이것은 해 아래에서 행해지는 모든 일 중의 악한 것이니 곧 인생의 마음에는 악이 가득하여 그들의 평생에 미친 마음을 품고 있다가 후에는 죽은 자들에게로 돌아가는 것이라

	세상에서의 불확실성의 헛됨	**9:11-12** 11. 내가 다시 해 아래에서 보니 빠른 경주자들이라고 선착하는 것이 아니며 용사들이라고 전쟁에 승리하는 것이 아니며 지혜자들이라고 음식물을 얻는 것도 아니며 명철자들이라고 재물을 얻는 것도 아니며 지식인들이라고 은총을 입는 것이 아니니 이는 시기와 기회는 그들 모두에게 임함이니라. 12. 분명히 사람은 자기의 시기도 알지 못하나니 물고기들이 재난의 그물에 걸리고 새들이 올무에 걸림 같이 인생들도 재앙의 날이 그들에게 홀연히 임하면 거기에 걸리느니라.
	힘없고 보잘것없는 사람의 공로가 인정받지 못하는 세상의 헛됨	**9:13-16** 13. 내가 또 해 아래에서 지혜를 보고 내가 크게 여긴 것이 이러하니 14. 곧 작고 인구가 많지 아니한 어떤 성읍에 큰 왕이 와서 그것을 에워싸고 큰 흉벽을 쌓고 치고자 할 때에 15. 그 성읍 가운데에 가난한 지혜자가 있어서 그의 지혜로 그 성읍을 건진 그것이라 그러나 그 가난한 자를 기억하는 사람이 없었도다. 16. 그러므로 내가 이르기를 지혜가 힘보다 나으나 가난한 자의 지혜가 멸시를 받고 그의 말들을 사람들이 듣지 아니한다 하였노라
10장	부조리한 세상의 헛됨	**10:5-7** 5. 내가 해 아래에서 한 가지 재난을 보았노니 곧 주권자에게서 나오는 허물이라 6. 우매한 자가 크게 높은 지위들을 얻고 부자들이 낮은 지위에 앉는도다 7. 또 내가 보았노니 종들은 말을 타고 고관들은 종들처럼 땅에 걸어 다니는도다
12장	나이 들음의 헛됨	**12:2-8** 2. 해와 빛과 달과 별들이 어둡기 전에, 비 뒤에 구름이 다시 일어나기 전에 그리하라 3. 그런 날에는 집을 지키는 자들이 떨 것이며 힘 있는 자들이 구부러질 것이며 맷돌질하는 자들이 적으므로 그칠 것이며 창들로 내다보는 자가 어두워질 것이며 4. 길거리 문들이 닫혀질 것이며 맷돌 소리가 적어질 것이며 새의 소리로 말미암아 일어날 것이며 음악 하는 여자들은 다 쇠하여질 것이며 5. 또한 그런 자들은 높은 곳을 두려워할 것이며 길에서는 놀랄 것이며 살구나무가 꽃이 필 것이며 메뚜기도 짐이 될 것이며 정욕이 그치리니 이는 사람이 자기의 영원한 집으로 돌아가고 조문객들이 거리로 왕래하게

		됨이니라 6. 은 줄이 풀리고 금 그릇이 깨지고 항아리가 샘 곁에서 깨지고 바퀴가 우물 위에서 깨지고 7. 흙은 여전히 땅으로 돌아가고 영은 그것을 주신 하나님께로 돌아가기 전에 기억하라 8. 전도자가 이르되 헛되고 헛되도다 모든 것이 헛되도다

아가 핵심정리

아가의 의의

- 구약은 1) 과거를 보여 주는 창세기로부터 에스더까지의 역사 기록 2) 미래를 이야기하는 이사야로부터 말라기까지의 선지서 3) 현재 우리의 삶에서 '성경적 삶을 위한 행동 지침'을 제시해 주는 욥기로부터 아가까지의 시가서 세 부분으로 구분해 볼 수 있다고 생각했다.
- 과거와 미래 부분은 믿음의 영역인 데 비해 현재 부분은 행함의 영역이다.
- 시가서의 다섯 번째가 아가이다.
- 아가가 현재를 살아가고 있는 우리에게 제시하는 '성경적 삶을 위한 행동 지침'은 '부부는 서로 사랑하라'라는 매우 중요한 지침이다. 부부 사랑 없는 신앙은 참된 신앙이라 할 수 없다. 우리는 부분적으로 옳은 신학에 현혹되어서는 안 된다.

기록연대와 배경

- 솔로몬의 통치 초기인 BC 970–960년에 기록한 것으로 추정한다.
- 솔로몬이 정략적 결혼을 했던 수많은 여인과는 달리 솔로몬 통치 초기에 순수하게 사랑했던 슬람미 여인과의 첫사랑 이야기로 추정된다.

- 솔로몬의 1,005개의 찬양 중 유일하게 정경화 된 'song of songs'이다.
- 현대 복음주의 학자들은 아가를 남녀 간의 이상적인 사랑을 나타내고 있는 서정시로 본다. 솔로몬이 첫 부인과 결혼한 후 일부다처의 범죄에 빠지기 전에 썼을 것으로 추측한다.
- 《탈무드》에서 신랑은 여호와 하나님이고 신부는 이스라엘 민족이라고 해석한다.
- 성 어거스틴(St. Augustine)이나 존 웨슬리(John Wesley) 같은 이는, 신랑은 예수 그리스도요 신부는 교회와 신자라고 해석하였다.
- 등장인물: 1) 남자(Lover, 사랑하는 자) 2) 여자(The Beloved, 사랑받는 자) 3) 친구들(Friends)

1장

솔로몬 왕과 슬람미 여인의 사랑의 시작과 함께 서로 간의 연모의 정을 노래한다.

첫 사랑의 그리움	사랑받는 자(여자)의 독백	**1:2–4** 2. 내게 입맞추기를 원하니 네 사랑이 포도주보다 나음이로구나 3. 네 기름이 향기로워 아름답고 네 이름이 쏟은 향기름 같으므로 처녀들이 너를 사랑하는구나. 4. 왕이 나를 그의 방으로 이끌어 들이시니 너는 나를 인도하라 우리가 너를 따라 달려가리라 우리가 너로 말미암아 기뻐하며 즐거워하니 네 사랑이 포도주보다 더 진함이라 처녀들이 너를 사랑함이 마땅하니라.	– 솔로몬 왕이 술람미 여인을 각별히 사랑하여 은밀하고 안락한 안방으로 인도함을 암시.
	사랑받는 자(여자)의 근심	**1:5–7** 5. 예루살렘 딸들아 내가 비록 검으나 아름다우니 게달의 장막 같을지라도 솔로몬의 휘장과도 같구나. 6. 내가 햇볕에 쬐어서 거무스름할지라도 흘겨보지 말 것은 내 어머니의 아들들이 나에게 노하여 포도원지기로 삼았음이라 나의 포도원을 내가 지키지 못하였구나. 7. 내 마음으로 사랑하는 자야 네가 양 치는 곳과 정오에 쉬게 하는 곳을 내게 말하라 내가 네 친구의 양 떼 곁에서 어찌 얼굴을 가린 자 같이 되랴	– 게달의 장막은 검정색 또는 암갈색의 염소 가죽으로 만들어졌다. – 술람미 여자의 오빠들이 술람미 여인으로 하여금 포도원을 지키는 일꾼으로 일을 시켰음을 암시. – 술람미 여인이 오빠들의 포도원을 돌보느라고 자신의 포도원은 미처 돌아볼 여유도 없었다는 뜻. – 술람미 여인이 사랑하는 연인 솔로몬을 찾기 위해 그의 동무의 양떼 가운데서 헤매다가 찾지 못하고 그 곁에서 수치를 당하는 경우를 우려한 것.
	친구들의 경멸적 응답	**1:8** 여인 중에 어여쁜 자야 네가 알지 못하겠거든 양 떼의 발자취를 따라 목자들의 장막 곁에서 너의 염소 새끼를 먹일지니라.	– '목자들의 장막 곁에서 너의 염소 새끼를 먹이라'는 말은 왕의 출입이 빈번한 곳을 택하여 기회를 보다가 왕에게 사랑을 구하라는 뜻으로 해석할 수 있다.

사랑하는 자를 만남	사랑하는 자(남자)의 칭찬	**1:9–11** 9. 내 사랑아 내가 너를 바로의 병거의 준마에 비하였구나. 10. 네 두 뺨은 땋은 머리털로, 네 목은 구슬꿰미로 아름답구나. 11. 우리가 너를 위하여 금 사슬에 은을 박아 만들리라	– 솔로몬은 술람미 여인의 아름다움을 애굽산 준마에 비유하고 있는데 특히 그녀의 젊음과 순박한 야성미를 표현.
	여자의 칭찬	**1:12–14** 12. 왕이 침상에 앉았을 때에 나의 나도 기름이 향기를 뿜어냈구나. 13. 나의 사랑하는 자는 내 품 가운데 몰약 향주머니요 14. 나의 사랑하는 자는 내게 엔게디 포도원의 고벨화 송이로구나	
	남자의 칭찬	**1:15** 내 사랑아 너는 어여쁘고 어여쁘다 네 눈이 비둘기 같구나	– 유대 랍비들의 전통에 의하면 아름다운 눈은 아름다운 인간성을 나타내는 것으로 본다.
	여자의 칭찬	**1:16–17** 16. 나의 사랑하는 자야 너는 어여쁘고 화창하다 우리의 침상은 푸르고 17. 우리 집은 백향목 들보, 잣나무 서까래로구나	– 술람미 여인과 솔로몬 왕의 사랑의 관계가 푸른 초목처럼 싱그럽고 아름다움을 암시. – 술람미 여자와 솔로몬 왕이 거하는 안식처는 아름답고 영광스러우며 견고함을 암시.

2장

슬람미 여인이 자신을 찾아와 구혼하는 솔로몬을 향해 사랑의 노래를 부른다.

기쁨의 노래	여자	**2:1** 나는 사론의 수선화요 골짜기의 백합화로다	– 술람미 여인이 자신을 예루살렘 왕궁의 많은 다른 궁녀들과는 달리 자신은 한 평범한 여자에 불과하다는 겸손의 표현.

남자	2:2 여자들 중에 내 사랑은 가시나무 가운데 백합화 같도다.	- 솔로몬은 술람미 여인을 가시 같은 여자들 가운데서 백합화같이 핀 고귀한 여인이라고 칭찬.
여자	2:3-6 3. 남자들 중에 나의 사랑하는 자는 수풀 가운데 사과나무 같구나. 내가 그 그늘에 앉아서 심히 기뻐하였고 그 열매는 내 입에 달았도다. 4. 그가 나를 인도하여 잔칫집에 들어갔으니 그 사랑은 내 위에 깃발이로구나. 5. 너희는 건포도로 내 힘을 돕고 사과로 나를 시원하게 하라 내가 사랑하므로 병이 생겼음이라 6. 그가 왼팔로 내 머리를 고이고 오른팔로 나를 안는구나.	- 솔로몬의 찬사에 대해 화답하는 내용. 솔로몬 왕이 열매를 맺지 못하는 거친 들판의 초목이나 숲의 나무들과는 달리 아름답고 향기로운 열매를 맺는 나무처럼 특출하고 유용한 존재임을 암시. - 술람미 여인이 솔로몬의 보살핌 속에 안식과 즐거움을 누림을 나타내는 은유적 표현. - 솔로몬 왕이 술람미 여자를 잔칫집에 초대한 것은 곧 기쁨과 환희의 자리에 초대한 것을 의미. - 깃발은 자신이 솔로몬 왕에게 속하여 그 보호 아래 있음을 암시한다. - 술람미 여인은 단순히 굶주림으로 인한 육체적 허기를 메우기 위해 음식을 요구하는 것이 아니라 솔로몬 왕을 너무 간절히 사랑한 나머지 병이 날 지경이 되어 음식을 먹고 새로운 힘과 생기를 얻고자 함이다. - 솔로몬이 애정 어린 손길로 술람미 여인을 사랑하며 보호한다는 의미.
여자가 친구들에게 하는 후렴	2:7 예루살렘 딸들아 내가 노루와 들 사슴을 두고 너희에게 부탁한다. 내 사랑이 원하기 전에는 흔들지 말고 깨우지 말지니라.	- 예루살렘 여자들에게 부탁하는 말이다. 즉 사랑하는 자로 하여금 쉽게 동요하거나 놀라 깨지 않도록 주의하라는 강조적 표현법으로 쓰인 듯.

구분	화자	본문	해설
시골에의 방문	사랑하는 이를 그리는 여자의 노래	**2:8–13** 8. 내 사랑하는 자의 목소리로구나 보라 그가 산에서 달리고 작은 산을 빨리 넘어오는구나. 9. 내 사랑하는 자는 노루와도 같고 어린 사슴과도 같아서 우리 벽 뒤에 서서 창으로 들여다보며 창살 틈으로 엿보는구나. 10. 나의 사랑하는 자가 내게 말하여 이르기를 나의 사랑, 내 어여쁜 자야 일어나서 함께 가자 11. 겨울도 지나고 비도 그쳤고 12. 지면에는 꽃이 피고 새가 노래할 때가 이르렀는데 비둘기의 소리가 우리 땅에 들리는구나. 13. 무화과나무에는 푸른 열매가 익었고 포도나무는 꽃을 피워 향기를 토하는구나. 나의 사랑, 나의 어여쁜 자야 일어나서 함께 가자	– 술람미 여인이 사랑하는 연인 솔로몬의 소리를 듣고 탄성하여 말하는 감탄사의 성격을 띠는 구절. – 벽은 술람미 여인을 떠나 있기도 했지만, 영영 멀리 가버린 것이 아니라 마치 벽 뒤에 서서 사랑하는 이의 사정을 살피며 돌보는 것처럼 마음으로는 늘 함께하고 있다는 의미로 이해. – 술람미 여자를 찾아와 창으로 엿보던 솔로몬이(9절) 드디어 입을 열어, 봄의 기운을 맞아 약동하는 자연 속으로 이끌어 내고 있다.
	남자	**2:14** 바위 틈 낭떠러지 은밀한 곳에 있는 나의 비둘기야 내가 네 얼굴을 보게 하라 네 소리를 듣게 하라 네 소리는 부드럽고 네 얼굴은 아름답구나.	
	여자	**2:15–17** 15. 우리를 위하여 여우 곧 포도원을 허는 작은 여우를 잡으라. 우리의 포도원에 꽃이 피었음이라 16. 내 사랑하는 자는 내게 속하였고 나는 그에게 속하였도다. 그가 백합화 가운데에서 양 떼를 먹이는구나. 17. 내 사랑하는 자야 날이 저물고 그림자가 사라지기 전에 돌아와서 베데르 산의 노루와 어린 사슴 같을지라.	– 여우는 종종 포도원 등지에 굴을 파고 서식하면서 봄철 포도나무에 싹이 돋고 꽃이 필 무렵 포도원을 돌아다니면서 포도나무를 갉아먹거나 해친다. 여기서는 봄을 맞이하여 바야흐로 본격적으로 진전될 사랑의 관계를 훼방할 그 무엇을 비유하는 말. – 사랑하는 자와의 예속 관계를 밝히고 있다. 사랑이 초기 단계인 만큼 '나의 사랑하는 자는 내게 속하였구나'를 먼저 말함. – 술람미 여인은 마치 날이 저물어서 동굴이나 보금자리로 찾아드는 짐승들처럼, 이제는 솔로몬이 오래도록 자신과 함께 거할 수 있기를 소원하고 있다.

3장 두 연인의 사랑이 무르익고 혼인 예식을 올린다.

여자의 사랑의 꿈	침상에서도 남자를 그리워함	**3:1** 내가 밤에 침상에서 마음으로 사랑하는 자를 찾았노라 찾아도 찾아내지 못하였노라	– '밤에'의 히브리어 '발레일로트'는 복수로서 '밤들에' 또는 '밤마다'(night after night, NEB)로 해석되는데, 이는 사랑하는 연인 솔로몬 왕을 밤에 계속 찾았음을 강조하는 표현.
	사랑하는 남자를 찾아 헤맴	**3:2-3** 2. 이에 내가 일어나서 성 안을 돌아다니며 마음에 사랑하는 자를 거리에서나 큰 길에서나 찾으리라 하고 찾으나 만나지 못하였노라 3. 성 안을 순찰하는 자들을 만나서 묻기를 내 마음으로 사랑하는 자를 너희가 보았느냐 하고	– 밖으로 나선 것은 솔로몬을 필히 만나고 싶어 하는 의욕을 더 강렬하게 표출시키는 행동.
	사랑하는 남자를 만남	**3:4** 그들을 지나치자마자 마음에 사랑하는 자를 만나서 그를 붙잡고 내 어머니 집으로, 나를 잉태한 이의 방으로 가기까지 놓지 아니하였노라	– 꿈을 회상한 내용이든 실제 행동을 묘사한 것이든, 중요한 것은 솔로몬을 찾고자 하는 간절함이다.
	후렴	**3:5** 예루살렘 딸들아 내가 노루와 들 사슴을 두고 너희에게 부탁한다. 사랑하는 자가 원하기 전에는 흔들지 말고 깨우지 말지니라.	
결혼 행렬	예루살렘 여자들의 말	**3:6** 몰약과 유향과 상인의 여러 가지 향품으로 향내 풍기며 연기 기둥처럼 거친 들에서 오는 자가 누구인가	– 술람미 여자의 가마 행렬을 보고 주고받은 말.
	결혼식 가마 행렬	**3:7-10** 7. 볼지어다. 솔로몬의 가마라 이스라엘 용사 중 육십 명이 둘러쌌는데 8. 다 칼을 잡고 싸움에 익숙	– 솔로몬 왕은 가마를 보내어 술람미 여자를 예루살렘 성으로 데려오도록 했던 것.

		한 사람들이라 밤의 두려움으로 말미암아 각기 허리에 칼을 찼느니라. 9. 솔로몬 왕이 레바논 나무로 자기의 가마를 만들었는데 10. 그 기둥은 은이요 바닥은 금이요 자리는 자색 깔개라 그 안에는 예루살렘 딸들의 사랑이 엮어져 있구나.	– 술람미 여자의 가마를 호위하는 60명은 바로 왕의 경호원 중에서 뽑은 것. – 술람미 여자가 살았던 곳으로 추정되는 수넴에서 예루살렘까지는 약 80km의 거리로서 거친 들판을 통과해야 했음.
	어머니가 씌워 준 행복의 관	**3:11** 시온의 딸들아 나와서 솔로몬 왕을 보라 혼인날 마음이 기쁠 때에 그의 어머니가 씌운 왕관이 그 머리에 있구나.	– 왕권을 상징하는 관이 아니라 행복을 상징하는 어머니의 관.

4장 결혼식을 마치고 초야에 신랑이 신부의 아름다움을 구체적으로 묘사

신부의 아름다움에 대한 신랑의 찬미	신부의 아름다움을 칭찬함	**4:1–7** 1. 내 사랑 너는 어여쁘고도 어여쁘다 너울 속에 있는 네 눈이 비둘기 같고 네 머리털은 길르앗 산 기슭에 누운 염소 떼 같구나. 2. 네 이는 목욕장에서 나오는 털 깎인 암양 곧 새끼 없는 것은 하나도 없이 각각 쌍태를 낳은 양 같구나. 3. 네 입술은 홍색 실 같고 네 입은 어여쁘고 너울 속의 네 뺨은 석류 한 쪽 같구나. 4. 네 목은 무기를 두려고 건축한 다윗의 망대 곧 방패 천 개, 용사의 모든 방패가 달린 망대 같고 5. 네 두 유방은 백합화 가운데서 꼴을 먹는 쌍태 어린 사슴 같구나 6. 날이 저물고 그림자가 사라지기 전에 내가 몰약 산과 유향의 작은 산으로 가리라 7. 나의 사랑 너는 어여쁘고 아무 흠이 없구나.	– 술람미 여자에 대한 솔로몬의 칭찬은 본서에 여러 번 나타난다(1:9–11, 15; 6:4–9; 7:1–9). 특히 본 절은 1:9–11에서 초창기에 술람미 여자를 만난 후 그녀의 신선한 아름다움을 노래한 것과는 달리 좀 더 친근하고 성숙된 사랑의 관계 속에서 한 노래이다. – 매우 구체적으로 묘사.

산으로 가리라	**4:8** 내 신부야 너는 레바논에서부터 나와 함께 하고 레바논에서부터 나와 함께 가자 아마나와 스닐과 헤르몬 꼭대기에서 사자 굴과 표범 산에서 내려오너라.	– 솔로몬 왕이 본서에서 처음으로 술람미 여자를 '신부'라고 부른다. – '레바논'은 시적 표현으로써 예루살렘 북쪽에 있는 수넴 곧 술람미 여자의 거주지를 암시적으로 가리킨다. 술람미 여자로 하여금 이전에 살던 수넴의 산악 지대를 더 이상 그리워하지 말고 그와 함께 왕도 예루살렘에서 함께 거하자고 권고하고 있는 듯. – 사자 굴과 표범 산 역시 시적 표현으로써 과거 술람미 여자가 살았던 험준하고 열악한 지역을 암시.
신부의 사랑에 대한 칭찬	**4:9–11** 9. 내 누이, 내 신부야 네가 내 마음을 빼앗았구나. 네 눈으로 한 번 보는 것과 네 목의 구슬 한 꿰미로 내 마음을 빼앗았구나. 10. 내 누이, 내 신부야 네 사랑이 어찌 그리 아름다운지 네사랑은 포도주보다 진하고 네 기름의 향기는 각양 향품 보다 향기롭구나. 11. 내 신부야 네 입술에서는 꿀방울이 떨어지고 네 혀 밑에는 꿀과 젖이 있고 네 의복의 향기는 레바논의 향기 같구나.	– '누이'란 사랑하는 연인 사이의 친근한 관계를 나타낼 때 자주 쓰인 말.
신부의 순결에 대한 칭찬	**4:12–15** 12. 내 누이, 내 신부는 잠근 동산이요 덮은 우물이요 봉한 샘이로구나. 13. 네게서 나는 것은 석류나무와 각종 아름다운 과수와 고벨화와 나도풀과 14. 나도와 번홍화와 창포와 계수와 각종 유향목과 몰약과 침향과 모든 귀한 향품이요 15. 너는 동산의 샘이요 생수의 우물이요 레바논에서부터 흐르는 시내로구나	– '잠근', '덮은', '봉한'은 술람미 여자가 오직 솔로몬 왕만을 사모하는 순결한 신부임을 나타내는 단어. – 술람미 여자의 풍성한 사랑과 덕스러운 아량을 암시.

결혼의 완성	화답하는 신부	**4:16** 북풍아 일어나라 남풍아 오라 나의 동산에 불어서 향기를 날리라 나의 사랑하는 자가 그 동산에 들어가서 그 아름다운 열매 먹기를 원하노라	– 솔로몬을 위한 마음으로 술람미 여자의 아름다움과 사랑을 암시한다.

5장

결혼 초기에 당하는 시련과 자신의 실수를 깨달은 신부가 신랑을 찾아 나섬으로 다시 첫사랑을 회복하는 장면 묘사

신랑의 결혼 완성 선포	기뻐하는 신랑	**5:1** 내 누이, 내 신부야 내가 내 동산에 들어와서 나의 몰약과 향 재료를 거두고 나의 꿀송이와 꿀을 먹고 내 포도주와 내 우유를 마셨으니 나의 친구들아 먹으라. 나의 사랑하는 사람들아 많이 마시라	– 솔로몬 왕이 신부의 초청을 수락하여 그 사랑의 품에서 기쁨과 사랑을 누린 것을 뜻한다.
결혼의 시련 –신부의 두 번째 꿈	문을 열어 주지 않음	**5:2–3** 2. 내가 잘지라도 마음은 깨었는데 나의 사랑하는 자의 소리가 들리는구나. 문을 두드려 이르기를 나의 누이, 나의 사랑, 나의 비둘기, 나의 완전한 자야 문을 열어 다오 내 머리에는 이슬이, 내 머리털에는 밤이슬이 가득하였다 하는구나. 3. 내가 옷을 벗었으니 어찌 다시 입겠으며 내가 발을 씻었으니 어찌 다시 더럽히랴마는	– 부부가 멀리 떨어진 또는 그 관계가 소원해진 상태에서 신랑이 찾아오는 것을 암시한다.
	후회하는 신부	**5:4–5** 4. 내 사랑하는 자가 문틈으로 손을 들이밀매 내 마음이 움직여서 5. 일어나 내 사랑하는 자를 위하여 문을 열 때 몰약이 내 손에서, 몰약의 즙이 내 손가락에서 문빗장에 떨어지는구나.	

첫 사랑의 회복	신랑을 찾아 나선 신부	**5:6-7** 6. 내가 내 사랑하는 자를 위하여 문을 열었으나 그는 벌써 물러갔네. 그가 말할 때에 내 혼이 나갔구나. 내가 그를 찾아도 못 만났고 불러도 응답이 없었노라 7. 성 안을 순찰하는 자들이 나를 만나매 나를 쳐서 상하게 하였고 성벽을 파수하는 자들이 나의 겉옷을 벗겨 가졌도다.	
첫 사랑의 회복	신랑을 찾아 달라고 부탁하는 신부	**5:8** 예루살렘 딸들아 너희에게 내가 부탁한다. 너희가 내 사랑하는 자를 만나거든 내가 사랑하므로 병이 났다고 하려무나	– 여자는 자신의 사랑하는 연인을 자신의 노력으로 찾다가 못 찾고, 이제는 예루살렘 딸들에게 자신의 처지를 호소하고 있다.
첫 사랑의 회복	신부에게 질문하는 예루살렘 여인들	**5:9** 여자들 가운데에 어여쁜 자야 너의 사랑하는 자가 남의 사랑하는 자보다 나은 것이 무엇인가 너의 사랑하는 자가 남의 사랑하는 자보다 나은 것이 무엇이기에 이같이 우리에게 부탁하는가.	
첫 사랑의 회복	신랑을 위한 신부의 노래	**5:10-16** 10. 내 사랑하는 자는 희고도 붉어 많은 사람 가운데에 뛰어나구나 11. 머리는 순금 같고 머리털은 고불고불하고 까마귀 같이 검구나 12. 눈은 시냇가의 비둘기 같은데 우유로 씻은 듯하고 아름답게도 박혔구나 13. 뺨은 향기로운 꽃밭 같고 향기로운 풀언덕과도 같고 입술은 백합화 같고 몰약의 즙이 뚝뚝 떨어지는구나 14. 손은 황옥을 물린 황금 노리개 같고 몸은 아로새긴 상아에 청옥을 입힌 듯하구나. 15. 다리는 순금 받침에 세운 화반석 기둥 같고 생김새는 레바논 같으며 백향목처럼 보기 좋고 16. 입은 심히 달콤하니 그 전체가 사랑스럽구나. 예루살렘 딸들아 이는 내 사랑하는 자요 나의 친구로다	– 술람미 여자가 10절부터 언급한 찬사의 결론은 '그 전체가 사랑스럽구나. 예루살렘 딸들아 이는 내 사랑하는 자요 나의 친구로다.'

6장 신랑과 신부가 첫 사랑을 다시 고백하며 완전히 화해하는 장면

🔔 6장 13절의 문제: ① 13절로 끝난 성경(개역개정, 새번역, 현대인의 성경, NIV, KJV, NASB, 일본 新改譯 일본 口語譯, 두란노 주석), ② 13절을 분리하여 14절까지 있는 성경(개역한글, 호크마 주석, 캐논 해설성경), ③ 12절로 끝난 성경(공동번역, 일본의 新共同譯)

신부가 사랑하는 자를 찾아 나섬	신부에게 감동된 친구들	**6:1** 여자들 가운데에서 어여쁜 자야 네 사랑하는 자가 어디로 갔는가. 네 사랑하는 자가 어디로 돌아갔는가. 우리가 너와 함께 찾으리라	– 예루살렘 여자들은 솔로몬 왕에 대한 술람미 여자의 간증(5:10–16)을 듣고 난 후에는 함께 찾아 나설 것을 제안. 예표 된 예수님을 잘 알지 못하는 자들이 그분과 보다 성숙한 관계에 있는 자들의 간증을 듣고서 그들도 그분께 대해 보다 더 친근한 마음과 사랑을 갖고 대한다는 것을 예시.
	신랑이 자기 동산에서 양 떼를 먹이고 있다고 답하는 신부	**6:2–3** 2. 내 사랑하는 자가 자기 동산으로 내려가 향기로운 꽃밭에 이르러서 동산 가운데에서 양 떼를 먹이며 백합화를 꺾는구나. 3. 나는 내 사랑하는 자에게 속하였고 내 사랑하는 자는 내게 속하였으며 그가 백합화 가운데에서 그 양 떼를 먹이는도다.	– 술람미 여자가 다른 이들의 도움 없이도 솔로몬을 찾았음을 나타내는 것, 예표론적인 주님을 사랑하는 성도들이 주님을 사모하는 마음으로 찾으려고 노력할 때 주님의 은혜 가운데서 만날 수 있음을 예시. – 술람미 여자가 초기의 자기중심적인 사랑에서 헌신적, 희생적 사랑으로 그리고 받는 사랑에서 주는 사랑으로 성숙하게 변모했음을 보여 준다. 하나님의 사랑으로 구원받는 성도들이 초기에는 하나님이 자기를 위해 독생자 예수 그리스도를 보내사 구원하신 것을 생각하고 만족하나 후에는 하나님께 속한 자임을 나타낸다.

			– 솔로몬 왕이 왕궁의 다른 여자들과 같이 노닐며 즐거워한다고 할지라도 사랑의 연합으로 술람미 여인에게 속하였고 그녀가 그에게 속하였으므로 그의 사랑을 의심치 않음을 암시.
신부에 대한 신랑의 마음	신부를 칭찬함	**6:4–10** 4. 내 사랑아 너는 디르사 같이 어여쁘고, 예루살렘 같이 곱고, 깃발을 세운 군대 같이 당당하구나. 5. 네 눈이 나를 놀라게 하니 돌이켜 나를 보지 말라 네 머리털은 길르앗 산기슭에 누운 염소 떼 같고 6. 네 이는 목욕하고 나오는 암양 떼 같으니 쌍태를 가졌으며 새끼 없는 것은 하나도 없구나. 7. 너울 속의 네 뺨은 석류 한 쪽 같구나. 8. 왕비가 육십 명이요 후궁이 팔십 명이요 시녀가 무수하되 9. 내 비둘기, 내 완전한 자는 하나뿐이로구나 그는 그의 어머니의 외딸이요 그 낳은 자가 귀중하게 여기는 자로구나 여자들이 그를 보고 복된 자라 하고 왕비와 후궁들도 그를 칭찬하는구나. 10. 아침 빛 같이 뚜렷하고 달 같이 아름답고 해 같이 맑고 깃발을 세운 군대 같이 당당한 여자가 누구인가	– '디르사'란 '아름다움', '즐거움' 등의 뜻을 가진 성읍. 사마리아에서 동쪽으로 약 14km. 이스라엘이 분열된 후 오므리 왕 때까지 북 왕국 이스라엘의 수도. – 신부의 엄위함이 승리한 군대들이 깃발을 앞세우고 개선하는 것처럼 당당하고 위엄이 있음을 뜻한다. – 언급된 왕후와 비빈의 숫자는 "후비가 칠백 인이요 빈장이 삼백 인이라"는 왕상 11:3의 내용과 다르다. 이 차이는 본서가 쓰인 시기가 당시보다 이른 때였기 때문. 술람미 여자가 단연 돋보이는 존재임을(9절) 나타내기 위해서이다(아가서가 fiction일 가능성이 있다). – 술람미 여자의 기품의 뛰어남과 당당함을 뜻한다.
화해	기뻐하는 신부	**6:11–12** 11. 골짜기의 푸른 초목을 보려고 포도나무가 순이 났는가, 석류나무가 꽃이 피었는가 알려고 내가 호도 동산으로 내려갔을 때에 12. 부지중에 내 마음이 나를 내 귀한 백성의 수레 가운데에 이르게 하였구나.	– 술람미 여자가 솔로몬 왕의 귀한 신부로서 솔로몬 왕이 보낸 또는 왕이 함께하는 수레들 가운데로 이르게 되었다는 뜻을 암시.

	돌아오라는 친구들의 말	**6:13-1** 돌아오고 돌아오라 술람미 여자야 돌아오고 돌아오라 우리가 너를 보게 하라	– 반복적 표현은 술람미 여자를 속히 보고자 하는 마음을 강조적으로 나타내 준다.
	겸손한 반응을 보이는 술람미 여인	**6:13-2** 너희가 어찌하여 마하나임에서 춤추는 것을 보는 것처럼 술람미 여자를 보려느냐.	– 일반적으로 술람미 여자가 한 말이라고 본다. '마하나임'은 요단강 동편 갓 지파에 속한 한 작은 성읍으로서 춤으로 유명했다 한다.

7장

신부에 대한 예찬과 신부의 고백을 통해 성숙해진 사랑의 모습을 드러낸다

친구들의 찬사(신랑의 말이라는 견해도 있다.)	춤추는 신부를 칭찬함	**7:1** 귀한 자의 딸아 신을 신은 네 발이 어찌 그리 아름다운가. 네 넓적다리는 둥글어서 숙련공의 손이 만든 구슬꿰미 같구나.	– '신을 신은 네 발이'란 문자 그대로의 의미보다는 춤추는 그녀의 발동작을 언급한 것이라고 봄이 더 나을 듯.
	신부의 이목구비	**7:2-4** 2. 배꼽은 섞은 포도주를 가득히 부은 둥근 잔 같고 허리는 백합화로 두른 밀단 같구나. 3. 두 유방은 암사슴의 쌍태 새끼 같고 4. 목은 상아 망대 같구나. 눈은 헤스본 바드랍빔 문 곁에 있는 연못 같고 코는 다메섹을 향한 레바논 망대 같구나.	– '다메섹을 향한 레바논 망대'란 다메섹의 침공을 감시하거나 정탐하기 위한 망대를 말하는 것 같다. 본 구절에서 술람미 여자의 코를 이와 같이 우뚝 세워진 망대에 비유한 것은 용모 자체의 빼어남은 물론이고 신부의 순결한 기품을 재삼 강조하기 위함.
	신부의 머리	**7:5** 머리는 갈멜 산 같고 드리운 머리털은 자주 빛이 있으니 왕이 그 머리카락에 매이었구나.	– '매이었구나'란 솔로몬이 매료될 정도로 머리털이 탐스럽고 아름다운 사실을 뜻한다.

신랑의 찬사	신부의 아름다움 예찬	**7:6** 사랑아 네가 어찌 그리 아름다운지, 어찌 그리 화창한지 즐겁게 하는구나.	
	종려나무 같은 신부	**7:7** 네 키는 종려나무 같고 네 유방은 그 열매송이 같구나.	
	육체의 아름다움	**7:8-9** 내가 말하기를 종려나무에 올라가서 그 가지를 잡으리라 하였나니 네 유방은 포도송이 같고 네 콧김은 사과 냄새 같고 9. 네 입은 좋은 포도주 같을 것이니라. 이 포도주는 내 사랑하는 자를 위하여 미끄럽게 흘러내려서 자는 자의 입을 움직이게 하느니라.	– 네 콧김은 사과 냄새 같고는 서로 키스할 때 느낀 숨결을 묘사한 직유이다.
신부의 지고한 사랑	사랑의 최고단계 (사랑하는 자에게 속함)	**7:10** 나는 내 사랑하는 자에게 속하였도다. 그가 나를 사모하는구나.	– 내 자신이 상대의 소유라는 것을 인정하지만 자신의 소유권을 주장하지 않음. 최고 단계의 부부관계.
	단둘만의 교제를 원함	**7:11** 내 사랑하는 자야 우리가 함께 들로 가서 동네에서 유숙하자	– 사랑하는 사람과 한적한 곳에서 둘만의 깊은 사랑을 나누고자 하는 열망을 보여 준다. 2:10-13에서 솔로몬이 술람미 여자에게 했던 말로 이제는 술람미 여자가 제안.
	나의 사랑을 네게 주리라	**7:12-13** 12. 우리가 일찍이 일어나서 포도원으로 가서 포도 움이 돋았는지, 꽃술이 퍼졌는지, 석류꽃이 피었는지 보자 거기에서 내가 내 사랑을 네게 주리라 13. 합환채가 향기를 뿜어내고 우리의 문 앞에는 여러 가지 귀한 열매가 새 것, 묵은 것으로 마련되었구나. 내가 내 사랑하는 자 너를 위하여 쌓아 둔 것이로다.	– 과거를 회상하면서 그녀의 포도원이 있는 고향 집으로 솔로몬 왕과 함께 가기를 원하는 것. – '합환채'는 고대 근동 지방에서 최음제 또는 수태력 증진제로 효력이 있다고 믿어졌다. 레아가 그의 남편 야곱을 차지하기 위해 이것을 라헬에게 준 일이 있다.

8장

사랑의 본질과 위력 및 지순한 사랑의 아름다움과 기쁨을 강렬한 시적 언어로 표현

완전한 사랑에 대한 찬미

신부의 사랑 노래	남매 관계처럼 되기를 원함	**8:1** 네가 내 어머니의 젖을 먹은 오라비 같았더라면 내가 밖에서 너를 만날 때에 입을 맞추어도 나를 업신여길 자가 없었을 것이라	– 어떤 곳에서나 공개적으로 사랑을 표현할 수 있게 되기를 바라는 신부의 뜨거운 열애의 감정을 나타낸다. 고대 근동에서는 공공연한 애정 표현은 가족 간에만 허용되었다.
	사랑 나누기를 원함	**8:2–3** 2. 내가 너를 이끌어 내 어머니 집에 들이고 네게서 교훈을 받았으리라 나는 향기로운 술 곧 석류즙으로 네게 마시게 하겠고 3. 너는 왼팔로는 내 머리를 고이고 오른손으로는 나를 안았으리라	– 신부는 번잡한 궁중이 아닌 자신의 고향 집에서 솔로몬의 이야기를 듣고 사랑의 교제를 나누기를 원한다. – 석류즙을 솔로몬 왕에게 줌은 석류가 풍요, 번영을 상징하는, 두 사람의 사랑의 풍요로움 또는 그로 인한 자녀의 번성 등을 뜻하는 것 같다. 혹자는 석류나무 열매가 연인의 유방을 지칭하는 것으로 묘사되었다는 점을 들어 석류즙이 육체적 사랑 행위를 암시한다고 보기도 한다.
	후렴	**8:4** 예루살렘 딸들아 내가 너희에게 부탁한다. 내 사랑하는 자가 원하기 전에는 흔들지 말며 깨우지 말지니라.	
사랑	고향 사람들의 놀람	**8:5–1** 그의 사랑하는 자를 의지하고 거친 들에서 올라오는 여자가 누구인가	
	신랑의 말	**8:5–2** 너로 말미암아 네 어머니가 고생한 곳 너를 낳은 자가 애쓴 그 곳 사과나무 아래에서 내가 너를 깨웠노라	– 신랑은 과거에 고향의 사과나무 아래에서 자고 있는 술람미 여자를(처음) 만났을 때 깨웠던 사실을 회상하는 것으로 보인다.

신부의 말	**8:6-7** 6. 너는 나를 도장 같이 마음에 품고 도장 같이 팔에 두라 사랑은 죽음 같이 강하고 질투는 스올 같이 잔인하며 불길 같이 일어나니 그 기세가 여호와의 불과 같으니라 7. 많은 물도 이 사랑을 끄지 못하겠고 홍수라도 삼키지 못하나니 사람이 그의 온 가산을 다 주고 사랑과 바꾸려 할지라도 오히려 멸시를 받으리라	– 솔로몬 왕의 논지 일관한 사랑이 지속되기를 소원하고 있는 것. 신부가 신랑으로 하여금 자신을 소중하게 여겨 돌보고 사랑해 달라는 의미가 암시되어 있다. – 신부가 신랑의 '사랑'과 '투기'에 의뢰해 자신을 일평생 보살펴 달라고 당부하는 말. – 그 불꽃의 기세가 어느 것으로도 끌 수 없을 정도로 강렬함을 나타냄.
신부 오라버니들의 말	**8:8-9** 8. 우리에게 있는 작은 누이는 아직도 유방이 없구나. 그가 청혼을 받는 날에는 우리가 그를 위하여 무엇을 할까 9. 그가 성벽이라면 우리는 은 망대를 그 위에 세울 것이요 그가 문이라면 우리는 백향목 판자로 두르리라	– '성벽'과 '문'은 신부의 순결을 상징하는 표현이며, '은망대'와 '백향목'은 신부를 위해 쏟았던 가족의 헌신적 사랑과 열성을 암시.
신부의 말	**8:10-12** 10. 나는 성벽이요 내 유방은 망대 같으니 그러므로 나는 그가 보기에 화평을 얻은 자 같구나. 11. 솔로몬이 바알하몬에 포도원이 있어 지키는 자들에게 맡겨 두고 그들로 각기 그 열매로 말미암아 은 천을 바치게 하였구나. 12. 솔로몬 너는 천을 얻겠고 열매를 지키는 자도 이백을 얻으려니와 내게 속한 내 포도원은 내 앞에 있구나.	– 9절에서 사용된 비유를 다시 반복. 자신의 순결성과 그것으로 말미암아 신랑에게 만족을 주었다는 사실을 재삼 확언. – '바알하몬'은 수넴에서 가까운 한 지방으로 추정. – 솔로몬의 포도원을 지켜 주는 그녀의 오라버니들을 생각하면서 이 말을 한 듯. – '지키는 자'란 문자 그대로의 의미 외에 술람미 여자의 순결을 지켜 준 그녀의 오라버니를 뜻한다고 볼 수도 있다. 신부는 그녀와 결혼한 신랑이 그녀의 전부를(일천) 얻었으니 그녀의 순결을 지켜 준 오라버니들에게 감사의 표시를 함이 옳다는 뜻을 표한다.

			– 신부의 포도원이란 그녀 자신의 순결한 아름다움 또는 그녀 자신을 비유적으로 가리키는 것.
신랑-신부의 마지막 사랑의 간증	**신랑**	**8:13**. 너 동산에 거주하는 자야 친구들이 네 소리에 귀를 기울이니 내가 듣게 하려무나.	– '동산'은 신부 고향의 시적 표현. – '친구들'은 축제에 참석한 모든 무리들. 이들이 술람미 여자의 소리를 듣기 원한다는 것은 그만큼 그녀가 사랑스럽고 덕스러운 자로서 선망의 대상이 되었음을 나타냄.
	신부	**8:14**. 내 사랑하는 자야 너는 빨리 달리라 향기로운 산 위에 있는 노루와도 같고 어린 사슴과도 같아라.	– 신부는 갈수록 깊어지는 사모의 마음으로 신랑을 초청. 주님의 재림을 간절히 사모하는 성도의 마음을 예표. – '노루'와 '어린 사슴'이란 이들의 잘 달리는 특성과 신선함을 염두에 둔 비유적 표현.

Ⅳ. 선지서

2 SAMUEL 15:16
227
David and Ziba
The Advice of Hushai and Ahithophel

이사야 핵심정리

* 이사야 – '여호와는 구원' – 예수, 여호수아와 같은 뜻: 창조 은혜에 이어 구원의 은혜 예언

대선지서와 소선지서

- 선지서는 17권으로 구성되어 있으며 이사야, 예레미야, 예레미야애가, 에스겔, 다니엘의 5권을 대선지서, 나머지 12권을 소선지서로 분류하는 것이 통속적인 방법이다. 이와 같은 분류는 그 量을 기준으로 했다고 한다. 그러나 대선지서로 분류된 예레미야애가는 5장에 불과하며 소선지서로 분류된 호세아는 14장, 스가랴 역시 14장으로 12장인 다니엘보다 그 量이 더 많다.
- 필자는 분류 기준이 量이 아니라 함축된 의미의 관점에서 생각해 보는 것이 더 바람직할 것이라는 판단을 했다. 하나님의 선민 이스라엘이 앗수르와 바벨론에 의해 심판받는다는 사실을 예언하는 '이사야'와 '예레미야' 그리고 예레미야애가, 동일한 심판과 영원한 하나님 나라의 도래를 포로가 된 땅에서 예언하는 '에스겔', 최초로 묵시문학의 관점에서 결론 내리는 역시 포로가 된 땅에서 저술한 '다니엘'만으로도 완벽한 선지서의 모습을 이루고 있음을 발견하게 된다. 대선지서로 명명된 5권의 선지서는 선지서의 총론적 관점에서 분류되어 선지서 앞부분으로 편집한 것이 아닐까 조심스럽게 생각해 보았다.

이사야와 **예레미야**의 의의

- 이사야는 현재를 살아가는 하나님 나라 백성들에게 잘못된 신학에 현혹되지 말고 성경이 제시하는 행동 지침에 맞도록 살아야 한다는 냉철한 가르침으로부터 시작하고 있다. 그런 면에서 하나님의 행동 지침을 제시한 시가서에 이어 선지서가 이어지는 것은 매우 의미가 있다고 생각한다. 이사야의 이 메시지가 얼마나 긴박한 메시지였는가는 6장에 가서야 이사야가 언제 이 이상을 보았는가를 언급한 점으로도 유추해 볼 수 있다.
- 이사야는 세상 나라가 아니라 하나님 나라의 심판 곧 교회의 심판을 총괄적으로 다루고 있다.
- 이사야는 북 이스라엘의 심판 시점, 예레미야는 남 유다 심판 시점에 예언되었다.
- 이사야는 하나님 나라의 심판 이유로 1) 종교 지도자의 문제(잘못된 신학) 2) 순종보다 제사를 중요시한 점(비성경적 삶)을 제시한다.
- 선지서가 기록된 역사 순으로는 에돔의 심판을 다룬 오바댜가 첫 번째이지만 중요성의 관점에서 보면 이사야와 예레미야가 첫 번째이다.

기록연대와 배경

- 이사야의 예언 활동은 웃시야가 죽던 BC 740년경부터 BC 680년(므낫세의 통치 기간 중)경 순교하기까지 약 60년 동안 지속되었다는 점에서 BC 740-680년 사이에 기록된 것으로 추정된다.
- 이사야가 활동하던 시기에 북쪽은 앗수르, 남쪽은 반 앗수르 정책을 펴고 있는 애굽이 대치하고 있었다. BC 722년 앗수르에 의해 멸망하는 북 이스라엘을 목격한 이사야는 죄악에 빠진 남 유다를 향해 회개를 촉구했다.

하나님의 심판(유다, 이스라엘 패망 이전)
– 앗수르의 침범으로 인한 위협 –

하나님의 백성(이스라엘 & 교회)에 대한 심판과 남은 자 구원

1장 하나님께서 이스라엘 곧 교회의 잘못된 신학으로 슬퍼하신다.

🔔 1장은 이사야의 도입부이자 전체 구도인 심판–회복의 축소판이다.

- **이사야가 유다와 이스라엘에 관하여 본 계시:** 이사야서는 웃시야 왕이 죽던 해로부터 히스기아 왕 때까지 약 60년(BC 740–681), 곧 유다 왕 웃시야(10), 요남(11), 아하스(12), 히스기야(13)왕 때 이사야가 유다와 이스라엘에 관해 본 이상이다. '유다 왕 웃시야와 요담과 아하스와 히스기야 시대에 아모스의 아들 이사야가 유다와 예루살렘에 관하여 본 계시라.'**(1)**

🔔 전승에 의하면 이사야는 므낫세 통치 기간 중인 BC 680년경 톱으로 몸이 잘려 순교했다.

- **하나님의 슬픔:** 하나님이 이스라엘을 자식으로 택하여 은혜와 사랑을 주었으나 거역한 죄악상을 지적한다. '소는 그 임자를 알고 나귀는 그 주인의 구유를 알건마는 이스라엘은 알지 못하고 나의 백성은 깨닫지 못하는도다 하셨도다. 슬프다 범죄한 나라요 허물 진 백성이요 행악의 종자요 행위가 부패한 자식이로다 그들이 여호와를 버리며 이스라엘의 거룩하신 이를 만홀히 여겨 멀리하고 물러갔도다.'**(2–9)**
- **이스라엘을 꾸짖으시는 하나님:** 하나님이 주신 행동 지침 중 가장 중요한 '잘못된 신학에 현혹되지 말라'는 지침을 어긴 이스라엘을 꾸짖는다. 곧 잘못된 제물, 예배,

절기, 기도에 대한 질책이다. 이스라엘을 소돔과 고모라에 빗대어 호소한다. '너희 수많은 제물이 나에게 무슨 소용이 있느냐? 나는 너희가 수양이나 짐승의 기름으로 드리는 제물에 이제 싫증이 났다. 나는 수송아지나 어린 양이나 수양의 피를 기뻐하지 않는다. 누가 너희에게 그런 것을 가져오라고 하였느냐? 너희는 내 마당만 밟을 뿐이다. 너희는 무가치한 제물을 더 이상 가져오지 말아라. 너희가 분향하는 것도 나는 싫어졌다. 너희가 초하루와 안식일과 그 밖의 명절을 지키고 종교적인 모임을 가지면서도 악을 행하는 것을 내가 차마 볼 수 없구나. 너희가 지키는 초하루와 그 밖에 지정된 명절을 내가 싫어하는 것은 그것이 오히려 나에게 짐이 되어 내가 감당하기에도 지쳤기 때문이다. 너희가 하늘을 향해 손을 들어도 내가 보지 않을 것이며 너희가 아무리 많이 기도할지라도 내가 듣지 않을 것이다. 너희 손에는 죄 없이 죽은 사람들의 피가 잔뜩 묻어 있다.'**(10–15)**

- **성경적 삶의 촉구**: 선한 행위와 공의를 실현할 것을 촉구한다. '너희는 자신을 씻어 깨끗이 하고 내 앞에서 너희 악을 버리고 죄 된 생활을 청산하라. 선하게 사는 법을 배우고 정의를 추구하며 학대받는 자를 도와주고 고아를 보호하고 과부를 위해 변호하라.'**(16–17)**
- **순종이 중요하다**: '너희의 죄가 주홍 같을지라도 눈과 같이 희어질 것이요 진홍 같이 붉을지라도 양털 같이 희게 되리라'는 복음을 주셨다. 우리는 대체로 복음만을 생각하는 우를 범한다. '너희가 즐겨 순종하면 땅의 아름다운 소산을 먹을 것이요 너희가 거절하여 배반하면 칼에 삼켜지리라'라는 행동 지침의 조건이다.**(18–20)**
- **심판 후의 구속**: 궁극에는 범죄한 유다 곧 하나님의 백성들을 분별하여 구속자와 멸망자를 구분해 낼 것이다. '여호와는 의로우신 분이시므로 그는 예루살렘과 회개하고 돌아오는 모든 자들을 구원하실 것이다. 그러나 거역하고 범죄 하는 자들은 다 패망하고 여호와를 저버리는 자도 망할 것이다.'**(21–31)**

2장 여호와의 날에 의인과 악인이 처하게 될 복합적 모습

🔔 2:1–4:6은 하나님의 심판 날에 심판–회복의 이중주가 어떤 형태로 연주되는가를 예언해 준다.

- **시온의 영광스러운 미래**: 말일 곧 메시아 시대의 예언이다. 이방인들이 구원에 참여하게 되며 메시아 통치 아래 더 이상 전쟁이 없고 평화를 누리게 될 것이다. '그가 모든 민족을 심판하고 국제 분쟁을 해결하실 것이니 사람들이 칼을 두들겨 보습을 만들고 창을 두들겨 낫을 만들 것이며 나라끼리 전쟁을 하거나 군사 훈련을 받는 일이 다시는 없을 것이다.'**(1–5)**
- **시온의 죄악상**: 6절의 동방풍속이란 메소포타미아문명 곧 세상 문명에 의한 종교적 사회적 풍속을 가리킨다. 아브라함 선택 이후 계속되는 세상 나라와 하나님 나라의 대결 구도를 의미한다. 이스라엘 곧 교회에 대한 심판이다. '여호와께서 자기 백성인 야곱의 후손들을 버리신 것은 그들이 동방 사람들의 미신에 젖어 블레셋 사람들처럼 점치고 이방 사람들의 풍속을 따르기 때문이었다.'**(6–9)**
- **여호와의 날**: 1) 시온에 임할 심판 – '너희는 바위틈이나 땅굴에 숨어 여호와의 분노와 그 위엄의 광채를 피하라. 교만한 자가 낮아지고 거만한 자의 콧대가 꺾이며 여호와께서만 높임을 받을 날이 오고 있다. 그 날에 전능하신 여호와께서 교만하고 거만하며 자만하는 자들을 모조리 낮추실 것이며', 2) 우상들의 무능함 – '그 날에 사람들은 자기들이 섬기려고 만든 금은 우상을 두더쥐와 박쥐에게 던지고 동굴과 절벽 바위틈에 들어가서 여호와의 무서운 진노를 피하려고 할 것이다.'**(10–21)**
- **사람(인생)에 의지하지 말라**: '너희는 보잘 것 없는 사람을 의지하지 말아라. 숨결에 불과한 인간이 무슨 가치가 있느냐?'**(22)**

3장 악인의 결국 예언

- **여호와께서 심판 날 의지하던 세상 모든 것을 제거하신다**: 여호와께서 세상 것에 의지하지 말 것과 심지어 선지자에게도 의지하지 말 것을 경고하신다. '보라 주 만군의 여호와께서 예루살렘과 유다가 의뢰하며 의지하는 것을 제하여 버리시되 곧 그가 의지하는 모든 양식과 그가 의지하는 모든 물과 용사와 전사와 재판관과 선지자와 복술자와 장로와 오십부장과 귀인과 모사와 정교한 장인과 능란한 요술자를 그리하실 것이며'**(1–3)**
- **예루살렘의 멸망과 패역한 정치와 사회**: '이제 예루살렘이 망하고 유다가 쓰러지게 되었다. 그들이 말과 행위로 여호와를 대적하며 영광의 하나님을 모욕하고 있다.'**(4–8)**
- **소돔 같은 재앙을 자초하는 악인들과 무능한 지도자들의 심판**: '여호와께서 자기 백성의 지도자들을 이렇게 심판하신다. 너희는 내 포도원을 못 쓰게 만들었고 너희 집에는 가난한 사람들에게서 빼앗은 물건이 가득하다. 어째서 너희가 내 백성을 짓밟고 가난한 사람들을 무자비하게 착취하느냐?'**(9–15)**
- **백성들이 받을 심판**: 유다의 교만한 상태를 시온의 딸들의 교만과 사치에 비유하여 심판받을 것과 남자들은 전쟁에서 죽을 것을 예언한다. 여기서의 백성이란 하나님 나라의 백성 곧 교회의 성도를 가리킨다. '여호와께서 다시 말씀하신다. 예루살렘 여자들이 교만하여 목에 잔뜩 힘을 주고 으스대며 아무 데서나 남자들에게 추파를 던지고 발목에는 딸랑딸랑 소리 나는 장식품까지 달아 아기족거리며 걷는다 (…) 손거울, 부드러운 속옷, 머리 수건, 목도리를 제거하실 것이다 (…) 너희 남자들은 용사들까지 전쟁으로 죽을 것이며 백성들은 슬퍼하고 통곡하며 예루살렘은 잿더미가 되어 황폐할 것이다. 그 때에 일곱 여자가 남자 하나를 붙들고 이렇게 말할 것이다. 의식주 문제는 우리가 해결할 테니 제발 당신이 우리 남편이라는 이름만 좀 빌려 주어 우리가 노처녀라는 수치를 면하게 해 주세요.'**(3:16–26–4:1)**

4장

의인 곧 남은 자의 결국 예언

- **예루살렘의 장래 회복**: 1절의 '그 날'과 2절의 '그 날'을 대비시켜 전자는 심판의 날, 수치의 날 후자는 회복의 날, 영광의 날을 가리킨다. 그 날에 거룩하다 칭함을 받게 될 사람은 예루살렘(교회) 안에 살아남은 자임을 유념해야 한다. '그 날에 여호와의 가지가 아름답고 영화로울 것이며 그 땅의 열매는 살아남은 이스라엘 백성의 자랑과 영광이 될 것이다. 그리고 예루살렘에 남아 생존자 명단에 기록된 사람들은 거룩한 백성이라고 불려질 것이다. 여호와께서 심판하고 소멸하는 영으로 예루살렘의 더러움을 씻어 버리고 그 곳에 뿌려진 죄악의 피를 정결하게 하실 것이다.'**(1–6)**

5장

포도원 곧 이스라엘 〈교회〉에 임할 심판

🔔 5장은 1–4장을 총괄하고 있다.

- **포도원에 임할 심판**: 포도원의 노래 – 하나님은 하실 일을 다 하셨다. 포도원(이스라엘, 교회)에 극상품 포도나무를 심었으나 들포도가 열렸으므로 심판할 수밖에 없다. '내가 내 포도원을 위해서 이 이상 더 어떻게 하란 말인가? 내가 좋은 포도를 기대했는데 어째서 쓸모없는 포도가 맺혔는가? 이제 내가 내 포도원을 어떻게 해야 할지 너희에게 말하겠다. 내가 울타리를 헐어 내 포도원을 짐승에게 짓밟히는 풀밭이 되게 할 것이며'**(1–6)**
- **포도원은 이스라엘이요 교회인데 하나님의 기대에 미치지 못하고 있다:** 여호와께서 기대하신 좋은 포도는 공평(미쉬파트)과 의로움(체다카)이었다. 그러나 정작 맺힌 것은 포학(미스파트)과 울부짖음(체아카)이었다. 이사야는 재미있는 동음을 이용해서 하나님의 기대와 백성들이 행한 일을 대조시키고 있다. '무릇 만군의 여호와의

포도원은 이스라엘 족속이요 그가 기뻐하시는 나무는 유다 사람이라 그들에게 정의를 바라셨더니 도리어 포학이요 그들에게 공의를 바라셨더니 도리어 부르짖음이었도다.'(7)

- **들포도가 된 이유는 하나님의 행동 지침을 따르지 않았기 때문이다**: 하나님이 주신 행동 지침에 따라 살지 않은 백성들의 죄를 기소하고 있다. 1) 물질주의에 빠진 탐욕스러운 부자들에게 미칠 화 2) 술 취한 자들에게 미칠 화 3) 거짓으로 죄악에 빠진 자들에게 미칠 화 4) 악을 선이라고 부르는 자들에게 미칠 화 4) 스스로 지혜롭다고 하는 자들에게 미칠 화 5) 술 취한 뇌물 수수자들에게 미칠 화 '그러므로 지푸라기와 마른 풀이 불에 타서 소멸되듯이 그들의 뿌리가 썩고 꽃이 시들어 티끌처럼 날아가 버릴 것이다. 이것은 그들이 전능하신 여호와의 율법을 버리고 이스라엘의 거룩하신 하나님의 말씀을 무시하였기 때문이다. 그러므로 여호와께서 자기 백성에게 분노하시고 손을 들어 그들을 치셨다. 산들이 진동하고 그들의 시체가 거리의 쓰레기처럼 버려져도 여호와의 분노는 그치지 않을 것이며 그 손도 거두지 않으실 것이다.'(8-25)
- **결국 이웃 나라(앗수르, 바벨론) 포로로 심판받을 것이다**: '그가 멀리 있는 나라들에게 신호를 보내 그들을 땅 끝에서부터 오게 하실 것이다. 그들이 예루살렘을 향해 돌진해 올 것이나 그들 중에 피곤하여 넘어지는 자가 없고 조는 자나 자는 자도 없을 것이며 허리띠가 풀리거나 신발 끈에 끊어진 자도 없을 것이다.'(26-30)

6장 웃시야 왕이 죽던 해 BC 640년에 이사야가 선지자 소명을 위임받는 장면

- **이사야가 주님의 환상을 보고 정결함을 받는다**: '웃시야 왕이 죽던 해에 나는 여호와를 보았다. 그분은 높이 들린 보좌에 앉아 계셨으며 그 옷자락은 성전을 가득 채웠다 (…) 그때 스랍 천사 중 하나가 부젓가락으로 단에서 벌겋게 타는 숯불을 집어 가지고 나에게 날아와서 그것을 내 입에 대며 이렇게 말하였다. 보라! 이것이 네 입

에 닿았으니 이제 네 죄는 사라졌고 너는 용서받았다.'(1-7)

- **이사야가 듣고 보아도 깨닫지 못하는 성도들에 대한 메시지를 받았다**: '나는 또 여호와께서 내가 누구를 보낼까? 누가 우리를 위해서 갈 것인가? 하고 말씀하시는 소리를 듣고 내가 가겠습니다. 나를 보내소서. 하고 대답하였다. 그러자 여호와께서 말씀하셨다. 너는 가서 이 백성에게 너희는 계속 들어도 깨닫지 못하고 계속 보아도 알지 못한다고 말하라.'(8-11)
- **그루터기 신앙이 필요하다**: '사람들은 멀리 포로로 잡혀가서 이 땅이 완전히 황폐하게 될 때까지이다. 그러나 10분의 1은 살아남을 것이다. 비록 그것이 다시 소멸될지라도 밤나무나 상수리나무가 잘리면 그루터기는 남아 있듯이 이 땅의 거룩한 씨는 그 그루터기처럼 남아 있을 것이다.'(12-13)

7장 아람의 르신과 이스라엘 18대 베가 왕 연합군의 유다 침공과 임마누엘 예언

- **아하스 왕에게 보냄을 받은 이사야**: 유다 12대 아하스 왕 때 아람의 르신 왕과 이스라엘 베가 왕 동맹군에게 예루살렘이 침공당하였으나 이사야는 동맹군을 두려워 말라고 했으며 유다가 승리하였다. '그때 여호와께서 이사야에게 말씀하셨다. 너는 네 아들 스알-야숩과 함께 윗못의 수로 끝에 있는 옷감 표백장의 길로 가서 아하스를 만나 나 여호와가 이렇게 말한다고 일러 주어라. 너는 조심하며 침묵을 지키고 두려워하거나 낙심하지 말아라. 시리아의 르신과 르말랴의 아들이 아무리 분노할지라도 그들은 타다 남은 두 나무 막대기에 불과하다.'(1-9)
- **임마누엘의 징조**: 아하스는 하나님께 불순종했고 하나님께서 임마누엘(하나님이 우리와 함께 하시리라)의 징조를 주셨다. '보라 처녀가 잉태하여 아들을 낳을 것이요 그의 이름을 임마누엘이라 하리라.' (아이의 어머니는 실제로 다윗 가문에 속한 한 처녀이기도 하며 그 아들의 이름 임마누엘은 위기 순간에 그 백성과 함께하시는 하나님의 현존과 장차 인간의 몸으로 오실 메시아에 대한 소망을 함께 함축하고 있

다.) 하나님의 백성들이 잘못된 신학에 빠져 범죄 함으로 구원을 위해 메시아가 오실 것을 예언하였다.(10-16)

- **애굽과 앗수르의 침략**: 이사야는 애굽과 앗수르의 침략으로 유다가 피폐해질 것을 예언한다. '그러나 이스라엘이 유다로부터 분리된 이후 지금까지 겪어 보지 못한 가장 무서운 재난을 여호와께서 너희에게 내리실 것이니 그것은 앗시리아 왕이 너희를 침략하는 일이다. 그때 여호와께서는 멀리서 파리 떼와 같은 이집트 군대와 벌 떼와 같은 앗시리아 군을 부르실 것이다. 그들은 거친 골짜기와 바위 동굴과 가시 덤불과 그 밖의 모든 푸른 땅에 밀어닥칠 것이다.'(17-25)

8장

이사야 둘째 아들 '마할살랄하스바스' 이름에 의해 아람〈다메섹, BC 732〉과 북 이스라엘〈BC 722〉이 앗수르에 멸망할 것을 예언하고 하나님 말씀의 중요성 강조

성경에 나오는 이름들은 다음의 예시와 같이 중요한 의미들을 담고 있다.
이사야(여호와는 구원이시다), 스알야숩(남은 자가 돌아온다), 마할살랄하스바스(빨리 약탈하고 재빠르게 손상시킨다), 임마누엘(하나님이 함께하심), 예수(여호와는 구원이시다), 그리스도(기름 부은 자, 구세주), 여호와(스스로 있는 자, 나는 나다), 메시아(기름 부은 자)

- **하나님의 도구 앗수르**: 이사야 둘째 아들 이름을 통해 앗수르를 도구로 아들이 성장하기 전에 아람과 북 이스라엘이 멸망할 것을 예고한다. '얼마 후에 내 아내가 임신하여 아들을 낳았을 때 여호와께서 나에게 이렇게 말씀하셨다. 그의 이름을 마헬-살랄-하스-바스 라고 불러라. 그 아이가 아빠, 엄마라고 부르기도 전에 앗시리아왕이 다마스커스와 사마리아를 침략하여 그들의 모든 재물을 약탈해 갈 것이다.'(1-4)
- **임마누엘의 희망**: 하나님을 버리고 아람과 북 이스라엘과 기뻐했던 유다도 앗수르에게 괴롭힘을 당할 것을 예언하셨다(대하 28:21-22 앗수르 왕 디글랏빌레셀이 그에게 이르렀으나 돕지 아니하고 도리어 그를 공격하였더라. 아하스가 여호와의 전

과 왕궁과 방백들의 집에서 재물을 가져다가 앗수르 왕에게 주었으나 그에게 유익이 없었더라). 그러면서 임마누엘의 희망을 이야기하셨다. '이 백성은 나의 따뜻한 보호를 거절하고 르신과 베가가 와서 도와주기를 열망하고 있다. 그러므로 나 여호와가 앗시리아 황제와 그의 모든 군대를 보내 예루살렘을 치게 하겠다. 그들은 유프라테스강의 홍수처럼 밀어닥쳐 유다 전역을 완전히 휩쓸어 버릴 것이다. 그러나 임마누엘의 하나님이 우리와 함께 하신다! 그의 편 날개가 이 땅을 보호할 것이다.' 이처럼 임마누엘의 하나님이 앗수르를 패망시킬 것임을 확실히 말씀하셨다.**(5–10)**

- **이사야–스알야숩–마할살랄하스바스라는 이름이 주는 증거**: 여호와께서 유다의 배교에 관해 경고하시면서 여호와를 믿는 이들에게는 여호와가 피난처요 안전한 곳이 될 것이지만 믿지 않는 자에게는 파괴의 수단(돌, 바위, 올무와 함정)이 될 것을 말씀하셨다. 여호와는 구원이신데 구원은 성도들 중 남은 자에게만 해당된다. 이사야–스알야숩–마할살랄하스바스라는 세 사람의 이름이 증거가 될 것이다. '보라 나와 및 여호와께서 내게 주신 자녀들이 이스라엘 중에 징조와 예표가 되었나니 이는 시온 산에 계신 만군의 여호와께로 말미암은 것이니라.'**(11–22)**

9장 메시아 예언과 이스라엘의 죄와 형벌에 관한 예언

- **메시아 예언**: 멸시받아 왔던 사마리아, 갈릴리 지역에 메시아가 오실 것이다. '이는 한 아기가 우리에게 났고 한 아들을 우리에게 주신 바 되었는데 그의 어깨에는 정사를 메었고 그의 이름은 기묘자라, 모사라, 전능하신 하나님이라, 영존하시는 아버지라, 평강의 왕이라 할 것임이라 그 정사와 평강의 더함이 무궁하며 또 다윗의 왕좌와 그의 나라에 군림하여 그 나라를 굳게 세우고 지금 이후로 영원히 정의와 공의로 그것을 보존하실 것이라 만군의 여호와의 열심이 이를 이루시리라.'**(1–7)**
- **이스라엘의 멸망 예언**: 하나님께 의지하지 않고 자만했던 이스라엘에 하나님의 진노로 동족상잔의 결과와 앗수르에 의해 멸망할 것을 예언하였다. '이 백성이 벌을

받고서도 뉘우치고 돌아와 전능하신 여호와를 찾지 않는구나. 그러므로 여호와께서 단 하루 만에 이스라엘의 지도자들과 백성, 그리고 거짓말하는 예언자들을 쳐서 벌하실 것이다. 지도자들이 이 백성을 파멸의 길로 이끌어가고 있다 (…) 므낫세가 에브라임을 치고 에브라임이 므낫세를 칠 것이며 그 두 지파가 합세하여 유다를 칠 것이다. 그래도 여호와의 분노가 그치지 않을 것이며 그의 손은 펴진 채 그대로 있을 것이다.'**(8–21)**

10장 불의한 이스라엘 지도자가 받을 환난과 교만한 앗수르에 임할 형벌 그리고 이스라엘의 남은 자 구원

- **이스라엘 지도자의 잘못과 앗수르 포로 예언**: 이스라엘 지도자의 잘못을 지적(1. 불의한 법령을 만듦 2. 불의한 말을 기록 3. 가난한 자를 불공평하게 판결 4. 가난한 백성의 권리 박탈 5. 과부를 토색 6. 고아의 것을 약탈)하고 앗수르 침공에 의해 포로가 될 것을 예언한다. '하나님이 너희를 벌하시고 먼 나라에서 재난이 밀어 닥칠 때 너희는 어떻게 하겠느냐? 너희가 누구에게 도움을 구하며 너희 재물을 어디에 감추어 두겠느냐? 전쟁에서 죽거나 포로로 끌려 갈 뿐이다. 그래도 여호와의 분노가 그치지 않을 것이며 그의 손은 펴진 채 그대로 있을 것이다.'**(1–4)**
- **앗수르의 교만과 앗수르에 임할 심판**: 하나님이 이스라엘을 벌하기 위해 잠시 도구로 택한 앗수르가 도를 넘어 교만함으로 앗수르에 대한 심판을 예언한다. '그러므로 내가 시온산과 예루살렘에서 하고 있는 일을 다 마치면 앗시리아 황제의 교만과 자랑에 대하여 그를 벌할 것이다 (…) 여호와께서는 이렇게 말씀하신다. 도끼가 그것을 휘두르는 사람보다 낫다고 자랑할 수 있겠느냐? 톱이 톱질하는 사람에게 잘난 척할 수 있느냐? 이것은 막대기가 자기를 드는 자를 치려하며 몽둥이가 나무 아닌 사람을 휘두르려는 것과 같다.'**(5–19)**
- **이스라엘의 남은 자 구원**: '이스라엘 백성의 수가 바다의 모래알처럼 많을지라도 남은 사람만 전능하신 하나님에게 돌아올 것이다.'**(20–23)**

IV 선지서

- **앗수르를 벌할 것이다**: '그러므로 전능하신 주 여호와께서 말씀하신다. 시온에 사는 내 백성들아, 앗시리아 사람들이 이집트 사람들을 본 받아 막대기로 너희를 때리고 몽둥이를 들어 너희를 칠지라도 그들을 두려워하지 말아라. 내가 곧 너희에 대한 분노를 그치고 그 분노로 앗시리아 사람을 벌할 것이다 (…) 전능하신 여호와께서 나뭇가지를 치듯이 그들을 쳐서 멸망시키실 것이니 교만한 그의 모든 대군이 다 쓰러질 것이며 전능하신 여호와의 도끼가 레바논의 빽빽한 숲과 같은 그들을 찍어 버릴 것이다.'**(24–34)**

11장 공의로운 새 하늘 새 땅의 메시아 왕국 도래와 이스라엘의 회복

- **메시아 왕국의 도래**: 이새의 뿌리(다윗)에서 메시아가 오실 것이며 새 하늘 새 땅의 시대가 올 것이고 공의와 성실로 메시아 통치가 이루어질 것이다. '그때 이리와 어린 양이 함께 살며 표범이 어린 염소와 함께 눕고 송아지와 사자 새끼가 함께 먹으며 어린 아이들이 그것들을 돌볼 것이다. 그리고 암소와 곰이 함께 먹고 그 새끼들이 함께 누울 것이며 사자가 소처럼 풀을 먹고 젖먹이가 독사 곁에서 놀며 어린 아이들이 독사 굴에 손을 넣어도 해를 입지 않을 것이다.'**(1–9)**
- **이스라엘의 회복**: 남은 자들이 세계 각처에서 돌아올 것을 예언한다. '그때 여호와께서 다시 능력을 나타내셔서 앗시리아, 이집트, 이디오피아, 엘람, 바빌로니아, 하맛, 그리고 여러 섬과 해안 지역에서 자기 백성을 돌아오게 하실 것이다. 여호와께서 온 세계를 향하여 기를 세우시고 세계 각처에 흩어져 있는 이스라엘 사람들을 다시 모으실 것이다. 그 때에는 유다와 이스라엘이 서로 질투하는 일이 없을 것이며 더 이상 싸우지도 않을 것이다.'**(10–16)**

12장 새 하늘 새 땅에서 구원받은 자들이 부를 노래

- **구원에 대한 감사 노래**: '(…) 하나님은 나를 구원하는 분이시니 내가 그를 신뢰하고 두려워하지 않으리라. 여호와 하나님은 나의 힘이시며 노래요 내 구원이 되셨네. 그러므로 사람들이 구원의 우물에서 기쁨으로 물을 길으리라. 여호와께 감사하라! 그의 이름을 부르라! 그가 행하신 일을 온 세상에 알리며 그의 위대하심을 선포하라 (…).'**(1–6)**

하나님의 심판(유다, 이스라엘 패망 이전) – 앗수르의 침범으로 인한 위협 –

인접국들에 대한 심판 (동쪽의 바벨론으로부터 서쪽의 두로까지)

Ⅳ 선지서

13장 메데를 통한 바벨론 제국 멸망 예언

🔔 이사야가 이 예언을 할 당시만 하더라도 바벨론은 미미한 세력에 불과했고 메데는 그 이름만 겨우 알려진 때였다.

- **이사야가 바벨론에 대한 계시를 받는다**: '이것은 아모스의 아들 이사야가 바빌론에 대하여 하나님께 받은 말씀이다.'**(1)**
- **메데를 통한 바벨론 멸망 예언**: 6절과 9절의 '여호와의 날'은 악인에 대한 심판과 그의 백성(남은 자)을 구원하시는 하나님 심판의 때를 가리킨다. 이사야는 바벨론이 무너지는 날을 여호와의 날의 한 모형으로 생각했다. '너희는 통곡하라! 여호와

의 날이 가까왔다. 전능하신 여호와께서 너희를 파멸시키실 것이다 (…) 여호와의 날이 다가오고 있으니 땅을 황폐하게 하고 죄인들을 멸망시킬 잔인한 분노의 날이다.'**(2–16)**

- **메데에 의한 바벨론의 멸망**: 교만했던 바벨론은 결국 소돔과 고모라같이 될 것을 예언하고 결국 BC 539년경 고레스에 의해 멸망한다. '보라! 내가 은이나 금을 대수롭지 않게 여기는 메디아 사람을 충동하여 바빌론을 치게 하겠다 (…) 바빌로니아는 모든 나라 중에서도 가장 화려한 나라이며 갈대아 사람들의 자랑거리이지만 소돔과 고모라처럼 멸망당할 것이다.'**(17–22)**

14장 이스라엘 회복 예언 그리고 바벨론, 앗수르, 블레셋 멸망 예언

- **이스라엘 회복 예언**: '여호와께서 이스라엘을 불쌍히 여기시고 다시 그들을 자기 백성으로 택하여 본래의 그들 땅에 살게 하실 것이며 외국 사람들도 그들과 함께 그곳에 가서 살 것이다.'**(1–2)**
- **이스라엘 백성들이 파멸당한 바벨론 왕을 조롱하는 노래**: '그때 그들은 바빌론 왕을 조롱하며 이렇게 말할 것이다. 잔인한 왕이 쓰러졌구나. 네가 더 이상 아무도 괴롭히지 못할 것이다. 여호와께서 악한 통치자의 권력을 꺾어 버리셨다 (…) 그래도 세상의 모든 왕들은 의젓하게 자기 무덤에 누워 있으나 너는 무덤이 없어 네 시체는 쓸모없는 나뭇가지처럼 던져져 전쟁으로 죽은 군인들의 시체로 덮일 것이니 길바닥에서 짓밟히는 시체와 다를 바 없을 것이다 (…).'**(3–23)**
- **앗수르 멸망 예언**: '내가 이스라엘 땅에서 앗시리아 사람을 파멸시키고 그들을 나의 산에서 짓밟을 것이며 내 백성을 앗시리아의 멍에와 그들의 무거운 짐에서 벗어나게 할 것이다.'**(24–27)**
- **블레셋 멸망 예언**: '블레셋 성들아, 통곡하라! 너희는 다 망하게 되었다. 잘 훈련된

군인들이 북쪽에서 구름떼처럼 몰려오고 있다.'**(28–32)**

15장 모압 심판 예언

- **모압 심판 예언**: 모압은 아브라함의 조카 롯의 후손들이 세운 나라이다. '이것은 모압에 대한 말씀이다. 하룻밤에 모압의 아르성과 길성이 망하여 황폐할 것이다 (…) 모압의 온 땅에 통곡 소리가 메아리치고 슬피 부르짖는 소리가 에글라임과 브엘–엘림에까지 들리며 디본 시내는 피로 붉게 물들었다. 그래도 하나님은 디본의 재앙을 더 내리실 것이다. 모압 피난민들과 그 땅에 남아 있는 사람들에게 피비린내 나는 살육이 있을 것이다.'**(1–9)**

16장 모압의 교만과 최후

- **3년 안에 모압은 멸망할 것이다**: '(…) 모압은 우리가 들은 소문대로 정말 교만하고 거만하구나. 그러나 아무리 모압이 잘난 척해도 그 교만은 헛된 것이다. 모압 사람들은 자기들이 당하는 고통 때문에 통곡할 것이며 길–하레셋에서 먹던 건포도 빵을 생각하고 탄식하며 슬퍼할 것이다 (…) 그러나 여호와께서 다시 이렇게 말씀하신다. 3년 내에 모압의 모든 영화가 사라지고 수많은 사람들이 죽임을 당하며 힘없는 소수의 사람들만이 살아남게 될 것이다.'**(1–14)**

17장 다메섹과 이스라엘의 심판 예언 그리고 앗수르 패배 예언

- **다메섹(아람 또는 수리아) 심판 예언**: BC 732년 앗수르에 의해 패망한다. '이것은 다마스커스에 대한 여호와의 말씀이다. 앞으로 다마스커스는 도시가 되지 못하고 폐허의 돌무더기가 될 것이다. 아로엘의 성들이 버림을 당하여 양떼나 소떼가 풀을 뜯어 먹고 누워도 그들을 놀라게 할 자가 없을 것이며 (…).'**(1–3)**
- **이스라엘 심판 예언**: BC 722년 앗수르에 의해 패망한다. '여호와께서 다시 말씀하셨다. 이스라엘의 영광이 시들고 그 부가 가난으로 바뀔 날이 올 것이다. 그때 이스라엘은 곡식을 베어 낸 르바임 골짜기의 황량한 밭과 같을 것이다 (…).'**(4–11)**
- **앗수르 패배 예언**: '소란을 피우며 성난 파도처럼 밀려오는 많은 민족을 보라. 수많은 적군이 물밀듯이 밀어닥치나 하나님이 그들을 꾸짖으시니 산언덕에 있는 겨가 바람에 날리고 회오리바람에 티끌이 떠다니듯 그들이 멀리 달아나고 흩어지는구나. 그들이 저녁에는 가공할 만한 존재였으나 아침이 되기도 전에 사라져 버렸으니 이것이 하나님의 백성을 약탈하는 자들의 운명이다.'**(12–14)**

18장

구스–이스라엘 관계에 대한 예언

- **구스에 대한 예언**: 구스(이디오피아)는 앗수르에 패망하지 않고 궁극에는 하나님의 날에 시온을 찾을 것임을 예언하였다. '땅이 강으로 나누어진 나라, 막강하여 다른 민족을 짓밟는 나라, 키가 크고 탄력 있는 피부를 가진 백성, 온 세상을 두렵게 하던 이 나라 백성들에게 전능하신 여호와께서 예물을 받을 날이 있을 것이니 그들이 전능하신 여호와가 경배를 받으시는 시온산을 찾을 것이다.'**(1–7)**

19장

애굽에 대한 심판 예언과 그 날(천년왕국)이 오면 애굽–이스라엘–앗수르 모두가 하나님께 경배하며 세계 평화의 중심이 될 것이다.

- **애굽에 대한 심판 선언**: '이것은 이집트에 대한 말씀이다. 여호와께서 빠른 구름을 타시고 이집트로 가실 것이니 이집트 우상들이 그 앞에서 떨 것이며 이집트 사람들이 두려워서 새파랗게 질릴 것이다. 여호와에서 말씀하신다. 내가 이집트 사람의 마음을 충동하여 형제가 형제를 치게 하고 이웃이 이웃을, 도시가 도시를, 나라가 나라를 서로 치게 할 것이다 (…) 내가 이집트 사람들을 폭군과 같은 잔인한 왕의 손에 넘겨 줄 것이니 그가 이집트 사람들을 다스릴 것이다 (…) 나일 강변의 푸른 것이 다 말라 없어질 것이며 그 일대의 모든 농작물이 시들어 없어질 것이다. 나일강에서 고기를 잡아 생계를 유지하던 모든 사람들이 슬퍼하고 탄식할 것이니 낚시와 그물을 던지는 자들의 생활이 피곤할 것이다.'**(1–10)**
- **무력한 애굽의 지혜**: '소안의 지도자들은 정말 어리석구나! 이집트의 가장 지혜로운 사람들도 어리석은 조언을 하는구나! 그들은 어떻게 바로에게 자기들이 지혜로운 자들의 자손이며 옛 왕들의 후손이라고 말할 수 있는가? 이집트 왕이여, 너의 지혜로운 자들이 어디 있느냐? 그들이 만일 지혜롭다면 이집트에 대한 전능하신 여호와의 계획을 너에게 말하게 하라.'**(11–15)**
- **그 날에 이스라엘이 세계 평화의 중심이 될 것을 예언**: '여호와께서 애굽을 치실지라도 치시고는 고치실 것이므로 그들이 여호와께로 돌아올 것이라 여호와께서 그들의 간구함을 들으시고 그들을 고쳐 주시리라. 그 날에 애굽에서 앗수르로 통하는 대로가 있어 앗수르 사람은 애굽으로 가겠고 애굽 사람은 앗수르로 갈 것이며 애굽 사람이 앗수르 사람과 함께 경배하리라. 그 날에 이스라엘이 애굽 및 앗수르와 더불어 셋이 세계 중에 복이 되리니.'**(16–25)**

20장 앗수르에 의한 애굽과 구스의 심판 예언과 유다에 주는 교훈

- **앗수르에 의한 애굽과 구스의 심판**: BC 711년 앗수르 왕 사라곤 2세가 블레셋의 성읍 아스돗을 점령하고 있던 시점에서 이사야가 예언한다. 이사야는 여호와의 명

Ⅳ 선지서

에 따라 3년 동안 겉옷도, 신발도 신지 않은 행동을 보임으로 앗수르에 의해 애굽과 구스가 심판당할 것에 대한 징조와 예표가 되었다.(1–3)

- **유다에게 주는 하나님의 교훈**: 하나님이 아닌 애굽과 구스의 연합을 생각하고 있던 유다에게 하나님을 신뢰해야 한다는 교훈을 준다. '이와 같이 이집트 사람들과 이디오피아 사람들이 앗시리아 황제에게 포로로 잡혀갈 때 젊은 사람, 늙은 사람 할 것 없이 다 옷을 벗은 채 엉덩이를 드러내 놓고 맨발로 끌려갈 것이며 이것이 이집트의 수치가 될 것이다. 이디오피아를 의지하고 이집트를 자랑하던 자들이 당황하고 부끄러워할 것이며 그 날에 블레셋 해안 지역에 사는 자들이 이렇게 말할 것이다. 앗시리아 왕에게서 우리를 보호해 줄 것으로 믿었던 자들이 당한 일을 보아라. 이제 어떻게 하면 우리가 살아남을 수 있단 말인가?'(4–6)

21장 메데–바사에 의한 바벨론 정복과 에돔 그리고 아라비아에 대한 예언

- **바벨론에 대한 예언**: 메데–바사에 의한 바벨론 정복을 예언한다. 조각한 신상까지 부서졌음을 언급하였다. BC 539년 고레스에 의해 정복되었다. '나는 속이고 약탈하는 비참한 모습을 환상에서 보았다. 엘람군아, 공격하라! 메디아군아, 포위하라! 하나님은 바빌론 때문에 고통당하는 모든 민족의 탄식을 그치게 하실 것이다 (…) 보십시오! 저기 말 탄 자들이 쌍쌍이 오고 있습니다. 그때 나는 이런 음성을 들었다. 함락되었다. 함락되었다. 바빌론이 함락되었다. 그들이 섬기던 모든 우상들이 다 부서져 땅에 떨어졌구나.'(1–10)
- **에돔(두마)에 대한 예언**: 에돔에 대한 예언으로 세일은 에서의 후손 에돔인들의 거주 지역이다. '이것은 에돔에 대한 말씀이다. 어떤 사람이 세일에서 나를 불러 파수꾼, 밤이 어떻게 되었소? 파수꾼, 밤이 얼마나 남았소? 하고 물었다. 그래서 나는 이렇게 대답하였다. 아침이 오고 있으나 밤도 올 것이오. 묻고 싶으면 다시 와서 물으시오.'(11–12)

- **아라비아에 대한 예언**: 바벨론의 파멸은 에돔 뿐만 아니라 인접한 아라비아까지 영향이 미친다. '그때 여호와께서 나에게 말씀하셨다. 1년 내에 게달 족의 모든 영광이 사라질 것이며 가장 용감한 그들의 궁수병들도 살아남는 자는 극소수에 불과할 것이다.' 게달은 이스마엘의 둘째 아들로서 여기서는 아라비아 유목민을 지칭한다.**(13–17)**

22장 예루살렘에 대한 심판 예언

- **예루살렘 심판 예언**: 실제로 BC 701년 앗수르의 산헤립 군대가 예루살렘을 포위하여 히스기야로부터 상당한 공물을 받고 군대를 철수시킨 적이 있다. '이것은 예루살렘에 대한 말씀이다. 무슨 일인가? 어째서 모든 사람들이 옥상으로 올라가고 있는가? 흥청망청 떠들어대며 즐거워하던 성이여, 칼날에 죽임을 당한 것도 아닌데 네 백성이 죽어 쓰러졌구나. 너희 지도자들은 다 도망하여 화살 하나 쏘아 보지 못하고 생포되었으며 멀리 도망한 자들도 붙잡혀 포로가 되고 말았다.'**(1–14)**
- **유다의 관리 셉나와 엘리야김에 대한 심판**: 산헤립이 예루살렘을 포위했을 당시 유대의 고위 관리였던 셉나, 이어서 관리가 되었던 엘리야김도 심판받을 것을 예언하였다. '전능하신 주 여호와께서 나에게 왕궁 살림을 맡은 셉나에게 가서 이렇게 전하라고 말씀하셨다 (…) 내가 너를 관직에서 쫓아내고 네 지위를 낮출 것이다. 그런 다음 내가 힐기야의 아들인 내 종 엘리야김을 불러 그에게 네 관복을 입히고 네 띠를 매어 주고 네가 가졌던 모든 권한을 그에게 주겠다. 그는 예루살렘과 유다 사람들에게 아버지와 같은 자가 될 것이다 (…) 그렇게 되면 튼튼하게 박힌 그 못이 삭아 부러져서 떨어질 것이며 거기에 매달린 모든 것이 그것과 함께 떨어지고 말 것이다.' 여기의 못은 엘리야김을 가리킨다.**(15–25)**

23장 해상무역으로 경제적 풍요를 누렸던 두로의 심판 선언과 미래에 대한 예언

• **두로의 멸망 예언**: 열방들에 대한 경고는 13장의 바벨론(동쪽 끝)에 대한 경고에서 시작하여 23장 두로(서쪽 끝)에서 끝난다. '이것은 두로에 대한 말씀이다. 다시스의 배들아, 통곡하라. 두로가 망하여 집도 없고 항구도 없이 황폐해졌으니 너희가 키프러스에서 들은 소문이 다 사실이다 (…) 그 70년이 지나면 여호와께서 두로를 다시 일으켜 이전처럼 무역을 하게 하실 것이나 두로는 온 세계와 음란을 행할 것이다. 그러나 두로가 무역하여 번 돈은 쌓아 두지 않고 여호와께 바쳐 질 것이며 여호와를 섬기는 자들이 식량과 의복을 사는 데 그 돈을 사용할 날이 있을 것이다.'**(1-18)**

하나님의 심판(유다, 이스라엘 패망 이전) – 앗수르의 침범으로 인한 위협 –

이사야의 계시록 – 하나님의 심판과 공의

24장 세계의 종말론적 전망, 세상에 대한 여호와의 심판

🔔 이사야서 1-12장은 유다 멸망, 13-23장은 유다 주변 열강의 멸망, 25-27장은 하나님이 세우실 새 왕국의 승리를 노래하며 24장은 멸망과 새 왕국의 승리 사이에서 만국을 다스리시는 여호와의 심판을 언급하고 있다.

• **세계에 대한 종말론적 전망**: 하나님의 심판에는 대상에 예외가 없고 모든 범위가 해당되고 심판의 결과는 흑암 속에서 영원한 고통을 받게 되는 저주 아래 놓이게 된다. '여호와께서 땅을 뒤엎어 황폐하게 하시고 그 백성을 흩어 버리실 것이다. 제

사장과 백성이 당하는 일이 똑같을 것이며 종과 주인, 사는 자와 파는 자, 빌려 주는 자와 빌리는 자, 부자와 가난한 자가 다 같은 일을 당하게 될 것이며 땅은 완전히 황무지가 되고 약탈당할 것이다. 이것은 여호와께서 하신 말씀이다 (…) 그때 전능하신 여호와께서 시온산과 예루살렘에서 왕이 되어 자기 백성의 장로들 앞에서 영광스럽게 다스리실 것이며 그와 같은 영광 때문에 해와 달이 무색할 것이다.'(1–23)

25장 하나님께서 하나님의 백성을 구하심에 대한 찬양, 새 왕국에서 부를 성도의 찬양, 시온의 찬양

- **시온에서 부를 찬양**: '여호와여, 주는 나의 하나님이십니다. 내가 주를 높이고 주의 이름을 찬양하겠습니다. 주는 놀라운 일을 행하셨습니다. 주께서는 오래 전에 계획하신 일을 성실하게 수행하셨습니다. 주는 도시를 폐허가 되게 하시고 요새를 파괴하시며 우리 원수들이 지은 궁들이 영원히 사라지게 하셨습니다. 그러므로 강한 민족들이 주를 찬양할 것이며 무자비한 민족들이 주를 두려워할 것입니다 (…) 이 곳 시온산에서 세계의 모든 민족을 위해 전능하신 여호와께서 가장 맛있는 포도주와 음식으로 잔치를 베푸실 것이며 (…) 그때 사람들이 이렇게 말할 것이다. 그는 우리의 하나님이시다. 우리가 그를 의지하므로 그가 우리를 구원하셨다. 그는 우리가 의지하는 여호와이시다! 그가 우리를 구원하셨으니 이제 기뻐하고 즐거워하자 (…) 모압의 높은 성벽을 헐어 땅바닥의 흙무더기처럼 되게 하실 것이다.' 여기서의 모압은 적대 세력의 대표로 표현한 것이다.(1–12)

IV 선지서

26장 종말론적으로 새 왕국에서 구원받은 의인들이 부르는 찬송, 유다 백성이 바벨론에서 귀환함으로 부르게 될 감격적 찬양

- **새 왕국에서 부를 의인의 노래**: '그 날에 사람들이 유다 땅에서 이런 노래를 부를 것

이다. 우리의 성은 튼튼하다. 하나님이 직접 우리의 성벽을 지키신다 (…) 여호와여, 주께서 의로운 자들의 길을 곧게 하시므로 그들의 길이 평탄합니다 (…) 주는 악인들에게 은혜를 베푸셔도 그들은 옳은 일을 배우지 않으며 의로운 사람들의 땅에서까지 악을 행하고 주의 위엄을 대수롭지 않게 여깁니다 (…) 여호와 우리 하나님이시여, 우리가 다른 왕들의 지배를 받아왔지만 우리가 섬기는 여호와는 주밖에 없습니다 (…) 여호와여, 주는 우리의 영토를 넓혀 이 나라를 크게 하심으로 영광을 얻으셨습니다 (…) 내 백성들아, 너희 집으로 들어가서 문을 닫고 여호와의 분노가 끝날 때까지 잠시 숨어 있거라. 보라! 여호와께서 세상 사람들의 죄에 대하여 그들을 벌하시려고 그 계신 곳에서 나오신다. 땅이 그 위에 뿌려진 피를 드러내고 더 이상 살해당한 자를 숨기지 않을 것이다.'(1–21)

27장 하나님 나라 백성 이스라엘의 회복, 리워야단의 처단과 포도원 〈이스라엘〉의 보호와 연단

- **하나님 나라 백성 이스라엘의 회복**: '그 날에 여호와께서 견고하고 무서운 칼로 날쌔게 움직이는 꼬불꼬불한 뱀 리워야단을 벌하실 것이며 바다에 사는 괴물을 죽이실 것이다 (…) 나는 이 포도원과 같은 내 백성에게 더 이상 분노하지 않는다. 만일 찔레와 가시가 내 포도원을 괴롭히면 내가 그것을 모조리 태워 버릴 것이다 (…) 앞으로 이스라엘이 나무처럼 뿌리를 박아 움이 돋고 꽃이 피어 그 열매로 온 세상을 채울 날이 있을 것이다 (…) 이스라엘의 죄는 우상을 섬기는 제단의 돌이 가루가 되고 아세라 여신상이나 향단이 사라질 때에만 용서될 것이다 (…) 그 날에 여호와께서 유프라데스 강에서부터 이집트 국경에까지, 타작하여 알곡을 모으듯이 자기 백성을 하나하나 모으실 것이다. 그때 큰 나팔소리가 울려 퍼질 것이며 앗시리아와 이집트에서 거의 죽게 된 자들이 예루살렘으로 돌아와 거룩한 산에서 여호와께 경배할 것이다.'(1–13)

화 있을진저

28장

교만하고 술 취한 이스라엘에 대한 심판 예언과 경박하고 거만한 유다 예루살렘 치리자에 대한 경고

- **에브라임 곧 이스라엘에 미칠 화**: 남은 자를 제외한 에브라임(이스라엘)에 화 있을진저. '비옥한 골짜기로 둘러싸인 교만한 사마리아성이여, 네가 망하게 되었구나! 네 백성이 술에 취해 비틀거리고 있으니 네 영광도 꽃처럼 시들어 가고 있다. 여호와께서 그들을 칠 강한 군대를 보내실 것이니 그들이 광풍과 폭우와 무서운 홍수처럼 그 땅에 밀어닥칠 것이다 (…) 전능하신 여호와께서 살아남은 자기 백성에게 영광스러운 면류관이 되실 날이 올 것이다.'**(1–6)**
- **술 취해 있는 제사장과 선지자**: '그러나 이제는 예루살렘도 술독에 빠졌구나. 제사장들과 예언자들까지도 흥청망청 술을 퍼마시고 정신없이 비틀거리며 어리석은 과오와 실수를 범하고 있다. 그들이 앉은상에는 온통 토한 것으로 범벅이 되어 깨끗한 곳이 한군데도 없구나.'**(7–8)**
- **이사야의 가르침을 조롱하는 당시의 종교 지도자들**: '그들은 나에 대해서 불평하며 이렇게 말하고 있다. 이 사람이 누구를 가르치려고 하는가? 우리가 이제 막 젖 뗀 아이인가? 우리를 어떻게 보고 그렇게 가르치는가? 그는 우리에게 아주 간단하고 단순한 것을 가르치고 또 가르쳐 계속 같은 말을 하나하나 되풀이하고 있다.' 이사야의 가르침을 더듬거리는 말투로 조롱했었기에 여호와께서도 이방인인 앗수르의 방언으로 그들을 조롱할 것이다.**(9–13)**
- **유다에 미칠 화**: 이사야는 하나님보다 애굽과의 동맹을 더 믿었던 오만한 예루살렘 지도자들에게 유다에 화가 임할 것을 경고한다. '그러므로 너희는 더 이상 거만하게 굴지 말아라. 그렇지 않으면 너희가 더 벗어나기 어려운 속박을 당하게 될 것이

다. 나는 전능하신 여호와께서 온 땅 멸망시키기로 작정하셨다는 말을 분명히 들었다.'(14-22)

- **하나님의 섭리에 대한 농부의 비유**: 하나님이 가르쳐 주시는 방법에 귀 기울여라. 하나님의 심판은 백성들이 그 앞에서 회개하기 위한 것이지 복수를 위한 것이 아니다. 이사야는 씨 뿌리며 탈곡하는 농부의 비유를 통해 자기 백성을 위해 일하시고 간섭하시는 하나님의 경륜과 섭리를 증거 한다. '너희는 내가 하는 말에 귀를 기울이고 자세히 들어라. 밭을 갈아놓고 씨를 뿌리지 않을 사람은 아무도 없다. 밭을 갈아 흙을 부드럽게 하는 일만 계속 할 농부가 어디 있겠느냐? 일단 밭을 갈아 땅을 고르게 하면 농부는 회향이나 밀, 보리, 귀리와 같은 여러 가지 씨를 뿌리기 마련이다. 하나님이 일하는 방법을 가르치셨기 때문에 농부는 자기 일을 어떻게 해야 할지 알고 있다. 곡식이라고 해서 똑같은 방법으로 타작하는 것은 아니다. 대개 탈곡기나 도리깨로 타작을 하지만 깨와 같은 작은 씨는 작대기로 떨기도 한다. 어떤 곡식은 계속 두들기기만 하지 않고 부서지지 않는 방법으로 수레바퀴를 굴리거나 발로 밟아 타작하는 경우도 있다. 이 모든 지식은 훌륭한 계획과 놀라운 지혜를 가지신 전능하신 여호와에게서 나온 것이다.'(23-29)

29장 아리엘 〈예루살렘〉의 앗수르에 의한 위기와 하나님의 구원 그리고 메시아 시대 천년왕국의 도래

- **예루살렘의 앗수르에 의한 위기와 구원**: '슬프다! 하나님의 제단과 같은 예루살렘이여, 한때 다윗이 살았던 성이 이제는 망하게 되었구나! 너희가 해마다 돌아오는 명절을 지킬지라도 하나님이 너희에게 재앙을 내리실 것이니 너희는 슬퍼하고 통곡할 것이며 온 성은 피로 얼룩진 제단처럼 될 것이다 (…) 굶주린 자가 먹는 꿈을 꾸어도 깨고 나면 여전히 배가 고프고 목마른 자가 마시는 꿈을 꾸어도 깨고 나면 여전히 지치고 갈증을 느끼는 것처럼 예루살렘을 치는 자들도 승리를 꿈꾸지만 실패하고 말 것이다.'(1-8)

- **예루살렘 심판 이유**: '여호와께서 이렇게 말씀하셨다. 이 백성이 입으로는 나를 가까이하고 입술로는 나를 존경하나 마음은 내게서 멀리 떠나 있다. 그들의 신앙은 사람의 가르침이나 규정에 얽매여 있다.'**(9–16)**
- **메시아 시대, 천년왕국의 도래 예언**: '멀지 않아 울창한 숲이 농토가 되고 농토가 다시 숲이 될 것이다. 그때 귀머거리가 책 읽는 소리를 들을 것이요 어둡고 캄캄한 데 사는 소경들이 눈을 떠서 보게 될 것이며 가난하고 겸손한 자들이 이스라엘의 거룩하신 하나님 여호와께서 주시는 기쁨을 다시 누리게 될 것이다 (…) 그러므로 아브라함을 구원하신 이스라엘의 하나님 여호와께서 이렇게 말씀하신다. 내 백성은 더 이상 두려워서 새파랗게 질리거나 부끄러움을 당하지 않을 것이다. 그들은 내가 그들에게 줄 자녀들을 보면 내가 이스라엘의 거룩한 하나님인 것을 인정할 것이며 나를 두려운 마음으로 섬길 것이다 (…).'**(17–24)**

30장 앗수르의 침략을 막기 위해 하나님께 의지하지 않고 애굽에 의존한 유다에 대한 경고, 하나님의 법을 듣지 않으려는 백성, 그러나 이스라엘을 향한 하나님의 은혜, 앗수르 심판

🔔 30–31장은 하나님의 보호가 아닌 애굽과 동맹을 맺어 앗수르의 위협을 막아 보려는 우매함을 지적한다.

- **앗수르의 위협에 애굽에 의존하는 유다에 대한 하나님의 경고**: '그들은 나에게 물어보지도 않고 이집트의 도움을 얻고자 그리로 내려가서 이집트 왕을 의지하였다. 그러나 이집트 왕은 그들을 도울 힘이 없을 것이니 그의 보호를 받으려 하는 자들이 수치를 당할 것이다.'**(1–7)**
- **하나님의 법을 듣지 않으려는 백성들의 멸망**: '이것은 그들이 언제나 하나님을 거역하고 거짓말을 하며 항상 여호와의 가르침을 들으려고 하지 않았기 때문이다 (…) 숯불을 담아 옮기거나 물을 뜰 조각하나 남지 않고 산산이 부서진 질그릇처럼 박살이 나고 말 것이다.'**(8–17)**

- **이스라엘을 향한 하나님의 은혜**: '그러나 여호와께서는 아직도 너희가 돌아오기를 기다리고 계시며 너희에게 사랑을 베푸시려고 하신다. 여호와는 의로우신 분이시므로 너희를 불쌍히 여기실 것이다. 그러므로 여호와를 의지하는 자는 복 있는 자이다. 예루살렘에 사는 내 백성들아, 너희가 다시는 통곡하지 않을 것이다. 여호와께서 너희에게 은혜를 베푸셔서 너희가 부르짖을 때에 응답하실 것이다 (…) 또 너희는 너희 금은 우상을 다 때려 부수고 불결한 물건을 집어 던지듯이 그것을 던지며 영원히 사라져라! 하고 외칠 것이다.'**(18–26)**
- **앗수르에 대한 하나님의 심판**: 앗수르는 BC 701년 바벨론에 의해 멸망한다. '앗시리아 사람들은 여호와께서 그들을 벌하실 때 여호와의 음성을 듣고 두려워 떨 것이며 여호와께서 그들을 치실 때마다 여호와의 백성들은 소고를 치고 수금을 타며 기뻐할 것이다. 오래 전에 큰 불로 앗시리아 황제를 태울 화장터가 마련되었으니 그것은 나무를 잔뜩 쌓아 올린 깊고 넓은 장소이다. 여호와께서 유황불과 같은 불을 토해 그곳을 완전히 태워 버릴 것이다.' 화장터는 도벳이다.**(27–33)**

31장

친 애굽 정책을 편 유다에게 인간과 우상에 의지하는 일을 버리고 하나님께 돌아오면 안전이 보장될 것을 약속하심. 앗수르는 멸망할 것이다.

- **애굽을 의지한 자들에게 미칠 화**: '도움을 얻으려고 이집트로 내려가는 자들에게 화가 있을 것이다. 그들은 말과 전차와 마병과 같은 이집트의 막강한 군사력은 의지하면서도 이스라엘의 거룩하신 하나님 여호와를 의지하지 않고 그의 도움을 구하지도 않는다. 여호와께서도 지혜로우시므로 재앙을 내리실 것이다. 그는 자기 마음을 바꾸지 않으시고 일어나셔서 악을 행하는 자기 백성을 치시며 또 그들을 돕는 자들을 벌하실 것이다 (…) 앗시리아는 멸망할 것이나 사람의 칼이 아니라 여호와의 칼에 망하고 말 것이다. 앗시리아 사람들은 그 칼 앞에서 도망할 것이며 그들의 젊은 이들은 노예로 잡혀갈 것이다.'**(1–9)**

32장

하나님은 예루살렘을 보호하실 것이며 메시아가 통치하는 천년 왕국이 도래할 것이다.
BC 701년 앗수르의 공격을 빗대어 심판과 회복이 틀림없이 있을 것을 말씀하셨다.

- **확실한 심판 후의 회복:** '보라! 앞으로 한 왕이 정의로 통치할 것이며 지도자들은 공정하게 다스릴 것이다 (…) 아무 걱정 없는 여자들아, 내년 이맘때에는 너희가 수확할 포도와 열매가 없으므로 근심하게 될 것이다 (…) 그러나 결국 하나님이 우리에게 성령을 보내실 것이므로 황무지가 다시 비옥하게 될 것이며 우리는 밭에서 풍성한 농산물을 거둬들일 것이다.'(1–20)

33장

유다를 학대하고 속이던 앗수르에 선고되는 화. 하나님의 심판 도구로 사용되기는 했으나 교만함으로 심판받게 된 앗수르의 비참한 운명에 대한 예언. 그리고 경건한 남은 자들의 미래

- **앗수르에 미칠 화:** 유다를 학대하며 속이는 자 곧 앗수르에게 화를 선고한다. 즉 히스기야 왕 때 앗수르의 산헤립이 언약을 깨고 예루살렘을 재차 포위했을 때 이사야가 앗수르에 선포하는 화이다. '너 학대를 당하지 아니하고도 학대하며 속이고도 속임을 당하지 아니하는 자여 화 있을진저 네가 학대하기를 그치면 네가 학대를 당할 것이며 네가 속이기를 그치면 사람이 너를 속이리라.'(1)
- **남은 자들의 구원을 바라는 기도:** 하나님께 환난에서 구원해 주실 것을 원하는 기도를 올린다. '여호와여 우리에게 은혜를 베푸소서. 우리가 주를 앙망하오니 주는 아침마다 우리의 팔이 되시며 환난 때에 우리의 구원이 되소서.'(2)
- **기도의 응답:** 기도가 응답된다. '요란한 소리로 말미암아 민족들이 도망하며 주께서 일어나심으로 말미암아 나라들이 흩어졌나이다. 황충의 떼 같이 사람이 너희의 노략물을 모을 것이며 메뚜기가 뛰어오름 같이 그들이 그 위로 뛰어오르리라.' 메뚜기가 들판을 휩쓸고 나면 아무것도 남지 않는 것처럼 앗수르의 노략 이후 그처럼 신속하고도 철저하게 유다 백성들에 의해 노획될 것을 의미한다.(3–6)

- **현재의 비참함을 슬퍼하는 용사의 애가**: 앗수르의 침공으로 유다의 비옥한 땅으로 대표되는 레바논, 샤론, 바산, 갈멜이 황폐해진다. 산헤립은 평화의 조건으로 금과 은을 가져간 후에도(왕하 18:14) 예루살렘의 완전한 항복을 요구하며 언약을 파기하였다. '보라 그들의 용사가 밖에서 부르짖으며 평화의 사신들이 슬피 곡하며 대로가 황폐하여 행인이 끊어지며 대적이 조약을 파하고 성읍들을 멸시하며 사람을 생각하지 아니하며 땅이 슬퍼하고 쇠잔하며 레바논은 부끄러워하고 마르며 사론은 사막과 같고 바산과 갈멜은 나뭇잎을 떨어뜨리는도다.'**(7–9)**
- **여호와가 활동을 시작한다**: 여호와께서 활동을 시작하신다. 앗수르 사람들은 아무리 계획을 세우고 애써도 얻는 것이 없을 것이며 너희 호흡이 불이 되어 너희를 삼킬 것이다. '여호와께서 이르시되 내가 이제 일어나며 내가 이제 나를 높이며 내가 이제 지극히 높아지리니. 너희가 겨를 잉태하고 짚을 해산할 것이며 너희의 호흡은 불이 되어 너희를 삼킬 것이며 민족들은 불에 굽는 횟돌 같겠고 잘라서 불에 사르는 가시나무 같으리로다.'**(10–12)**
- **하나님의 활동에 놀라는 사람들**: 하나님의 활동하심을 보고 모든 사람들, 특히 하나님의 백성들 중 경건하지 않은 사람들은 놀라고 주목할 것이다. '너희 먼 데에 있는 자들아 내가 행한 것을 들으라. 너희 가까이에 있는 자들아 나의 권능을 알라 시온의 죄인들이 두려워하며 경건하지 아니한 자들이 떨며 이르기를 우리 중에 누가 삼키는 불과 함께 거하겠으며 우리 중에 누가 영영히 타는 것과 함께 거하리요 하도다.'**(13–14)**
- **하나님의 활동과 경건한 자들**: 그러나 경건한 자들의 경우는 상황이 정반대가 된다. 1) 하나님이 피난처가 되시며 2) 일상의 필요한 모든 것을 채워 주신다. '오직 공의롭게 행하는 자, 정직히 말하는 자, 토색한 재물을 가증히 여기는 자, 손을 흔들어 뇌물을 받지 아니하는 자, 귀를 막아 피 흘리려는 꾀를 듣지 아니하는 자, 눈을 감아 악을 보지 아니하는 자, 그는 높은 곳에 거하리니 견고한 바위가 그의 요새가 되며 그의 양식은 공급되고 그의 물은 끊어지지 아니하리라.'**(15–16)**
- **이사야는 계속해서 경건한 백성들이 누릴 풍요한 미래의 모습을 말한다**: '네 눈은 왕

을 그의 아름다운 가운데에서 보며 광활한 땅을 눈으로 보겠고 (…) 네가 강포한 백성을 보지 아니하리라 그 백성은 방언이 어려워 네가 알아듣지 못하며 말이 이상하여 네가 깨닫지 못하는 자니라 (…) 네 눈이 안정된 처소인 예루살렘을 보리니 그것은 옮겨지지 아니할 장막이라 (…). 여호와는 거기에 위엄 중에 우리와 함께 계시리니 그 곳에는 여러 강과 큰 호수가 있으나 노 젓는 배나 큰 배가 통행하지 못하리라 (…) 네 돛대 줄이 풀렸으니 돛대의 밑을 튼튼히 하지 못하였고 돛을 달지 못하였느니라. 때가 되면 많은 재물을 탈취하여 나누리니 저는 자도 그 재물을 취할 것이며 그 거주민은 내가 병들었노라 하지 아니할 것이라 거기에 사는 백성이 사죄함을 받으리라.' 경건한 백성들은 메시아를 보게 될 것이며 앗수르 패망을 파선에 비유하여 파선된 배 위의 재물들을 이스라엘 백성들이 나누어 가질 것인데 약탈물이 너무 많아 다리 저는 사람이 그곳에 도착했을 때조차 많은 재물이 남아 있을 것이고 질병은 사라질 것이며 구원받은 남은 자들은 용서받을 것이라는 의미이다. **(17–24)**

Ⅳ 선지서

하나님의 심판(유다, 이스라엘 패망 이전) – 앗수르의 침범으로 인한 위협 –

심판과 축복

34장 에돔으로 대표되는 세상 나라 〈열국〉 진멸 예언

🔔 오바댜, 말라기 그리고 에스겔 35장에서도 에돔 곧 아말렉에 대한 심판을 예언하고 있다. 에돔은 하나님 나라를 적대하는 나라를 대표한다.

- **열국에 임할 여호와의 진노:** '열국이여 너희는 나아와 들을지어다 (…) 대저 여호와께서 열방을 향하여 진노하시며 그들의 만군을 향하여 분내사 그들을 진멸하시며

살륙 당하게 하셨은즉 그 살륙 당한 자는 내 던진바 되며 그 사체의 악취가 솟아오르고 그 피에 산들이 녹을 것이며 하늘의 만상이 사라지고 하늘들이 두루마리 같이 말리되 그 만상의 쇠잔함이 포도나무 잎이 마름 같고 무화과나무 잎이 마름 같으리라.'(1–4)

- **에돔으로 대표되는 열국의 진멸**: '여호와의 칼이 하늘에서 족하게 마셨은즉 보라 이것이 에돔 위에 내리며 진멸하시기로 한 백성 위에 내려 그를 심판할 것이라 (…) 에돔의 시내들은 변하여 역청이 되고 그 티끌은 유황이 되고 그 땅은 불붙는 역청이 되며 낮에나 밤에나 꺼지지 아니하고 그 연기가 끊임없이 떠오를 것이며 세세에 황무하여 그리로 지날 자가 영영히 없겠고 (…).'(5–12)
- **예언의 확실성**: 여호와께서 제비를 뽑고 줄로 재어 가나안 땅을 이스라엘 백성들에게 나누어 주셨던 것처럼 에돔 땅을 나누어 혐오스러운 동물들에게 분배하여 주실 것이다. '들짐승이 이리와 만나며 숫염소가 그 동류를 부르며 올빼미가 거기에 살면서 쉬는 처소로 삼으며 (…) 여호와께서 그것들을 위하여 제비를 뽑으시며 그의 손으로 줄을 띠어 그 땅을 그것들에게 나누어 주셨으니 그들이 영원히 차지하며 대대로 거기에 살리라.'(13–17)

35장 장차 도래할 메시아 왕국의 영광과 번영, 천년왕국의 유토피아, 축복의 날, 장차 임할 메시아적 구원, 메시아 왕국의 영광과 환희

- **메시야 왕국의 영광과 환희**: '광야와 메마른 땅이 기뻐하며 사막이 백합화 같이 피어 즐거워하며 (…) 그 때에 맹인의 눈이 밝을 것이며 못 듣는 사람의 귀가 열릴 것이며 그 때에 저는 자는 사슴 같이 뛸 것이며 말 못하는 자의 혀는 노래하리니 이는 광야에서 물이 솟겠고 사막에서 시내가 흐를 것임이라 뜨거운 사막이 변하여 못이 될 것이며 메마른 땅이 변하여 원천이 될 것이며 승냥이의 눕던 곳에 풀과 갈대와 부들이 날 것이며 (…) 거기에는 사자가 없고 사나운 짐승이 그리로 올라가지 아니하므로 그것을 만나지 못하겠고 오직 구속함을 받은 자만 그리로 행할 것이며 여호

와의 속량함을 받은 자들이 돌아오되 노래하며 시온에 이르러 그들의 머리 위에 영영한 희락을 띠고 기쁨과 즐거움을 얻으리니 슬픔과 탄식이 사라지리로다.'**(1-10)**

하나님의 심판(유다, 이스라엘 패망 이전) - 앗수르의 침범으로 인한 위협 -

히스기야 왕 역사와 유다의 바벨론 포로 예언

- 왕하 18-20장의 역사 기록과 거의 같음 -

36장

앗수르 왕 산헤립이 예루살렘을 포위하고 랍사게를 보내 항복할 것을 요구

🔔 왕하 18:13-16을 보면 산헤립은 평화를 조건으로 은 3백 달란트와 금 3십 달란트의 공물을 요구하자 히스기야는 성전과 왕궁 곳간을 털고 심지어 성전 문과 기둥에 입혀진 금까지 벗겨 앗수르에 바친다. 그러나 산헤립은 퇴각하는 척하다가 다시 예루살렘을 공격했다.

- **유다를 침공하여 히스기야를 조롱하는 앗수르의 랍사게:** 히스기야 왕 14년(BC 701)에 앗수르 왕 산헤립이 유다를 침공하고 랍사게(왕의 술잔을 시중드는 관직명)를 예루살렘으로 보내 히스기야 왕을 조롱한다. 곧 하나님께 도전한 것이다. '너는 이집트가 너를 도와 줄 것으로 기대하지만 그것은 쪼개진 갈대 지팡이와 같아서 곧 부러져 네 손을 다치게 할 것이다. 이집트의 바로 왕을 의지하는 자는 다 이와 같이 될 것이다. 그는 다시 말을 이었다. 너희는 너희 하나님 여호와를 의지한다고 말할지 모르지만 그의 산당과 제단을 헐고 유다와 예루살렘 사람들에게 예루살렘에 있는 그 단에서만 예배하라고 말한 자가 바로 히스기야가 아니냐? (…) 내가 여호와의 도움 없이 너희 나라를 치러 온 줄 아느냐? 여호와께서는 나에게 직접 이 땅을 쳐서 멸망시키라고 말씀하셨다.'**(1-10)**

IV 선지서

- **유다 지휘관들의 비굴한 태도**: 유다 측 지휘관들이 비굴한 태도를 보이고 랍사게는 유다 지휘관들의 부탁을 일축한다. '그때 엘리야김과 셉나와 요아가 그에게 우리는 아람 말을 알아듣습니다. 제발 아람 말로 말씀해 주시고 히브리 말로 하지 마십시오. 성벽 위에 있는 모든 백성이 듣고 있습니다. 하였으나 그리고서 그는 일어나 히브리 말로 외쳤다. 너희는 앗시리아 대왕의 말씀을 들어라! 앗시리아 왕이 너희에게 이렇게 말씀하셨다. 너희는 히스기야에게 속지 말아라. 그가 너희를 구해 내지 못할 것이다. 너희는 여호와를 의지하라는 히스기야의 설득에 넘어가지 말아라. 그는 여호와가 너희를 구하고 우리 앗시리아군을 막아 너희 성을 점령하지 못하게 할 것이라고 말하고 있다. 여호와가 너희를 구출할 것이라고 히스기야가 설득하여도 너희는 그의 말에 속지 말아라. 세상 어느 나라의 신이 이 앗시리아 왕의 손에서 그 백성을 구출한 적이 있느냐?'**(11–22)**

37장 이사야의 기도, 히스기야의 기도로 산헤립을 물리침

- **이사야에게 기도를 부탁하는 히스기야 왕**: 산헤립의 위협을 받은 히스기야가 이사야에게 중보 기도를 부탁한다. '앗시리아 왕이 보낸 한 군 지휘관이 살아 계신 하나님을 모욕하였습니다. 아마 당신의 하나님 여호와께서도 그가 모욕하는 말을 들으셨을 것입니다. 여호와께서 그를 책망하시겠지만 당신은 살아남은 우리 백성을 위해서 기도해 주십시오.'**(1–5)**
- **이사야의 답변**: 이사야가 두려워 말라, 산헤립이 고국으로 돌아갈 것이며 고국에서 칼에 죽을 것이라고 예언한다.**(6–7)**
- **히스기야를 위협하는 산헤립**: 다시 산헤립이 히스기야를 위협한다. '앗시리아 왕들이 수많은 나라를 닥치는 대로 쳐서 멸망시켰던 일을 너도 들었을 것이다. 그런데 어째서 너만 살아남으려고 하느냐?'**(8–13)**
- **히스기야의 기도**: '우리 하나님 여호와여, 이제 우리를 앗시리아 왕의 손에서 구

해 주소서. 그러면 온 세상 나라들이 주 여호와만 하나님이신 것을 알게 될 것입니다.'**(14-20)**

- **하나님의 응답**: 하나님이 응답하셨고 산헤립이 전쟁에 패하여 비참한 상태로 돌아갈 것을 예언하였다. '또 나에 대한 너의 분노와 그 오만한 태도에 대해서도 나는 다 들었다. 그러므로 내가 네 코에 갈고리를 꿰고 네 입에 재갈을 물려 네가 오던 길로 끌고 갈 것이다. 이번에는 여호와께서 히스기야 왕에게 이렇게 말씀하셨습니다. 앞으로 일어날 일의 징조는 이렇다. 금년과 내년에는 너희가 저절로 자라난 야생 곡식을 먹고 3년째에는 농사지어 추수한 곡식과 포도를 먹을 것이다 (…) 그러므로 여호와께서는 앗시리아 왕에 대하여 이렇게 말씀하셨습니다. 그는 이 성으로 들어오지 못하고 화살하나 쏘지 못할 것이다. 그리고 방패 든 군인들도 접근하지 못할 것이며 성 주변에 토성을 쌓지 못하고 오던 길로 되돌아갈 것이다. 이것은 나 여호와의 말이다.'**(21-35)**
- **앗수르 군의 퇴각과 산헤립의 죽음**: 여호와의 사자가 앗수르 군 18만 5천 명을 죽였고 산헤립이 서둘러 퇴각하여 신전에 있을 때 두 아들이 산헤립을 죽이고, 산헤립의 아들 에살핫돈이 후임 왕이 되었다.**(36-38)**

38장 병들어 죽게 된 히스기야가 기도하여 15년의 생명 연장을 받음

- **히스기야의 죽음을 예언하는 이사야**: 이사야는 히스기야가 죽고 살지 못하리라 예언한다.**(1)**
- **히스기야의 기도**: 히스기야가 더 살기 위해 기도한다.**(2-3)**
- **하나님의 응답**: 하나님이 기도를 들으시고 15년의 생명을 연장시켜 주셨고 예루살렘 성을 앗수르 왕의 손에서 건져 주실 것을 약속하셨다.**(4-6)**
- **하나님이 보여 주신 징조**: 그에 대한 징조로 해시계의 해 그림자를 10도 뒤로 물러

가게 하였다. '보라 아하스의 해시계에 나아갔던 해 그림자를 뒤로 십도를 물러가게 하리라 하셨다 하라 하시더니 이에 해시계에 나아갔던 해의 그림자가 십도를 물러 가니라.' 해시계는 선왕 아하스가 세운 것이었다.(7-8)

- **히스기야의 감사 노래**: '내가 말하기를 나의 중년에 스올의 문에 들어가고 나의 여생을 빼앗기게 되리라 하였도다 (…) 여호와께서 나를 구원하실 것이니 우리가 평생 여호와의 성전에서 수금으로 노래하며 찬양하리라.'(9-20)
- **히스기야의 회복**: '이사야가 히스기야에게 으깬 무화과 뭉치를 상처에 바르면 나을 것이라고 말했을 때 히스기야는 여호와께서 자기를 고쳐 주실 표적이 무엇이냐고 물었던 것이다.'(21-22)

39장 히스기야가 바벨론에게 보물 창고를 보여 주는 실수를 범했고 이사야가 바벨론 포로 예언

- **히스기야의 실수와 그 결과**: '그때 발라단의 아들인 바빌로니아의 므로닥-발라단 왕이 히스기야가 병들었다가 회복되었다는 말을 듣고 편지와 선물을 보냈다. 히스기야는 그 사절들을 환영하고 그들에게 자기 창고에 있는 은과 금과 향품과 값진 기름과 그리고 무기고에 있는 모든 것을 다 보여 주었으며 궁전과 나라 안에 있는 소중한 것 중에 보여 주지 않은 것이 하나도 없었다 (…) 여호와께서는 왕의 조상들이 오늘날까지 궁전 창고에 쌓아 둔 그 모든 것이 바빌로니아로 옮겨지고 하나도 남지 않을 것이며 또 왕의 아들 중 몇 사람이 끌려가 바빌로니아 왕의 궁전에서 내시가 될 것이라고 말씀하셨습니다.'(1-8)

하나님에 의한 회복(바벨론 포로 기간과 그 이후)

– 바벨론 침범 위협에 대한 예언 –

하나님의 백성 이스라엘을 고레스를 도구로
바벨론에서 구하심

40장

절대자 하나님이 바벨론 포로로부터 이스라엘의 회복을 약속함

- **하나님 백성들에 대한 위로**: 하나님께서 풀과 같은 인생을 바벨론 포로에서 구하시고 궁극에는 메시아가 오실 것이라는 아름다운 소식으로 위로하신다. '그는 목자 같이 양 떼를 먹이시며 어린 양을 그 팔로 모아 품에 안으시며 젖먹이는 암컷들을 온순히 인도하시리로다.'(1–11)
- **하나님의 능력과 절대적 주권**: 하나님은 우상과는 비교될 수 없는 절대적 능력과 주권을 가지신 분이다. '누가 손바닥으로 바닷물을 헤아렸으며 뼘으로 하늘을 쟀으며 땅의 티끌을 되에 담아 보았으며 접시저울로 산들을, 막대 저울로 언덕들을 달아 보았으랴 (…) 그의 앞에는 모든 열방이 아무것도 아니라 그는 그들을 없는 것 같이, 빈 것 같이 여기시느니라. 그런즉 너희가 하나님을 누구와 같다 하겠으며 무슨 형상을 그에게 비기겠느냐 우상은 장인이 부어 만들었고 장색이 금으로 입혔고 또 은사슬을 만든 것이니라.'(12–20)
- **세계를 다스리시는 하나님**: 하나님은 세계를 다스리시며 하나님의 백성을 지키신다. '너희가 알지 못하였느냐 너희가 듣지 못하였느냐 태초부터 너희에게 전하지 아니하였느냐 땅의 기초가 창조될 때부터 너희가 깨닫지 못하였느냐 그는 땅 위 궁창에 앉으시나니 땅에 사는 사람들은 메뚜기 같으니라. 그가 하늘을 차일 같이 펴셨

으며 거주할 천막 같이 치셨고 (…) 너는 알지 못하였느냐 듣지 못하였느냐 영원하신 하나님 여호와, 땅 끝까지 창조하신 이는 피곤하지 않으시며 곤비하지 않으시며 명철이 한이 없으시며 (…) 오직 여호와를 앙망하는 자는 새 힘을 얻으리니 독수리가 날개 치며 올라감 같을 것이요 달음박질하여도 곤비하지 아니하겠고 걸어가도 피곤하지 아니하리로다.'(21-31)

41장 고레스를 택해 이스라엘을 바벨론 포로에서 구할 것 예언

- **하나님의 뜻을 위해 고레스를 택하심**: 우상에 빠져 있는 열방들을 향하여 역사를 주관하시는 하나님께서 고레스를 택해 하나님의 뜻을 실현하신다고 하신다.(1-7)
- **하나님께서는 이스라엘을 보호하신다**: '버러지 같은 너 야곱아, 너희 이스라엘 사람들아 두려워하지 말라 나 여호와가 말하노니 내가 너를 도울 것이라 네 구속자는 이스라엘의 거룩한 이이니라.'(8-20)
- **미래를 아시는 하나님이 고레스를 도구로 열방을 심판하신다**: 우상은 헛된 것이며 하나님만이 미래를 아신다. 고레스를 도구로 열방을 심판하실 것을 예언한다. '내가 한 사람을 일으켜 북방에서 오게 하며 내 이름을 부르는 자를 해 돋는 곳에서 오게 하였나니 그가 이르러 고관들을 석회 같이, 토기장이가 진흙을 밟음 같이 하리니 (…) 보라 그들은 다 헛되며 그들의 행사는 허무하며 그들이 부어 만든 우상들은 바람이요 공허한 것뿐이니라.'(21-29)

42장 메시아 예언, 하나님의 종인 이스라엘 또는 고레스를 통해 이루지 못한 사역을 궁극에는 참 종이신 메시아를 통해 이루실 것.

🔔 종의 노래 1) 42:1-9 2) 49:1-6 3) 50:4-9 4) 52:13-53:12

- **첫 번째 종의 노래**: 메시아를 하나님의 참 종으로 비유하여 종의 성품과 소명을 노래한다. 마태는 이 부분을 인용하였다. 마태 12:18-21 18. 보라 내가 택한 종 곧 내 마음에 기뻐하는바 내가 사랑하는 자로다 내가 내 영을 그에게 줄 터이니 그가 심판을 이방에 알게 하리라 19. 그는 다투지도 아니하며 들레지도 아니하리니 아무도 길에서 그 소리를 듣지 못하리라 20. 상한 갈대를 꺾지 아니하며 꺼져가는 심지를 끄지 아니하기를 심판하여 이길 때까지 하리니 21. 또한 이방들이 그의 이름을 바라리라 함을 이루려 하심이니라.**(1-9)**
- **열방은 여호와를 찬양하라**: 메시아를 통한 구원의 은혜를 감사 찬양하라는 것.**(10-13)**
- **자기 백성을 도우시겠다는 하나님의 약속**: '여호와께서 말씀하신다. 내가 오랫동안 침묵을 지키고 말없이 참았으나 이제는 해산하는 여자처럼 내가 부르짖고 숨이 차서 헐떡이는구나. 내가 높은 산과 낮은 산을 다 황폐하게 하며 풀과 나무를 마르게 하고 강과 연못을 말려 버릴 것이다. 내가 소경을 그들이 알지 못하는 길로 인도하며 그들 앞에서 흑암을 광명으로 바꾸고 거친 길을 평탄하게 할 것이다. 나는 반드시 이 일을 행하고 그들을 버리지 않을 것이다. 그러나 우상을 신뢰하며 그들을 신이라고 부르는 자들은 배척과 수치를 당할 것이다.'**(14-17)**
- **이스라엘을 보시며 한탄하신다**: 하나님이 처음으로 종으로 택했던 이스라엘이 귀머거리요 소경이 되어 보지도 듣지도 못했음을 한탄하시는 하나님.**(18-25)**

43장

무가치한 종 이스라엘을 이스라엘과 맺으신 언약에 따라 다시 모으시리라는 하나님의 구원 약속

- **이스라엘에게 두려워 말라고 하시는 하나님**: 창조주시며 이스라엘의 유일한 구원자 하나님은 이스라엘을 사랑하시며 그들의 땅으로 돌려주시겠다고 약속하셨기 때문에 두려워할 필요가 없다. '나 곧 나는 여호와라 나 외에 구원자가 없느니라. 내가

알려 주었으며 구원하였으며 보였고 너희 중에 다른 신이 없었나니 그러므로 너희는 나의 증인이요 나는 하나님이니라. 여호와의 말씀이니라. 과연 태초로부터 나는 그이니 내 손에서 건질 자가 없도다. 내가 행하리니 누가 막으리요.'(1–13)

- **고레스를 통한 바벨론의 멸망**: '너희의 구속자요 이스라엘의 거룩한 이 여호와가 말하노라 너희를 위하여 내가 바벨론에 사람을 보내어 모든 갈대아 사람에게 자기들이 연락하던 배를 타고 도망하여 내려가게 하리라. 나는 여호와 너희의 거룩한 이요 이스라엘의 창조자요 너희의 왕이니라.'(14–15)
- **출애굽 사건을 빗대어 바벨론으로부터의 새로운 탈출을 이야기한다**: '나 여호와가 이같이 말하노라 바다 가운데에 길을, 큰 물 가운데에 지름길을 내고 (…) 보라 내가 새 일을 행하리니 이제 나타낼 것이라 너희가 그것을 알지 못하겠느냐 반드시 내가 광야에 길을 사막에 강을 내리니.'(16–21)
- **배은망덕한 이스라엘을 하나님 은혜에 의해 구원하신다**: 그러나 이스라엘을 비방거리가 되게 할 것이다. '그러나 이스라엘 백성들아, 너희는 나를 부르지 않았고 나에게 싫증을 느꼈으며 (…) 그러나 나는 나를 위하여 너희 허물을 삭제하는 하나님이니 내가 다시는 너희 죄를 기억하지 않을 것이다 (…) 너희 첫 조상이 범죄하였고 너희 지도자들이 나를 거역하였다. 그러므로 내가 성소에 제사장들이 욕을 당하게 하고 이스라엘을 멸망시켜 내 백성이 수치를 당하게 할 것이다.'(22–28)

44장

하나님이 택하신 이스라엘에게 말한다. 하나님 이외에 다른 신은 없다. 고레스를 도구로 하여 택한 백성을 구원하신다.

- **이스라엘아 두려워 말라**: 하나님이 선택한 하나님 나라 백성 여수룬(이스라엘)아 두려워 말라고 하신다. 여수룬이란 '바로 선 자'라는 뜻으로 이스라엘과 같은 의미의 시적 표현이다.(1–5)
- **하나님 이외에 다른 신은 없다**: 우상이란 땔감 재료에 불과한 것이다. '이스라엘의

왕인 여호와, 이스라엘의 구원자인 만군의 여호와가 이같이 말하노라 나는 처음이요 나는 마지막이라 나 외에 다른 신이 없느니라 (…) 우상을 만드는 자는 다 허망하도다. 그들이 원하는 것들은 무익한 것이거늘 그것들의 증인들은 보지도 못하며 알지도 못하니 그러므로 수치를 당하리라 (…) 그 중의 절반은 불에 사르고 그 절반으로는 고기를 구워 먹고 배불리며 또 몸을 덥게 하여 이르기를 아하 따뜻하다 내가 불을 보았구나 하면서 그 나머지로 신상 곧 자기의 우상을 만들고 그 앞에 엎드려 경배하며 그것에게 기도하여 이르기를 너는 나의 신이니 나를 구원하라 하는도다.'(6–20)

- **고레스를 도구로 택함 받은 백성을 구원하신다**: '야곱아 이스라엘아 이 일을 기억하라 너는 내 종이니라 내가 너를 지었으니 너는 내 종이니라 이스라엘아 너는 나에게 잊혀지지 아니하리라 (…) 고레스에 대하여는 이르기를 내 목자라 그가 나의 모든 기쁨을 성취하리라 하며 예루살렘에 대하여는 이르기를 중건되리라 하며 성전에 대하여는 네 기초가 놓여지리라 하는 자니라.'(21–28)

IV 선지서

45장

고레스를 선택하여 하나님 백성을 구하는 것은 창조주 하나님의 주권이다.
이방인의 굴복 계획도 예언하고 있으며 나 이외에 다른 신이 없음을 거듭 강조

- **하나님의 백성을 구하기 위해 고레스를 택하셨다**: '내가 너를 지명하여 부른 것은, 나의 종 야곱, 내가 택한 이스라엘을 도우려고 함이었다. 네가 비록 나를 알지 못하였으나, 내가 너에게 영예로운 이름을 준 까닭이 바로 여기에 있다.' 고레스는 '태양'이라는 뜻이다.(1–5)
- **하나님이 고레스를 도구로 이스라엘을 구한 것은 하나님의 주권이다**: '질그릇 가운데서도 작은 한 조각에 지나지 않으면서, 자기를 지은 이와 다투는 자에게는 화가 닥칠 것이다. 진흙이 토기장이에게 너는 도대체 무엇을 만들고 있는 거냐? 하고 말할 수 있겠으며, 네가 만든 것이 너에게 그에게는 손이 있으나마나다! 하고 말할 수

있겠느냐? (…) 이스라엘의 거룩하신 하나님 곧 이스라엘을 지으신 주님께서 말씀하신다. 내가 낳은 자녀를 두고, 너희가 나에게 감히 물으려느냐? 내가 한 일을 너희가 나에게 감히 명령하려느냐? (…) 바로 내가 그를 의의 도구로 일으켰으니, 그의 모든 길을 평탄하게 하겠다. 그가 나의 도성을 재건하고, 포로된 나의 백성을 대가도 없이, 보상도 받지 않고, 놓아 줄 것이다. 만군의 주님이 하신 말씀이다.'**(6–13)**

- **만방의 구원자 하나님**: '주님께서 말씀하신다. 이집트가 수고하여 얻은 재물과 에티오피아가 장사하여 얻은 이익이 너에게로 넘어오고, 키 큰 쓰바 사람들이 너에게로 건너와서 네 밑으로 들어와 너를 따를 것이며, 사슬에 매여 와서 네 앞에 엎드리고, 너에게 기도하는 것처럼 이르기를 과연 하나님께서 당신과 함께 계십니다. 그 밖에 다른 이가 없습니다. 다른 신은 없습니다 할 것이다.'**(14–24)**

46장

바벨론은 하나님에 의해 유다를 심판하는 도구로 쓰였지만 그 또한 정복당할 것이다. 바벨론의 신은 그저 우상일 뿐 바벨론의 멸망을 구해 낼 수 없다.

- **바벨론의 신은 우상일 뿐이다**: 바벨론의 신 벨과 느보는 우상일 뿐이다. 바벨론을 구할 수 없다.**(1–2)**
- **이스라엘은 하나님의 자녀이다**: 하나님 나라 백성은 하나님의 자녀이므로 하나님이 구하신다.**(3–5)**
- **우상은 구원자가 될 수 없다**: 사람들이 만든 우상은 구원자가 될 수 없다.**(6–7)**
- **우상 숭배자들에 대한 경고**: '처음부터 내가 장차 일어날 일들을 예고하였고, 내가, 이미 오래 전에, 아직 이루어지지 않은 일들을 미리 알렸다. 나의 뜻이 반드시 성취될 것이며, 내가 하고자 하는 것은 내가 반드시 이룬다고 말하였다.'**(8–10)**
- **고레스를 택해 이스라엘을 반드시 구한다**: '내가 동방에서 독수리를 부르고, 먼 나라에서 나의 뜻을 이룰 사람을 불렀다. 내가 말하였으니, 내가 그것을 곧 이루겠으며, 내가 계획하였으니, 내가 곧 그것을 성취하겠다 (…) 내가 싸워서 이길 날이 가

까이 왔다. 그 날이 멀지 않다. 내가 이기는 그 날은 지체되지 않는다. 내가 시온을 구원하고, 이스라엘 안에서 나의 영광을 나타내겠다.'(11–13)

47장 바벨론의 멸망 예언

🔔 이사야는 BC 539년 바벨론이 페르시아에게 망할 것이라고 예언하였는데 이는 그 일이 일어나기 150여 년 전이다. 이사야 활동 시기는 BC 740–681이다.

- **이사야의 바벨론 심판 예언**: '처녀 딸 바빌론아, 내려와서 티끌에 앉아라. 딸 바빌로니아야, 보좌를 잃었으니, 땅에 주저앉아라. 너의 몸매가 유연하고 맵시가 있다고들 하였지만, 이제는 아무도 그런 말을 하지 않을 것이다 (…) 딸 바빌로니아야, 잠잠히 앉아 있다가 어둠 속으로 사라져라. 사람들이 이제부터는 너를 민족들의 여왕이라고 부르지 않을 것이다.'(1–5)
- **바벨론의 교만을 꾸짖음**: '전에 내가 나의 백성에게 진노하여, 나의 소유, 나의 백성이 곤욕을 치르게 하고, 그들을 네 손에 넘겼다. 그런데 네가 나의 백성을 가엾게 여기지 아니하고, 노인에게도 무거운 멍에를 메웠다. 너는 언제까지나 네가 여왕으로 군림할 것이라고 믿고, 이런 일들을 네 마음에 두지도 않았으며, 이후에 일어날 일은 생각조차 하지 않았다.'(6–10)
- **바벨론은 파멸할 것이다**: 바벨론에 파멸이 홀연히 임할 것이나 구원할 자가 없을 것이다.(11–15)

48장 하나님의 백성〈이스라엘=성도〉이라 할지라도 잘못된 신학에 빠져 있는 악인에게는 평강이 없다.

- **하나님의 이스라엘에 대한 분노와 사랑**: 야곱의 집, 이스라엘, 유다의 허리, 거룩한 성 출신 곧 하나님의 백성이라면서 진실과 공의가 없음을 꾸짖음. '야곱의 집안아, 이스라엘이라 일컬음을 받는 유다의 자손아, 주님의 이름을 두고 맹세를 하고 이스라엘의 하나님을 섬긴다고는 하지만, 진실이나 공의라고는 전혀 없는 자들아, 이 말을 들어라 (…) 옛적부터 내가 네게 알리고, 아직 그 일이 일어나기도 전에 네게 들려준 까닭은, 네가 내 우상이 이 일을 이루었으며, 내가 조각한 신상과 부어 만든 신상이 이 일을 명령한 것이다 하고 말하지 못하게 하려는 것이었다.'**(1–5)**
- **새 일 곧 고레스를 도구로 바벨론 포로 귀환을 예언한다. 궁극적으로는 메시아 예언이다**: '네가 이미 들었으니, 이 모든 것을 똑똑히 보아라. 네가 인정하지 않겠느냐? 이제 내가 곧 일어날 새 일을 네게 알려 줄 터이니, 이것은 내가 네게 알려 주지 않은 은밀한 일이다. 이것은 이제 내가 창조한 일이다. 옛적에 일어난 것과는 다르다. 지금까지 네가 들어 본 일이 없는 일이다. 네가 전에 이것을 들었더라면 아, 바로 그 일, 내가 이미 알고 있었다! 하고 말할 수 있겠지만, 이번 일만은 그렇지 않다 (…) 너희는 모두 함께 모여서 들어 보아라. 우상들 가운데서 누가 이런 일들을 알려 준 일이 있었느냐? 주님께서 그를 사랑하시니, 그가 바빌론을 공격하여 주님의 뜻을 이루어 드리고, 그의 능력을 바빌로니아 사람 앞에서 드러낼 것이다.'**(6–15)**
- **처음부터 하나님께 불순종했던 이스라엘에 경고한다**: 처음부터 하나님의 명령에 순종했더라면 평강과 공의가 넘쳤을 것이나 이제는 바벨론을 탈출하여 제2의 출애굽을 하라. 악인에게는 평강이 없을 것이다.**(16–22)**

하나님에 의한 회복(바벨론 포로 기간과 그 이후) – 바벨론 침범 위협에 대한 예언 –

고난의 종 메시아에 의한 회복

49장

하나님의 종 메시아의 사역으로 인한 이스라엘의 위로: 종으로 오신 예수님이 처음에는 멸시받으나 궁극에는 경배를 받게 되며 구원의 날에 이스라엘을 회복시킬 것이며 이방인도 구원하실 것임

종의 노래 1) 42:1–9 2) 49:1–6 3) 50:4–9 4) 52:13–53:12

- **두 번째 종의 노래**: 하나님이 메시아를 태에서부터 종으로 택하시고 이스라엘뿐만 아니라 이방의 빛이 되어 땅끝까지 구원을 베풀 분이다. '주님께서 이렇게 말씀하신다. 네가 내 종이 되어서, 야곱의 지파들을 일으키고 이스라엘 가운데 살아남은 자들을 돌아오게 하는 것은, 네게 오히려 가벼운 일이다. 땅 끝까지 나의 구원이 미치게 하려고, 내가 너를 뭇 민족의 빛으로 삼았다.'**(1–6)**
- **경배받으실 예수님**: 종으로 오신 예수님이 처음에는 멸시받으나 궁극에는 경배받을 것이다.**(7)**
- **이스라엘의 회복**: 은혜의 때, 구원의 날에 이스라엘(하나님 나라)은 회복될 것이다. 동서남북 사방 먼 곳에서 몰려올 것이다.**(8–12)**
- **예언자는 자연을 의인화하여 기뻐하라고 한다**: '하늘아, 기뻐하여라! 땅아, 즐거워하여라! 산들아, 노랫소리를 높여라. 주님께서 그의 백성을 위로하셨고, 또한 고난을 받은 그 사람들을 긍휼히 여기셨다.'**(13)**
- **우리를 버렸다고 생각하는 예루살렘 사람들**: '그러나 예루살렘 사람들이 여호와께서 우리를 버리시고 잊으셨다 하므로'**(14)**
- **여호와의 대답**: 여호와께서는 어미가 어찌 그 젖 먹는 자식을 잊겠느냐며 대답하신다. 1) 너를 잊지 않을 것 2) 너를 내 손바닥에다 새길 것 3) 포로에서 돌아올 것 4) 내 백성을 자랑스럽게 생각할 것 5) 황폐했던 곳에 많은 백성이 있게 될 것 6) 이방인들이 혈통적 이스라엘과 함께 영적 이스라엘인 교회에 구성원으로 가입할 것임을 말씀하신다.**(15–23)**
- **바벨론 함락 예언**: '주님께서 이렇게 말씀하신다. 내가 적군에게서 포로를 빼어 오겠으며, 폭군에게서 전리품도 빼앗아 오겠다. 나는 나와 맞서는 자들과 겨루고, 네

자녀들을 구원하겠다.'(24–26)

50장

이스라엘은 자신의 죄악으로 인해 바벨론 포로가 되었다.
여호와의 종의 아름다운 순종과 희생을 통한 승리를 노래함

- **이스라엘의 죄악**: 바벨론 포로로 잡혀간 것은 선지자를 통해 메시지를 주었음에도 듣지 않았기 때문이다. 이스라엘의 죄악 때문인 것이다.(1–3)

🔔 종의 노래 1) 42:1–9 2) 49:1–6 3) 50:4–9 4) 52:13–53:12

- **세 번째 종의 노래**: 예수님께서 극심한 고통을 당하실 것인데 고통을 통하여 영광에 이르게 될 것을 아시고 자신에게 퍼부어지는 모든 모욕을 인내로 이겨 내실 것을 노래한다. '주 하나님께서 내 귀를 열어 주셨으므로, 나는 주님께 거역하지도 않았고, 등을 돌리지도 않았다. 나는 나를 때리는 자들에게 등을 맡겼고, 내 수염을 뽑는 자들에게 뺨을 맡겼다. 내게 침을 뱉고 나를 모욕하여도 내가 그것을 피하려고 얼굴을 가리지도 않았다. 주 하나님께서 나를 도우시니, 그들이 나를 모욕하여도 마음 상하지 않았고, 오히려 내가 각오하고 모든 어려움을 견디어 냈다. 내가 부끄러움을 당하지 않겠다는 것을 내가 아는 까닭은, 나를 의롭다 하신 분이 가까이에 계시기 때문이다. 누가 감히 나와 다투겠는가! 함께 법정에 나서 보자. 나를 고소할 자가 누구냐? 나를 고발할 자가 있으면 하게 하여라.'(4–9)
- **이사야의 권고**: 이사야는 여호와를 의지하라고 권고한다.(10–11)

51장

공의의 하나님께서 이스라엘이 포로에서 풀려날 것을 약속하심

- **하나님의 구원 약속**: 아브라함 때부터 하나님 나라를 세우신 하나님의 공의는 영원

하고 구원은 세세에 미친다.**(1–8)**

- **이사야의 간구**: 이사야는 이스라엘을 애굽 바로 왕에게서 건져 냈고 홍해를 건너게 하신 하나님께 능력 베푸실 것을 간구한다.**(9–11)**
- **거듭되는 하나님의 구원 약속**: 창조주 하나님은 이스라엘이 포로에서 놓여날 것을 약속하신다.**(12–16)**
- **이스라엘의 각성 촉구**: 하나님 이외에 이스라엘을 구할 자가 아무도 없으므로 이스라엘이 각성할 것을 촉구한다. '깨어라, 깨어라, 일어나거라, 예루살렘아! 너, 주님의 손에서 그 진노의 잔을 받아 마신 예루살렘아! 비틀거리게 하는 잔을, 네가 바닥까지 다 들이마셨다. 네가 낳은 모든 아들 가운데 너를 인도하여 줄 아들이 없을 것이며, 네가 기른 모든 아들 가운데 너의 손을 이끌어 줄 아들이 없을 것이다.'**(17–23)**

52-53장

바벨론으로부터 값없이 풀려날 것을 예언하고 우리 죄를 위하여 메시아가 오실 것을 예언

- **바벨론에서의 구원을 약속하심**: 애굽과 앗수르로부터 벗어났던 것처럼 바벨론으로부터 값없이 풀려날 것을 예언한다.**(52:1–6)**
- **해방으로 인한 기쁨**: 해방 소식을 전하려고 산을 넘는 전령, 파수꾼, 예루살렘에 남아 있던 자들의 기쁜 노래가 울린다. 하나님과의 관계 회복을 위해 빨리 바벨론을 떠나고 우상을 제거하라고 한다.**(52:7–12)**

🔔 종의 노래 1) 42:1–9 2) 49:1–6 3) 50:4–9 4) 52:13–53:12

- **네 번째 종의 노래**: 메시아의 사역에 관한 서술, 메시아 예언**(52:13–53:12)**
  1. 하나님께서 '보라 내 종이 형통하리니 받들어 높이 들려서 지극히 존귀하게 되리라' 말씀하시므로 예수님을 자신의 사역을 위해 임명하셨음을 알림.(52:13–15)
  2. 멸시와 외면을 받을 메시아, 메시아가 받을 굴욕(53–1–3)

Ⅳ 선지서

3. 메시아의 수난 – '그가 찔림은 우리의 허물 때문이요', '여호와께서는 우리 모두의 죄악을 그에게 담당시키셨도다.'(53:4–9)

4. 메시아의 승리, 하나님의 뜻, 여호와께서 종의 축복을 약속하심(53:10–12)

54장 이스라엘 곧 예루살렘의 회복과 천년왕국의 새 예루살렘 예언

- **하나님 나라 백성의 수적 증가**: 예루살렘 회복을 약속하며 '홀로된 여인의 자식이 남편 있는 자의 자식보다 많음이라'고 표현하였다. 이는 남편이 된 여호와께서 얼마간 그의 백성을 버리셨지만 이방인의 회심을 통해 성취된다.**(1–3)**
- **이스라엘의 재규합과 영원한 평화를 약속하신다**: '내가 잠시 너를 버렸으나, 큰 긍휼로 너를 다시 불러들이겠다. 분노가 북받쳐서 나의 얼굴을 너에게서 잠시 가렸으나 나의 영원한 사랑으로 너에게 긍휼을 베풀겠다. 너의 속량사인 나 주의 말이다.'**(4–10)**
- **천년왕국과 새 예루살렘 예언**: '홍보석으로 흉벽을 만들고, 석류석으로 성문을 만들고, 보석으로 성벽 둘레를 꾸미겠다. 나 주가 너의 모든 아이를 제자로 삼아 가르치겠고, 너의 아이들은 번영과 평화를 누릴 것이다. 네가 공의의 터 위에 굳게 설 것이며, 억압이 너에게서 멀어질 것이니 너에게서는 두려움이 사라지고 공포 또한 사라져, 너에게 접근하지 못할 것이다. 너를 공격하는 자들이 반드시 있겠지만, 그것은 내가 허락한 것이 아니다. 너를 공격하는 자는 누구든 너에게 패할 것이다.'**(11–17)**

55장 이방인을 위한 구원

- **여호와에게로의 초대**: '너희 모든 목마른 사람들아, 어서 물로 나오너라. 돈이 없는

사람도 오너라. 너희는 와서 사서 먹되, 돈도 내지 말고 값도 지불하지 말고 포도주와 젖을 사거라.'(1–2)

- **영원한 언약**: '너희는 귀를 기울이고, 나에게 와서 들어라. 그러면 너희 영혼이 살 것이다. 내가 너희와 영원한 언약을 맺겠으니, 이것은 곧 다윗에게 베푼 나의 확실한 은혜다.'(3)
- **메시아가 열방을 부르심**: '네가 알지 못하는 나라를 네가 부를 것이며, 너를 알지 못하는 나라가 너에게 달려올 것이니, 이는 주 너의 하나님, 이스라엘의 거룩하신 하나님께서 너를 영화롭게 하시기 때문이다.'(4–5)
- **하나님을 찾고 하나님께로 돌아오라 – 모두에게 미칠 구원**: '악한 자는 그 길을 버리고, 불의한 자는 그 생각을 버리고, 주님께 돌아오너라. 주님께서 그에게 긍휼을 베푸실 것이다. 우리의 하나님께로 돌아오너라. 주님께서 너그럽게 용서하여 주실 것이다 (…) 가시나무가 자라던 곳에는 잣나무가 자랄 것이며, 찔레나무가 자라던 곳에는 화석류가 자랄 것이다. 이것은 영원토록 남아 있어서, 주님께서 하신 일을 증언할 것이다.'(6–13)

56장 이방인들의 구원과 이스라엘에 대한 책망

- **이방인들을 구원하시는 하나님**: 하나님의 집은 이방인도 고자도 모두가, 곧 만민이 기도하는 집이며 성경적 삶이 중요하다. '또 여호와께서는 자기 종이 되어 자기를 사랑하고 섬기며 안식일을 지켜 더럽히지 않고 그의 계약을 굳게 지키는 이방인들에게 말씀하신다. 내가 너희를 나의 거룩한 산으로 인도하여 내 기도하는 집에서 너희에게 기쁨을 줄 것이며 너희가 내 제단에 드리는 희생의 제물을 내가 기꺼이 받을 것이다. 이것은 내 성전이 모든 민족의 기도하는 집이 될 것이기 때문이다.'(1–8)

- **이방인들을 부르시는 이유**: 부패한 이스라엘 지도자들(탐욕스럽고 몰지각하고 육욕에 탐닉하는)을 치기 위해 들의 모든 짐승 곧 이방인들을 불러들였던 것이다. '들짐승들아, 와서 나의 백성을 잡아먹어라. 숲 속의 짐승들아, 와서 나의 백성을 삼켜라. 백성을 지키는 파수꾼이라는 것들은 눈이 멀어서 살피지도 못한다. 지도자가 되어 망을 보라고 하였더니, 벙어리 개가 되어서 야수가 와도 짖지도 못한다. 기껏 한다는 것이 꿈이나 꾸고, 늘어지게 누워서 잠자기나 좋아한다. 지도자라는 것들은 굶주린 개처럼 그렇게 먹고도 만족할 줄을 모른다. 백성을 지키는 지도자가 되어서도 분별력이 없다. 모두들 저 좋을 대로만 하고 저마다 제 배만 채운다.'(9–12)

57장 회개하는 자를 찾으시는 하나님

- **의인의 죽음이 갖는 의미**: 의인의 죽음은 하나님의 평안에 들어가는 것이다. 문제는 남아 있는 자들이 의인의 죽음을 보고도 깨달음이 없다는 것이다.(1–2)
- **불순종한 이스라엘을 슬퍼하시는 하나님**: 하나님은 이스라엘의 우상숭배자들, 성적 타락자들, 하나님을 경배하지 않는 이스라엘을 슬퍼하신다. 이스라엘은 참 하나님을 잊고 있다. '너희가 도와 달라고 부르짖을 때에 너희가 수집한 우상들이 너희를 구할 수 있겠느냐? 그 모든 것은 바람에 날려가고 입김에도 불려갈 것이다. 그러나 나를 신뢰하는 자는 땅을 소유할 것이며 나의 거룩한 산을 유산으로 물려받을 것이다.'(3–13)
- **용서의 하나님이시나 불순종한 자에게는 용서가 없다**: 이스라엘을 용서하시는 하나님, 그러나 악인에게는 평강이 없다. 곧 성경적 삶을 살지 않는 성도에게는 평강이 없다. '내가 그들의 소행을 보았지만 그들을 고쳐 주겠다. 내가 그들을 인도하며 도와주고 슬퍼하는 자들을 위로할 것이다 (…) 그러나 악인들은 끊임없이 물결을 일으켜 진흙과 더러운 것을 솟구쳐 오르게 하는 요동하는 바다와 같아서 그들에게는 평안이 없을 것이다. 이것은 나 여호와의 말이다.'(14–21)

실현되고 완성될 회복

58장

당시 이스라엘의 문제는 대부분의 사람들이 공의롭게 살지 않았다는 점. 성경적 삶을 살지 않는 종교적 기독교인을 꾸짖으시며 성경적 삶을 사는 자에게 임할 축복을 언급한다.

- **백성들의 죄를 알릴 전령을 부르시는 하나님**: '여호와께서 말씀하신다. 너는 될 수 있는 대로 크게 외쳐라. 나팔처럼 네 목청을 높여 내 백성에게 그들의 죄를 말해 주어라.'(1)
- **종교적 기독교인을 꾸짖으시는 하나님**: 이스라엘이 하나님을 찾기는 하되 형식적이었고 외식적 금식을 하는 종교적 기독교인이었다. '너희가 계속 다투고 싸우며 서로 주먹질하면서 하는 금식이 무슨 소용이 있느냐? 너희가 이런 금식을 한다고 해서 내가 너희 기도를 들어 주리라고 생각하느냐? 너희는 금식할 때 자신을 괴롭히고 머리를 갈대처럼 숙이며 굵은 삼베와 재를 깔고 눕는다. 이것을 금식이라 수 있겠느냐? 너희는 이런 금식을 내가 기뻐할 것이라고 생각하느냐?'(2–5)
- **참된 금식 – 이웃 사랑의 성경적 삶이 필요하다**: '내가 기뻐하는 금식은 압박의 사슬을 풀어 주고 모든 멍에를 꺾어 버리며 억압당하는 자를 자유롭게 하는 것이다. 너희는 굶주린 자에게 너희 음식을 나눠 주고 집 없이 떠돌아다니는 가난한 사람을 너희 집으로 맞아들이며 헐벗은 자를 보면 입히고 도움이 필요한 너희 친척이 있으면 외면하지 말고 도와주어라.'(6–7)
- **성경적 삶을 사는 자에게 임할 축복**: '그러면 내 은혜의 빛이 아침 햇살처럼 너희에게 비칠 것이니 너희 상처가 속히 치료되고 내가 항상 너희와 함께 하여 사방으로 너희를 보호하겠다. 그리고 너희가 기도할 때 내가 응답할 것이며 너희가 도와 달라고 부르짖을 때 내가 여기 있다 하고 대답할 것이다 (…) 너희는 내 안에서 즐거움을 찾을 것이다. 내가 너희를 세상의 그 어느 민족보다도 높이고 내가 너희 조상

야곱에게 준 땅을 향유하도록 하겠다. 이것은 나 여호와의 말이다.'(8–14)

59장 이스라엘의 죄악상과 하나님의 구원

- **하나님은 구원의 능력이 있으시다**: '여호와의 손이 짧아 구원하지 못하심도 아니요 귀가 둔하여 듣지 못하심도 아니라.'(1)
- **이스라엘의 죄가 문제이다**: 이스라엘은 공의와 정의, 성실이 없고 하나님을 배반했다. '너희 죄가 너희를 하나님과 분리시켜 놓았기 때문에 그가 너희를 외면하고 너희 부르짖음에 귀를 기울이시지 않는 것이다.'(2–15)
- **그러나 죄를 회개하면 구속하신다**: 그것이 하나님의 언약이다. '여호와께서 말씀하신다. 구원자가 시온에 올 것이니 이스라엘 백성 가운데 죄를 떠나는 사람들에게 찾아올 것이다. 그리고 내가 그들과 맺는 계약은 이것이다. 내가 너희에게 준 내 성령과 말이 너희와 너희 후손들의 입에서 영원히 떠나지 않을 것이다. 이것은 나 여호와의 말이다.'(16–21)

60장 죄악의 심판으로 폐허가 되었던 이스라엘에 평화와 번영이 올 것을 예언하는 복된 소식

- **구원의 빛이 이스라엘에 임하고 이방 나라로 확장될 것이다**: '예루살렘아, 일어나서 빛을 비추어라. 구원의 빛이 너에게 비치었으며, 주님의 영광이 아침 해처럼 너의 위에 떠올랐다. 어둠이 땅을 덮으며, 짙은 어둠이 민족들을 덮을 것이다. 그러나 오직 너의 위에는 주님께서 아침 해처럼 떠오르시며, 그의 영광이 너의 위에 나타날 것이다. 이방 나라들이 너의 빛을 보고 찾아오고, 뭇 왕이 떠오르는 너의 광명을 보고, 너에게로 올 것이다.'(1–3)

- **이스라엘로 모일 열방의 부**: '그때 너는 이것을 보고 희색이 만면하여, 너무 기쁜 나머지 흥분하여 가슴이 두근거릴 것이다. 이것은 바다의 부와 모든 민족의 재물이 너에게 돌아올 것이기 때문이다.'**(4–9)**
- **열방이 이스라엘을 인정할 것이다**: '이방 자손이 너의 성벽을 쌓으며, 그들의 왕들이 너를 섬길 것이다. 비록 내가 진노하여 너를 쳤으나, 이제 내가 은혜를 베풀어서 너를 불쌍히 여기겠다 (…) 너를 괴롭히던 자들의 자손들이 너에게 와서 허리를 굽히며 너를 멸시하던 자들이 다 네 발 앞에 엎드려 너를 여호와의 성이라, 이스라엘의 거룩한 하나님의 성, 시온이라 부를 것이다.'**(10–14)**
- **이스라엘이 의로운 나라가 될 것이다**: '다시는 네 해가 지지 않고 네 달이 이지러지지 않을 것이다. 나 여호와가 너의 영원한 빛이 되고 네 슬픔의 날들이 끝날 것이기 때문이다.'**(15–22)**

61장 메시아의 오심 – 구원의 기쁜 소식

- **메시아의 사역**: '주 여호와께서 나를 성령으로 충만하게 하셨으니 가난한 사람에게 기쁜 소식을 전하게 하시려고 나를 택하여 보내셨다. 그가 나를 보내신 것은 마음 상한 자를 고치고 포로된 자에게 자유를, 갇힌 자에게 석방을 선언하며 여호와께서 은혜 베푸실 때와 우리 하나님이 복수하는 날을 선포하고, 슬퍼하는 모든 사람들을 위로하며, 시온에서 슬퍼하는 사람들에게 슬픔 대신 기쁨과 즐거움을 주고 근심 대신 찬송을 주어 그들이 여호와께서 심은 의의 나무와 같아서 그의 영광을 나타낼 수 있도록 하기 위해서이다.'**(1–3)**
- **메시아 시대의 이스라엘 백성이 받을 축복**: 1) 예루살렘 재건 2) 만인 제사장 3) 공의 회복 4) 즐거움 5) 기업을 얻음 6) 영원한 삶**(4–11)**

Ⅳ 선지서

62장

예루살렘이 여호와의 영광과 의로 가득할 날에 관한 묘사

- **하나님이 예루살렘을 회복하시고 영광을 주시겠다고 하셨다**: '사람들이 다시는 너를 버려진 땅이나 황무지라고 부르지 않고 하나님이 기뻐하신다는 뜻으로 '헵시바', 결혼을 했다는 뜻으로 '뿔라'라 부를 것이다. 이것은 여호와께서 너를 기쁘게 여기실 것이며 그가 너에게 결혼한 남편과 같을 것이기 때문이다.'**(1-5)**
- **계속되는 하나님의 약속**: 예루살렘 성벽에 파수꾼을 세우고 다시는 양식을 빼앗기지 않을 것이라는 계속되는 하나님의 약속으로서 여호와께서 능력의 팔인 오른손으로 맹세하셨다. '내가 다시는 네 곡식을 네 원수들의 양식으로 주지 않겠다. 네가 수고하여 얻은 포도주를 다시는 외국인들이 마시지 못할 것이며 곡식을 추수한 자들이 그것을 먹고 나 여호와를 찬양할 것이요 포도를 거둔 자들이 내 성전 뜰에서 포도주를 마실 것이다.'**(6-9)**
- **여호와께서 그의 일을 행하시니 백성들은 예비해야 한다**: 1) 포로 귀환하는 백성을 맞을 준비를 하고 2) 구세주 곧 메시아를 맞을 준비를 해야 한다. '나아가거라, 성 바깥으로 나아가거라. 백성이 돌아올 길을 만들어라. 큰길을 닦고 돌들을 없애어라. 뭇 민족이 보도록 깃발을 올려라. 보아라, 주님께서 땅 끝까지 선포하신다. 딸 시온에게 일러주어라. 보아라, 너의 구원자가 오신다. 그가 구원한 백성을 데리고 오신다. 그가 찾은 백성을 앞장세우고 오신다.'**(10-12)**

63장

심판 날 에돔으로 대표되는 대적을 진멸하실 것을 예언하며, 불순종했던 이스라엘을 모세를 통해 구원해 주신 하나님을 찬양하고 성소를 유린당하고 있는 현실에서 하나님의 도우심을 구하고 있다.

- **에돔을 심판하기 위해 포도즙 짜는 모습으로 묘사된 메시아**: 즉 대적을 진멸하시는 메시아를 그리고 있다. '에돔에서 오시는 이분은 누구신가? 붉게 물든 옷을 입고 보

스라에서 오시는 이분은 누구신가? 화려한 옷차림으로 권세 당당하게 걸어오시는 이분은 누구신가? 그는 바로 나다. 의를 말하는 자요, 구원의 권능을 가진 자다. 어찌하여 네 옷이 붉으며, 어찌하여 포도주 틀을 밟는 사람의 옷과 같으냐? 나는 혼자서 포도주 틀을 밟듯이 민족들을 짓밟았다. 민족들 가운데서 나를 도와 함께 일한 자가 아무도 없었다. 내가 분내어 민족들을 짓밟았고, 내가 격하여 그들을 짓밟았다. 그들의 피가 내 옷에 튀어 내 옷이 온통 피로 물들었다.'**(1–6)**

- **이사야는 과거 이스라엘의 구원 역사(출애굽)를 회상하며 하나님을 찬양한다**: '그들은, 지난날 곧 주님의 종 모세의 날을 생각하며 물었습니다. 그의 백성 곧 양 떼의 목자들을 바다로부터 올라오게 하신 그분이, 이제는 어디에 계시는가? 그들에게 그의 거룩한 영을 넣어 주신 그분이, 이제는 어디에 계시는가? 그의 영광스러운 팔로, 모세를 시켜서, 오른손으로 그들을 이끌게 하시며, 그들 앞에서 물을 갈라지게 하셔서, 그의 이름을 영원히 빛나게 하신 그분이 이제는 어디에 계시는가?'**(7–14)**
- **하나님의 도움을 구하는 기도**: 하나님의 도움을 구하는 이스라엘 백성의 간절한 기도가 64장까지 이어진다. – 문제 구절: 〈63:17 여호와여 어찌하여 우리로 주의 길에서 떠나게 하시며 우리의 마음을 완고하게 하사 주를 경외하지 않게 하시나이까. 원하건대 주의 종들 곧 주의 기업인 지파들을 위하사 돌아오시옵소서. – 책임을 하나님께 돌리고 있다.〉**(15–19)**

Ⅳ 선지서

64장 하나님의 도우심을 구하는 계속되는 기도

- **하나님의 능력을 구하는 기도**: '주님께서 하늘을 가르시고 내려오시면, 산들이 주님 앞에서 떨 것입니다. 마치 불이 섶을 사르듯, 불이 물을 끓이듯 할 것입니다. 주님의 대적들에게 주님의 이름을 알게 하시고, 이방 나라들이 주님 앞에서 떨게 하여 주십시오.'**(1–4)**
- **이스라엘이 범한 죄를 고백한다**: '주는 기쁘게 옳은 일을 행하는 자와 주의 법도를

기억하는 자를 환영하십니다. 그러나 우리가 주께 계속 범죄 했을 때 주는 분노하셨으니 우리가 어떻게 구원을 얻겠습니까?'(5-7)

- **백성들의 계속되는 간구**: 회개하고 재앙의 진상을 아뢴 후 토기장이와 같으신 하나님께 신속한 구원을 간구한다. '그러나 여호와여, 주는 우리의 아버지이십니다. 우리는 진흙이며 주는 토기장이와 같아서 주의 손으로 우리를 만드셨습니다. 여호와여, 너무 분노하지 마시고 우리의 죄를 영원히 기억하지 마소서. 우리는 다 주의 백성들입니다. 우리를 굽어 살피소서.'(8-12)

65장 종말에 대한 하나님의 대답

- **이방인을 부르시는 하나님**: '여호와께서 말씀하셨다. 나에게 묻지 않은 사람들에게 내가 나를 나타내고 나를 찾지 않던 사람들에게 내가 발견되었으며 내 이름을 부르지 않은 나라에 내가 여기 있다. 내가 여기 있다 하였다.'(1)
- **불순종자들에 대한 징벌 예고**: 하나님의 백성으로 택한 백성들이라 하더라도 우상숭배자들은 반드시 징벌하실 것을 말씀하신다.(2-7)
- **심판받을 자와 남은 자의 구분**: 하나님 나라 백성 중 구원받을 남은 자와 심판받을 자를 구분하신다. 하나님의 계명을 준수하는 자와 배척하는 자가 서로 다른 운명에 처할 것이다. '그러므로 주 하나님께서 말씀하신다. 보아라, 내 종들은 먹겠지만, 너희는 굶을 것이다. 보아라, 내 종들은 마시겠지만, 너희는 목이 마를 것이다. 보아라, 내 종들은 기뻐하겠지만, 너희는 수치를 당할 것이다. 보아라, 내 종들은 마음이 즐거워 노래를 부르겠지만, 너희는 마음이 아파 울부짖으며, 속이 상하여 통곡할 것이다.'(8-16)
- **새 하늘과 새 땅 – 새 예루살렘 예언**: 포로 귀환 후 상황과 새 하늘 새 땅이라는 종말론적 차원을 결합하여 문학적으로 표현하고 있다. '여호와께서 말씀하신다. 보라!

내가 새 하늘과 새 땅을 창조한다. 이전 것은 기억되거나 생각나지 않을 것이다. 너희는 내가 창조하는 것을 보고 영원히 기뻐하며 즐거워하라. 내가 만들 새 예루살렘은 기쁨이 충만할 것이며 그 백성들은 행복할 것이다 (…) 이리와 어린 양이 함께 먹고 사자가 소처럼 짚을 먹을 것이며 뱀이 흙을 먹고 살 것이다. 이와 같이 나의 거룩한 산에서는 상하거나 해치는 일이 없을 것이다.'(17–25)

66장

주여 주여 하는 자마다 다 천국에 들어갈 것이 아니다.
성경적 삶, 곧 하나님이 우리에게 주신 행동 준칙대로 살아야 한다.

- **종교적 기독교인들에 대한 경고**: 성도라면서 우상을 찬송함과 다름없이 행하는 자(그릇된 예배), 즉 성경적 삶이 없는 종교적 행위에 대한 경고가 주어진다. '내가 우주를 창조하였으므로 이 모든 것이 생기게 되었다. 나는 겸손한 마음으로 크게 뉘우치며 내 말을 두렵게 여기는 자에게 은혜를 베푼다. 그러나 자기 멋대로 행하며 죄 짓는 일을 기뻐하는 자들은 소를 잡아 제사를 드려도 사람을 죽이는 것과 다름이 없으며 양으로 제사를 드려도 개의 목을 꺾는 것과 다름이 없다. 그들이 곡식을 드리는 소제는 돼지의 피를 드리는 것과 같고 그들이 분향하는 것은 우상을 찬양하는 것과 다름이 없다. 내가 그들이 받을 형벌을 택하고 그들이 무서워하는 재앙을 보낼 것이다. 이것은 내가 불러도 그들이 대답하지 않으며 내가 말하여도 그들이 듣지 않고 오직 내 앞에서 악을 행하며 내가 기뻐하지 않는 것을 택하였기 때문이다.'(1–4)

🔔 신약에서도 성경적 삶을 강조하고 있다. 마 7:21 나더러 주여 주여 하는 자마다 다 천국에 들어갈 것이 아니요 다만 하늘에 계신 내 아버지의 뜻대로 행하는 자라야 들어가리라. 롬 2:13 하나님 앞에서는 율법을 듣는 자가 의인이 아니요 오직 율법을 행하는 자라야 의롭다 하심을 얻으리니.

- **하나님은 하나님을 믿는다고 조롱하는 자들에게 보응하신다**: '여호와의 말씀을 두

렵게 여기는 자들아, 여호와께서 하시는 말씀을 들어라. 너희 형제들이 너희를 미워하며 나를 섬긴다는 이유로 너희를 따돌리고 여호와께서 영광을 받으시게 하여 우리가 너희 기뻐하는 모습을 보게 하라고 너희를 조롱하지만 그들은 수치를 당할 것이다.'(5–6)

- **예루살렘의 회복과 영광**: '어머니가 자기 자식을 위로하듯 내가 너희를 위로할 것이니 너희가 예루살렘에서 위로를 받을 것이다. 너희가 이런 일이 일어나는 것을 보면 너희 마음이 기뻐서 원기가 왕성해질 것이다. 그때 너희는 나 여호와가 나를 섬기는 종들을 돕고 내 원수들에게는 내가 분노하는 것을 알게 될 것이다.'(7–14)
- **악인에게 임할 심판**: '불과 칼로 세상 모든 사람을 심판하실 것이니 많은 사람들이 죽임을 당할 것이다. 여호와께서 말씀하신다. 자신을 거룩하게 구별하고 정결하게 하여 우상을 모셔 놓은 정원에 들어가서 돼지고기와 쥐 고기와 그 밖의 다른 부정한 음식을 먹는 자는 망할 것이다.'(15–17)
- **새 하늘과 새 땅을 하나님께서 예비하실 것이라는 예언**: 이방 민족에게까지 구원의 소식이 전해질 것이다. '너희 이스라엘 사람들이 제물용 곡식을 깨끗한 그릇에 담아 성전에 가져오듯이 그들이 온 세계에 흩어진 너희 모든 동족을 말과 수레와 마차와 노새와 낙타에 태워 예루살렘의 거룩한 산으로 데리고 와서 나 여호와에게 예물로 드릴 것이며 나는 그들 중 일부를 택하여 제사장과 레위인을 삼을 것이다.'(18–23)
- **사탄 세력에 대한 심판을 목도하게 될 것이다**: '그들은 나를 거역한 자들의 죽은 시체를 볼 것이다. 그들을 파먹는 벌레들이 죽지 않고 그들을 태우는 불도 꺼지지 않아 모든 사람에게 역겨움을 느끼게 할 것이다.'(24)

예레미야 핵심정리

* 예레미야 '여호와께서 세우신다', '우는 선지자'

이사야와 **예레미야**의 의의

- 예레미야는 성경적 삶을 살지 않는 하나님의 백성들, 그중에서도 제사장, 선지자와 같은 종교 지도자들의 잘못을 신랄하게 지적하고 있다.
- 세상 나라가 아니라 하나님 나라의 심판 곧 교회의 심판을 총괄적으로 다루고 있다.
- 이사야는 북 이스라엘의 심판 시점, 예레미야는 남 유다 심판 시점에 예언되었다.
- 하나님 나라의 심판 이유: 1) 종교 지도자의 문제 2) 순종보다 제사를 중요시한 점
- 선지서의 역사 순으로는 에돔의 심판을 다룬 오바댜가 첫 번째이지만 중요성의 관점에서 보면 이사야와 예레미야가 첫째이다.

기록연대와 배경

- 예레미야가 예언을 시작한 요시아 13년(BC 627)경부터 예루살렘이 함락된 BC 586년까지 유다 역사의 마지막 약 40년 동안의 기간에 기록되었다.
- BC 612년 앗수르 니느웨가 함락되고 BC 609년 애굽이 퇴각하는 앗수르의 지원 요청을 받고 바벨론으로 진군하는 도중 므깃도에서 요시아 왕이 전사한다. 요시아 왕의 뒤를 이은 여호아하스를 애굽 왕 바로느고가 3개월 만에 폐위시키고 여호야김을 왕으로 삼았다. BC 605년 1차 포로, BC 597년 2차 포로, BC 586년 3차 포로로 이루어진 시기이다.

서론: 예레미야의 소명

1장

예레미야가 하나님께서 바벨론을 도구로 한 유다의 심판을 예언하였다.

🔔 1–20장은 예레미야가 주로 16대 요시아 통치 기간에 한 예언이다.

- **소명을 받는 예레미야**: 베냐민 땅 아나돗의 제사장 힐기야의 아들 예레미야가 소명을 받는다. 예레미야의 활동 시기는 16대 요시아 13년(BC 627)부터 유다가 바벨론에 멸망하여 포로로 사로잡혀 가는 20대 시드기야(BC 586) 11년 5월까지이다. 40–44장을 보면 예레미야는 예루살렘 함락 후에도 몇 년 동안 활동한 것으로 보인다.**(1–3)**
- **어려서 소명 받은 예레미야**: 소명 받은 예레미야는 20세도 안 된 말할 줄 모르는 어린아이라고 주저했으나 하나님이 함께하신다는 말씀을 듣는다. '그때 나는 여호와 하나님이시여, 나는 아직도 어려서 말할 줄도 모릅니다. 하고 대답하였다 (…) 그리고서 여호와께서는 손을 내밀어 내 입에 대시며 말씀하셨다. 보라, 나는 지금 네가 해야 할 말을 일러 주고 있다. 내가 오늘 너에게 많은 민족과 나라를 다스리며 그들을 뽑고 파괴하고 파멸시키고 넘어뜨리고 건설하며 심는 권한을 주겠다.'**(4–10)**
- **예레미야가 본 두 가지 환상**: 예레미야는 두 가지 환상을 보았다. 1) 살구나무 가지(겨울을 지나 최초로 꽃을 피우는 나무로 하나님의 말씀, 곧 심판이 신속히 이루어진다는 의미이다)와 2) 북에서부터 기울어져 끓는 가마(북방 세력 바벨론이 유다를 침공할 것이라는 의미)이다.**(11–15)**
- **유다가 심판받는 이유**: 심판의 이유는 우상숭배 때문이다. '무리가 나를 버리고 다른 신들에게 분향하며 자기 손으로 만든 것들에 절하였은즉 내가 나의 심판을 그들

에게 선고하여 그들의 모든 죄악을 징계하리라.'(16)

- **두려워 말라는 하나님의 말씀**: 예레미야는 두려워 말라 하나님이 너를 구원하실 것이라는 말씀을 듣는다. '그러므로 너는 네 허리를 동이고 일어나 내가 네게 명령한 바를 다 그들에게 말하라 그들 때문에 두려워하지 말라 네가 그들 앞에서 두려움을 당하지 않게 하리라 (…) 그들이 너를 치나 너를 이기지 못하리니 이는 내가 너와 함께 하여 너를 구원할 것임이니라 여호와의 말이니라.'(17–19)

유다에 관한 예언

유다의 심판

2장 하나님의 선민 이스라엘이 하나님을 버리고 우상숭배와 강대국에 의존하면서도 죄를 깨닫지 못함에 대해 심판하실 것을 선언한다.

2장 1절 – 3장 5절: 예레미야의 첫 번째 메시지

- **제사장–선지자까지 하나님께 불순종한 데 대한 한탄**: 하나님이 선민으로 선택한 이스라엘 백성이 출애굽의 사랑을 주었는데도 신혼 때의 사랑을 버리고 오히려 우상을 섬기는 백성이 되었다. 하나님은 제사장, 선지자들까지 그러는 데 대해 화가 나셨다. '그리고 제사장들까지 나를 찾지 않았으며 법관들은 나를 무시하고 관리들도 나를 거역하며 예언자들은 바알의 이름으로 예언하고 헛된 우상을 섬겼다.'(1–8)
- **이방인보다 더한 하나님 백성에 대한 한탄**: 예레미야는 다른 신을 섬기는 이방인들도 그런 식으로 하지는 않았는데 이스라엘 백성은 영생의 근원인 하나님을 버리고 아무짝에도 쓸모없는 '터진 웅덩이' 곧 우상을 택하는 우를 범했다고 탄식한다. 하나님의 자녀인 너희들이 하나님을 의지하지 않고 앗수르나 애굽에 의존하는 것이 문

제라는 것이다.(9–19)

- **더 이상 좋은 열매를 맺을 수 없게 된 상황에 대한 한탄**: 예레미야는 계속해서 백성과 지도자들이 우상숭배의 죄를 지으면서도 깨닫지 못하고 더 이상 좋은 열매를 맺을 수 없는 좋지 않은 포도나무가 되었음을 책망한다. '너를 위하여 네가 만든 네 신들이 어디 있느냐 그들이 네가 환난을 당할 때에 구원할 수 있으면 일어날 것이니라 유다여 너의 신들이 너의 성읍 수와 같도다.'(20–28)
- **심판 선언**: 죄를 짓고도 죄를 짓지 않았다고 하는 이스라엘에게 심판을 선언한다. '내가 너희 자녀들을 때렸으나 헛수고였다. 옳게 가르치는 것을 그들은 받아들이지 않았다. 너희의 칼은 사람을 삼키는 사자처럼, 너희의 예언자들을 죽였다 (…) 나에게는 아무런 죄가 없다! 하나님이 진노하실 일은 하지 않았다 하고 말한다. 네가 이렇게 죄가 없다고 말하기 때문에, 내가 너를 심판하겠다 (…).'(29–37)

3장

북 이스라엘이 심판을 받았는데도 회개하지 않고 계속 우상숭배를 하고 있는 유다를 안타까워하며 하나님께 순종할 것을 촉구한다.

🔔 3장의 역사적 배경이 요시야의 개혁이 무르익어 갈 때의 상황이라는 점을 유념해야 한다.

- **영적 간음을 한 유다**: 예레미야는 유다의 영적 간음을 폭로함으로 그의 첫 번째 메시지를 마치고 있다. '그들이 말하기를 가령 사람이 그의 아내를 버리므로 그가 그에게서 떠나 타인의 아내가 된다 하자 남편이 그를 다시 받겠느냐 그리하면 그 땅이 크게 더러워지지 아니하겠느냐 하느니라 네가 많은 무리와 행음하고서도 내게로 돌아오려느냐 여호와의 말씀이니라. 네 눈을 들어 헐벗은 산을 보라 네가 행음하지 아니한 곳이 어디 있느냐 네가 길 가에 앉아 사람들을 기다린 것이 광야에 있는 아라바 사람 같아서 음란과 행악으로 이 땅을 더럽혔도다.'(1–5)

🔔 3장 6절 – 6장 30절: 예레미야의 두 번째 메시지

- **북 이스라엘의 심판을 목격하고도 깨닫지 못하는 유다에 대한 책망**: 북 이스라엘이 우상숭배 하여 BC 722년 앗수르에 패망하였는데도 그 자매 유다도 두려워하지 않고 행음하고 있음을 책망한다. '요시야왕 때에 여호와께서 또 나에게 말씀하셨다. 네가 신의 없는 이스라엘이 행한 것을 보았느냐? 그가 모든 높은 산과 푸른 나무 아래서 창녀처럼 행하였다. 나는 이스라엘이 이 모든 일을 행한 후에도 언젠가는 나에게 돌아오리라고 생각했으나 그는 돌아오지 않았다. 그리고 그의 신의 없는 자매 유다도 그 모든 것을 보았다 (…) 이 모든 일을 행하고서도 신의 없는 이스라엘의 자매 유다는 나에게 진심으로 돌아오지 않았다. 이것은 나 여호와의 말이다.'**(6–10)**
- **회개의 촉구**: 이스라엘과 유다가 회개할 것을 촉구한다. '나를 배신한 자녀들아, 돌아오너라! 나 주의 말이다. 내가 너희의 보호자다. 내가 성읍마다 한 사람씩, 가문마다 두 사람씩 택하여, 너희를 시온 산으로 데려오겠다. 그 때에 내가 마음에 맞는 목자들을 너희에게 세워 주겠다. 그러면 그들이 지식과 훈계로 너희를 양육할 것이다.'**(11–15)**
- **언약궤가 아니라 성경적 삶이 중요하다**: 1차적으로는 포로 귀환 후, 궁극적으로는 메시아 시대에 구원받은 백성이 증가할 것인데 그때에는 언약궤와 같은 옛 언약의 상징물은 필요 없게 되고 성경적 삶이 요구되는 시대가 올 것이다. '나 여호와가 말한다. 너희가 이 땅에서 다시 번성하여 인구수가 많아질 때에는 사람들이 내 법궤를 다시 말하지 않을 것이며 그것을 생각하지도 않을 것이다. 그들은 그것을 기억하지 않을 것이며 또 그것을 아쉬워하거나 다시 만들지도 않을 것이다. 그 때에는 사람들이 예루살렘을 여호와의 보좌라고 부를 것이며 모든 민족이 나에게 경배하기 위해서 예루살렘에 모이고 그들이 다시는 마음의 악한 고집대로 행하지 않을 것이다.'**(16–18)**
- **아버지에게로 돌아오라**: 신의를 버리고 떠났던 하나님의 자녀들이 아버지 하나님께로 돌아올 것을 촉구한다. '너희 변절한 자녀들아, 내가 너희의 변절한 마음을 고쳐 줄 터이니 나에게로 돌아오너라. 우리가 지금 주님께 돌아옵니다. 주님만이 주 우리의 하나님이십니다. 언덕에서 드리는 이교 제사가 쓸데없고, 산 위에서 드리는

IV 선지서

축제의 제사가 우리를 구원하지 못합니다. 이스라엘의 구원은 진실로 주 우리의 하나님께만 있습니다.'(19–25)

4장 바벨론 침공에 의한 심판을 피하려면 회개하라고 촉구한다.

- **여호와께서는 진정한 회개와 마음의 할례를 촉구하신다**: '참으로 나 주가 말한다. 유다 백성과 예루살렘 주민아, 가시덤불 속에 씨를 뿌리지 말아라. 묵은 땅을 갈아엎고서 씨를 뿌려라. 유다 백성과 예루살렘 주민아, 너희는 나 주가 원하는 할례를 받고, 너희 마음의 포피를 잘라 내어라. 그렇지 않으면, 너희의 악한 행실 때문에, 나의 분노가 불처럼 일어나서 너희를 태울 것이니, 아무도 끌 수 없을 것이다.'(1–4)
- **바벨론에 의한 임박한 심판을 경고하며 회개를 촉구한다**: '시온으로 가는 길에 깃발을 세우며, 지체하지 말고 대피하여라. 내가 북쪽에서 재앙을 몰아와서, 크나큰 파멸을 끌어들이겠다 (…) 예루살렘아, 네가 구원을 받으려면, 너의 마음에서 악을 씻어 버려라. 네가 언제까지 흉악한 생각을 너의 속에 품고 있을 작정이냐?'(5–18)
- **예레미야의 슬픔의 응답**: 예레미야는 점차 다가오는 침입의 소식에 '슬프고 아프다'면서 고통스러운 외침으로 응답하고 있다. '나의 백성은 참으로 어리석구나. 그들은 나를 알지 못한다. 그들은 모두 어리석은 자식들이요, 전혀 깨달을 줄 모르는 자식들이다. 악한 일을 하는 데에는 슬기로우면서도, 좋은 일을 할 줄 모른다.'(19–22)
- **임박한 심판의 참상**: 임박한 파멸에 대한 심판의 참상이 환상을 통해 표현된다. 마치 창조 이전의 무질서 상태로 표현되고 있다. '보라 내가 땅을 본즉 혼돈하고 공허하며 하늘에는 빛이 없으며 (…) 여호와께서 이와 같이 말씀하시길 이 온 땅이 황폐할 것이나 내가 진멸하지는 아니할 것이며 이로 말미암아 땅이 슬퍼할 것이며 위의 하늘이 어두울 것이라 내가 이미 말하였으며 작정하였고 후회하지 아니하였은즉 또한 거기서 돌이키지 아니하리라 하셨음이로다.'(23–28)

- **시온의 극심한 고통**: 시온의 몸부림치는 극심한 고통을 서술하고 있다. '내가 소리를 들은즉 여인의 해산하는 소리 같고 초산하는 자의 고통 하는 소리 같으니 이는 시온의 딸의 소리라 그가 헐떡이며 그의 손을 펴고 이르기를 내게 화가 있도다 죽이는 자로 말미암아 나의 심령이 피곤하도다 하는도다.'(29–31)

5장

바벨론에 의해 유다를 반드시 심판해야 하는 당위성을 지적

- **예루살렘에 의인이 한 사람도 없다**: 예루살렘에 정의와 진리가 있는 의인이 한 사람도 없다. '너희는 예루살렘 거리로 빨리 다니며 그 넓은 거리에서 찾아보고 알라 너희가 만일 정의를 행하며 진리를 구하는 자를 한 사람이라도 찾으면 내가 이 성읍을 용서하리라.'(1–3)
- **하나님의 법을 모르는 지도자**: 유다의 지도자들은 하나님의 법을 모른다.(4–6)
- **우상숭배**: 하나님을 떠나 우상을 섬기고 간음한다. '내가 어찌 너를 용서하겠느냐 네 자녀가 나를 버리고 신이 아닌 것들로 맹세하였으며 내가 그들을 배불리 먹인즉 그들이 간음하며 창기의 집에 허다히 모이며 그들은 두루 다니는 살진 수말 같이 각기 이웃의 아내를 따르며 소리지르는도다.'(7–9)
- **바벨론을 시켜 이스라엘을 심판하나 진멸하지는 않고 근본은 남길 것이다**: '여호와의 말씀이니라 이스라엘 집이여 보라 내가 한 나라를 먼 곳에서 너희에게로 오게 하리니 곧 강하고 오랜 민족이라 그 나라 말을 네가 알지 못하며 그 말을 네가 깨닫지 못하느니라 (…) 여호와의 말씀이니라 그 때에도 내가 너희를 진멸하지는 아니하리라.'(10–19)
- **문제는 잘못된 신학이다**: 심판의 가장 큰 이유의 하나는 선지자와 제사장들의 문제이며 백성들도 잘못된 지도자들을 옳게 여기고 있으니 문제이다. '어리석고 지각이 없으며 눈이 있어도 보지 못하며 귀가 있어도 듣지 못하는 백성이여 이를 들을지어

다 (…) 선지자들은 거짓을 예언하며 제사장들은 자기 권력으로 다스리며 내 백성은 그것을 좋게 여기니 마지막에는 너희가 어찌하려느냐.'(20–31)

6장 바벨론에 의한 유다 심판의 확실성

- **예루살렘 공격을 바벨론에게 명하는 하나님**: 하나님이 악을 계속 만들어 내고 있는 예루살렘을 공격하라는 명령을 바벨론에 명한다. '만군의 여호와께서 이와 같이 말하노라 너희는 나무를 베어서 예루살렘을 향하여 목책을 만들라 이는 벌 받을 성이라 그 중에는 오직 포학한 것뿐이니라 (…) 예루살렘아 너는 훈계를 받으라. 그리하지 아니하면 내 마음이 너를 싫어하고 너를 황폐하게 하여 주민이 없는 땅으로 만들리라.'(1–8)
- **하나님의 말씀을 제대로 모르는 종교 지도자들**: 하나님의 말씀을 듣지 않는 종교 지도자들 때문에 모두 포로로 잡혀갈 것을 예언한다. '내가 누구에게 말하며 누구에게 경책하여 듣게 할꼬 보라 그 귀가 할례를 받지 못하였으므로 듣지 못하는도다. 보라 여호와의 말씀을 그들이 자신들에게 욕으로 여기고 이를 즐겨 하지 아니하니 (…) 이는 그들이 가장 작은 자로부터 큰 자까지 다 탐욕을 부리며 선지자로부터 제사장까지 다 거짓을 행함이라 (…) 땅이여 들으라 내가 이 백성에게 재앙을 내리리니 이것이 그들의 생각의 결과라 그들이 내 말을 듣지 아니하며 내 율법을 거절하였음이니라. 시바에서 유향과 먼 곳에서 향품을 내게로 가져옴은 어찌함이냐 나는 그들의 번제를 받지 아니하며 그들의 희생제물을 달게 여기지 않노라.'(9–21)
- **북에서 쳐들어올 바벨론에 대한 묘사와 심판 날의 참상 묘사**: '여호와께서 이와 같이 말씀하시되 보라 한 민족이 북방에서 오며 큰 나라가 땅 끝에서부터 떨쳐 일어나나니 그들은 활과 창을 잡았고 잔인하여 사랑이 없으며 그 목소리는 바다처럼 포효하는 소리라 그들이 말을 타고 전사 같이 다 대열을 벌이고 시온의 딸인 너를 치려 하느니라 하시도다 (…) 딸 내 백성이 굵은 베를 두르고 재에서 구르며 독

자를 잃음 같이 슬퍼하며 통곡할지어다 멸망시킬 자가 갑자기 우리에게 올 것임이 라.'(22-26)

- **돌이킬 수 없는 유다 백성의 죄를 제련 과정에 비유한다**: '풀무 불을 세게 하면 납이 녹아 없어지므로 제련하는 자의 수고가 헛되게 되는 것처럼 악한 자를 계속 연단하는 것도 소용없는 일이다. 나 여호와가 그들을 버렸으므로 사람들이 그들을 쓸모없는 은 찌꺼기라고 부를 것이다.'(27-30)

7장

예레미야는 성전 문에 서서 성경적 삶보다는 예배에만 관심을 갖는 성도들에게 경고의 선포를 한다.

🔔 7장은 예레미야가 성전 문에 서서 선포한 말이다.(7:2)

- **성전 뜰만 밟는 성도들의 문제**: 성경적 삶을 살지 않으면서 성전에서 살기만 하면 안전하다고 생각한 백성들에게 실로에서 행한 것처럼 그리고 북 이스라엘이 멸망한 것처럼 예루살렘도 멸망할 것이라고 예언한다. '너희는 이것이 여호와의 성전이라, 여호와의 성전이라, 여호와의 성전이라 하는 거짓말을 믿지 말라.' 실로는 엘리 제사장 당시 성소가 있던 곳이다. BC 1050년 블레셋 군대에 의해 파괴되고 법궤를 빼앗겼다. 성전이 불가침의 수호자가 되지 않는다는 사실을 유념해야 한다.(1-15)
- **기도만 하는 성도들의 문제**: 하나님은 유다의 죄에 대하여 격노하시면서 예레미야가 기도해도 들어주지 않겠다고 말씀하신다. 기독교인들에게 기도는 매우 중요하나 기도만 하는 성도들도 문제이다. '그런즉 너는 이 백성을 위하여 기도하지 말라 그들을 위하여 부르짖어 구하지 말라 내게 간구하지 말라 내가 네게서 듣지 아니하리라.'(16-20)
- **헌금만 중요시하는 성도들의 문제**: '만군의 여호와 이스라엘의 하나님께서 이와 같이 말씀하시되 너희 희생제물과 번제물의 고기를 아울러 먹으라 사실은 내가 너희 조상들을 애굽 땅에서 인도하여 낸 날에 번제나 희생에 대하여 말하지 아니하며 명

IV 선지서

령하지 아니하고 오직 내가 이것을 그들에게 명령하여 이르기를 너희는 내 목소리를 들으라 그리하면 나는 너희 하나님이 되겠고 너희는 내 백성이 되리라 너희는 내가 명령한 모든 길로 걸어가라 그리하면 복을 받으리라 하였으나 그들이 순종하지 아니하며 귀를 기울이지도 아니하고 자신들의 악한 마음의 꾀와 완악한 대로 행하여 그 등을 내게로 돌리고 그 얼굴을 향하지 아니하였으며 (…) 너희가 나에게 순종하지 아니하며 귀를 기울이지 아니하고 목을 굳게 하여 너희 조상들보다 악을 더 행하였느니라 (…) 너는 그들에게 말하기를 너희는 너희 하나님 여호와의 목소리를 순종하지 아니하며 교훈을 받지 아니하는 민족이라 진실이 없어져 너희 입에서 끊어졌다 할지니라' 백성들은 제사보다 순종이 더 중요하다는 가르침에도 불구하고 계속 불순종했다.(21–28)

- **우상숭배의 결과**: '여호와께서 말씀하시되 유다 자손이 나의 눈 앞에 악을 행하여 내 이름으로 일컬음을 받는 집에 그들의 가증한 것을 두어 집을 더럽혔으며 힌놈의 아들 골짜기에 도벳 사당을 건축하고 그들의 자녀들을 불에 살랐나니 내가 명령하지 아니하였고 내 마음에 생각하지도 아니한 일이니라 (…) 그 때에 내가 유다 성읍들과 예루살렘 거리에 기뻐하는 소리, 즐거워하는 소리, 신랑의 소리, 신부의 소리가 끊어지게 하리니 땅이 황폐하리라.'(29–34)

8장

예레미야는 회개의 기회를 놓치고 하나님께 돌아오지 않는 백성들을 슬퍼한다.

- **유다가 바벨론에 의해 받을 비극적 파멸**: 바벨론의 침략자들이 들어왔을 때 사는 것보다 죽는 것을 원하는 비극적 파멸이 있을 것이다.(1–3)
- **철새보다도 못한 유다 백성들**: 하나님은 하나님께 돌아올 줄 모르는 유다에게 철새보다도 못한 백성들이라 하신다. '그런데 어째서 이 백성은 항상 나를 떠나기만 하고 돌아오지 않는가? 너희는 거짓된 것에 집착하여 돌아오기를 거절하고 있다 (…) 공중의 학도 자기 철을 알고 산비둘기와 제비와 두루미도 이주해 올 때를 지키는데

내 백성인 너희는 나 여호와의 요구를 알지 못하고 있다.'(4–7)

- **하나님의 말씀을 올바로 알지 못하는 종교 지도자들**: 종교 지도자들은 민족 전체가 중병을 앓으며 파국 직전에 있는데도 불구하고 무사할 것이라는 헛된 확신만을 심어 주었다. 가증한 일을 하고도 부끄러워하지 않은 종교 지도자들은 진멸당할 것이다.(8–13)
- **범죄의 결과로 바벨론의 침략을 받는다**: '그때 백성들이 이렇게 말할 것이다. 우리가 어찌 가만히 앉아만 있겠느냐? 자, 모여라! 요새 성으로 도망가서 거기서 멸망하자. 우리가 여호와께 범죄 하였으므로 우리 하나님 여호와께서 우리를 멸망시키기로 작정하시고 우리에게 마실 독을 주셨다.'(14–17)
- **예루살렘 파멸과 회개의 시기를 놓친 백성들에 대한 예레미야의 슬픔과 한탄**: '멀리서 부르짖는 내 백성의 소리를 들어 보아라. 여호와께서 시온에 안 계시는가? 시온의 왕이 이제는 그 곳에 계시지 않는가? 그들의 왕 여호와께서 대답하신다. 그들이 어째서 새겨 만든 신상과 헛된 이방의 우상으로 나를 노하게 하였는가? 백성들이 부르짖는다. 여름이 가고 추수할 때가 지났으나 우리는 구원받지 못하였다.'(18–22)

9장

하나님을 떠난 이방인은 물론 마음의 할례를 받지 않은 유대인도 심판을 받는다.

🔔 눈물의 예언자 예레미야가 유다 파멸에 대해 애가를 지어 부른다.

- **예레미야는 파멸한 유다 백성을 위해 울고자 한다**: '어찌하면 내 머리는 물이 되고 내 눈은 눈물 근원이 될꼬 죽임을 당한 딸 내 백성을 위하여 주야로 울리로다.'(1–2)
- **예레미야는 하나님을 알지 못하며 속이고 속고 사는 세상을 한탄한다**: '서로 속고 속이는 일을 되풀이하면서 기만 가운데 살기 때문에, 아무도 나를 알려고 하지를 않는다. 나 주의 말이다.'(3–6)

- **벌을 내릴 수밖에 없으신 하나님의 마음**: '내 백성의 혀는 독이 묻은 화살이다. 입에서 나오는 말은 거짓말뿐이다. 입으로는 서로 평화를 이야기하지만, 마음속에서는 서로 해칠 생각을 품고 있다. 이러한 자들을 내가 벌하지 않을 수가 있겠느냐? 나 주의 말이다. 이러한 백성에게 내가 보복하지 않을 수가 있겠느냐?'(7–9)
- **하나님을 버린 백성들의 결국**: 하나님을 버린 백성들은 끔찍한 재앙을 맞고 결국 알지 못하던 여러 나라의 포로가 될 것이다. '내가 예루살렘을 돌무더기로 만들어서 여우들이 우글거리는 소굴이 되게 하고, 유다의 성읍들을 황무지로 바꾸어 놓아 아무도 살 수 없게 하겠다. 이 땅이 왜 망하였는지, 왜 사막처럼 황폐해졌는지, 왜 행인마저 끊어졌는지, 이것을 알아낼 만큼 지혜 있는 사람이 누구인가? 이 까닭을 말할 수 있도록, 주님의 입에서 직접 말씀을 받은 사람이 누구인가? 주님께서 대답하셨다. 나는 이 백성에게 나의 율법을 주면서 지키라고 하였다. 그러나 그들이 그것을 버리고, 나의 말을 순종하지 않고, 실천하지 않았다. 그들은 오히려 자기들의 고집대로 살고, 조상이 섬기라고 가르쳐 준 바알 신들을 따라다녔다. 그러므로 나 만군의 주 이스라엘의 하나님이 말한다. 내가 이 백성에게 쓴 쑥을 먹이며, 독을 탄 물을 마시게 하겠다. 또 내가, 그들도 모르고 그들의 조상도 알지 못하던 이방 민족 가운데 그들을 흩어 놓고, 내가 그들을 전멸시킬 때까지 칼이 그들을 뒤쫓게 하겠다.'(10–16)
- **장송곡을 부를 수밖에 없는 상황**: '나 만군의 주가 말한다. 너희는 잘 생각하여 보고, 곡하는 여인들을 불러들이고, 장송곡을 부를 여인들을 데리고 오너라. 서둘러 와서, 우리를 도와서 조가를 불러 다오. 우리의 눈에서 눈물이 흘러 내리고, 우리의 눈시울에서 눈물이 쏟아지게 하여 다오!'(17–24)
- **이방인과 유대인 모두가 심판을 받는다**: '그 날이 이르면, 몸에만 할례를 받은 사람들에게, 내가 모두 벌을 내리겠다. 이집트와 유다와 에돔과 암몬 자손과 모압과, 관자놀이의 머리카락을 짧게 깎은, 광야에 사는 모든 사람에게도 내가 벌을 내리겠다. 이 모든 민족은, 이스라엘 백성 전체와 마찬가지로, 마음에 할례를 받지 않은 자들이기 때문이다.'(25–26)

10장

참 하나님과 우상을 비교하며 임박한 예루살렘 심판에 대해 예레미야는 중보 기도를 한다.

- **여호와만이 참 하나님이다**: 헛되고 무익한 사람이 만든 우상과 창조주의 살아 계신 하나님을 대비하며 여호와만이 참 하나님이며 살아 계신 하나님이시오 영원한 왕이심을 노래한다.(1–16)
- **임박한 멸망**: 오랫동안 예언되어 왔던 참변이 예루살렘 성 앞에 이르렀음을 알린다. '들려오는 저 소식! 보아라, 이미 이르렀다. 북녘 땅에서 올라오는 요란한 소리다. 유다의 성읍들을 무너뜨려서, 여우 떼의 소굴로 만들어 놓으려고 진군해 오는 소리다.'(17–22)
- **예레미야의 백성을 위한 중보 기도**: '주님, 형벌로 주님의 백성을 채찍질하여 주시되, 주님의 진노대로 하지 마시고, 너그럽게 다스려 주십시오. 우리가 죽을까 두렵습니다. 주님의 진노는 주님을 알지 못하는 이방 백성에게 쏟으십시오. 주님의 이름을 부르지 않는 사람들에게 쏟으십시오. 그들이 야곱 자손을 삼켜 버렸습니다. 삼켜서 아주 없애고, 그 거처까지도 황무지로 만들었기 때문입니다.'(23–25)

11장

하나님이 출애굽 시 맺었던 언약을 파기하셨다.

- **불순종으로 인한 언약 파기**: 출애굽 시 하나님을 순종하면 젖과 꿀이 흐르는 가나안 땅을 주고 하나님 백성으로 삼겠다는 언약을 주었으나 불순종(우상숭배)으로 언약이 파기되었다. '그들도 자기들의 옛 조상이 저지른 죄악으로 되돌아가고 말았다. 그 조상이 나의 말을 들으려 하지 않고, 다른 신들을 쫓아다니면서 섬기더니, 이제는 이스라엘 백성과 유다 백성도, 내가 그들의 조상과 맺은 언약을 파기하였다. 그러므로 나 주가 말한다. 보아라, 그들이 벗어날 수 없는 재앙을, 내가 그들에게 내

리겠다. 그들이 나에게 도움을 간청해도, 내가 응답하지 않겠다.'(1–13)

- **기도하지 말라**: 하나님은 예레미야에게 이 백성을 위해 듣지 않을 것이니 기도하지 말라고 하신다. 당시 유대인들은 성전에서 규칙적으로 희생 제사를 드리고 있었으나 하나님은 용납하지 않으셨다(종교적 기독교). '내가 사랑하는 유다가 악한 음모나 꾸미더니, 내 성전에 들어와서 어쩌자는 것이냐? 살진 짐승을 희생 제물로 바친다고 해서, 재난을 피할 수 있겠느냐? 구원의 기쁨을 누릴 수 있겠느냐?'(14–17)
- **예레미야 살해 음모**: 예레미야의 고향 아나돗 사람들이 예레미야를 살해하려는 음모를 가졌다. 하나님은 이 음모를 비밀스러운 경고를 통해 알려 주심으로 위험을 모면한다. '그러므로 주님께서 아나돗 사람들을 두고서 이렇게 말씀하신다. 그들이 너의 목숨을 노려서 이르기를 너는 주님의 이름으로 예언하지 말아라. 주님의 이름으로 예언을 계속하다가는 우리 손에 죽을 줄 알아라 한다. 그러므로 나 만군의 주가 말한다. 내가 그들을 벌할 것이니, 그들의 장정들은 칼에 찔려 죽고, 그들의 아들과 딸들은 굶어 죽을 것이다. 내가 아나돗 사람들을 벌할 때가 되어 그들에게 재앙을 내리면, 그들 가운데서 살아남을 자가 하나도 없을 것이다.'(18–23)

12장 불순종한 백성들을 원수들의 손에 넘길 것, 그러나 회복될 것

- **예레미야의 항의**: 예레미야는 악한 자들이 잘되는 것을 항의하며 벌해 달라고 한다. '악한 자가 잘되고 정직하지 못한 자가 성공하는 것은 무슨 이유입니까? 주께서 그들을 심으셨기 때문에 그들이 뿌리를 박고 자라 열매를 맺었습니다. 그런데도 그들은 입술로만 주를 가까이할 뿐 마음으로는 주를 멀리하고 있습니다. 여호와여, 주는 나를 아시고 또 나를 보고 계시며 주를 향하는 내 마음 자세를 살피고 계십니다. 양을 잡으려고 끌어내듯이 악한 자들을 끌어내어 죽일 날을 위해 준비하소서.'(1–4)
- **더 어려운 상황이 벌어질 것이다**: 하나님께서는 만일 예레미야가 현재 상황이 어렵

다고 한다면 앞으로는 훨씬 더 어려운 상황이 벌어질 것이며 앞으로 가족까지도 배신할 것이라고 말씀하신다.(5–6)

- **원수들의 손에 넘길 것이다**: 하나님이 사랑하는 백성들이 배신했으므로 원수들의 손에 넘길 것이다. '나의 택한 백성이 숲속의 사자처럼 나를 향해 소리를 지르므로 내가 그들을 미워한다. 내 백성이 매에게 사방 공격을 당한 새처럼 되었다. 너희는 들짐승을 모아다가 그것을 삼키게 하라.'(7–13)
- **이스라엘의 포로 귀환과 회복을 약속하시며 이방인들의 구원도 말씀하신다**: '나 주가 말한다. 내가 내 백성 이스라엘에게 유산으로 준 땅을 침범한, 모든 악한 이웃 백성을 두고 말한다. 내가 그 악한 백성들을 그들의 고향 땅에서 쫓아내고, 유다 백성을 그들 가운데서 구하여 내겠다. 그러나 내가 그들을 쫓아낸 다음에는, 다시 그들을 불쌍히 여겨서, 제 땅, 제 고향으로 되돌려 보내겠다. 비록 그들이 내 백성에게, 바알의 이름을 부르며 맹세하도록 가르쳤지만, 그들이 내 백성의 도를 확실하게 배우고, 내 이름을 부르며 주님의 살아 계심을 두고 맹세하면, 그들도 내 백성 가운데 들게 될 것이다. 그러나 그들이 복종하지 않으면, 내가 그 민족을 완전히 뿌리째 뽑아 멸망시키겠다. 나 주의 말이다.'(14–17)

IV 선지서

13장 썩은 베띠와 포도주 병의 비유를 통해 다가올 심판을 경고

- **베띠 비유를 통한 경고**: 썩어서 쓸 수 없게 된 베띠의 상징적 행동을 통해 예루살렘에 임할 파국이 더 이상 회복될 수 없음을 보여 준다. '이와 같이 내가 유다의 교만과 예루살렘의 큰 교만을 쓸모없는 것이 되게 하겠다. 이 악한 백성들이 내 말에 순종할 것을 거절하고 그 마음의 악한 고집대로 행하며 다른 신들을 좇아 섬기고 절하니 그들이 이 띠처럼 아주 쓸모없이 되고 말 것이다. 띠가 사람의 허리에 붙어 있는 것처럼 내가 이스라엘과 유다 백성을 나에게 꼭 붙어 있게 하여 그들이 내 백성으로서 내 이름을 높이고 찬양하도록 하였으나 그들은 내 말을 듣지 않았다.'(1–11)

- **포도주 병 비유를 통한 경고**: 포도주(하나님이 내리시는 분노)가 모든 병(가죽 부대, 모든 사람)에 가득 차리라는 비유를 통해 모든 사람들이 피차 충돌하여, 하나님이 마치 병들을 내치듯 유다 백성을 내치실 것이라 한다. 너는 그들에게 '이스라엘의 하나님 여호와께서 모든 병이 포도주로 찰 것이라고 말씀하셨다. 하여라. 그러면 그들이 모든 포도주 병이 포도주로 찰 것을 우리가 어찌 모르겠소? 하고 대답할 것이다. 그때 너는 그들에게 이렇게 말하라. 여호와께서 말씀하셨다. 내가 이 땅에 사는 모든 사람들, 곧 다윗의 왕위를 계승할 왕들과 제사장들과 예언자들과 예루살렘의 모든 주민들을 잔뜩 취하게 하고 그들을 서로 충돌하게 할 것이니 아버지와 아들 사이에도 충돌이 있을 것이다. 내가 그들을 불쌍히 여기지 않으며 동정하거나 애석하게 여기지 않고 완전히 없애 버릴 것이다. 이것은 나 여호와의 말이다.'**(12–14)**
- **왕과 왕후에게 회개를 촉구하는 예레미야**: 예레미야는 대중보다는 왕(여호야긴)과 왕후를 향해 늦기 전에 회개할 것을 촉구한다. (그러나 3개월 후 포로가 된다.) '여호와께서 나에게 말씀하셨다. 너는 왕과 그의 어머니에게 너희는 높은 자리에서 물러나 앉아라. 너희 영광의 면류관이 떨어졌다 하고 말하라.'**(15–27)**

14장

극심한 가뭄 심판을 하시겠다는 하나님께 예레미야는 눈물로 기도한다.

- **가뭄으로 인한 곤경**: 극심한 가뭄 심판에 대한 여호와의 말씀이다.**(1–6)**
- **예레미야의 중보 기도**: 우리를 버리지 말아 달라는 예레미야의 중보 기도**(7–9)**
- **이 백성을 위해 구하지 말라**: 하나님은 예레미야에게 형식에 치우친 제사를 지적하며 이 백성을 위해 구하지 말라고 하신다. '여호와께서 또 나에게 말씀하셨다. 너는 이 백성을 축복해 달라고 기도하지 말아라. 그들이 금식하여도 내가 그들의 부르짖음을 듣지 않을 것이며 그들이 불로 태워 바치는 번제와 곡식으로 드리는 소제를 바쳐도 내가 받지 않고 오히려 전쟁과 기근과 전염병으로 그들을 없애 버릴 것이다.'**(10–12)**

- **거짓 선지자들에 대한 경고**: 여호와의 이름으로 거짓 예언을 하고 있는 거짓 선지자들은 칼과 기근으로 멸망할 것이다. '그때 여호와께서 나에게 이렇게 말씀하셨다. 예언자들이 내 이름으로 거짓 예언을 하고 있다. 나는 그들을 보내지도 않았고 그들에게 명령하거나 말하지도 않았는데 그들은 자기들이 보지도 듣지도 못한 거짓된 환상과 계시를 말하고 자기들 멋대로 생각하고 조작해서 헛되고 거짓된 것을 너희에게 예언하고 있다. 그러므로 내가 보내지 않았는데도 전쟁과 기근은 이 땅에 닥치지 않을 것이다 하고 내 이름으로 예언하는 예언자들에 대하여 나 여호와가 말한다. 그들이 바로 그 전쟁과 기근으로 멸망하고 말 것이다.'**(13–16)**
- **눈물을 흘리며 기도하는 예레미야**: 예레미야는 눈물을 흘리며 버림받아 마땅하지만 주의 언약을 생각하여 용서해 달라고 기도한다.**(17–22)**

15장 중보 기도를 거절하신 하나님이 예레미야를 위로하심

- **여호와의 단호한 말씀**: '모세와 사무엘이 기도해도 안 된다.' 예루살렘을 우상으로 더럽힌 므낫세로 인해 포로로 잡혀가야 할 것을 말씀하신다.**(1–4)**
- **예루살렘의 파멸을 막을 사람은 아무도 없다**: '아들을 일곱이나 둔 여인도 아들을 잃고 기절할 것이다. 그 여인에게 대낮은 이미 칠흑 같은 밤이다. 그 여인은 비천한 신세가 될 것이다. 살아남은 자식들은, 원수들이 보는 앞에서 칼에 맞아 죽게 하겠다. 나 주의 말이다.'**(5–9)**
- **예레미야의 탄식과 하나님의 위로**: 예레미야는 하도 안타까워 탄식한다. 하나님은 너를 악한 자의 손에서 구원할 것이라고 위로하신다. '아! 어머니 원통합니다. 왜 나를 낳으셨습니까? 온 세상이 다 나에게 시비를 걸어오고, 싸움을 걸어옵니다. 나는 아무에게도 빚을 진 일도 없고, 빚을 준 일도 없는데, 모든 사람이 다 나를 저주합니다 (…) 주님, 주님께서는 저를 아시니, 저를 잊지 말고 돌보아 주십시오. 저를 핍박하는 사람들에게 원수를 갚아 주십시오! 주님께서 진노를 오래 참으시다가 그만,

저를 잡혀 죽게 하시는 일은 없게 하여 주십시오. 제가 주님 때문에 이렇게 수모를 당하는 줄을, 주님께서 알아주십시오 (…) 나 주가 말한다. 네가 돌아오면, 내가 너를 다시 맞아들여 나를 섬기게 하겠다. 또 네가 천박한 것을 말하지 않고, 귀한 말을 선포하면, 너는 다시 나의 대변자가 될 것이다. 너에게로 돌아와야 할 사람들은 그들이다. 네가 그들에게 돌아가서는 안 된다 (…) 내가 너를 악인들의 손에서도 건져내고, 잔악한 사람들의 손에서도 구하여 내겠다.'**(10–21)**

16장 바벨론에 의한 유다의 심판은 돌이킬 수 없다.

- **다가오는 재난에 대한 상징적 금기 사항**: 다가오는 재난에서는 모든 정상적 관계가 파기될 것임을 상징적으로 보여 주기 위해 예레미야의 개인적 삶에 3가지 금기를 둔다. 1) 결혼하지 말라. 2) 초상집에 가지 말라. 3) 잔칫집에 가지 말라. 모든 것이 파기되어 그런 일이 없을 것을 암시한다.**(1–9)**
- **돌이킬 수 없는 유다의 심판**: 재앙의 원인은 1) 우상숭배 2) 불순종 때문이다. '그러므로 내가 너희를 이 땅에서 쫓아내어, 너희가 알지 못하는 땅, 너희 조상도 알지 못하던 땅에 이르게 하겠다. 그러면 너희가 거기에서, 낮이나 밤이나 다른 신들을 섬길 것이며, 나는 너희에게 다시는 긍휼을 베풀지 않을 것이다.'**(10–13)**
- **출 바벨론**: 애굽에서 구원하셨던 여호와께서 다시 바벨론으로부터 구해 내어 가나안 땅으로 복귀시키심으로 여호와의 능력을 알도록 하실 것이다. '그러므로 보아라, 내가 그들에게 알리겠다. 이번에는 나의 권세와 능력을 그들에게 알려서, 나의 이름이 주라는 것을 그들이 깨닫게 하겠다.'**(14–21)**

17장 참 하나님과 성경적 삶을 강조함

- **심판의 필연성과 회복**: 우상숭배로 인한 유다 심판의 필연성을 재차 강조하며 여호와를 의뢰하는 사람은 복을 받을 것이라고 한다. '유다의 죄는 그들의 마음 판에 철필로 기록되어 있고, 금강석 촉으로 새겨져 있다. 그들의 제단 뿔 위에도 그 죄가 새겨져 있다 (…) 그리고 너는, 네 몫으로 받은 땅에서 쫓겨날 것이며, 네가 알지도 못하는 땅으로 끌려가서, 네 원수를 섬기게 될 것이다. 너희가 나의 분노를 불처럼 타오르게 하였으니, 이 분노의 불이 영원히 꺼지지 않을 것이다 (…) 그러나 주님을 믿고 의지하는 사람은 복을 받을 것이다. 그는 물가에 심은 나무와 같아서 뿌리를 개울가로 뻗으니, 잎이 언제나 푸르므로, 무더위가 닥쳐와도 걱정이 없고, 가뭄이 심해도, 걱정이 없다. 그 나무는 언제나 열매를 맺는다.'(1–8)
- **마음과 행위가 문제다**: '그 무엇보다도 거짓되고 부패한 것은 사람의 마음이다. 누가 그런 마음을 알 수 있겠는가? 그러나 나 여호와는 마음을 살피고 그 깊은 동기를 조사해서 각 사람이 행한 대로 갚아 주겠다.'(9–11)
- **예레미야의 탄원**: 여호와의 말씀이 어디 있느냐고 조롱하는 자들에게 재앙을 내려 달라고 울부짖는 예레미야. '나를 박해하는 자들이 수치를 당하게 하시고 내가 수치를 당하는 일이 없게 하소서. 그들을 놀라게 하시고 나는 놀라지 않게 하시며 재앙을 내리셔서 그들을 아주 없애 버리소서.'(12–18)
- **안식일을 지키라**: 여호와께서 하나님의 말씀에 순종하고 안식일을 지키라고 명하신다. '그러나 만일 너희가 내 말에 불순종하여 안식일을 거룩하게 지키지 않고 안식일에 짐을 지고 예루살렘 성문으로 들어오면 내가 성문에 불을 놓아 예루살렘 궁전을 삼켜 버릴 것이니 그 불이 꺼지지 않을 것이다.'(19–27)

18장 토기장이 비유로 하나님의 주권적 통치를 말함 그리고 여호와의 심판과 백성의 반응

- **토기장이의 예를 바유로 하나님의 주권적 통치를 말하고 심판을 선언한다**: '이스라엘 백성들아, 내가 너희에게 이 토기장이가 하듯이 할 수 없겠느냐? 진흙이 토기장

이의 손 안에 있는 것처럼 너희는 내 손 안에 있다 (…) 그러므로 이제 너는 유다와 이스라엘 백성에게 나 여호와가 이렇게 말한다고 일러라. 보라, 내가 너희에게 재앙을 내려 너희를 벌하려고 한다. 그러므로 너희는 모두 악한 길에서 돌아서고 너희 태도와 행실을 바르게 고쳐라. 그러나 그들은 소용없는 일이다. 우리는 우리 계획대로 진행할 것이며 각자 우리 마음의 악한 고집대로 하겠다. 하고 대답할 것이다.'(1–12)

- **백성들의 반응과 예레미야의 선지자적 선언**: 백성들은 오히려 예레미야를 혀로서 공격하자(오늘의 SNS) 예레미야는 하나님께 심판해 줄 것을 요구한다. '그때 백성들이 이렇게 말하였다. 자, 우리가 음모를 꾸며 예레미야를 해치자. 그가 아니라도 우리에게는 율법을 가르치는 제사장들이 있고 묘책을 말해 주는 지혜로운 자들이 있으며 하나님의 말씀을 선포해 주는 예언자들이 있다. 우리가 그를 공박하고 그가 하는 말에 귀를 기울이지 말자 (…) 그러나 여호와여, 주께서는 나를 죽이려는 그들의 음모를 다 알고 계십니다. 그들을 용서하지 마시며 그들의 죄를 주 앞에서 지우지 마시고 주께서 분노하실 때 그들이 주 앞에서 망하게 하소서.'(13–23)

19장

예레미야는 이번에는 깨어진 오지병의 비유를 통해 거듭해서 유다의 심판과 파멸을 예언한다.

- **재앙을 선포하라**: 여호와께서 예레미야에게 토기장이의 옹기를 사고 백성의 어른들과 제사장의 어른 몇 사람과 힌놈의 아들 골짜기로 가서 재앙을 선포하라고 명한다. 재앙의 이유는 우상숭배 때문이다. '내가 또 이 성을 황폐하게 하여 조소의 대상이 되게 할 것이니 지나가는 사람마다 그들이 당한 재앙을 보고 놀라며 비웃을 것이다. 적들이 그 성을 포위하고 있을 때 성 안에 갇혀 있는 사람들은 식량이 떨어져 먹을 것이 없으므로 자기 친구들과 자식들까지 잡아먹을 것이다.'(1–9)
- **깨어진 오지병의 비유를 통한 유다의 파멸**: '그리고서 너는 함께 가는 자들이 지켜보는 가운데서 그 질그릇을 깨뜨리고 그들에게 이렇게 말하라. 이것은 전능하신 여

호와의 말씀이오. 사람이 한번 깨뜨리면 다시 주워 붙일 수 없는 토기장이의 이 질그릇처럼 내가 이 백성과 이 성을 박살내겠다 (…) 전능하신 여호와 이스라엘의 하나님이 이렇게 말씀하셨습니다. 보라, 내가 이 성과 모든 인근 부락에 이미 선언한 재앙을 내리겠다. 이것은 그들이 고집을 피우며 내 말을 들으려 하지 않았기 때문이다.'(10–15)

20장 당시의 제사장 바스훌이 예언하는 예레미야를 핍박함

- **예레미야를 핍박하는 제사장 바스훌**: 여호야김 때의 성전 총감독이며 제사장 바스훌(21장의 바스훌과는 동명이인)이 예레미야의 멸망 예언을 듣고 민심 혼란 죄로 예레미야를 때리고 밤새도록 나무 고랑에 채워 두는 핍박을 행한다.(1–2)
- **바스훌에서 미골밋사빕으로**: '다음 날 바스훌이 예레미야를 그 쇠고랑에서 풀어 주자 예레미야가 그에게 이렇게 말하였다. 여호와께서 네 이름을 바스훌(평강과 평화)이라고 부르지 않고 사망의 두려움을 뜻하는 마골밋사빕으로 고치셨다. 바스훌아, 너와 너의 모든 집안사람들이 포로가 되어 바빌로니아로 끌려가 거기서 죽어 묻힐 것이며 또 너의 거짓된 예언을 들은 네 친구들도 그렇게 될 것이다.'(3–6)
- **연약한 인간 모습의 예레미야**: 예레미야는 하나님이 하라고 해서 예언했는데 사람들이 믿지 않고 조롱하니 더 이상 예언하고 싶지 않다고 불평하며 생일까지 저주했다. 예레미야의 연약한 인간적 모습을 볼 수 있다. '내가 무엇 때문에 태에서 나와 이런 고생과 슬픔을 겪으며 수치 가운데서 나날을 보내는가?'(7–18)

21장 마지막 왕 시드기야가 예레미야에게 도움을 청하나 예레미야는 바벨론에 대항하지 말 것이나 결국에는 바벨론에 포로가 될 것이라 예언한다.

IV 선지서

🔔 21–39장은 주로 여호아하스로부터 시드기야 통치 기간 중의 예언이다.

- **예레미야에게 도움을 청하는 시드기야**: 시드기야는 BC 588년 바벨론 느부갓네살 왕으로부터 침략을 받자 예레미야를 부른다. 그는 본래 느부갓네살에 의해 옹립되었으나 애굽, 암몬, 두로, 모압, 시돈 등과 동맹을 맺어 바벨론에 반란을 꾀했다. 그러나 상황이 다급해지자 자신이 투옥했던 예레미야에게 특사를 보내어 도움을 청한다. '바빌로니아의 느부갓네살왕이 우리를 공격해 오는데 당신은 우리를 위해서 여호와께 물어 보시오. 어쩌면 여호와께서 옛날처럼 우리를 도와 기적을 베푸셔서 느부갓네살왕이 물러가도록 하실지도 모릅니다.'**(1–2)**
- **바벨론에 투항할 것을 권하는 예레미야**: 예레미야는 두 길, 생명의 길과 사망의 길을 제시하면서 바벨론에 대항하지 말고 투항할 것을 권고하나 결국은 예루살렘이 바벨론 왕의 손에 넘기게 될 것이라고 예언한다. '여호와께서 나에게 말씀하셨다. 너는 이 백성에게 나 여호와가 이렇게 말한다고 일러라. 내가 너희에게 두 가지 길, 곧 사는 길과 죽는 길을 제시한다. 누구든지 이 성에 머물러 있는 자는 전쟁과 굶주림과 전염병으로 죽을 것이다. 그러나 너희를 포위하고 있는 바빌로니아군에게 나가서 항복하는 자는 살 것이며 적어도 목숨만은 구하게 될 것이다.'**(3–14)**

22장 유다의 말기 악한 왕들 – 시드기야, 여호아하스. 여호야김, 여호야긴 – 에 대한 심판 이야기

- **시드기야와 다윗 왕조의 멸망 예언**: 예레미야는 정의와 공의를 행하지 않고 하나님의 행동 지침을 따르지 않은 시드기야 왕을 비롯한 다윗 왕조는 바벨론에 의해 멸망할 것을 예언한다. '많은 외국 사람들이 이 성을 지나가면서 어째서 여호와께서는 이 큰 성에 이렇게 하셨는가? 하고 서로 물을 것이며 대답하는 자는 그들이 자기들의 하나님 여호와와 맺은 계약을 어기고 다른 신들에게 절하며 섬겼기 때문이다 하고 말할 것이다.'**(1–9)**

- **여호아하스에 대한 예언**: 우상 숭배한 17대 여호아하스(샬룸)는 잡혀간 곳에서 죽을 것이다. '너희는 죽은 왕 때문에 울지 말며, 그의 죽음을 슬퍼하지 말아라. 오히려, 너희는 잡혀 간 왕을 생각하고 슬피 울어라. 그는 절대로 다시 돌아오지 못한다. 다시는 고향 땅을 보지 못한다. 부왕 요시야의 대를 이어서, 유다 왕이 되어 다스리다가, 이 곳에서 포로가 되어 잡혀 간, 유다 왕 요시야의 아들 살룸을 두고 주님께서 말씀하신다. 그는 영영 이 곳으로 돌아오지 못할 것이다. 그는 잡혀 간 곳에서 죽을 것이며, 이 땅을 다시는 보지 못할 것이다.'**(10–12)**
- **여호야김에 대한 예언**: 18대 여호야김은 25세에 왕에 올라 36세에 죽었는데 노동 착취로 화려한 건축을 하는 등 정의와 공의를 행하지 않고 범죄한다. 죽은 후 슬퍼할 사람도 없을 것이다. '그러므로 유다 왕 요시야의 아들인 여호야김에 대하여 여호와께서 이렇게 말씀하셨다. 그의 죽음을 애석하게 여겨 슬프다! 내 형제여, 슬프다! 내 친구여 하거나 내 주여! 내 왕이여! 하고 부르짖고 통곡할 자가 아무도 없을 것이다. 사람들은 그의 시체를 죽은 당나귀처럼 예루살렘 문 밖으로 끌고 나가서 아무 데나 던져 버릴 것이다.'**(13–23)**
- **여호야긴에 대한 예언**: 19대 여호야긴(고니야)은 어머니와 같이 바벨론으로 포로로 잡혀가 거기서 죽을 것이며 후손이 왕위를 잇지 못할 것이다. '내가 너와 너를 낳은 네 어머니를 너희가 태어나지 않은 다른 나라로 던져 버리겠다. 너희는 모두 거기서 죽고 돌아오고 싶은 고국 땅으로 되돌아오지 못할 것이다 (…) 너희는 이 사람을 자식 없고 평생에 성공하지 못할 사람으로 기록하라. 그의 자손들 중에 다윗의 왕위에 앉아 유다를 다스릴 자가 없을 것이다.'**(24–30)**

23장

메시아에 의한 하나님 나라의 온전한 승리를 예언하며 거짓 선지자들 특히 종교 지도자들이 문제가 많음을 경고하고 있다.

- **메시아에 의한 하나님 나라의 승리 예언**: 유다의 회복과 그리스도에 의해 성취되는 메시아 왕국의 승리 예언(유다의 심판–포로 귀환–유다 회복–메시아 탄생–메시

Ⅳ 선지서

아 재림) '여호와께서 다시 말씀하신다. 때가 되면 내가 다윗의 후손 가운데 한 의로운 자를 일으킬 것이다. 그가 왕이 되어 지혜롭게 다스리며 세상에서 공정하고 옳은 일을 행할 것이다. 그때 유다는 구원을 얻고 이스라엘은 안전하게 살 것이며 그의 이름은 여호와 우리의 의라고 불려 질 것이다.'(1-8)

- **거짓 선지자들 특히 종교 지도자들에게 문제가 많음을 경고하고 있다**: '여호와께서 말씀하신다. 예언자들과 제사장들이 다 더럽혀졌으니 내가 성전에서도 그들의 악을 발견하였다 (…) 내가 사마리아 예언자들 가운데서도 역겨운 일을 보았다. 그들이 바알의 이름으로 예언하고 내 백성 이스라엘을 잘못된 길로 인도하였다. 나는 또 예루살렘 예언자들 가운데서도 끔찍한 일을 보았다. 그들은 간음하고 거짓말할 뿐만 아니라 악을 행하는 자를 그 죄에서 돌아서게 하지 않고 오히려 그들을 격려하고 칭찬하였다. 그래서 그들은 나에게 소돔 사람과 같고 예루살렘 주민은 고모라 사람과 같다 (…) 그러므로 자기들끼리 서로 말을 받아 여호와께서 말씀하셨다. 하고 혀를 놀리는 예언자들을 내가 치겠다. 나 여호와가 말한다. 보라, 거짓된 꿈을 말하고 거짓말과 헛된 자랑으로 내 백성을 미혹하는 자를 내가 칠 것이나 나는 그들을 보내지도 않았고 명령하지도 않았다. 그들은 이 백성들에게 아무런 도움도 되지 않는다. 이것은 나 여호와의 말이다.'(9-32)
- **하나님의 말씀을 망령되게 사용하지 말라**: 종교 지도자들은 〈엄한 말씀〉임을 강조하며 하나님의 말씀을 망령되이 사용하고 있다. 본문에서 〈엄한 말씀〉이라는 단어를 7차례나 사용하고 있다. 하나님의 심판이 있을 것이다. '그러나 너희는 여호와의 엄한 말씀이란 말을 입 밖에 내서는 안 된다. 만일 너희가 그렇게 하면 각자 자기가 한 말이 여호와께서 하신 말씀처럼 되어 살아 계시는 하나님, 곧 전능하신 여호와 우리 하나님의 말씀을 그르치게 될 것이다 (…) 내가 그들에게 여호와의 엄한 말씀이란 말을 사용하지 말라고 명령하였으나 그들은 계속 그 말을 쓰고 있다. 그러므로 내가 그들을 아주 잊어버리고 그들과 그 조상들에게 준 이 성과 함께 그들을 내 앞에서 내쫓아 영원히 씻을 수 없는 수치와 모욕을 당하게 하겠다.'(33-40)

24장 좋은 무화과와 나쁜 무화과의 두 무화과 광주리 비유를 통해 지금까지의 예언이 어떻게 성취될 것인가를 명확히 제시

- **좋은 무화과 비유**: '바빌로니아의 느부갓네살 왕이 유다 왕 여호야김의 아들인 여호야긴과 유다의 대신들과 목공들과 철공들을 예루살렘에서 포로로 잡아 바빌로니아로 끌고 간 후에 여호와께서 성전 앞에 무화과 두 광주리가 놓인 것을 나에게 보여 주셨다.' 좋은 무화과는 예레미야의 경고를 듣고 유다의 70년 바벨론 포로 생활이 하나님의 징계임을 깨닫고 순종한 자들로, 2차 포로 시 잡혀간 여호야긴을 비롯한 고관들이며 다시 회복될 백성들을 가리킨다.**(1–7)**
- **나쁜 무화과 비유**: 나쁜 무화과는 거짓 선지자 하나냐의 거짓 예언(렘 28:2 2년 내에 회복되리라)을 듣고 유대에 남았던 시드기야 왕 또는 애굽으로 내려간 자들로 멸절당하는 심판을 받을 것이다. '그러나 내가 유다의 시드기야왕과 그의 신하들과 그리고 이 땅에 살아 남아 있거나 이집트에 가서 사는 예루살렘 사람들을 썩어서 먹을 수 없는 이 무화과처럼 취급하여 그들이 온 세계의 반감을 사게 하고 내가 그들을 추방하는 곳마다 그들이 수치와 모욕을 당하게 하며 비웃음과 조롱거리가 되게 하고 저주를 받게 하겠다. 그리고 전쟁과 기근과 무서운 전염병을 보내 내가 그들과 그 조상들에게 준 땅에서 그들이 전멸할 때까지 그들을 칠 것이다.'**(8–10)**

25장 바벨론 포로 70년 예언과 바벨론을 비롯한 열방들의 심판 예언

- **경고를 무시하고 순종하지 않음**: '요시야의 아들인 유다의 여호야김 왕 4년, 곧 바빌로니아의 느부갓네살 왕 원년에 여호와께서 예레미야에게 모든 유다 백성에 관하여 말씀하셨다.' 요시야 왕 13년부터 여호야김 4년까지 23년 동안 선지자들을 통해 바벨론 포로로 잡혀갈 것을 말씀했으나 순종하지 않았다. '너희는 다른 신을 따라다

니며 섬기거나 경배하지 말며 너희 손으로 만든 것으로써 나의 노여움을 일으키지 말라 그리하면 내가 너희를 해하지 아니하리라 하였으나 너희가 내 말을 순종하지 아니하고 너희 손으로 만든 것으로써 나의 노여움을 일으켜 스스로 해하였느니라 여호와의 말씀이니라.'(1–7)

- **70년간 바벨론 포로가 될 것을 예언**: '이 모든 땅이 폐허가 되어 놀랄 일이 될 것이며 이 민족들은 칠십 년 동안 바벨론의 왕을 섬기리라.'(8–11)
- **우주적 심판 선언**: 진노의 잔을 예루살렘이 마시기 시작한 후 열방들(애굽, 블레셋, 에돔, 모압, 암몬, 두로, 시돈 (…) 등)이 마시고 난 후 70년이 되면 마지막으로 바벨론이 마셔 멸망할 것을 예언한다. 우주적 심판이 선언되었다.(12–38)

26장

제사장들, 선지자들 그리고 백성들은 예레미야의 예루살렘 함락 예언들 듣고 예레미야를 죽이려 했으나 몇 장로의 변호와 아히감의 도움으로 살아난다.

🔔 26–29장은 예레미야의 메시지에 대한 반응에 초점을 맞춘다.

- **실로처럼 무너질 예루살렘 예언**: 여호야김 왕이 다스리기 시작한 즉위 초에 이 말씀이 임하였다(BC 609–608). 예레미야가 하나님의 말씀에 순종하지 않으면 성전이 실로처럼 무너질 것이라 예언한다. '내가 너희에게 나의 종 선지자들을 꾸준히 보내 그들의 말을 순종하라고 하였으나 너희는 순종하지 아니하였느니라. 내가 이 성전을 실로 같이 되게 하고 이 성을 세계 모든 민족의 저줏거리가 되게 하리라 하셨느니라.' (실로는 BC 1075년경 블레셋에 의해 무너짐.)(1–6)
- **예레미야를 죽이려 드는 사람들**: 예레미야의 성전 파멸에 관한 예언을 들은 제사장들과 선지자들, 백성들은 예레미야를 죽여야 한다고 한다. '예레미야가 여호와께서 명령하신 말씀을 모든 백성에게 전하기를 마치매 제사장들과 선지자들과 모든 백성이 그를 붙잡고 이르되 네가 반드시 죽어야 하리라.'(7–11)

- **예레미야는 하나님의 말씀을 청종하라고 한다**: '그러므로 이제 여러분은 여러분의 생활 태도와 행실을 고치고 여러분의 하나님 여호와께 순종하십시오. 그러면 여호와께서 뜻을 돌이켜 여러분에 대하여 선언하신 재앙을 내리지 않으실 것입니다. 내가 여러분의 손 안에 있으니 여러분의 생각에 좋을 대로 하십시오. 그러나 이것만은 여러분이 분명히 알아야 합니다. 만일 여러분이 나를 죽이면 죄 없는 사람을 죽이고 피 흘린 그 책임이 여러분과 이 성과 이 성에 사는 모든 사람들에게 돌아갈 것입니다. 이것은 나를 보내셔서 여러분에게 이 모든 말을 하게 하신 분이 바로 여호와이시기 때문입니다.'**(12–15)**
- **예레미야를 위한 변호와 구원**: 장로 몇 사람이 히스기야 시대의 '미가'와 여호야김 때의 '우리야'의 예를 들어 예레미야를 변호한다. '아히감'이 도와주어 예레미야는 살 수 있었다.**(16–24)**
- **미가의 경우**: 히스기야 왕과 그 백성들은 예레미야 말과 비슷한 메시지를 미가 선지자로부터 들었으나 거부하기는커녕 여호와를 두려워하고 은혜를 구함(왕하 18:3–6, 미 1:1, 3:12).**(18–19)**
- **우리야의 경우**: 예레미야와 유사한 메시지를 전한 우리야는 애굽으로 도망갔으나 여호야김 왕에 의해 죽임을 당함.**(20–23)**
- **아히감**: 아히감은 예루살렘 함락 이후 느부갓네살에 의해 그곳 총독으로 임명된 그다랴의 부친인 듯하다(40:5). 아히감의 도움으로 예레미야는 우리야와 같은 상황을 모면했다.**(24)**

27장

예레미야는 유다 시드기야 왕과 반 바벨론 동맹을 맺으려는 에돔, 모압, 시돈, 암몬이 바벨론 왕을 섬겨야 살 것이라고 말한다. 거짓 선지자들은 그렇지 않다고 예언하나 믿지 말라고 하며 예레미야는 거짓 선지자들과 대립한다. 여호와의 마지막 말씀은 성전의 부수적인 소 기구들과 왕궁의 기구들이 거짓 예언자들의 예언에도 불구하고 바벨론으로 옮겨지리라고 함

- **예레미야에게 임한 말씀**: '유다의 왕 요시야의 아들 여호야김이 다스리기 시작할 때에 여호와께서 말씀으로 예레미야에게 임하시니라.' 여호야김은 시드기야의 오류이다.**(1)**
- **바벨론에게 항복하라는 예레미야의 전언**: '너는 여러 줄과 멍에를 만들어 네 목에 걸고 시드기야왕을 만나러 예루살렘에 온 사신들에게 그것을 주어 에돔과 모압과 암몬과 두로와 시돈 왕들에게 전하게 하고 (…) 나 여호와가 말한다. 바빌로니아의 느부갓네살왕을 섬기지 않거나 그의 멍에를 메지 않는 나라나 백성은 내가 느부갓네살왕을 통해 그들을 전멸시킬 때까지 전쟁과 기근과 질병으로 그들을 벌할 것이다. 너희는 바빌로니아 왕을 섬기지 않을 것이라고 말하는 너희 예언자나 말을 듣지 말아라 (…) 그리고서 나는 제사장들과 모든 백성들에게 말하였다. 여호와께서 이렇게 말씀하셨습니다. 너희는 성전 기구들을 바빌로니아에서 다시 가져오게 될 것이라고 말하는 예언자들의 말을 듣지 말아라. 그들은 너희에게 거짓 예언을 하고 있다. 너희는 그들의 말을 듣지 말고 바빌로니아 왕을 섬겨라. 그러면 너희가 살게 될 것이다. 이 성이 황폐해져야 할 이유가 무엇이냐?'**(2–22)**

28장 포로들이 2년 안에 돌아올 것이라는 거짓 선지자와 예레미야의 대립 논쟁

- **거짓 선지자 하나냐와 예레미야**: 시드기야 통치 4년 다섯째 달(BC 583, 8–9월)에 거짓 선지자 하나냐가 성전에서 예레미야에게 말한다. 하나냐는 1, 2차 포로(BC 605, BC 597)로 잡혀간 포로들이 바벨론에서 2년 안에 돌아올 것이라 거짓 예언했고 예레미야는 참 예언인지는 예언 성취 여부에 달린 것이라 했으나 하나냐는 계속 고집한다.**(1–11)**
- **거짓 선지자 하나냐의 말로**: 예레미야는 하나냐가 거짓을 예언하고 있고 금년에 죽을 것이라 말했고 그 해 일곱째 달에 죽었다. '예언자 예레미야는 예언자 하나냐에게 말하였다. 하나냐는 똑똑히 들으시오. 주님께서는 당신을 예언자로 보내지 않으

셨는데도, 당신은 이 백성에게 거짓을 믿도록 하였소. 그러므로 주님께서 이렇게 말씀하셨소. 내가 너를 이 지면에서 영영 없애 버릴 것이니, 금년에 네가 죽을 것이다. 네가 나 주를 거역하는 말을 하였기 때문이다. 예언자 하나냐가 바로 그 해 일곱째 달에 죽었다.'(12–17)

29장 포로 중에 있는 거짓 예언자들과의 편지를 통한 논쟁

- **예레미야가 바벨론 포로에게 편지를 보낸다**: 예레미야는 바벨론에 머무는 것은 하나님의 계획에 의한 것이며 보내신 곳에서 열심히 살라고(집을 짓고, 결혼하고, 거기에서 번성하고, 바벨론의 평안을 위해 기도하고, 거짓 예언자를 믿지 말라고) 권면하고 70년이 차면 돌아올 것이며, 포로로 잡혀가지 않은 사람들은 하나님 말씀에 순종하지 않았기 때문에 칼과 기근과 전염병 그리고 세계 여러 나라에 흩어져 학대를 당할 것이고 거짓 선지자 아합과 시드기야는 죽을 것이라 전했다.(1–23)
- **거짓 선지자 스마야**: 거짓 선지자 스마야는 예루살렘 스바냐 제사장에게 예레미야가 바벨론 포로들에게 '아직 멀었으니 바벨론에 정착해서 살라'는 엉터리 예언을 하고 있으니 처벌해 달라는 편지를 했다. 스바냐가 스마야의 편지를 예레미야에게 읽어 줄 때에 하나님의 말씀이 있었다. '내가 스마야를 예언자로 보내지 않았는데 거짓 예언을 하고 있으니 벌하고 멸절할 것'이라는 편지를 포로들에게 보내라고 하셨다.(24–32)

🔔 우리는 많은 메시지를 듣고 산다. 모두가 올바른 메시지라고 주장한다. 올바른 판단이 필요하다.

IV 선지서

유다의 회복과 새 언약

30장

이스라엘과 유다의 회복이 성취되고 궁극에는 메시아 시대가 도래할 것이다.

🔔 30, 31장은 2차 바벨론 포로 사건이 있은 지 얼마 되지 않아 전달된 것 같다. 1) 바벨론 포로에서의 해방 예언과 동시에 2) 종말론적 해방과 궁극적 회복을 암시한다.

🔔 하나님 백성을 향한 회복과 갱신의 약속으로 4번(30:22, 31:1, 31:33, 32:38)이나 '너희는 내 백성이 되겠고 나는 너희들의 하나님이 되리라'라는 말씀이 주어진다.

- **이스라엘과 유다를 환난에서 구하여 낼 것(포로 귀환)을 예언한다**: '여호와의 말씀이니라. 보라 내가 내 백성 이스라엘과 유다의 포로를 돌아가게 할 날이 오리니 내가 그들을 그 조상들에게 준 땅으로 돌아오게 할 것이니 그들이 그 땅을 차지하리라 여호와께서 말씀하시니라.'**(1–7)**
- **회복의 목적**: 다시는 이방인을 섬기지 않고 하나님과 메시아(다윗으로 표현)만을 섬길 것이다.**(8–9)**
- **이스라엘에 대한 징계**: 모든 이방을 멸망시켜도 이스라엘만은 멸망시키지 않을 것이나 법에 따라 징계할 것이다. '이는 여호와의 말씀이라 내가 너와 함께 있어 너를 구원할 것이라 너를 흩었던 그 모든 이방을 내가 멸망시키리라 그럴지라도 너만은 멸망시키지 아니하리라 그러나 내가 법에 따라 너를 징계할 것이요 결코 무죄한 자로만 여기지는 아니하리라.'**(10–11)**
- **이스라엘에 대한 치료**: 이스라엘이 죄로 인해 고칠 수 없는 상처를 받았으나 하나님께서 치료해 주실 것이다.**(12–17)**

- **하나님의 확실한 약속**: 포로에서 돌아오는 것은 물론 궁극에는 메시아가 오실 것이다. '너희는 내 백성이 되겠고 나는 너희들의 하나님이 되리라.'(18–24)

31장 이스라엘과 유다의 회복 약속 그리고 메시아로 말미암아 도래할 새 언약 시대의 계시

- **하나님의 확실한 약속**: 여호와의 말씀이니라. 그때에 '내가 이스라엘 모든 종족의 하나님이 되고 그들은 내 백성이 되리라.'(1)
- **북 이스라엘의 회복**: 북 이스라엘도 단과 벧엘의 금송아지가 아니라 시온에 올라 하나님 여호와를 찾을 것이다. '처녀 이스라엘아, 내가 너를 일으켜 세우겠으니, 네가 다시 일어날 것이다. 너는 다시 너의 소고를 들고, 흥에 겨워 춤을 추며 나오게 될 것이다. 내가 너로 다시 사마리아 산마다 포도원을 만들 수 있게 하겠다. 포도를 심은 사람이 그 열매를 따 먹게 하겠다. 에브라임 산에서 파수꾼들이 어서 시온으로 올라가 주 우리의 하나님 앞으로 나아가자! 하고 외치는 날이 반드시 올 것이다.'(2–6)
- **회복 후의 감격과 기쁨**: 장차 회복될 이스라엘로 인한 감격과 기쁨을 여러 민족 앞에서 외치고 찬양하라고 여호와께서 말씀하신다.(7–14)
- **북 이스라엘의 귀환 선포**: 여호와께서 BC 722년 포로로 잡혀갔던 북 이스라엘의 귀환을 선포하신다. 여호와가 라헬이 라마에서 그의 자식 곧 에브라임과 므낫세로 인해 통곡하는 소리를 듣고 말씀하신다. '여호와께서 이와 같이 말씀하시니라 네 울음소리와 네 눈물을 멈추어라 네 일에 삯을 받을 것인즉 그들이 그의 대적의 땅에서 돌아오리라 여호와의 말씀이니라. 너의 장래에 소망이 있을 것이라 너의 자녀가 자기들의 지경으로 돌아오리라 여호와의 말씀이니라.'(15–22)
- **유다 민족의 회복**: 이어서 여호와께서는 유다 민족의 회복을 말씀하신다. '만군의 주, 이스라엘의 하나님이 말한다. 내가 포로로 잡혀 간 사람들을 돌아오게 할 때에, 사람들은 유다 땅과 유다의 성읍에서 이런 말을 다시 하게 될 것이다. 너 정의의 보

IV 선지서

금자리, 거룩한 산이여, 주님의 복을 받아라. 그 때에는 유다와 그 모든 성읍에 사람들이 이주하여 살고, 농부들도 농촌에 모여 살고, 유랑하는 목자들도 가축 떼를 몰고 다닐 것이다.'**(23-26)**

- **조상의 죄를 묻지 않을 것이다**: 또 여호와께서 말씀하신다. 과거 조상의 죄를 묻지 않고 이스라엘과 유다를 새롭게 일으키실 것을 말씀하신다. '여호와의 말씀이니라. 보라 내가 사람의 씨와 짐승의 씨를 이스라엘 집과 유다 집에 뿌릴 날이 이르리니 깨어서 그들을 뿌리 뽑으며 무너뜨리며 전복하며 멸망시키며 괴롭게 하던 것과 같이 내가 깨어서 그들을 세우며 심으리라 여호와의 말씀이니라. 그 때에 그들이 말하기를 다시는 아버지가 신 포도를 먹었으므로 아들들의 이가 시다 하지 아니하겠고 신 포도를 먹는 자마다 그의 이가 신 것 같이 누구나 자기의 죄악으로 말미암아 죽으리라.'**(27-30)**
- **여호와께서 이스라엘과 유다와 새 언약을 맺으신다**: '여호와의 말씀이니라 보라 날이 이르리니 내가 이스라엘 집과 유다 집에 새 언약을 맺으리라. 이 언약은 내가 그들의 조상들의 손을 잡고 애굽 땅에서 인도하여 내던 날에 맺은 것과 같지 아니할 것은 내가 그들의 남편이 되었어도 그들이 내 언약을 깨뜨렸음이라 여호와의 말씀이니라. 그러나 그 날 후에 내가 이스라엘 집과 맺을 언약은 이러하니 곧 내가 나의 법을 그들의 속에 두며 그들의 마음에 기록하여 나는 그들의 하나님이 되고 그들은 내 백성이 될 것이라 여호와의 말씀이니라.'**(31-34)**
- **하나님의 확실한 약속**: '그러나 그날 후에 내가 이스라엘 집과 맺을 언약은 이러하니 곧 내가 나의 법을 그들의 속에 두며 그들의 마음에 기록하여 나는 그들의 하나님이 되고 그들은 내 백성이 될 것이라 여호와의 말씀이니라.'**(35-37)**
- **예레미야는 예루살렘의 재건을 언급한다**: '보라, 날이 이르리니 이 성은 하나넬 망대로부터 모퉁이에 이르기까지 여호와를 위하여 건축될 것이라 여호와의 말씀이니라. 측량줄이 곧게 가렙 언덕 밑에 이르고 고아로 돌아 시체와 재의 모든 골짜기와 기드론 시내에 이르는 모든 고지 곧 동쪽 마문의 모퉁이에 이르기까지 여호와의 거룩한 곳이니라. 영원히 다시는 뽑거나 전복하지 못할 것이니라.'**(38-40)**

새 언약

(나는 그들의 하나님이 되고 그들은 내 백성이 될 것이라.)

- 구약에서 새 언약을 언급한 곳은 예레미야 31:31–34 이외에 이사야 55:3, 61:8과 에스겔 36:25–28에서도 언급하고 있다.
- 첫 언약은 출애굽기에서 신명기까지 나오는 모세 언약을 가리킨다. 이 언약은 BC 586년 예루살렘의 파멸로 마지막 저주가 성취되었다.
- 새 언약의 선언 배경은 여호와께서 이스라엘 백성을 애굽에서 건져 냈음에도 불구하고 계속 불순종했기 때문이다.
- 첫 언약이 돌 판이나 책에 기록된 것과는 달리 새 언약은 마음에 기록된다.
- 새 언약은 예수님이 우리 죄를 위하여 피 흘리심, 곧 십자자로부터 시작한다.
- 새 언약은 은혜의 언약(비교: 창조의 은혜)이다. 이 은혜는 모두에게 주어진다. 백성들이 이미 하나님을 잘 알고 있기 때문에 새삼스럽게 그들을 권면해서 주님을 알도록 할 필요가 없다. (렘 31:34 그들이 다시는 각기 이웃과 형제를 가리켜 이르기를 너는 여호와를 알라 하지 아니하리니 이는 작은 자로부터 큰 자까지 다 나를 알기 때문이라 내가 그들의 악행을 사하고 다시는 그 죄를 기억하지 아니하리라 여호와의 말씀이니라. 사 11:9 내 거룩한 산 모든 곳에서 해됨도 없고 상함도 없을 것이니 이는 물이 바다를 덮음 같이 여호와를 아는 지식이 세상에 충만할 것임이니라. 합 2:14 이는 물이 바다를 덮음 같이 여호와의 영광을 인정하는 것이 세상에 가득함이니라.)
- 새 언약은 이스라엘이 그들의 하나님께로 되돌아올 천년왕국 때 완전히 성취될 것이다.

32장

바벨론 군대가 예루살렘을 포위하고 있는 상황에서 예레미야는 하나님의 명령에 따라 아나돗의 땅을 매입한다. 이런 행동은 하나님의 귀환과 회복 약속이 틀림없음을 보여 준다.

- **여호와의 말씀이 주어진 시기**: 시드기야 왕 열째 해(BC 587)에 임한 여호와의 말씀이다. 바벨론 군대가 예루살렘을 포위(포위 기간은 BC 588, 1, 5–586, 7, 18)하고 있었고 예레미야는 궁중에 있는 시위대 뜰에 갇혀 있었다.**(1–2)**
- **예레미야의 감금 이유**: 예레미야가 유다가 바벨론 손에 넘어가고 시드기야는 잡혀갈 것이라 예언했기 때문이다. '보라 내가 이 성을 바벨론 왕의 손에 넘기리니 그가 차지할 것이며 유다 왕 시드기야는 갈대아인의 손에서 벗어나지 못하고 반드시 바벨론 왕의 손에 넘겨진바 되리니 입이 입을 대하여 말하고 눈이 서로 볼 것이며 그가 시드기야를 바벨론으로 끌어가리니 시드기야는 내가 돌볼 때까지 거기에 있으리라 여호와께서 이와 같이 말씀하시니라 너희가 갈대아인과 싸울지라도 승리하지 못하리라 하셨다 하였더니 유다 왕 시드기야가 이르되 네가 어찌하여 이같이 예언하였느냐 하고 그를 가두었음이었더라.'**(3–5)**
- **아나돗 땅의 매입**: 예레미야가 전쟁 통에 아나돗의 땅을 매입하는 행위를 통해 하나님의 회복 약속이 신실하신 것임을 보인다. '보라 네 숙부 살룸의 아들 하나멜이 네게 와서 말하기를 너는 아나돗에 있는 내 밭을 사라 이 기업을 무를 권리가 네게 있느니라 하리라 하시더니 (…) 만군의 여호와 이스라엘의 하나님께서 이와 같이 말씀하시니라. 사람이 이 땅에서 집과 밭과 포도원을 다시 사게 되리라 하셨다 하니라.'**(6–15)**
- **예레미야의 기도**: 예레미야는 토지 매입을 끝내고 나서 애굽 당에서 인도해 내시고 가나안 땅을 주셨던 여호와께 기도한다. '슬프도소이다 주 여호와여 주께서 큰 능력과 펴신 팔로 천지를 지으셨사오니 주에게는 할 수 없는 일이 없으시니이다.'**(16–23)**
- **바벨론의 포위 공격**: 예레미야가 기도드릴 때 이미 포위 공격이 이루어지고 있었다. '보십시오. 바빌로니아 사람들이 이 성을 점령하려고 공성용 흉벽을 쌓았습니다. 전쟁과 기근과 질병 때문에 이 성은 그들의 손아귀에 들어가게 될 것입니다. 보

시는 대로 주께서 말씀하신 것이 다 이루어졌습니다. 주 여호와여, 이 성이 바빌로니아 사람들의 손에 넘어가게 되었는데 주는 나에게 밭을 사고 증인을 세우라고 말씀하셨습니다.'(24-25)

- **성이 심판 후에 회복될 것이다 – 하나님의 확실한 약속**: '나는 여호와이며 온 인류의 하나님이다. 나에게 어려워서 못할 일이 있겠느냐? (…) 그들은 이 성에 불을 놓아 성을 태울 것이며 또 지붕 위에서 바알에게 분향하고 다른 신들에게 술을 따라 제사를 지내므로 나의 분노를 일으킨 모든 집들도 함께 태워 버릴 것이다 (…) 내가 분노하여 추방시킨 그 모든 나라에서 그들을 다시 모으고 이곳으로 인도하여 그들이 여기서 안전하게 살게 하겠다. 그들은 내 백성이 되고 나는 그들의 하나님이 될 것이다.'(26-41)
- **다시 밭을 사게 되는 시대의 도래**: '내가 이 백성에게 이 모든 재앙을 내린 것처럼 내가 약속한 온갖 좋은 것도 그들에게 주겠다. 그들은 이곳이 사람이나 짐승이 살지 않는 황폐한 땅이 되어 바빌로니아 사람들의 손에 넘어갈 것이라고 말하고 있다. 그러나 이 땅에서 다시 밭을 사고파는 일이 있을 것이다. 사람들은 밭을 사고 매매 계약서를 작성하여 봉하고 증인을 세울 것이다. 베냐민 땅과 예루살렘 주변 부락들과 유다의 성들과 산간 지대의 성들과 저지대의 성들과 네겝 지방에서 다 그렇게 할 것이다. 이것은 내가 포로 된 백성을 그들의 땅으로 돌아오게 할 것이기 때문이다. 이것은 나 여호와의 말이다.'(42-44)

33장 유다의 회복은 틀림없다.

- **시위대 뜰에 갇혀 있을 때 예레미야에게 임한 말씀**: 예레미야가 아직도 시위대 뜰에 갇혀 있을 때 두 번째 말씀이 있었다. 유다 회복에 대한 하나님의 보증 말씀이다. '너는 내게 부르짖으라. 내가 네게 응답하겠고 네가 알지 못하는 크고 은밀한 일을 네게 보이리라(Call to me and I will answer you and tell you great and unsearchable things you do not know).'(1–3)

- **유다 회복에 대한 하나님의 보증**: 불순종으로 바벨론에 의해 멸망토록 했으나 회복될 것이다. '여호와께서 말씀하신다. 황폐하여 사람이나 짐승이 살지 않는 사막과 같은 이 땅에 목자들이 양떼를 쉬게 할 목장이 생길 것이다. 산간 지대의 성들과 저지대의 성들과 네겝 지방의 모든 성들과 베냐민 땅과 예루살렘 주변 부락들과 유다 성에서 목자들이 다시 자기 양떼를 셀 것이다. 이것은 나 여호와의 말이다.'(4–13)
- **메시아 예언과 제사장직에 대한 영원한 존속**: '여호와께서 다시 말씀하신다. 그때에 내가 다윗의 후손 가운데서 한 의로운 왕을 일으킬 것이니 그가 세상에서 공정하고 옳은 일을 행할 것이다 (…) 내 앞에서 번제와 소제와 그 밖의 다른 희생제물을 드리며 나를 섬기는 레위 지파의 제사장들도 끊어지지 않을 것이다.'(14–18)
- **하나님의 확언**: 하나님께서 두 번의 확언을 주심으로 그의 언약이 반드시 지켜 주실 것을 약속하셨다. 1) 주야를 바꿀 수 없다. 2) 자연 질서는 바꿀 수 없다. '나 여호와는 밤과 낮의 질서와 우주의 법칙을 만들었다. 내가 행한 일이 이와 같이 확실한 것처럼 내가 야곱과 내 종 다윗의 후손을 버리지 않고 아브라함과 이삭과 야곱의 후손을 다스릴 자를 다윗의 자손 가운데서 분명히 택할 것이다. 그리고 내가 네 백성의 이전 상태를 회복시키고 그들을 불쌍히 여길 것이다.'(19–26)

유다에 관한 예언

예루살렘 함락 이전의 이야기

34장

시드기야 왕과 백성들이 개혁 조치를 통해 하나님의 은총을 받으려고 히브리 노비를 자유롭게 하고 동족 유대인을 종으로 삼지 못하게 했으나 포위 공격이 잠정적으로 풀리자 그들의 결정을 번복하고 다시 노비를 삼는다. 결국 시드기야 왕의 포로 됨과 죽음을 선포하고 언약을 저버린 백성들이 심판받게 될 것을 예언한다.

🔔 34-36장에서는 유다의 여러 왕과 백성들의 죄로 재앙을 받는 예언이 기록되어 있으며 34장에서는 시드기야 왕과 그의 백성에 대한 하나님의 심판을 예언하고 있다.

- **시드기야 왕에 대한 예언**: 바벨론이 예루살렘을 침공해 왔을 때 시드기야 왕에게 바벨론으로 잡혀가 죽게 될 것을 예언한다.(1-7)
- **유다 백성에 대한 경고**: 동족인 히브리 남녀를 종으로 삼지 말 것을 하나님과 약속했으나 다시 약속을 어긴 유다 백성에게 경고한다. '그러므로 나 여호와가 말한다. 너희가 나에게 순종하지 않고 너희 동족에게 자유를 주지 않았으므로 이제 내가 너희에게 자유를 선언한다. 이 자유는 너희가 전쟁과 질병과 기근에서 죽는 자유이다. 내가 너희를 온 세계에 흩어 버릴 것이다. 유다와 예루살렘의 지도자들과 궁중 관리들과 제사장들과 너희 모든 백성들이 송아지를 둘로 쪼개고 그 사이를 지남으로 나와 계약을 맺었다. 그러나 너희는 그 계약을 어기고 지키지 않았다. 그러므로 너희가 송아지에게 한 것처럼 나도 너희에게 할 것이다. 내가 너희를 죽이려는 원수들에게 너희를 넘겨주겠다. 너희 시체가 공중의 새와 들짐승의 밥이 될 것이다(…) 또 내가 유다 왕 시드기야와 그의 신하들을 그들의 생명을 노리는 원수들과 너희에게서 잠시 물러간 바빌로니아 왕의 군대에게 넘겨주겠다. 내가 그들에게 명령하여 이 성에 다시 오게 할 것이니 그들이 이 성을 공격하고 점령하여 불로 태워 버릴 것이다. 내가 유다 성들을 황폐하게 하여 아무도 사는 자가 없도록 하겠다. 이것은 나 여호와의 말이다.'(8-22)

35장

레갑 족속의 신앙을 유다의 불신앙과 대조적으로 서술하였다.

- **예레미야에게 임한 여호와의 말씀**: 여호야김 때(BC 609-598) 예레미야에게 여호와의 말씀이 임한다.(1)
- **레갑 족속에 대한 포도주 시험**: 레갑 족속에게 포도주 마시도록 하는 시험을 했으

나 초지일관 선조 요나답이 포도주를 마시지 말고 유목 생활을 하라는 명령을 따르려는 모범을 보였다. 레갑 족속은 순수 유다 백성이 아니고 모세 장인이 속했던 겐 족속의 유목민이다.(2–11)

- **레갑 족속의 순종과 하나님 백성의 불순종**: 레갑 족속의 순종과 하나님께 순종하지 않는 하나님 백성을 대조한다. '레갑의 아들인 요나답의 후손들은 그들의 조상이 그들에게 준 그 명령을 지켜 행하는데 너희 백성들은 내 말을 듣지 않는구나.'(12–16)
- **레갑 족속에 대한 보상**: 예루살렘에는 선포한 모든 재앙을 내리고 레갑 족속에게는 보상할 것이라 하나님께서 말씀하신다.(17–19)

36장

예레미야는 자신이 선포한 모든 예언을 서기관 바룩에게 두루마리에 기록하고 낭독하도록 했으나 여호야김은 두루마리를 불살라 버렸다.
예레미야는 새로운 두루마리에 기록하여 재앙을 선포한다.

- **모든 예언의 말씀을 두루마리에 기록하라**: 여호야김 4년(BC 605, 바벨론이 갈그미스 전투에서 애굽을 격파 근동의 패자로 군림한 해)에 하나님으로부터 예레미야에게 말씀이 임한다. 예레미야가 소명을 받은 요시아 때(BC 627)부터 지금까지(BC 605)의 모든 예언을 바룩에게 기록하고 성전에서 백성들에게 낭독하라고 명한다. '너는 두루마리를 가져다가 요시야가 왕이 되었을 때부터 지금까지 내가 이스라엘과 유다와 모든 나라에 대하여 너에게 말한 것을 다 기록하라 (…) 그러므로 너는 금식일에 성전에 들어가서 내가 불러 준 대로 네가 두루마리에 기록한 여호와의 말씀을 백성들에게 낭독해 주고 또 유다의 여러 성에서 온 사람들에게도 그것을 낭독해 주어라.'(1–7)
- **두루마리 책의 낭독과 소각**: 두루마리의 내용을 백성과 방백들 앞에서 낭독하고 방백들은 그 내용에 대해 공감했으나 여호야김은 두루마리를 소각하고 예레미야를 체포하려고 하였다. 그러나 여호와께서 예레미야와 바룩을 숨기셨다. '너는 가서 예레미야와 함께 숨고 아무에게도 너희가 숨어 있는 곳을 알리지 말아라. 대신들은 그

두루마리를 서기관 엘리사마의 방에 두고 뜰에 있는 왕에게 가서 이 모든 것을 말하였다 (…) 여후디가 세 편 네 편씩 읽어나갈 때마다 왕은 작은 칼로 그것을 계속 잘라서 화로에 던져 넣어 결국 두루마리 전체를 다 태워 버렸다 (…) 오히려 그의 아들 여라므엘과 아스리엘의 아들 스라야와 압디엘의 아들 셀레먀에게 서기관 바룩과 나 예레미야를 잡으라고 명령하였다. 그러나 여호와께서는 우리를 숨겨 주셨다.'(8–26)

- **다시 기록된 두루마리:** 예레미야는 바룩에게 새 두루마리를 주고 추가된 이야기를 더하여 다시 기록했다. (아마도 추가된 내용은 30절 말씀일 것으로 생각된다.) '그러므로 여호와께서 유다의 왕 여호야김에 대하여 이와 같이 말씀하시니라 그에게 다윗의 왕위에 앉을 자가 없게 될 것이요 그의 시체는 버림을 당하여 낮에는 더위, 밤에는 추위를 당하리라' (여호야김의 아들 여호야긴은 불과 3달 동안 왕위에 앉기는 했으나 곧 폐위되고 바벨론 포로가 된다. 동생 시드기야로 왕은 끝난다.)**(27–32)**

유다에 관한 예언

예루살렘이 함락되는 기간
주로 예레미야가 옥에 있을 때의 이야기

37장 예레미야의 투옥 사건

- **예레미야의 예언을 듣지 않는 시드기야:** 바벨론 느부갓네살에 의해 유다 분봉 왕이 된 유다 마지막 왕 시드기야가 예레미야의 예언 말씀을 듣지 않았다.**(1–2)**
- **지하 감옥에 투옥된 예레미야:** 애굽 군대가 들어오자 전열 정비를 위해 잠시 바벨론 군대가 철수한 사이(BC 588)에 예레미야가 갈대아인들에게 항복하려 한다는 거

짓 구실로 고관들이 예레미야를 서기관 요나단의 집 지하 감옥에 투옥했다.(3–15)

- **시드기야와 만나고 지하 감옥에서 감옥 뜰로 옮겨진 예레미야**: 지하 감옥에 있은 지 며칠 후 몰래 예레미야에게 온 시드기야가 바벨론에 함락될 것이라는 이야기를 들은 후 예레미야는 감옥 뜰로 옮겨진다. '시드기야 왕이 사람을 보내 나를 이끌어 내고 왕궁으로 불러 여호와께 받은 말씀이 있느냐고 조용히 물었다. 그래서 나는 있다고 대답하며 왕은 바빌로니아 왕의 손에 넘어가게 될 것입니다. 하고 덧붙였다 (…) 그러자 시드기야왕은 나를 지하 감옥에 돌려보내지 말고 궁중 감옥에 두어 빵집 거리에서 매일 빵 한 개씩 갖다 주라고 명령하였다. 그래서 나는 성안에 빵이 다 떨어질 때까지 그 빵을 얻어먹고 그 곳에 머물러 있었다.'(16–21)

38장

예레미야가 다시 구덩이 감옥에 갇혔다가 시위대 뜰에서 예루살렘 함락의 날까지 있었다.

- **다시 구덩이 감옥에 갇힌 예레미야**: 고관들이 반드시 바벨론에 의해 멸망한다는 예레미야의 말을 듣고 시드기야 왕에게 고하여 다시 구덩이 감옥에 가두었다.(1–6)
- **구덩이에서 구해진 예레미야**: 왕궁 내시 구스인 에벳멜렉의 말을 듣고 시드기야는 30명(70인 역에서는 3명)을 보내어 죽기 전에 예레미야를 구덩이에서 구해내 시위대 뜰에 있게 하였다.(7–13)
- **시드기야와 예레미야의 두 번째 대면**: 예레미야는 시드기야의 질문에 여호와의 말씀대로 바벨론에 항복할 것을 권유했다. '그러자 예레미야가 시드기야에게 말하였다. 주 만군의 하나님, 이스라엘의 하나님께서 임금님에게 이렇게 말씀하십니다. 너는 바빌로니아 왕의 고관들에게 항복하여야 한다. 그러면 너는 너의 목숨을 구하고, 이 도성은 불에 타지 않을 것이다. 그리고 너와 너의 집안이 모두 살아남게 될 것이다. 그러나 네가 바빌로니아 왕의 고관들에게 항복하지 않으면, 이 도성이 바빌로니아 군대의 손아귀에 들어가고, 그들은 이 도성에 불을 지를 것이고, 너는 그들의 손에서 벗어날 수가 없을 것이다.' 예레미야는 함락되는 날까지 시위대 뜰에

있었다.(14–28)

39장

BC 586년 예루살렘이 함락되고 시드기야는 눈이 뽑히고 바벨론으로 잡혀간다. 예레미야는 유다의 남은 자들의 총독 그다랴와 함께 백성 가운데 살았다.

- **예루살렘 함락**: 시드기야 9년 10월에 바벨론 느부갓네살 군대가 예루살렘을 포위하고 시드기야 11년 4월 9일에 함락하였다.(1–3)
- **바벨론으로 잡혀가는 시드기야와 백성들**: 시드기야는 아라바 광야로 도망했으나 여리고 평원에서 잡혀 시드기야 눈앞에서 아들들은 죽임을 당하고 시드기야는 눈이 뽑힌 후 사슬에 묶여 바벨론으로 잡혀간다. 갈대아인들이 예루살렘의 왕궁과 집들을 불사르고 사령관 느부사라단은 빈민만을 남겨 두고 유력 인사들을 모두 사로잡아 간다.(4–10)
- **유다에 남은 자들과 함께 살게 된 예레미야**: 느부갓네살은 예레미야를 선대하라고 명하여 바벨론 고관들은 예레미야를 그다랴에 넘겨주어 백성들과 살게 된다.(11–14)
- **살아남게 된 에벳멜렉**: 예레미야가 궁중 감옥에 있을 때 구스인 에벳멜렉이 칼날에 죽임을 당하지 않고 살아서 피신하여 구원받을 것이라는 말씀을 들었었다. 앞으로 다가올 예루살렘 파멸에도 불구하고 에벳멜렉이 살아남게 되리라고 하는 약속이 여기에 언급되고 있는데, 이는 38:13과 연결되는 내용이다. 아마 이 내용이 이곳에 기록된 이유는 예레미야 자신과 함께 예레미야를 구출한 에벳멜렉 역시 예루살렘 함락에서 살아남았다는 사실을 강조하기 위함일 것 같다. 에벳멜렉이 두려워하는 자들이란 아마 38:1에 언급된 유다 고위층 인사들을 말하는 것 같다. 예레미야를 구출했던 자는 바로 이 에벳멜렉이었고 또 예레미야를 죽이려고 하는 자들이 큰 죄를 저질렀다고 왕에게 고소하였던 자가 바로 이 용기 있는 에벳멜렉이었던 것이다. 그랬기 때문에 그는 유다 방백들의 위협에 늘 시달렸을 것으로 추정된다.(15–18)

IV 선지서

예루살렘 함락 이후의 이야기

40장

예레미야는 유다 총독 그다랴와 남은 백성들과 살기로 했고 암몬 자손의 왕 바알리스가 이스마엘을 시켜 그다랴를 암살하려고 하였다.

🔔 40:1–45:5는 예루살렘 함락 후 예레미야가 겪었던 일을 기술한다. 그중 40:1–43:7은 예레미야가 유다에서 겪은 일. 43–44장은 예레미야가 애굽에 가서 계속한 예언들. 45장은 여호와가 바룩에게 하신 개인적 약속이다.

- **그다랴와 함께 살기로 결정한 예레미야**: 바벨론 군대 시위대장 느부사라단은 예레미야에게 바벨론으로 가든 유다 성읍의 총독 그다랴와 살든 선택하라고 한다. 예레미야는 그다랴와 유다 백성 속에서 살기로 결정했다.(1–6)
- **유다 총독 그다랴**: 유다 총독으로 임명된 그다랴는 남은 백성들에게 바벨론 왕을 섬기면서 사는 것이 유익할 것이라고 말한다.(7–12)
- **그다랴의 암살 음모**: 그다랴는 암몬 자손의 왕 바알리스가 이스마엘을 시켜 그를 암살하려는 음모를 갖고 있다는 정보가 있었으나 진정성이 없는 것 같다며 믿지 않았다. '그러나 아히감의 아들 그다랴가 가레아의 아들 요하난에게 이르되 네가 이 일을 행하지 말 것이니라. 네가 이스마엘에 대하여 한 말은 진정이 아니니라 하니라.'(13–16)

41장

이스마엘이 열 사람과 함께 미스바로 가서 그다랴를 칼로 쳐 죽인다. 그다랴의 살해 사건이 주도면밀하게 진행되어 아는 사람이 없었다. 따라서 남은 자들이 방황하게 되나 요하난이 맹활약을 벌인다.

- **이스마엘의 그다랴 살해**: 이스마엘이 열 사람을 데리고 그다랴와 떡을 함께 먹다가 그다랴를 살해한다. '(…) 미스바에서 함께 떡을 먹다가 느다냐의 아들 이스마엘과 그와 함께 있던 열 사람이 일어나서 바벨론의 왕의 그 땅을 위임했던 사반의 손자 아히감의 아들 그다랴를 칼로 쳐죽였고 이스마엘이 또 미스바에서 그다랴와 함께 있던 모든 유다 사람과 거기에 있는 갈대아 군사를 죽였더라.'(1–3)
- **이스마엘의 악행**: 이스마엘은 그다랴를 살해한 후 예루살렘 순례자 80명 중 70명을 죽여 구덩이에 묻는 악행을 저지른다. 아마도 자신의 그다랴를 죽인 행위가 발각되지 않기 위해 또는 이들에게서 양식을 얻기 위해 그런 행동을 했던 것 같다.(4–9)
- **암몬으로 간 이스마엘과 요하난의 지도력**: 이스마엘은 미스바에 남아 있던 백성들을 사로잡아 암몬으로 떠났고 가레아의 아들 군대 장관 요하난이 이스마엘이 행한 모든 악행을 듣고 쫓아가 잡혀가던 백성들을 구해 낸다. 이스마엘은 그다랴 살해에 적극 가담했던 8명과 그다랴 살해를 사주했던 암몬 왕에게로 간다. 요하난 일행은 잡혀가던 백성을 구해 내어 애굽으로 향하다가 베들레헴 근처 게롯김함에 머물렀다. '이는 느다냐의 아들 이스마엘이 바벨론의 왕이 그 땅을 위임한 아히감의 아들 그다랴를 죽였으므로 그들이 갈대아 사람을 두려워함이었더라.'(10–18)

IV 선지서

42장

그다랴 살해 후 요하난과 백성들은 바벨론의 보복을 두려워하여 예레미야를 통해 하나님의 뜻을 구했으나 애굽으로 가지 말라는 답이 있었다.

- **예레미야에게 기도를 요청하는 요하난**: 요하난을 비롯한 군대 지휘관들과 백성들이 예레미야에게 자기들이 마땅히 갈 길과 할 일을 알기 위해 하나님께 기도를 부탁하며 좋든 나쁘든 순종할 것이라 요청한다.(1–6)
- **애굽으로 가지 말고 예루살렘에서 살라는 여호와의 응답**: 10일 후의 내려진 여호와의 말씀은 지금까지 살아온 예루살렘에 눌러앉아 살라는 대답이었다. 바벨론 왕을 두려워하지 않으면 언젠가는 너희를 본향으로 돌려보낼 것이라는 것이다. 애굽으로 들어가 살려고 하면 칼과 기근과 전염병에 죽을 것이라는 말씀이 주어졌다. '또

너희가 말하기를 아니라 우리는 전쟁도 보이지 아니하며 나팔 소리도 들리지 아니하며 양식의 궁핍도 당하지 아니하는 애굽 땅으로 들어가 살리라 하면 잘못되리라 (…) 너희가 두려워하는 칼이 애굽 땅으로 따라가서 너희에게 미칠 것이요 너희가 두려워하는 기근이 애굽으로 급히 따라가서 너희에게 임하리니 너희가 거기에서 죽을 것이라.'(7–18)

- **불순종하는 백성들**: 결국 예레미야가 백성들에게 하나님의 응답을 전했음에도 불구하고 백성들은 불순종하여 심판을 선고받는다. '너희 하나님 여호와께서 나를 보내사 너희에게 명하신 말씀을 내가 오늘 너희에게 전하였어도 너희가 너희 하나님 여호와의 목소리를 도무지 순종하지 아니하였은즉 너희가 가서 머물려고 하는 곳에서 칼과 기근과 전염병에 죽을 줄 분명히 알지니라.'(19–22)

43장

유다에 남았던 자들이 예레미야까지 끌고 애굽으로 갔으며 예레미야는 바벨론에 의해 애굽이 파멸될 것을 예언하였다.

- **애굽으로 끌려간 예레미야**: 요하난과 모든 군 지휘관과 백성이 유다 땅에 살라고 하시는 여호와의 목소리를 순종하지 않고 예레미야까지 강제로 끌고 애굽으로 간다. 여기서 요하난 일행은 바룩이 예레미야를 부추겨 이렇게 되었다는 엉뚱한 소리를 한다.(1–7)
- **예레미야의 예언**: 예레미야는 애굽 땅 다바네스에서 이렇게 예언하였다. 하나님께서 바벨론의 느부갓네살 왕을 불러오리니 그가 와서 애굽 땅을 치고 죽일 자는 죽이고 사로잡을 자는 사로잡고 칼로 칠 자는 칼로 칠 것이며 그들을 불사르고 애굽인들의 산당들을 불사를 것이다.(8–13)

44장

하나님의 말씀을 듣지 않고 애굽으로 가서 우상숭배에 빠진 유다 백성에게 하나님의 진노의 심판이 선언되었다.

- **애굽으로 도피한 유대인들에게 임할 심판 예언**: 예레미야가 애굽에 있는 중 애굽으로 도피하여 살고 있는 모든 유다 사람들에 대한 하나님의 말씀이 두 번째로 임하였다. 유다 백성들이 예루살렘에 있을 때 우상숭배를 하여 하나님께 불순종함으로 임했던 재난을 보았음에도 불구하고 애굽 땅에 와서도 다른 신들을 섬기므로 심판을 받을 것이라고 말씀하신다. '이집트 땅에 들어와 살기로 작정한 유다의 남은 자들을 내가 다 제거하겠다. 그들이 모두 이집트에서 멸망하여 전쟁과 기근에 죽고 저주와 증오와 치욕의 대상이 될 것이다. 내가 예루살렘을 벌한 것처럼 이집트 땅에 사는 자들을 전쟁과 굶주림과 질병으로 벌할 것이니 이집트 땅에 들어와 사는 유다의 남은 자 중에 피하거나 살아남아서 그리워하던 유다 땅에 돌아갈 자가 아무도 없을 것이며 몇몇 도망자 외에는 한사람도 돌아가지 못할 것이다.'(1-14)
- **백성들의 엉뚱한 주장**: 예레미야의 이러한 예언에도 불구하고 백성들은 자신들이 오히려 여호와가 아니라 다른 신들인 하늘의 여왕에게 분향하고 술을 따라 제사 드렸을 때는 풍족하게 살았었는데 그 일을 그치고 나서는 모든 것이 부족해졌고 전쟁과 굶주림으로 죽어 가게 되었다고 주장하고 나섰다.(15-19)
- **예레미야의 최후 경고**: '그때 나는 그런 식으로 대답한 모든 남녀 백성들에게 이렇게 말하였다. 여러분은 여러분과 여러분의 조상들과 여러분의 왕들과 대신들과 유다의 모든 백성들이 유다의 성들과 예루살렘 거리에서 분향한 일을 여호와께서 모르시리라고 생각하십니까? 여호와께서는 여러분의 악한 행위와 더러운 소행을 더 이상 참으실 수 없어서 여러분의 땅을 오늘날처럼 사람이 살지 않는 황폐한 땅으로 만들어 놀람과 저주의 대상이 되게 하셨습니다. 여러분이 다른 신들에게 분향하고 여호와께 범죄하며 여호와께 복종하지 않고 여호와의 법과 규정과 모든 명령을 지키지 않았으므로 오늘날과 같은 이런 재앙이 여러분에게 내렸습니다.'(20-23)
- **계속되는 예레미야의 경고**: '그리고서 나는 다시 남녀 모든 백성들에게 말하였다. 이집트 땅에 사는 유다 백성 여러분, 여호와의 말씀을 들으십시오. 전능하신 여호와 이스라엘의 하나님이 이렇게 말씀하셨습니다. 너희와 너희 아내들은 하늘의 여왕에게 분향하고 그 앞에 술을 따라 제사를 지내겠다고 약속하고 그것을 행동으로

Ⅳ 선지서

보여 주었다. 그러니 이제 너희는 가서 너희 약속이나 이행하여라. 그러나 이집트 땅에 사는 유다 백성 여러분, 여호와의 말씀을 들으십시오. 여호와께서 이렇게 말씀하셨습니다. 내가 분명히 말하지만 이집트 땅에 사는 모든 유다 사람들 가운데 살아 계신 주 여호와의 이름으로 맹세한다 하고 말할 자가 다시는 없을 것이다. 나는 너희에게 재앙을 내리고 복을 내리지 않겠다. 이집트 땅에 있는 모든 유다 사람들이 전쟁과 기근에 시달려 거의 전멸할 것이다 (…) 나 여호와가 말한다. 내가 이곳에서 너희를 벌하고 파멸시키리라는 내 말이 이루어질 증거를 너희에게 보여 주겠다. 내가 유다 왕 시드기야를 그의 원수, 곧 그를 죽이려고 한 바빌로니아 왕 느부갓네살의 손에 넘겨 준 것처럼 이집트의 호브라왕을 그의 목숨을 노리는 원수들의 손에 넘겨주겠다.'(24-30)

45장

주권자이신 하나님이 바룩의 믿음을 굳게 하기 위한 위로와 약속의 말씀을 주셨다.

왜 예레미야는 그의 동역자이자 비서격인 바룩의 이야기를 유다 예언의 마지막 45장에 기록했을까? 바룩은 예레미야를 대신해서 모든 예언 말씀을 두루마리에 기록하고 정부 인사들 앞에서 낭독하는 일을 했고 여호야김 왕은 그가 보는 앞에서 불살라 버렸다(36장). 아마도 바룩은 계속해서 정부 측으로부터 압박을 받았을 것이며 고통에 슬픔을 더하여 평안치 않았을 것이다. 하나님의 공의와 심판이 진행되므로 일신상의 영달에 연연하지 말고 오직 하나님의 말씀에 순종할 것을 가르치는 말씀이라 생각한다.

- **바룩에 관한 예레미야의 메시지**: '요시야의 아들인 유다의 여호야김 왕 4년에 네리야의 아들 바룩이 내가 불러 준 모든 말을 책에 기록하였는데 그때 나는 바룩에게 이스라엘의 하나님 여호와께서 이렇게 말씀하신다고 일러 주었다. 바룩아, 너는 아, 괴롭다. 여호와께서 나의 고통에 슬픔까지 더하셨으니 내가 탄식하다가 지쳐 평안을 얻지 못하는구나 하였다. 보라, 나 여호와는 온 땅에서 내가 세운 것을 헐고 내

가심은 것을 모조리 뽑아 버리겠다. 네가 네 자신을 위해서 큰일을 추구하느냐? 너는 그런 것을 추구하지 말아라. 내가 모든 백성에게 재앙을 내리겠다. 그러나 네가 어디로 가든지 네 목숨만은 살아남을 것이다. 이것은 나 여호와의 말이다.'(1-5)

열방에 대한 예언들

46장

바벨론에 의한 애굽의 멸망 예언과 이스라엘은 무죄하지는 않지만 회복될 것을 예언한다.

46장-애굽, 47장-블레셋, 48장-모압, 49장-암몬, 에돔, 다메섹, 게달과 하솔, 엘람, 50-51장-바벨론에 대한 예언이다. 하나님의 심판 대상으로 나타나는 이방 민족은 모두 10개 족속으로, 이처럼 열방을 향해 심판을 예언하는 것은 사 13-23장과 겔 25-32장 등에서도 볼 수 있는데, 이러한 열방을 향한 심판 예언은 하나님께서 유다에 국한된 민족 신이 아니라 온 우주와 역사의 참 주권자가 되심을 잘 드러내 준다.

- **예레미야에게 임한 말씀**: '이방 나라들에 대하여 선지자 예레미야에게 임한 여호와의 말씀이라. 애굽에 관한 것이라 곧 유다의 요시야 왕의 아들 여호야김 넷째 해에 유브라데 강 가 갈그미스에서 바벨론의 느부갓네살 왕에게 패한 애굽의 왕 바로느고의 군대에 대한 말씀이라.' 본장 예언의 시기를 추정할 수 있는 단서를 제공하고 있다. 즉 애굽의 바로느고가 갈그미스 전투에서 바벨론 느부갓네살에게 패한 직후인 것이다. 이때는 BC 605년이다. 갈그미스 전투는 남하 정책을 추진한 바벨론과 근동 지역의 맹주로 자처하던 애굽이 갈그미스에서 일전을 벌인 것으로, 바벨론은 이 전투에서 승리함으로써 근동 지역에서 명실상부한 패자로 군림하게 되었고 애굽은 그 세력이 급속히 약화되게 되었다.(1-2)
- **바벨론에 의한 애굽의 패전을 그리고 있다**: '그 날은 주 만군의 여호와께서 그의 대

적에게 원수 갚는 보복일이라 칼이 배부르게 삼키며 그들의 피를 넘치도록 마시리니 주 만군의 여호와께서 북쪽 유브라데 강 가에서 희생제물을 받으실 것임이로다. 처녀 딸 애굽이여 길르앗으로 올라가서 유향을 취하라 네가 치료를 많이 받아도 효력이 없어 낫지 못하리라 (…) 그들이 그 곳에서 부르짖기를 애굽의 바로 왕이 망하였도다 그가 기회를 놓쳤도다 (…) 애굽은 심히 아름다운 암송아지일지라도 북으로부터 쇠파리 떼가 줄곧 오리라.'(3–24)

- **그러나 애굽이 회복될 것을 예언한다**: '내가 그들의 생명을 노리는 자의 손 곧 바벨론의 느부갓네살 왕의 손과 그 종들의 손에 넘기리라. 그럴지라도 그 후에는 그 땅이 이전 같이 사람 살 곳이 되리라 여호와의 말씀이니라.'(25–26)
- **이스라엘이 징계를 받기는 해도 회복될 것을 예언한다**: '내 종 야곱아 두려워하지 말라 이스라엘아 놀라지 말라. 보라 내가 너를 먼 곳에서 구원하며 네 자손을 포로된 땅에서 구원하리니 야곱이 돌아와서 평안하며 걱정 없이 살게 될 것이라 그를 두렵게 할 자 없으리라 여호와의 말씀이니라. 내 종 야곱아 내가 너와 함께 있나니 두려워하지 말라 내가 너를 흩었던 그 나라들은 다 멸할지라도 너는 사라지지 아니하리라. 내가 너를 법도대로 징계할 것이요 결코 무죄한 자로 여기지 아니하리라 하시니라.'(27–28)

47장 블레셋에 대한 심판 예언

- **블레셋 심판 예언**: 블레셋에 대하여 예레미야에게 임한 말씀이다. 바벨론 군대가 등장하여 블레셋을 공격한 사실을 묘사하고 있다. '북쪽에서 물이 일어나 홍수처럼 밀어닥쳐 블레셋 땅과 그 가운데 있는 모든 것과 그 성들과 거기에 사는 자들을 모조리 휩쓸어 버릴 것이다. 그때 사람들이 부르짖을 것이며 그 땅의 모든 주민들이 통곡할 것이다 (…) 가사가 대머리가 되었고 아스글론이 멸망을 당했다. 남아 있는 아낙의 후손들아, 너희가 언제까지 너희 살을 베며 슬퍼하겠느냐? (…) 그러나 나 여

호와가 그렇게 하라고 명령하였으니 어떻게 그것이 쉬겠느냐? 아스글론과 해변가에 사는 자들을 치라고 내가 명령하였다.' 이 예언은 BC 604년경 성취되었다. 느부갓네살이 해안 평원에 나타나 아스글론을 포위 공격하고 그 성을 멸망시켰다.**(1–7)**

48장 모압에 임할 심판 예언

- **모압에 임할 심판 예언**: '모압에 자랑할 것이 없어지고 말았다. 헤스본에서 사람들이 모압에 대한 음모를 꾸미며 그 나라를 아주 없애 버리자 하는구나. 맛멘아, 너도 적막하게 될 것이며 칼이 너를 따를 것이다 (…) 모압이 멸망당하므로 그 어린 아이들이 부르짖는구나 (…) 네가 네 재능과 부를 의지하지만 너도 정복당할 것이며 너의 신 그모스도 그 제사장들과 대신들과 함께 포로로 잡혀갈 것이다 (…) 모압에게 날개를 주어 날아가서 피하게 하고 그 성들이 황폐하여 거기에 사는 자가 아무도 없을 것이다.'**(1–10)**
- **모압의 심판 이유의 하나는 우상숭배이다**: '이스라엘이 벧엘의 송아지 우상으로 수치를 당한 것처럼 모압도 그모스 신 때문에 수치를 당할 것이다 (…) 그 주변에 사는 자들아, 그의 명성을 아는 자들아, 그를 위해 슬퍼하며 너의 강한 막대기, 아름다운 지팡이가 부러졌구나! 하라 (…) 모압의 뿔이 꺾이고 그 팔이 부러졌구나. 이것은 나 여호와의 말이다.' 모압은 BC 582년경 멸망했다.**(11–25)**
- **모압 심판의 또 다른 이유는 교만과 이스라엘을 조롱한 데 있다**: '모압아, 네가 얼마나 이스라엘을 조롱했는지 한번 생각해 보아라. 그가 도둑질하다가 붙들렸느냐? 네가 그에 대해서 말할 때마다 머리를 흔드는구나.'**(26–33)**
- **모압이 슬퍼하여 외치는 소리가 곳곳에서 들릴 것이다**: '헤스본에서부터 엘르알레와 야하스까지, 그리고 소알에서부터 호로나임과 에글랏–셀리시야까지 흩어져 사는 사람들이 소리 높여 부르짖으니 니므림의 물까지 말랐기 때문이다 (…) 모압의 모든 지붕 위에서와 거리 곳곳에서 슬피 우는 소리가 들리니 내가 모압을 쓸모없는

IV 선지서

그릇처럼 깨뜨려 버렸기 때문이다. 이것은 나 여호와의 말이다 (…) 모압이 파괴되어 통곡하는구나. 모압이 부끄러워 등을 돌렸으니 그 주변의 모든 자들에게 조롱거리와 증오의 대상이 되었다.'(34–39)

- **모압은 완전히 멸망될 것이다**: '모압이 나 여호와를 거역하여 교만하였으므로 멸망당하고 다시는 나라를 세우지 못할 것이다.'(40–44)
- **마지막 날에 모압은 회복될 것이다**: '모압이여 네게 화가 있도다 그모스의 백성이 망하였도다 네 아들들은 사로잡혀 갔고 네 딸들은 포로가 되었도다. 그러나 내가 마지막 날에 모압의 포로를 돌려보내리라 여호와의 말씀이니라. 모압의 심판이 여기까지니라.'(45–47)

49장 암몬, 에돔, 다메섹, 게달과 하솔, 엘람에 대한 하나님의 심판 예언

- **암몬의 심판과 회복 예언**: '그러므로 나 여호와가 말한다. 네가 암몬 자손의 랍바성에 전쟁 소리가 들리게 할 날이 있을 것이다. 랍바성은 폐허의 무더기로 변하고 그 주변 부락들은 불에 탈 것이며 그때 이스라엘은 자기를 점령한 자를 점령할 것이다. 이것은 나 여호와의 말이다 (…) 너희 신실치 못한 백성들아, 어째서 너희가 비옥한 골짜기를 자랑하느냐? 너희가 너희 재물을 믿고 누가 우리를 공격할 것인가? 하는구나. 그러나 후에 내가 암몬 자손을 원상태로 회복시킬 것이다. 이것은 나 여호와의 말이다.'(1–6)
- **에돔에 대한 예언**: 에돔이 하나님의 섭리에 따라 마치 사자의 먹이가 되듯이 바벨론에 의해 멸망당할 것으로 예언하였는데 BC 582년경 성취되었다. '드단에 사는 자들아, 너희는 멀리 달아나서 숨어라. 내가 에돔을 벌할 때에 에서의 재앙을 그에게 내릴 것이다 (…) 나 여호와가 분명히 말하지만 보스라가 황폐하여 놀람과 저주거리와 치욕거리가 될 것이며 그 모든 성들이 영원히 폐허가 되고 말 것이다 (…) 바위틈에서 살며 산의 정상을 점령한 자야, 너의 명성과 네 마음의 교만이 너를 속

였다. 네가 독수리처럼 네 보금자리를 높이 지어도 내가 너를 거기서 끄집어 내리겠다. 이것은 나 여호와의 말이다 (…) 사자가 요단 숲속에서 목장으로 올라오는 것처럼 갑자기 침략자가 밀어닥칠 것이니 내가 에돔 사람들을 그 땅에서 쫓아내고 내가 택한 자를 세워 그 나라를 다스리게 하겠다. 나와 같은 자가 누구인가? 나에게 도전할 자가 누구이며 나와 맞설 목자가 누구인가? (…) 보라, 날개를 펴고 내리 덮치는 독수리처럼 원수가 와서 보스라를 칠 것이다. 그 날에는 에돔 용사들의 마음이 해산하는 여인의 심정과 같을 것이다.'**(7–22)**

- **다메섹에 대한 심판 예언**: '이것은 다마스커스에 대한 여호와의 말씀이다. 하맛과 아르밧이 흉한 소문을 듣고 두려워하며 낙담하는구나. 바다에 파도가 일듯이 그들의 마음에 근심이 일고 있으니 그들에겐 평안이 없다 (…) 한때 명성을 떨치며 행복했던 성이 어떻게 하다가 버림을 당했는가? (…) 내가 다마스커스 성벽에 불을 놓아 벤–하닷의 궁전을 태워 버리겠다.'**(23–27)**
- **게달과 하솔에 대한 예언**: '이것은 바빌로니아의 느부갓네살왕에게 패한 게달족과 하솔 왕국에 대한 여호와의 말씀이다. 너희는 일어나 게달을 치고 동방 사람들을 멸망시켜라. 너희는 그들의 천막과 양떼와 휘장과 그들의 모든 물건과 낙타를 빼앗고 그들을 향하여 두려움이 너희 사방에 있다 하고 외쳐라 (…) 하솔이 여우의 소굴이 되어 영영 황폐할 것이므로 거기에 머물거나 사는 자가 아무도 없을 것이다. 이것은 나 여호와의 말이다.'**(28–33)**
- **엘람에 대한 심판과 회복에 대한 예언**: 엘람은 바벨론 동부 산악 지대에 위치한 고대 왕국으로 BC 8세기경 막강한 힘을 자랑했다. BC 640년경 앗수르 왕에 의해 정복된 후 약소국으로 전락했으며 후에 엘람은 메대, 바사에 의해 병합되었다. '이것은 시드기야가 유다 왕이 된지 얼마 되지 않은 때에 여호와께서 엘람에 대하여 나에게 하신 말씀이다 (…) 내가 엘람 백성들로 그들의 생명을 노리는 원수들 앞에서 두려워 떨게 할 것이며 나의 분노의 재앙을 그들에게 내리고 그들을 전멸시킬 때까지 칼을 보내 그들의 뒤를 따르게 할 것이다 (…) 그러나 훗날 내가 엘람을 원상태로 회복시킬 것이다. 이것은 나 여호와의 말이다.'**(34–39)**

바벨론의 멸망

50장 바벨론에 대한 하나님의 심판과 이스라엘 회복에 대한 예언

- **여호와께서 예레미야에게 버밸론의 멸망과 이스라엘의 회복의 말씀을 전한다**: '이것은 여호와께서 나를 통해 바빌로니아와 그 백성에 대하여 하신 말씀이다. 너희는 바빌론의 멸망을 온 세계에 선포하고 알려라. 깃발을 세우고 선언하며 숨김없이 말하라. 바빌론이 함락되고 그 신 마르둑이 박살났으며 그 신상들은 부끄러움을 당하고 바빌론의 우상들이 다 부서지고 말았다 (…) 나 여호와가 말한다. 그때 이스라엘과 유다 백성들이 울면서 함께 돌아와 그들의 하나님 나 여호와를 찾을 것이다.' 잘못 인도했던 제사장과 선지자들 때문에 바벨론 포로가 되었던 백성들이 이제는 여호와께서 페르시아를 사용하여 바벨론을 멸망시킬 것임으로 그곳에서 도망하라고 말씀하신다. '내 백성들이 길 잃은 양떼처럼 되었구나. 그 목자들이 그들을 잘못 인도하여 산에서 방황하도록 내버려 두었으니 그들이 이산 저산 헤매다가 쉴 곳을 잊어버렸다 (…) 이스라엘 백성들아, 너희는 바빌로니아에서 도망하라. 바빌로니아 땅에서 나오라. 너희는 서로 앞장서서 그 곳을 떠나라.'**(1–10)**
- **이스라엘을 함락했던 바벨론의 멸망을 다시 언급한다**: '나 여호와의 분노 때문에 바빌론은 사람이 살지 않는 황무지가 될 것이며 그리로 지나는 자마다 그 모든 재앙을 보고 놀라며 비웃을 것이다.'**(11–16)**
- **이스라엘 회복 예언**: BC 722년 앗수르에 의해 멸망되었던 이스라엘과 BC 586년 바벨론에 의해 멸망되었던 유다가 이제 회복될 것을 말씀하신다. '이스라엘은 흩어진 양떼와 같아서 사자들이 그를 뒤쫓고 있다. 처음에는 앗시리아 왕이 그를 삼키고 그 다음에는 바빌로니아의 느부갓네살왕이 그의 뼈를 꺾었다. 그러므로 전능한

나 여호와 이스라엘의 하나님이 말한다. 내가 앗시리아 왕을 벌한 것처럼 바빌로니아 왕과 그 나라를 벌하고 이스라엘 백성을 자기 땅으로 돌아오게 하겠다. 그들이 갈멜산과 바산에서 자란 식물을 먹을 것이며 에브라임과 길르앗 땅에서 재배되는 농작물을 마음껏 먹을 것이다.'(17-20)

- **바벨론 멸망에 대한 비유**: 비유로서 바벨론의 멸망을 말씀하신다. 온 세계의 망치였던 바벨론을 페르시아라는 분노의 무기를 꺼내 황소로 비유된 바벨론의 군대를 죽이라고 한다. '칼이 거짓말하는 자들을 칠 것이니 그들이 어리석은 자가 될 것이다. 칼이 그 용사들을 칠 것이므로 그들이 두려워할 것이다. 칼이 그들의 말과 전차와 그 땅에 주둔하고 있는 모든 외국군을 칠 것이니 그들이 여자처럼 무력할 것이며 그들의 보물도 칼날에 약탈당할 것이다. 그 땅에는 조각한 신상이 가득하고 그 백성은 우상에 미쳐 있다. 그러므로 가뭄이 그 땅에 밀어닥쳐 물을 모조리 말려 버릴 것이다. 바빌론은 사막의 들짐승이 들끓고 여우와 타조가 사는 소굴이 될 것이며 다시는 그 땅에 사는 자가 없고 대대로 그 곳에 머물 자가 없을 것이다. 내가 소돔과 고모라와 그 주변성들처럼 바빌론을 멸망시킬 것이므로 거기에 살거나 머물 자가 하나도 없을 것이다. 이것은 나 여호와의 말이다.'(21-40)
- **바벨론이 당하는 고통**: 바벨론의 심판 과정(50:41-43 보라! 한 군대가 북에서 나오고 큰 나라와 많은 왕들이 땅 먼 곳에서 일어나 전쟁 준비를 하고 있다. 그들은 활과 창으로 무장하였으며 잔인하고 무자비하여 그들이 말을 타고 달리는 소리는 성난 바다의 파도 소리 같구나. 바빌로니아야, 그들이 너를 치려고 전열을 갖추고 전투태세를 취하고 있다. 바빌로니아 왕이 그 소식을 듣고 손에 맥이 풀리고 무서운 공포에 사로잡혀 해산하는 여인처럼 고통스러워하는구나)을 유다의 심판 과정(6:22-24 여호와께서 말씀하신다. 보라, 한 민족이 북에서 나오며 큰 나라가 땅 끝에서 일어날 것이다. 활과 창으로 무장한 그들은 잔인하기 짝이 없다. 그들은 성난 바다처럼 함성을 지르며 말을 타고 예루살렘을 치려고 전투 대형으로 나아올 것이다. 우리는 그 소문을 듣고 손에 맥이 풀렸으며 해산하는 여자처럼 두려움과 고통 가운데 사로잡혔다)에 빗대어 묘사하고 있다.(41-43)

- **바벨론의 약탈당하는 모습을 사자 앞의 양 떼의 어린 것들로 그리고 있다**: '보라 사자가 요단의 깊은 숲에서 나타나듯이 그가 와서 견고한 처소를 칠 것이라 (…) 그런즉 바벨론에 대한 여호와의 계획과 갈대아 사람의 땅에 대하여 품은 여호와의 생각을 들으라 양 떼의 어린 것들을 그들이 반드시 끌어가고 그들의 초장을 황폐하게 하리니 (…).'(44–46)

51장 바벨론 심판의 필연성

- **바벨론에 대한 하나님의 보복을 말씀하신다**: '여호와께서 말씀하신다. 내가 멸망의 바람을 일으켜 바빌로니아와 그 백성을 치고 또 외국인들을 바빌로니아에 보내 그 땅을 키질하여 황폐하게 할 것이니 재앙의 날에 그들이 사방에서 바빌로니아를 공격할 것이다 (…) 너희는 화살촉을 갈고 방패를 들어라! 여호와께서 바빌로니아를 멸망시키려고 메디아 왕들의 마음을 자극하셨으니 이것은 성전을 파괴할 자들에 대한 여호와의 보복이다.'(1–14)
- **창조주 하나님의 권능과 우상의 헛됨을 지적한다**: '여호와께서 그의 능력으로 땅을 지으시고 그 지혜로 세계를 세우셨으며 그의 총명으로 하늘을 펴셨다 (…) 그러나 사람들은 다 어리석고 무식하구나. 금세공업자들이 자기가 만든 우상으로 수치를 당한다. 이것은 그들이 만든 신상들이 거짓되고 그 안에 생명이 없기 때문이다.'(15–19)
- **바벨론 멸망에 대한 거듭된 예언**: 여호와께서는 바벨론을 심판의 도구로 사용하기는 했으나 바벨론이 시온에 대해 행한 악행으로 인해 바벨론에 되돌려 줄 것을 말씀하신다. '여호와께서 말씀하신다. 나는 바빌로니아가 시온에서 행한 악에 대하여 너희가 보는 앞에서 그와 그 백성에게 갚아 줄 것이다 (…) 바빌로니아야, 너는 온 세상을 멸망시키는 산과 같구나. 그러나 나 여호와는 너의 대적이다. 내가 너를 잡아 절벽에서 굴려 내리고 불탄 산처럼 만들어 버리겠다.'(20–26)

- **열국들을 불러 모아 바벨론을 치게 할 것이다**: '메디아의 왕들과 대신들과 지도자들과 그들이 지배하는 모든 나라에 전쟁준비를 시켜 바빌로니아를 치게 하라. 나 여호와가 바빌로니아를 쳐서 그 땅을 황폐하게 하여 거기에 사람이 살지 못하게 할 계획을 세웠으므로 그 땅이 진동하며 몸부림치고 있다.'**(27-33)**
- **바벨론을 향한 하나님의 보복이 이루어질 것이다**: '바빌로니아의 느부갓네살 왕이 우리를 먹고 우리를 짓밟아 버렸으며 우리를 빈 그릇이 되게 하고 큰 괴물처럼 우리를 삼키며 우리의 죽은 음식으로 배를 채우고 우리를 쫓아내 버렸다. 그래서 시온 백성이 우리가 당한 학대가 바빌로니아에 돌아가기를 원한다. 하며 예루살렘 주민들이 우리 피가 바빌로니아 사람들에게 돌아가기를 원한다. 하고 말하는구나 (…) 내가 바빌로니아의 신 벨을 벌하고 그가 삼킨 것을 토해 내도록 하겠다. 세상 나라들이 다시는 그를 섬기지 않을 것이다. 이것은 바빌론 성벽이 무너졌기 때문이다.'**(34-44)**
- **바벨론의 멸망 가운데 이스라엘 백성에게 권면하신다**: '내 백성아, 너희는 거기서 나와 나 여호와의 무서운 진노를 피하라 (…) 칼을 피한 자들아, 너희는 우물쭈물하지 말고 떠나라. 너희가 고국에서 멀리 떨어져 있어도 나 여호와를 생각하고 예루살렘을 기억하라.'**(45-53)**
- **바벨론에 대한 보복을 다시 강조한다**: '바빌론에서 부르짖는 소리를 들어 보아라. 그 땅에서 들리는 큰 파멸의 소리이다 (…) 멸망시킬 자가 곧 밀어닥쳐 바빌론을 칠 것이므로 그 용사들은 생포되고 그들의 활은 꺾일 것이다. 나 여호와는 악을 벌하는 하나님이다. 바빌론에게 반드시 보응하고야 말겠다 (…) 전능하신 여호와께서 말씀하신다. 바빌론의 튼튼한 성벽이 바닥까지 완전히 무너져 내리고 그 높은 성문들이 불에 탈 것이므로 백성들의 수고가 헛될 것이며 여러 민족이 애써 이룩해 놓은 것들이 화염 속에 사라질 것이다.'**(54-58)**
- **바벨론 멸망 예언의 결론 부분이다**: 시드기야 4년 BC 593년에 시드기야가 바룩의 아우인 병참감 스라야와 함께 바벨론에 간 것은 바벨론 왕에게 화친을 청하기 위함이었던 것 같다. 예레미야는 이전에 유다인들에게 바벨론 땅에 정착하여 살 것을

Ⅳ 선지서

권고한 바 있었으나 이제 하나님이 정하신 때가 이르렀으므로 과감히 그 땅을 떠날 준비를 명하고 있다. 책에 돌을 담아 던지는 것은 상징적인 행위 예언으로서, 바벨론의 영원한 파멸을 강조하여 전달해 준다. '예레미야의 말이 이에 끝나니라'고 한 것은 52장이 나중에 첨가된 인상을 준다. 52장을 기록한 사람은 바룩이거나 바룩의 제자일 것으로 추정한다.**(59−64)**

유다 심판이 어떻게 성취되었는가와 관련된 부록

52장

예루살렘 함락, 성전 파괴, 지도층에 대한 처벌, 백성들이 포로로 끌려감을 보여 주어 예레미야의 심판 예언이 이루어졌고, 그리고 여호야긴이 포로로 잡혀간 지 37년 만에 감옥에서 풀려남으로 포로 상태에서 유다가 해방될 것이라는 그의 예언이 성취되고 있음을 보여 주고 있다.

🔔 52장은 왕하 24:18−25:30과 거의 일치하며 여호야긴 왕이 바벨론 감옥에서 석방된 BC 561년 이후 어느 시점에서 기록된 것으로 보인다(렘 52:31). 자료의 많은 부분이 예레미야 39장에 기록된 정보와 유사하다. 52장이 후에 첨가된 이유는 예루살렘에 대한 예레미야의 심판 예언이 성취되었고 포로 상태에서 유다가 해방될 것이라는 그의 예언이 성취되려 하고 있다는 것을 보여 주기 위해서인 듯하다. 52장은 예언자를 변호하고 아직 포로 상태에 있는 남은 자를 격려하려는 데 기여하고 있다.

🔔 52장의 내용은 왕하 24:18−25:30과 거의 일치한다.

왕하 24:18−25:30과 예레미야 52장

- **유다 마지막 왕 시드기야:** 유다의 마지막 왕인 시드기야는 21세에 왕이 되어 11년

통치한다. 악한 왕이다. BC 597년 2차 포로로 여호야긴을 비롯한 많은 유력 인사들을 바벨론으로 잡아갔고 비천한 사람들만이 유다 땅에 남았다. 시드기야는 수년 동안 바벨론을 잘 섬기다 바벨론에 반역하였다.**(왕하 24:18-20)(렘 52:1-3)**

- **시드기야의 바벨론 배반과 바벨론의 포위 공격**: 시드기야가 바벨론을 배반하자 BC 588년 1월에 느부갓네살이 다시 3차 공격을 하여 유다가 망하는 시드기야 왕 11년 BC 586년까지 포위하고 공격하였다.**(왕하 25:1-2)(렘 52:4-5)**
- **두 눈이 뽑힌 채 바벨론으로 끌려가는 시드기야**: 성에는 양식이 떨어지고 기근이 심하자 왕은 예루살렘에서 여리고로 내려가는 길인 아라바 길로 도망가다가 여리고 평지에서 잡힌다. 립나에 있는 바벨론 왕에게 끌려가 시드기야의 아들들은 눈앞에서 죽임을 당하고 시드기야의 두 눈을 빼고 사슬에 결박당해 바벨론으로 끌려간다. BC 586년 7월 16일 예루살렘이 함락되었다.**(왕하 25:3-7)(렘 52:6-11)**
- **바벨론 3차 포로**: 느부갓네살은 시위대장 느부사라단을 보내어 예루살렘을 불태우고 성벽을 헐고 아주 가난한 사람들을 제외하고 모두 바벨론으로 끌고 간다. 3차 포로이다. 성전의 두 놋 기둥을 비롯하여 놋으로 만든 모든 것과 금으로나 은으로 만든 모든 것들을 바벨론으로 실어 갔다. 느부사라단은 대제사장 스라야를 비롯한 많은 사람들을 사로잡고 죽였다.**(왕하 25:8-21)(렘 52:12-27)**
- **그달리야 총독**: 유다 땅에 남은 비천한 사람들은 그달리야를 총독으로 삼아 관할하도록 하였다. 그러나 그달리야가 임명된 후 불과 2개월 되었을 때 느다니야의 아들 이스마엘을 비롯한 몇 사람이 그달리야와 몇몇 갈대아인과 유다인을 죽이고 애굽으로 도망을 갔다.**(왕하 25:22-26)**
- **52장 28-30절 부분은 왕하 25장에는 포함되어 있지 않다**: 저자가 여기에 이 단락을 포함시킨 것은 다른 포로들도 바벨론으로 이송되었다는 사실을 알려주기 위해서이다. 처음 두 번의 포로 이송에 대한 날짜(렘 52:28-29)는 왕하 24:12-14, 25:8-12에 기록된 두 번의 유배의 날짜와는 맞지 않는다. '느부갓네살이 사로잡아 간 백성은 이러하니라. 제 칠년에 유다인이 삼천이십삼 명이요. 느부갓네살의 열여덟째 해에 예루살렘에서 사로잡아 간 자가 팔백삼십이 명이요. 느부갓네살의 제 이

IV 선지서

십 삼년에 사령관 느부사라단이 사로잡아 간 유다 사람이 칠백사십오 명이니 그 총수가 사천육백 명이더라.'**(렘 52:28-30)**

- **바벨론 왕으로부터 긍휼을 입은 시드기야:** 여호야긴은 포로로 잡혀간 지 37년이 되었을 때 곧 바벨론 왕 에윌므로닥이 즉위한 원년에 죄수복을 벗고 왕과 함께 식사를 하는 긍휼을 입었다. 포로에서 돌아올 날의 서광이 비치기 시작한 것이다.**(왕하 25:27-30)(렘 52:31-34)**

예레미야애가 핵심정리

* 예레미야 '여호와께서 세우신다', '우는 선지자'

예레미야애가의 의의

- 예레미야애가는 신구약 성경 전체를 통틀어 애가 형식로만 구성된 유일한 책이다.
- 5개의 애가 중 처음 4개의 애가는 히브리어 알파벳 22자로 시작되는 알파벳시라는 점도 특이하다. 3장의 경우 알파벳 1개로 3절을 이루어 66절로 구성된 알파벳시이다. 5장은 알파벳시는 아니지만 22절로 구성되었다.
- 우리는 하나님 나라 백성으로서 이러한 애가가 우리 손에 의해 지어지는 일이 있어서는 안 될 것이라는 교훈을 얻어야 할 것이다.

기록연대와 배경

- 예루살렘이 함락된 BC 586년 직후에 기록된 것으로 추정된다.
- 예루살렘이 바벨론 군대에 포위된 동안(BC 588-586)의 상황과 예루살렘 함락(BC 586) 직후의 유다의 상황을 배경으로 한다.

1장

예루살렘 멸망의 비극을 슬퍼하며, 하나님을 향해 구원을 호소하는 애가

- **애가 1, 죄로 인한 예루살렘의 황폐:** '아, 슬프다. 예전에는 사람들로 그렇게 붐비더니, 이제는 이 도성이 어찌 이리 적막한가! (…) 유다가 고통과 고된 노역에 시달리더니, 이제는 사로잡혀 뭇 나라에 흩어져서 쉴 곳을 찾지 못하는데, 뒤쫓는 모든 자들이 막다른 골목에서 그를 덮쳐잡는구나 (…) 시온으로 가는 길이 이렇게 쓸쓸하다니! 명절이 되었는데도 순례자가 없고 (…) 도성 시온이 누리던 모든 영광이 사라지고 (…) 예루살렘이 그렇게 죄를 짓더니, 마침내 조롱거리가 되었구나 (…) 예루살렘 온 백성이 탄식하며, 먹거리를 찾습니다 (…) 주님께서 내가 지은 죄를 묶고 얽어서 멍에를 만드시고, 그것을 내 목에 얹어서 힘을 쓸 수 없게 하셨다. 주님께서 나를 내가 당할 수 없는 사람의 손에 넘기셨다 (…) 이 일로 내가 우니, 눈에서 눈물이 물처럼 흐른다 (…) 주님께서 하신 일은 옳으나, 나는 주님의 말씀을 거역하였다. 모든 백성아, 들어라. 이 고통을 보아라. 처녀 총각들이 사로잡혀서 끌려갔다 (…) 사람들은 나의 신음을 듣지만, 아무도 나를 위로하지 않습니다. 내 모든 원수들이, 내가 재앙을 받는다는 소식을 듣고, 이것이 바로 주님께서 하신 일임을 알고서 즐거워합니다 (…) 그들의 모든 사악함이 주님 앞에 드러나게 해주시고, 그들을 엄하게 다스려 주십시오. 주님께서 내 모든 죄를 다스리신 것처럼, 그들의 죄도 다스려 주십시오. 끝없는 이 한숨소리, 심장이 다 멎을 듯합니다.'(1–22)

2장

과거의 영광을 상실한 예루살렘을 향한 애가, 죄에 대한 하나님의 진노가 바벨론의 공격을 통해 생생히 묘사됨

- **애가 2, 하나님의 진노로 과거의 영광을 상실한 예루살렘:** '아, 슬프다. 주님께서 어찌 이렇게 진노하셔서 도성 시온의 앞길을 캄캄하게 하셨는가? 어찌하여 이스라엘의 영광을 하늘에서 땅으로 던지셨는가? 진노하신 날에, 주님께서 성전조차도 기억

하지 않으시다니! (…) 주님께서 이스라엘의 원수라도 되신 것처럼, 그를 삼키시고, 모든 궁을 삼키시고 성채를 부수시어, 유다의 도성에 신음과 애통을 더하셨다 (…) 주님께서 당신의 제단도 버리시고, 당신의 성소도 역겨워하셨다. 궁전 성벽을 원수들의 손에 넘기시니, 그들이 주님의 성전에서 마치 잔칫날처럼 함성을 지른다 (…) 예언자들은 네게 보여 준다고 하면서 거짓되고 헛된 환상을 보고, 네 죄를 분명히 밝혀 주지 않아서 너를 사로잡혀 가게 하였으며, 거짓되고 허황된 예언만을 네게 하였다 (…) 주님, 살펴 주십시오. 주님께서 예전에 사람을 이렇게 다루신 적이 있으십니까? 어떤 여자가 사랑스럽게 기른 자식을 잡아먹는단 말입니까? 어찌 주님의 성전에서, 제사장과 예언자가 맞아 죽을 수 있습니까? (…) 주님께서는 내가 두려워하는 것을, 마치 명절에 사람을 초대하듯, 사방에서 불러들이셨습니다. 그래서 주님께서 분노하신 날에, 피하거나 살아남은 사람이 아무도 없습니다. 내가 사랑으로 고이 기른 것들을 내 원수들이 모두 죽였습니다.'(1–22)

IV 선지서

3장

유다의 처참한 환난으로 인한 비탄과 절망 가운데서도 회개를 촉구하며, 하나님의 자비와 긍휼을 바라는 희망의 믿음을 담고 있다.

- **애가 3, 예레미야의 탄식과 소망:** '나는 하나님의 진노의 몽둥이에 얻어맞고, 고난당하는 자다 (…) 살려 달라고 소리를 높여 부르짖어도 내 기도를 듣지 않으시며 (…) 길을 잘못 들게 하시며, 내 몸을 찢으시며, 나를 외롭게 하신다. 주님께서 나를 과녁으로 삼아서, 활을 당기신다 (…) 내게서 평안을 빼앗으시니, 나는 행복을 잊고 말았다 (…) 그러나 마음속으로 곰곰이 생각하며 오히려 희망을 가지는 것은, 주님께서 구원하여 주시기를 참고 기다리는 것이 좋다 (…) 주님께서는 우리를 언제까지나 버려두지는 않으신다 (…) 어찌하여 살아 있는 사람이, 자기 죄 값으로 치르는 벌을 불평하느냐? 지나온 길을 돌이켜 살펴보고, 우리 모두 주님께로 돌아가자. 하늘에 계신 하나님께 우리의 마음을 열고, 손을 들어서 기도하자 (…) 주님께서 하늘에서 살피시고, 돌아보시기를 기다립니다 (…) 내가 주님께 부르짖을 때에, 주님께

서 내게 가까이 오셔서 두려워하지 말라고 격려하셨습니다 (…) 주님, 주님께서 내가 당한 억울한 일을 보셨으니, 내게 바른 판결을 내려 주십시오 (…) 주님, 그들이 저지른 일을 그대로 갚아 주십시오 (…) 진노로 그들을 뒤쫓아, 주님의 하늘 아래에서 살 수 없게 하여 주십시오.'**(1–66)**

4장 유다 백성에게 임한 재난의 책임이 일차적으로 종교 지도자에게 있음을 지적, 구원의 길이 오직 하나님에게 있음을 고백

- **애가 4, 종교 지도자들에 대한 하나님의 진노:** '아, 슬프다. 어찌하여 금이 빛을 잃고, 어찌하여 순금이 변하고, 성전 돌들이 거리 어귀마다 흩어졌는가? 순금만큼이나 고귀한 시온의 아들들이, 어찌하여 토기장이들이 빚은 질그릇 정도로나 여김을 받는가? (…) 지난 날 맛있는 음식을 즐기던 이들이 이제 길거리에서 처량하게 되고, 지난 날 색동옷을 입고 자라던 이들이 이제 거름 더미에 뒹구는구나 (…) 예전에는 저 소돔 성이 사람이 손을 대지 않아도 순식간에 무너지더니, 내 백성의 도성이 지은 죄가 소돔이 지은 죄보다 크구나 (…) 내 백성의 도성이 망할 때에, 자애로운 어머니들이 제 손으로 자식들을 삶아서 먹었다. 예루살렘 성문으로 대적과 원수가 쳐들어갈 것이라고, 세상의 어느 왕이, 세상의 어느 민족이 믿었는가! (…) 그러나 이런 일이 일어나고 말았으니, 이것은 예언자들이 죄를 짓고 제사장들이 악한 일을 하여서, 성 안에서 의로운 사람들이 살해되었기 때문이다 (…) 주님께서 진노하셔서, 그들을 흩으시고 돌보아 주지 않으신다. 침략자들은 제사장들을 대우하지도 않고, 장로들을 대접하지도 않았다 (…) 우리의 힘, 곧 주님께서 기름 부어 세우신 이가 그들의 함정에 빠졌다. 그는 바로, 뭇 민족 가운데서, 우리가 그의 보호를 받으며 살 것이다 하고 우리가 말한 사람이 아니던가! (…) 도성 시온아, 이제 네가 지은 죄의 형벌을 다 받았으니, 주님께서 다시는, 네가 사로잡혀 가지 않게 하실 것이다. 에돔의 도성아, 주님께서 네 죄악을 벌하시며, 네 죄를 밝혀내실 것이다.'**(1–22)**

5장 바벨론 침공으로 인한 유다의 황폐함과 포로 생활의 비참함을 묘사하며, 유다의 회복을 위해 마지막으로 간구함

- **애가 5, 예레미야의 간구:** '주님, 우리가 겪은 일을 기억해 주십시오. 우리가 받은 치욕을 살펴 주십시오. 유산으로 받은 우리 땅이 남에게 넘어가고, 우리 집이 이방인들에게 넘어갔습니다 (···) 먹거리를 얻어서 배불리려고, 이집트와도 손을 잡고 앗시리아와도 손을 잡았습니다. 조상들이 죄를 지었으나, 이제 그들은 가고 없고, 우리가 조상들의 죄를 짊어지고 있습니다. 종들이 우리의 통치자가 되었습니다. 그들 손에서 우리를 구해 줄 이가 없습니다 (···) 시온에서는 여인들이 짓밟히고, 유다 성읍들에서는 처녀들이 짓밟힙니다. 지도자들은 매달려서 죽고, 장로들은 천대를 받습니다 (···) 머리에서 면류관이 떨어졌으니, 슬프게도 이것은 우리가 죄를 지었기 때문입니다 (···) 시온 산이 거칠어져서, 여우들만 득실거립니다 (···) 어찌하여 주님께서는 우리를 전혀 생각하지 않으시며, 어찌하여 우리를 이렇게 오래 버려두십니까? 주님, 우리를 주님께로 돌이켜 주십시오. 우리가 주님께로 돌아가겠습니다 (···) 주님께서 우리를 아주 버리셨습니까? 우리에게서 진노를 풀지 않으시렵니까?'(1-22)

에스겔 핵심정리

* 에스겔 '하나님이 강하게 하신다'

에스겔의 의의

- 에스겔은 예레미야와 거의 같은 시기에 유다 심판과 남은 자의 구원을 포로로 잡혀간 바벨론에서 거의 동일하게 예언했다는 사실은 매우 의미가 있다.
- 에스겔은 '내가 주 여호와인 줄을 너희가 알리라'는 표현을 60여 차례 사용하고 있다.

기록연대와 배경

- 에스겔이 소명을 받은 BC 593년부터(1:1) BC 571년 마지막 계시를 받을 때까지 약 22년간 예언 활동을 했으며(29:17), 이 시기에 기록된 것으로 추정한다.
- BC 586년 예루살렘 함락을 전후로 한 암울한 시기를 역사적 배경으로 한다.
- 에스겔은 이미 1, 2차 포로로 잡혀 있는 사람들에게 왜 심판이 오는지를 설명할 임무를 부여받았다.
- 1차 포로로 잡혀간 다니엘보다 2차 포로로 잡혀간 에스겔이 사역을 먼저 시작했다.

서론: 하나님의 영광과 에스겔의 소명

1장

에스겔이 소명을 받기 위해 하나님을 만나고 하나님의 영광을 본다. 네 생물의 이상, 네 바퀴의 이상, 궁창의 이상을 통해 하나님의 영광을 묘사한다.

- **에스겔이 소명 받은 장소와 시간**: 에스겔은 그의 나이 30세, 여호야긴이 잡혀온 지 5년 되는 해에(BC 593) 그발 강가에서 하나님을 만나 여호와의 말씀을 들었다. 여호야긴은 BC 597년 12월 즉위 3개월 후 2차 포로 때 바벨론으로 잡혀갔다. 그발 강은 유프라데스 강에서 도심으로 흘러들어 오는 운하이다. 에스겔은 그발 강가 델아빕(3:15)에서 포로들과 같이 살았다. '갈대아 땅 그발 강 가에서 여호와의 말씀이 부시의 아들 제사장 나 에스겔에게 특별히 임하고 여호와의 권능이 내 위에 있으니라.'**(1–3)**

🔔 이하에서는 네 생물의 이상, 네 바퀴의 이상 그리고 궁창의 이상을 통해 하나님의 이상(異像)을 설명한다.

- **네 생물의 이상**: 사람(지혜), 사자(힘), 소(충성), 독수리(민첩함)의 넷이다. '넷'이란 숫자는 하나님의 무소부재(無所不在)하심 혹은 피조물의 완전수를 가리킨다. '그 때에 내가 바라보니, 북쪽에서 폭풍이 불어오는데, 큰 구름이 밀려오고, 불빛이 계속 번쩍이며, 그 구름 둘레에는 광채가 나고, 그 광채 한가운데서는 불 속에서 빛나는 금붙이의 광채와 같은 것이 반짝였다. 그러더니 그 광채 한가운데서 네 생물의 형상이 나타나는데, 그들의 모습은 사람의 형상과 같았다 (…) 그 네 생물의 얼굴 모양은, 제각기, 앞쪽은 사람의 얼굴이요, 오른쪽은 사자의 얼굴이요, 왼쪽은 황소의 얼굴이요, 뒤쪽은 독수리의 얼굴이었다.'**(4–14)**
- **네 바퀴의 이상**: 네 생물이 신속하게 활동할 수 있도록 도와주는 존재이다.**(15–21)**
- **수정 같은 궁창의 이상**: 하나님의 거처와 하나님 영광의 형상을 묘사한다.**(22–28)**

2장

에스겔을 인자라고 부르시는 하나님으로부터 소명을 받는다.

🔔 인자는 신약에서 예수님을 지칭하는 것과는 달리 에스겔에서는 단순히 사람의 아들을 가리킨다(이 책에서 93회 언급).

- **에스겔이 하나님으로부터 두루마리로 받은 사명**: 에스겔은 패역한 백성, 배반한 백성 곧 이스라엘 백성에게 듣든지 아니 듣든지 하나님의 말씀을 전하라는 사명을 두루마리로 받았다. 두루마리에는 안팎에 글이 있는데 그 위에 애가와 애곡과 재앙의 말이 기록되어 있었다. '그가 내게 말씀하실 때에 그 영이 내게 임하사 나를 일으켜 내 발로 세우시기로 내가 그 말씀하시는 자의 소리를 들으니 내게 이르시되 인자야 내가 너를 이스라엘 자손 곧 패역한 백성, 나를 배반하는 자에게 보내노라 그들과 그 조상들이 내게 범죄 하여 오늘까지 이르렀나니 이 자손은 얼굴이 뻔뻔하고 마음이 굳은자니라 내가 너를 그들에게 보내노니 너는 그들에게 이르기를 주 여호와의 말씀이 이러하시다 하라. 그들은 패역한 족속이라 그들이 듣든지 아니 듣든지 그들 가운데에 선지자가 있음을 알지니라.'**(1–10)**

3장

에스겔은 그발 강가 델아빕에서 7일 동안 사역 준비를 하고 이스라엘 족속에게 하나님 말씀을 전하는 파수꾼의 사명을 받는다.

- **두루마리를 먹은 에스겔**: 에스겔이 심판의 경고가 담긴 두루마리를 먹으니 꿀 같이 달았다. '내게 이르시되 인자야 내가 네게 주는 이 두루마리를 네 배에 넣으며 네 창자에 채우라 하시기에 내가 먹으니 그것이 내 입에서 달기가 꿀 같더라.'**(1–3)**
- **임무를 지시받는 에스겔**: 여호와께서 에스겔을 이스라엘 족속에게 보내며 반역하는 족속이라 하더라도 두려워하지 말고 말씀을 듣든지 말든지 전하라는 사명을 주셨다. '그러나 이스라엘 족속은 이마가 굳고 마음이 굳어 네 말을 듣고자 아니하리니

이는 내 말을 듣고자 아니함이니라 (…) 네 이마를 화석보다 굳은 금강석 같이 하였으니 그들이 비록 반역하는 족속이라도 두려워하지 말며 그들의 얼굴을 무서워하지 말라 하시니라.'(4-11)

- **성령의 인도로 사역을 준비하는 에스겔**: 에스겔은 성령의 인도로 델아빕으로 가서 7일을 보내며 사역을 준비한다.(12-15)
- **파수꾼으로 세움 받은 에스겔**: 7일 후 하나님은 악인과 의인 모두에게 깨우치도록 하는 파수꾼의 임무를 에스겔에게 주신다.(16-21)
- **한동안 말 못하는 상징적 행동을 하는 에스겔**: 에스겔은 그발 강가에 이어 두 번째로 들에서 하나님의 영광을 보았고 즉시 사역을 하지 않고 집으로 들어가 문을 닫고 줄로 몸을 동이고 혀가 입천장에 붙게 하여 한동안 말을 못 하는 상징적 행동이 있었다. 선지자는 자기의 주관이 아니라 성령의 인도에 따라 말씀을 전해야 한다는 의미가 함축되어 있다. '내가 네 혀를 네 입천장에 붙게 하여 네가 말 못하는 자가 되어 그들을 꾸짖는 자가 되지 못하게 하리니 그들은 패역한 족속임이니라. 그러나 내가 너와 말할 때에 네 입을 열리니 너는 그들에게 이르기를 주 여호와의 말씀이 이러하시다 하라 들을 자는 들을 것이요 듣기 싫은 자는 듣지 아니하리니 그들은 반역하는 족속임이니라.'(22-27)

유다 심판 예언

심판에 대한 네 가지 상징

4장 **토둔 상징, 한쪽으로 눕는 상징, 부정한 음식 상징에 의해 유다에 다가올 심판 예언**

🔔 4–5장에서 유다에 다가올 심판을 4가지 상징으로 보여 준다.

- **1. 토둔(박석)의 상징**: 예루살렘의 함락을 상징한다.**(1–3)**
- **2. 에스겔이 한쪽으로 눕는 것의 상징**: 포로 기간을 예고해 준다. 왼쪽으로 누워 390일(남북 왕국 분열 BC 931년부터 BC 538년 이스라엘의 포로 기간 때까지의 약 390년), 오른쪽으로 누워 40일(BC 586년 예루살렘 함락 때부터 BC 538년 포로 귀환 때까지 약 40년) – 390+40=430년은 애굽 포로 기간과도 우연히((?)) 일치한다.**(4–8)**
- **3. 부정한 음식의 상징**: 예루살렘 포위의 가혹함을 상징한다. 즉 기근을 예고(음식 부족, 물 부족, 연료 부족)해 준다. '너는 밀과 보리와 콩과 팥과 조와 귀리를 가져다가 한 그릇에 담고 너를 위하여 떡을 만들어 네가 옆으로 눕는 날수 곧 삼백구십 일 동안 먹되 너는 음식물을 달아서 하루 이십 세겔씩 때를 따라 먹고 물도 육분의 일 힌씩 되어서 때를 따라 마시라. 너는 그것을 보리떡처럼 만들어 먹되 그들의 목전에서 인분 불을 피워 구울지니라.'**(9–17)**

5장 수염을 깎고 머리털을 나누는 상징에 의해 유다의 심판 예언

- **4. 머리털과 수염을 깎아서 저울로 달아 나누어 두는 상징**: 율법에서는 제사장이 머리털과 수염 깎는 행위를 금하나 율법을 어긴 이스라엘에게 임할 심판을 선지자를 통해 나타내기 위함이다. '너 인자야 너는 날카로운 칼을 가져다가 삭도로 삼아 네 머리털과 수염을 깎아서 저울로 달아 나누어 두라.'**(1)**
- **해설**: 1) 삼분의 일은 성읍 안에서 불사름(포위 시 기근, 질병 등으로 죽을 것), 2) 삼분의 일은 칼로 치고(적들의 칼에 의해 죽을 사람), 3) 삼분의 일은 바람에 흩음(이방 땅에 포로로 잡혀가거나 흩어질 사람), 4) 터럭 중에서 조금을 옷자락에 쌈(남은 자), 5) 그 가운데서 얼마를 불사름(얼마를 다시 징계할 것) – '그 성읍을 에워싸

는 날이 차거든 너는 터럭 삼분의 일은 성읍 안에서 불사르고 삼분의 일은 성읍 사방에서 칼로 치고 또 삼분의 일은 바람에 흩으라. 내가 그 뒤를 따라 칼을 빼리라. 너는 터럭 중에서 조금을 네 옷자락에 싸고 또 그 가운데에서 얼마를 불에 던져 사르라 그 속에서 불이 이스라엘 온 족속에게로 나오리라 (…) 너희 가운데에서 삼분의 일은 전염병으로 죽으며 기근으로 멸망할 것이요 삼분의 일은 너의 사방에서 칼에 엎드러질 것이며 삼분의 일은 내가 사방에 흩어 버리고 또 그 뒤를 따라 가며 칼을 빼리라.'(2–17)

유다 심판 예언

심판의 본질 – 우상숭배로 인한 심판

6장

심판의 직접 원인이 산당으로 대표되는 우상에 있음을 지적하고 남은 자들에 대한 약속

IV 선지서

🔔 6, 7장은 '여호와의 말씀이 내게 임하여 이르시되'로 시작되는 예언 설교이다.

- **심판의 원인인 우상에 관한 메시지**: '이스라엘 산들아, 주 여호와의 말씀을 들어라. 주 여호와께서 높고 낮은 산들과 강 유역과 골짜기에 대하여 이런 말씀을 하셨다. 내가 칼을 너희에게 보내 너희 산당을 없애 버리겠다. 너희 제단은 무너지고 너희 분향단은 파괴 될 것이며 모든 백성이 너희 우상 앞에서 죽임을 당할 것이다.'(1–7)
- **남은 자들에 대한 약속**: '그러나 나는 너희 중 일부가 칼날을 피해 세계 각처로 흩어지게 하겠다.'(8–10)
- **심판의 범위와 정도**: 칼과 기근과 전염병으로 광야에서 리브라(필사자들의 오기로 '디블라'이다.)까지 곧 온 땅에 심판이 임한다. '주 여호와께서 또 말씀하셨다. 너는 손뼉을 치고 발을 구르며 이스라엘 백성이 더럽고 추한 악을 행하였으므로 전쟁과

기근과 질병으로 망할 것이라고 말하라. 먼 데 있는 자들은 질병으로 죽고 가까이 있는 자들은 전쟁에 죽고 살아남은 자들은 굶어서 죽을 것이다. 이와 같이 내가 분노를 그들에게 쏟아 버리겠다.'(11-14)

7장

유다의 심판이 왜 있는가에 대한 본질을 말한다. 우상숭배와 행위가 그 본질이다.

🔔 '끝'이라는 단어를 6회 '행위'라는 단어를 5회 사용하였다. 끝은 곧 심판이며 행위란 하나님이 우리에게 주신 행동 지침을 가리킨다.

- **임박한 심판**: '너 인자야 주 여호와께서 이스라엘 땅에 관하여 이같이 말씀하셨느니라. 끝났도다 이 땅 사방의 일이 끝났도다. 이제는 네게 끝이 이르렀나니 내가 내 진노를 네게 나타내어 네 행위를 심판하고 네 모든 가증한 일을 보응하리라 (…) 내가 너를 불쌍히 여기지 아니하며 긍휼히 여기지도 아니하고 네 행위대로 너를 벌하여 너의 가증한 일이 너희 중에 나타나게 하리니 나 여호와가 때리는 이임을 네가 알리라 (…) 밖에는 칼이 있고 안에는 전염병과 기근이 있어서 밭에 있는 자는 칼에 죽을 것이요 성읍에 있는 자는 기근과 전염병에 망할 것이며 (…) 타국인의 손에 넘겨 노략하게 하며 세상 악인에게 넘겨 그들이 약탈하여 더럽히게 하고 (…) 왕은 애통하고 고관은 놀람을 옷 입듯 하며 주민의 손은 떨리리라 내가 그 행위대로 그들에게 갚고 그 죄악대로 그들을 심판하리니 내가 여호와인 줄을 그들이 알리라.'(1-27)

유다 심판 예언

에스겔이 예루살렘 성전에서 본 심판에 관한 환상

8장

예루살렘 심판의 이유는 가증한 우상을 섬기는 하나님 백성의 행위 때문이다.

🔔 8장에서 우상을 의미하는 '가증한'이라는 단어를 7번, 행동 지침을 의미하는 '행하는'이라는 단어를 5회 사용하였다.

- **에스겔이 환상 가운데 본 예루살렘의 우상숭배:** 여호야긴이 포로가 된 지 6년 되는 해(BC 592) 6월 5일에 곧 에스겔이 하나님의 영광에 대한 이상을 본 지 14개월 되는 날에 다시 하나님의 영광을 보게 되었고 환상 가운데 예루살렘으로 가서 성전에서 이루어지고 있는 네 가지 우상숭배를 보았다. 1) 투기의 우상숭배 2) 장로들의 짐승 숭배 3) 담무스 숭배 4) 태양 숭배. '그러므로 나도 분노로 갚아 불쌍히 여기지 아니하며 긍휼을 베풀지도 아니하리니 그들이 큰 소리로 내 귀에 부르짖을지라도 내가 듣지 아니하리라.'**(1–18)**

9장

하나님의 백성들을 그들의 행위대로 심판을 집행하시는 하나님의 환상

🔔 8장에서 에스겔이 환상 중 예루살렘 성전에서 각종 우상숭배를 목격한 이후의 이야기가 계속된다.

- **허리에 먹 그릇을 찬 천사:** 하나님의 명령에 따라 예루살렘 성읍을 관할하는 천사를 부르고 6명이 놋 제단 곁에 선다. 그중의 한 사람은 가는 베옷을 입고 허리에 서기관의 먹 그릇을 찼다.**(1–2)**
- **이마에 표가 없는 예루살렘 거민들의 학살:** 하나님의 행동 지침을 행하는 사람들의 이마에는 표를 그리고 나머지 모두 심판할 것을 명하신다. 하나님께서 성전의 늙은 자(종교 지도자)부터 죽이라고 명하신다. '늙은 사람, 젊은 사람, 처녀, 어린 아

이, 부인들을 닥치는 대로 죽이되 이마에 표를 가진 자에게는 손을 대지 말아라. 너희는 이 일을 내 성소에서부터 시작하라. 그러자 그들은 성전 앞에 있는 장로들부터 죽이기 시작하였다. 그는 또 그들에게 너희는 성전을 더럽히고 성전 뜰을 시체로 채워라. 자, 나가서 착수하라 하고 말씀하셨다. 그래서 그들은 밖으로 나가서 성안에 있는 사람들을 치기 시작하였다. 그래서 내가 그들을 아끼거나 불쌍히 여기지 않고 그들이 행한 대로 갚아 줄 것이다.'**(3–11)**

10장

예루살렘 성에 숯불을 뿌리는 환상과 여호와가 성전을 떠나는 환상에 의해 예루살렘 멸망을 보여 준다.

🔔 8, 9장의 성전에서의 환상이 계속된다.

- **숯불을 예루살렘에 뿌려 심판하는 천사**: 여호와의 영광이 임재하셔서 가는 베옷 입은 심판하는 천사에게 숯불을 예루살렘 성읍 위에 뿌리라고 지시하신다.**(1–7)**
- **여호와의 영광이 성전을 떠남**: 에스겔이 그발 강가에서 보았던 네 생물의 환상을 성전에서 다시 보며 여호와의 영광이 성전 문지방을 떠나서 그룹들 위에 머무는 장면을 본다.**(8–22)**

11장

예루살렘에 남아 하나님의 예언을 믿지 않는 백성들에 대한 심판 예언과 바벨론 포로로 간 남은 자들에 대한 위로 그리고 하나님 영광이 떠남

🔔 8, 9, 10장의 성전에서의 환상이 끝난다.

- **예언을 믿지 않는 지도자들에 대한 심판**: 에스겔은 여호와의 전 동문에서 방백 25명이 회의하는 모습을 보며 하나님의 심판 예언에도 불구하고 예루살렘이 안전하다는 그들에게 바벨론 침공을 예언하고 예언하라는 명을 받는다. 예언을 하는 중 예

언을 확증하기라도 하는 듯 25인 중 한 명이 죽는다.**(1–13)**

- **남은 자들의 회복**: 포로가 된 자들에 대한 위로 말씀과 남은 자들의 회복의 말씀이 주어진다. 그러나 불순종하는 자는 그 행위대로 갚아 줄 것을 말씀하신다. '그들이 내 법을 지키고 내 명령에 순종하도록 하겠다. 그러면 그들은 내 백성이 되고 나는 그들의 하나님이 될 것이다. 그러나 그 더럽고 지긋지긋한 우상에 정신이 팔려 있는 사람에게는 내가 그들이 행한 대로 갚아 주겠다. 이것은 나 주 여호와의 말이다.'**(14–21)**
- **하나님의 영광이 떠나고 환상이 끝남**: 하나님의 영광이 성전 문을 떠나가고 에스겔은 다시 갈대아로 되돌아가게 되었다. '그러자 여호와의 영광의 광채가 성에서 그 동편 산으로 이동하여 머물렀다 (…) 그리고서 여호와의 영이 나를 환상 가운데서 들어 올려 바빌로니아에 있는 포로들에게 다시 데려다 주었다. 그러자 내가 본 환상은 사라지고 말았다.'**(22–25)**

IV 선지서

유다 심판 예언

심판의 확실성에 대한 5가지 메시지

12장

심판 예언을 믿지 않는 백성들에게 행구와 벽에 구멍을 뚫는 징조 그리고 먹고 마시며 떠는 징조의 두 가지 징조를 통해 심판의 확실성을 강조하고 사로잡혀 갈 시드기야에 대한 예언까지 기술됨. 이어서 심판의 사실성과 절박성을 전함

- **포로로 잡혀갈 것에 대한 상징적 행동 1**: 여호와의 말씀에 따라 에스겔이 포로의 행장을 꾸려 캄캄한 밤에 성벽을 뚫고 가는 상징을 연출한다. '사람의 아들아, 너는 아주 못된 백성 가운데 살고 있다. 그들은 볼 수 있는 눈을 가지고도 보지 않으며 듣는 귀를 가지고도 듣지 않으니 이것은 그들이 거역하는 백성이기 때문이다. 사람의 아들아, 이제 너는 짐을 꾸려 대낮에 그들이 보는 데서 네가 있는 곳을 떠나 다른

곳으로 가거라. 그들이 비록 거역하는 백성이라도 네가 떠나는 것을 보면 아마 깨달을 것이다 (…) 너는 네가 행한 것이 앞으로 그들에게 일어날 일의 징조라고 말해 주어라. 그들은 포로로 잡혀갈 것이다.'(1-16)

- **포로로 잡혀갈 것에 대한 상징적 행동 2**: 에스겔은 또다시 여호와의 말씀에 따라 떨면서 음식을 먹는 상징적 행동으로 극심한 기근을 예고한다.(17-20)

🔔 에스겔에게 심판의 확실성에 대한 다섯 개의 메시지가 주어진다(12:21-14:23).

- **1. 심판 확실성에 대한 첫 메시지**: 거짓 선지자들의 '날이 더디고 모든 묵시가 사라지리라'는 속담을 사용되지 못할 것이라는 여호와의 말씀이 주어진다. 하나님 심판의 사실성을 의심하는 사람들에게 심판 예언은 확실히 이루어질 것임을 알리는 메시지이다.(21-25)
- **2. 심판 확실성에 대한 둘째 메시지**: 거짓 선지자들은 '예언은 여러 날 후의 일'이라 한 데 대해 '더디지 아니하리라'는 말씀으로 심판의 절박성을 알리는 메시지이다.(26-28)

13장 거짓 선지자의 실상과 그들에 임할 저주를 기술함으로 심판이 확실함을 기록함

- **3. 심판 확실성에 대한 셋째 메시지**: 자기 마음대로 예언하여 백성들을 속이는 거짓 선지자와 거짓 여선지자의 실상을 폭로하고 그들에 임할 저주를 선포함으로 심판의 확실성을 알리는 메시지이다. '이들은 예루살렘에 대하여 예언하고 평안이 없는데도 평안의 환상을 본다는 이스라엘의 예언자들이다. 이것은 나 주 여호와의 말이다 (…) 너희가 다시는 거짓된 환상을 보거나 예언을 하지 못할 것이다. 내가 내 백성을 너희 손에서 건져낼 것이니 너희가 그제서야 나를 여호와인 줄 알 것이다.'(1-23)

14장

우상숭배를 한 하나님 백성에 대해 심판하실 것과 의인 몇 사람이 있다 하더라도 그 의인만 자신의 공의로 살고 나머지 심판은 확실히 이루어질 것이라는 말씀, 그리고 남은 자의 구원 말씀

- **4. 심판 확실성에 대한 넷째 메시지**: 우상숭배를 하며 헛된 사상을 가진 장로 두어 사람이 하나님께 묻는 척했을 때 분명히 보응하실 것을 말씀하심으로 심판의 확실성을 알리는 메시지이다.**(1–11)**
- **5. 심판 확실성에 대한 다섯째 메시지**: 예루살렘을 심판하시기 위해 1) 칼 2) 기근 3) 사나운 짐승 4) 전염병을 함께 내리실 것인데 설사 노아, 다니엘, 욥 세 사람이 있을지라도 자기의 공의로 자기의 생명만 건지리라고 하심으로 심판의 확실성을 알리는 메시지이다.**(12–20)**
- **남은 자의 구원**: 여호와께서는 심판의 확실성을 말씀하시면서도 남은 자의 구원을 말씀하신다. '주 여호와께서 다시 말씀하셨다. 내가 나의 네 가지 무서운 심판, 곧 전쟁과 기근과 사나운 짐승과 질병을 예루살렘에 보내 사람과 짐승을 다 죽일 때 그 피해가 대단할 것이다. 그러나 그 가운데 일부 살아남은 자들이 거기서 끌려나올 것이다. 그들이 너희에게 오는 것을 보면 내가 예루살렘에 내린 그 모든 재앙에 대하여 너희가 위로를 받을 것이다.'**(21–23)**

유다 심판 예언

심판에 관한 3가지 비유

15장

이스라엘을 포도나무로 비유하여 하나님을 배반한 선민을 심판할 수밖에 없음을 밝힌다.

- **열매 없는 포도나무 비유**: '사람의 아들아, 포도나무를 어떻게 다른 나무에 비할 수

있겠느냐? 포도나무 가지를 숲속의 나무에 비교할 때 나은 것이 무엇이냐? (…) 그 것이 타기 전에도 아무 쓸모가 없는데 그것이 불이 타서 새까맣게 된 다음에야 무슨 쓸모가 있겠느냐? 그러므로 나 주 여호와가 말한다. 내가 숲속의 나무 중에서 포도나무를 땔감으로 불에 던진 것처럼 예루살렘에 사는 사람들도 불에 던질 것이다.'(1–8)

16장

예루살렘을 음란한 음부에 비유하여 하나님의 심판이 있을 것을 밝힌다.
언약 백성으로 애굽에서 해방되어 가나안 땅에 살게 되었으나 우상숭배로 음녀가 되었고 하나님을 의지하기보다는 애굽, 앗수르, 바벨론을 의지하는 등 심판받을 수밖에 없는 상황에 이르렀음을 기술한다.

- **음부의 비유**: '사람의 아들아, 너는 예루살렘이 행한 더러운 일을 그에게 알리고 나 주 여호와가 이렇게 말한다고 일러 주어라 (…) 내가 너를 들의 풀처럼 자라게 하였더니 네가 크게 성장하여 가장 아름다운 보석처럼 되었으며 네 유방이 잘 발달되고 머리가 길게 자랐으나 너는 여전히 벌거벗은 채로 있었다 (…) 그때 내가 지나가다가 네가 사랑을 속삭일 때가 된 것을 보고 내 옷으로 너를 덮어 네 벗은 몸을 가리고 너를 사랑할 것을 약속하며 너와 혼인 계약을 맺었다. 그래서 네가 나의 것이 되었다 (…) 너의 아름다움으로 너의 명성이 온 세계에 퍼졌으니 이것은 내가 너에게 준 화려함이 네 아름다움을 완벽하게 하였기 때문이다. 이것은 나 주 여호와의 말이다 (…) 그러나 네가 네 아름다움을 믿고 명성을 이용하여 창녀 짓을 하며 지나가는 자들과 음행하였다 (…) 나 여호와가 말한다. 너에게 화가 있을 것이다. 너는 그 모든 악을 행하고서도 너를 위해 우상의 신전을 짓고 모든 광장에 사당을 세웠다 (…) 또 너는 너의 음란한 이웃인 이집트 사람들과 음행하여 나의 분노를 일으켰다. 그러므로 내가 손으로 너를 쳐서 네 영토를 줄이고 너를 미워하여 너의 더러운 행위를 역겹게 생각하는 블레셋 사람들에게 너를 넘겨주었다. 네가 음욕이 차지 않아서 앗시리아 사람들과도 음행하고 그것도 부족하여 상업의 나라 바빌로니아 사람들

과도 음행하였으나 너는 만족을 얻지 못하였다. 나 주 여호와가 말한다. 네가 뻔뻔스러운 창녀처럼 이 모든 일을 행하니 네가 정말 타락하였구나 (…) 너는 사랑하는 남편을 두고 낯선 사람과 간음하는 음란한 아내이다. 보통 창녀는 화대를 받는데 너는 너의 모든 연인들에게 선물을 주고 뇌물까지 주어 사방에서 너에게 몰려들어 너와 음행하게 하였다 (…) 네가 어렸을 때를 기억하지 않고 이 모든 일로 내 분노를 일으켰으므로 네가 행한 대로 내가 너에게 갚아 주겠다. 네가 어째서 너의 모든 더러운 일에 음행까지 더하였느냐? (…) 너는 네가 행한 모든 일에 대해서 부끄러움을 느낄 것이며 네가 당하는 수치가 그들에게 위로가 될 것이다. 너의 자매인 소돔과 그 딸들과 사마리아와 그 딸들이 이전 상태로 되돌아갈 것이며 너와 네 딸들도 이전 상태로 되돌아갈 것이다 (…) 그러나 네가 어렸을 때 내가 너와 맺은 계약을 기억하고 너와 영원한 계약을 세우겠다 (…) 내가 너와 새로운 계약을 세울 것이니 네가 나를 여호와인 줄 알 것이다. 네가 행한 모든 일을 내가 용서할 때에 너는 그 일을 기억하고 부끄러워서 다시는 네 입을 열지 못할 것이다. 이것은 나 주 여호와의 말이다.'**(1–63)**

17장

두 마리 독수리는 바벨론과 애굽을 가리킨다. 유다는 하나님께 의지하지 않고 친 애굽, 친 바벨론 정책을 왔다 갔다 하므로 멸망을 재촉했음을 가리킨다. BC 597년 바벨론 2차 침공과 시드기야가 바벨론과의 조약을 파기하고 친 애굽 정책을 쓴 결과 BC 586년 바벨론에 멸망한 사건을 배경으로 하며, 끝부분에 메시아 예언이 있다.

- **두 마리 독수리 비유:** '사람의 아들아, 너는 이 비유를 이스라엘 백성에게 말하고 나 주 여호와가 하는 말을 그들에게 알게 하라. 큰 날개와 긴 깃과 여러 가지 색깔의 많은 털을 가진 큰 독수리 한 마리가 있었는데 그것이 레바논으로 날아와서 백향목의 제일 위에 있는 연한 가지 하나를 꺾어 그것을 상인들의 도시로 가지고 가서 심었다 (…) 그런데 날개가 크고 털이 많은 또 다른 한 마리의 독수리가 있었다. 그 포도나무가 더 많은 물을 받으려고 그것이 심긴 자리에서 이 독수리를 향해 뿌리를

뻗고 가지를 뻗쳤다 (…) 그러므로 나 주 여호와가 묻는다. 이 포도나무가 무성하게 잘 자라겠느냐? 그 처음 독수리가 뿌리를 뽑고 포도를 따며 가지를 꺾어 그 나무를 시들게 하고 연한 잎사귀를 다 마르게 하지 않겠느냐? 그 뿌리를 뽑는 데는 많은 사람이나 큰 힘이 필요하지 않을 것이다 (…) 너는 이 거역하는 백성들에게 이 비유가 무엇을 뜻하는지 아느냐고 물어 본 후에 나 여호와의 말을 이렇게 전하라. 바빌로니아 왕이 예루살렘으로 가서 왕과 그의 신하들을 바빌로니아로 끌어가고 왕족 중에 하나를 뽑아 그와 계약을 맺고 자기에게 충성할 것을 맹세하게 하였다. 그리고 그는 그 땅의 유능한 인재들을 다 끌어가 그 나라가 다시는 일어나지 못하게 하고 그 계약을 지켜야 간신히 생존하도록 하였다. 그러나 유다왕이 바빌로니아 왕을 배반하고 말과 군대를 얻기 위해 이집트로 사절단을 보냈다. 그가 이런 일을 행하고 과연 성공하겠느냐? 그가 계약을 어기고서 어떻게 무사할 수 있겠느냐? 살아 있는 나 주 여호와가 말하지만 그가 자기를 왕으로 세운 바빌로니아 왕에게 한 맹세를 무시하고 그와 맺은 계약을 어겼으므로 바빌로니아 땅에서 죽고 말 것이다. 적군이 많은 생명을 죽이려고 토성을 쌓고 흉벽을 세우는 그런 전쟁에서는 아무리 막강한 군대를 가진 이집트 왕이라 할지라도 그를 도와주지 못할 것이다 (…) 내가 그물을 던져 그를 잡아끌고 바빌로니아로 가서 나를 배신한 죄를 거기서 심문할 것이니 (…) 나 주 여호와가 말한다. 내가 백향목 꼭대기에서 연한 가지를 꺾어 이스라엘의 가장 높은 산에 심겠다. 그것이 자라서 가지가 무성하고 열매를 맺어 훌륭한 백향목이 될 것이며 갖가지 새들이 그 아래 깃들고 거기서 보금자리를 찾아 살 것이다 (…) 들의 모든 나무들이 나 여호와는 높은 나무를 낮추고 낮은 나무를 높이며 푸른 나무를 말리고 마른나무를 무성하게 하는 줄 알 것이다. 나 여호와가 말했으니 내가 반드시 이룰 것이다.'(1–24)

유다 심판 예언

개인의 책임에 관한 메시지

18장

각자의 심판은 각자의 행동 지침 이행도에 달린 것이다.

- **개인의 책임**: '어째서 사람들이 이스라엘 땅에 대하여 아버지가 신 포도를 먹었는데 아들의 이가 시다는 속담을 쓰고 있는가? 살아 있는 나 여호와가 분명히 말하지만 너희가 이스라엘에서 다시는 이 속담을 쓰지 못할 것이다 (…) 범죄 하는 사람만 죽을 것이다 (…) 만일 이 아들이 또 아들을 낳았다고 가정해 보자. 그 아들이 자기 아버지가 범한 모든 죄를 보았으나 그런 죄를 범하지 않고 산 위의 우상 신전에서 제물을 먹지 않으며 이스라엘의 우상에게 눈을 돌리지도 않고 그 이웃의 아내를 더럽히지도 않으며 (…) 그런데 너희는 아버지가 죄를 지었는데도 어째서 그 아들이 벌을 받지 않느냐고 묻고 있다. 그 아들은 공정하고 옳은 일을 행하며 나의 모든 법을 준수하였으므로 그는 분명히 살 것이다. 죽어야 할 사람은 바로 범죄 하는 그 사람이다. 아들이 아버지의 죄 때문에 형벌을 받지 않을 것이며 아버지가 아들의 죄 때문에 형벌을 받지도 않을 것이다. 이와 같이 의로운 자의 의에 대한 보상도 자기에게 돌아가고 악인의 악에 대한 형벌도 자기에게 돌아갈 것이다 (…) 그러나 만일 악인이 그가 범한 모든 죄에서 돌이키고 내 법을 지키며 의로운 일을 행하면 그가 살고 분명히 죽지 않을 것이다. 그가 범한 죄는 하나도 기억되지 않을 것이며 그가 행한 의로운 일로 그는 살게 될 것이다 (…) 그러나 만일 의로운 자가 그의 의로운 길에서 떠나 범죄하고 악인이 행하는 모든 더러운 일을 행하면 살겠느냐? 그가 행한 의로운 일은 하나도 기억되지 않을 것이며 그의 신실하지 못함과 그가 범한 죄 때문에 그는 죽게 될 것이다. 그러나 너희는 내가 행하는 일이 옳지 못하다고 말하고 있다. 이스라엘 백성아, 들어라. 내가 하는 일이 옳지 못하냐? 오히려 너희가 하는 일이 옳지 못한 것이 아니냐? 만일 의로운 자가 그 의를 떠나 죄를 범하고 죽으면 그는 자기가 범한 죄 때문에 죽는 것이며 만일 악한 자가 그 악에서 떠나 법을 지키고 옳은 일을 행하면 그는 자기 생명을 구원하게 될 것이다. 그는 자기가 행한 일을 깨닫고 그 죄에서 돌이켰으므로 분명히 살고 죽지 않을 것이다 (…) 너희가 행한 대

로 내가 너희 각 사람을 심판하겠다. 너희는 회개하고 돌이켜 너희 모든 죄에서 떠나라. 그러면 너희가 죄 때문에 멸망하지 않을 것이다.'(1–32)

유다 심판 예언

이스라엘의 방백들에 대한 애가의 비유

19장

비운을 맞은 여호아하스, 여호야김, 여호야긴, 시드기야 왕들의 근본적 죄를 애가 형태로 비유했다. 하나님을 섬겼던 다윗 왕조가 하나님을 배반하므로 바벨론 포로로 잡혀가는 왕조가 되었다.

- **여호아하스의 비운**: 이스라엘의 고관(방백)들이란 여호아하스, 여호야김, 여호야긴, 시드기야왕을 지칭한다. 어머니, 암사자는 이스라엘(유다), 젊은 사자의 새끼는 여호아하스를 가리킨다. 여호아하스는 포악한 왕이었다. 애굽의 바로느고가 3개월 만에 폐위시켜 애굽으로 끌고 갔다. '너는 이스라엘 고관들을 위하여 애가를 지어 부르라 네 어머니는 무엇이냐 암사자라 그가 사자들 가운데에 엎드려 젊은 사자 중에서 그 새끼를 기르는데 그 새끼 하나를 키우매 젊은 사자가 되어 먹이 물어뜯기를 배워 사람을 삼키매 이방이 듣고 함정으로 그를 잡아 갈고리로 꿰어 끌고 애굽 땅으로 간지라.'(1–4)
- **여호야긴의 비운**: 여호야긴 역시 포악한 왕으로 바벨론에 의해 잡혀간다.(5–9)
- **시드기야의 비운**: 마지막 왕인 시드기야 마저 바벨론과 애굽을 왔다 갔다 하다 바벨론으로 잡혀가 소생 불능 상태가 되었다.(10–14)

유다 심판 예언

심판의 공정성 – 유다 패역의 역사

20장

이스라엘의 과거 반역의 역사를 회고하며 심판의 당위성을 논하고 회복의 메시지를 말한다. '내 이름을 위하여'라는 말이 3회 나온다.

- **조상들의 과거 가증한 일을 설명하기 시작하는 에스겔**: 에스겔은 찾아온 장로들에게 여호와의 말씀에 따라 조상들의 과거 가증한 일들을 설명해 준다. 여호야긴이 바벨론 포로로 잡혀간 후 일곱째 해 다섯째 달 열째 날이다.(1–4)
- **애굽에서의 이스라엘**: '그러나 그들은 나를 반역하고 내 말을 듣지 않았으며 그들이 사랑하던 더러운 우상들을 버리지 않고 이집트의 신들을 떠나지도 않았다. 그래서 나는 그들이 아직 이집트에 있을 때에 그들에게 내 분노를 쏟아 분풀이하겠다고 말하였다. 그러나 나는 이방 사람들이 보는 데서 내 이름을 더럽히지 않으려고 그렇게 하지 않고 그들을 이집트에서 인도해 내어 이집트 사람들이 보는 앞에서 나를 그들에게 나타내었다.'(5–9)
- **광야에서의 이스라엘 1세대**: '그러나 이스라엘 백성은 광야에서 나를 거역하여 순종만 하면 살 수 있는 내 법과 규정을 지키지 않고 거절하며 나의 안식일을 완전히 더럽혔다. 그래서 내가 광야에서 나의 분노를 그들에게 쏟아 그들을 멸망시키겠다고 말하였다. 그러나 내가 그들을 인도해 내는 것을 목격한 이방 나라 앞에서 나는 내 이름을 더럽히지 않으려고 그렇게 하지 않았다 (…) 그렇지만 나는 그들을 불쌍히 여겨 광야에서 그들을 전멸시키지 않고 (…).'(10–17)
- **광야에서의 이스라엘 2세대**: '그러나 그 자손들도 나를 거역하였으며 순종하면 살 수 있는데도 내 법을 어기고 내 명령을 지키지 않으며 나의 안식일을 더럽혔다. 그래서 나는 광야에서 내 분노를 그들에게 쏟아 분풀이 하겠다고 말하였다. 그렇지만 내가 그들을 인도해 내는 것을 목격한 이방 나라 앞에서 나는 내 이름을 더럽히지 않으려고 그렇게 하지 않았다. 나는 또 그들을 온 세계에 흩어 버리겠다고 광야에서 맹세하였다.'(18–26)
- **새 정착지 가나안 땅에서의 이스라엘**: '내가 그들을 약속한 땅으로 인도했을 때 그들이 높은 산과 잎이 무성한 나무를 보고 거기서 제물을 드리고 분향하며 술을 따

르고 제사를 지냄으로 나를 노하게 하였다.'(27–29)

- **에스겔 시대의 이스라엘**: '너희가 너희 아들을 불에 태워 제물로 바치고 오늘날까지도 너희 모든 우상으로 자신을 더럽히고 있다. 이스라엘 백성아, 너희가 나에게 묻는 것을 내가 어떻게 용납하겠느냐? 살아 있는 나 주 여호와가 말하지만 너희가 나에게 묻는 것을 내가 절대로 용납하지 않을 것이다.'(30–31)
- **이스라엘 미래의 회복, 천년왕국**: '내가 너희를 이방 나라에서 인도해 내고 너희를 흩어졌던 나라에서 모아들일 때에 내가 너희를 향기로운 제물로 받고 이방 나라들이 보는 데서 너희를 통해 나의 거룩함을 나타내겠다. 내가 너희 조상들에게 주기로 약속한 이스라엘 땅으로 너희를 인도해 들일 때에 너희가 나를 여호와인 줄 알 것이다.'(32–44)
- **유다와 예루살렘에 임할 심판**: '사람의 아들아, 너는 남쪽을 바라보아라. 너는 남쪽을 향해 외치며 네겝의 삼림 지대에 대하여 예언하라. 너는 여호와의 말씀을 들어라. 주 여호와께서 너에게 이렇게 말씀하셨다. 내가 너에게 불을 놓을 것이다. 그 불이 너의 모든 푸른 나무와 마른나무를 다 태워 버릴 것이다. 그 맹렬한 불꽃은 꺼지지 않을 것이며 남에서 북까지 온 지면이 그 불에 새까맣게 탈 것이다. 모든 사람이 나 여호와가 그 불을 일으킨 것을 알 것이니 그 불이 꺼지지 않을 것이다. 그때 내가 말하였다. 주 여호와여, 그들은 내가 늘 알아듣지 못하는 비유만 말한다고 불평하고 있습니다.'(45–49)

21장

유다와 예루살렘에 임할 심판이 바벨론에 의해 이루어질 것을 예언하며 모압도 심판될 것을 예언하고 있다.

🔔 21장의 말씀은 20장 45절부터 시작된다. 히브리 성경에는 20장 45절이 21장의 첫 절이다.

- **유다와 예루살렘에 임할 여호와의 심판의 칼**: '사람의 아들아, 너는 예루살렘을 바

라보고 성소를 향해 외치며 이스라엘 땅에 대하여 나 여호와가 이렇게 말한다고 예언하라. 내가 너를 대적하고 칼을 뽑아 네 가운데서 의로운 자와 악한 자를 모두 죽여 버리겠다 (…) 그들이 너에게 당신은 어째서 탄식하시오? 하고 묻거든 너는 이렇게 대답하라. 내가 이렇게 하는 것은 들려오는 소문 때문이오. 재앙이 닥치면 무서워서 사람들의 마음이 녹을 것이며 모든 사람들의 손에 맥이 풀리고 그들의 기력이 쇠하며 모든 사람의 무릎이 물처럼 약해질 것이오 (…) 사람의 아들아, 너는 부르짖고 통곡하라. 이것은 내 백성을 칠 칼이며 이스라엘의 지도자들을 칠 칼이다. 그들과 내 백성은 모두 칼날에 죽을 것이다. 내가 내 백성을 시험하겠다. 만일 그들이 회개하지 않으면 이 모든 일이 그들에게 일어날 것이다. 이것은 나 주 여호와의 말이다 (…) 사람의 아들아, 너는 바빌로니아 왕의 칼이 들어올 두 길을 표시하라. 그 두 길은 출발점이 한 곳이 되게 하고 성으로 들어가는 갈림길에는 표지판을 세워라. 한 길은 칼이 암몬 사람들의 랍바성으로 가는 길을 표시하고 다른 한 길은 예루살렘으로 가는 길을 표시해야 한다. 바빌로니아 왕이 그 갈림길에 이르러 어느 길로 갈 것인지 화살통의 화살을 흔들어 점을 칠 것이다. 그는 또 자기 우상들에게 물어 보고 제물로 바친 짐승의 간을 조사하여 (…) 그러므로 나 주 여호와가 말한다. 너희 죄가 드러나서 모든 사람이 너희 죄악을 알게 되었다. 너희가 모든 행위에서 너희 죄를 드러내 너희를 기억하도록 하였으니 내가 너희를 너희 원수들에게 사로잡혀가게 될 것이다. 너 악하고 추한 이스라엘 왕아, 너의 날이 이르렀으니 네가 멸망할 형벌의 날이 다가왔다 (…) 파멸이다! 파멸! 내가 이스라엘의 왕권을 무너뜨리겠다. 이것을 당연히 소유할 자가 오면 내가 이 왕관을 그에게 줄 것이나 그때까지는 이것을 가질 자가 없을 것이다.'**(1–27)**

- **암몬에 대한 멸망 예언**: '사람의 아들아, 너는 나 주 여호와가 이스라엘을 모욕한 암몬에 대하여 이렇게 말한다고 예언하라. 칼, 칼이 뽑혔다. 살육하며 전멸시키려고 그 칼이 잘 마광되어 번개처럼 번쩍이는구나. 네가 본 환상도 거짓되고 네가 말한 점도 거짓말이다. 네가 아주 악하여 너의 날, 곧 네가 멸망할 형벌의 날이 다가왔다. 그러므로 칼이 네 목에 떨어질 것이다.'**(28–32)**

22장

우상숭배를 비롯하여 예루살렘을 심판할 수밖에 없는 구체적인 범죄 행위를 열거하고 특히 거짓 선지자, 타락한 제사장, 그리고 고관들을 지적하고 있다.

- **예루살렘이 범한 구체적 죄악들**: '네가 살인하여 죄를 짓고 우상을 섬겨 자신을 더럽혔으므로 네 날이 가까왔고 네 때가 다 되었다. 그래서 내가 너를 이방 나라의 조롱거리가 되게 하고 온 세상의 웃음거리가 되게 하겠다 (…) 네 가운데 있는 이스라엘 지도자들은 모두 자기 권력을 남용하여 사람을 죽였다. 그들은 부모를 업신여기고 나그네를 학대하며 고아와 과부에게 피해를 주었다. 너는 나의 거룩한 것을 업신여기고 나의 안식일을 더럽혔으며 (…) 자기 아버지의 침상을 더럽힌 자도 있으며 월경 중에 있는 여인을 강간하는 자도 있다. 그리고 네 가운데 어떤 사람은 자기 이웃의 아내와 간음하고 또 어떤 사람은 자기 며느리를 더럽히고 또 어떤 사람은 자기 이복 여동생을 더럽혔다. 그뿐만 아니라 네 가운데는 사람을 죽이려고 뇌물을 받은 자도 있으며 이자를 받아 이익을 남기고 자기 이웃을 착취한 자도 있으니 그들은 다 나를 잊어버렸다 (…) 내가 네 백성을 온 세계에 흩어 버리고 너에게서 더러운 것을 완전히 제거하겠다.'(1–16)
- **예루살렘 심판의 방법**: '사람의 아들아, 이스라엘 백성은 나에게 찌꺼기처럼 되었다. 그들은 용광로 속에 있는 구리나 주석이나 철이나 납과 같아서 은을 제거한 찌꺼기에 불과하다 (…) 그들이 다 찌꺼기처럼 쓸모없는 자들이 되었으므로 내가 그들을 예루살렘에 모아 사람들이 은이나 구리나 철이나 납이나 주석을 용광로에 넣고 불로 녹이는 것처럼 나의 분노로 그들을 모아 그 성에 집어넣고 녹여 버릴 것이다. 내가 그들을 예루살렘에 모으고 내 분노의 불을 그들에게 내뿜으면 그들은 은이 용광로에서 녹는 것처럼 거기서 녹을 것이다. 그러면 그들은 나 여호와가 분노를 그들 위에 쏟은 것을 알게 될 것이다.'(17–22)
- **심판받을 사람들**: '그 땅의 지도자들은 먹이를 보고 으르렁거리는 사자와 같다. 그들은 사람을 죽이고 남의 금전과 보물을 빼앗고 그 땅의 많은 여자들을 과부로 만들었다. 또 그 땅 제사장들은 내 율법을 범하고 나의 거룩한 것을 더럽혔으며 거룩

한 것과 속된 것을 구별하지 않았고 부정한 것과 깨끗한 것의 차이점을 가르치지도 않았으며 내 안식일을 중시하지도 않았다. 그래서 내가 그들 가운데서 더럽힘을 당하였다. 그리고 정부 관리들은 먹이를 찢는 이리처럼 부당한 이득을 얻기 위해 피를 흘리고 사람을 죽이며 예언자들은 담을 회칠하듯이 그들의 죄를 덮어 주고 거짓된 환상을 보며 엉터리 예언을 하고 나 여호와가 말하지 않은 것도 주 여호와께서 말씀하셨다. 하고 말한다. 이 땅 백성은 착취하고 강탈하며 가난하고 불쌍한 자를 억압하고 외국인을 부당하게 학대하고 있다 (…) 그래서 내가 분노를 그들 위에 쏟고 내 분노의 불로 그들을 삼켜 그들이 행한 대로 갚아 주겠다. 이것은 나 주 여호와의 말이다.'(23–31)

23장

북 이스라엘과 남 유다를 오홀라와 오홀리바라는 두 자매로 의인화하고 앗수르, 애굽, 바벨론 등과 음행한 결과 심판받을 수밖에 없는 사실을 기술한다.

- **오홀라와 오홀리바**: '두 여자가 있었는데 이들은 자매였다. 그들이 이집트에서 창녀가 되어 어릴 때부터 매춘 행위를 하였고 (…) 이름은 언니가 오홀라이며 동생이 오홀리바였다. 그들은 나와 결혼하여 모두 자녀를 낳았는데 오홀라는 사마리아이며 오홀리바는 예루살렘이었다. 오홀라는 나의 것이었는데도 창녀 짓을 하며 그 이웃에 있는 앗시리아 사람들을 애인으로 삼아 그들을 사모하였으니 (…) 그가 앗시리아의 모든 미남자들에게 몸을 팔고 정욕 때문에 앗시리아 우상들을 섬겨 자신을 더럽혔다 (…) 그러므로 그가 연모하는 앗시리아 사람의 손에 내가 그를 넘겨주었다 (…) 그의 동생 오홀리바는 이것을 보고서도 더 심한 음욕을 품고 매춘 행위를 하여 자기 언니보다 더 부패하였다. 그도 앗시리아 사람들을 연모하였는데 (…) 그 자매들은 모두 같은 길을 걸었다. 그가 더욱 많은 음행을 하게 된 것은 붉은 색으로 벽에 그려진 갈대아 사람들의 환상을 본 것 때문이었다 (…) 그러자 바빌로니아 사람들이 그에게 와서 사랑의 침상에 올라 음란으로 그를 더럽혔으며 그가 더럽혀진 후에는 결국 그들을 싫어하게 되었다. 이와 같이 그가 공공연하게 매춘 행위를 하며 나

체를 드러내므로 내가 그의 언니를 싫어한 것처럼 그를 싫어하였으나 그는 어릴 때 이집트에서 창녀 짓을 하던 일을 생각하고 더욱더 난잡하게 음행하며 나귀나 말처럼 정력이 왕성한 음란한 간부를 연모하였다 (…) 그러므로 오홀리바야, 나 주 여호와가 말한다. 네가 연애하다가 싫어하던 자들을 내가 충동하여 그들이 사방에서 와서 너를 치도록 하겠다 (…) 내가 질투의 분노를 너에게 쏟을 것이니 그들이 분노하여 네 코와 귀를 잘라 버리고 남은 자들을 칼날에 쓰러뜨릴 것이다. 또 그들은 네 자녀를 빼앗고 살아남은 자들을 불에 태워 버릴 것이며 (…) 이렇게 해서 내가 네 음란과 이집트에서 시작한 매춘 행위를 그치게 하겠다 (…) 나 주 여호와가 말한다. 나는 네가 미워하고 싫어하는 자들에게 너를 넘겨주겠다 (…) 네가 네 언니의 길을 걸었으므로 그가 받은 형벌의 잔을 내가 너에게도 주겠다 (…) 그러므로 나 주 여호와가 말한다. 네가 나를 잊고 나에게 등을 돌렸으므로 너는 네 음란과 매춘 행위에 결과에 대한 책임을 져야 한다 (…) 나 주 여호와가 말한다. 내가 대군을 이끌고 와서 그들을 치고 놀라게 하며 약탈하게 하겠다. 그들의 매춘 행위와 우상을 섬긴 죄에 대하여 내가 그들을 벌할 것이다. 그리면 그들이 나를 여호와인 줄 알 것이다.' '오홀라'는 '장막을 가진 여인', '오홀리바'는 '그녀 안에 있는 나의 장막'이라는 의미로 장막은 구약에서 하나님의 성소를 가리키는 용어이나 여기서는 우상을 숭배하기 위하여 세운 처소라는 뜻을 함축하고 있다.**(1–49)**

24장

바벨론에 의한 심판을 두 가지로 비유한다. 1) 예루살렘을 가마로 비유하고 가마 속의 뼈가 무르도록 삶으라함은 철저한 심판을 의미한다. 2) 에스겔이 사랑하는 아내를 잃게 되고도 슬퍼하지 말라는 비유는 예루살렘이 함락되더라도 슬퍼할 수 없는 현실임을 말해 준다.

- **끓는 가마의 비유(철저한 심판)**: 예루살렘이 바벨론 군대에 의해 포위되기 시작한 시점에서의 비유이다. 가마는 예루살렘을, 고기는 예루살렘의 거민을, 불은 하나님의 심판을 가리킨다. '너희는 가마 하나를 걸고 거기에 물을 붓고 양떼 중에서 제일 좋은 것을 잡아 고기의 제일 좋은 부분인 넓적다리와 어깻죽지를 가마에 넣고 뼈

중에서 제일 좋은 것을 골라 그 가마에 가득 채워라. 그리고 가마 밑에 나무를 쌓고 물을 펄펄 끓여 뼈가 물렁물렁할 때까지 삶아라 (…) 나 주 여호와가 말한다. 살인자들의 도시 예루살렘아, 너는 녹이 슬었으나 그 녹을 제거하지 않은 가마와 같구나. 너에게 화가 있을 것이니 너는 순서를 가리지 말고 그 속에 있는 것을 하나하나 끄집어내어라 (…) 살인자들의 도시 예루살렘에 화가 있을 것이다. 내가 그 장작더미를 더 높이 쌓고 불을 피워 그 고기를 삶고 국물을 졸이고 뼈를 태운 다음 빈 가마를 숯불 위에 얹어 놓고 쇠를 달구어 그 속에 불순물이 녹게 하며 찌꺼기가 다 타서 없어지게 하겠다 (…) 예루살렘아, 너의 음란한 행위가 너를 더럽혔다 (…) 나 주 여호와가 말하였으니 이제 내가 행할 때가 되었다. 내가 마음을 돌이키지 않고 너를 불쌍히 여기지 않으며 뉘우치지도 않을 것이니 네가 행한 대로 심판을 받을 것이다. 이것은 나 주 여호와의 말이다.'**(1–14)**

- **에스겔 아내의 죽음의 징조**: 예루살렘 거민들에 대한 심판을 다룬 1–14절과는 달리 이제부터는 에스겔 선지자의 아내의 죽음을 통해 이스라엘 족속의 멸망을 예시해 주고 있다. 에스겔이 대제사장처럼 그의 아내의 죽음을 애도하지 못하도록 명령받았다. 이것은 에스겔의 슬픔이 장차 이스라엘 족속이 보편적으로 당할 슬픔을 예시해 주는 것이기 때문이다. '사람의 아들아, 네가 가장 사랑하는 사람을 내가 단번에 쳐서 빼앗아 가겠다. 너는 슬퍼하거나 울거나 눈물을 흘리지 말고 말없이 탄식하여라 (…) 그래서 내가 아침에 그런 이야기를 사람들에게 말해 주었는데 그 날 저녁에 내 아내가 죽었다. 그 다음 날 아침에 내가 명령을 받은 대로 하자 사람들이 나에게 물었다. 당신은 어째서 이렇게 하시오? 당신이 우리에게 말하려고 하는 것이 무엇이오? 그때 내가 그들에게 대답하였다. 여호와께서는 이스라엘 백성에게 이렇게 전하라고 나에게 말씀하셨습니다. 내가 너희 힘의 자랑이요 너희 눈의 기쁨이며 너희 마음에 사랑의 대상인 내 성전을 더럽힐 것이니 예루살렘이 남아 있는 너희 자녀들이 전쟁에서 죽임을 당할 것이다 (…) 이와 같이 에스겔이 너희에게 하나의 표징이 될 것이며 너희는 그가 행하는 대로 할 것이다. 이런 일이 일어나면 너희는 내가 주 여호와임을 알게 될 것이다.'**(15–27)**

열방에 대한 예언들

25장 바벨론에 동조했던 암몬, 모압, 에돔, 블레셋에 대한 심판 예언

- **암몬에 대한 심판 예언**: '너희는 나 주 여호와의 말을 들어라. 너희는 내 성전이 더럽혀지고 이스라엘 땅이 황폐해지며 유다 백성이 포로로 잡혀가는 것을 보고 기뻐하였다. 그러므로 내가 너희를 동방 사람들에게 넘겨주겠다. 그들이 너희 땅에 천막을 치고 거처를 정하여 너희 과일과 우유를 먹을 것이다. 내가 랍바성을 낙타의 목초지로 만들고 암몬 사람의 땅을 양떼의 휴식처로 만들 것이니 너희가 나를 여호와인 줄 알 것이다.'(1–7)
- **모압에 대한 심판 예언**: '모압과 세일이 유다도 다른 모든 이방 나라와 마찬가지라고 말하고 있다. 그러므로 내가 모압의 국경을 지키는 아름다운 성 벧–여시못과 바알–므온과 기랴다임이 공격을 받게 하겠다. 내가 암몬과 함께 모압을 동방 사람들에게 넘겨주어 그들의 소유가 되게 할 것이니 모압이 세상에서 다시는 기억되지 않을 것이다. 내가 모압을 벌하면 그들이 나를 여호와인 줄 알 것이다.'(8–11)
- **에돔에 대한 심판 예언**: '에돔이 유다를 쳐서 원수를 갚았으나 에돔은 그것 때문에 크게 범죄 하였다 (…) 내가 손을 펴고 에돔을 쳐서 사람과 짐승을 죽이고 그 땅을 황폐하게 하겠다. 데만에서부터 드단까지 사람들이 칼날에 쓰러질 것이다. 내가 내 백성 이스라엘 사람들의 손으로 에돔에게 원수를 갚겠다. 그들이 에돔에게 내 대신 분풀이할 것이니 에돔은 내가 보복하는 줄을 알게 될 것이다. 이것은 나 주 여호와의 말이다.'(12–14)
- **블레셋에 대한 심판 예언**: '블레셋 사람들이 옛날부터 복수하고자 앙심을 품고 악의와 적대감으로 유다를 멸망시키려고 하였다 (…) 내가 손을 펴서 블레셋 사람을 치

고 그렛 사람을 쓸어버리며 해변에 남아 있는 자들을 모조리 죽여 버리겠다. 내가 그들을 호되게 벌하고 크게 보복하여 내 분풀이를 하면 그제서야 그들이 나를 여호와인 줄 알 것이다.'(15-17)

26장 두로에 대한 심판 예언

🔔 26-28장, 무려 세 장에 걸쳐 진행되는 내용을 통해 우리는 두로가 지녔던 정치적, 종교적 비중을 감지할 수 있다. 팔레스타인 해변 북쪽, 페니키아의 최남단에 위치한 두로는 항해와 상업의 요지로서, 다윗과 솔로몬 시대에는 물론이고 그 이후에도 번영을 구가하였다. 지중해, 홍해 및 인도양에까지 미치는 무역을 통해 막대한 부를 축적함으로써 고대 근동의 중요한 해양 도시로 부각되었던 것이다. 앗수르의 발흥과 더불어 두로는 앗수르에게 조공을 바치는 속국으로 전락하기도 했으나, 틈만 나면 천연의 요새를 발판으로 삼아 반역을 도모했다. 그리고 앗수르가 쇠락의 길을 걷자 두로는 곧바로 독립을 선언하고 나섰다. 이 신탁이 주어진 시기도 바로 이 무렵이었다.

- **두로에 대한 심판 예언**: '두로야, 내가 너를 대적하여 많은 나라가 너를 치게 하겠다. 그들이 바다의 파도처럼 밀려와서 네 성벽을 파괴하고 너의 망대를 헐 것이다 (…) 내가 온 세상의 왕인 바빌로니아의 느부갓네살왕을 이끌어내어 너 두로를 치게 하겠다. 그가 북쪽에서 말과 전차와 기병대를 갖춘 대군을 이끌고 와서 너의 본토에 사는 자들을 칼로 죽일 것이며 또 너를 치려고 사다리를 세우며 토성을 쌓고 큰 방패를 갖추고 공성퇴로 네 성벽을 치고 쇠망치로 네 망대를 허물 것이다 (…) 네 재물을 빼앗고 너희 상품을 약탈할 것이다. 그들은 또 네 성을 헐고 너의 좋은 집들을 무너뜨리고 너의 돌과 목재와 파괴된 모든 부스러기를 바다에 던질 것이다 (…) 너를 아무것도 없는 바위가 되게 하겠다. 네가 그물 말리는 곳이 되고 다시는 재건되지 못할 것이다. 나 주 여호와가 말하였다 (…) 내가 너를 지옥 구덩이로 내려 보

내 옛날 사람들과 만나게 하고 죽은 자들과 함께 영원히 황폐한 하계에서 살게 하겠다. 네가 다시는 사람 사는 곳이 되지 못할 것이며 이 세상에서 네가 있을 곳을 얻지 못할 것이다. 내가 너를 패망하게 하여 네가 다시는 존재하지 않게 할 것이니 사람들이 너를 찾을지라도 만나지 못할 것이다.'(1–21)

27장 두로에 대한 애가와 두로의 몰락 예언

- **두로에 대한 애가**: '두로야, 네가 나는 나무랄 데 없이 아름답다 하고 말하는구나. 네 영토가 바다 가운데 있으니 너의 건축자가 네 아름다움을 완벽하게 하였다. 그들이 헤르몬산의 전나무를 목재로 사용하고 레바논의 백향목을 가져다가 너를 위해 돛대를 만들었다 (…) 시돈과 아르왓 사람들이 네 사공이 되었고 항해에 익숙한 사람들이 네 선원이 되었다 (…) 아르왓 사람들은 너의 성벽을 지키고 가맛 사람들은 네 망대를 지켰으니 그들이 네 사면 성벽에 방패를 달아 네 아름다움을 완벽하게 하였다. 너의 각종 상품이 풍부하므로 다시스 사람들도 은과 철과 주석과 납을 가지고 와서 너와 무역하였다 (…) 유다와 이스라엘 사람들도 너의 고객이 되어 민닛 지방의 밀과 과자와 꿀과 기름과 향유를 가지고 와서 네 상품을 샀다 (…) 네가 만든 제품이 많고 다양하므로 다마스커스가 너와 무역하였으며 그들은 헬본 지방의 포도주와 사할 지방의 양털을 가지고 와서 네 상품을 샀으며 워단과 그리이스 사람들은 철과 계피와 창포를 가지고 와서 네 상품을 샀다 (…) 다시스의 배가 네 상품을 실어 나르니 네가 바다 가운데서 많은 화물을 실은 배와 같구나.'(1–25)
- **두로의 몰락 예언**: '네 사공이 너를 바다로 인도하지만 바다 한가운데서 동풍이 불어 너를 산산이 부숴 버릴 것이다. 네 재물과 상품과 선원과 선장과 배의 틈을 막는 조선공과 너의 상인들과 모든 군인들과 그 밖에 네 배에 탄 모든 사람들이 네가 파선하는 날에 바다에 다 침몰할 것이다. 네 선원들이 부르짖는 소리에 해안의 땅들이 흔들릴 것이다. 노를 젓는 사공들과 바다의 모든 선원들이 다 그들의 배를 버려

두고 해안에 서서 너를 위해 소리 높여 통곡하며 티끌을 머리에 뒤집어쓰고 잿더미에 뒹굴며 너로 인해 다 머리를 밀고 굵은 삼베옷을 입고 마음 아파하며 슬피 통곡할 것이다.'(26-31)

- **두로에 대한 애가**: '그들이 통곡하며 슬퍼할 때에 너에 대하여 이런 애가를 부를 것이다.' '두로처럼 바다에 둘러싸여 적막한 자 누구인가? 네 상품이 바다로 나갈 때에 네가 많은 나라의 요구를 만족시키고 너의 많은 재물과 상품으로 네가 세상의 왕들을 부요하게 하더니 이제는 네가 바다 깊은 데서 파선하여 네 상품과 너의 모든 승객이 너와 함께 다 침몰하고 말았구나. 해안 지역에 사는 모든 사람들이 네가 당한 일을 보고 놀라며 그들의 왕들도 공포에 질려 그 얼굴이 두려움으로 일그러졌다. 세상의 상인들이 너를 야유하니 네 종말이 비참하게 되었구나. 네가 다시는 존재하지 못하리라.'(32-36)

28장 두로 왕의 몰락과 애가 그리고 시돈에 대한 심판 예언과 이스라엘의 회복

- **두로 왕의 몰락**: '네가 교만하여 나는 신이다. 내가 신들의 자리, 곧 바다 중심에 앉았다. 하는구나. 네가 신인 체하여도 너는 사람이며 신이 아니다 (…) 네가 지혜와 총명으로 재물을 얻어 금과 은을 네 창고에 쌓고 약삭빠른 장사 수단으로 네 재물을 늘렸으나 그 재물 때문에 네 마음이 교만하였다 (…) 네가 네 자신을 신처럼 지혜롭게 생각하였으므로 내가 가장 무자비한 외국 군대를 불러 너를 치게 하겠다. 그들이 칼을 뽑아 네가 지혜로 얻은 모든 아름다운 것을 치고 너의 찬란한 영광을 더럽히며 너를 깊은 구덩이에 빠뜨릴 것이니 네가 바다 한가운데서 비참하게 죽을 것이다 (…) 너는 외국인들의 손에서 가장 비참하게 죽을 것이다. 나 주 여호와가 말하였다.'(1-10)
- **두로 왕에 대한 애가**: 두로 왕이 누린 영광을 에덴동산의 영광에 비유하고 있다. 그 영광으로 인해 그가 신적인 존재처럼 숭배받게 되었음을 보여 준다. '너는 완전의

표본으로 지혜가 충만하고 나무랄 데 없이 아름다웠다. 네가 하나님의 동산인 에덴에 있으면서 갖가지 보석으로 단장하였으니 곧 홍옥, 황옥, 금강석, 감람석, 호마노, 벽옥, 청옥, 남보석, 비취옥이다. 이 모든 것은 황금에 박아 넣은 것으로 네가 창조되던 날에 너에게 주어진 것이다. 내가 너를 택하여 지키는 그룹 천사로 세웠으므로 네가 나의 거룩한 산에 있으면서 화광석 사이로 걸어 다녔다. 네가 창조되던 날부터 네 행위가 완벽하더니 마침내 네 악이 드러났구나. 네가 무역이 번창해지자 횡포를 부리며 범죄 하였다 (…) 네가 아름다움 때문에 교만하였고 명성 때문에 네 지혜를 더럽혔다. 그러므로 내가 너를 땅에 던져 다른 왕들의 구경거리가 되게 하였다 (…) 너를 아는 모든 민족이 너를 보고 다 놀라는구나. 네 종말이 비참하게 되었으니 네가 다시는 존재하지 못할 것이다.'(11–19)

- **시돈에 대한 심판**: '시돈아, 내가 너를 대적하여 네 가운데서 영광을 얻을 것이다. 내가 네 가운데 사는 자들을 벌하여 나의 거룩함을 보일 때에 사람들이 내가 여호와임을 알게 될 것이다. 내가 너에게 무서운 질병을 보내고 너의 거리에 피가 흐르게 하겠다. 네가 사방에서 칼날의 공격을 받아 네 백성이 죽임을 당할 것이다. 그러면 네가 나를 여호와인 줄 알 것이다.'(20–23)
- **이스라엘의 회복**: '이제 이스라엘 백성 주변에 그들을 멸시하며 가시처럼 찌르고 아프게 하는 못된 나라가 없을 것이니 그들이 나를 여호와인 줄 알 것이다. 나 주 여호와가 말한다. 내가 여러 나라에 흩어져 있는 이스라엘 백성을 모으고 온 세계가 보는 앞에서 그들에게 나의 거룩함을 나타내 보일 때에 그들은 내가 나의 종 야곱에게 준 그들의 본래 땅에 살게 될 것이다. 그들이 거기서 안전하게 살며 집을 짓고 포도원을 가꿀 것이니 그들을 가시처럼 괴롭히는 주변의 모든 나라를 내가 벌할 때에 그들이 편히 살 것이다. 그러면 그들은 내가 그들의 하나님 여호와임을 알 것이다.'(24–26)

29장 애굽에 대한 심판 예언과 회복

- **애굽의 죄와 심판**: '이집트 왕 바로야, 내가 너를 대적한다. 너는 강에 누워 있는 거대한 괴물이다. 너는 이 나일강이 네 것이며 너를 위해 네가 이것을 만들었다고 말하고 있다. 내가 갈고리로 네 턱을 꿰고 네 강의 고기가 네 비늘에 붙게 하며 네 비늘에 붙은 모든 고기와 함께 너를 강에서 끌어내어 너와 네 강의 모든 고기를 광야에 그대로 버려 둘 것이니 네가 땅에 떨어져서 묻히지 못한 채 그대로 있을 것이다. 내가 너를 들짐승과 공중의 새에게 먹이로 주게 되면 이집트에 사는 모든 사람들이 나를 여호와인 줄 알 것이다. 너는 이스라엘 백성에게 갈대로 만든 지팡이에 불과하였다 (…) 내가 칼을 너에게 보내 네 백성과 짐승을 다 죽여 버리겠다. 이집트 땅이 황폐한 불모지가 되면 네 백성이 나를 여호와인 줄 알 것이다. 사람이나 짐승이 그 땅을 밟고 지나가지 않을 것이며 40년 동안 그 땅에 사는 자가 아무도 없을 것이다.'**(1–11)**
- **애굽의 약소민족으로서의 회복**: '그 성들이 40년 동안 폐허가 된 채 버려질 것이다. 그리고 내가 이집트 사람들을 분산시켜 세계 각처로 흩어 버리겠다 (…) 40년이 끝날 무렵에 내가 세계 각처에 흩어져 있는 이집트 사람들을 다시 모아 그들의 원상태를 회복시키고 그들의 본토인 이집트 남부의 바드로스 땅으로 돌아오게 하겠다. 그들이 거기서 보잘것없는 나라를 이룰 것이다 (…) 내가 그들을 약소민족으로 만들 것이니 그들이 다시는 다른 나라를 지배하지 못할 것이다. 이스라엘이 도움을 얻으려고 더 이상 이집트를 의지하지 않을 것이며 그들은 이집트를 생각할 때마다 그들이 이집트의 도움을 얻으려고 했던 것이 큰 잘못임을 깨닫고 내가 주 여호와임을 알게 될 것이다.' 바벨론의 침략으로 시작된 애굽의 고난의 시기가 끝나면 다시 애굽의 회복이 이루어질 것을 예언한 것으로 고레스가 식민지 국가에 대한 배려로 그들을 석방시킬 때 애굽 사람들도 함께 그들의 고향에 돌아가게 될 것을 암시한다.**(12–16)**
- **바벨론에 의한 애굽의 패배**: '내가 이집트 땅을 바빌로니아의 느부갓네살왕에게 넘겨주겠다. 그가 그 땅을 약탈하여 모든 재물을 가져갈 것이니 이것이 그 군대가 수고한 댓가가 될 것이다. 그들이 나를 위해 수고하였으므로 네가 그 댓가로 이집트

를 그들에게 주었다. 이것은 나 주 여호와의 말이다.'(17–20)

- **이스라엘 영광의 회복**: '그 날에 네가 이스라엘 백성에게 옛날의 영광을 되찾게 하고 모든 사람이 다 들을 수 있도록 네 입을 열어 말하게 하겠다. 그러면 그들이 나를 여호와인 줄 알 것이다.'(21)

30장 애굽과 동맹국들에 임할 파멸

- **애굽과 동맹국들의 심판**: '여호와의 날이 가까왔으니 온 세계에 절망의 날이요 파멸의 날이다. 칼이 와서 이집트를 칠 것이며 이디오피아에 큰 번민이 있을 것이다 (…) 이디오피아, 리비아, 리디아, 아라비아, 굽, 그리고 그들과 동맹한 나라의 군인들도 그 전쟁에서 죽임을 당할 것이다. 나 여호와가 말한다. 북쪽 믹돌에서부터 남쪽 아스완에 이르기까지 이집트를 지원하는 자들이 칼날에 쓰러질 것이니 이집트의 교만한 기세가 꺾일 것이다 (…) 내가 이집트에 불을 놓아 그 모든 동맹국들을 소멸할 때에 그들이 나를 여호와인 줄 알 것이다.'(1–9)
- **바벨론에 의한 애굽의 몰락**: '나 주 여호와가 말한다. 내가 바빌로니아의 느부갓네살왕을 통해 수많은 이집트 사람들을 죽일 것이다. 그가 세계에서 가장 잔인한 자기 군대를 거느리고 와서 그 땅을 황폐하게 할 것이며 그들이 칼로 이집트를 쳐서 그 땅을 시체로 가득 채울 것이다 (…) 나 여호와가 말한다. 내가 그 우상들을 부숴버리고 멤피스에서 그 신상들을 없애며 다시는 이집트를 다스릴 왕이 없게 하고 그 땅 모든 사람들을 두렵게 할 것이다 (…) 헬리오폴리스와 부바스티스의 젊은이들이 칼날에 쓰러질 것이며 그 여자들은 포로로 잡혀갈 것이다 (…) 이와 같이 내가 이집트를 벌하면 그 백성이 나를 여호와인 줄 알 것이다.'(10–19)
- **애굽 왕 바로와 백성의 심판**: '나 주 여호와가 말한다. 내가 이집트의 바로 왕을 대적하여 그의 두 팔, 곧 성한 팔과 이미 꺾인 팔을 꺾어 칼이 그 손에서 떨어지게 하고 이집트 사람을 온 세계에 흩어 버릴 것이다. 내가 바빌로니아 왕의 팔을 강하

게 하고 내 칼을 그의 손에 쥐어 주겠다. 그러나 내가 바로의 팔을 꺾을 것이니 그가 부상으로 죽어 가는 사람처럼 바빌로니아 왕 앞에서 신음할 것이다 (…) 내가 이집트 사람을 온 세계에 흩어 버리겠다. 그러면 그들이 내가 여호와임을 알 것이다.'(20–26)

31장 애굽과 앗수르의 유사점 곧 앗수르의 영광과 파멸을 애굽에게 상기시킴으로써 애굽 패망의 필연성 강조

- **앗수르의 영광**: '너는 앗시리아를 한번 생각해 보아라. 앗시리아는 한때 레바논의 백향목과 같았다. 그 가지가 아름답고 그들은 숲의 그늘 같으며 키는 하늘 높이 솟아올라 그 꼭대기가 구름에 닿았다 (…) 공중의 모든 새가 그 가지에 깃들이고 모든 들짐승이 그 가지 아래서 새끼를 낳으며 모든 강대국들이 그 그늘 아래서 살았다 (…) 내가 가지를 무성하게 하여 그 나무를 아름답게 하였더니 하나님의 동산에 있는 에덴의 모든 나무들이 다 시기하였다.'(1–9)
- **앗수르의 교만과 몰락**: '그것이 하늘 높이 솟아 키가 구름에 닿자 그 마음이 교만하였다. 그래서 내가 그를 버려 강대국의 통치자에게 넘기고 그가 행한 악에 따라 그를 다루도록 하였다. 무자비한 외국 민족들이 그를 찍어 버렸으므로 크고 작은 나무 가지들이 꺾여 산과 모든 골짜기에 떨어졌다. 그러자 세상 모든 백성이 그를 버리고 그 그늘에서 떠났으며 공중의 모든 새들이 그 넘어진 나무에 와서 앉고 모든 들짐승이 그 가지를 짓밟아 버렸다.'(10–14)
- **음부로 내려간 앗수르**: '그 나무가 죽음의 세계로 내려가던 날에 내가 슬픔의 표시로 지하의 깊은 샘을 덮고 강들을 막아 흐르지 못하게 하였다. 그 나무가 죽었으므로 내가 레바논에 침울한 슬픔이 감돌게 하고 들의 모든 나무를 시들게 하였다. 내가 그것을 구덩이로 내려가는 자들과 함께 죽음의 세계로 내려 보낼 때 그 떨어지는 소리에 온 세계가 진동하게 하였다. 그때 에덴의 모든 나무들, 곧 물 공급을 잘 받은 가장 좋은 나무들이 지하에서 위로를 받았다. 그 그늘에 살던 자들과 그

의 동맹국들도 그와 함께 무덤으로 내려가 칼날에 죽임을 당한 자들과 하나가 되었다.'(15–17)

- **애굽의 운명**: '이집트야, 너는 에덴의 모든 나무, 곧 세계의 모든 나라 중에서 크고 영화스러웠다. 그러나 너는 에덴의 모든 나무들과 함께 지하에 내려갈 것이며 칼날에 죽임을 당한 자들과 함께 네가 멸시하는 민족들 가운데 누울 것이다. 이것이 바로 너 바로와 네 백성의 운명이다. 나 주 여호와가 말하였다.'(18)

32장 애굽 왕과 그 백성의 종말과 바로를 위한 애가

- **바로를 위한 애가**: '네가 모든 나라 가운데서 젊은 사자처럼 행세하고 있으나 너는 나일 강변의 한 마리 악어에 불과하다. 네가 강을 휘젓고 다니면서 발로 흙탕물을 일으켜 강을 더럽히는구나 (…) 내가 많은 민족들과 함께 내 그물을 너에게 던질 것이니 그들이 내 그물로 너를 끌어내리라. 내가 너를 땅에 던질 것이니 공중의 새들과 땅의 모든 짐승이 와서 너를 먹고 배부를 것이다 (…) 내가 너에게 행한 일을 보고 많은 민족이 놀랄 것이며 내가 그들 앞에서 네 칼을 휘두를 때에 네가 당한 일로 왕들이 두려워 떨 것이다. 네가 패망하는 날에 그들이 모두 자기들의 생명을 위해 두려워 떨리라. 나 주 여호와가 말하노라. 바빌로니아 왕의 칼이 너를 칠 것이다 (…) 내가 이집트를 황폐하게 하고 그 땅에 있는 모든 것을 쓸어버리며 거기에 사는 모든 백성을 칠 것이니 그들이 나를 여호와인 줄 알 것이다. 이것은 슬피 부를 애가이다. 온 세계 사람들이 이집트와 그 백성을 위해 슬퍼하며 이 애가를 부를 것이다.'(1–16)
- **애굽의 멸망**: '이집트 백성들은 칼날에 죽임을 당한 자들과 함께 쓰러질 것이다. 이미 칼이 그들을 죽일 준비를 하고 있다. 지하에 있는 영웅들이 이집트 백성과 그 동맹자들에 대하여 그들이 내려와서 경건치 않은 자들, 곧 칼날에 죽임을 당한 자들과 함께 누웠다! 하고 외칠 것이다. 거기에는 앗시리아도 그 군대의 무덤에 둘러싸

여 있는데 그들은 다 전쟁터에서 죽은 자들이다 (…) 그들은 그 백성들의 무덤에 둘러싸여 죽임을 당한 자들 가운데 자리를 펴고 누웠으며 다 할례받지 못하고 칼날에 죽임을 당한 자들이다. 그들이 살아 있을 때는 온 세상을 두렵게 하더니 이제는 구덩이에 내려가는 자들과 함께 수치를 당하여 죽임을 당한 자들 가운데 누워 있다 (…) 바로야, 너도 칼날에 죽임을 당한 자들과 마찬가지로 죽어 할례받지 못한 자들 가운데 누울 것이다 (…) 내가 바로를 통해 세상 사람들을 두렵게 하였으나 이제는 그와 그 모든 군대가 칼날에 죽임을 당한 자들과 함께 할례받지 못한 자들 가운데 누울 것이다. 이것은 나 주 여호와의 말이다.'(17–32)

유다의 회복 – 이스라엘에 대한 축복

이스라엘의 새 생활

– 이스라엘의 고토 회복과 그 회복된 나라에 대한 하나님의 직접적 통치 약속 –

IV 선지서

33장

선지자의 역할로서 파수꾼으로 재임명받는 에스겔이 우상숭배, 간음, 살인 등의 구체적 죄목을 열거하며 돌이키고 돌이키라고 회개를 촉구한다.

- **파수꾼으로서의 에스겔의 사명**: '만일 그 파수꾼이 적군이 오는 것을 보고도 경고의 나팔을 불지 않아 사람들이 적의 칼날에 죽으면 그들은 자기들의 피로 죽겠지만 나는 그들의 죽음에 대한 책임을 그 파수꾼에게 물을 것이다. 사람의 아들아, 이와 같이 내가 너를 이스라엘 백성의 파수꾼으로 삼았다. 그러므로 너는 내 말을 듣고 내 대신 그들에게 경고하라 (…) 네가 그 악인에게 악한 길에서 돌아서라고 경고하여도 그가 돌아서지 않으면 그는 자기 죄 때문에 죽을 것이며 너에게는 아무 책임이 없을 것이다 (…) 나는 악인이 죽는 것을 기뻐하지 않고 오히려 악인이 악한 길에서 떠나 사는 것을 기뻐한다. 이스라엘 백성아, 너희는 악한 길에서 돌아서라! 너희가

어째서 죽으려고 하느냐? (…) 만일 의로운 자가 그 의에서 떠나 악을 행하면 그는 그것 때문에 죽을 것이고 만일 악인이 그 악에서 떠나 선하고 옳은 일을 행하면 그는 그것 때문에 살 것이다. 이스라엘 백성들아, 너희는 그래도 나 여호와가 행하는 일이 공정하지 않다고 말하고 있다. 그러나 나는 너희가 행하는 대로 심판할 것이다.'(**1–20**)

- **에스겔의 입이 열리다**: '우리가 포로 되어 온 지 12년째가 되는 해 10월 5일에 예루살렘에서 도망쳐 나온 어떤 사람이 나에게 그 성이 함락되었다고 말해 주었다 (…) 그가 나에게 왔을 때 여호와께서 내 입을 열어 주셨으므로 나는 더 이상 침묵을 지키지 않았다. 그때 여호와께서 나에게 말씀하셨다 (…) 너희가 고기를 피 째 먹고 우상을 섬기며 사람을 죽이면서도 그 땅을 소유하겠다고 생각하느냐? 너희가 칼을 믿고 역겨운 일을 행하며 이웃의 아내를 더럽히면서도 그 땅을 소유하려고 생각하느냐? (…) 그들이 행한 모든 더러운 일 때문에 내가 그 땅을 황폐하게 할 것이니 그들이 나를 여호와인 줄 알 것이다 (…) 그들이 평소 때와 마찬가지로 네 앞에 앉아서 네 말을 듣지만 그들은 네 말대로 실천하지 않는다. 그들이 입으로는 사랑을 말하지만 그들의 마음은 사리사욕을 채우는 데 급급하다.'(**21–33**)

34장

자기 이익만을 추구하는 거짓 목자를 문책하며 하나님께서 친히 참 목자가 되셔서 양들을 다스리시겠다며 궁극적으로 메시아 시대를 예언하고 있다.

🔔 목자는 왕, 방백, 선지자, 제사장 등을 지칭한다.

- **현재의 거짓 목자들**: '사람의 아들아, 너는 이스라엘의 목자들을 책망하며 예언하라. 너는 그들에게 나 주 여호와가 이렇게 말한다고 일러 주어라. 자기만 보살피는 이스라엘의 목자들에게 화가 있을 것이다. 목자들이 양떼를 보살피는 것이 당연하지 않은가? (…) 살진 양을 잡아 그 고기를 먹으면서도 양떼는 먹이지 않는구나 (…) 그들은 목자가 없으므로 뿔뿔이 흩어져 들짐승의 밥이 되고 말았다 (…) 너희 목자

들이 내 양을 찾지 않으며 너희 배만 채우고 내 양은 먹이지 않았다 (…) 내가 너희 목자들을 대적하여 내 양을 너희에게서 찾을 것이니 너희가 다시는 내 양을 먹이는 목자가 되지 못할 것이며 너희 자신을 먹이지도 못할 것이다. 내가 내 양을 너희 입에서 건져내어 다시는 너희 음식이 되지 못하게 하겠다.'(1–10)

- **미래의 참 목자**: '내가 내 양들을 외국 땅에서 끌어내고 모아서 본토로 데려가 이스라엘 산과 골짜기와 그 땅 모든 거주지에서 먹일 것이다 (…) 나 주 여호와가 말한다. 내가 내 양의 목자가 되어 그들이 쉴 곳을 마련해 주겠다 (…) 내가 너희 하나하나를 심판하여 수양과 수 염소를 갈라놓을 것이다 (…) 내가 내 양을 하나하나 심판하여 좋은 양과 나쁜 양을 가려낼 것이다. 내가 내 종 다윗과 같은 목자를 세워 내 백성을 다스리게 하겠다. 그가 그들을 먹이고 그들의 목자가 될 것이다 (…) 나 여호와는 그들의 하나님이 되고 내 종 다윗과 같은 그 목자는 그들의 왕이 될 것이다. 이것은 나 여호와의 말이다. 그들이 다시는 이방 나라에게 약탈을 당하거나 들짐승의 밥이 되지 않고 안전하게 살 것이며 그들을 놀라게 할 사람이 없을 것이다 (…) 내 목장의 양떼인 너희는 내 백성이며 나는 너희 하나님이다. 이것은 나 주 여호와의 말이다.'(11–31)

35장 에돔의 영원한 멸망 예언

- **이스라엘의 회복을 이야기하면서 에돔의 멸망을 예언한다**: 에돔(에서)도 선민 아브라함의 후손이라는 점을 유념해야 할 필요가 있다. '너는 에돔을 향해 책망하고 예언하라 (…) 에돔아, 내가 너를 대적한다. 내가 손을 펴고 너를 쳐서 황무지로 만들어 버리겠다 (…) 너는 내가 유다와 이스라엘 땅에 있는데도 이 두 민족이 너에게 속할 것이며 그 땅은 너의 소유가 될 것이라고 말하였다 (…) 네가 이스라엘 백성의 땅이 황폐한 것을 보고 즐거워한 것같이 나도 너에게 그렇게 하겠다. 에돔아, 내가 너의 모든 땅을 황폐하게 하겠다. 그러면 모든 사람이 내가 여호와임을 알

것이다.'(1–15)

36장

다시 에돔의 멸망을 이야기하면서 이스라엘의 회복을 말한다. 회복의 이유는 '나의 거룩한 이름을 위함이라'고 한다.

- **이방인과 에돔의 땅은 멸하고 이스라엘 땅은 새롭게 회복될 것이다**: '내가 불타는 질투로 이방 민족, 특별히 에돔을 책망하는 것은 그들이 기뻐하고 경멸하는 마음으로 내 땅을 빼앗고 약탈하여 자기들의 소유로 삼았기 때문이다 (…) 그러나 너희 이스라엘 산들아, 너희는 가지를 내고 내 백성 이스라엘을 위해 열매를 맺을 것이다. 그들이 곧 고국으로 돌아올 때가 되었다 (…) 내가 너희 위에 사람과 짐승을 많게 하여 번성하게 하겠다. 내가 옛날처럼 사람들이 너희 위에 살게 하여 너희를 이전보다 더 번창하게 할 것이니 그때 너희가 나를 여호와인 줄 알 것이다. 나는 너희가 더 이상 이방 나라의 조롱하는 소리를 듣지 않게 하고 온 세상의 수치를 당하지 않게 하며 너희 때문에 너희 나라가 망하는 일이 다시는 없도록 하겠다. 이것은 나 주 여호와의 말이다.'(1–15)
- **여호와의 거룩한 이름을 위하여 다시 모일 이스라엘 백성**: '이스라엘 백성이 그들의 땅에 살고 있을 때 그들이 자기들의 행위로 그 땅을 더럽혔으니 (…) 그들을 그 행위대로 심판하여 세계 각처로 흩어버렸다 (…) 이방 나라에서 더럽혀진 나의 이름, 곧 너희가 거기서 더럽힌 나의 위대한 이름을 내가 거룩하게 하겠다 (…) 내가 너희를 이방 나라에서 이끌어내겠다. 모든 나라에서 내가 너희를 모아 본토로 데리고 가서 (…) 내가 너희에게 새 마음을 주고 너희 속에 새 정신을 넣어 주며 너희에게서 돌같이 굳은 마음을 제거하고 순종하는 마음을 줄 것이며 (…) 너희는 내가 너희 조상들에게 준 땅에 살 것이며 너희는 내 백성이 되고 나는 너희 하나님이 될 것이다 (…) 내가 너희를 모든 죄에서 깨끗하게 하는 날에 내가 너희 성에 사람이 다시 살게 하고 폐허가 된 곳을 재건하게 하겠다.'(16–38)

37장

마른 뼈가 소생하는 환상과 두 막대기를 하나로 연합하는 징조를 통해 이스라엘이 회복되고 이스라엘과 유다가 하나가 될 것을 예언하며 궁극적으로 메시아 왕국의 도래를 예언하고 있다.

- **마른 뼈가 소생하는 환상**: 에스겔은 여호와의 인도로 골짜기에서 마른 뼈가 부활되는 환상을 보았다. '이 뼈들은 이스라엘의 모든 백성을 가리킨다 (…) 내 백성들아, 내가 너희 무덤을 열고 너희를 거기서 나오게 하여 이스라엘 땅으로 들어가게 하겠다. 내 백성들아, 내가 너희 무덤을 열고 너희를 거기서 나오게 할 때 너희가 나를 여호와인 줄 알 것이다. 내가 또 너희 속에 내 생기를 불어넣어 너희를 살게 하고 너희를 너희 본토에 정착하게 하겠다. 그때 너희는 나 여호와가 그것을 말하고 실행한 것을 알게 될 것이다. 이것은 나 여호와의 말이다.'**(1–14)**
- **두 막대기를 하나로 연합하는 징조**: 두 막대기를 연합한 징조를 통해 이스라엘의 회복과 여호와를 증거 한다. '너는 막대기 하나를 가져다가 그 위에 유다 왕국이라 쓰고 또 다른 막대기 하나를 가져다가 그 위에 이스라엘 왕국이라고 써라. 그리고 네 손 안에 그 두 막대기 끝을 서로 연결하여 한 막대기처럼 보이게 하라 (…) 내가 이스라엘 백성을 그들이 쫓겨 간 모든 나라에서 사방 불러 모아 그들의 본토로 돌아오게 하고 그 땅 이스라엘의 모든 산에서 그들이 한 나라를 이루어 한 왕이 그들을 모두 다스리게 하겠다. 그들이 다시는 두 민족이 되지 않을 것이며 두 나라로 나누어지지 않을 것이다 (…) 내 종 다윗과 같은 왕이 그들의 왕이 될 것이며 그들은 다 한 목자 아래서 내 법과 규정을 따르고 지킬 것이다 (…) 그들은 내가 내 종 야곱에게 준 땅, 곧 그 조상들이 살던 땅에 자손 대대로 살 것이며 내 종 다윗과 같은 왕이 영원히 그들을 다스릴 것이다 (…) 내 성소가 영원히 그들 가운데 있게 될 때 모든 나라가 나는 이스라엘을 거룩하게 하는 여호와임을 알 것이다.'**(15–28)**

유다의 회복 – 이스라엘에 대한 축복

곡의 공격을 격퇴하고 심판함

38장

종말론적으로 적그리스도의 세력을 대변하는 곡 연합국(곡, 밧, 구스, 붓, 고멜, 도갈마)을 하나님이 강권적으로 불러들이고 곡을 심판하신다.

🔔 38장과 39장에서는 적그리스도 세력인 곡의 심판을 다룬다.

- **곡의 침략**: '메섹과 두발 왕 곡아, 내가 너를 대적한다 (…) 또 방패와 투구를 갖추고 그들과 함께 있는 페르시아, 이디오피아, 리비아, 그리고 고멜과 그 모든 군대와 먼 북방의 벧-도갈마와 그 모든 군대, 곧 많은 백성을 너와 함께 끌어낼 것이다. 너는 준비하라. 너와 네 주변에 모인 모든 군대가 만반의 준비를 갖추고 너는 그들을 지휘하라. 먼 훗날, 곧 마지막 때에 너는 명령을 받고 전쟁의 참화에서 복구된 한 땅을 침략하게 될 것이다. 그 백성은 여러 나라에서 모여들어 오랫동안 황폐했던 이스라엘 산에 이르러 지금은 모두 편안하게 살고 있다 (…) 땅을 덮는 구름처럼 몰려와서 내 백성 이스라엘을 칠 것이다. 곡아, 앞으로 내가 너를 불러내어 내 땅을 치게 하겠다. 내가 너를 통해서 이방 민족들이 보는 가운데 나의 거룩함을 나타내어 그들이 나를 알 수 있게 할 것이다.'(1–16)
- **곡의 심판 예언**: '네가 이스라엘 땅을 치는 날에 내 분노가 치밀어 오를 것이다 (…) 내가 온갖 재앙을 일으켜 곡을 치겠다. 그 군대가 자기들끼리 서로 칼을 들어 칠 것이다. 내가 또 질병과 피로 그를 심판할 것이며 폭우와 우박과 불과 유황을 그와 그 군대와 그의 많은 동맹국들에게 쏟을 것이다. 이와 같이 내가 나의 위대함과 거룩함을 나타내어 많은 나라가 보는 데서 나를 알릴 것이니 그제서야 그들이 나를 여호와인 줄 알 것이다.'(17–23)

39장

적그리스도 세력인 곡의 완전한 멸망과 이스라엘에 대한 하나님의 축복 예언

- **곡의 심판 예언**: '메섹과 두발의 왕 곡아 내가 너를 대적한다. 내가 너를 돌이켜 먼

북쪽에서 이끌어내어 이스라엘 산에 이르게 한 다음 네 활을 쳐서 그것을 네 왼손에서 떨어뜨리고 네 화살을 네 오른손에서 떨어뜨리겠다 (…) 내가 마곡과 그리고 연안 지역에서 편안하게 살고 있는 자들에게 불을 내리겠다 (…) 내가 내 백성 이스라엘 가운데 나의 거룩한 이름을 알리고 다시는 나의 거룩한 이름이 더럽혀지지 않게 하겠다.'(1–8)

- **곡에 대한 심판의 결과:** '이스라엘의 여러 성에 사는 자들이 나가서 버려진 무기를 주워 다가 땔감으로 쓸 것이며 그들은 크고 작은 방패와 활과 화살과 전투용 몽둥이와 창으로 7년 동안 불을 땔 것이다 (…) 이스라엘 백성들이 그 시체를 매장하고 그 땅을 깨끗이 정리하는 데 7개월이 걸릴 것이다. 그 땅 모든 백성들이 그들을 매장할 것이며 내가 내 영광을 나타내는 그 날이 이스라엘에게 영광스러운 승리의 날이 될 것이다 (…) 내가 온 세상에 내 영광을 나타낼 것이니 모든 나라가 내가 행한 심판과 나의 능력을 보게 될 것이다. 그때부터 이스라엘 백성은 내가 그들의 하나님 여호와임을 알 것이며 세상 나라들은 이스라엘 백성이 포로로 잡혀간 이유가 그들의 죄 때문이었음을 알게 될 것이다 (…) 내가 이제 나의 거룩한 이름을 위해서 야곱의 후손인 이스라엘 백성을 불쌍히 여겨 그들을 포로 된 땅에서 돌아오게 하겠다 (…) 내가 그들을 이방 나라에 사로잡혀가게 하였으나 한 사람도 남기지 않고 그들의 본토로 돌아오게 하겠다. 그들은 내가 자기들의 하나님 여호와임을 알게 될 것이다. 내가 이스라엘 백성에게 나의 성령을 줄 것이며 다시는 그들을 외면하지 않을 것이다. 이것은 나 주 여호와의 말이다.'(9–29)

이스라엘을 위한 새 질서 – 천년왕국 – 천국

새 성전의 청사진

40장

에스겔은 환상 중 이스라엘로 이끌려가서 놋 같이 빛난 사람으로부터 새 성전의 청사진을 매우 구체적으로 보게 된다.

- **새 성전의 청사진을 보는 에스겔**: 에스겔이 사로잡힌 지 25년, 성이 함락된 지 14년 된 BC 573년 환상 중에 삼줄과 측량 장대를 가지고 문에 서 있는 놋 같이 빛난 사람으로부터 새 성전의 청사진을 보게 된다. '그때 그가 나에게 말하였다. 사람의 아들아, 너는 내가 너에게 보여 주는 모든 것을 눈으로 보고 귀로 듣고 마음으로 생각하라. 이것 때문에 내가 너를 이리로 데리고 왔다. 너는 네가 본 모든 것을 이스라엘 백성에게 말해야 한다.'**(1–4)**
- **새 성전의 구조**: 본격적으로 새 성전의 구조를 바깥뜰의 세 문들, 문지방, 안뜰의 세 문들, 희생 제사용 도구들, 제사장들의 방, 성전의 현관 등 구체적으로 측량하여 설명하고 있다. '내가 보니 성전과 그 주변의 담이 있었고 그 사람의 손에는 측량하는 장대가 있었다. 그 장대의 길이는 약 3.2미터였다 (…) 또 그 현관 내부는 폭이 10.5미터이고 길이가 6.3미터였다. 그리고 그 현관으로 올라가는 계단이 있고 현관 입구에는 기둥이 양쪽에 하나씩 있었다.'**(5–49)**

41장

성소와 지성소 및 내부 장식에 대한 묘사

- **성전 내부**: 본격적인 성전 성소의 측량이 41장까지 전개된다. 성전 내부의 성소와 지성소, 골방 등을 소개하고 있다. '그는 나를 데리고 성소로 가서 출입구 좌우에 튀어 나온 벽을 측량하였다. 양쪽 벽의 길이는 모두 3.2미터였다 (…) 그리고 그가 내전을 측량하니 길이와 폭이 다 같이 10.5미터였다. 그때 그는 나에게 이것이 지성소라고 일러 주었다. 그가 성전 벽을 측량하였는데 그 두께가 3.2미터였다. 그리고 이 벽을 배경으로 작은 방들이 쭉 있었으며 방 하나의 폭은 2.1미터였다 (…) 골방

삼면에는 폭이 10.5미터 되는 뜰이 둘러 있었으며 그 앞에는 제사장들이 사용하는 방들이 있었다 (…) 그리고 현관 좌우측의 벽에는 종려나무가 새겨져 있었고 격자창도 나있었으며 골방 입구에도 차양이 있었다.'**(1–26)**

42장 제사장의 방들을 묘사하고 성전 전체의 크기를 측량한다.

🔔 성소에 대한 측량에 이어 성전의 부속 건물에 대한 설명과 측량이 제시된다. 먼저 14절까지는 성전의 남 북편 뜰에 연접해 있는 4개(남2, 북2)의 방이 언급된다. 혹자는 이 방들을 40:17이나 40:44에 언급된 방들과 동일한 것으로 생각하나 이 방의 용도(13, 14절)에 비추어 볼 때 타당하지 않다.

- **제사장들의 방**: '다음으로 그는 나를 데리고 안뜰로 가서 성전 북쪽에 있는 건물로 갔다. 그 건물 길이는 52.5미터이고 폭은 26.3미터이며 문은 북쪽을 향하였다. 그 건물에는 두 줄의 방들이 있었는데 한 줄은 성소 뜰을 향하였고 또 다른 한 줄은 바깥뜰의 돌이 깔린 곳을 향하였으며 그 건물은 3층으로 되어 있었다 (…) 그때 그가 나에게 이렇게 말하였다. 성전 뜰을 향한 이 남쪽 방들과 북쪽 방들은 거룩한 방들이다. 이것은 여호와를 가까이하는 제사장들이 가장 거룩한 음식을 먹는 곳이며 또 가장 거룩한 제물인 소제와 속죄제와 속건제의 제물을 두는 곳이다. 그래서 이곳은 거룩한 곳이다. 제사장들이 성소에 들어갔다가 나올 때에는 바깥뜰로 바로 나오지 못하고 그들이 섬길 때 입었던 예복을 그 거룩한 방에 벗어 두고 나와야 한다. 이것은 거룩한 옷이기 때문이다. 그들은 반드시 다른 옷으로 갈아입은 다음에 백성들이 있는 곳으로 나가야 한다 (…) 이렇게 해서 그는 사방을 다 측량하였는데 그 둘레에는 사면에 담이 있었으며 그 길이와 폭이 다 같이 262.5미터였고 그 담은 거룩한 것과 속된 것을 분리시키는 구실을 하였다.'**(1–20)**

43장 하나님의 영광이 성전에 임하는 모습과 번제단의 규모 및 제사에 대한 설명

- **성전 측량이 끝남**: 성전에 대한 모든 측량을 끝내고 다시 본래의 자리로(40:6) 돌아온 사실을 묘사함으로써 성전 구조에 대한 측량 기사가 일단락되고 있음을 밝힌다. '다음에 그는 나를 동문으로 데리고 갔다.'**(1)**
- **여호와의 영광이 나타났다**: '여호와의 영광의 광채가 동문을 통해 성전으로 들어갔다. 그때 여호와의 영이 나를 들어 올려 안뜰로 데리고 가기에 내가 보니 성전에 여호와의 영광이 가득하였다.'**(2–5)**
- **에스겔은 여호와의 음성을 들었다**: '성전을 측량하던 그 사람이 내 곁에 서 있을 때 나는 성전 안에서 들려오는 이런 음성을 들었다. 사람의 아들아, 이곳은 내 보좌가 있는 곳이며 내 발을 두는 곳이다. 내가 여기서 이스라엘 백성과 함께 영원히 살 것이다. 이스라엘 백성과 그 왕들이 다른 신을 섬겨 창녀 짓을 하고 산당에 왕들의 우상을 세워 내 거룩한 이름을 더럽히는 일이 다시는 없을 것이다 (…) 사람의 아들아, 너는 이스라엘 백성에게 이 성전에 대하여 설명해 주고 그 모양을 생각하게 하여 그들의 죄에 대해서 부끄러움을 느끼게 하라 (…) 성전의 법은 이렇다. 성전이 세워진 산꼭대기 주변은 아주 거룩하다. 이것이 바로 성전의 법이다.'**(6–12)**
- **제단의 규모에 관한 구체적 설명을 듣는다**: '제단 밑받침의 높이는 53센티미터이고 그 밑받침의 가장자리 폭도 53센티미터이며 가장자리에 둘러 있는 턱의 높이는 약 23센티미터이다 (…) 중간층은 가로 세로가 7.4미터인 정사각형이고 밑받침에 둘러 있는 턱의 폭은 26센티미터이며 그 턱의 받침 폭은 사방 53센티미터이다. 그리고 그 층계는 동으로 향하게 하라.'**(13–17)**
- **제단을 만들고 나서 제사 드리는 방법을 소개받는다**: '이 제단을 만들고 나서 여기에 불로 태워 바치는 번제를 드리고 피를 뿌리는 규정은 이렇다 (…) 레위 사람의 제사장들에게 어린 수송아지 한 마리를 주어 죄를 씻는 속죄제물로 삼게 하고 네가 그 피를 가져다가 제단의 네 뿔과 제일 아래층 네 모퉁이와 그 사면 가장 자리에 발

라 속죄하여 제단을 정결하게 하라 (…) 너는 그것으로 7일 동안 속죄제를 드리고 제단을 정결하게 하며 봉헌하라. 7일이 끝나고 8일째부터는 제사장이 백성의 번제와 감사제를 단에 바치게 하라. 그러면 내가 기꺼이 너희를 받아들이겠다. 이것은 나 주 여호와의 말이다.'(18-27)

이스라엘을 위한 새 질서 - 천년왕국 - 천국

새 예배

44장 성전 출입에 관한 규례와 레위인과 제사장들의 임무

🔔 성전 출입의 자격과 성전 봉사자들의 자격 및 성전 봉사 시의 유의 사항이 45:8까지 세부적으로 기술되었다.

- **동쪽으로 향한 바깥문**: 동쪽으로 향한 성소의 바깥문은 여호와께서 들어오신 문이기 때문에 왕 이외에는 출입할 수 없다.(1-3)
- **이방인의 성소 출입**: '너는 성전에 관한 모든 규정에 대하여 내가 말하는 것을 잘 듣고 어떤 사람이 성전에 출입할 수 있는지 주의하여 살펴라 (…) 이스라엘 백성 가운데 있는 이방인 중에서 나를 두려워하지 않는 경건치 않은 이방인은 내 성소에 들어오지 못할 것이다.'(4-9)
- **레위인들의 임무**: '그들이 이스라엘 백성에게 우상 섬기는 일을 자극하여 그들을 죄에 빠지게 하였으므로 내가 손을 들어 맹세하지만 그들은 그 죄에 대한 형벌을 받아야 할 것이다. 그들이 제사장으로서 가까이 나아와 나를 섬기지 못할 것이며 또 나에게 거룩한 것은 무엇이든지 가까이하지 못할 것이다. 그들은 자기들이 행한 더러운 일에 대하여 부끄러움을 당해야 한다. 그렇지만 성전을 관리하는 일과 성전

안의 모든 잡일은 내가 그들에게 맡기겠다.'(10–14)

- **사독계 제사장들의 경우**: '이스라엘 백성이 나를 떠난 때에 레위 지파 중 사독의 자손들은 제사장으로서 내 성소의 직무를 충실히 수행하였다. 이제 그들은 가까이 나아와 나를 섬기고 내 앞에 서서 희생제물의 기름과 피를 드릴 것이다 (…) 그들만이 내 성소에 들어올 수 있고 그들만이 내 상에 가까이 나아와 내가 맡긴 직분을 수행하게 될 것이다 (…) 그들이 안뜰 문에 들어올 때에는 모시옷을 입어야 한다 (…) 그들은 모시 관을 머리에 쓰고 모시 바지를 입어야 하며 땀나게 하는 것은 그 어떤 것도 착용해서는 안 된다 (…) 그들은 머리를 밀거나 길게 기르지 말고 적당하게 깎아야 한다.'(15–20)
- **제사장의 경우**: '제사장이 안뜰에 들어갈 때에는 포도주를 마시지 말아야 하며 또 그들은 과부나 이혼한 여자와 결혼해서도 안 된다. 그러나 그들은 이스라엘 처녀나 제사장의 미망인과 결혼할 수 있다 (…) 제사장은 시체를 가까이하여 자신을 더럽혀서는 안 된다. 그러나 자기 부모나 자녀나 형제나 시집가지 않은 자매의 시체는 가까이할 수 있다 (…) 그들은 이스라엘에서 소유할 재산이 아무것도 없으나 내가 바로 그들의 재산이다 (…) 그리고 모든 첫 열매 중에서 제일 좋은 것과 또 나에게 특별히 바친 모든 예물도 다 제사장의 것이다. 백성들이 첫 밀가루를 제사장들에게 주면 내 복이 그들에게 내릴 것이다.'(21–31)

45장 성전의 외부인 거룩한 땅의 분배와 지도자들의 의무 그리고 성전 제사와 이스라엘의 각종 절기들에 관한 규례 설명

🔔 제사장, 레위인, 왕을 위해 가나안 땅의 일부를 성별하라는 내용이 8절까지 어어진다. 여기서는 가나안의 중부 지역에 대한 성별만 언급되었으나 각 지파별 땅의 분할은 47:13–48:35에 상세하게 기술된다. 한편 민 35:2–8에서처럼 특별하게 제사장들에 대한 땅의 분할이 언급된 것은 일견 44:28과 모순되는 것처럼 보이나 이는 하나님께서 그들의 생계를 책임지시겠다는 약속의 구체적인 방법을 제시하신 것으로서 일반적

인 땅의 분할과는 달리 하나님께 드려진 예물로서의 땅을 제사장들의 소유로 돌린다는 뜻이다.

- **성별된 제사장의 구역(땅):** '너희가 땅을 분배할 때에는 한 구역을 거룩하게 구별하여 나 여호와에게 바쳐라. 그 땅은 길이가 13.1킬로미터이며 폭이 10.5킬로미터이다. 그 구역 전체가 거룩한 땅이 될 것이다. 그 중에서도 성소에 속할 땅은 가로 세로 262.5미터의 정사각형 땅이며 그 땅 26.3미터 폭의 사방 둘레는 빈터가 되게 하라 (…) 그 구역 내에 성전을 세워라 (…) 제사장들의 집과 성전을 짓는 터가 될 것이다 (…) 그 성전에서 섬기는 레위 사람들의 소유로 주어 그들이 사는 부락이 되게 하라 (…) 이스라엘 백성이 누구든지 살 수 있는 성의 기지로 삼아라. 거룩하게 구별된 땅과 성의 기지 양쪽 옆으로 인접해 있는 땅은 왕이 차지할 땅이다 (…) 이 땅이 왕의 소유가 되면 내 왕들이 다시는 내 백성을 억압하지 않을 것이다. 그리고 나머지 땅은 이스라엘 백성에게 지파대로 나누어 주도록 하라.'**(1–8)**
- **통치자들에 대한 권면:** '너희는 횡포와 탄압을 중단하고 공정하고 옳은 일을 하며 내 백성에게 착취하는 일을 버려라 (…) 너희는 정확한 저울과 되를 사용하라.'**(9–12)**
- **왕에게 바칠 예물과 왕이 해야 할 일:** '밀과 보리는 너희 수확의 60분의 1을 바치고 기름은 너희 수확에서 밧으로 되어 100분의 1을 바쳐라 (…) 그리고 이스라엘의 모든 목장에서 양 200마리에 한 마리씩 바쳐라 (…) 이 땅에 사는 모든 백성은 이 예물을 이스라엘 왕에게 드려야 하며 명절과 매월 초하루와 안식일과 이스라엘의 모든 지정된 명절에 번제와 소제와 술을 따르는 전제를 준비하는 것은 왕이 해야 할 일이다. 왕은 또 이스라엘 백성의 죄를 씻기 위해 속죄제와 소제와 번제와 화목제를 준비해야 한다.'**(13–17)**
- **절기들에 관한 규례:** '나 여호와가 말한다. 정월 초하룻날에 너희는 흠 없는 수송아지 한 마리를 가져다가 성소를 정결하게 하라 (…) 너희는 또 무심결에 범죄 하거나 무지해서 범죄 한 자를 위해 그 달 7일에도 그렇게 하여 성전을 거룩하게 하라. 1월 14일에는 7일 동안 계속되는 유월절을 지키고 이 기간 동안은 누룩 넣지 않은 빵을 먹어라 (…) 7월 15일부터 시작되는 명절 7일 동안에도 왕은 매일 똑같은 것을 준

비하여 속죄제와 번제와 소제와 기름을 드릴 수 있도록 하라.'(**18–25**)

46장

안식일과 월삭 그리고 번제와 감사제에서 왕이 지켜야 할 규례들과 왕의 기업에 관한 원칙을 설명

45장에서 연속되는 내용으로 안식일과 월삭의 제사 규정이 7절까지 기술된다. 특별하게 여기서는 45:17에 언급된 바 있는 제사에 있어서 왕의 역할에 그 초점을 맞추고 있다.

- **안식일과 월삭**: '동쪽으로 향한 안뜰의 문은 일하는 6일 동안 닫아 두었다가 안식일과 매월 초하룻날에만 열어야 한다. 왕은 바깥뜰에서 출입문 현관을 통해 들어와 그 문의 기둥 곁에 서고 제사장은 번제와 화목제를 드릴 것이며 왕은 문지방에서 경배한 다음에 밖으로 나가고 그 문은 저녁까지 닫지 말아야 한다. 이 땅 백성들도 안식일과 매월 초하룻날에는 그 문간 입구에서 나 여호와에게 경배해야 한다. 안식일에 왕이 나 여호와에게 드려야 할 번제물은 흠 없는 어린 양 여섯 마리와 흠 없는 수양 한 마리이다. 그는 또 곡식으로 드릴 소제 물로 수양 한 마리에 밀가루 22리터를 드리고 어린 양에 대해서는 바치고 싶은 대로 바칠 것이며 밀가루 22리터에 대해서는 기름 약 4리터씩 드려야 한다. 그는 또 매월 초하룻날에 수송아지 한 마리와 어린 양 여섯 마리와 수양 한 마리를 모두 흠이 없는 것으로 드릴 것이며 또 소제로 수송아지에 밀가루 22리터와 수양에도 밀가루 22리터를 드리고 어린 양에 대해서는 바치고 싶은 대로 바칠 것이며 밀가루 22리터에는 기름 약 4리터씩 바쳐야 한다.'(**1–7**)
- **성전 출입 규례**: '왕이 들어올 때에는 이 출입문 현관을 통해 들어오고 나갈 때에도 이리로 나가야 한다. 그러나 지정된 명절에 이 땅 백성이 나 여호와 앞에 경배하러 나올 때에는 북문으로 들어온 자는 남문으로 나가고 남문으로 들어온 자는 북문으로 나가야 하며 아무도 들어온 문으로 나갈 수 없고 그 맞은편 문으로 나가야 한다. 이때 왕은 백성들 가운데 있어야하며 그들이 들어올 때 들어오고 그들이 나갈 때

나가야한다.'**(8–10)**

- **기타 제사 규례**: '명절과 축제 때에 곡식으로 드리는 소제물은 수송아지 한 마리에 밀가루 22리터와 수양 한 마리에 밀가루 22리터이며 (…) 이와 같이 어린 양과 밀가루와 기름은 매일 아침마다 준비하여 정규적으로 드리는 번제로 삼아라.'**(11–15)**
- **왕의 기업에 관한 규례**: '만일 왕이 한 아들에게 자기 재산의 일부를 선물로 준다면 그것은 그 아들에게 상속된 재산이 되어 대대로 그 자손들의 것이 될 것이다 (…) 그러나 만일 왕이 재산의 일부를 한 종에게 선물로 준다면 그것은 종이 자유를 얻게 되는 희년까지만 그 종의 소유가 되고 그 후에는 소유권이 다시 왕에게 돌아갈 것이다. 왕의 재산은 그 아들만이 물려받을 수 있다. 왕은 백성의 재산을 강제로 빼어서는 안 되며 왕이 자기 아들에게 재산을 주고 싶으면 자기 재산 중에서 주어야 한다.'**(16–18)**
- **소제물 삶는 규례**: '이곳은 제사장이 허물을 속하는 속건제와 죄를 씻는 속죄제의 희생제물을 삶고 곡식으로 드리는 소제의 제물을 굽는 곳이다. 여기서 제물을 삶고 굽는 이유는 거룩한 것을 바깥뜰로 가지고 나가 백성들이 피해를 입지 않도록 하기 위해서이다 (…) 그가 나에게 이것은 성전에서 섬기는 자들이 백성의 제물을 삶는 곳이다. 하고 말하였다.'**(19–24)**

이스라엘을 위한 새 질서 – 천년왕국 – 천국

새로운 땅 분배

47장

성전에서 흘러나오는 생명수가 요단강으로 흘러 사해에 이르는 모습을 그린다. 이스라엘 열두 지파와 이방인에 분배될 땅을 기술한다.

🔔 40장부터 전개된 성전의 측량과 새로운 율법의 지침이 일단락되면서 새로운 내용 곧

IV 선지서

하나님의 거처인 성전을 중심으로 성취될 이스라엘의 축복이 생명수의 환상을 통해 12절까지 제시된다. 13절 이후의 천년왕국에서 새로 분배될 땅이 현재의 이스라엘 곧 가나안을 의미하는 것인지? 천국을 의미할 것으로 생각한다. 중요한 것은 생명수가 사해에 이르게 된다는 설명으로 보아 천년왕국에서는 생명수가 넘쳐 죽은 바다도 생명이 넘치는 바다로 바뀐다는 사실이다.

- **성전에서 흘러나오는 생명수의 강**: '그가 나를 데리고 성전 문으로 갔다 (…) 성전 문지방 밑에서 물이 나와 (…) 제단의 남쪽으로 흘렀다 (…) 동쪽으로 나아가면서 525미터를 측량한 다음 나에게 그 물을 건너게 하였다. 이때 물은 겨우 내 발목에 닿을 정도였다. 그가 다시 525미터를 측량하고 나에게 물을 건너게 했을 때는 물이 무릎에까지 찼으며 다시 525미터를 측량하고 나에게 물을 건너게 했을 때는 물이 허리까지 찼다. 그는 다시 525미터를 측량하고 나에게 물을 건너게 하였다. 이번에는 그 물이 걸어서는 건널 수 없고 헤엄을 쳐야만 건널 수 있는 깊은 강이 되었다 (…) 나를 데리고 강변으로 갔다. 내가 그 곳에 가서 보니 양쪽 강변에 많은 나무들이 있었다 (…) 이 물은 동쪽 지방으로 흘러 요단 계곡을 지나 사해에 이른다. 이 물이 사해로 흘러 들어가면 사해의 그 짠물이 단물이 될 것이다 (…) 사해의 물이 담수가 되고 이 강물이 흐르는 곳에는 모든 것이 살 것이다 (…) 강의 좌우측 기슭에는 모든 종류의 과일 나무가 자랄 것이며 그 잎이 시들거나 열매가 맺히지 않는 일이 없고 달마다 싱싱한 과일을 맺을 것이다. 이것은 그 강물이 성소에서부터 흘러내리기 때문이다. 그리고 그 과일은 다 먹을 수 있는 것들이며 그 잎은 약초로 쓰일 것이다.'(1-12)
- **땅의 분배**: 갑작스런 기사의 전환을 이루는 부분으로 회복된 새 이스라엘에서의 땅의 분배를 언급하는 본서의 마지막 내용을 시작한다. 이러한 땅 분배는 그 땅의 회복과 구원의 확실성을 명시하는 것이다. 종말론적 해석으로 가나안 땅이 하나님 나라의 예표였다는 점에서 그리스도에 의해 성취될 새 하늘과 새 땅에 대한 약속의 의미를 갖는다고 보아야 할 것이다. '너희는 다음의 토지 경계선에 따라 이스라엘의 열 두 지파에게 땅을 분배하라. 요셉 지파에게는 두 구획을 주어야 한다. 북쪽 경계

선은 지중해에서부터 동쪽으로 헤들론 길을 통해 하맛 고개를 지나 스닷성을 거쳐 (…) 동쪽 경계선은 하살-에난에서부터 남쪽으로 하우란까지 가서 서쪽으로 굽어 길르앗과 이스라엘 땅 사이에 있는 요단강을 따라 사해 남쪽 다말까지이다. 남쪽 경계선은 다말에서부터 가데스의 므리바 샘을 지나 이집트 시내를 따라 지중해까지이다. 서쪽 경계선은 지중해인데 그것은 남쪽 경계선에서부터 북쪽 경계선이 시작되는 지점까지이다.'(**13-23**)

48장

이스라엘 지파들에게 구체적인 땅 분배가 이루어지는 과정 설명. 결론은 '그 날 후로는 그 성읍을 여호와 삼마라 하리라' 곧 천국이다.

🔔 '여호와 삼마'는 '여호와께서 거기 계시다'는 의미이다.

- **땅 분배와 여호와 삼마**: 회복될 새 이스라엘의 땅의 경계와 외인의 분깃을 별도로 언급한 데(47:13-23) 이어 본 장에서는 본격적으로 새 이스라엘 땅이 12지파에게 분배되는 과정을 기술한다. 이러한 본 장의 땅 분배는 첫째 각 지파의 땅이 남북으로 질서 있게 배열되었다는 점, 둘째 그 땅의 중앙에 여호와께 예물로 드려진 거룩한 땅이 위치하고 있다는 점 등에 비추어 여호수아 당시의 땅 분배와 상당한 차이를 보여 주고 있다. 이로 보아 본장의 땅 분배가 역사적으로 성취될 예언이라기보다는 하나님의 백성이 된 자들에게 유업으로 주어질 영생의 기업을 예표 한 것으로 이해하는 것이 자연스럽다. '각 지파에게 분배될 땅 전체의 북쪽 경계선은 지중해에서부터 동쪽으로 헤들론을 지나 하맛 고개를 넘어 다마스커스의 북쪽 경계선에 있는 하살-에난까지이다. 동쪽 경계선에서 서쪽 경계선까지 위에서부터 아래로 한 구획씩 차례로 각 지파에게 분배하라. 제일 북쪽 구획은 단 지파의 땅이며 단 지파의 경계선 아래로 동쪽 경계선에서 서쪽 경계선까지는 아셀 지파의 땅이다. 그 다음으로 분배받을 지파는 위에서부터 아래로 납달리 지파, 므낫세 지파, 에브라임 지파, 르우벤 지파, 유다 지파의 순서이다 (…) 유다 지파의 경계선 아래로 동쪽 경

계선에서 서쪽 경계선까지는 특별한 용도를 위해 너희가 따로 떼어 놓을 땅이다. 이 땅의 폭은 북에서 남까지 13.1킬로미터이며 길이는 다른 지파에게 분배될 땅의 동서 길이와 같고 성전은 그 지역 내에 위치할 것이다. 너희가 나 여호와에게 바쳐야 할 성소의 땅은 길이가 13.1킬로미터이며 폭이 5.3킬로미터이다. 이 거룩한 땅은 제사장이 소유할 몫이다. 이것은 동에서 서까지 13.1킬로미터이고 북에서 남까지 5.3킬로미터인데 그 중앙에 나 여호와의 성전이 위치할 것이다. 이 땅은 사독의 자손 중 거룩하게 구별된 제사장들을 위해 마련된 것이다. 그들은 자기 직분을 지키고 이스라엘 백성이 잘못된 길에 빠졌을 때 다른 레위 사람들처럼 잘못된 길에 들어서지 않은 자들이다. 그래서 그들은 레위 지파의 땅 경계선과 인접한 곳에 거룩하게 구별된 땅을 소유하게 되었는데 이것은 모든 땅 중에서도 가장 거룩한 땅이다. 제사장의 땅 경계선을 따라 레위 사람들은 길이 13.1킬로미터와 폭 5.3킬로미터의 땅을 소유하게 될 것이다. 특별히 구별하여 나 여호와에게 바친 땅은 팔거나 바꾸거나 다른 사람에게 넘겨 줄 수가 없다. 이것은 거룩하여 나 여호와에게 속한 땅이기 때문이다. 특별히 떼어 놓은 이 거룩한 땅과 인접해서 폭 2.6킬로미터와 길이 13.1킬로미터의 땅은 거룩한 곳이 아니므로 일반 성으로 사용하여 주택지와 빈들을 삼고 성은 그 중앙에 세워야 할 것이다. 그 성의 크기는 약 2.4킬로미터의 정사각형이다. 그리고 그 성에 빈 들은 그 성 사방으로 동서남북이 다 13.1미터씩이다. 또 거룩하게 구별된 땅과 인접해 있는 성의 기지 나머지 면적, 곧 그 성의 좌우로 각각 길이 5.3킬로미터와 폭 2.6킬로미터의 땅에서 나는 농산물은 성에서 일하는 사람들의 식량이 될 것이다. 이스라엘의 어느 지파에서 왔든지 그 성에 사는 사람들이 그 땅을 경작하게 될 것이다. 그래서 거룩한 땅과 성의 기지를 포함한 전체 면적은 가로 세로가 다 같이 13.1킬로미터인 정사각형이다. 너희는 성의 기지와 함께 이 거룩한 땅을 따로 떼어 놓아야 한다. 거룩하게 구별하여 드릴 땅과 성의 기지 좌우측에 인접해 있는 땅은 왕이 차지할 땅이다. 이것은 거룩한 땅과 성의 기지에서 동쪽으로 동쪽 경계선까지 뻗어 있고 서쪽으로는 서쪽 경계선인 지중해까지 뻗어 있으며 이 땅 일부는 다른 지파의 땅과 연접해 있다. 그리고 거룩하게 구별한 땅과 성소는 왕의 땅 중간에 있을 것이다. 그래서 레위 지파의 땅과 성의 기지가 왕이 차지할 땅 중간에 있을 것이며 또 왕의 땅은 유다 지파의 경계선과 베냐민 지파의 경계선 사이에 있을 것이다. 특별히 구별한 이 땅의 남쪽은 나머지 지파가 차지할 땅이다. 동쪽 경계선에서부터 서쪽 경계선까지 그 아래 지역을 차례로 한 구획씩 분배하면 제일 위쪽은 베냐민 지파의 땅이며 베냐민 지파의 경계선 아래로 동쪽 경계선에서부터 서쪽 경계선까지는 시므온 지파의 땅이며 그 다음은 잇사갈 지파, 스불론 지파, 갓 지파의 순서이다. 그리고 갓 지파의 남쪽 경계선은 다말에서부터 가데스의 므리바 샘에 이르고 거기서 이집트 시내를 따라 지중해에 이른다. 이것은 너희가 이스라엘 지파에게 분배할 땅으로 각 지파의 몫이다. 나 주 여호와가 말하였다. 성의 기지 안에 있는 그 성은 가로 세로 약 2.4킬로미터의 정사각형으로 성벽 사면에 각각 성문이 3개씩 있으며 그 성문들의 이름은 각 지파의 이름을 따서 붙인 것이다. 북쪽에 있는 3개의 문은 르우벤문, 유다문, 레위문이며 동쪽에 있는 3개의 문은 요셉문, 베냐민문, 단문이며 남쪽에 있는 3개의 문은 시므온문, 잇사갈문, 스불론문이요 서쪽에 있는 3개의 문은 갓문, 아셀문, 납달리문이다. 그리고 그 성의 전체 둘레는 약 9.5킬로미터이다. 사람들은 그 성을 여호와께서 계시는 성(여호와 삼마)이라 부를 것이다.'**(1-35)**

다니엘 핵심정리

* 다니엘 '하나님은 나의 심판자이시다'

다니엘의 의의

- 다니엘서는 일종의 묵시문학으로 성경 전체를 묵시문학인 요한계시록으로 끝맺음하는 것과 같이 구약 대선지서를 묵시문학인 다니엘서로 완결 짓는 역할을 하고 있다.
- 묵시문학에서는 하나님이 주신 환상을 본 그대로 기록한다.
- 묵시문학은 바벨론 포로 시대 이후 박해받는 유대인들이 세상의 종말과 메시아의 오심으로 성취될 하나님 나라의 소망을 상징적으로 표현한 것에서 발달한다. 성경에서 묵시문학은 다니엘서와 요한계시록 이외에 에스겔 37–48장과 스가랴 1:7–7:8에서도 발견된다.
- 바벨론 포로 70년 동안의 이스라엘 역사를 보여 주며, 이방인의 때에 관한 역사를 보여 주며 메시아가 오실 때까지 팔레스타인과 이스라엘을 점령하고 다스릴 제국들의 과거와 미래를 보여 준다.

기록연대와 배경

- 다니엘은 BC 605년 1차 포로 때 바벨론으로 잡혀가 바벨론의 느부갓네살, 벨사살 왕 그리고 메대–바사의 다리오 왕과 고레스 왕 치하에서 60여 년간 정부 고위 관료를 지냈고 바사에 의한 바벨론 함락(BC 539) 후인 고레스 9년 (BC 605)에 기록한 것으로 추정한다.
- 2–7장은 아람어로 1장과 8–12장은 히브리어로 기록했다.
- 다니엘서는 바벨론, 메대–바사, 그리스, 로마에 대해 상세히 언급하고 있다.

서론 – 다니엘의 개인적 역사

1장 바벨론 포로가 된 다니엘이 느부갓네살 왕으로부터 선택됨

- **포로가 된 다니엘**: 1차 포로 때(BC 605 여호야김 3년) 바벨론 느부갓네살 왕에 의해 포로로 잡혀간 네 소년은 다니엘(벨드사살), 하나냐(사드락), 미사엘(메삭), 아사랴(아벳느고)이다. '느부갓네살왕은 궁중 대신 아스부나스에게 명령하여 이스라엘의 포로 가운데 왕족과 귀족 출신으로 신체적인 결함이 없고 잘생겼으며 지능 지수가 높고 다방면의 지식을 가졌고 이해력이 빠르고 왕궁에서 섬길 자격이 있는 소년들을 데려오게 하여 그들에게 바빌로니아 말과 학문을 가르치게 하였다. 왕은 또 자기가 먹는 제일 맛있는 음식과 포도주 가운데서 날마다 그들에게 일정한 양을 공급하였으며 3년 동안의 수련 과정이 끝나면 왕 앞에서 섬길 수 있도록 하였다.'**(1–7)**
- **다니엘은 왕의 진미와 포도주를 거절하였다**: '우리를 10일 동안 시험해 보십시오. 우리에게 채소와 물만 주어 먹게 하고 그 후에 왕의 음식을 먹는 소년들과 비교하여 우리의 얼굴 모습을 보고 우리를 처분하십시오 (…) 그런데 10일 후에는 그들이 왕의 음식을 먹는 다른 소년들보다 더 혈색이 좋고 건강하게 보였다.'**(8–16)**
- **다니엘을 포함한 네 소년의 탁월한 지혜와 지식**: '하나님은 이 네 소년들에게 학문과 그 밖의 모든 것을 통달할 수 있는 지혜와 지식을 주셨으며 특별히 다니엘에게는 꿈과 환상을 해석할 수 있는 능력도 주셨다 (…) 이렇게 해서 다니엘은 페르시아의 키루스황제 (고레스왕)원년까지 그 곳 왕궁에 머물러 있었다.'**(17–21)**

2장

자신도 기억 못하는 느부갓네살의 꿈을 다니엘이 해석하고 왕의 인정을 받아 전국을 다스리는 권세를 얻는다.

- **느부갓네살의 꿈**: 느부갓네살 왕 2년에 자신도 기억하지 못하는 꿈을 꾼 느부갓네살이 박수와 술객과 점쟁이 등 모든 지혜자들에게 꿈을 알아 풀이하라는 명령이 내려지나 모두 실패하여 왕이 모든 지혜자들을 죽이라는 명령이 내려진다.(1–13)
- **다니엘이 환상으로 받은 계시**: 다니엘이 기도하는 중 밤에 환상으로 계시된다. '나의 조상들의 하나님이여 주께서 이제 내게 지혜와 능력을 주시고 우리가 주께 구한 것을 내게 알게 하셨사오니 내가 주께 감사하고 주를 찬양하나이다 곧 주께서 왕의 그 일을 내게 보이셨나이다 하니라.'(14–23)
- **다니엘의 해몽**: 왕 앞에 나선 다니엘이 하나님이 느부갓네살 왕에게 후일에 될 일을 보여 준 것이라 말한다. '다니엘이 왕 앞에 대답하여 이르되 왕이 물으신바 은밀한 것은 지혜자나 술객이나 박수나 점쟁이가 능히 왕께 보일 수 없으되 오직 은밀한 것을 나타내실 이는 하늘에 계신 하나님이시라 그가 느부갓네살 왕에게 후일에 될 일을 알게 하셨나이다. 왕의 꿈 곧 왕이 침상에서 머리속으로 받은 환상은 이러하니이다.'(24–30)
- **꿈의 재현과 해석**: '왕이시여, 대왕께서는 사람 모양의 거대한 신상을 보셨습니다. 그 신상은 크고 번쩍번쩍 광채가 나며 그 모양이 무섭게 생겼는데 그 머리는 순금이고 가슴과 팔은 은이며 배와 넓적다리는 놋이요 다리는 철이었습니다. 그리고 그 발은 일부분이 철이며 일부분은 진흙으로 되어 있었습니다. 대왕께서 그 신상을 보고 계실 때 사람이 손도 대지 않았는데 산에서 큰 돌 하나가 날아와 철과 진흙으로 된 발을 쳐서 부숴 버렸습니다. 그러자 철과 진흙과 놋과 은과 금이 일시에 다 부서

져서 여름철 타작마당의 겨와 같이 되어 바람에 다 날아가 버리고 흔적조차 없어졌으며 그 신상을 친 돌은 하나의 큰 산이 되어 온 세상을 가득 채웠습니다.' 꿈의 내용은 세계 역사의 변천 과정과 종말론적 완성을 보여 준다.**(31-45)**

신상의 부위	다니엘의 해석	역사적 성취
정금으로 된 머리	느부갓네살이 다스리고 있는 바벨론 왕국	신 바벨론 제국 (BC 605)
은으로 된 배와 가슴과 팔	보다 열등한 나라	메데, 바사 제국 (BC 539-331)
동으로 된 배와 넓적다리	온 세계를 다스리게 될 제국	그리스 제국 (BC 331-AD 476)
철로 된 다리	철 같이 강한 왕국, 뭇 나라들을 쳐부수고 정복함	로마 제국 (BC 63-AD 476)
철과 진흙으로 된 발과 발가락	왕국의 분열, 강대국들과 약소국이 공존함	로마 제국 이후에 일어날 모든 나라들 (AD 476-현재)
뜨인 돌	하나님이 세우신 영원한 왕국으로 이 세상의 모든 나라를 파하고 영원히 서게 될 것임	예수의 성육신과 재림으로 이루어질 하나님 나라. 예수의 초림으로 이 땅에 임하였으나(already) 새 하늘과 새 땅은 재림 시 성취될 것(not yet)

- **존귀케 된 다니엘과 세 친구:** '그러자 느부갓네살 왕은 엎드려 다니엘에게 경배하고 그에게 예물과 향품을 갖다 바치라고 신하들에게 명령하였다 (…) 그리고 다니엘의 요구에 따라 왕은 사드락과 메삭과 아벳느고를 세워 바빌론도의 모든 업무를 감독하게 하였다. 그러나 다니엘은 왕궁에 머물러 있었다.'**(46-49)**

3장

금 신상에 절하기를 거부한 세 친구가 풀무 불에 던져졌으나 조금도 상하지 않고 살아남으로 느부겟나살 왕이 하나님을 찬양하게 됨

- **느부갓네살의 금 신상**: 느부갓네살이 금 신상을 건립하고 누구든 절하지 않는 자는 풀무 불에 던져 넣을 것을 공표한다.**(1–7)**
- **참소된 세 친구**: 금 신상에 절하지 않은 세 친구가 갈대아인들에 의해 참소되었다. '만일 우리가 뜨겁게 타는 용광로 속에 던져진다고 해도 우리가 섬기는 하나님은 우리를 그 용광로에서 구해 내실 수 있습니다. 그리고 그분은 반드시 우리를 왕의 손에서 건져내실 것입니다. 비록 하나님이 우리를 구해 내지 않으실지라도 우리는 왕의 신들을 섬기지 않을 것이며 또 왕이 세우신 금 신상에게 절하지도 않을 것이니 왕이시여, 그런 줄 아십시오.'**(8–18)**
- **풀무 불 속의 네 사람**: 7배나 뜨겁게 한 풀무 불에 던져진 세 친구가 머리털도 그을리지 않고 나왔다. '이 세 사람 사드락과 메삭과 아벳느고는 결박된 채 맹렬히 타는 풀무 불 가운데에 떨어졌더라. 그 때에 느부갓네살 왕이 놀라 급히 일어나서 모사들에게 물어 이르되 우리가 결박하여 불 가운데에 던진 자는 세 사람이 아니었느냐 하니 그들이 왕에게 대답하여 이르되 왕이여 옳소이다 하더라. 왕이 또 말하여 이르되 내가 보니 결박되지 아니한 네 사람이 불 가운데로 다니는데 상하지도 아니하였고 그 넷째의 모양은 신들의 아들과 같도다 하고 (…).'**(19–27)**
- **하나님을 찬양하는 느부갓네살**: 왕이 하나님을 찬양하게 되었다. '그러므로 이제 내가 명령한다. 어떤 민족이나 백성을 막론하고 사드락과 메삭과 아벳느고의 하나님에 대하여 좋지 않게 말하는 자는 누구든지 그 몸을 갈기갈기 찢고 그의 집을 잿더미로 만들어 버려라. 이런 방법으로 사람을 구할 수 있는 신은 천하에 없다. 그리고 왕은 바빌론도에서 사드락과 메삭과 아벳느고에게 보다 높은 직책을 주었다.'**(28–30)**

4장

느부갓네살은 꿈속에서 이상을 보고 번민하다 다니엘의 해석대로 7년 동안 들에서 유리하다 회복되고 하나님께 영광을 돌린다.

- **느부갓네살의 하나님을 찬양하는 조서**: 4절 이하의 꿈을 통해 하나님의 이적을 경험한 느부갓네살이 모든 나라 백성들에게 알리기 위해 조서 형식으로 하나님을 찬

양하고 있다. '믿어지지 않는 기적과 놀라운 일을 보여 주신 하나님, 그는 영원한 왕이 되어 대대로 다스리실 것이다.'(1–3)

- **느부갓네살의 꾼 꿈과 다니엘에게 해몽 요구**: 느부갓네살 왕은 꿈꾼 후 번민했으나 술객들이 해석하지 못하자 다니엘에게 꿈을 설명하였다. '내가 잠자리에 누워서 본 환상은 이렇다 내가 보니 땅의 중앙에 큰 나무 하나가 있었다. 그 나무는 점점 크게 자라서 그 끝이 하늘에 닿아 세상의 모든 사람들이 볼 수 있을 정도였다. 그 잎사귀는 아름답고 그 가지에는 온 세상 사람들이 다 먹을 수 있을 만큼 많은 과일이 주렁주렁 달렸으며 들짐승이 그 그늘에서 쉬고 공중의 새들이 그 가지에 깃들이며 온 세상 사람들이 그 과일을 먹었다. 내가 또 잠자리에 누워 환상 가운데 보니 하늘에서 한 천사가 내려와 큰소리로 이렇게 외쳤다. 그 나무를 베고 가지를 찍고 잎사귀를 떨며 그 열매를 흩어 버리고 짐승들을 그 나무 아래서 몰아내고 새들을 그 가지에서 쫓아내어라. 그러나 그루터기는 땅에 남겨 두고 철과 놋줄로 잡아맨 채 풀밭에 그대로 두어라. 이 사람이 하늘의 이슬을 맞고 땅의 식물 가운데서 짐승과 함께 살게 하라. 그가 7년 동안 사람의 마음을 갖지 않고 짐승의 마음을 갖게 될 것이다. 이것은 순찰하는 천사들이 선언한 것이요 거룩한 자들이 명령한 것이니 가장 높으신 하나님이 인간 나라를 다스리시고 자기 뜻대로 누구에게든지 나라를 주시며 그가 원하시면 가장 천한 자도 왕위에 앉힌다는 사실을 온 세상 사람들이 알게 하기 위해서이다. 이것이 나 느부갓네살왕이 꾼 꿈이다. 벨드사살아, 이제 너는 이 꿈을 해몽하라. 이 나라의 모든 박사들이 이 꿈을 해몽하지 못했지만 너에게는 거룩한 신들의 영이 있으니 너는 이 꿈을 풀어낼 수가 있다.'(4–18)
- **다니엘의 꿈 해석**: 다니엘이 꿈을 해석하였다. 나무는 왕이며 7년 동안 정신착란을 일으켰다가 회복될 것이라는 것이다. '왕이시여, 이 나무는 바로 왕이십니다. 대왕께서는 점점 강성해져서 왕의 위대하심이 하늘에 닿았고 왕의 권세는 땅 끝까지 미쳤습니다 (…) 대왕에서는 인간 사회에서 쫓겨나 들짐승과 함께 살게 될 것이며 7년 동안 소처럼 풀을 먹고 이슬에 젖을 것입니다. 그때 왕은 가장 높으신 하나님이 인간 나라를 다스리시며 누구에게든지 그가 원하는 자에게 나라를 준다는 사실을 알

게 될 것입니다. 또 천사들이 그 그루터기는 남겨 두라고 명령하였는데 이것은 하나님이 온 세상을 다스리신다는 사실을 왕이 인정할 때 대왕께서 나라를 되찾게 될 것을 뜻합니다.'(19–27)

- **꿈대로 이루어졌고 왕은 하나님께 영광을 돌렸다**: 1년 후 꿈대로 모든 것이 이루어졌다. 꿈에서 예언한 대로 느부갓네살은 복귀되고 하나님께 영광을 돌렸다. '그래서 나 느부갓네살은 지금 하늘의 왕을 찬양하며 높이고 그분에게 영광을 돌리고 있다. 그는 진실하고 의로운 일을 행하시며 교만한 자를 낮추시는 분이시다.'(28–37)

🔔 느부갓네살은 왕이 된 지 34, 35년 된 시점(애굽과의 싸움에서 승리한 후)에서 이와 같은 꿈을 꾸었고 1년 후 7년 동안 정신착란이 있었다. 회복된 후 2년쯤 더 살았고 통치 45년 만에 죽었다.

5장

벨사살이 성전 기명으로 술을 마시고 우상을 찬양하는 날 '메데 메데 데겔 우바르신'이라는 분벽 글씨가 나타났고 다니엘의 해석으로 하나님의 심판 예언을 받으며 그날 밤 바사의 고레스에 의해 죽임당하고 메데의 다리오가 왕이 된다.

🔔 벨사살은 느부갓네살의 손자로 아버지 나보디누스((BC 556–539)와 섭정하고 있었다.

- **벨사살 왕의 잔치와 신성모독**: 벨사살은 큰 잔치를 베풀고 히스기야 왕 때 예루살렘에서 탈취해 온 금 기명을 가지고 술을 마시며 금, 은, 구리, 쇠, 나무, 돌로 만든 신들을 찬양하고 있었다.(1–4)
- **벽에 글씨를 쓰는 손가락**: 잔치 중 사람의 손가락이 나와 벽에 글씨 쓰는 것을 본 왕은 경악한다. 해석하는 자가 없었다.(5–9)
- **태후가 해몽가로 다니엘을 추천함**: 과거 경험이 있었던 태후에 의해 다니엘이 해몽가로 추천되었다.(10–16)
- **벨사살의 교만을 질책하는 다니엘**: 다니엘은 해석 전에 느부갓네살이 교만으로 하

나님의 징계를 받고 7년간 들 나귀처럼 살았던 사실을 상기시키며 아들이면서 이 모든 사실을 알고 있는 벨사살이 더욱 하나님을 모독하고 있어서 이런 일이 일어났음을 지적하였다. '벨사살왕이시여, 왕은 그의 아들이 되어 이 모든 일을 알고도 겸손하게 자신을 낮추지 않고 오히려 하늘의 주를 거역하며 성전 그릇을 가져다가 귀빈들과 왕의 아내와 첩들과 함께 그것으로 술을 마시고 (…) 아무것도 알지 못하는 신들을 찬양하였습니다. 그러면서도 왕은 왕이 살고 죽는 문제와 왕이 행하는 모든 일을 결정하시는 하나님에게는 영광을 돌리지 않았습니다. 그러므로 하나님이 그 손가락으로 이 글을 쓰게 하셨습니다.'**(17–24)**

- **다니엘의 해석**: '기록된 글자는 메네 메네 데겔 우바르신입니다. 그 뜻을 해석하면 메네는 수를 센다는 말인데 이것은 왕이 통치하는 날수를 하나님이 세어서 이미 그것을 끝나게 하셨다는 것을 가리킵니다. 데겔은 저울에 단다는 말이며 왕이 하나님의 저울에 달린 결과 표준에 미치지 못했다는 것을 뜻합니다. 그리고 바르신은 나눈다는 뜻입니다. 이것은 왕의 나라가 나누어져 메디아와 페르시아 사람에게 주어질 것을 가리킵니다.'**(25–28)**
- **벨사살의 죽음과 바벨론의 멸망**: '그러자 즉시 벨사살왕은 다니엘에게 자색 옷을 입히고 금사슬을 목에 달아 주라고 명령하였으며 또 왕은 조서를 내려 그를 나라의 제 3인자로 삼았다. 그 날 밤에 바빌로니아의 벨사살왕은 죽임을 당하였고 메디아 사람 다리우스가 권력을 장악했는데 그때 그의 나이는 62세였다.'**(29–31)**

🔔 이 사건은 그날 밤에 있었던 다니엘의 예언이 적중된 것일 뿐만 아니라 이사야의 예언(사 47:1–5)이 완성된 것이기도 하다.

6장 사자 굴에서 하나님의 보호를 받은 다니엘

- **다리오에 의해 세워진 다니엘**: 다리오가 다니엘을 120방백 위 3총리의 한 명으로 임명하였다.**(1–3)**

- **고관들의 음모**: 다니엘을 함정에 빠뜨리기 위해 30일 동안 왕 이외에 어느 누구에게도 무엇을 구하면 사자 굴에 던져 넣는 금령을 통과시킨다.**(4-9)**
- **사자 굴에 던져진 다니엘**: 다니엘은 하나님께 기도했고 음모자들에 의해 참소당해 사자 굴에 던져진다.**(10-18)**
- **사자 굴에서 안전한 다니엘**: 다니엘이 사자 굴에서 안전했고 왕이 기뻐하였다.**(19-23)**
- **하나님을 두려워하라는 왕의 조서**: 다니엘을 참소한 사람들과 처자들을 사자 굴에 넣어 죽였다. 다리오는 백성들에게 하나님을 두려워하라는 조서를 내린다.**(24-28)**

7장

다니엘이 꾼 네 짐승의 꿈. 네 짐승은 향후 진행될 세상 역사와 적그리스도의 출현을 상징한다. 역사의 참 주관자는 하나님이심을 소개하고 앞으로 있게 될 세계 역사의 변화에 대한 예언적 성격을 갖고 있다.

🔔 7장의 꿈은 6장의 사자 굴 사건(BC 539)보다 14년 전인 벨사살 원년(BC 553)에 있었던 사건이다. 이때 다니엘의 나이는 68세, 포로로 잡혀 온 것은 약 16세 때인 BC 605년이었다.

- **네 짐승의 꿈**: 다니엘이 네 짐승의 꿈을 꾸었다. 바다에서 나온 네 짐승은 그 모양이 각각 달랐다. 1) 사자 2) 곰 3) 표범 4) 열 뿔 달린 넷째 짐승이었다.**(1-8)**
- **넷째 짐승의 죽음**: '내가 또 보고 있을 때 왕좌들이 놓이고 영원히 살아 계시는 분이 그의 보좌에 앉으셨다. 그의 옷은 눈처럼 희고 그의 머리털은 깨끗한 양털과 같으며 바퀴가 달린 그 보좌는 불꽃처럼 타올라 (…) 그 작은 뿔이 자랑하며 떠들어대는 소리에 내가 보니 네 째 짐승이 죽임을 당하고 그 시체는 절단되어 불 속에 던져졌으며 그 나머지 짐승들은 권세를 빼앗겼으나 일정한 기간 동안 생령만은 살아남도록 되어 있었다.' 옛적부터 항상 계신 이는 하나님을 가리키며 네 번째 짐승은 하나님의 심판으로 '이방인의 때'가 끝날 것임을 보여 준다.**(9-12)**
- **인자의 오심**: 인자 곧 예수 그리스도의 오심. '내가 또 밤의 환상 가운데 보니 사람

처럼 생긴 분이 하늘의 구름을 타고 와서 영원히 살아 계시는 하나님 앞으로 인도되었다. 하나님이 그에게 권세와 영광과 왕권을 주어 세상 모든 나라와 민족들이 그를 섬기게 하셨으므로 그 권세는 영원히 지속될 것이며 그의 나라는 결코 망하지 않을 것이다.'**(13-14)**

- **설명된 네 짐승**: 다니엘이 천사에게 물어 해석된 네 짐승은 바벨론, 메대-바사, 헬라, 로마의 네 왕이다.**(15-17)**
- **약속받은 이스라엘**: '지극히 높으신 이의 성도들이 나라를 얻으리니 그 누림이 영원하고 영원하고 영원하리라.'**(18)**
- **열 뿔과 작은 뿔 그리고 영원한 나라의 약속**: 열 뿔은 로마 이후의 나라들, 작은 뿔은 적그리스도를 의미한다. 요한계시록과 같이 '한 때와 두 때와 반 때(3년 반)를 지내리라' 했으며 영원한 나라를 약속하고 있다.**(19-28)**

이방인의 때에 있을 이스라엘의 예언적 역사

8장

숫양과 숫염소의 환상을 통해 메대-바사, 헬라의 운명을 보여 주며 궁극적으로는 하나님의 백성에게 임할 박해 사건을 계시하고 있다.

- **다니엘의 숫양과 숫염소에 관한 환상**: 다니엘은 7장의 네 짐승 꿈을 꾼 2년 후(BC 551) 올래 강변에서 숫양과 숫염소에 관한 환상을 보고 2,300주야에 대한 말을 듣는다.**(1-14)**
- **가브리엘 천사가 해석한 환상과 2,300주야**: 1) 정한 때 끝에 관한 것이다. 2) 두 뿔 가진 숫양은 메대와 바사 3) 털이 많은 숫염소는 헬라이며 두 눈 사이의 큰 뿔은 알렉산더 대왕 4) 큰 뿔이 꺾이고 네 뿔이 난 것은 알렉산더가 죽고 카산드로스, 비

시마크스, 프톨레미(이집트), 셀리쿠스(시리아)의 4왕조가 나옴을 의미 5) 그중 한 뿔에서 또 작은 뿔 하나가 영화로운 땅을 향하여 심히 커졌다 함은 셀리우크스 왕조에서 그 왕조를 계승한 안티오쿠스 에피파네스가 유대교를 박해한 것을 의미 6) 2,300주야(1,150일)는 안티오쿠스가 성전을 침공했다가 마카비에 의해 물러나게 된 약 3년을 가리킴(2,300주야를 2,300일로 해석하는 견해도 있다.) 이 예언은 안티오쿠스는 전조일 뿐 미래의 어떤 자 곧 적그리스도를 예견케 하고 있다.**(15-27)**

9장

70년의 포로 생활에 대한 예레미야의 예언을 깨달은 후 다니엘의 동족의 회복을 위한 통회의 기도와 칠십 이레의 환상이 기술된다.
칠십 이레의 환상은 이스라엘의 귀환과 성전 재건, 예수의 성육신, 로마군대의 성전 파괴, 적그리스도의 출현 등, 이스라엘의 미래와 그리스도의 재림 전에 있을 종말론적인 사건을 함축하고 있다.

- **예레미야서를 읽은 다니엘**: 다니엘은 포로 귀환이 1, 2년 남은 다리오 왕 1년 시점에서 예레미야서를 읽고 70년 만에(BC 605-536) 포로 귀환한다는 사실을 깨달았다.**(1-2)**
- **다니엘의 동족의 회복을 위한 통회의 기도**: 1년 후면 해방된다는 기쁨보다는 우리의 죄를 자복하였다.**(3-19)**
- **가브리엘을 통해 전달된 하나님의 응답**: 다니엘의 신실한 기도에 대한 하나님의 신속한 응답이 가브리엘을 통하여 전달되고 칠십 이레에 대한 계획을 들었다. '네 백성과 네 거룩한 성을 위하여 일흔 이레를 기한으로 정하였나니 허물이 그치며 죄가 끝나며 죄악이 용서되며 영원한 의가 드러나며 환상과 예언이 응하며 또 지극히 거룩한 이가 기름 부음을 받으리라 그러므로 너는 깨달아 알지니라. 예루살렘을 중건하라는 영이 날 때부터 기름 부음을 받은 자 곧 왕이 일어나기까지 일곱이레와 예순두 이레가 지날 것이요 그 곤란한 동안에 성이 중건되어 광장과 거리가 세워질 것이며 예순두 이레 후에 기름 부음을 받은 자가 끊어져 없어질 것이며 장차 한 왕

의 백성이 와서 그 성읍과 성소를 무너뜨리려니와 그의 마지막은 홍수에 휩쓸림 같을 것이며 또 끝까지 전쟁이 있으리니 황폐할 것이 작정되었느니라. 그가 장차 많은 사람들과 더불어 한 이레 동안의 언약을 굳게 맺고 그가 그 이레의 절반에 제사와 예물을 금지할 것이며 또 포악하여 가증한 것이 날개를 의지하여 설 것이며 또 이미 정한 종말까지 진노가 황폐하게 하는 자에게 쏟아지리라 하였느니라 하니라.'**(20-27)**

다니엘의 마지막 환상으로 바사 제국의 통치 때부터 세상 끝날까지 전개될 이스라엘의 운명과 세계 역사를 계시함

10장

3주 동안 금식하고 있던 다니엘이 바사 왕 고레스 3년에 힛데겔 강변에서 천사로부터 바사와 헬라를 비롯한 세상의 말일에 하나님 백성이 당할 일, 곧 큰 전쟁에 관한 마지막 환상을 본다. 큰 전쟁에 관한 것이라 함은 큰 압제나 고난을 의미하는 것으로 안티오쿠스 에피파네스에 의한 유대 민족 핍박 또는 상징적으로는 마지막 날 하나님의 백성이 적그리스도로부터 받을 핍박을 의미한다.

- **다니엘이 본 마지막 환상**: 다니엘이 고레스 3년 BC 536년에 3주 동안 금식하고 있는 중 마지막 환상, 곧 큰 전쟁에 관한 환상을 보았다.**(1-3)**
- **하늘의 사자를 만난 다니엘**: 다니엘은 힛데겔 강가에서 순금 띠를 띤 한 사람의 환상을 홀로 보며 온몸의 힘이 빠지는 것을 느낄 때 '내게 이르되 큰 은총을 받은 사람 다니엘아 내가 네게 이르는 말을 깨닫고 일어서라 내가 네게 보내심을 받았느니라 하더라. 그가 내게 이 말을 한 후에 내가 떨며 일어서니'**(4-11)**
- **하늘 천사의 설명**: '그가 다시 나에게 말하였다. 다니엘아, 두려워하지 말아라. 네가

깨달음을 얻기 위해 네 하나님 앞에서 자신을 낮추려고 결심한 첫날부터 하나님은 네 기도를 들으셨다. 그래서 내가 네 기도의 응답으로 여기까지 왔다. 페르시아 제국을 지배하고 있는 강한 악령이 21일 동안 내 길을 막았으나 천사장 중의 하나인 미가엘이 와서 나를 도와주었으므로 내가 페르시아를 지배하고 있는 이 악령들을 물리치고 올 수 있었다. 이제 내가 여기에 온 것은 앞으로 네 백성에게 일어날 일을 말해 주기 위해서이다. 이것은 먼 훗날에 이루어질 일이다.' 다니엘이 인자의 모습에 압도되어 기력이 쇠약해져 숨도 제대로 쉬지 못하고 있을 때 '그는 나에게 이렇게 말하였다. 너는 내가 너에게 온 이유를 아느냐? 그것은 진리의 책에 기록된 것을 너에게 말해 주기 위해서이다. 이제 나는 돌아가서 페르시아를 지배하고 있는 악령과 싸워야 한다. 내가 가면 그리이스를 지배하는 악령이 나타날 것이다. 나를 도와 그들을 대적하게 할 자는 이스라엘의 수 천사인 미가엘 밖에 없다.'(12–21)

11장

11장에서는 바사에 의한 통치 이후의 역사를 사실적으로 예언하고 있다.
바사 치하의 역사, 헬라 치하의 역사, 특히 알렉산더 사망 이후 남방 왕조인 톨레미 왕조와 북방 왕조인 셀리우크스 왕조의 예언을 극사실적으로 예언하고 있다. 특별히 주목할 사실은 안티오쿠스 에스파네스에 대한 예언을 통해 종말론적으로 마지막 때를 예언하고 있는데 마카비 혁명을 암시하는 듯한 표현으로 종말을 예언하고 있다는 점이다.

🔔 11장의 내용은 역사가 이루어지고 나서 기록했다고 생각할 수 있을 정도로 매우 정확한 페르시아–헬라–톨레미 왕조–셀루코스 왕조의 역사를 예언하고 있다.

- **페르시아의 통치**: '이제는 내가 너에게 앞으로 일어날 일을 말해 주겠다. 앞으로 페르시아에 세 왕이 더 일어날 것이며 그 후에 네 번째 일어나는 왕은 다른 왕들보다 부유할 것이다. 그가 부와 권력을 얻은 다음에 모든 사람을 충동하여 그리이스를 칠 것이다.'(1–2)

- **헬라 제국의 발흥(알렉산더)**: '그 후에 그리이스에서 한 강력한 왕이 나타나 거대한 제국을 다스리며 자기 마음대로 행할 것이다.'(3)
- **알렉산더의 죽음과 헬라 제국의 분열**: '그러나 그의 권력이 절정에 달했을 때 그의 나라가 갈라져 네 나라로 분리될 것이며 자기 자손들이 다스리지 못하고 그 나라가 다른 사람의 손에 넘어갈 것이다.'(4)
- **프톨레미 왕조**: '이집트의 왕은 강할 것이나 그의 군사령관 중 하나가 그보다 더 강하여 권세를 떨치며 큰 나라를 다스릴 것이다.'(5)
- **남방 프톨레미 왕조와 북방 셀리우크스 왕조의 화친과 분쟁**(6-20)
- **적그리스도의 전형인 안티오쿠스 에피파네스의 득세**: '시리아의 그 다음 왕은 왕이 될 자격이 없는 비열한 사람이지만 그가 평온한 때를 틈타서 못된 책략으로 권력을 잡을 것이며'(21)
- **마카비 혁명**: 안티오쿠스 에피파네스는 남방 왕조와 계속 전쟁을 하면서 유대교를 계속 박해하나 마카비 혁명에 의해 종말을 맞는다.(22-45)

12장

대 환란 이후의 마지막 승리를 예언하는 마지막 때에 관한 예언이다.

- **마지막 때**: 1절의 그때는 안티오쿠스가 멸망할 시점을 가리키며 종말론적으로는 예수의 재림 직전 있을 무서운 환란의 때를 가리킨다. '마지막 때에 네 백성을 지키는 미가엘 천사가 나타날 것이며 인류 역사상 최대의 환난이 있을 것이다. 그 때가 오면 네 민족 가운데 하나님의 책에 이름이 기록된 자들은 다 구원을 받을 것이다.'(1)
- **의인들의 최후의 승리**: '이미 죽어서 땅 속에 묻혀 있는 수많은 사람들이 부활할 것이며 그 가운데는 영원한 생명을 누리는 자도 있고 영원히 부끄러움을 당하는 자도 있을 것이다. 지혜로운 자들은 하늘의 빛과 같이 빛날 것이며 많은 사람을 옳은 길로 인도한 자들은 별처럼 영원히 빛날 것이다.'(2-3)

- **책을 기록하여 인봉하라**: '다니엘아, 너는 이 예언을 책에 기록하여 인을 쳐서 봉하고 마지막 때까지 잘 간수하여라. 그 때에는 많은 사람이 지식을 쌓으려고 이리저리 왔다 갔다 할 것이다.'(4)
- **두 천사의 대화 속에서 예언의 성취 시기를 재확인할 수 있다**: '3년 반을 지나 성도들의 권세가 다 깨어진 후에 이 모든 일이 이루어질 것이다. 내가 그 말을 듣고도 이해할 수가 없어서 내 주여, 이 모든 일의 결과가 어떻게 되겠습니까? 하고 묻자 그는 이렇게 대답하였다. 다니엘아, 이제 가거라. 이 말은 마지막 때까지 비밀로 간직해 두어야 한다. 시련과 박해를 통해서 많은 사람이 연단을 받아 정결하게 될 것이나 악한 사람은 계속 악을 행할 것이다. 악한 자는 아무것도 깨닫지 못할 것이며 오직 지혜로운 자만 깨달을 것이다. 매일 드리는 제사를 폐지하며 멸망케 하는 흉측한 것을 세울 때부터 1,290일을 지나 1,335일까지 참고 견디는 사람은 복이 있을 것이다.' 1,290일과 1,335일에서 45일의 차이는 적그리스도에 의한 핍박이 끝나고 새 하늘, 새 땅이 건설되어 하나님의 축복의 시대가 임하기까지의 짧은 기간으로 추측된다.(5-12)
- **끝까지 충실하라**: '다니엘아, 너는 끝까지 충실하여라. 너는 죽어 평안히 쉬다가 마지막 때에 부활하여 네 상을 받을 것이다.'(13)

🔔 일천 이백 구십 일 – 7년 대환난의 후반 3년 반과는 30일의 차이를 나타내나 여기서는 일차적으로 안티오쿠스의 유대 민족 박해 사건이 시작된 시점부터 그가 마카비 혁명으로 쫓겨나고 성전이 다시 정결케 될 때까지의 기간을 가리킨다. 상징적으로는 적그리스도에 의한 7년 대환난에서 큰 박해가 시작된 시점(3년 반)부터 그리스도의 재림 때까지를 의미하는 것으로 보여 진다. 한편 이러한 구체적인 일수의 언급은 8:14의 경우에서와 같이 다양한 해석들을 야기하나 그 근본적인 목적은 고난의 때에 대한 한정된 시한을 구체적으로 계시해 줌으로써 대환난의 시기에 성도들에게 큰 소망과 위로를 주기 위함이다(마 24:22 그 날들을 감하지 아니하면 모든 육체가 구원을 얻지 못할 것이나 그러나 택하신 자들을 위하여 그 날들을 감하시리라).

부록 1:
이스라엘을 지배한 사실적 역사

1. 바벨론 70년: BC 605–536
2. 바사 200년
3. 헬라 알렉산더 10년: BC 336
4. 프톨레미 왕조 100년
5. 셀리우크스 왕조 34년: BC 198
6. 마카비 혁명에 의한 유다 독립 100년: BC 165
7. 로마 점령: BC 63
8. 예수 탄생 BC 4

부록 2:
안티오쿠스 4세(안티오쿠스 에피파네스)에 의한 유대교 탄압

- BC 198년 프톨레미(남방 왕조) 왕조를 대신하여 팔레스타인 땅을 지배한 셀리우크스 왕조(북방 왕조)가 초기에는 매우 호의적 정책을 폈으나 안티오쿠스 4세에 이르러 유대인을 잔혹하게 핍박하는 정책으로 돌아섰다.
- 다니엘서 11–12장 예언에서 안티오쿠스 에피파네스를 언급하면서 마지막 때의 적그리스도의 모형으로 그리고 있다.

호세아 핵심정리

* 호세아 '하나님은 구원이시다'

호세아의 의의

- 호세아서는 소선지서의 첫 번째 책이다.
- 북 이스라엘의 심판을 최초로 예언한 책이다.
- 솔로몬 시대의 판도를 회복할 정도로 번영을 구가하고 있던 이스라엘 여로보암 2세 시점에서 이스라엘 심판을 예언하였다.
- 잠언, 전도서, 아가서에서 우리에게 준 행동 지침 '부부 사랑'을 극명하게 보여주는 책이다. 하나님과 우리의 관계를 자녀로서만이 아니라 신랑-신부로 말씀하시는 것을 이해할 수 있다. 음란한 행위를 한 부인이라 하더라도 대가까지 지불하며 데려와야 한다는 엄청난 행동 지침을 제시한다.

기록연대와 배경

- 호세아는 이스라엘 여로보암 2세(BC 793-753) 통치 말기부터 앗수르에게 멸망 당하는 BC 722년까지 약 40년 동안 예언 활동을 하였으며 기록도 그 기간에 한 것으로 추정된다.

이스라엘에 대한 하나님의 절대적 사랑

1장

1장에서는 총론적으로 호세아의 음란한 여자와의 결혼과 자녀 출산을 비유로 이스라엘에 대한 심판과 회복 모두를 이야기한다.

- **호세아에게 여호와의 말씀이 임함**: 여로보암 2세가 북 이스라엘의 왕이었던 시대에 여호와 말씀이 호세아에게 임하였다.**(1)**
- **음란한 여자와의 결혼**: 하나님을 우상숭배로 반역한 이스라엘에게 교훈을 주기 위해 호세아에게 음란한 여자와 결혼하고 음란한 자식을 낳으라고 말씀하신다. 음란한 여자, 음란한 자식 = 죄 성이 있는 인간**(2)**
- **호세아의 음란한 세 자녀 이름을 통한 심판 예언**: 호세아는 고멜이라는 여자를 아내로 맞아 세 자녀를 낳았다. 1) 첫째 아들 이스르엘은 '하나님께서 흩으신다'는 의미이다. 이 상징을 통해 하나님의 명에 의해 바알 숭배하는 아합을 심판했던 예후 역시 우상숭배를 하고 있으므로 피를 예후의 집에 갚겠다고 하심. 2) 둘째 딸 로루하마는 '은총을 입지 못하다' 3) 셋째 아들 로암미는 '내 백성이 아니다'의 뜻으로 호세아의 가족을 통해 하나님의 심판을 예고하심.**(3-9)**
- **이스라엘 자손의 회복과 구원 - 이스르엘**: 하나님은 유다와 이스라엘의 회복과 구원을 약속하셨는데 이것은 궁극적으로 종말의 구원 약속이다. '이스르엘의 날이 클 것임이로다'라고 말씀하셔서 4절에서는 이스르엘이 '하나님께서 흩으신다'라는 의미였으나 여기서는 '이스르엘'의 또 다른 의미인 '하나님이 심으신다'라는 의미로 말씀하셨다.**(10-11)**

2장

첫 절과 마지막 절에서 '나의 백성', '나의 사랑하는 자'라고 하셨듯이 하나님에게 불순종한 이스라엘을 궁극에는 용서하시고 사랑하시겠다는 하나님

- **암미와 루하마:** 너희 형제에게는 암미(나의 백성), 자매에게는 루하마(나의 사랑하는 자)라고 하라는 말씀으로 시작한다.(1)
- **여호와의 심판 – 빼앗긴 축복:** 그러나 이스라엘이 하나님을 떠나 이방 나라에 의존하고 우상숭배 하는 죄를 범하였으니 바알을 섬긴 날만큼 벌을 줄 것이라는 여호와의 말씀이 주어진다. '그들의 어머니는 음행하였고 그들을 임신했던 자는 부끄러운 일을 행하였나니 이는 그가 이르기를 나는 나를 사랑하는 자들을 따르리니 그들이 내 떡과 내 물과 내 양털과 내 삼과 내 기름과 내 술들을 내게 준다 하였음이라 그러므로 내가 가시로 그 길을 막으며 담을 쌓아 그로 그 길을 찾지 못하게 하리니.'(2–13)
- **심판과 회복:** 이방 나라의 포로가 되게 하겠고 그 후에 용서할 것이며 궁극적으로 여호와의 날을 맞을 것이다.(14–22)
- **루하마와 암미의 회복:** 궁극에는 긍휼히 여김을 받지 못하였던 자(로루하마)를 긍휼히 여기며(루하마) 내 백성 아니었던 자(로암미)에게 향하여 내 백성이라(암미) 할 것이다.(23)

3장

하나님이 다른 신을 섬기는 이스라엘을 사랑하셨듯이 타인을 사랑하는 음녀 아내를 대가를 지불하면서까지라도 사랑하라는 하나님. 포로로 잡혀가는 심판을 내리지만 종말에는 메시아 시대를 맞듯이 부부가 사랑하지 않고서는 참 하나님을 아는 것이 아니라는 교훈.

- **죄인을 부르러 오신 예수 그리스도:** '여호와께서 나에게 말씀하셨다. 너는 다시 가서 간음한 네 아내를 사랑하라. 이스라엘 백성이 다른 신을 섬기고 우상에게 제물로 드리는 건포도 빵을 즐겨도 나 여호와가 여전히 그들을 사랑하는 것처럼 너도 네 아내를 사랑하라. 그래서 나는 은 약 170그램과 보리 18말을 주고 아내를 사서

(…) 그 후에 그들이 돌아와 그들의 하나님 여호와와 그들의 왕 메시야를 찾을 것이며 마지막 때에는 그들이 여호와를 두려워하고 그의 축복을 받을 것이다.'(1–5)

이스라엘의 죄와 심판 예언 그리고 하나님의 사랑

4장

이스라엘의 죄 중 가장 중요한 점은 하나님의 말씀을 정확히 전해야 할 지도자들이 없었다는 것. 심판이 있을 것이다.

- **성경 말씀을 제대로 가르치지 않는 지도자들의 심각성**: 이스라엘에 진실, 인애, 하나님을 아는 지식 없음을 한탄하시는 하나님. 하나님을 아는 지식이 없는 것은 가르쳐야 할 제사장–선지자 때문이다. '내 백성이 지식이 없이 망하는구나. 너희 제사장들이 나를 인정하지 않았으니 나도 너희를 버려 내 제사장으로 인정하지 않을 것이며 너희가 너희 하나님의 법을 잊어버렸으니 나도 너희 자녀들을 잊어버릴 것이다. 너희 제사장이 많으면 많을수록 나에게 더 많이 범죄 하니 내가 너희 영광을 수치로 바꿀 것이다. 너희는 내 백성의 죄를 먹고 살면서 그들이 죄를 더 많이 짓기를 바라고 있다.'(1–8)
- **우상숭배에 빠진 백성들의 죄**: 여기에서 특기할 점은 이 시점까지는 하나님이 유다에 대해서는 희망을 갖고 계셨다는 점이다. '이스라엘아 너는 음행하여도 유다는 죄를 범하지 못하게 할 것이라 너희는 길갈로 가지 말며 벧아웬으로 올라가지 말며 여호와의 사심을 두고 맹세하지 말지어다.'(9–18)
- **심판이 있을 것이다**: '바람이 그들을 날려 보낼 것이다. 그들은 우상에게 제물을 바친 그것 때문에 수치를 당할 것이다.'(19)

IV 선지서

5장

우상숭배와 교만한 이스라엘과 유다를 모두 심판하실 것이다.

- **이스라엘과 유다의 심판**: 이스라엘의 우상숭배와 교만을 알고 계시는 하나님께서 심판을 말씀하신다. 특기할 점은 이제는 유다의 심판도 말씀하고 있다는 점. '이스라엘의 교만이 그 얼굴에 드러났나니 그 죄악으로 말미암아 이스라엘과 에브라임이 넘어지고 유다도 그들과 함께 넘어지리라.'(1–5)
- **이미 떠나신 하나님**: 돈을 싸 들고 하나님을 찾아간다 해도 하나님을 만나지 못할 것이다. '그들이 양떼와 소떼를 끌고 가서 여호와를 찾아도 만나지 못할 것이다. 이것은 여호와께서 그들을 떠나셨기 때문이다.'(6)
- **이스라엘과 유다의 심판**: 이스라엘과 유다를 함께 심판할 것이다. '내가 이스라엘과 유다 백성을 사자처럼 공격하겠다. 내가 그들을 찢고 움켜가도 그들을 구출할 자가 없을 것이다.'(7–14)
- **회개를 기다리시는 하나님**: 하나님께서는 백성들이 회개하고 돌아오기를 기다리신다. '그들이 자기들의 죄를 인정하고 나를 찾을 때까지 내가 내 처소로 돌아가 있겠다. 그들이 고통을 당하면 나를 간절히 찾을 것이다.'(15)

6장

하나님께 돌아가야 하는데 중요한 것은 사랑과 하나님을 정확히 아는 것이다.

- **여호와를 바로 알자**: 우리를 다시 낫게 하실 여호와께 돌아가자. 여호와를 바르게 알자.(1–3)
- **헌금보다는 여호와를 바로 알기를 원한다**: 그러나 여호와께서는 여호와를 정확히 알지 못하는 백성들을 슬퍼하신다. '이스라엘아, 내가 너를 어떻게 할까? 유다야, 내가 너를 어떻게 할까? 너희 사랑이 아침 안개와 같고 일찍 사라지는 이슬과 같구

나. 그래서 내가 내 예언자들을 통해 너희를 치고 내 입의 말로 너희를 죽였다. 내 심판은 번쩍이는 번개와 같다. 나는 자비를 원하고 제사를 원치 않으며 불로 태워 바치는 번제보다 나를 아는 것을 원한다.'(4–6)

- **종교 지도자들이 문제다**: 그러나 아담처럼 계속 불순종하는 백성들, 특히 가장 바르게 살아야 할 제사장들의 죄를 꾸짖으신다. '그러나 너희는 아담처럼 내 계약을 어기고 나를 배반하였다 (…) 제사장들이 강도떼처럼 숨어서 사람을 기다리며 세겜으로 가는 길에서 살인하고 온갖 죄를 범하고 있다.'(7–9)
- **이스라엘과 유다의 심판**: 우상숭배로 얼룩진 이스라엘과 유다의 심판을 말한다. '나는 이스라엘에서 끔찍한 일을 보았다. 에브라임이 우상을 섬겨 창녀 짓을 하였으므로 이스라엘이 더럽혀지고 말았다. 유다야, 내가 내 백성을 회복시키려고 징계할 때 너도 벌할 것이다.'(10–11)

7장

BC 752–732년 사이에 이스라엘의 네 왕(스가랴, 살룸, 므나헴, 베가)이 암살당하는 혼란기를 겪었다. 그런데 이런 혼란기에도 하나님을 찾지 않았음을 지적한다. 이스라엘이 범한 각종 죄 이를테면 속이기, 강도질, 약탈, 거짓말, 간음, 음모, 교만, 지혜 없음, 어리석음, 하나님을 바라보지 않음 등을 지적하며 심판의 불가피성을 말한다.

- **이스라엘의 죄악상**: 서로 속이고, 강도질하고, 약탈, 간음, 음모, 자기들의 왕들을 살해하는 이스라엘의 죄악상을 열거하며 기도도 하지 않는 백성들을 슬퍼하신다. '내가 이스라엘을 치료하려고 할 때마다 에브라임의 죄와 사마리아의 악이 드러나고 있다. 그들은 서로 속이고 남의 집에 뛰어들어 강도질하며 악당들처럼 거리에서 약탈을 감행한다 (…) 그들이 다 화덕처럼 달아올라서 자기들의 지도자들을 죽이고 그 왕들을 하나하나 살해하지만 나에게 기도하는 자는 하나도 없구나.'(1–7)
- **하나님을 찾지 않는 이스라엘**: 이스라엘은 교만하고 어리석고 지혜 없는 비둘기 같아서 이집트를 향해 부르짖고 앗시리아를 찾는다. 그를 벌할 것이다. 칼날에 쓰러

질 것이다. 이집트 땅에서 조소를 당할 것이다. '그들이 돌아와도 가장 높은 신인 나를 바라보지 않으니 그들은 굽은 화살과 같다. 그들의 지도자들은 오만한 말 때문에 칼날에 쓰러질 것이다. 그러므로 그들은 이집트 땅에서 조소를 당할 것이다.'**(8–16)**

8장

하나님의 법을 어기고 우상을 숭배하고 이방 나라를 의지한 불순종의 결과 이스라엘이 이방 나라의 포로가 될 것을 경고함

- **하나님 이외의 것을 의지하는 이스라엘**: 이스라엘은 우상을 만들었고 앗수르와 애굽 등 하나님 이외의 것에 의지하였다. 원수가 독수리처럼(앗수르 살만에셀) 여호와의 집(이스라엘)에 덮치리니 이는 그들이 내 언약을 어기며 내 율법을 어겼기 때문이다.**(1–14)**

9장

하나님의 말씀을 듣지 않고 거짓 선지자의 말을 듣고 우상숭배로 음행하는 이스라엘을 책망한다. 자신들의 죄를 깨닫게 하기 위함이다.

- **이스라엘의 죄를 벌할 것이다**: 행음하여 하나님을 떠난 이스라엘아! 포도주(양식)는 떨어지고 여호와의 땅(이스라엘)에 살지 못할 것이다. 형벌의 날이 이르렀다. 기브아 시대처럼 부패한 이스라엘에게 그 죄를 벌할 것이다.**(1–9)**
- **우상숭배의 죄를 범한 이스라엘이 세계 곳곳에서 방황할 것이다**: '여호와께서 말씀하신다. 내가 이스라엘을 만났을 때 광야에서 포도를 만난 것 같았고 내가 너희 조상들을 만났을 때 무화과나무에 처음 맺힌 열매를 보는 것 같았다. 그러나 그들이 바알–브올에 가서 우상에게 몸을 바쳐 자기들이 사랑하는 우상처럼 더러워졌다 (…) 그들이 순종하지 않으므로 내 하나님이 그들을 버리실 것이다. 그들은 세계 여러 나라에서 방황하는 자가 될 것이다.'**(10–17)**

10장

나라가 번영하자 두 마음을 가진 이스라엘은 우상숭배로 하나님께 범죄하여 심판당할 것을 경고받는다.

- **이스라엘의 두 마음:** 나라가 번영하자 이스라엘은 두 마음을 갖고 하나님께 보다는 거짓 신에게 그 결과를 돌리고 죄를 범했고 왕을 버렸다.(1-8)
- **회개를 촉구한다:** 사사 시대 기브아에서는 비류들이 한 레위인의 첩을 강간한 사건을 빌미로 이스라엘과 베냐민 지파가 싸워 베냐민 사람들이 크게 희생당한 사건이 있었었는데도 계속해서 이스라엘은 죄를 짓고 있다. 이스라엘에게 회개할 것을 요청한다. 계속 우상숭배하고 하나님을 의지하지 않고 군사력이나 외세에 의존하면 심판받을 것을 경고하신다.(9-15)

11장

하나님의 이스라엘에 대한 절대적 사랑을 그리고 있다. 마치 호세아에게 음란한 아내를 대가를 지불하면서까지 용서하라는 말씀처럼!

- **이스라엘의 악함에 대한 심판:** 출애굽 시켰으나 그들은 점점 더 하나님에게서 멀어지고 바알들에게 제사하고 있다. 하나님이 이스라엘에게 걸음을 가르치고 팔로 안아 주고 사랑의 줄로 이스라엘을 끌어 주고 멍에를 벗겨 주고, 먹을 것을 주었으나 이스라엘은 끝끝내 하나님에게서 멀어졌다.(1-7)
- **하나님의 안타까운 마음:** 이스라엘아 내가 어찌 너를 버리겠느냐. 내가 다시는 에브라임을 멸하지 아니하리니 이는 내가 하나님이기 때문이다. 그러나 그들은 신실하시고 거룩하신 하나님을 여전히 거역하고 있다. '이스라엘 백성은 거짓말과 속임수로 나를 둘러싸고 유다 백성은 신실하시고 거룩하신 하나님을 여전히 거역하고 있다.'(8-12)

12장

이스라엘의 죄악에도 불구하고 하나님은 조상 야곱을 기억하시며 이스라엘이 돌아오기를 기다리신다. 그러나 죄를 벌하실 것이다.

- **하나님을 의지하지 않는 이스라엘**: '에브라임은 바람을 먹으며(헛된 것을 좇고) 동풍을 따라가서(앗수르와 애굽과 동맹) 종일토록 거짓과 포악을 더하여 앗수르와 계약을 맺고 기름(감람기름)을 애굽에 보내도다.'(1)
- **행위대로 보응하실 것이다**: '여호와께서 유다를 책망하시고 이스라엘을 그 소행대로 벌하시며 그가 행한 대로 갚아 주실 것이다.'(2)
- **하나님께 돌아오라**: '야곱은 태에서 자기 형의 발뒤꿈치를 잡았고 자라서는 하나님과 힘을 겨루었다. 그는 천사와 힘을 겨루어 이기고 울면서 그의 축복을 구하였으며 하나님은 벧엘에서 그를 만나시고 거기서 그와 말씀하셨다. 야곱의 후손들아, 너희는 너희 하나님께 돌아와서 사랑과 정의의 원리대로 살고 항상 너희 하나님을 바라보아라.'(3–6)
- **정직하지 못한 이스라엘을 안타까워하시는 하나님**: '여호와께서 말씀하신다. 이스라엘 백성은 저울을 속이는 상인처럼 정직하지 못하여 사기 치는 일을 좋아하고 있다. 에브라임은 확실히 나는 부자이다. 내가 노력해서 재물을 얻었으니 아무도 내게서 죄될 만한 것을 발견하지 못할 것이다 하고 말한다.'(7–8)
- **하나님의 사랑을 저버린 이스라엘에 노하시는 하나님**: '나는 너희를 이집트에서 인도해낸 너희 하나님 여호와이다. 내가 너희를 초막절 때처럼 다시 천막생활을 하게 하겠다 (…) 여호와께서는 예언자를 통하여 이스라엘 백성을 이집트에서 인도해 내시고 그들을 돌보셨다. 그러나 그들이 여호와를 몹시 노하게 하였으므로 그들의 살인죄에 대하여 주께서 그들을 벌하시고 자기가 받은 수치를 그들에게 돌리실 것이다.'(9–14)

13장

애굽에서 인도해 내셨던 하나님이심을 상기시키면서 결국 우상 숭배와 불순종으로 앗수르에 의한 이스라엘 심판이 임박했음을 말씀하신다.

- **임박한 이스라엘의 심판**: '에브라임 지파가 말하면 이스라엘의 다른 지파가 두려워 하여 그를 우러러보더니 그가 바알을 숭배하여 범죄 하였으므로 망하고 말았다. 그런데도 그 백성은 더 많이 범죄하고 있다. 그들은 은으로 자기들의 우상을 만들고 사람의 손과 기술로 만든 것을 보고 제사를 지내는 사람들은 송아지의 입을 맞춰라. 하고 말한다 (…) 여호와께서 말씀하신다. 이스라엘아, 나는 너를 이집트에서 인도해 낸 너의 하나님 여호와이다. 너는 나 외에 다른 신을 인정하지 말아라. 나 밖에는 구원자가 없다. 내가 광야의 메마른 땅에서 너를 보살펴 주었다. 그러나 네가 실컷 먹고 배부른 다음에는 교만해져서 나를 잊어버렸다 (…) 사마리아가 자기 하나님을 거역하였으므로 그것에 대한 형벌을 받을 것이다. 그 백성은 칼날에 쓰러질 것이며 어린 아이들은 땅바닥에 던져져 죽임을 당하고 임신부는 배가 갈라질 것이다.'**(1–16)**

14장

죄를 회개하고 여호와께로 돌아오라는 마지막 권고와 궁극적 회복의 약속

- **마지막 권고**: 1) 죄를 회개하고 돌아오라. 2) 회개의 기도를 하라. 3) 하나님 이외에 앗수르나 군사력 같은 것을 의지하지 않겠으며 우상을 섬기지 않겠다고 하라.**(1–3)**
- **회복의 약속**: '여호와께서 말씀하신다. 나의 분노가 그들에게서 떠났으므로 내가 그들의 타락한 마음을 고치고 그들을 마음껏 사랑할 것이다 (…) 그 백성이 다시 나의 보호를 받고 살 것이다. 그들은 곡식처럼 번성하고 포도나무같이 꽃이 필 것이며 레바논의 포도주처럼 명성을 떨칠 것이다. 그들이 다시는 우상과 상관하지 않을 것이다. 내가 그들의 기도를 듣고 그들을 돌볼 것이다. 나는 항상 푸른 잣나무와 같으므로 그들이 나를 통해 열매를 맺을 것이다.'**(4–9)**

요엘 핵심정리

요엘의 의의

- 요엘서는 연대기적으로 볼 때 오바댜에 이어 두 번째 기록된 선지서이다.
- 요엘은 최초로 유다와 이스라엘의 심판을 예언한 선지서로 예수 초림의 '주의 날'과 '오순절 성령강림' 그리고 종말의 '주의 날'을 총체적으로 예언하고 있다.
- 요엘서는 구약의 요한계시록이라 할 수 있을 정도로 종말인 '여호와의 날'을 최초로 선포한 책이다. 3장의 짧은 책이지만 신약에서 많이 인용된 책이다.
- 대선지서의 서론과 같은 성격의 선지서이다.
- 당시에 있었을 것으로 생각되는 '메뚜기 재앙'을 빗대어 유다와 이스라엘의 심판 그리고 종말로서의 주의 날을 선포하고 있다.

기록연대와 배경

- 유다 8대 요시아(BC 835-796) 때 약 BC 830년경 기록한 것으로 추정된다. 요시아는 아달랴를 축출하고 7세에 왕이 되어 대제사장 여호야다 생존 시에는 선정을 베풀었으나 사후에는 우상숭배 등 범죄를 저질렀다. 아람 왕 하사엘이 침입하여 성전 기물들을 탈취해 가는 사건이 있었다. 이런 상황에서 요엘이 예루살렘 중심으로 예언한다. 같은 시대 선지자로는 아모스가 있다.

최초의 유다 – 이스라엘 심판 예언 그리고 오순절 강림과 여호와의 날 예언

1장

브두엘의 아들 요엘에게 임한 하나님의 말씀이다. 이스라엘의 불순종으로 하나님이 심판 도구로 사용할, 당시 있었던 극심한 메뚜기 재앙에 비유하여 이방 국가의 침입을 경고하며 회개를 촉구한다. 궁극에는 여호와의 날이 임박했음을 말씀하신다.

- **요엘에 임한 여호와의 말씀**: '이것은 여호와께서 브두엘의 아들 요엘에게 주신 말씀이다.'**(1)**
- **백성들에게 임할 메뚜기 재앙**: 하나님 백성들에게 임할 심판을 유례가 없었던 메뚜기 재앙에 빗대어 예언한다. '팥중이가 남긴 것을 메뚜기 떼가 먹고 메뚜기 떼가 남긴 것을 느치가 먹고 느치가 남긴 것을 황충이 먹었다.'**(2–4)**
- **메뚜기 재앙으로 울고 슬퍼해야 할 자들**: 1) 포도원이 망해 포도주를 만들지 못하기 때문에 술 취한 자들은 울라. 2) 소제와 전제를 드릴 수 없게 된 제사장은 슬퍼하라. 3) 농부들은 슬퍼하여라.**(5–13)**
- **회개를 촉구한다**: '너희는 특별히 금식일을 정하고 거룩한 모임을 선포하여 장로들과 이 땅 모든 백성을 너희 하나님 여호와의 성전으로 모으고 여호와께 부르짖어라.'**(14)**
- **가까워진 여호와의 날을 생각하며 여호와께 부르짖을 것을 요청한다**: '아, 무서운 날이여! 여호와의 날이 가까왔으니 전능자가 보내실 파멸의 날이다 (…) 여호와여, 불이 목초지의 풀을 삼키고 불꽃이 들의 모든 나무를 태워 버렸습니다. 그래서 내가 주께 부르짖습니다. 시냇물이 다 마르고 불이 들의 풀을 삼켜 버렸으므로 들짐승까지 주께 부르짖고 있습니다.'**(15–20)**

2장

역시 메뚜기 재앙을 비유로, 가까이는 이방 군대의 침입과 멀게는 여호와의 날의 임박함을 선포하며 심판을 면하기 위한 회개를 촉구한다. 회개할 경우 영광스러운 미래를 약속하며 여호와의 날이 도래하기 전에 오순절 강림이 있을 것을 예언하고 부름받을 남은 자에 대해 말씀하신다.

- **여호와의 날 도래**: 여호와의 심판 날, 어둡고 침울한 날이며 캄캄하고 구름 낀 날에 메뚜기 떼와 같은 강한 군대가 시온으로 몰려온다. 경종을 울려라.**(1–2)**
- **여호와 군대의 파괴력**: 기병대 같은 큰 군대가 에덴동산 같았던 곳을 황폐한 사막같이 만들어 버릴 것이다.**(3–5)**
- **군대는 용사처럼 쉴 새 없이 공격한다**: '그들을 본 사람들이 질겁하여 새파랗게 질려 버렸다 (…) 그들이 성으로 뛰어들고 성벽 위로 달리며 집 안으로 기어오르고 도둑같이 창으로 들어가니 (…) 그들 앞에서 땅이 진동하며 하늘이 떨고 해와 달이 어두워지며 별들이 빛을 잃는다. 여호와께서 그 군대에게 명령을 내리시고 그의 명령을 수행하는 군대는 그 수가 엄청나고 막강하다. 여호와의 날이 무섭고 두려우니 누가 살아남을 수 있겠는가? 너희 마음을 찢어라.'**(6–11)**
- **회개할 것을 요청한다**: '여호와께서 너희는 지금이라도 금식하고 울고 애통하며 진심으로 뉘우치고 나에게 돌아오라고 말씀하신다 (…) 혹시 너희 하나님 여호와께서 뜻을 돌이키시고 너희를 축복하셔서 너희 하나님께 소제를 드릴 곡식과 전제를 드릴 포도주를 주실는지 누가 알겠는가? (…) 여호와를 섬기는 제사장들은 성전 현관과 제단 사이에서 울며 이렇게 기도하라. 여호와여, 우리를 불쌍히 여기셔서 주의 백성인 우리가 이방 나라의 멸시와 조롱거리가 되지 않게 하소서. 어째서 이방 나라들에게 너희 하나님이 어디 있느냐? 하고 말하게 하십니까?'**(12–17)**
- **용서와 회복**: '내가 너희에게 곡식과 새 포도주와 기름을 주어 너희를 흡족하게 하고 다시는 너희가 이방 나라의 멸시를 당하지 않게 하겠다 (…) 땅이여, 두려워하지 말고 기뻐하며 즐거워하라. 여호와께서 큰일을 행하셨다 (…) 시온의 백성들아, 너희는 너희 하나님 여호와께서 너희를 위해 행하신 일을 보고 기뻐하며 즐거워하라.

그가 너희를 용서한 표로 비를 주실 것이니 이전처럼 봄비와 가을비를 너희에게 내려 주실 것이다 (…) 내가 전에 너희에게 보낸 큰 군대, 곧 메뚜기와 느치와 황충과 팥중이가 먹은 것만큼 너희에게 갚아 주겠다 (…) 그때 너희는 내가 이스라엘 백성 가운데 있으며 나만이 너희 하나님 여호와임을 알게 될 것이다. 그리고 너희가 다시는 수치를 당하지 않을 것이다.'(18–27)

- **영광스러운 미래의 약속**: '그 후에 내가 성령을 모든 사람에게 부어 주겠다. 너희 자녀들은 예언할 것이며 너희 노인들은 꿈을 꾸고 너희 청년들은 환상을 볼 것이다 (…) 나 여호와의 크고 두려운 날이 오기 전에 해가 어두워지고 달이 핏빛으로 변할 것이다. 누구든지 나 여호와의 이름을 부르는 사람은 구원을 받을 것이다. 내가 말한 대로 시온산과 예루살렘에서 피할 자가 있을 것이며 살아남은 사람 중에 나의 부름을 받을 자가 있을 것이다.'(28–32)

3장

여호와의 날이 도래하면 이방 민족의 심판이 있을 것이며 유다는 영원히 있겠고 예루살렘은 대대로 있을 것을 예언한다.

- **유다와 이스라엘을 회복하는 날에 열방들을 심판할 것이다**: '내가 유다와 이스라엘을 원상태로 회복시킬 때에 모든 나라를 모아 그들을 심판의 골짜기로 데리고 가서 그들이 내 백성에게 행한 일에 대하여 내가 거기서 그들을 심판할 것이다. 그들이 이스라엘 백성을 온 세계에 흩어 버리고 내 땅을 나누었으며 제비를 뽑아 내 백성을 종으로 삼고 남자 아이들은 창녀와 바꾸고 여자 아이들은 술값으로 팔았다 (…) 그러나 내가 그들을 너희가 팔아 버린 곳에서 나오게 할 것이며 또 너희가 그들에게 행한 대로 내가 너희에게 갚아 주겠다. 내가 너희 자녀를 유다 백성에게 팔 것이며 그들은 다시 저들을 멀리 스바 사람에게 팔 것이다. 이것은 나 여호와의 말이다.'(1–8)
- **전쟁에 대한 요청과 심판**: '너희는 여러 나라에 이렇게 선포하라. 전쟁 준비를 하고 용사들을 모집하라. 모든 병력을 집결시키고 진군하게 하라. 너희는 보습을 두들겨

칼을 만들고 낫을 두들겨 창을 만들어라. 너희는 약한 자를 강하게 하라 (…) 여호와께서 말씀하신다. 모든 나라들을 자극하여 심판의 골짜기로 들어가게 하라. 내가 거기 앉아서 모든 나라를 심판하겠다 (…) 심판의 골짜기에 여호와의 날이 가까우므로 수많은 사람들이 그 골짜기에 모일 것이다. 해와 달이 캄캄하며 별들이 그 빛을 잃을 것이다. 여호와께서 시온에서 부르짖고 예루살렘에서 외치실 것이다. 하늘과 땅이 진동하리라. 그러나 여호와는 자기 백성의 피난처가 되시고 이스라엘 자손의 산성이 되실 것이다.'(9–16)

- **이스라엘의 궁극적 회복**: '이스라엘아, 그때 너희는 내가 나의 거룩한 산 시온에 사는 너희 하나님 여호와임을 알게 될 것이다. 예루살렘이 거룩한 도시가 될 것이며 외국인이 다시는 이곳을 침범하지 못할 것이다. 그 때에 산들이 포도나무로 뒤덮일 것이며 야산에는 젖소들이 가득하고 유다의 모든 시내에는 물이 넘쳐흐르며 나 여호와의 성전에서는 샘물이 흘러나와 아카시아 골짜기에 물을 댈 것이다. 그리고 이집트는 황무지가 될 것이며 에돔은 황폐한 들이 될 것이다. 그들이 유다 땅을 침략하여 죄 없는 백성들의 피를 흘렸기 때문이다. 그러나 유다는 끊임없이 번창할 것이며 예루살렘은 대대로 번영할 것이다. 내 백성의 피를 흘리게 한 죄를 내가 묵인하지 않고 반드시 갚아 주겠다. 이것은 나 여호와가 시온에 살고 있기 때문이다.'(17–21)

<table>
<tr><th colspan="2">신약에서의 요엘서 인용</th></tr>
<tr><td>행 2:17–21 17. 하나님이 말씀하시기를 말세에 내가 내 영을 모든 육체에 부어 주리니 너희의 자녀들은 예언할 것이요 너희의 젊은이들은 환상을 보고 너희의 늙은이들은 꿈을 꾸리라 18. 그 때에 내가 내 영을 내 남종과 여종들에게 부어 주리니 그들이 예언할 것이요 19. 또 내가 위로 하늘에서는 기사를 아래로 땅에서는 징조를 베풀리니 곧 피와 불과 연기로다 20. 주의 크고 영화로운 날이 이르기 전에 해가 변하여 어두워지고 달이 변하여 피가 되리라 21. 누구든지 주의 이름을 부르는 자는 구원을 받으리라 하였느니라</td><td>욜 2:28–32 28. 그 후에 내가 내 영을 만민에게 부어 주리니 너희 자녀들이 장래 일을 말할 것이며 너희 늙은이는 꿈을 꾸며 너희 젊은이는 이상을 볼 것이며 29. 그 때에 내가 또 내 영을 남종과 여종에게 부어 줄 것이며 30. 내가 이적을 하늘과 땅에 베풀리니 곧 피와 불과 연기 기둥이라 31. 여호와의 크고 두려운 날이 이르기 전에 해가 어두워지고 달이 핏빛 같이 변하려니와 32. 누구든지 여호와의 이름을 부르는 자는 구원을 얻으리니 이는 나 여호와의 말대로 시온 산과 예루살렘에서 피할 자가 있을 것임이요 남은 자 중에 나 여호와의 부름을 받을 자가 있을 것임이니라</td></tr>
<tr><td>롬 10:13 누구든지 주의 이름을 부르는 자는 구원을 받으리라</td><td>욜 2:32 누구든지 여호와의 이름을 부르는 자는 구원을 얻으리니 이는 나 여호와의 말대로 시온 산과 예루살렘에서 피할 자가 있을 것임이요 남은 자 중에 나 여호와의 부름을 받을 자가 있을 것임이니라.</td></tr>
<tr><td>계 6:12 내가 보니 여섯째 인을 떼실 때에 큰 지진이 나며 해가 검은 털로 짠 상복 같이 검어지고 달은 온통 피 같이 되며</td><td>욜 2:31 여호와의 크고 두려운 날이 이르기 전에 해가 어두워지고 달이 핏빛 같이 변하려니와</td></tr>
<tr><td>마 24:29 그 날 환난 후에 즉시 해가 어두워지며 달이 빛을 내지 아니하며 별들이 하늘에서 떨어지며 하늘의 권능들이 흔들리리라</td><td rowspan="3">욜 2:10 그 앞에서 땅이 진동하며 하늘이 떨며 해와 달이 캄캄하며 별들이 빛을 거두도다.</td></tr>
<tr><td>막 13:24 그 때에 그 환난 후 해가 어두워지며 달이 빛을 내지 아니하며</td></tr>
<tr><td>눅 21:25 일월성신에는 징조가 있겠고 땅에서는 민족들이 바다와 파도의 성난 소리로 인하여 혼란한 중에 곤고하리라</td></tr>
</table>

<table>
<tr><td>마 13:39 가라지를 뿌린 원수는 마귀요 추수 때는 세상 끝이요 추수꾼은 천사들이니</td><td rowspan="4">욜 3:13 너희는 낫을 쓰라 곡식이 익었도다 와서 밟을지어다 포도주 틀이 가득히 차고 포도주 독이 넘치니 그들의 악이 큼이로다.</td></tr>
<tr><td>계 14:11 그 고난의 연기가 세세토록 올라가리로다. 짐승과 그의 우상에게 경배하고 그의 이름표를 받는 자는 누구든지 밤낮 쉼을 얻지 못하리라 하더라</td></tr>
<tr><td>계 14:20 성 밖에서 그 틀이 밟히니 틀에서 피가 나서 말굴레에까지 닿았고 천육백 스다디온에 퍼졌더라.</td></tr>
<tr><td>계 19:15 그의 입에서 예리한 검이 나오니 그것으로 만국을 치겠고 친히 그들을 철장으로 다스리며 또 친히 하나님 곧 전능하신 이의 맹렬한 진노의 포도주 틀을 밟겠고</td></tr>
<tr><td>계 9:3–11 3. 또 황충이 연기 가운데로부터 땅 위에 나오매 그들이 땅에 있는 전갈의 권세와 같은 권세를 받았더라. 4. 그들에게 이르시되 땅의 풀이나 푸른 것이나 각종 수목은 해하지 말고 오직 이마에 하나님의 인침을 받지 아니한 사람들만 해하라 하시더라. 5. 그러나 그들을 죽이지는 못하게 하시고 다섯 달 동안 괴롭게만 하게 하시는데 그 괴롭게 함은 전갈이 사람을 쏠 때에 괴롭게 함과 같더라. 6. 그 날에는 사람들이 죽기를 구하여도 죽지 못하고 죽고 싶으나 죽음이 그들을 피하리로다. 7. 황충들의 모양은 전쟁을 위하여 준비한 말들 같고 그 머리에 금 같은 관 비슷한 것을 썼으며 그 얼굴은 사람의 얼굴 같고 8. 또 여자의 머리털 같은 머리털이 있고 그 이빨은 사자의 이빨 같으며 9. 또 철 호심경 같은 호심경이 있고 그 날개들의 소</td><td>욜 2:1–11 1. 브두엘의 아들 요엘에게 임한 여호와의 말씀이라 2. 늙은 자들아 너희는 이것을 들을지어다. 땅의 모든 주민들아 너희는 귀를 기울일지어다. 너희의 날에나 너희 조상들의 날에 이런 일이 있었느냐 3. 너희는 이 일을 너희 자녀에게 말하고 너희 자녀는 자기 자녀에게 말하고 그 자녀는 후세에 말할 것이니라 4. 팥중이가 남긴 것을 메뚜기가 먹고 메뚜기가 남긴 것을 느치가 먹고 느치가 남긴 것을 황충이 먹었도다. 5. 취하는 자들아 너희는 깨어 울지어다. 포도주를 마시는 자들아 너희는 울지어다. 이는 단 포도주가 너희 입에서 끊어졌음이니 6. 다른 한 민족이 내 땅에 올라왔음이로다. 그들은 강하고 수가 많으며 그 이빨은 사자의 이빨 같고 그 어금니는 암사자의 어금니 같도다. 7. 그들이 내 포도나무를 멸하며 내 무화과나무를 긁어 말</td></tr>
</table>

리는 병거와 많은 말들이 전쟁터로 달려 들어가는 소리 같으며 10. 또 전갈과 같은 꼬리와 쏘는 살이 있어 그 꼬리에는 다섯 달 동안 사람들을 해하는 권세가 있더라. 11. 그들에게 왕이 있으니 무저갱의 사자라 히브리어로는 그 이름이 아바돈이요 헬라어로는 그 이름이 아볼루온이더라.	갈게 벗겨서 버리니 그 모든 가지가 하얗게 되었도다. 8. 너희는 처녀가 어렸을 때에 약혼한 남자로 말미암아 굵은 베로 동이고 애곡함 같이 할지어다 9. 소제와 전제가 여호와의 성전에서 끊어졌고 여호와께 수종드는 제사장은 슬퍼하도다. 10. 밭이 황무하고 토지가 마르니 곡식이 떨어지며 새 포도주가 말랐고 기름이 다하였도다 11. 농부들아 너희는 부끄러워할지어다. 포도원을 가꾸는 자들아 곡할지어다. 이는 밀과 보리 때문이라 밭의 소산이 다 없어졌음이로다.

아모스 핵심정리

* 아모스 '무거운 짐을 진 자'

아모스의 의의

- 유다에서 목자였던 아모스가 이스라엘에 가서 선지자 활동을 하면서 북 이스라엘에 대한 심판을 예언한다.
- 초반에 열방에 대한 심판과 유다의 심판에 대해 언급하고 있으나 핵심은 이스라엘 심판에 있다. 아모스는 북 이스라엘의 심판을 중점적으로 다룬 최초의 선지서이다.
- 아모스는 북 이스라엘 여로보암 2세 때 세 선지자(요나, 아모스, 호세아) 중 한 명이다.

기록연대와 배경

- BC 8세기 남북 왕국이 솔로몬 시대에 버금가는 번영이 있었던 이스라엘 여로보암 2세(BC 793-753)와 유다 웃시야(BC 792-740)의 통치 기간 중간 시점인 BC 760년경 기록한 것으로 추정한다.
- 부익부-빈익빈으로 공의가 묵살되었던 시대를 배경으로 한다.

서론 – 이방 국가들에 대한 심판

1장

아모스를 소개하고 서론으로 이방 국가들에 대한 심판을 언급

- **아모스가 묵시로 받은 말씀**: 유다 웃시야(BC 792–740), 이스라엘 여로보암 2세(BC 793–753) 때, 지진 2년 전(BC 760), 유다 드고아(예루살렘 남쪽 약 19km)의 목자 아모스가 묵시로 받은 말씀이다. '아모스가 말하였다. 여호와께서 시온에서 부르짖으시며 예루살렘에서 큰 소리로 외치시니 목장의 풀이 마르고 갈멜산 꼭대기가 시들고 있다.'(1–2)
- **다메섹에 대한 심판(3–5)**
- **가사(블레셋)에 대한 심판(6–8)**
- **두로(베니게)에 대한 심판(9–10)**
- **에돔에 대한 심판(11–12)**
- **암몬에 대한 심판(13–15)**

이스라엘 심판의 불가피성

2장

하나님의 선택된 백성이기 때문에 이스라엘을 심판하실 수밖에 없다.

- **모압에 대한 심판(1–3)**

- **유다에 대한 심판**: '여호와께서 말씀하신다. 유다의 서너 가지 죄에 대하여 내가 내 분노를 돌이키지 않겠다. 이것은 그 백성이 나 여호와의 율법을 멸시하고 내 명령을 지키지 않으며 그들의 조상들이 섬기던 거짓 신들에게 미혹되었기 때문이다. 그러므로 내가 유다에 불을 보내 예루살렘의 요새들을 태울 것이다.'(4–5)
- **본격적으로 이스라엘 심판을 설명한다**: 출애굽 시켜 하나님께서 이끌어 주셨지만 불순종한 이스라엘을 심판할 수밖에 없음을 밝힌다. '그 날에는 가장 용감한 병사도 무기를 팽개치고 맨몸으로 도망할 것이다. 이것은 나 여호와의 말이다.'(6–16)

3장 이스라엘에 임할 심판은 피할 수 없다.

- **이스라엘과 하나님의 관계는 특별하다**: '이스라엘 백성들아, 여호와께서 너희에게 하시는 말씀을 들어라, 그가 이집트에서 인도해 낸 너희 모든 백성에게 이렇게 말씀하신다. 나는 땅의 모든 민족 중에서 너희만을 택하였다. 그러므로 내가 너희 모든 죄에 대하여 너희를 벌할 것이다.'(1–2)
- **따라서 이스라엘의 심판은 불가피한 것이다**: '먹이가 없는데 사자가 어찌 숲속에서 부르짖겠으며 젊은 사자가 잡은 것이 없는데 어찌 굴에서 으르렁거리겠느냐? (…) 성에서 전쟁의 나팔 소리가 나는데 백성이 어찌 두려워하지 않겠으며 여호와께서 보내시지 않았는데 어찌 성에 재앙이 밀어닥치겠느냐?'(3–8)
- **이스라엘을 혹독한 재앙으로 심판하실 것이다**: '그러므로 한 대적이 그들의 땅을 포위하고 그 경비망을 뚫고 들어가 그들의 저택을 약탈할 것이다 (…) 내가 이스라엘의 죄에 대하여 그를 벌하는 날이 벧엘의 단들을 헐어 버리겠다. 그 단의 뿔들이 꺾여 땅에 떨어질 것이다.' 결국 BC 722년 앗수르에 패망한다.(9–15)

4장

이스라엘 상류층의 탐욕과 위선 그리고 종교적 위선 행위를 지적하며 더 큰 심판이 불가피함을 말씀하심

- **이스라엘 상류층의 탐욕과 위선**: 이스라엘 상류층의 탐욕과 위선을 지적하고 얼마나 처참한 상황에 직면할 것인가를 설명한다. '바산의 암소처럼 살진 사마리아 여인들아, 이 말을 들어라. 너희는 가난한 자를 학대하며 힘없는 자를 억압하고 남편에게 마실 술을 가져오라고 요구하고 있다 (…) 사람들이 너희를 갈고리로 끌어가고 너희 남은 자들을 낚시 바늘에 걸린 고기처럼 모조리 끌어갈 날이 있을 것이다.'(1–3)
- **종교적인 위선**: 십일조, 희생 제물, 수은제, 낙헌제 등 종교적 위선 행위를 지적한다. '이스라엘 사람들아 너희는 벧엘에 가서 죄를 짓고 길갈에 가서 더 많이 범죄하며 아침마다 희생의 제물을 드리고 3일마다 너희 십일조를 드리며 누룩 넣은 빵을 감사제로 드리고 자발적으로 드리는 낙헌제를 자랑하라. 이스라엘 백성들아, 이것이 너희가 하고 싶었던 일이 아니냐?'(4–5)
- **회개를 거부한 이스라엘**: 가뭄, 깜부기 재앙, 메뚜기 재앙, 전염병, 칼의 재앙, 성읍 파괴 등 각종 재난을 주었지만 회개하기를 거부한 이스라엘을 지적한다. '내가 너희 모든 성에 기근이 닥치게 하여 곳곳에 양식이 떨어지게 하였으나 너희는 나에게 돌아오지 않았다 (…) 여러 성에서 사람들이 비틀거리며 이곳저곳으로 물을 찾아다녀도 마실 물을 얻지 못하였으나 너희는 나에게 돌아오지 않았다 (…) 내가 이집트에게 한 것처럼 너희에게 무서운 전염병을 보내고 너희 청년들을 칼로 죽였으며 너희 말들이 약탈당하게 하고 너희 진지에서 썩어 가는 시체의 악취로 너희 코를 찌르게 하였으나 너희는 나에게 돌아오지 않았다. 내가 소돔과 고모라를 무너뜨린 것처럼 너희 일부 성들을 무너뜨렸으므로 너희가 불에서 끄집어낸 타다 남은 나무토막처럼 되었으나 너희는 나에게 돌아오지 않았다.'(6–11)
- **전지전능하신 하나님이 이스라엘을 심판하실 것이다.(12–13)**

5장

예고된 심판 앞에서도 종교적 위선 행위만 일삼고 회개하지 않는 백성들에게 '너희는 여호와를 찾으라. 그리하면 살리라'고 권면한다.

- **개인적인 회개를 촉구함**: 확실한 심판의 상황에서 개인적인 회개를 촉구하며 '너희는 여호와를 찾으라'고 말씀하시는 하나님. '너희는 여호와를 찾아라. 그러면 살 것이다. 그렇지 않으면 그가 불같이 이스라엘을 휩쓸어 소멸할 것이다. 벧엘에서 그 불을 끌 자가 없을 것이다 (…) 너희가 살려고 하면 악이 아닌 선을 추구하라. 전능하신 하나님 여호와께서 너희 말대로 너희와 함께 하실 것이다.'(1–15)
- **종교적 위선 행위에 대한 회개 촉구**: 종교적 위선 행위를 지적하고 하나님의 앗수르 포로가 되는 심판은 불가피하나 개인적으로 정의와 공의를 행하라고 하신다. '내가 너희 절기들을 미워하여 멸시하며 너희 성회들을 기뻐하지 아니하나니 너희가 내게 번제나 소제를 드릴지라도 내가 받지 아니할 것이요 너희의 살진 희생의 화목제도 내가 돌아보지 아니하리라 (…) 오직 정의를 물 같이, 공의를 마르지 않는 강 같이 흐르게 할지어다.'(16–27)

6장

5장에 이어 이스라엘 지도자들의 죄악을 지적. 타락하고 방탕한 생활에 젖어 있는 지도자들의 안일한 태도에 경종을 울리고 심판이 불가피함을 선포한다.

- **이스라엘 지도자에게 미칠 화**: 방종과 사치의 생활을 하고 있는 이스라엘 지도자들에게 화가 미칠 것을 경고한다. '시온에서 안일하게 살고 사마리아에서 마음 편하게 지내며 이스라엘 백성 가운데서도 유명하여 인기를 얻는 자들아, 너희에게 화가 있을 것이다 (…) 너희는 재앙의 날이 다가오고 있음을 인정하지 않으려고 하지만 너희 행위는 그 날을 더 가까이 오게 하고 있다. 너는 상아 침대에 눕고 호화스러운 안락의자에서 기지개를 켜며 제일 좋은 양고기와 송아지 고기를 먹고 (…) 대접으로 포도주를 마시고 귀한 향수를 몸에 바르면서도 이스라엘이 당할 파멸에 대해서는

슬퍼하지 않는다. 그러므로 너희가 제일 먼저 사로잡혀갈 것이다. 호의호식하면서 빈둥거리던 너희 생활이 끝장날 것이다.'(1–7)

- **이스라엘 심판 선언**: 이스라엘의 심판을 선언하신다. '내가 이스라엘 백성의 교만을 싫어하고 그들의 호화로운 저택을 경멸한다. 그러므로 내가 이 성과 성 안에 있는 모든 것을 그 대적에게 넘겨주겠다 (…) 헛된 것을 기뻐하며 보잘것없는 너희 힘을 자랑하고 있다. 전능하신 하나님 여호와께서 말씀하신다. 이스라엘 백성아, 내가 한 나라를 일으켜 너희를 치겠다. 그 나라가 북으로 하맛 고개에서부터 남으로 아라바 시내에 이르기까지 너희를 괴롭힐 것이다.'(8–14)

아모스가 본 5가지 심판의 환상과 심판 후의 회복

IV 선지서

7장 메뚜기 환상, 불의 환상, 다림줄 환상

- **1. 메뚜기 환상**: 우글거리는 메뚜기 환상을 본 아모스가 하나님께 기도하자 뜻을 돌이키셨다. '왕에게 돌아갈 몫의 풀을 베고 난 후 다시 움이 돋기 시작할 무렵 주께서 메뚜기 떼를 일으키시자 그 메뚜기 떼가 그 땅의 푸른 것을 모조리 먹어 버렸다 그래서 내가 주 여호와여, 주의 백성을 용서하소서. 그들이 어떻게 살아남을 수 있겠습니까? 그들은 아주 미약합니다. 하고 부르짖었다. 그러자 여호와께서는 마음을 돌리시고 이런 일이 일어나지 않을 것이다. 하고 말씀하셨다.' 앗수르 불 왕의 공격이 있었을 때 므나헴이 많은 조공을 바침으로 앗수르는 물러났다.(1–3)
- **2. 불의 환상**: 불이 바다와 육지를 삼키는 환상을 본 아모스가 기도하자 돌이키셨다. '주 여호와께서 나에게 또 다른 환상을 보여 주셨는데 그가 불의 심판을 명령하

시자 그 불이 큰 바다를 태워 말리고 육지까지 삼키기 시작하였다. 그때 내가 주 여호와여. 그치소서! 주의 백성이 어떻게 살아남을 수 있겠습니까? 그들은 아주 미약합니다. 하고 부르짖자 여호와께서 마음을 돌이키시고 이것도 일어나지 않을 것이다. 하고 말씀하셨다.' 앗수르 다글랏빌레셀 왕은 반 앗수르 정책을 펴던 베가 왕을 공격. 베가가 호세아에 의해 죽자 갈릴리를 삼키고 많은 사람을 포로로 잡아갔으나 이스라엘이 완전히 멸망되지는 않았다.**(4–6)**

- **3. 다림줄 환상:** 쌓은 담 곁에 주께서 다림줄을 잡고 서 있는 모습을 아모스가 보았다. 이 환상은 이미 하나님께서 담을 훼파하겠다는 결심이 선 것을 보여 주는 것으로서 아모스는 기도하지 않았다. '여호와께서 다시 나에게 이런 환상을 보여 주셨다: 추를 이용하여 쌓은 담 곁에 여호와께서 손에 다림줄을 잡고 서서 아모스야, 네가 무엇을 보느냐? 하고 물으셨다. 그래서 내가 다림줄입니다. 하고 대답하자 주께서 이렇게 대답하셨다. 내가 다림줄로 내 백성을 시험하고 다시는 그들을 용서하지 않겠다. 이삭의 산당들이 황폐할 것이며 이스라엘의 성소들이 폐허가 될 것이다. 내가 일어나 칼로 여로보암의 집을 치겠다.' 앗수르에 의한 심판이 확정되었다. BC 722년 이스라엘은 앗수르에 의한 패망한다.**(7–9)**
- **아모스의 단호한 심판 선언:** 벧엘의 제사장 아마샤가 아모스를 여로보암 2세 왕에게 모반죄로 고발하나 아모스는 단호하게 심판을 선언한다. '그때 벧엘의 제사장 아마샤가 이스라엘의 여로보암 왕에게 이런 전갈을 보냈다. 이스라엘 백성 가운데 아모스가 왕을 해칠 음모를 꾸미고 있습니다. 그의 선동으로 이 땅에 감당할 수 없는 반란이 일어날지도 모릅니다. 아모스는 왕이 칼날에 죽을 것이며 이스라엘 백성은 포로가 되어 이 땅을 떠날 것이라고 말하고 있습니다. 그런 다음 아마샤는 아모스에게 이렇게 말하였다. 예언자야, 너는 이곳에서 떠나라 (…) 그때 아모스가 아마샤에게 대답하였다 (…) 여호와께서 양떼를 치는 나를 불러 너는 가서 내 백성 이스라엘에게 예언하라. 하고 말씀하셨다 (…) 네 아내는 성에서 창녀가 될 것이며 네 자녀들은 칼날에 쓰러지고 네 땅은 측량되어 나누일 것이며 너는 이방 나라에서 죽을 것이다. 그리고 이스라엘은 포로가 되어 본토에서 떠날 것이다.'**(10–17)**

8장

여름 과일 한 광주리 환상을 통해 이스라엘 심판이 임박했음을 보여 준다.

- **4. 여름 과일 한 광주리 환상**: 여름 과일은 마지막으로 수확하는 과실로 빨리 먹어야 하는 것으로 마지막 때가 임박했음을 의미한다. 하나님 말씀이 없는 기갈을 예언하신다. '주 여호와께서 또 나에게 익은 과일 한 광주리를 보이시며 아모스야, 네가 무엇을 보느냐? 하고 물으셨다. 그래서 내가 익은 과일 한 광주리입니다. 하고 대답하자 여호와께서 나에게 이렇게 말씀하셨다. 내 백성 이스라엘이 망할 때가 무르익었으니 내가 그들을 살려 두지 않을 것이다 (…) 그 날에 내가 해를 정오에 지게 하여 대낮에 땅을 캄캄하게 하며 너희 명절을 슬픔으로, 너희 모든 노래를 울음으로 바꾸고 너희 모든 사람에게 굵은 삼베옷을 입게 하고 머리를 밀게 하여 외아들이 죽어서 통곡할 때처럼 하겠다. 그 날이 쓰라린 고난의 날이 될 것이다 (…) 내가 기근을 땅에 보낼 날이 올 것이다. 양식이 없어 굶주리거나 물이 없어 갈증을 느끼는 기근이 아니라 여호와의 말씀을 듣지 못해 굶주리고 목말라하는 기근이다. 사람들이 이 바다에서 저 바다로, 북에서 동으로 사방 비틀거리며 여호와의 말씀을 찾아다녀도 얻지 못할 것이다 (…) 사마리아의 우상으로 맹세하거나 단의 신이나 브엘세바의 신으로 맹세하는 자들은 쓰러져서 다시 일어나지 못할 것이다.'**(1–14)**

9장

제단 곁에 서 계신 주님 환상을 통해 피할 수 없는 심판을 보여 주며 그러나 남은 자의 구원을 예언한다.

- **5. 제단 곁에 서 계셔서 문설주를 부셔 버리는 주님 환상**: 피할 수 없는 심판을 의미한다. '나는 주께서 단 곁에 서 계신 것을 보았는데 그가 이렇게 말씀하셨다. 성전의 기둥머리를 쳐서 문지방이 흔들리게 하여 기둥과 지붕이 사람들의 머리에 무너져 내리게 하라. 남은 자들을 내가 칼로 죽이겠다. 하나도 도망하거나 피하지 못할 것이다 (…) 내가 항상 그들을 주시하며 그들에게 화를 내리고 복을 내리지 않을

것이다.'(1-7)

- **심판 후의 회복 그리고 남은 자의 구원**: '나 주 여호와가 범죄 한 이스라엘을 주시하였다가 지상에서 없애 버릴 것이다. 그러나 내가 야곱의 후손들을 완전히 멸망시키지는 않을 것이다 (…) 그러나 내 백성 가운데서 재난이 우리를 덮치거나 우리에게 미치지 않을 것이다. 하고 말하는 모든 죄인들은 칼날에 죽임을 당할 것이다 (…) 내가 내 백성 이스라엘을 원상태로 회복시키겠다. 그들은 폐허가 될 성을 재건하고 거기에 살 것이며 포도원을 가꾸고 그 포도주를 마시며 과수원을 만들고 그 과일을 먹을 것이다. 내가 그들을 내가 준 땅에 심겠다. 그들이 다시는 그 땅에서 뽑히지 않을 것이다. 이것은 너희 하나님 여호와의 말씀이다.'(8-15)

오바댜 핵심정리

* 오바댜 '여호와의 종', '여호와를 경배하는 자'

오바댜의 의의

- 17권의 선지서를 역사 순으로 배열했을 때 오바댜가 첫 번째이고 말라기가 제일 마지막에 기록된 것으로 판단되어 상당한 의미가 있을 것으로 생각했다. 오바댜와 말라기 모두 에돔의 심판과 이스라엘의 구원을 기술하고 있다.
- 오바다는 단 1장으로 되어 있으면서도 예언서의 축소판 역할을 하고 있는 셈이다. 아마도 이스라엘과 에돔의 문제는 야곱과 에서의 출생 시점으로 거슬러 올라가 그 이후에도 이스라엘과 에돔 곧 아말렉과의 관계는 하나님 나라 역사 속에서 매우 끈질긴 관계를 가져왔다고 생각한다. 에돔의 멸망(1:10 네가 네 형제 야곱에게 행한 포학으로 말미암아 부끄러움을 당하고 영원히 멸절되리라)과 이스라엘의 구원은 성경의 핵심이 아닐까 생각해 본다.

기록연대와 배경

- 유다 여호람 왕이 재직하고 있던 BC 845년경 선지서 중에서는 제일 먼저 기록된 것으로 추정한다.

1장 궁극적으로 에돔이 멸망하고 이스라엘이 승리할 것이다.

- **오바댜에게 주어진 묵시**: '이것은 오바댜가 받은 계시이다. 주 하나님이 에돔을 두고 하신 말씀이다. 주님께서 여러 민족에게 천사를 보내시면서 "너희는 일어나라. 에돔을 쳐부수러 가자!" 하신 말씀을 우리가 들었다.'(1)
- **에돔의 완전한 진멸**: 교만한 에돔은 완전히 진멸될 것이며 국제적으로 배신당하고 에서의 산에 있는 모든 사람은 죽임을 당해 멸절될 것이다. '여호와께서 에돔에게 말씀하신다. 내가 여러 나라 가운데서 너를 보잘것없는 나라로 만들겠다 (…) 네가 높은 산악 지대에 산다고 해서 누가 나를 아래로 끌어내릴 수 있겠느냐? 하고 말하지만 너는 네 교만에 속고 있다 (…) 네 원수들은 너를 완전히 휩쓸어 버릴 것이다.'(2-9)
- **에돔의 죄악**: 에돔(에서)은 형제 야곱에게 행한 행위로 말미암아 심판을 받을 것이다. '네가 야곱의 후손인 네 형제들을 약탈하고 죽였으므로 네가 멸망하여 영원히 수치를 당할 것이다. 원수들이 예루살렘을 침략하여 그 재물을 약탈하고 그 성을 제비 뽑아 나눌 때에 네가 그 곁에 있었으니 너도 그들의 원수와 다를 것이 없다. 너는 네 형제들의 불행을 만족스러운 듯이 바라보거나 유다 백성의 패망을 기뻐하거나 그들이 고난을 당할 때 우쭐대지 말았어야 했다. 내 백성이 재앙을 당하는 날에 너는 그들의 성에 들어가서 만족스러운 듯이 그들의 고통을 바라보며 그들의 재물에 손을 대고 또 그들이 고난을 당할 때에 사거리에 서서 도망하는 자들을 붙잡아 그들을 원수들에게 넘겨주었다. 나 여호와가 온 세상을 심판할 날이 다가오고 있다. 에돔아, 네가 행한 대로 내가 너에게 갚아 주겠다. 네 행위가 네 머리로 돌아갈 것이다.'(10-15)
- **형벌의 쓴 잔**: 에돔이 나의 거룩한 산에서 형벌의 쓴 잔을 마신 것처럼 네 주변의 모든 나라들도 그 잔을 마실 것이며 그들은 한없이 비틀거리다가 아주 사라지고 말 것이다.(16)

- **이스라엘의 구원과 에서의 심판**: 시온산에 구원이 있을 것이며 그곳이 거룩하게 되어 이스라엘이 그 땅을 소유하게 될 것이다. 구원자들이 시온산으로 올라와서 에돔을 다스릴 것이며 여호와께서 왕이 되실 것이다(천년왕국). '야곱의 후손은 불과 같고 요셉의 후손은 불꽃과 같으며 에서의 후손은 지푸라기와 같을 것이다. 그래서 그들이 그것을 태울 것이니 에서의 후손 가운데 살아 남을 자가 없을 것이다. 이것은 나 여호와의 말이다.'(17-21)

요나 핵심정리

* 요나 '비둘기'

요나의 의의

- 요나는 최초 이방 선교사로서의 의미가 있다.
- 하나님께서 세상 나라에서 아브라함을 선택하여 하나님 백성을 삼으신 이후 공식적으로 이방인에게 관심을 표명한 첫 사건이다.
- 요나서는 예수님이 죽으셨다가 3일 만에 부활하실 것을 예표 하는 사건이다.
- 요나는 예수께서 사역을 언급했던 1) 엘리야 2) 엘리사 3) 이사야 4) 요나 4명의 구약 예언자 중 한 명이다.
- 요나는 구약 성경 중 하나님의 손을 벗어나 도망하려 했던 유일한 예언자이다.

기록연대와 배경

- 요나는 여로보암 2세(BC 793–753) 시대에 활동했고 BC 760년경 기록한 것으로 추정한다.
- 니느웨는 영걸 니므롯이 건립한 유서 깊은 도시로서 당시 니느웨의 통치자는 앗수르단 3세(BC 771–754)였다.

바다에서의 요나 – 요나의 불순종 (이스라엘의 이방인에 대한 편견)

1장

니느웨에서 외치라는 명령을 피해 다시스로 도망하려던 요나가 풍랑을 만나 제비 뽑혀 바다에 던져지고 하나님이 예비하신 물고기 배 속에 들어간다.

- **요나의 불순종**: 여호와께서 요나에게 큰 성읍 니느웨로 가서 외칠 것을 명하였으나 욥바에서 배를 타고 다시스로 도망한다.(1–3)
- **요나를 위해 물고기를 예비하신 여호와**: 큰 풍랑이 일어 사공들이 두려워하고, 요나는 배 밑에서 잠을 자고 있다. 제비뽑기로 요나를 바다에 던지자 풍랑이 잔잔해졌고 요나는 하나님이 예비하신 물고기 배 속으로 들어간다. '요나를 들어 바다에 던졌다. 그러자 성난 바다가 즉시 잔잔해졌다. 이것을 본 선원들은 여호와를 크게 두려워하며 그에게 제사를 드리고 그를 섬기겠다고 서약하였다. 여호와께서 이미 큰 물고기를 예비하셔서 요나를 삼키게 하셨으므로 요나가 밤낮 3일을 고기 뱃속에 있었다.'(4–17)

2장

요나는 물고기 배 속에서 회개의 기도와 감사의 기도를 드린 후 물고기가 요나를 육지에 토해냈다.

- **역경 속에서 여호와를 찾는 요나**: 요나가 물고기 배 속에서 여호와께서 부르짖었고 여호와께서 들으셨다. '주께서 나를 바다 깊은 곳에 던지셨으므로 물이 나를 두르고 주의 큰 파도가 나를 덮쳤습니다 (…) 내 생명이 서서히 사라져 갈 때 내가 다시 한 번 여호와를 생각하며 기도하였더니 성전에 계시는 주께서 내 기도를 들으셨습니다.'

(1–7)

- **요나의 감사와 여호와의 용서**: '나는 감사의 노래로 주께 제사를 드리며 내가 서약한 것을 지키겠습니다. 구원은 여호와께서 주시는 것입니다. 여호와께서 물고기에게 명령하시자 그 물고기가 요나를 해변에 토해 내었다.'(8–10)

니느웨에서의 요나 – 요나의 순종 (이방인에 대한 하나님의 사랑)

3장

요나가 니느웨 성에서 회개할 것을 외쳤고 왕과 백성들은 회개하여 재앙을 면한다.

- **요나의 순종**: 하나님의 말씀이 두 번째로 요나에게 임했고 요나는 하루 동안 니느웨 성을 다니며 40일이 지나면 니느웨가 무너지리라고 외쳤다. 니느웨는 사흘 동안 걸을 만큼 큰 성읍이었다.(1–4)
- **니느웨 백성의 회개**: 왕을 비롯한 모든 백성, 심지어는 짐승까지 금식하고 베옷을 입고 회개했고 하나님이 뜻을 돌이켜 재앙을 내리지 않았다. '니느웨 사람들은 요나가 전한 하나님의 말씀을 믿었다. 그래서 그들은 금식을 선포하고 신분이 높은 사람이나 낮은 사람이나 모두 회개하는 마음으로 굵은 삼베옷을 입었다 (…) 하나님은 그들이 자기들의 잘못을 뉘우치고 악한 길에서 돌아서는 것을 보시고 뜻을 돌이키셔서 그들에게 내리겠다고 선언하신 재앙을 내리지 않으셨다.'(5–10)

4장

이스라엘의 민족적 편견을 깨뜨리려 하신 하나님. 이방인의 구원을 말씀하시는 하나님

- **요나의 분노**: 하나님이 뜻을 돌이킨 데 대하여 요나는 기분이 언짢아 분개하였다. 화가 난 요나는 성읍 밖으로 나가 초막을 짓고 그곳에 있었다. '여호와여, 내가 고국에 있을 때에 주께서 이렇게 하실 것이라고 내가 말하지 않았습니까? 그래서 내가 급히 다시스로 도망하였습니다. 나는 주께서 은혜롭고 자비로우시며 쉽게 노하지 않으시고 언제나 사랑이 풍성하셔서 뜻을 돌이키시고 재앙을 내리지 않으시는 하나님인 것을 알았습니다. 여호와여, 이제 내 생명을 거두어 가소서. 사는 것보다 차라리 죽는 편이 낫겠습니다. 그러자 여호와께서 네가 성낼 만한 이유라도 있느냐? 하고 말씀하셨다. 그래서 요나는 성에서 나가 성 동편에 초막을 만들고 그 그늘 아래 앉아 그 성이 어떻게 되는지 보고자 하였다.'**(1–5)**
- **예비하신 하나님과 인간 요나의 행동**: 하나님이 예비하셨다가 벌레로 하여금 갉아 먹어 버리도록 한 박 넝쿨 사건이 일어난다. '초막이 시들자 여호와 하나님이 박 덩굴을 자라게 하여 요나의 머리 위에 그늘을 만들어 주심으로 더위를 피하게 하셨다. 그래서 요나는 그 박 덩굴 때문에 대단히 기분이 좋았다. 그러나 다음 날 새벽에 하나님이 벌레를 준비하셔서 그 박 덩굴을 씹게 하시므로 그것이 곧 시들어 버렸다. 해가 떴을 때 하나님이 뜨거운 동풍을 보내시자 요나는 머리 위에 내리쬐는 태양의 열기로 쓰러질 지경이었다. 그래서 그는 죽고 싶어 하며 사는 것보다 차라리 죽는 편이 더 낫겠다. 하였다.'**(6–8)**
- **이방인까지도 사랑하시는 하나님**: '네가 이 박 덩굴에 대하여 화낼 만한 이유가 있느냐? (…) 너는 네가 수고하지도 않았고 키우지도 않았으며 하룻밤 사이에 났다가 그 다음 날 아침에 말라 죽은 그 박 덩굴도 측은하게 생각하였다. 하물며 선악을 분별하지 못하는 사람이 12만 명이 넘고 수많은 가축도 있는 이 큰 니느웨 성을 내가 불쌍히 여기는 것이 옳지 않느냐?'**(9–11)**

미가 핵심정리

* 미가 '누가 야훼와 같으신가?'

미가의 의의

- 미가는 이사야와 같은 시대에 활동한 선지자이다.
- 예언의 주 대상은 유다지만 유다와 이스라엘 모두를 향해 예언하였으며 북 이스라엘과 남 유다의 멸망을 예고한다.
- 미가는 메시아와 남은 자의 구원을 예언한다.

기록연대와 배경

- 미가는 유다 요담, 아하스, 히스기야 세 왕 때에 사역하였으며 BC 700년 경 기록한 것으로 추정한다.
- 미가는 사마리아가 함락된 BC 722년의 10년 전부터 사역하였다.
- 외적으로는 번영했으나 영적으로는 우상숭배가 심했다.
- BC 701년경 앗수르 왕 산헤립이 유다 성읍들을 정복하고 예루살렘 성읍을 포위한 사실이 1:9에 기록되어 있다.
- 앗수르가 강력했던 시대 배경을 갖는다. 아하스는 친 앗수르 정책, 히스기야는 반 앗수르 정책(유다의 많은 성읍들을 점령당하고 예루살렘만 기적적으로 보존)을 폈다.

범죄와 심판 – 심판이 임할 것

1장

미가는 다가올 이스라엘과 유다의 심판을 예언하며 애통해한다.

- **미가에게 임한 여호와의 말씀**: 유다의 왕들 요담과 아하스와 히스기야 시대에 모레셋 사람 미가에게 임한 여호와의 말씀 곧 사마리아와 예루살렘에 관한 묵시이다.(1)
- **다가올 이스라엘과 유다의 심판에 대한 예언**: '이것은 다 이스라엘 백성의 죄와 허물 때문이다. 이스라엘 죄의 본거지가 어디냐? 수도 사마리아가 아니냐? 유다의 우상 숭배 온상은 어디냐? 바로 예루살렘이 아니냐? 그러므로 여호와께서 이렇게 말씀하신다. 내가 사마리아를 폐허로 만들어 포도나무를 심을 빈들처럼 되게 할 것이며 그 돌무더기를 골짜기에 쏟아 내리고 그 지대를 드러낼 것이다. 저의 모든 우상들이 박살나고 우상의 신전에 바친 모든 예물들이 다 불에 탈 것이며 모든 신상들이 파괴될 것이다. 사마리아가 그 모든 예물을 우상섬기는 자들에게서 모았으므로 그것이 다시 우상 섬기는 데 사용될 것이다.'(2–7)
- **미가의 애통**: 미가는 심판이 예루살렘에까지 미칠 것을 애곡하며 애통해한다.(8–9)
- **모두가 애통할 것을 요청하는 미가**: 미가는 지명이 갖는 의미로 언어유희를 하며 모두가 애통해할 것을 요청한다. 사빌(아름다운, 즐거운) – 사아난(나오게 된다는 말과 연관) – 벧에셀(가까이 접근해 있는 집) – 마롯(쓰다는 단어와 발음이 비슷함) – 라기스(말과 비슷하게 발음됨) – 가드모레셋(결혼 지참금과 발음이 유사함) – 악십(속임) – 마레사(정복자의 발음과 비슷)(10–16)

IV 선지서

2장

남의 것을 약탈하고 거짓 예언자의 말만 듣는 백성들의 죄와 재앙을 예언하나 남은 자의 구원도 예언한다.

- **백성들의 죄와 내려질 재앙**: 악한 계획을 세우고 실행하며, 남의 재산을 약탈하는 등의 백성들의 죄를 열거하며 재앙을 예언한다.(1–5)
- **거짓 예언자들**: 미가와 같은 선지자의 예언은 거짓말로 치부하고 포로로 잡혀가지 않을 것이라고 하는 거짓 예언자들의 말만 믿는 백성들의 무지를 지적한다.(6–11)
- **남은 자의 구원 예언**: 그러나 남은 자의 구원이 있을 것을 예언한다.(12–13)

심판과 위로 – 심판 후 축복이 따라올 것

3장

하나님 백성의 나라 곧 이스라엘이 심판받게 되는 것은 이스라엘의 지도자, 선지자와 제사장 때문이다. 특히 돈만 아는 정치–종교 지도자들의 죄를 지적하고 있다.

- **통치자(지도자)들에게 임할 심판**: '그런데도 너희는 선을 미워하고 악을 좋아하여 내 백성의 가죽을 벗기고 그들의 뼈에서 살을 뜯어내고 있다. 너희는 내 백성의 고기를 먹고 그들의 뼈를 꺾어 남비에 끓일 고기처럼 다지고 있다. 그러므로 너희가 여호와께 부르짖어도 그가 응답하지 않으실 것이다. 너희가 악을 행하였으므로 너희가 기도할 때 여호와께서 외면하실 것이다.'(1–4)
- **거짓 예언자들에 임할 심판**: '거짓 예언자들아, 너희는 여호와의 백성을 잘못된 길로 인도하고 있다. 너희에게 먹을 것을 주는 자들에게는 너희가 평안을 말해 주고 먹을 것을 주지 않는 자들에게는 좋지 못한 말로 위협하고 있다 (…) 미래를 점치는 자들이 다 수치를 당할 것이다. 하나님이 응답하지 않으시므로 그들이 창피해서 자기들의 얼굴을 가릴 것이다.'(5–8)

- **통치자, 제사장, 선지자들의 죄**: '그들의 우두머리들은 뇌물을 위하여 재판하며 그들의 제사장은 삯을 위하여 교훈하며 그들의 선지자는 돈을 위하여 점을 치면서도 여호와를 의뢰하여 이르기를 여호와께서 우리 중에 계시지 아니하냐. 재앙이 우리에게 임하지 아니하리라 하는 도다. 이러므로 너희로 말미암아 시온은 갈아엎은 밭이 되고 예루살렘은 무더기가 되고 성전의 산은 수풀의 높은 곳이 되리라.'**(9–12)**

4장 예루살렘이 회복되는 끝 날, 곧 천년왕국을 예언한다.

- **끝 날 곧 종말의 예언**: 종말이 오면 1) 천년왕국의 성전은 이 세상 가운데서 현저한 모습을 띠게 될 것이다. 2) 세상 사람들은 예루살렘에 매혹되어 올라갈 것이다. 3) 예루살렘이 세계 전체를 위해 교훈해 줄 곳이 될 것이다. 4) 율법이 예루살렘으로부터 나올 것이다. 5) 주님이 예루살렘에서 심판자가 되실 것이다. 6) 평화는 우주적으로 확산될 것이다. 7) 이스라엘은 안정과 평화 속에서 거하게 될 것이다. 8) 이스라엘은 영적으로 하나님만 의지하게 될 것이다. 9) 포로로 잡혀갔던 이스라엘이 다시 모일 것이다. 10) 이스라엘이 강성해질 것이다. 11) 예루살렘이 영토를 가질 것이다. 12) 이스라엘은 바벨론으로부터 구원을 받을 것이다.**(1–13)**

5장 구세주 곧 메시아 예언과 이스라엘을 결코 버리시지 않겠으나 하나님을 경배하지 않고 우상숭배 하는 것을 간과하시지 않을 것

- **이스라엘 통치자 곧 메시아 예언**: '베들레헴 에브라다야 너는 유다 족속 중에 작을지라도 이스라엘을 다스릴 자가 네게서 내게로 나올 것이라 그의 근본은 상고에, 영원에 있느니라.'**(1–2)**
- **이스라엘 통치자의 사역**: 흩어져 있는 그의 동족들이 이스라엘 땅으로 돌아올 것

이며 하나님이 자기 백성을 다스리시고 안전하게 살도록 할 것이다. 이스라엘은 그 원수들을 정복하여 완전히 멸망시킬 것이다. 이스라엘이 의지하고 있는 군대 세력을 멸절시킬 것이며 이스라엘의 거짓 예배(우상숭배)를 훼파시킬 것이다. '여호와께서 말씀하신다. 그 때에 내가 너희 말들을 없애 버리고 너희 전차들을 부숴 버리며 너희 성들을 파괴하고 너희 요새들을 무너뜨릴 것이다 (…) 내가 너희 모든 우상을 없애 버릴 것이니 너희가 다시는 손으로 만든 것을 섬기지 않을 것이다.'(3-15)

용서와 위로 – 죄의 고발과 축복의 약속

6장

하나님을 제대로 알지 못하며 계속 타락한 행동을 하는 이스라엘 백성에게 하나님이 원하시는 것은 번제물보다 하나님이 주신 행동 지침을 행하는 것이라 말씀하신다.

- **하나님이 이스라엘에 변론하심**: 애굽에서 종노릇하던 이스라엘을 출애굽 시키신 이가 하나님이고, 모압 왕 발락이 발람에게 이스라엘을 저주토록 했으나 오히려 축복도록 한 것이 하나님이며, 요단 동편 마지막 주거지 싯딤에서 요단강을 기적적으로 건너 길갈에 첫 번째 진을 치도록 하셨던 이도 하나님이신데 이를 모르는 이스라엘 백성들에게 변론하신다.(1-5)
- **하나님이 진정으로 원하시는 것**: 번제물보다는 1) 정의를 행하며 2) 인자를 사랑하며 3) 겸손하게 네 하나님과 함께 행하는 것이다. '내가 무엇을 가지고 여호와 앞에 나아가 높이 계시는 하나님께 경배할까? 내가 불에 태워 바칠 번제물로 일 년 된 송아지를 가지고 그 앞에 나아갈까? 내가 수천 마리의 수양이나 강물처럼 많은 감람기름을 가지고 간다면 여호와께서 기뻐하실까? 내 허물과 영혼의 죄를 위해 내 몸의 열매인 맏아들을 바칠까? 사람들아, 여호와께서 선한 것이 무엇인지 너희에게 보이셨다. 그가 너희에게 요구하는 것은 옳은 일을 행하며 한결같은 사랑을 보이고

겸손한 마음으로 너희 하나님과 교제하며 사는 것이다.'**(6–8)**

- **이스라엘 사회의 타락상과 그것에 대한 하나님의 징벌 선고**: '너희는 오므리와 그의 아들 아합의 악한 행위를 본받아 그대로 행하고 있다. 그러므로 내가 너희를 파멸시켜 온 세상의 조소거리가 되게 하겠다. 너희를 보는 자마다 비웃고 조롱할 것이다.'**(9–16)**

7장

완전히 몰락한 이스라엘 속에서 미가는 탄식하나 하나님만을 신뢰하며 천년왕국을 꿈꾼다.

- **이스라엘의 죄로 탄식하는 미가**: 의인이 없고 지도자나 권세자는 뇌물을 구하고 가족도 믿을 수 없는 이스라엘 사회를 보며 미가는 탄식한다. '이와 같이 착하고 정직한 사람이 다 세상에서 사라지고 살인자들과 자기 형제를 해치려는 사람들뿐이다. 모두 악을 행하는 데 익숙하여 관리들과 재판관들은 뇌물을 요구하고 부자들은 사리사욕을 채우기 위해 그들과 결탁한다.'**(1–6)**
- **미가는 하나님만을 신뢰한다**: '그러나 나는 여호와를 우러러보며 내 구원의 하나님을 바라보겠다. 하나님이 내 기도를 들으실 것이다.'**(7–13)**
- **천년왕국을 꿈꾸며 이스라엘의 회복을 기원하는 미가**: 예수가 재림하여 천년왕국이 왔을 때 출애굽 때와 같은 이적을 보일 것이며 그때 이방 나라들은 부끄러워 입을 닫을 것이며 뱀처럼 티끌을 핥으며 주로 말미암아 두려워할 것이다. '주와 같은 신이 어디 있습니까? 주는 살아남은 주의 백성의 죄를 용서하시며 언제나 노하기만 하지 않으시고 주의 한결같은 사랑을 보이시기를 기뻐하는 분이십니다. 다시 한 번 주는 우리에게 자비를 베푸실 것이며 우리의 죄를 주의 발로 짓밟아 깊은 바다에 던지실 것입니다. 주께서는 옛날 우리 조상들에게 약속하신 대로 아브라함과 야곱의 후손인 주의 백성들에게 주의 성실하심과 한결같은 사랑을 보여 주실 것입니다.'**(14–20)**

나훔 핵심정리

* 나훔 '위로자'

나훔의 의의

- 요나서는 니느웨가 회개했다는 책인 반면 나훔서는 니느웨(앗수르)가 반드시 멸망할 것이라고 선포한 책이다. 앗수르는 BC 612년에 망했다. 니느웨(앗수르)도 망할 것을 예언함으로 모든 것은 하나님 손에 달렸음을 강조하고 있다.

기록연대와 배경

- 나훔의 활동 시기는 BC 663-612년경이다. 유다 왕 요시야의 개혁 이후 앗수르의 멸망 직전 쓰였을 것이다. 앗수르에 의해 BC 722년 이스라엘이 패망한 이후 약 1세기가 지난 시점이다.
- 바벨론의 나보폴리살(BC 626-605)과 메데의 카카네스(BC 625-585)의 연합군이 니느웨를 침략하였다.

BC 612년 바벨론에 의한 니느웨, 곧 앗수르의 패망 예언

1장 하나님의 니느웨에 대한 심판 선언

- **나훔에게 내려진 묵시**: '이것은 엘고스 사람 나훔이, 니느웨가 형벌을 받을 것을 내다보고 쓴 묵시록이다.'(1)
- **하나님의 진노와 선하심**: 하나님의 진노가 니느웨로 향하고 하나님의 선하심이 자기 백성에게로 향하신다.(2–8)
- **니느웨를 완전히 멸하실 것이다**: '그들이 아무리 주님을 거역하여 음모를 꾸며도 주님께서는 그들을 단번에 없애 버리실 것이니, 두 번까지 수고하지도 않으실 것이다. 그들은 가시덤불처럼 엉클어지고, 술고래처럼 곯아떨어져서, 마른 검불처럼 다 타 버릴 것이다. 주님을 거역하며 음모를 꾸미는 자, 흉악한 일을 부추기는 자가, 바로 너 니느웨에게서 나오지 않았느냐?'(9–11)
- **니느웨가 멸망하고 유다의 고통은 끝날 것이다**: '보라, 좋은 소식을 가지고 평화를 전하는 자의 발이 산 위에 있다! 유다야, 네 명절을 지키고 네가 서약한 것을 이행하라. 악인들이 전멸되었으므로 그들이 다시는 네 땅을 침략하지 못할 것이다.'(12–15)

2장 하나님의 니느웨에 대한 심판 묘사

- **바벨론과 메데 군사가 니느웨를 맹렬히 공격하는 모습**: '적군이 붉은 방패를 들고 붉은 제복을 입고 공격 태세를 갖추었으므로 전차가 번쩍이고 소나무 창이 춤을 추

IV 선지서

고 있다. 미친 듯이 거리를 치달아 광장에서 빠르게 왔다 갔다 하는 전차들의 모습은 횃불 같고 그 빠르기는 번개와도 같다.'(1–6)

- **니느웨가 약탈되고 멸망한 모습**: '왕후가 벌거벗은 몸으로 끌려가니 시녀들이 가슴을 치며 비둘기처럼 슬피 우는구나 (…) 은을 약탈하라! 금을 약탈하라! 온갖 보물이 가득하다. 니느웨가 모조리 약탈을 당하고 파괴되어 황폐해졌으므로 두려워서 사람들의 마음이 녹고 무릎이 떨리며 온 몸에 맥이 풀리고 얼굴이 창백해진다.'(7–13)

3장 니느웨는 반드시 패망할 것

- **음녀로 비유된 니느웨**: 거짓과 포악이 가득한 앗수르를 음녀에 비유. 바벨론에 의해 앗수르가 온 세계에 수치를 당할 것이다. '이 모든 것은 니느웨가 요염한 창녀처럼 음행하였기 때문이다. 저가 음행으로 여러 나라를 사로잡고 마력으로 그 백성을 미혹하였다. 전능하신 여호와께서 말씀하신다. 니느웨야, 내가 너를 대적하여 네 치마를 네 얼굴까지 걷어 올려 너의 벌거벗은 수치를 온 세계에 보일 것이다 (…) 너를 보는 자들이 다 네게서 도망하며 니느웨가 황폐하였다. 누가 너를 위해 슬피 울까? 하고 말할 것이다. 너를 위로할 자를 내가 어디서 구할 수 있겠는가?'(1–7)
- **노아몬도 앗수르에 패망했거늘**: 모든 조건이 니느웨보다 월등한 노아몬(애굽의 테베)도 앗수르에 의해 패망했었는데 니느웨 네가 어찌 노아몬보다 낫겠느냐고 묻는다.(8–11)
- **니느웨가 어떤 노력을 해도 결국은 패망할 것이다**: '무화과나무의 처음 익은 열매가 흔들기만 하면 먹는 자의 입에 떨어지듯이 너의 모든 요새들이 쉽게 무너질 것이다 (…) 앗시리아 왕아, 네 목자들은 죽었고 네 귀족들도 영원히 잠들었으며 네 백성들은 산에 흩어졌는데도 그들을 모을 자가 없다. 네가 중상을 입었으므로 아무도 네 상처를 고칠 수 없다. 네 소식을 듣는 자들이 다 기뻐서 손뼉을 치고 있으니 잔학한 너에게 피해를 입지 않은 자가 아무도 없기 때문이다.'(12–19)

하박국 핵심정리

* 하박국 '가슴에 품는 자, 손을 모으다, 껴안다'

하박국의 의의

- 선한 왕인 유다 요시아가 므깃도 전투에서 애굽 왕 바로 느고에 의해 전사하고 국운이 기울어져 가는 상황에서 율법은 무너지고 국내 정세는 날로 악화되는 가운데 하박국은 어찌하여 의인이 잘못되고 악인(바벨론)이 득세하는지 혼란스러웠다. 유다보다 더 악한 바벨론을 통해서 유다를 징계하신다면 공의는 어디에 있는가? 하박국은 하나님으로부터 궁극적으로 악인은 심판당하고 의인은 그 믿음으로 말미암아 구원을 얻게 되리라는 놀랍고 신비한 해답을 얻게 된다.
- 하박국은 창조의 은혜를 넘어선 구원의 은혜를 깨닫게 해 준다.

기록연대와 배경

- 니느웨가 함락되어 앗수르가 멸망한 BC 612년부터 갈그미스 전투가 있고 바벨론 1차 포로가 이루어진 BC 605년 사이에 기록된 것으로 추정한다. 이 시기는 요시야(BC 640–609) 말기부터 여호야김(BC 609–598) 재위 기간에 해당된다.
- 바벨론이 부상하고 유다가 멸망의 그늘이 드리워지는 시기이다.

구원의 은혜를 찬양하는 하박국

1장

하박국은 악인이 의인보다 잘되는 현실에 의문을 표한다.

- **하박국이 받은 묵시**: '선지자 하박국이 묵시로 받은 경고라.'**(1)**
- **하박국의 질문**: 악정과 우상숭배가 만연한 여호야김 시대에 하박국은 기도해도 이루어지지 않고 악인이 의인을 에워싸는 불의한 일이 일어남을 하나님께 질문한다. '어째서 나에게 불의를 보게 하시며 악을 목격하게 하십니까? 파괴와 폭력이 내 앞에 있고 다툼과 분쟁이 곳곳에 있습니다. 그래서 법이 무시되고 정의가 실현되지 못하고 있습니다. 악인이 의로운 자를 둘러싸고 있으므로 부정이 판을 치게 되었습니다.'**(2-4)**
- **악인의 힘을 빌려 징계하시는 하나님**: 그런데 하나님은 악인에 해당되는 바벨론을 동원하여 스스로 의인이라 생각하는 유다를 점령하는 한 가지 일을 너희 생전에(BC 586) 행할 것이라 답하신다. '여호와께서 말씀하셨다. 너희는 너희 주변 나라들을 지켜보아라. 그러면 너희가 놀라게 될 것이다. 내가 너희 시대에 한 일을 행하겠다. 너희가 들어도 믿지 않을 것이다. 내가 사납고 성급한 백성 바빌로니아 사람을 일으키겠다. 그들은 온 세상을 휩쓸고 다니면서 남의 땅을 마구 점령하는 자들이다 (…) 그들이 바람처럼 휩쓸고 지나가지만 자기들의 힘을 신으로 삼고 있기 때문에 죄를 면할 수 없을 것이다.'**(5-11)**
- **아직도 하나님의 뜻을 이해하지 못하는 하박국**: 하박국은 '주의 눈은 너무 정결하셔서 악을 보지 못하시며 비행을 용납하실 수 없습니다. 그런데 어째서 거짓되게 행하는 자를 보고만 계십니까? 악인이 자기보다 의로운 자를 삼키는데 주는 어째서 침묵만 지키고 계십니까? (…) 그들이 칼로 계속 여러 민족을 무자비하게 죽여도 좋단 말입니까?'라고 다시 질문한다.**(12-17)**

2장 의인은 믿음으로 사는 점이 악인과 다르다.

- **하박국에 대한 하나님의 답은 분명하다 – '의인은 그의 믿음으로 말미암아 살리라'**: '여호와께서 이렇게 대답하셨다. 너는 내가 너에게 말해 주는 것을 판에 선명하게 기록하여 달려가면서도 읽어 볼 수 있게 하라 (…) 악인은 마음이 교만하고 정직하지 못하므로 살아남지 못할 것이나 의로운 사람은 믿음으로 살 것이다.'**(1–4)**
- **불의한 바벨론은 망한다**: 다른 나라들을 압제하고, 무절제하며, 불의하고, 수치스러운 행동을 하고, 우상숭배하는 바벨론은 궁극에는 망할 것이라고 화를 선언하신다. 결국 바벨론은 BC 539년 바사왕 고레스에게 멸망당한다.**(5–19)**
- **잠잠한 가운데 하나님을 믿어라**: '오직 여호와는 그 성전에 계시니 온 땅은 그 앞에서 잠잠할지니라.'**(20)**

IV 선지서

3장 구원의 은혜를 주신 하나님 찬양

- **하박국의 기도**: 시기오놋(열정적인 시가를 의미하는 음악의 한 형태)에 맞춘 하박국의 기도이다. 하박국은 출애굽 이후 하나님이 보이신 능력에 의해 주의 백성을 구원하시고 악인을 벌하실 것을 기도한다. '여호와여, 내가 주께 대한 소문을 듣고 놀라움을 금할 수가 없습니다. 여호와여, 주께서 행하신 그 놀라운 일을 우리 시대에 다시 행하시고 분노 중에서도 자비를 베푸소서 (…) 그가 서시니 땅이 진동하고 그가 보시자 모든 나라가 떠는구나. 크고 작은 옛 산들이 부서지고 무너지니 그의 행하심은 예나 지금이나 다름이 없다 (…) 주께서 주의 백성과 택한 왕을 구원하시려고 나오셔서 악인의 두목을 치시고 머리에서 발끝까지 그를 벗기셨습니다. 그들이 폭풍처럼 밀어닥쳐 우리를 흩어 버리고 몰래 가난한 자를 삼키는 자들처럼 기뻐하

나 주께서 그 두목의 머리를 그의 창으로 찌르셨습니다.'**(1–15)**

- **구원의 은혜를 주신 하나님 찬양:** 하박국은 현재는 어렵더라도 여호와로 말미암아 즐거워하며 나의 구원의 하나님으로 말미암아 기뻐할 것을 노래한다. '내가 이 모든 것을 들으니 심장이 두근거리고 입술이 떨리며 내 뼈가 썩는 것 같고 다리가 후들후들 떨리는구나. 그러나 내가 우리를 침략하는 나라에 환난이 임할 날을 기다리노라 (…) 여호와 하나님이 나의 구원이 되시므로 내가 기뻐하고 즐거워하리라.'**(16–19)**

스바냐 핵심정리

* 스바냐 '여호와가 숨기신다, 여호와가 보호하신다'

스바냐의 의의

- 가장 간단하면서도 조직적으로 '주의 날'에 관해 예언한 선지자가 스바냐이다.
- 스뱌냐는 그의 조국 유다가 종교적 도덕적으로 멸망으로 접근하고 있는 모습을 보면서 유다와 예루살렘의 심판을 예고한다. 블레셋, 모압, 암몬, 구스, 앗수르의 심판도 예언하며 장차 이스라엘의 구원과 '여호와의 날'을 예언한다.

기록연대와 배경

- 본서는 요시야의 종교개혁(BC 622년경)이 일어나기 전인 BC 640-622년경에 기록된 것으로 추정한다.
- 스바냐는 BC 627년경부터 예언한 것으로 보는데 이때 예레미야도 예언하고 있던 때이며 요시야 선왕인 므낫세와 아몬의 영향으로 우상숭배와 각종 죄악에 물들어 있었던 시대이다.
- 스바냐는 히스기야의 현손이다.
- 앗수르가 바벨론에 멸망당한 것이 BC 612이다.

주의 날에 대한 예언과 남은 자 구원

(가깝게는 바벨론에 의한 유다 심판, 궁극적으로는 예수님 재림 시의 종말)

1장 바벨론에 의한 유다 심판 예언

- **스바냐에 임한 말씀**: 요시아 시대(BC 640-609)에 스바냐에 임한 말씀이다. '스바냐는 히스기야의 현손이며 아마랴의 증손이요 그달랴의 손자이며 구시의 아들이었다.'(1)
- **온 땅에 대한 심판**: 땅 위의 모든 것(사람, 짐승, 바알 등의 우상)을 진멸할 것이다. '내가 유다와 예루살렘 백성을 쳐서 벌하고 바알의 흔적을 모조리 없애 버리겠다. 바알의 제사장들과 그들의 명칭인 그마림이란 이름을 기억하는 자가 없을 것이다. 지붕 위에 올라가서 해와 달과 별을 보고 절하는 자, 나 여호와를 섬기며 나에게 충성할 것을 맹세하면서도 밀곰 신의 이름으로 맹세하는 자, 나 여호와를 배반하고 따르지 않는 자, 나를 찾지도 않고 나에게 구하지도 않는 자를 내가 모조리 없애 버리겠다.'(2-6)
- **가까운 장래에 일어날 바벨론에 의한 유다에 대한 심판**: '여호와의 큰 날이 가깝고 가까우니 그 날이 아주 빨리 다가오고 있다. 보라! 여호와의 날이다. 그 날에는 용사들까지도 비통하게 부르짖을 것이다. 그 날은 분노의 날이요 환난과 고통의 날이며 파멸과 황폐의 날이요 캄캄하고 어두운 날이며 구름과 흑암의 날이요 (…) 여호와께서 분노하시는 날이 그들의 은과 금이 그들을 구하지 못할 것이며 여호와의 질투의 불에 온 땅이 소멸될 것이다. 이것은 여호와께서 이 땅에 사는 모든 자를 순식간에 없애 버릴 것이기 때문이다.'(7-18)

2장 회개할 것을 촉구하며 열국의 심판 예언

- **회개할 것을 세상에 촉구한다**: '정해진 때가 이르기 전에, 기회가 겨처럼 날아가 버리기 전에, 여호와의 무서운 분노가 너희에게 내리기 전에, 여호와의 진노의 날이 너희에게 닥치기 전에, 너희는 다 함께 모여라. 여호와의 명령에 순종하는 세상의 모든 겸손한 자들아, 너희는 여호와를 찾고 의와 겸손을 추구하라. 어쩌면 너희가 여호와께서 분노하시는 날에 형벌을 면할 수도 있을 것이다.'(1–3)
- **블레셋, 모압, 암몬, 구스, 앗수르 등 이웃 나라들의 심판을 예언한다**: '그러므로 전능한 나 여호와 이스라엘의 하나님이 분명히 말한다. 모압은 소돔과 같이 되고 암몬 자손은 고모라같이 될 것이며 그 곳들은 잡초가 우거지고 소금 구덩이가 되어 영원히 황무지가 될 것이다. 그리고 살아남은 내 백성들이 그들을 약탈하고 그 땅을 차지할 것이다. 이것은 그들이 교만하여 전능하신 여호와의 백성을 모욕하고 조롱한 댓가로 받을 형벌이다.'(4–15)

IV 선지서

3장 예루살렘의 심판과 남은 자 구원

- **예루살렘에 대한 심판 예언**: 특히 선지자와 제사장의 죄를 지적한다. '그 지도자들은 으르렁거리는 사자와 같고 재판관들은 먹이를 다음 날 아침까지 남겨 두지 않는 저녁때의 굶주린 이리와 같으며 예언자들은 경솔하고 믿을 수 없는 자들이요 제사장들은 성소를 더럽히고 율법을 범하였다 (…) 나는 그들에게 나를 두려워하고 교훈을 받아라. 그러면 너희 거처가 끊어지지 않고 내가 내리기로 한 형벌도 내리지 않을 것이다. 하였으나 그들은 더욱 자기들의 행위를 더럽게 하였다.'(1–7)
- **온 땅에 대한 심판**: '나 여호와가 말하노라 그러므로 내가 일어나 벌할 날까지 너희

는 나를 기다리라 내가 뜻을 정하고 나의 분노와 모든 진노를 쏟으려고 여러 나라를 소집하며 왕국들을 모으리라 온 땅이 나의 질투의 불에 소멸되리라.'(8)

- **그날의 남은 자 구원과 이스라엘의 회복**: '남은 이스라엘 백성은 악을 행하지 않으며 거짓말을 하지 않고 남을 속이지 않을 것이며 그들이 식사를 하고 누워 있어도 그들을 놀라게 할 자가 없을 것이다. 시온의 딸아, 노래하라. 이스라엘아, 큰 소리로 외쳐라. 예루살렘의 딸아, 진심으로 기뻐하고 즐거워하라. 여호와께서 너의 형벌을 면제하셨고 너의 원수를 제거하셨다. 이스라엘의 왕이신 여호와께서 너와 함께 하시므로 네가 다시는 화를 입을까 두려워하지 않을 것이다 (…) 그 때에 내가 흩어진 너희를 모아들이고 세상 모든 민족 중에서 명예와 칭찬을 얻게 하며 너희가 보는 데서 너희를 원상태로 회복시키겠다. 이것은 나 여호와의 말이다.'(9-20)

학개 핵심정리

* 학개 '축제'

학개의 의의

- 학개는 포로 후기의 유대인 공동체에 말씀하셨던 최초의 선지자이다.
- 학개는 오바댜 다음으로 짧은 책이나 '만군의 여호와가 말하노라'와 같이 그의 메시지의 신적 권위 표현이 25회 이상 나온다.
- BC 586년 바벨론에 의해 성전 파괴가 이루어지고 고레스의 명령에 따라 약 5만 명의 일행들과 함께 스룹바벨, 여호수아, 학개, 스가랴가 돌아왔다. 약 16년 동안 공사가 중단되었다가 BC 520년 다리오 왕 때 성전 건축을 재개하여 BC 516년 봉헌한다. 학개는 1년 동안 4번의 설교를 통해 성전 건축 재개를 촉구하여 스룹바벨 이후 중단되었던 성전 재건 사역을 독려하고, 성전 재건을 통해 선민들이 다시금 하나님 중심적인 신앙으로 돌아오도록 격려할 목적이었다.

기록연대와 배경

- 다리오 왕 1세(BC 522–486) 2년에 네 번의 메시지를 기록하였다. 4개월 동안 네 번의 계시를 기록한 것이다.

학개와 스가랴 시대에 중요 사건들의 연대

- BC 520. 8. 29 학개의 첫 번째 메시지(학 1:1–11, 스 5:1)
- BC 520. 9. 21 성전 재건 시작(학 1:12–15, 스 5:2)
- BC 520. 10. 17 학개의 두 번째 메시지(학 2:1–9)
- BC 520. 10–11 스가랴의 사역 시작(슥 1:1–6)
- BC 520. 12. 18 학개의 세 번째 및 네 번째 메시지(학 2:10–23)
- BC 519. 2. 15 스가랴의 여덟 가지 환상(슥 1:7–6:8)
- BC 518. 12. 7 베델에서 파송됨(슥 7)
- BC 515. 3. 12 성전이 봉헌됨(스 6:15–18)

중단된 성전 건축을 독려하고 메시아 시대를 예언함

1장

포로 귀환 후 성전 재건을 16년 중단한 상황에서 성전 재건을 촉구하는 학개의 첫 번째 메시지가 주어지고 성전 공사가 재개됨

- **학개의 첫 번째 메시지가 임함**: '다리오 왕 제 이년(BC 520) 여섯째 달 곧 그 달 초하루에 여호와의 말씀이 선지자 학개로 말미암아 스알디엘의 아들 유다 총독 스룹바벨과 여호사닥의 아들 대제사장 여호수아에게 임하니라 이르시되'**(1)**
- **성전 재건 촉구**: 여호와께서는 자기 집은 호화롭게 지으면서 아직 성전 건축할 때가 아니라는 백성들을 책망한다. '내 성전은 황폐한 채로 있는데 너희는 호화 주택에 살고 있느냐?'**(2–6)**
- **산에 올라가 나무를 가져다 성전을 건축하라는 여호와의 말씀**: '너희는 산에 올라가서 나무를 가져다가 성전을 건축하라 그리하면 내가 그것으로 말미암아 기뻐하고 또 영광을 얻으리라 여호와가 말하였느니라.'**(7–8)**
- **하나님의 경고**: 그렇게 하지 않을 경우 모든 일에 피해를 입을 것이라는 경고가 주어진다.**(9–11)**
- **성전 공사 재개**: 모든 백성의 마음을 감동시켜 BC 520년 9월 21일 성전 공사를 재개하였다. '여호와께서 스알디엘의 아들인 유다 총독 스룹바벨과 여호사닥의 아들인 대제사장 여호수아와 그리고 남아 있는 모든 백성의 마음을 감동시키시므로 그들이 자기들의 하나님, 전능하신 여호와의 성전을 재건하기 시작했는데 그때는 다리우스황제 2년 6월 24일이었다.'**(12–15)**

IV 선지서

2장 두 번째–네 번째 메시지를 통해 궁극적으로 메시아 시대를 예언함

- **학개의 두 번째 메시지가 임함:** 다리오 왕 2년 BC 520년 7월 21일에 두 번째 메시지가 학개를 통해 스룹바벨, 여호수아, 백성에게 임한다.**(1–2)**
- **나중 영광이 이전 영광보다 클 것이다:** 지금 재건하는 성전이 이전의 솔로몬 성전보다 못해 보일는지 모르나 메시아가 오시게 되면 이 성전의 나중 영광이 이전 영광보다 클 것이라는 두 번째 메시지가 주어진다. '너희 가운데 이전의 성전이 얼마나 화려했는지 기억할 수 있는 자가 있느냐? 지금 이 성전은 너희에게 어떻게 보이느냐? 이것은 너희에게 보잘것없이 보이지 않느냐? (…) 새 성전이 옛 성전보다 더욱 찬란할 것이다. 그리고 내가 이곳에 평안을 주겠다. 이것은 전능한 나 여호와의 말이다.'**(3–9)**
- **학개의 세 번째 메시지가 임함:** 다리오 왕 2년 9월 24일에 세 번째 여호와의 메시지가 학개에게 임하였다.**(10)**
- **부패한 죄의 결과를 보여 주는 비유:** 성물은 거룩한 것을 다른 것에 전달할 수 없으나 부정한 것은 부정을 다른 것에 전달할 수 있는데 이 백성, 이 나라가 부정하여 그렇다는 학개의 세 번째 메시지이다. '사람이 만일 거룩한 제물의 고기를 옷자락에 싸가지고 가다가 그 옷자락이 떡이나 국이나 포도주나 기름이나 다른 음식물에 닿으면 그래도 그것이 거룩하겠습니까? 그래서 학개가 제사장들에게 묻자 그들은 아닙니다. 하고 대답하였다. 그때 학개가 만일 시체를 만져서 부정하게 된 자가 이 음식물 중 하나를 만지면 그것도 역시 부정하겠습니까? 하고 다시 묻자 제사장들은 부정합니다. 하고 대답하였다. 그러자 학개가 대답하였다. 여호와께서 이렇게 말씀하십니다. 내 앞에서는 이 백성과 이 나라가 마찬가지이다. 그들이 행하는 일도 부정하고 그들이 드리는 것도 다 부정하다.'**(11–14)**
- **앞으로 이스라엘 백성에게 주어질 축복에 대해서도 약속하신다:** '오늘부터 내가 너희에게 복을 주리라'**(15–19)**

- **학개의 네 번째 메시지가 임함**: 다리오 왕 2년 9월 24일에 네 번째 여호와의 메시지가 학개에게 다시 임한다.(20)
- **스룹바벨에 관한 메시아적 예언**: 하나님은 스룹바벨을 '내 종'이라 부르며 스룹바벨로 예표가 된 메시아를 통해 하나님 나라가 굳건히 세워질 것을 말씀하시는 학개의 네 번째 메시지이다. '전능한 나 여호와가 말한다. 스알디엘의 아들 내 종 스룹바벨아, 그 날에 내가 너를 세워 내 인장 반지처럼 사용하겠다. 이것은 내가 너를 택하였기 때문이다.' 스룹바벨은 당시의 유다 총독이다.(21–23)

스가랴 핵심정리

* 스가랴 '여호와께서 기억하신다'

스가랴의 의의

- 스가랴는 구약 성경 중 가장 메시아적, 가장 묵시적, 가장 종말론적인 책으로 12소선지서 중 가장 길다.
- 스가랴는 바벨론에서 태어난 레위 족속으로 예레미야나 에스겔처럼 선지자이자 제사장이다.
- 학개가 연로한 때 사역을 시작한 데 비해 스가랴는 비교적 젊은 나이에 시작했다. 학개가 첫 번째 메시지를 전한 지 2개월 후 스가랴가 예언 사역을 시작했다.
- 스가랴는 신약에서 41회 인용되었다.
- 스가랴는 학개에 이어 성전 건축 재개를 독려했으며 8개의 환상을 통해 이방을 심판하고 궁극적으로 이스라엘이 승리하여 여호와의 날이 임할 것을 예언한다. 이사야서 다음으로 메시아 예언이 많다. 건물로서의 성전 재건만이 아니라 메시아를 대망하고 메시아의 강림을 준비하는 차원에서의 성전 재건을 가르친다. 나귀 새끼를 타고 오시는 메시아(9:9), 은 삼십에 팔리실 메시아(11:12), 선한 목자이신 메시아(11:7), 메시아의 십자가 죽음(12:10), 구원자 메시아(13:9) 등이 그것이다. 이렇듯 선지자는 메시아의 초림에서부터, 재림, 세상 종말과 새 예루살렘에 이르기까지 장래의 모든 인류 역사가 장차 메시아와 그분의 왕국을 중심으로 전개될 것을 분명하게 보여 준다.

기록연대와 배경

- 첫 번째 하나님의 계시를 받아 선포한 것이 BC 520년 다리오 왕 2년, 두 번째 계시를 받아 선포한 때가 BC 518년이다. 기록 시기는 BC 520-518년경으로 추정한다. 다만 9-14장의 예언은 성전 재건이 완료된 BC 515년 이후 어느 시점으로 생각된다.

회개의 요청과 8개의 환상

1장

여호와께서 선조들이 지은 죄를 본받지 말고 회개하라고 하시며 8가지 환상을 보이심. 그중 2가지 환상

- **스가랴에 임한 하나님의 말씀**: '다리오 왕 제 이년(BC 520년) 여덟째 달에 여호와의 말씀이 잇도의 손자 베레갸의 아들 선지자 스가랴에게 임하니라 이르시되'**(1)**
- **회개하고 돌아오라**: 여호와께서 선조들의 하나님에 대한 불순종을 본받지 말고 너희는 회개하고 돌아오라고 하신다. '너희는 너희 조상들과 같이 되지 말아라. 오래 전에 예언자들이 그들에게 악하고 죄 된 생활을 하지 말라는 나 여호와의 말을 전하였으나 그들은 듣지 않고 내 말에 순종하지 않았다.'**(2–6)**
- **스가랴가 본 8가지 환상**: 다리오 왕 2년 11월 24일에 스가랴에게 말씀이 임하여 8가지 환상을 보았다. 환상은 1장 17절부터 6장 8절까지 이어진다.**(7)**
- **1. 화석류 나무 사이에 붉은 말을 탄 사람의 환상**: 하나님의 언약 백성이 비록 70년 동안 고난을 당하고 있다 할지라도 하나님이 백성을 위해 열심을 내시고 계시다는 것. 곧 그들과 그들의 성전을 회복시켜 주신다는 환상이다. '그러자 도금양 사이에 선 그 사람이 그들은 온 땅을 순찰하라고 여호와께서 보내신 자들이다. 라고 설명하였다 (…) 그때 여호와의 사자가 말하였다. 전능하신 여호와여, 주께서는 70년 동안 예루살렘과 유다 성들에게 분노하셨습니다. 주께서 언제나 저들에게 자비를 베푸시겠습니까? (…) 그러므로 나 여호와가 말한다. 내가 자비를 베풀려고 예루살렘에 돌아왔으니 여기에 내 집이 세워질 것이며 예루살렘이 재건될 것이다. 너는 전능하신 여호와께서 이렇게 말씀하셨다고 다시 선포하라. 나의 성들이 다시 번영할 것이다. 나 여호와가 다시 시온을 위로하고 축복하며 그 가운데 살겠다.'**(8–17)**
- **2. 네 뿔과 네 대장장이의 환상**: 이스라엘을 괴롭히는 나라에 대한 하나님의 심판을 보여 주는 환상이다. '그때 여호와께서 나에게 네 명의 기능공을 보여 주셨다. 그래

서 내가 이들이 무엇을 하러 왔습니까? 하고 묻자 여호와께서 나에게 이렇게 대답하셨다. 그들은 유다를 짓밟고 그 백성을 흩어 버린 이방 나라의 이 뿔들을 두렵게 하고 꺾어 버리려고 온 자들이다.'(**18-21**)

2장

측량줄 잡은 자에 대한 환상을 통해 이스라엘의 회복과 축복 그리고 메시아가 오실 것과 종말에 대한 예언을 한다.

- **3. 측량줄 잡은 자에 관한 환상**: 회복된 이스라엘에 대한 하나님의 미래의 축복을 보여 주는 환상이다. '내가 다시 살펴보니 한 사람이 손에 측량줄을 잡고 있었다. 그래서 내가 당신은 어디로 가십니까? 하고 묻자 그는 나에게 예루살렘을 측량하여 그 폭과 길이가 얼마나 되는지 알아보려고 하오. 하고 대답하였다. 그때 나에게 말하던 천사가 나가자 다른 천사가 와서 그를 만나 이렇게 말하였다. 너는 측량줄을 잡고 있는 청년에게 달려가서 앞으로 예루살렘은 사람과 짐승이 너무 많아서 성벽 없는 촌락과 같을 것이라고 말하라.'(**1-9**)
- **성육신하신 예수님이 오실 것이며 종말에 다시 예루살렘을 택하여 새 하늘, 새 땅이 이루어질 것이다**: '그 때에 많은 나라가 여호와께 돌아와 그의 백성이 될 것이며 그는 그들 가운데 살 것이다. 그러면 그들이 전능하신 여호와께서 나를 보내신 줄 알 것이다. 여호와께서 앞으로 거룩한 땅에서 유다를 자기 소유로 삼으시고 예루살렘을 다시 택할 것이다.'(**10-13**)

3장

여호수아에게 더러운 옷을 벗기고 아름다운 옷을 입힌 후 관을 씌우는 상징적 행위를 통해 이스라엘이 제사장 나라가 될 것과 궁극적으로 천년왕국이 도래할 것을 예언한다.

- **4. 더러운 옷을 벗기고 아름다운 옷을 입혀 여호수아를 정결케 하고 관을 씌우는 상징**: 장차 이스라엘을 죄로부터 깨끗게 하고 제사장 나라로 삼을 것이다. '여호수아

는 더러운 옷을 입고 천사 앞에 서 있었다. 그때 여호와께서 자기 앞에 선 천사들에게 그 더러운 옷을 벗기라고 명령하시고 또 여호수아에게 내가 네 죄를 없애 버렸으므로 너에게 아름다운 옷을 입혀 주겠다. 하고 말씀하셨다. 그때 내가 그 머리에 깨끗한 관을 씌우소서. 하자 천사들이 그 머리에 깨끗한 관을 씌우고 옷을 입혔으며 여호와의 사자는 그 곁에 서 있었다. 여호와의 사자가 여호수아에게 엄숙히 말하였다. 전능하신 여호와께서 말씀하신다. 만일 네가 내 법을 지키고 내 명령을 잘 수행하면 네가 내 집을 다스리고 내 뜰을 지킬 것이며 또 내가 너를 여기 서 있는 천사들 가운데 마음대로 왕래할 수 있게 하겠다.'**(1–7)**

- **메시아의 초림과 재림을 통한 천년왕국의 예언**: '대제사장 여호수아야, 너는 네 앞에 앉아 있는 동료들과 함께 내 말을 들어라. 너희는 앞으로 올 좋은 일에 대한 상징이다. 내가 가지라고 부르는 내 종을 일으킬 것이다. 내가 너 여호수아 앞에 세운 돌을 보아라. 돌 하나에 면이 일곱 개이다. 내가 거기에 새길 것을 새기고 단 하루만에 이 땅의 죄를 다 없애 버리겠다. 전능한 나 여호와가 말한다. 그 날에는 너희가 모두 자기 이웃을 포도나무와 무화과나무 아래로 초대할 것이다.'**(8–10)**

4장

순금 등잔대와 두 감람나무의 환상을 보여 줌. 순금 등잔대는 세상에 끝없이 빛을 비추는 예루살렘 곧 교회를 의미하며, 등잔에 끝없이 기름을 공급하는 두 감람나무는 당시로서는 총독 스룹바벨과 제사장 여호수아를 가리키나, 궁극에는 성자 예수님과 성령님을 의미한다. 그리스도를 통한 구속사를 가리키고 있음

- **5. 순금 등잔대와 두 감람나무의 환상**: '그가 나에게 이렇게 물었다. 네가 무엇을 보느냐? 내가 보니 순금 등대가 있고 그 꼭대기에는 주발 하나가 있으며 또 그 등대에는 일곱 등잔이 있고 등대 꼭대기에서 일곱 개의 관이 각 등잔으로 연결되어 있으며 그 등대 곁에는 두 감람나무가 있는데 하나는 주발 오른편에 있고 하나는 그 왼편에 있습니다. 그런데 내 주여, 이것이 무엇입니까? 이것들이 무엇인지 네가 모르느냐? 내 주여, 모르겠습니다. 여호와께서는 스룹바벨에게 힘으로도 되지 않고 능

력으로도 되지 않으며 오직 내 영으로 된다고 말씀하신다. 그러므로 산이 아무리 높아도 스룹바벨 앞에서 평지가 될 것이며 그가 성전 건축을 마칠 때에는 모든 것이 하나님의 은혜로 되었다고 사람들이 외칠 것이다. 여호와께서 또 나에게 말씀하셨다. 스룹바벨이 이 성전의 기초를 놓았으므로 그가 그것을 완성할 것이다. 이런 일이 일어나면 이것이 전능한 나 여호와의 말임을 네가 알게 될 것이다. 보잘것없는 일이라고 멸시하는 자가 누구냐? 그 일곱 등잔은 온 세상을 살피는 나 여호와의 눈이다. 스룹바벨의 손에 다림줄이 있는 것을 보면 사람들이 기뻐할 것이다. 그때 나는 천사에게 다시 물었다. 등대 좌우에 있는 이 두 감람나무는 무슨 뜻입니까? 감람기름이 흘러내리는 두 금관 옆에 있는 이 두 감람나무 가지는 무슨 뜻입니까? 네가 이것이 무엇인지 모르느냐? 내 주여, 모르겠습니다. 이것들은 기름 부음을 받아 온 세상의 주를 섬기는 두 사람을 가리킨다.'(1–14)

5장

두 가지 환상을 보여 준다. '날아가는 두루마리의 환상'과 '에바속 여인의 환상'이다. 심판의 메시지로 하나님 나라를 건설하실 때 두루마리 곧 말씀에 따라 판단하시고 최종적으로 악은 가두고 밀봉하여 멀리 내던지신다는 것. 하나님에 대한 국가적 죄를 제거하시는 것이다.

- **6. 날아가는 두루마리의 환상**: 두루마리에는 하나님의 말씀이 쓰여 있다. 두루마리에서는 도둑질하는 사람, 망령된 맹세를 하는 사람 집에 두루마리가 들어가서 그 집을 심판하실 것을 말씀하신다. '두루마리 하나가 날아가고 있었다 (…) 날아가는 두루마리가 보입니다. 그 길이는 10미터 정도 되고 그 폭은 5미터 정도 되는 것 같습니다. 여기에는 온 세상을 휩쓸 저주가 기록되어 있다. 한쪽에는 도둑질하는 자들이 모두 제거될 것이라고 기록되어 있고 또 한쪽에는 모든 거짓 맹세하는 자들이 제거될 것이라고 기록되어 있다 (…) 내가 이 저주를 보내겠다. 그것이 도둑의 집과 내 이름으로 거짓 맹세하는 자의 집에 들어가 그 집에 머물며 그 집을 나무와 돌까지 모조리 소멸할 것이다.'(1–4)

- **7. 에바 가운데 여인의 환상**: 악이라고 지칭된 여인이 에바(측량하는 용기) 속에 던져지고 그것이 납 조각으로 밀봉되어 시날 땅(바벨론)으로 옮겨지는 것을 보여 주는데 이것은 예루살렘이 성전만 새로 세워지는 것이 아니라 예루살렘 전체를 정결케 하는 작업임을 보여 준다.(5-11)

6장

네 병거의 환상을 통해 이방 국가들에 대한 심판을 보여 주며, 여호수아에게 관을 씌워 주는 상징적 행동을 통해 메시아에 의한 천년왕국을 예언한다.

- **8. 네 병거의 환상**: 스가랴의 메시지를 종합한 것으로 이스라엘 국가의 장차 역사의 개요를 보여 준다. 바벨론, 애굽 등 이방 국가들에 대한 심판을 보여 준다.(1-8)
- **여호수아에게 관을 씌워 주는 상징적 행동**: 하나님은 스가랴로 하여금 여호수아에게 관을 씌워 주는 상징적 행동을 하라고 지시. 여호수아는 여기서 순 곧 메시아를 상징한다. 순이 여호와의 성전을 건축하리라는 약속은 천년왕국의 성전을 세우는 메시아의 역할이다.(9-15)

참된 금식과 심판 중에 구원을 베푸시는 하나님

7장

자신들의 이익만을 위한 금식 행동을 책망하시며 하나님의 행동 지침을 이행하라고 하심

- **스가랴에게 임하신 하나님의 말씀**: 8개의 환상이 있고 약 2년이 지난 다리오 왕 4년(BC 518, 12, 7)에 여호와 말씀이 스가랴에 임한다.(1)

- **금식에 대한 질문:** 성전 공사가 진행되고 있는 도중 벧엘 사람들이 사람들을 보내어 5월 중 행하던 금식을 할 것인가를 물었다.**(2–3)**
- **그 금식이 진정으로 나를 위한 것이었느냐?:** 하나님께서는 그들의 금식이 하나님을 위한 것이 아니라 자신들을 위한 것이었음을 책망하셨고 하나님의 행동 지침을 이행하라고 하셨다. '너는 이 땅의 모든 백성들과 제사장들에게 나 여호와가 이렇게 말한다고 일러 주어라. 너희가 지난 70년 동안 5월과 7월에 금식하며 슬퍼하였는데 그 금식이 진정으로 나를 위한 것이었느냐? 너희가 먹고 마실 때에도 전적으로 너희 자신을 위해서 먹고 마신 것이 아니냐?'**(4–7)**
- **하나님이 주신 말씀대로 행동하라고 말씀하신다:** '오래 전에 나는 내 백성에게 이렇게 말하였다. 너희는 공정한 재판을 하고 서로서로 자비와 온정을 베풀며 과부와 고아와 외국인과 가난한 자를 억압하지 말고 남을 해칠 계획을 꾸미지 말아라.'**(8–10)**
- **너희가 내 말을 들으려 하지 않은 것처럼 나도 너희 말을 듣지 않을 것이다:** '그 마음을 돌처럼 굳게 하여 내가 옛날의 예언자들을 통해 내 영으로 전한 율법과 말을 듣지 않으므로 내가 대단히 화가 났었다. 전능한 나 여호와가 말한다. 내가 불러도 그들이 듣지 않았기 때문에 나도 그들이 부를 때 듣지 않고 그들을 회오리바람처럼 온 세상에 흩어 외국 땅에서 살게 하였다. 그 후로 이 땅은 황폐하여 왕래하는 자가 없었으니 이것은 그들이 이 좋은 땅을 황무지로 만들었기 때문이다.'**(11–14)**

8장 이스라엘의 회복과 천년왕국

- **예루살렘의 회복 약속:** 하나님께서는 이방국들을 통해 이스라엘을 심판하셨지만 다시 예루살렘을 회복시킬 것을 약속하시고 이제는 하나님이 명하신 행동 지침에 따라 살라고 하신다. '유다와 이스라엘 백성아, 너희가 지금까지 이방 나라들의 저줏거리가 되었으나 이제는 네가 너희를 구원하여 축복의 표본이 되게 하겠다. 그러므로 너희는 두려워하지 말고 용기를 가져라 (…) 너희가 행할 일은 이러하니라. 너희

는 이웃과 더불어 진리를 말하며 너희 성문에서 진실하고 화평한 재판을 베풀고 마음에 서로 해하기를 도모하지 말며 거짓 맹세를 좋아하지 말라 이 모든 일은 내가 미워하는 것이니라. 여호와의 말이니라.'(1–17)

- **궁극적으로 천년왕국이 올 것을 예언한다:** '많은 민족들과 강대국들이 예루살렘에 와서 전능한 나 여호와를 찾아 은혜를 구할 것이다. 전능한 나 여호와가 말한다. 그 날에는 언어가 다른 열 명의 외국 사람들이 유대인 한사람의 옷자락을 붙들고 당신과 함께 가겠소. 우리는 하나님이 당신들과 함께 하신다는 말을 들었소. 하고 말할 것이다.'(18–23)

메시아의 초림과 로마에 의한 심판 및 적그리스도

9장

이스라엘을 대적한 나라들의 심판과 나귀를 타고 입성할 메시아와 마지막 날 예언

- **이스라엘을 대적한 나라들에 대한 심판 예언:** 이스라엘을 대적한 나라들(하드락, 다메섹, 하맛, 두로, 시돈, 아스글론, 가사, 에그론, 아스돗 등)에 대한 심판 예언으로서 이 예언은 BC 333년 알렉산더가 진군해 간 순서와 일치하고 있다.(1–7)
- **하나님으로부터 보호받은 예루살렘:** 알렉산더 군대가 예루살렘 근처를 거듭해서 지나갔지만 포위 공격하지 않았는데 그 이유는 하나님의 보호에 의한 것이었다. '내가 내 집 주변에 진을 쳐서 적군을 막아 그리로 왕래하지 못하게 하겠다. 폭군이 다시는 내 백성을 괴롭히지 못할 것이다. 나는 내 백성이 당하는 고통을 목격하였다.'(8)
- **나귀를 타고 오실 메시아와 그로 인한 하나님 백성의 구원과 승리 그리고 마지막 날에 대한 예언:** 520년 후 예언은 성취되었다. '시온 사람들아, 크게 기뻐하라. 예루

살렘 사람들아, 기쁨으로 외쳐라. 보라, 너희 왕이 너희에게 나아간다. 그는 의로우신 분이며 구원을 베푸시는 분이시다! 그가 겸손하여 나귀를 탔으니 어린 나귀, 곧 나귀 새끼이다 (…) 그 날에 그들의 하나님 여호와께서 목자가 자기 양떼를 구출하듯 자기 백성을 구원하실 것이므로 그들이 면류관의 보석처럼 여호와의 땅에서 빛날 것이다. 그들의 매력과 아름다움이 얼마나 크겠는가! 곡식과 새 포도주가 풍부하므로 젊은 남녀가 다 건강할 것이다.'(9–17)

10장 회개의 촉구와 이스라엘에 대한 사랑과 승리

- **백성들의 회개 촉구와 거짓 목자들의 징계**: 비조차 우상에게 구하는 백성들에게 회개를 촉구하고 거짓 목자들을 벌하실 것이며 유다에서 지도자와 통치자가 나올 것이다. '여호와께서 말씀하신다. 목자들에 대하여 타오르는 분노를 금할 수 없구나. 내가 수 염소와 같은 지도자들을 벌할 것이다. 전능한 나 여호와가 유다 백성을 보살필 것이며 그들을 전쟁터의 위세 당당한 말과 같게 하겠다. 그들에게서 통치자와 지도자와 군 지휘관들이 나올 것이다. 그들은 용사와 같아서 거리의 진흙을 짓밟듯이 전쟁터에서 적을 짓밟을 것이다. 나 여호와가 그들과 함께 할 것이므로 그들이 싸워 적의 기병들을 부끄럽게 할 것이다.'(1–5)
- **이스라엘 백성들을 다시 모아들일 것이다**: 메시아 재림 전에 이스라엘을 다시 모아들일 것이며 그들이 하나님을 의지하고 순종할 것이다. '내가 비록 그들을 온 세계에 흩어 버렸으나 그들은 멀리서도 나를 기억할 것이다. 그리고 그들과 그 자녀들이 생존하였다가 돌아올 것이다. 내가 그들을 이집트와 앗시리아에서 이끌어내어 길르앗과 레바논으로 인도할 것이므로 그들의 거주지가 부족할 것이다 (…) 내가 내 백성을 강하게 할 것이며 그들은 나를 의지하고 나에게 순종할 것이다. 이것은 나 여호와의 말이다.'(6–12)

IV 선지서

11장 메시아를 배척한 후의 로마에 의한 심판과 무가치한 목자 곧 적그리스도의 출현

- **비유로 나타낸 이스라엘 심판**: 선한 목자이신 오신 메시아를 배척한 이스라엘을 백향목 등의 나무로 비유하여 심판받는 장면을 애가 형식으로 나타내었다. 아마도 AD 70년 로마에 의한 심판일 것으로 생각한다. '레바논아, 네 문을 열고 불이 네 백향목을 사르게 하라. 잣나무야, 통곡하라. 백향목이 넘어졌고 아름다운 나무들이 꺾여 지고 말았다. 바산의 상수리나무야, 통곡하라. 울창한 숲이 쓰러졌다. 목자들의 통곡 소리가 있으니 그들의 영광이 사라졌기 때문이다. 사자들이 으르렁거리는 소리를 들어 보아라. 자랑스런 요단 계곡이 황폐하였다.'**(1–3)**
- **살육당할 이스라엘을 먹이라는 책무가 스가랴에게 주어진다**: 잡혀 죽을 양떼 즉 로마군에 의해 살육당할 이스라엘을 먹이라는 책무가 스가랴에게 주어지는데 이것은 참 목자인 메시아를 가리키는 것이다. 그런데 잡혀 죽게 된 이스라엘을 이스라엘의 지도자(판 자)도 잡아간 로마도(산 자) 그들을 불쌍히 여기지 않는다. '여호와 나의 하나님이 나에게 말씀하셨다. 너는 도살당할 양떼를 먹여라. 양떼를 산 자들은 양떼를 죽여도 벌을 받지 않는다고 말하고 있고 양떼를 판자들은 여호와를 찬양하세. 내가 부요하게 되었다. 하며 그 목자들까지도 양떼를 불쌍히 여기지 않는다.'**(4–5)**
- **하나님까지 그들을 불쌍히 여기지 않고 로마 임금에게 넘겨주실 것이다**: '내가 다시는 이 땅 백성을 불쌍히 여기지 않을 것이다. 내가 이 백성을 외국 통치자들의 손에 넘겨주겠다. 이 땅이 짓밟혀도 내가 그들을 구출하지 않을 것이다.'**(6)**
- **기존의 세 목자(선지자, 제사장, 왕)를 싫어하는 메시아**: 이 잡혀 죽을 양떼를 스가랴 즉 메시아가 '은총'(하나님의 보호 아래 평안을 누리는 상태)이라는 막대기와 '연합'(유대인들 사이에 형제적 연합을 배양하려는 사역)이라는 두 막대기를 가지고 사역하면서 이스라엘을 바르게 인도하기 위해 기존의 세 목자(선지자, 제사장, 왕)를 싫어하게 되었다. 메시아는 이들을 먹이지 않겠다며 은총이라는 막대기를 꺾는다.

언약을 파기한 것이다. 하나님을 청종하던 가련한 양들은 이것이 여호와의 말씀이라는 것을 정확히 알고 있다.(7–11)

- **유대인들이 매긴 메시아의 값어치**: 메시아 곧 참 목자는 유대인들이 메시아의 값어치를 어떻게 평가하는가를 알아보기 위해 품삯을 매겨 보라고 하셨다. 은 30개를 품삯으로 결정하고 그 품삯을 토기장이에게 던졌다. 이는 가룟 유다에 의해 실현되었다. '내가 그들에게 너희가 좋게 생각하면 내 품삯을 주고 그렇지 않으면 그만두어라. 하자 그들은 내 품삯으로 은화 30개를 주었다. 여호와께서는 상당히 많은 그 돈을 토기장이에게 던지라고 나에게 말씀하셨다. 그래서 나는 토기장이에게 돌아갈 그 은화 30개를 여호와의 성전에 던져 넣었다.'(12–13)
- **꺾어 버린 연합이라는 막대기**: 연합이라는 막대기도 꺾어 버렸다. 유다와 이스라엘의 의리를 끊은 것이다. 곧 이스라엘을 버리신다는 의미로 예수를 십자가에 못 박은 이후 이스라엘의 국운은 기울어졌다.(14)
- **적그리스도 예언**: 어리석은 목자들의 기구를 빼앗으라는 말은 스가랴로 하여금 적그리스도의 대역을 해 보라는 의미로서, 곧 무가치한 목자들이 출현할 것임을 말한다. 이는 양은 생각하지 않고 자기의 이익만을 생각하는 거짓 목자들의 출현을 뜻한다. '내가 이 땅에 한 목자를 일으키겠다. 그는 죽어 가는 양을 돌보지 않고 길 잃은 양을 찾지도 않으며 상한 양을 고치지 않고 건강한 양은 먹이지도 않을 것이며 살진 양의 고기를 먹고 그 발굽을 찢을 것이다. 양떼를 버린 못된 목자에게 화가 있을 것이다. 칼이 그의 살과 오른쪽 눈을 칠 것이니 그의 팔이 완전히 마비되고 오른쪽 눈이 아주 어두워질 것이다.'(15–17)

메시아의 재림과 하나님 나라의 승리 그리고 그 날

12장

그 날에 하나님이 예루살렘을 구원하시고 이스라엘 백성들은 과거 메시아를 십자가에 못 박았던 장면을 보고 애통하고 거국적 회개가 일어난다.

- **외적들로부터의 구원**: 그 날에 전지전능하신 하나님이 장차 예루살렘을 치러 올라오는 자들로부터 유다와 예루살렘을 구원하시며 하나님 백성을 대적하는 열국을 심판하실 것이다. 그 날은 장차 아마겟돈 전쟁을 가리키는 것으로 그 날에 열방이 예루살렘을 포위 공격해 오지만 하나님이 그들을 멸하실 것이다. '그 날에 내가 예루살렘을 치러 오는 모든 민족을 없애 버리겠다.'**(1-9)**
- **이스라엘의 애통과 거국적 회개**: 그 날에 하나님이 은총과 간구하는 심령을 부여받은 백성들이 예수님을 찔러 십자가에 못 박았던 모습을 보게 될 것이며 요시아 왕이 므깃도 전투에서 죽었을 때와 같은 극심하고도 개인적으로 간절한 애통이 있게 되고 거국적 회개가 있게 될 것이다. '내가 다윗의 후손과 예루살렘 주민에게 은혜와 기도의 영을 부어 주겠다. 그들은 자기들이 찔러 죽인 자를 바라보고 외아들을 위해 슬퍼하듯이 슬퍼할 것이며 맏아들을 잃은 사람처럼 통곡할 것이다. 그 날에 예루살렘에 큰 애통이 있을 것이니 므깃도 골짜기에 있는 하닷-림몬의 애통과 같을 것이다. 온 땅이 각 집안별로 애통하되 다윗 집안의 가족들과 나단 집안의 가족들과 레위 집안의 가족들과 시므이 집안의 가족들과 그 밖에 나머지 집안의 가족들이 각각 따로 애통할 것이며 그들의 아내들도 따로따로 애통할 것이다.'**(10-14)**

13장

그 날에 하나님은 참 목자에 의해 하나님 백성의 남은 자를 구원하실 것이다.

- **죄와 더러움을 씻는 샘**: 그 날에 하나님 백성을 구하기 위해 죄를 씻는 샘이 열리고 우상과 거짓 선지자가 이 세상에서 떠나게 된다. '그 날에 다윗의 후손과 예루살렘 주민에게 죄와 더러움을 씻는 샘이 열릴 것이다. 전능한 나 여호와가 말한다. 그 날에 내가 이 땅에서 우상의 이름을 말살하여 그것을 기억하는 자가 없게 하고 거짓 예언자와 더러운 귀신을 이 땅에서 제거하겠다.'(1–6)
- **남은 자의 구원**: 하나님은 '칼아 깨어서 내 목자, 내 짝 된 자를 치라 목자를 치면 양이 흩어지려니와 작은 자들 위에는 내가 내 손을 드리우리라'라고 하셨다. 참 목자이신 메시아를 십자가에 못 박으신 사건과, 환란의 그 날에 있을 사건을 동시에 말씀하고 계시는 것이다. 남은 자 1/3은 하나님이 연단하신다고 하셨다. 하나님의 백성을 구원하신다는 것이다. '전능하신 여호와께서 다시 말씀하셨다. 칼아, 깨어서 내 목자, 곧 내 짝을 쳐라. 목자를 치면 양들이 흩어질 것이다. 내가 내 백성을 칠 것이니 온 땅에서 3분의 2가 죽임을 당하고 내 백성의 3분의 1만 남을 것이다. 내가 그 3분의 1을 불 속에 던져 은과 금을 정련하듯 그들을 연단하고 시험할 것이다. 그때 그들이 내 이름을 부를 것이며 나는 그들에게 대답할 것이다. 내가 그들에게 이들은 내 백성이다. 하고 말할 것이며 그들은 여호와가 우리 하나님이다. 하고 말할 것이다.'(7–9)

14장

그 날에 하나님은 침략해 온 이방 나라들을 심판하시고 예루살렘은 온 세상의 중심이 될 것이고 메시아가 유일한 왕이 되신다. 이스라엘이든 이방 나라든 남은 자들이 거룩한 하나님 백성이 될 것이다.

- **메시아가 돌아오신다**: 여호와의 날, 곧 그 날에 이방 나라들이 예루살렘을 침략하고 약탈할 것이나 메시아가 개입하셔서 승천하셨던 감람산으로 돌아오신다. '그 날

Ⅳ 선지서

에 그가 예루살렘 동쪽 감람산에 서실 것이며 감람산은 둘로 갈라져 동서로 나누어 지고 큰 골짜기가 형성되어 절반은 북으로, 절반은 남으로 옮겨질 것이다. 너희는 아셀까지 뻗어있는 이 골짜기를 통해 도망하되 유다 왕 웃시야 때에 지진을 피하여 도망하던 것같이 도망할 것이다. 그때 나의 하나님 여호와께서 강림하실 것이며 모든 거룩한 자가 그와 함께 올 것이다.'(1–5)

- **메시아 왕국 수립**: 그 날은 빛도 광명도 없는 날에 메시아가 재림하셔서 천하의 왕이 되신다. 생수가 흐르고 온 땅이 아라바 곧 평지 같이 되어 예루살렘이 우뚝 솟아나 잘 보이게 될 것이며 남은 자들의 예루살렘은 평안한 곳이 될 것이다. '그 날에는 해와 달과 별들이 빛을 내지 않을 것이다 (…) 그 날에 생수가 예루살렘에서 흘러나와 절반은 사해로, 절반은 지중해로 흐를 것이며 여름과 겨울에도 계속 흐를 것이다 (…) 그리고 사람들이 예루살렘에서 마음 놓고 살게 될 것이며 다시는 그곳에 저주가 없을 것이다.'(6–11)
- **이스라엘 대적들의 멸망과 예루살렘의 발흥**: 예루살렘을 친 민족들은 하나님의 심판을 받는다. 살과 눈동자와 혀가 썩고, 가축에게도 재앙이 임하고 많은 보화가 예루살렘으로 모일 것이다.(12–15)
- **천년왕국 시대의 거룩함**: 그 날, 천년왕국에서는 이방 나라 백성 중에도 남은 자들이 여호와를 경배하고 초막절을 지키고 왕국 내의 모든 것들, 이를테면 말방울이나 솥까지도 거룩하게 되고 우상숭배의 상징인 가나안 사람은 없게 될 것이다. 즉 주님의 재림 후에는 만물이 모두 다 거룩하게 되어, 성별 제도가 전연 없을 것임을 가리킨다. 속된 것의 대표라고 할 수 있는 "말방울" 또는 "하나님 전에 있는 모든 솥"도 다 거룩할 것이다. 하나님 전의 모든 솥은 제단 앞 주발만큼 거룩하다고 할 수 없었다. 그러나 주님의 재림 이후에는 그 구분이 폐지된다. "말방울"이나 "솥"이나 "제단 앞 주발"은, 구약적 표현이다.(16–21)

말라기 핵심정리

* 말라기 '나의 사자'

말라기의 의의

- 말라기는 구약의 마지막 선지자이다. 말라기는 구약시대가 끝나고 예수님이 오시기까지의 400여 년 공백기를 준비시키는 역할의 선지서로서 메시아를 준비할 선지자 세례요한과 메시아를 예언하였다.
- 말라기의 십일조 이야기는 십일조가 주된 초점이 아님을 유념해야 한다. 물론 십일조는 매우 중요한 주제이다. 십일조 문제는 당시 냉소적으로 변한 이스라엘 백성(특히 제사장)에게 마지막으로 주시는 경고 중 하나일 뿐이다. 주전 516년 성전 완공이 이루어진 후 약 70년이 흐른 시점이다. 1장과 2장을 보면 70년 동안의 침묵을 깨고 특히 레위와의 언약을 깨뜨린 제사장들에게 경고하시는 하나님의 모습을 볼 수 있다.

기록연대와 배경

- 성전 완공(BC 516)과 에스라의 귀환(BC 458), 느헤미야의 귀환(BC 444) 사이 대체로 BC 450년경 쓰였을 것으로 추정한다. 혹자는 그보다 늦은 BC 430년경으로 보기도 한다.
- 성전 완공 후 70여 년의 세월이 흐르면서 백성들은 하나님과의 언약도 잊고 있었다.
- 포로 귀환 후 무너졌던 솔로몬 성전을 재건했으나 재건된 스룹바벨 성전은 솔로몬 성전에 비해 초라했다. 노인들은 이를 보며 눈물을 흘린다. 학개서에서 예전 영광보다 나중 영광이 더 클 것이라 예언했으나 그 후 70여 년 동안 아무것도 이루어진 것이 없어 백성들이 냉소적인 신앙을 보이고 있는 상태였다. 사실 학개의 예언은 성전의 화려함을 예언한 것이 아니었다. 예수의 부활의 영광을 예언한 것이었다.
- 백성들은 70여 년 동안 침묵하신 하나님에게 뻔뻔한 질문들을 한다.

구약시대 마지막 선지자의 절규

1장

하나님의 백성 이스라엘이 하나님을 정확히 알지 못한 데에 대한 하나님의 안타까운 마음

- **말라기에게 임한 경고의 말씀**: '여호와께서 말라기를 통하여 이스라엘에게 말씀하신 경고라.' 하나님이 아브라함을 선택하신 이후 시내산에서 언약을 맺고 바벨론 포로 귀환 이후까지 특별한 사랑을 이스라엘 백성들에게 베풀었으나 백성들은 냉소적이면서 뻔뻔스럽게 되었다.(1)
- **첫 번째 뻔뻔한 질문과 하나님의 대답**: 〈질문〉 '주께서 어떻게 우리를 사랑하셨나이까.' – 〈대답〉 '나 여호와가 말하노라 에서는 야곱의 형이 아니냐. 그러나 내가 야곱을 사랑하였고 에서는 미워하였으며 그의 산들을 황폐하게 하였고 그의 산업을 광야의 이리들에게 넘겼느니라.'(2–5)
- **두 번째 뻔뻔한 질문과 하나님의 대답**: 제사장들의 뻔뻔함이다. 〈질문〉 '우리가 어떻게 주의 이름을 멸시하였나이까.' – 〈대답〉 '내 이름을 멸시하는 제사장들아 나 만군의 여호와가 너희에게 이르기를 아들은 그 아버지를, 종은 그 주인을 공경하나니 내가 아버지일진대 나를 공경함이 어디 있느냐 내가 주인일진대 나를 두려워함이 어디 있느냐.'(6)
- **세 번째 뻔뻔한 질문과 하나님의 대답**: 제사장들의 뻔뻔함이다. 〈질문〉 '우리가 어떻게 주를 더럽게 하였나이까.' – 〈대답〉 1) '너희가 더러운 떡을 나의 제단에 드리고도 말하기를 우리가 어떻게 주를 더럽게 하였나이까 하는 도다. 이는 너희가 여호와의 식탁은 경멸히 여길 것이라 말하기 때문이라 만군의 여호와가 이르노라 너희가 눈 먼 희생 제물을 바치는 것이 어찌 악하지 아니하며 저는 것, 병든 것을 드리는 것이 어찌 악하지 아니하냐. 이제 그것을 너희 총독에게 드려 보라 그가 너를

기뻐하겠으며 너를 받아 주겠느냐' 2) '나 하나님께 은혜를 구하면서 우리를 불쌍히 여기소서 하여 보라 너희가 이같이 행하였으니 내가 너희 중 하나인들 받겠느냐' 3) '너희가 내 제단 위에 헛되이 불사르지 못하게 하기 위하여 너희 중에 성전 문을 닫을 자가 있었으면 좋겠도다. 내가 너희를 기뻐하지 아니하며 너희가 손으로 드리는 것을 받지도 아니하리라' 4) '해 뜨는 곳에서부터 해 지는 곳까지의 이방 민족 중에서 내 이름이 크게 될 것이라 각처에서 내 이름을 위하여 분향하며 깨끗한 제물을 드리리니 이는 내 이름이 이방 민족 중에서 크게 될 것임이니라' 5) '너희가 또 말하기를 이 일이 얼마나 번거로운고 하며 코웃음치고 훔친 물건과 저는 것, 병든 것을 가져왔느니라. 너희가 이같이 봉헌물을 가져오니 내가 그것을 너희 손에서 받겠느냐' 6) '서원하는 일에 흠 있는 것으로 속여 내게 드리는 자는 저주를 받으리니 나는 큰 임금이요 내 이름은 이방 민족 중에서 두려워하는 것이 됨이니라.'**(7–14)**

2장

본분을 다하지 못하는 제사장과 우상 숭배자인 이방 여인을 얻기 위해 이혼을 일삼는 백성들을 꾸짖으시는 하나님

- **제사장들에 대한 경고**: 하나님의 영광을 위해 일해야 할 제사장들이 언약을 깨뜨리고 올바르게 가르치지 못하고 제 역할을 하지 못하는 데 대해 '똥칠을 하겠다'는 식의 저주를 퍼부으시는 하나님. '제사장의 입술은 참된 지식을 간직해야 하고 사람들은 그 입에서 교훈을 얻어야 한다. 제사장은 전능한 나 여호와의 사자이기 때문이다. 그러나 너희 제사장들은 바른길에서 떠나 잘못된 너희 가르침으로 많은 사람을 넘어지게 하였다. 전능한 나 여호와가 말한다. 너희는 내가 레위와 맺은 계약을 깨뜨렸다. 너희가 내 뜻을 따르지 않고 율법 문제를 취급하는 데 있어서 편파적이었으므로 나도 너희가 모든 백성 앞에서 멸시와 천대를 받게 하였다.'**(1–9)**
- **이스라엘 백성들의 죄에 대한 책망**: 이스라엘 백성들의 죄에 대해서도 말씀하신다. 자기 형제에게 거짓을 행하고, 우상숭배하고, 이방 여인들과 혼인하고, 부부가 사랑하지 않아 가족이 붕괴되는 것에 대해 책망하시는 하나님.**(10–17)**

3장

세례요한과 메시아 예언 그리고 십일조 규례를 지키지 않는 백성들을 책망하시며 하나님께서는 정한 날, 곧 그 날에 하나님의 기념 책에 의해 악인과 의인을 분별하실 것이라 하셨다.

- **세례 요한과 메시아 예언**: 세례 요한(내 사자)과 메시아(언약의 사자)가 오실 것을 예언한다. 단기적으로는 초림의 메시아, 장기적으로는 재림하실 메시아에 대한 예언이다. 언약의 사자가 오셔서 불로 임재하며 심판하시고 백성들을 연단하실 것이다.(1–5)
- **하나님 백성에 대한 약속**: 그러나 야곱의 자손, 이스라엘은 소멸되지는 않을 것이다.(6)
- **십일조 규례**: 성전 재건 후 하나님의 규례, 그중에서 십일조 규례를 어겨 온 백성들에게 '어떻게 주의 것을 도둑질 하느냐'고 불순종을 책망하신다.(7–12)
- **악인과 의인의 분별**: 오히려 백성들은 '지금 우리는 교만한 자가 복되다 하며 악을 행하는 자가 번성하며 하나님을 시험하는 자가 화를 면한다'라고 하며 악을 정당화하는 행동을 하고 있다. 하나님께서는 하나님이 정한 날에 악인과 의인을 분별하실 것이라 하신다.(13–18)

4장

그 날에 악인은 심판받고 의인은 구원을 받을 것이다. 성경을 바르게 알고 죄를 회개하라. 회개를 촉구하며 구약을 끝맺는다.

- **심판의 날**: 용광로 불같은 날, 곧 여호와의 날이 올 것이다. 악인은 심판을 받고 의인은 구원을 받을 것이다. 정의가 승리한다. '전능하신 여호와께서 말씀하신다. 보라! 용광로의 불과 같은 심판의 날이 올 것이다. 그 날에는 교만한 자와 악을 행하는 자가 다 지푸라기처럼 타서 없어질 것이며 그들 중에는 하나도 살아남는 자가 없을 것이다. 그러나 내 이름을 두려워하는 너희에게는 의의 태양이 떠올라서 치료하는 광선을 발할 것이며 너희는 나가 외양간에서 풀려나온 송아지처럼 뛰어다닐

것이다. 내가 이것을 행하는 날에 너희가 악인을 짓밟을 것이며 그들은 너희 발밑에 있는 재와 같을 것이다.'(1–3)

- **성경 말씀을 정확히 알라. 그리고 회개하라**: 하나님의 법도, 곧 성경 말씀을 정확히 알아 지켜야 한다. 여호와의 크고 두려운 날 즉 그 날이 오기 전에 선지자 엘리야(세례요한과 재림 시의 어느 누구)를 보낼 것인데 회개하라. '너희는 내가 시내산에서 모든 이스라엘 백성을 위해 내 종 모세에게 준 법과 규정을 기억하라. 보라! 나 여호와의 크고 두려운 날이 이르기 전에 내가 너희에게 엘리야와 같은 예언자를 보내겠다. 그는 아버지의 마음이 자녀들에게 돌아서게 하고 자녀들의 마음이 아버지에게 돌아서게 할 것이다. 만일 그들이 회개하지 않으면 내가 가서 그들의 땅을 저주로 치겠다.'(4–6)

《경영학 교수가 정리해 본 성경의 핵심》

신약 편 으로 이어집니다.